The Handbook of Solitude

고독의 심리학

2

고독의 다양한 맥락과 기능

이 학술서는 2017년 정부(교육부)의 재원으로 한국연구재단의
지원을 받아 출판되었음(2017S1A3A2067778).

The Handbook of Solitude

고독의 심리학

2

고독의 다양한 맥락과 기능

Robert J. Coplan · Julie C. Bowker 편저
이동형 · 김대현 · 김문재 · 김원희 · 김주영 · 박소영 · 배달샘
신지연 · 이승근 · 이창우 · 정진영 · 최문영 · 한정규 공역

학지사

역자 서문

'인간은 사회적 동물이다.'라는 그리스 철학자의 말을 굳이 떠올리지 않더라도 우리는 인간이 사회적 관계를 떠나서는 살 수 없음을 잘 알고 있다. 또한 많은 현자의 말이나 현대 긍정심리학의 연구결과를 인용하지 않더라도, 인간이 추구하는 행복이 만족스러운 사회적 관계와 불가분의 관계가 있음도 우리는 잘 인식하고 있다. 학문적으로, 사회적 존재로서의 인간은 심리학을 포함한 여러 사회과학에서 인간을 보는 기본 관점이므로 인간의 삶에서 사회적 맥락과 사회적 관계의 중요성에 대해서는 이미 많은 연구물과 전문지식이 축적되어 있다.

그렇다면 이 책의 주제인 '고독(孤獨, solitude)'은 어떠한가? 지금 이 서문을 읽고 있는 당신에게 고독은 어떤 의미인가? 인간이 사회적 존재임을 인식한다면, 고독은 인간이 피해야 할 그 어떤 것인가? 아니면 반대로 필요한 그 어떤 것인가? 인간이 사회적 존재임을 부인할 수 없듯이, 인간이 고독의 존재라는 사실 또한 부정하기 어렵다. 실존철학자들의 표현을 사용한다면, 적어도 인간은 실존적으로 홀로 있는 존재다. 인간은 홀로 세상에 던져지며 수많은 관계를 추구하고 맺으며 살아가지만, 다른 한편으로 그것이 자발적이든 그렇지 않든 홀로 있는 경험과 함께 살아가야 하며, 홀로 있는 경험 가운데 성장하고 죽음의 순간까지 이 경험과 무관하게 살 수 없는 것이다.

이 책에서 고독으로 번역한 영어의 'solitude'라는 단어는 사전적으로 '홀로 있음' '홀로 있는 상태'를 의미힐 뿐, 그 자체로서 '외로움'이라는 부정적 의미를 내포하는 것은 아니다. 홀로 있는 경험이 정서적 고통을 초래할 때 우리는 그것을 외로움이라고 부를 수 있다. 홀로 있는 경험 자체와 이 경험이 가져올 수 있는 부정적 정서는 서로 밀접하지만 분명히 구분되는 경험인 것이다. 인간이 본질적으로 고독의 존재라고 하더라도 외로움을 환영하는 사람은 없다. 그러나 고독의 경험을 환영하고 적극적으로 추구하며, 이 경험의 필요성을 역설해 온 많은 학자, 작가, 예술가, 일반인이 있었고, 이 서문을 읽고 있는 당신도 그중 한 사람일지 모른다.

고독이 내포하는 의미의 다양성과 역설은 성인뿐 아니라 아이의 세계에서도 찾아볼 수 있다. 또래가 주변에 많이 있음에도 불구하고 주로 홀로 시간을 보내는 어린 아이를 관찰해 본 적이 있는가? 이 아이는 이러한 홀로 있음(고독)의 경험을 원치 않지만 다른 아이들이 거부하거나 혹은 그들이 거부할 것으로 예상하여 사회적 관계에 어려움을 겪고 있을 수 있다. 심리학에서는 이러한 사회적 행동을 흔히 '사회적 위축(social withdrawal)'이라 명명한다. 그러나 유사하게 많은 시간을 주로 홀로 보내지만 스스로 선택하여 홀로 있는 것을 선호하는 것처럼 보이는 아이들도 있다. 그들은 다른 아이들과 어울릴 기회가 있다면 어울릴 수 있지만, 그러한 기회를 적극적으로 추구하거나 그리 즐기지 않는 것으로 보인다. 오히려 이런 아이들은 사회적으로 위축되어 있으면서 무언가 자신의 심리적 욕구를 채우는 것으로 보인다. 고독과 관련된 대표적인 개념 중 하나인 사회적 위축을 예로 들더라도 solitude 기저의 이유나 기능이 개인에 따라 이질적일 수 있음을 알 수 있다.

한편, 주변을 둘러보면 고독의 경험은 그 어느 때보다도 지금 이 시대를 사는 현대인에게 매우 친숙한 현상임을 직감할 수 있다. 출산율 감소와 고령화로 인해 핵가족화가 가속화되고 1인 가구의 증가와 '이웃'의 개념이나 공동체의 붕괴로 인한 사회적 단절과 고립, 노인의 고독사 등 고독은 수많은 사람의 삶에 더욱 가까이 다가와 있다. 그러나 다른 한편으로는, 정보통신 기술의 발달로 온라인을 통해 우리는 많은 다른 사람과 서로 연결되어 있고, 하루에도 수차례 예기치 않은 사회적 접촉에 원하든 그렇지 않든 간에 연루되기도 한다. 어찌 보면 진정한 의미의 고독을 경험하기가 어느 때보다도 쉽지 않은 시대인 것 같다. 고독의 경험이 인간의 삶에서 꼭 필요하다고 하더라도, 21세기를 사는 우리에게 고독의 경험은 그 어느 때보다도 획득하기 어려운 값비싼 경험이 되어 가고 있는지도 모른다. 4차 산업혁명시대에 진입하면서 아마도 인간의 삶에 있어서 사회적 관계와 고독의 경험, 그 의미와 기능은 재정의되고 재해석되어야 할 것이다.

이처럼 사회적 존재인 인간의 삶과 실존에 있어서 고독은 그 어느 때보다도 다채롭고 미묘한, 때로는 상호모순적인 복잡한 의미를 만들어 내고 있음이 자명하다. 그러나 인간에게 고독의 경험이 매우 보편적일 뿐 아니라 그 자체가 다양성과 모순성을 내포하고 있는 복잡한 심리적 현상임에도 불구하고, 이 주제에 대한 실증적 연구는 놀라울 만치 미미한 수준에 머물러 있다. 그나마 보다 자주 연구된 개념들(예: 사회적 위축, 고립, 외로움, 배척, 거부)조차도 고독을 주로 부정적 혹은 임상적 관점에서 탐구해 왔으며, 고독의 긍정적 혹은 역설적 측면이나 문화적 및 맥락적 다양성을 고려한 연구, 개입의 측면에 대한 실증연구는 대체로 외면되어 왔다.

이 책은 고독과 관련되는 다양한 구성개념에 대한 최신의 심리학적 연구들을 정리하여 소개하고, 최근의 진보된 관점을 충실히 반영하여 이 주제에 대한 '균형된' 시각을 제시하는 최초의 전문 편저서다. 여러 문화권의 학자가 고독과 관련된 여러 개념에 대해 다양한 이론적 · 발달적 · 맥락적 · 임상적 관점에서 집필하였으므로 그 내용이 매우 다채롭고 풍부하다(이 책의 구성 내용에 대한 전반적 소개는 1권 1장에 자세히 소개되어 있다). 또한 심리학 이외 분야의 학자들이 일부 장을 집필하여 고독 관련 개념을 이해함에 있어서 자연스럽게 심리학의 학문적 경계를 넘나들도록 안내하는 등 학제적 접근이 돋보이는 책이기도 하다.

이 책의 역자들은 사회적 위축, 사회적 고립, 또래 거부, 배척, 외로움 등의 구성개념을 중심으로 최근의 연구물을 찾아 탐독하는 중에 이 책의 원서인 『The handbook of solitude』의 출간 소식을 접하였고, 이를 강독하며 약 3년간 함께 연구모임을 진행하였다. 강독을 진행하면서 책의 내용에 점점 더 매료되었고, 원서의 분량이 방대하여 다소의 우려는 있었지만 책 전체를 번역하기로 결정하였다. 원문과 한 문장 한 문장 일일이 비교 대조하며 번역된 원고를 수차례 수정 및 보완하는 긴 과정을 거쳐 마침내 출판용 원고를 완성하였다. 학술서인 만큼 전문 용어나 정의 등에서 원문의 의미가 훼손될 것을 우려하여 국어 표현이 다소 어색하더라도 가급적 원문에 충실하게 번역하는 원칙을 따랐지만, 이 주제에 생소한 독자들에게도 의미 전달이 충분히 이루어질 수 있도록 가급적 쉬운 표현으로 옮기고자 노력을 기울였다. 그러나 여전히 부족한 부분이 여러 군데 발견될 것으로 예상한다. 혹, 번역상의 오류나 매끄럽지 못한 부분이 있다면 이는 전적으로 역자들의 책임이니 독자 여러분의 아낌없는 질책과 피드백을 바라며, 이러한 점은 추후에 보완할 것을 약속 드린다.

이 책의 분량이 방대한 만큼 1권과 2권으로 분리하여 출간하게 되었고, 『고독의 심리학 1』은 고독 및 관련 구성개념에 대한 이론적 · 전생애 발달적 관점에서 접근한 14개의 장으로 구성되어 이미 출간되었다. 『고독의 심리학 2』는 맥락적 · 임상적 · 학제적 관점에서 접근한 17개의 장으로 구성되어 있다. 1권은 이 책의 주제와 관련된 이론적 및 학문적 기초를 놓는 데 큰 도움을 줄 것이며, 2권은 이 책의 주제와 관련된 응용적 · 실용적 · 학제적 측면이 한층 부각되는 내용을 담고 있다.

이 책은 고독이라는 핵심 구성개념을 중심으로 이와 관련된 다양한 주제와 개념을 다루고 있으며, 여기에는 수줍음, 외로움, 사회적 위축, 고립, 또래 거부, 배척, 거부 민감성, 사회적 접근 및 회피 동기, 고독선호, 내향성, 마음챙김, 사회불안, 사회적 무쾌감증, 은둔형 외톨이, 성격장애 등이 포함된다. 따라서 이러한 심리적 변인에 전문적 관심을 가지고 접근하는 학자들이나 대학원생들에게 가장 유용할 것이다. 그러나 이 책의 많은 장은 고독과 관련된 문제를 경험한 사람들을 어떻게 조력할 것인지에 대해 많은 실천적 시사점을 제공하고 있다. 그러므로 고독 관련 경험이나 문제를 심리학적 관점에서 이해하고 이러한 전문지식을 자신의 실무 활동에 적용하고자 하는 심리학, 교육학, 상담학, 사회복지학, 간호학, 의학 전공자나 전문 실무자에게도 이 책은 유용한 참고서가 될 것이다.

고독 및 이와 관련된 경험들은 다른 사회적 행동(예: 공격행동, 이타행동)에 비해 발달,

문화, 사회, 시대적 요인 등 다양한 맥락적 요인의 영향을 크게 받는다. 이 책의 내용은 대부분 서구권이나 일부 문화권에서 수행된 연구결과를 제시하고 있다. 따라서 한국의 문화적 특성을 반영한 연구, 비교문화적 연구가 국제적 관점에서도 절실히 필요하다고 할 수 있으며, 역자들은 이 번역서가 국내 연구자들 사이에서 고독 및 관련 개념에 대한 학문적 관심을 높이고 관련 실증연구를 활성화시키는 데 기여할 수 있기를 기대한다.

　이 획기적인 책을 기획하고 또 일부 장을 집필한 공동 편저자 Robert Coplan 교수와 Julie Bowker 교수의 노고에 깊은 감사의 마음을 전한다. 또한 전문 연구서적임에도 불구하고, 이 책의 가치를 인정하고 원출판사와 판권 계약을 추진하고, 좋은 책을 만들기 위해 편집 업무를 꼼꼼히 진행해 준 학지사 직원분들께도 감사의 마음을 전한다. 끝으로, 처음에는 생소했던 이 책의 세부 주제들을 하나씩 접하면서 시종일관 높은 학문적 호기심과 열정을 유지하고 번역 원고 준비의 긴 여정을 하룻길같이 인내하며 동행해 준 공동역자인 박사과정 학생들의 끈기를 치하하며, 역자로는 참여하지 않았지만 원고 준비 과정에서 틈틈이 크고 작은 도움을 준 학교심리연구실 소속의 대학원생들에게도 깊은 감사의 마음을 전한다.

미리내골 학교심리연구실
대표 역자 이동형

한국어판 환영의 글

이 책은 고독이라는 구성개념과 관련된 심리학적 연구를 모아 놓은 최초의 편저서로서, 고독을 발달심리, 신경심리, 사회 및 성격심리, 임상심리 등 여러 심리학적 관점에서 다루고 있다. 또한 아동기, 청소년기, 성인기, 노인기 등 전 생애 발달 시기에 걸쳐, 그리고 자연환경, 대학 캠퍼스, 독신 생활, 명상, 사이버 공간 등 다양한 맥락을 고려하여 두루 탐색하고 있다. 더욱이 생물학, 인류학, 사회학, 정치학, 종교학, 컴퓨터 과학 등 심리학 이외의 다른 학문 분야의 연구자들이 집필한 여러 장은 '외부'의 관점에서 고독 연구에 대해 독특한 시각을 제공한다.

이 책이 출간된 후 길지 않은 시간이 지났지만, 이 연구 영역에 대한 관심은 계속 확대되고 있다. 예를 들면, 최근 여러 연구는 컴퓨터를 매개로 한 과학기술과 사회적 연결망이 고독에 대한 우리의 지각과 경험에 미치는 영향을 탐구하고 있다. 이번에 이 책이 한국어로 번역되어 출간되는 것은 최근 고독 관련 연구 분야에서 나타나고 있는 세계화의 추세와 맥을 같이하는 것으로 매우 뜻깊은 일이라 할 수 있다. 이 책은 원래 12개국(호주, 벨기에, 캐나다, 핀란드, 그리스, 이스라엘, 이탈리아, 일본, 네덜란드, 스페인, 스위스, 미국) 출신의 저자들이 집필진으로 참여하였지만, 고독에 관한 연구는 중국, 이란,

말레이시아, 나이지리아, 포르투갈, 러시아, 스페인, 우간다 등 점차 전 세계적으로 확대되고 있다.

　한국을 포함한 여러 문화권 간에 연구결과를 공유하고 협력하는 것은 이 엄청나게 복잡한 주제에 대한 우리의 이해를 더욱 풍부하게 할 것이라 기대한다. 또한 이 책이 고독과 이와 관련된 모든 측면에 대한 한국과 세계 여러 국가의 연구를 계속해서 촉진할 수 있기를 희망한다. 우리는 한국의 독자분들도 이제 조용한 곳을 찾아서 홀로 앉아 『고독의 심리학』 한국어판을 탐독하는 즐거움을 만끽하실 수 있기를 바란다. 『고독의 심리학』 한국어판 출간을 진심으로 축하하고 환영한다.

공동 편저자

Robert J. Coplan & Julie C. Bowker

서문

고독, 사회적 위축과 고립에 관하여

Kenneth H. Rubin

    연구실에 앉아서 이 특별한 개론서의 서문에 무슨 내용을 적어야 할지 깊이 생각하며 나는 홀로 있다. 문을 닫아 방해할 수 있는 것들로부터 나 자신을 보호하고 있으며, 고독의 긍정적 속성들을 다시금 상기하고 있다. 주변에는 아무도 없고, 그저 조용하다. 이제 나는 내가 당장 해야 할 일에 집중할 수 있다. 사실 이 책의 기고자들 중 여러 명이 고독의 유쾌한 측면들에 대해서 집필하였다. 나는 진심으로 이러한 관점에 동의하지만, 다수의 중요한 전제조건하에 동의한다. 이러한 전제조건이 무엇인지 다음 절에서 제시할 것이다. 그러나 이에 앞서 공상과학 소설 같은 상상 실험 한두 가지를 먼저 제안하고 싶다.

공상과학 소설 같은 상상 실험

우리는 왜 고독, 사회적 위축이나 고립의 중요성을 이해해야 할까? 작은 상상 실험을 한번 해 보자. 적어도 1,000분의 1초 동안에 우리가 수십억의 **사람들**이 거주하는 한 행성에 도착했다고 상상해 보라. 이 사람들이 어떻게 있게 되었는지는 신경 쓰지 마라. 그들은 어쨌든 이 행성에 살게 되었고, 우리는 그들이 어떻게 이곳에 살게 되었는지에 대해서는 전혀 알지 못한다. 더 나아가 가정해 보자. 사람들 간에 서로 끄는 힘(자성)이 전혀 없다. 이 사람들은 결코 함께 모이지 않으며, 상호작용도 없고, 함께 부딪히거나 충돌하는 일도 전혀 없다. 우리가 볼 수 있는 것이라고는 목표 없이 배회하는, 아마도 간혹 서로 바라만 보는 홀로 있는 실체들뿐이다. 간단히 말해서 집합적으로 하나의 거대한 사회적 빈 공간을 만들어 내는 많은 개체만 존재할 뿐이다. 지구의 관점에서 본다면 우리는 이 모든 실상이 흥미롭거나 지루하거나 충격적이라고 느낄 것이며, 아마도 이 행성의 미래는 암울하다고 관측할 것이다.

지금은 '상상 연습'을 하고 있으므로 유머를 좀 발휘해서 앞서 사용했던 '사람'이라는 명사를 '원자'나 이의 내재적 속성인 전자, 양자, 중성자로 대체해 보겠다. 이렇게 하면 자성, 충돌 그리고 이러한 작용의 산물 등의 주제에 대해서 숙고해 보아야 할 것이다. 이것은 즉각적으로 질량, 전기 및 자극에 대한 생각을 불러일으킬 것이다. 만일 자성(매력), 전기 및 자극이 없다면 우리에게 남는 것은 무엇일까? 내가 이 연습에 더 깊이 들어감에 따라 물리학에 대한 실제적 지식이 있는 것으로 가장하지 않는 한 점점 나 스스로 친숙하지 않은 영역에 도달하고 있음을 깨닫게 된다. 사실 힉스 입자에 대한 연구는 유럽핵연구소의 대형강입자충돌기 연구에 참여하는 일군의 학자들에게 맡기는 것이 제일 좋은 일이다.

잠시 물리학적 상상에서 탈피하여 **사람들**이 매력의 법칙 없이 존재하는 것으로 보이는 그 행성에 대한 생각으로 다시 되돌아가 보자. 만일 그 행성에 거주하는 '사람들'이 서로 충돌하지 않는다면, 우리에게 남는 것은 결국 고독이 가져올 무의미, 공허, 진공의 불가피성뿐일 것이다. 만일 '사람들'이 충돌하지 않고 상호작용하지 않는다면, '우리'의 개념은 존재하지 않을 것이다. 관계는 존재하지 않을 것이며, 인간 집단도, 공동체도, 문화도 존재하지 않을 것이다. 가치, 규범, 규칙, 법규에 대한 감각도 없을 것이다. 사회적 위계도 존재하지 않을 것이며, 다른 사람의 마음을 읽는다거나, 다른 사람의 조망을 수용한다거나, 대인 간 문제 해결에 대해 생각할 필요도 없을 것이다. 호감, 사랑, 수용, 거부, 배척, 괴롭힘 등 중요한 구성개념들도 아무런 관련이 없을 것이며, 사회적 비교, 자기평가, 안전감, 외로움, 거부민감성 등 발달, 사회, 성격, 인지 및 임상 심리학 문헌들에서 자주 등장하는 주제들 또한 더이상 필요하지 않을 것이다. 감사하게도 물리학자로서가 아닌 발달과학자로서 나의 제한된 관점에서는 쓰고, 생각하고, 느끼고 혹은 존재할 것이 아무것도 없을 뿐이다. 유럽핵연구소의 연구자들 덕택에 자성이 중요하며, 상호작용도 중요하고, 군집도 중요하며, 이들이 서로 충돌하여 새로운 실체를 만들어 낼 수 있음을 우리는 배워 왔다. 이 학자들이 사람들에게는 어떠한 일이 일어나는지 고려하지 않고 원자 이하의 수준에서 사고하였다면, 나는 지난 40여 년을 사람들, 그들의 개인적 특성, 그들의 상호작용과 상호 충돌, 상호작용에 기초하여 형성되는 관계, 그리고 이러한 개인들과 관계가 발견될 수 있는 집단, 공동체, 문화에 대해서 연구하며 보냈다. 이러한 주제들에 대해서 적지 않은 양의 데이터를 수집해 오면서 고독, 고립 및 사회적 위축이 파멸을 가져올 수도 있다는 결론에 이르게 되었다. 이것은 공상과학 소설에 나오는 이야기가 아니다.

또 다른 상상 실험

이제는 장면을 바꿔 조금 다른 상상 경험을 해 보자. 우리가 사는 지역사회가 지역주민들에게 유아기에서부터 규범적인 사회문화적 기대에 맞추어 서로 돕기, 나누기, 돌보기 등을 가르치며, 어떤 것이 '좋고, 나쁘고, 추한 것인지' 규범에 대해서 소통하며, 그러한 규범에 순응하거나 위반할 때 어떤 일이 일어나는지를 가르친다고 상상해 보자.

또한 상호작용, 협동, 관계가 중요한 지역사회 내에 그 이유가 무엇이든 간에 동료들과 상호작용하지 않는 사람들이 있다고 상상해 보자. 이러한 홀로 있는 사람들이 그렇게 행동하는 이유에 대해서 그 지역사회의 나머지 구성원이 숙고해 보고, 그들의 고독에 대해 몇 가지 제안을 하였다고 생각해 보자.

예컨대, 다른 사람들과 상호작용을 잘 하지 않는 이 사람들은 다른 사람과 함께 있을 때 이들로 하여금 불편함을 느끼게 하는 생물학적(아마도 일부는 유전적) 소인을 타고난 것이라는 의견이 제안되었을 수 있다. 아마도 이 지역사회의 다른 구성원은 5-HTT 유전자 전사의 감소와 세로토닌 흡수율 감소에 대해서 읽었을 수도 있으며, 세로토닌의 조절 효과 없이 편도핵과 시상하부-뇌하수체-부신피질(HPA) 시스템이 과잉 활성화되어 두려움 많고 불안한 사람의 전형적인 신경학적 프로파일이 나타날 수 있다는 점에 대해서도 읽었을 수 있다. 지역사회 내의 다른 사람에게 접근하거나 친숙하지 않은 관계를 발전시키고자 시도할 때 일어날 수도 있는 일에 대한 두려움, 그들의 생각, 감정 및 행동을 판단할 수도 있는 다른 사람들에게 부정적 인상을 줄 수 있다는 두려움 등 두려움은 이처럼 홀로 있는 사람들의 행동을 안내하는 힘이 될 수 있다.

그러나 일부 사람들은 어떤 사람들이 홀로 있으려 하는 것은 두려움이 아니라, 홀로 있는 것 자체를 선호하도록 이끄는 생물학적 성향 때문이라고 믿을 수 있을 것이다. 이들은 생명이 없는 대상이나 물건들과 함께 있을 때 보다 긍정적인 느낌을 가질 수 있다. 이 점에 있어서 우리의 두 번째 상상 연습은 홀로 있는 사람들의 두 '유형'을 확인하는 것이 가능하다. 첫째는 두려움, 사회적 평가 예상, 거부가능성에 대한 높은 민감성에 의해 동기화되는 사람들이며, 둘째는 고독에 대해 분명한 선호를 보이는 사람들이다.

혼자 있는 행동의 역학적 '원인'이 무엇이든 협동, 협력, 돌봄의 중요성에 대한 강한 신념이 있는 사회에서는 이러한 문화적 분위기에 따르는 대다수의 사람은 상호작용이 결여된 사람들에 대해서 유쾌하게 생각하지 않기 시작할 것이다. 그들은 홀로 있는 사람들을 용인하기 어려운, 혼란을 주는 행동을 보이는 사람들로 생각할 것이고, 그들에 대해서 부정적으로 느끼기 시작할 것이며, 이러한 상호작용이 결여된 사람들을 배제시키거나 이들의 행동을 바꾸어야 할 필요성에 대해서 논의할 수도 있다. 사실 현재까지의 연구들에서는 대다수에게 부적절하거나 혐오적인 것으로 간주되는 행동을 드러내는 사람들은 집단에 의해 심지어 **고립**을 당할 수도 있음을 보여 주는데, 홀로 있는 사람들의 세 번째 유형 집단, 즉 사회적 집단에 **의해** 고립을 당하는 사람들이 존재한다는 점이다.

그러나 이러한 지역사회의 가설적 반응들이 비사교적이며 비순응적인 개인에게 어떤 영향을 미치는 것일까? 어떠한 종류의 상호작용적·비상호작용적 순환주기가 생성될 것인가? 홀로 있는 사람들은 그들에 대한 지역사회의 반응에 대해서 어떻게 생각하고 느낄 것인가?

요점

지금까지의 장황한 이야기를 통해 내가 전달하고 싶은 메시지는 한 가지다. '앞에 제시한 모든 것으로부터' 나는 고독이 징벌적이고, 비참하게 만들며, 무력화시키고, 파괴적일 수 있다고 말하려는 것이 아니다.

내가 진정으로 인정하는 바는 고독에 대해 찬가를 불러 온 사람들의 관점을 무시하는 것은 어리석은 일이라는 점이다. 여기에는 이 책의 몇몇 장의 집필자들도 포함되며, 많은 사랑과 존경을 받아 온 저자, 시인, 화가, 철학자, 영성가, 과학자들이 포함된다. 그들은 최고의 작품이나 가장 심오한 사고는 광란의 무리로부터 벗어난 순간들로부터 나오는 것이라고 말해 왔다. 한두 가지 예를 들어 보면 이렇다.

1. "당신은 방에서 나갈 필요가 없다. 책상에 앉아 있으면서 귀를 기울이라. 심지어 귀도 기울이지 말고 그저 기다리며 조용히 홀로 있어 보라. 세상은 자유로이 아무것도 가리지 않은 채 당신에게 그 자신을 제공할 것이며, 분명히 당신의 발아래에서 황홀하게 구를 것이다."

Franz Kafka

2. "이 정적이 얼마나 좋은가. 커피 잔도, 테이블도… 장대 위에 날개를 펼치고 홀로 있는 바닷새처럼
   나 홀로 앉아 있음이 얼마나 더없이 좋은 것인가. 나 여기 아무것도 없이 이 커피 잔, 이 포크, 이 나이
   프, 모두 그대로 나 자신이 되어 영원히 앉아 있고 싶네."

Virginia Woolf

나는 고독을 찬미하는 수백 명의 다른 유명 인사의 말을 인용할 수도 있다. 그러나
나의 아마도 왜곡되고, 제한된, 그리고 자아중심적인 관점에서 볼 때, 누구든 옷장, 동
굴, 텐트, 혹은 방에 감금되어 생산적이고 행복한 삶을 영위할 수 있을 것이라고 믿기
는 어려운 일이다. Virginia Woolf는 자살하였고, Kafka도 다른 사람과 긍정적이고 지
지적인 관계를 맺고 유지할 수 없는 심리적 문제를 가졌던 것으로 알려져 있다. 누구든
고독을 선호할 수 있으며, 우리 중 다수는 숙고, 탐구, 문제 해결, 내성, 사회적·학업
적·직업적·정치적 공동체로부터 야기되는 압력으로부터의 도피 등을 위해 고독이
필요하기도 하다. 앞서 첫 문단에 적었듯이, 고독을 추구하는 것은 전적으로 수용 가능
하지만, 여기에는 몇 가지 전제조건이 붙는다.

'전제조건'. 만일 누군가 자발적으로 홀로 시간을 보낸다면, 자신이 원할 때 사회 집단에
참여할 수 있다면, 자신의 감정(예: 대인 불안이나 분노)을 효과적으로 조절할 수 있다면,
그리고 중요한 타인들과 긍정적이고 지지적인 관계를 시작하고 유지할 수 있다면, 홀로
있는 경험은 생산적일 수 있다. 그러나 홀로 있는 경험에 내가 부가하는 이러한 전제조
건들은 꽤 중요한 것들이다. 내가 확신하는 바는 이 책에 포함된 장들을 다 읽은 후에
독자들은 고독이 많은 얼굴을 가지고 있다는 점을 알게 될 것이라는 점이다. 이러한 많
은 얼굴은 발달적 시작, 공변 요인들, 경과 등에 있어서 다양하며, 서로 다른 맥락, 공동
체 및 문화에서 서로 다른 방식으로 해석될 수 있다. 또한 여기에 제시한 이러한 전제
조건들이 맥락, 공동체 및 문화와 상관없이 동일하게 중요하다는 점이다. 솔직히 만일
이러한 전제조건들을 기억하지 못한다면, 앞의 생각 실험으로 돌아가서 다른 사람과
'충돌'하지 못하는 것이 불쾌한 결과를 가져올 것이라는 점을 다시 확인해야 할 것이다.

사람들은 다른 사람들과 '충돌'할 필요가 있다. 더 정확히 표현한다면 상호작용할 필

요가 있다. 물론 이러한 상호작용은 양자가 모두 수용 가능하고, 긍정적이며, 생산적인 것으로 지각되어야 한다. 분명 이러한 상호작용은 욕구를 만족시키는 것이다. 이러한 상호작용의 중요성에 대해서 집필한 저자들(예: John Bowlby와 Robert Hinde)에 따르면, 이러한 상호작용 경험은 **동일한** 상대방과의 미래 상호작용의 본질에 대한 기대를 형성하는 데 영향을 미친다. 이러한 경험은 더 나아가 아직 **알려지지 않은** 다른 사람들과의 미래의 상호작용의 본질에 대해서도 일련의 기대를 형성하는 데 영향을 미칠 수 있다. 만일 개인이 경험한 상호작용이 유쾌하고 생산적이라면 긍정적인 양자(dyadic) 관계로 이어지겠지만, 상호작용이 불쾌하거나 어려움이 많다면 서로를 피하게 될 것이다. 그리고 어떤 경우에는 모든 상호작용이 결국 부정적일 것이라고 기대하게 된다면, 공동체로부터 철수(withdrawal)하는 결과로 이어질 것이다.

결어: 끔찍한 한 해

2012년 처음 6개월간, 나는 심장 이식 수술과 여러 관련 합병증으로 인해 병원에서 '사는' 생활을 해야 했다. 나는 의료진과 많은 정기적인 방문객들에 의해 둘러싸여 있었지만, '바깥 세상'으로부터 문자 그대로 고립되어 있었다.

입원한 처음 2개월 동안 내 마음과 몸은 위기 상태였지만, 2012년 3월 즈음 신경세포가 정상적으로 발화하기 시작하여 의료진과 방문객들과 대화할 수 있게 되었을 때 나는 철저히 혼자라고 느꼈다. 방문객과 의료진이 나를 만날 때 마스크와 장갑을 착용하고, 의료 가운을 입어야 한다는 것도 무력하게 느껴졌다.

결국 내 전문 경력의 대부분 동안 연구해 온 것의 한 극단을 내가 처절히 경험하며 살고 있다는 생각이 들었다. 아동과 청소년들, 그들의 부모, 친구, 또래들을 대상으로 질문지, 면담, 평정 척도, 관찰 등의 방법을 통해 내가 발견했던 것처럼, 고독은 외로움, 슬픔, 불안, 무력감, 무망감 같은 내적 감정을 불러일으켰다. 나는 내가 속한 개인적·전문적 공동체로부터 단절되었다고 느꼈다. 방문객들의 관용과 친절함에도 불구하고, 나는 비참하다고 느꼈다. 물론 내가 책을 읽고 노트북 컴퓨터를 사용할 수 있었을 때 내 생각들과 데이터를 가지고 놀 수 있는 기회를 얻게 되어 내 고독은 생산적일 수 있었지만, 부정적 정동(정서 조절 문제)은 방해가 되었다.

집에 돌아온 후 나는 재활을 시작하였고, 가족, 친구, 동료들, 학생들, 이전의 골프나 하키 '동호인들' 등 방문객들을 맞았다. 나는 가족, 친구, 학계, 일반 세상에 대한 뉴스들을 환영하였다. 특히 내 손자, 손녀들과 재회할 수 있어서 감사했다. 내 연구실에서 참여하고 있었던 다양한 프로젝트를 따라잡기 시작하였다. 몇 주 내에 출간할 원고를 공동집필하고 있었고, 여러 학회에서 발표하기 위해 제출해야 할 초록을 준비하고 있었다. 신체적으로는 쇠약하였고, 긴 거리를 걷거나 2~3파운드보다 무거운 것을 들어 올릴 수는 없었지만, 내 마음은 점차 회복되고 있었다. 나는 더 이상 혼자가 아니다! 또한 8월에 캠퍼스로 복귀하였을 때 나는 다시 다른 사람들과의 만남을 이어 갈 수 있었고, 가치 있게 여겨지고 있음을 느낄 수 있었다.

가장 기본적인 사실은 나의 개인적 고독은 그것이 특히 오랜 시간 동안 외적으로, 그리고 비자발적으로 '강요되었던' 고독이라는 점에서 불쾌한 결과를 초래하였다는 점이다. 좋은 소식은 나의 동료들과 내가 여러 해에 걸쳐 수집한 데이터들이 실제로 학문의 장을 넘어서 의미가 있다는 점을 믿게 되었다는 것이다. 과도한 시간을 혼자 보내는 것, 단절되고 거부되고 외로움을 느끼는 것, 다른 사람들에 의해 배제되고 어쩌면 괴롭힘을 당하는 것, 다른 사람들과 유능하게 대화하거나 관계를 맺을 수 없는 것은 삶을 비참하고 불만스럽게 만들 수 있다. 어떤 경우에는 이러한 요인들이 합쳐져 자해나 타해 시도로 이어질 수도 있다. 폭력 가해자들(예: 콜럼바인 고등학교, 버지니아 공대, 뉴턴 고등학교, 보스턴 마라톤 폭탄 사건)이 홀로 지내고, 위축되며, 괴롭힘을 당하고, 고립되고, 친구가 없는 것으로 얼마나 자주 묘사되는지 잠시 생각해 보라. 또한 일부 가해자들이 자신을 어떻게 기술하는지 생각해 보라.

이 문장을 쓰면서 Eddie Vedder와 Jeff Ament가 작사 · 작곡한 〈Jeremy〉라는 노래가 떠오른다. 이 노래는 부분적으로 미국 텍사스주 리처드슨에 거주하였던 15세 고등학생 Jeremy Wade Delle의 죽음에 대한 내용을 담고 있다. Jeremy는 급우들이 보는 앞에서 총을 쏴 자살함으로써 '오늘에서야 교실에서 말한' 조용하고 슬픈 청소년으로 묘사되고 있다. 가사에서 Jeremy는 부모의 학대와 무시를 겪었다고 하며, 뮤직비디오에서 Jeremy는 또래들로부터 거부되고, 배척되고, 고립된 것으로 묘사되었다. 비디오에서 '무해함(harmless)' '또래' '문제' 등의 단어들이 반복해서 나타난다. 이러한 가사의 '의미'에 대한 인터뷰에서 Vedder는 가족 및 또래 관계의 붕괴가 초래할 수 있는 심각한 결과에 대해서 알리고 싶었다고 하였다. 보다 중요하게 Vedder는 고립, 고독, 거부가 가져오는 피할 수 없어 보이는 부정적 결과에 대항하여 싸우기 위해 우리는 각자의 강점을 끌어와야 한다고 주장하였다. 핵심 메시지는 가족 구성원, 또래, 학교의 교직원, 지역사회의 리더들은 내적 및 대인관계적 황폐함의 전조가 되는 징후들에 대해서 잘 알고 있어야 한다는 점이다.

　물론 '홀로' 있거나 '고립된' 것으로 묘사되는 모든 사람이 내적 혹은 대인관계적 문제를 가지고 있는 것은 아니다. 앞서 언급하였듯이, 고독과 사회적 위축이 '꼭 나쁜 것만은 아니다'. 우리 모두는 홀로 있는 시간을 필요로 한다. 활기를 얻거나 회복하기 위해, 숙고하거나 무언가 방해 받지 않고 산출하기 위해서 말이다. 하지만 인간이라는 종은 사회적 종이다. 사람들과 상호작용하고, 협력하고, 다른 사람들을 돕고, 돌보며, 관계를 맺고 집단과 공동체의 활동적인 구성원이 될 때 얻어지는 것이 훨씬 더 많다. 심리학자들이 연구하는 많은 다른 행동적 구성개념과 마찬가지로 고독은 정서 조절의 곤란, 사회적 유능성 및 지지적 관계의 결여와 합쳐져 불행한 결과를 초래할 수 있다. '필요한 것'은 가족, 또래 집단, 공동체 속에서 개입이 필요한지, 언제 어떻게 필요한지에 대해서 아는 것이다.

　마무리하면서 나의 이전 지도 학생들(현재는 동료이자 가까운 친구)이 고독에 대한 이 개론서를 발간하는 멋진 작업을 잘해 낸 것에 대해서 매우 기쁘고 자부심을 느낀다. 언젠가 오래전에 내가 사회적 위축과 고독이라는 구성개념을 Rob Coplan과 Julie Bowker에게 소개하였을 것으로 생각된다. 하지만 Rob과 Julie에게 고독, 고립, 홀로 있음에 대해서 연구하라고 지시하거나 명령하였다고는 생각하지 않는다. 내 기억으로 그들 각자는 사회적인 것에 관심이 있었다. 내가 하게 된 일은 그들에게 어떻게, 그리고 왜 내가 연구하는 분야에 관심을 갖게 되었는지에 대해서 개인적·역사적(아마도 히스테리적인) 설명을 제공한 것뿐이었다. 물론 인류학, 생물학, 컴퓨터 과학, 신학, 신경과학, 정치학, 영장류 동물학, 정신분석, 시회학, 혹은 성격, 환경, 자폐증이나 성인 관계에 주로 초점을 맞추는 심리학 분야의 관점에서 고독을 연구한 학자들에게까지 연구의 범위나 생각이 미치도록 내가 어떤 영향을 끼쳤다고는 결코 주장할 수 없다. 이러한 점에서 이 개론서의 아름다움이 있다. 편집자인 Coplan과 Bowker는 그들 자신이 편안히 느끼는 발달과학의 영역을 넘어서 다른 분야로 시선을 돌리는 현명함을 보였다. 이렇게 함으로써 그들은 나를 매우 기쁘게 하였다. Coplan과 Bowker는 분명히 독자들로 하여금 인지적 불평형 상태를 초래하는 여러 영역으로 안내하고자 하였다. 그들은 또한 우리가 어떤 현상을 진정으로 이해하고자 한다면, 우리가 보통 안락함을 느끼는 저장고의 한계를 넘어서서 바라보는 것이 얼마나 중요한지를 느끼도록 안내하였다고 생각한다. 이제 당신의 손에 고독에 대한 다양한 관점을 기술한 정선된 읽을거리가 있다. 당신은 고독이 무엇과 같은지, 왜 사람들은 혼자 시간을 보내는지, 고독은 왜 필요한 경험인지, 다른 사람을 피하거나 사회적 공동체로부터 거부나 배척되어 홀로 많은 시간을 보내게 될 때 사람은 어떻게 느끼고 무슨 생각을 하는지에 대해서 읽게 될 것이다. 지금 당신이 보고 있는 이 책과 비슷한 개론서는 아직 없었다. 나는 편집자들의 노력에 박수를 보내며, 또한 독자들에게는 스스로 정의하는 자신의 전문 영역과 내적으로 편안한 영역을 넘어서는 이 책의 여러 장을 면밀히 검토하면서 자신의 역량을 더 훌륭히 발휘할 기회를 얻기 바란다.

차례

/

제1부
맥락적 관점

/

/

제2부

임상적 관점

/

/

제3부

다학문적 관점

/

맥락적
관점

학교에서의
불안형 고독

Heidi Gazelle & Madelynn Druhen Shell

이 장은 다른 이유(예: 비사교적이거나 고독을 선호함)보다는 주로 사회불안으로 인해 학교에서 또래와 있더라도 혼자 지내는 시간이 많은 아동들의 학교 경험에 대해 다룬다. 이를 기술하기 위해 우리는 '불안하고 고독한(anxious solitary)'이라는 용어를 사용하고자 한다. 불안하고 고독한 아동들(이하 '불안형 고독 아동')은 다른 어떤 장면보다 학교에서 사회적 상호작용의 어려움을 크게 경험한다. 학교는 기본적인 사회적 조직 체계로서 아동은 학교에서 또래와 접촉하며 깨어 있는 대부분의 시간을 보내게 된다(Larson, 2001). 마찬가지로 아동은 학교에서 교사와 접촉하게 되는데, 교사는 부모 다음으로 아동의 발달을 안내하는 많은 책임을 가지고 있는 성인으로 대부분의 시간을 아동과 함께 보낸다. 보다 광범위하게 보면 학교는 급우와 교사들을 주기적으로(보통 연 단위로) 재편성하는 시간적 리듬을 따른다. 아동은 발달하면서 한 학교에서 다른 학교로 진급하게 되며, 학교는 학교 및 학급을 기반으로 한 또래관계 및 상호작용의 시작과 끝, 혹은 증가와 감소가 주기적으로 나타나는 리듬을 부여하게 된다(Spangler Avant, Gazelle, & Faldowski, 2011). 또한 학생들이 학급에서 경험하는 정서적 지지의 수준 역시 매우 다양하다(Pianta, La Paro, Payne, Cox, & Bradley, 2002). 그러므로 학교는 학생들이 거기에 있다는 이유만으로 단순히 아동 발달을 연구하는 장소로만 볼 수 없으며, 오히려 수없이 다양한 방식으로 아동 발달의 맥락과 시간적 리듬을 설계하는 장소로 보아야 할 것이다. 이 장에서 우리는 현대 발달 이론을 바탕으로 불안형 고독 아동과 학교환경 간의 관계에 대해 먼저 논의의 틀을 잡은 후, 불안형 고독 아동의 발달에 영향을 주는 또래, 교사, 보다 넓은 학교환경 변인에 대한 연구들을 개관할 것이다.

불안형 고독 아동: 발달 관점에서 본 개인-학교환경 간의 관계

불안형 고독 아동(anxious solitary children)은 보통의(규준적인, normative) 사회적 접근 동기를 가지고 있으므로 또래와 함께 놀고 싶어 하지만, 자신이 유능하게 행동하지 못하고 또래로부터 좋지 못한 대우를 받을 것이라는 두려움 때문에 좀처럼 또래와 함께 시간을 보내지 않는다(Gazelle & Ladd, 2003). 이러한 두려움은 높은 사회적 회피 동기(Asendorpf, 1990), 즉 사회적 평가에 대한 염려를 특징으로 한다. 이러한 규준적인 사회적 접근 동기와 높은 회피 동기 사이의 갈등은 주저하는 행동(reticent behavior), 즉 홀로 지켜보기만 하는 행동(놀이에 참여하지 않고 다른 아동들이 노는 것을 그저 바라봄)과 홀로 빈둥거리는 행동(즉, 목적 없이 배회하거나 허공을 멍하니 응시하는 행동)으로 많이 나타난다(Coplan, Arbeau, & Armer, 2008). 게다가 불안형 고독 아동들은 수줍어하고, 말하기를 꺼려 하며, 사회적으로 망설이는 행동을 나타낸다(Spangler & Gazelle, 2009). 이 장에서 불안형 고독이라는 용어는 이 개념에 대한 연구뿐 아니라 이 개념의 구성요소(즉, 수줍음)에 대한 연구를 검토할 때에도 사용된다.

이질적인 통합적 시스템으로서의 불안형 고독 아동

불안형 고독 아동들은 이 같은 정서 · 행동적 특징을 공유하지만, 이들은 또한 많은 면에서 서로 다르다. 학교에서의 사회적 · 정서적 · 학업적 어려움에 대한 이들의 차별적 취약성을 이해하기 위해서는 아동을 하나의 통합된 다차원적 시스템, 즉 관찰 가능한 사회적 행동, 관찰이 용이하지 않은 사회인지, 정서적 과정, 스트레스에 대한 반응과 관련된 심리생리적 시스템 및 유전적 변이를 포함하는 시스템으로 생각할 필요가 있으며, 이는 발달과학의 관점(developmental science perspective)과 일치한다. 발달과학의 전반적인 이론적 틀에 따르면, 발달은 아동의 내부에 있는 힘과 외부에서 아동을 향하는 다양한 수준의 힘 간의 역동적 상호작용의 결과다(Magnusson & Cairns, 1996). 이처럼 다양한 아동의 내적 수준에 대한 강조는 아동과 학교환경 간의 상호작용에 영향을 미치는 불안형 고독과 같은 내적 특성을 지닌 하나의 통합된 시스템으로서 아동이 기능하는 방식을 이해하도록 돕는다. 비록 앞서 언급한 아동 내적 수준의 모든 변인에 대한 고려는 이 장의 범위를 벗어나지만 우리는 사회적 행동, 억제적 통제(inhibitory control), 언어적 기술에서 불안형 고독 아동들이 보이는 이질성에 주목할 것이다.

불안형 고독은 아동의 다른 사회적 행동상의 특징(예: 친화성, 공격성; Gazelle, 2008)에 따라 또래관계에 상이한 영향을 미칠 수 있다. 사회적 행동 수준에서 여러 차원을 검토한 한 연구에서 외현화 및 관심-추구 행동을 보이는 불안형 고독 아동들은 학교에서 또래로부터 심하게 배제 당하거나 괴롭힘을 당한 반면, 친화성이 높은 아동들은 긍정적 교우관계를 맺었다(Gazelle, 2008). 마찬가지로 비공격적인 불안형 고독 아동들에 비해 공격적인 불안형 고독 아동들은 현저히 자주 또래로부터 배제 당하고 괴롭힘을 당하는 것으로 다수의 연구에서 밝혀졌다(Bowker, Markovic, Cogswell, & Raja, 2012; Gazelle & Ladd, 2003; Ladd & Burgess, 1999). 우리는 불안형 고독 아동들이 보이는 사회적 행동의 차이가 아동-교사 간 관계의 질적 차이에 기여할 것이라고 예상은 하지만, 우리가 알기로 그러한 양상을 실증적으로 확인한 연구는 아직 없다. 그러나 한 조사에 따르면, 교사들은 언어 기술이 평균이나 그 이하인 경우보다는 우수한 경우에 불안형 고독 아동을 보다 의존적인 것으로 평가한다(Rudasill, Rimm-Kaufman, Justice, & Pence, 2006). 이는 불안형 고독 아동 중 이러한 하위집단이 교사와 상호작용을 하기 위해 자신의 언어 기술을 활용하기 때문일 수 있다.

더욱이 빈약한 억제적 통제(즉, 금지된 행위를 실행하려는 유혹에 저항함으로써 수용 가능한 행동을 보이는 능력)가 중기 아동기에 걸쳐 불안형 고독을 증가시키는 구체적인 경로임을 보여 주는 증거가 있다(Booth-LaForce & Oxford, 2008). 또한 이러한 궤적을 따르는 아동들은 학교에서 또래배제의 증가를 경험하였다. 이러한 결과들은 또래보다 상대적으로 미성숙한 특징을 보이는 일부 고독 아동의 특징과 무관하지 않다(Rubin, 1982; Rubin & Mills, 1988). 관심 추구(attention-seeking)와 빈약한 억제적 통제는 또래 입장에서는 모두 미성숙함으로 지각될 가능성이 큰 특성들이다.

그 외의 특징들은 불안형 고독 아동들이 또래관계의 어려움을 겪는 정도를 충분히 설명하지 못했다. 오히려 보다 심각한 또래관계의 어려움을 설명하는 것은 불안형 고독과 관심 끌기나 외현화 행동의 혼합이었지, 이 중 어느 한 가지 특징의 가산적 효과만으로 설명되는 것이 아니었다(Gazelle, 2008). 이는 또래의 눈에는 불안형 고독이 아동을 취약하게 보이도록 하며(즉, 쉽게 괴롭힐 수 있음, 자신을 스스로 방어하지 못하고 자신을 방어해 줄 친구도 없음), 그 외의 혐오적 특성들이 또래학대에 동기가 되기 때문에 발생하는 것일 수도 있다(Gazelle, 2008; Hodges, Malone, & Perry, 1997). 이와 같이 아동은 통합적 시스템으로 기능하므로 단일 특성이 아동과 학교환경 간의 상호작용에 미치는 영향을 따로 분리해서 보면 충분히 이해하기가 어렵다. 불안형 고독 아동의 이질적 특성이 교사 및 보다 큰 학교환경과 관계를 맺는 데 어떠한 영향을 미치는지 이해하기 위해서는 이 부분에 대한 보다 많은 연구가 필요하다.

학교환경에 차별적으로 민감한 불안형 고독 아동 및 차별적으로 지지적인 학교환경

불안형 고독 아동들이 자신의 사회적 유능성, 혹은 또래로부터 좋지 못한 대우를 받는 것에 대해 걱정한다는 점을 고려할 때, 그들에게 학교 및 학교라는 장면이 요구하는 또래와의 잦은 상호작용은 특히나 큰 도전이 될 수 있다. 다음 절에서 자세히 설명하겠지만, 실제로 불안형 고독 아동은 다른 아동에 비해 학교에서 또래관계의 어려움을 대체로 더 크게 경험한다. 발달과학적 모델에 따르면, 아동들은 특정 학교환경이 요구하는 것에 적응하도록 준비된 정도가 상이한 기능적 양식(functional styles)을 가지고 학교환경으로 들어간다. 또한 학교환경은 학생들에 대한 요구에 있어서나 아동이 이러한 요구에 부응하도록 돕기 위해 제공하는 지원에 있어서 차이를 보이는데, 이 점에 대해서는 이 장의 후반부에 나오는 학교환경에 대한 절에서 자세히 다룬다(Pianta et al., 2002). 이러한 관찰들은 학교가 아동 발달에 미치는 영향력을 더 구체적으로 개념화하는 데 기여하고 있으며, 아동 개개인과 학교환경 간의 상호작용을 강조한다.

또래와의 사회적 상호작용으로부터 철수하는 성향과 같은 특정 취약성을 가진 아동들이 어떠한 환경에서는 성공적으로 적응하지만, 다른 환경들에서는 왜 어려움을 겪는가를 설명하기 위하여 발달의 아동×환경 모델(child × environment models of development)이 고안되었다(Magnusson & Stattin, 2006). 이 모델은 주로 스트레스 관련 연구에서 아동이 가진 취약성이 어떻게 정신병리적 결과로 이어지는지를 설명하는 소질×스트레스 모델(diathesis × stress model)과 관련이 있다(Abramson, Alloy, & Metalsky, 1988). 이러한 모델들은 아동의 발달적 결과가 아동의 취약성과 강점, 그리고 학교환경이 제공하는 스트레스와 지원 간의 결합적 작용의 결과인 것으로 본다. 따라서 불안형 고독 아동의 학교 적응은 그들이 갖춘 기능적 양식과 또래로부터 받는 대우 간의 역동적 상호작용의 결과인 것으로 이해할 수 있다. 또래로부터 받는 대우는 그들의 사회불안과 고독 관련 행동경향성을 악화시키거나 혹은 경감시키는 방식으로 다시 영향을 미친다.

과거 또래경험을 반영하는 불안형 고독 아동의 현재 기능

현대 발달 이론은 아동과 환경이 함께 발달에 기여한다고 기술하며, 궁극적으로 아동과 환경은 융합된다(완전히 분리될 수 없다)는 점을 인정한다. 예를 들면, 이러한 현상은 불안형 고독 아동의 현재 기능이 이전 환경에서 그들이 경험하였던 것의 반영일 때 일어난다. 한 예로, 학교에서 습관적으로 또래와 어려움을 경험했던 불안형 고독 아동은 그렇지 않은 아동들과 비교했을 때 학교에서 새로운 또래문제에 직면하면 더 감정적으로 동요되며 보다 지속적인 심장계 스트레스 반응을 나타냈다(Gazelle & Druhen, 2009). 이러한 패턴은 불안형 고독 아동의 스트레스 반응이 단순히 기질의 반영이 아니라, 급우들과의 어려움에 반복적으로 직면하면서 습득된 것일 수 있음을 시사한다.

불안형 고독 아동의 환경 변화에 대한 적응: 학교 전환기

이 장에서 우리는 불안형 고독 아동의 학교 적응에 대한 연구를 전반적으로 개관하고 있지만, 학교 전환(진급; school transition)에 따른 불안형 고독 아동의 변화에 대한 연구가 있다면 이에 대해 특히 관심을 두고 다루고자 한다. 학교 전환기에 특별히 관심을 갖는 이유는 이 기간 동안에 학교환경의 변화 전후를 비교하면서 불안형 고독 아동의 적응력을 연구할 수 있는 특별한 기회를 얻을 수 있기 때문이다. 이러한 교차–맥락적 비교는 발달에 있어서 아동 대 환경의 기여도를 이해하는 데 특히 중요하다. 전형적으로 학교 전환기는 낯선 아이들이 서로 접촉할 수 있는 기회를 만들어 주므로 관계 형성의 과정과 새로운 상호작용 패턴의 출현을 관찰할 수 있는 기회를 제공해 준다.

불안형 고독 아동의 학교에서의 또래관계

아동의 또래관계에 대한 연구는 전형적으로 학교맥락에서 수행되지만, 학교라는 환경이 또래관계에 미치는 영향력에 대해서는 종종 간과되고 있다. 불안형 고독 아동의 또래관계에 대한 연구를 검토하면서 되도록 우리는 학교환경의 영향을 강조할 것이며, 특히 아이들이 새로운 대인관계를 형성하도록 촉진하기 위해 학교조직이 사용하는 방법들(예: 매년 아동들과 교사들을 다른 교실로 편성하기)을 강조할 것이다. 먼저 우리는 불안형 고독 아동을 또래집단 수준에서 어떻게 대우하는지(예: 배제, 괴롭힘)에 대해 초점을 두고, 이어 불안형 고독 아동의 양자(dyadic) 수준의 또래관계(즉, 친구관계)를 살펴볼 것이다.

집단 수준의 또래관계

또래문제의 조기 출현   불안형 고독 아동들은 대체로 학교에서 낮은 수용, 잦은 또래 거부뿐만 아니라 배제와 또래괴롭힘 등의 부당한 대우를 포함한 또래문제를 겪는 것으로 나타나고 있다(예: Gazelle, 2008; Gazelle & Ladd, 2003; Gazelle et al., 2005; Prakash & Coplan, 2007). 배제(exclusion)는 또래 활동에서 제외되는 것을 의미한다. 배제는 직접적(예: "넌 여기 앉을 수 없어!" "넌 우리랑 놀 수 없어!")으로 나타나기도 하지만, 간접적(예: 휴식 시간에 접근하지 않음)으로 나타날 수도 있다. 또래괴롭힘 피해(peer victimization)는 아동이 욕을 듣는 것과 신체적 학대 같은 다양한 형태의 학대 대상이 되는 것을 말한다. 또래배제가 특히 학교에서 불안형 고독과 강한 관련성이 있다는 점은 주목할 만하다. 쉬는 시간에 아동들의 놀이를 관찰해 보면 불안형 고독 아동들은 또래괴롭힘 피해보다는 또래배제를 더 자주 직면하게 되는데, 이는 대부분 간접적인 방식으로 나타난다(Gazelle, 2008). 초기 연구자들은 불안형 고독 아동들이 3학년 때(8세; Younger, Schwartzman, & Ledingham, 1985, 1986)까지는 높은 수준의 또래문제를 경험하지 않는다고 주장하였으나, 최근의 다양한 연구에서는 유치원과 취학 전에도 이들이 또래문제에 직면하는 것을 보여 주었다(Gazelle & Ladd, 2003; Hart et al., 2000).

불안형 고독 여아보다 남아가 더 자주 또래관계 어려움과 다른 적응 곤란을 보인다는 주장(예: Coplan, Gavinski-Molina, Lagace-Seguin, & Wichmann, 2001)이 있지만, 불안형 고독 아동의 적응에 있어서 성차는 나이와 관심 변인에 따라 달라진다. 중기 아동기의 초반에는 불안형 고독 여아보다 남아가 더 높은 수준의 또래관계 어려움을 경험하는(동성의 또래와 비교했을 때, 불안형 고독 아동들은 두 성별 모두 잦은 또래문제를 경험했음에도 불구하고; Gazelle, 2008; Gazelle & Ladd, 2003) 반면, 청소년기 초반에는 양쪽 모두 비슷하게 증가된 또래문제를 경험한다는 결과가 있다(Gazelle & Rudolph, 2004; Blöte, Bokhorst, Miers, & Westenberg, 2011; Miers, Blöte, & Westenberg, 2010). 아마도 이는 중기 아동기 초반의 수줍음은 자기주장과 지배성이 강조되는 남성적 규범과 더 많이 불일치 하기 때문일 것이며, 청소년기에는 사회적 주도 능력이 양성 모두에게 기대되기 때문 일 것이다(Gazelle & Rudolph, 2004).

또래학대를 당하게 되는 과정   불안형 고독 아동이 또래에게 반감을 사고, 배제되고, 괴롭힘을 당하는 과정은 실험 연구뿐 아니라 또래관계의 연속성과 변화를 시간의 추이 (즉, 몇 개 학년)에 따라 추적한 현장 연구를 통해서도 밝혀지고 있다. 녹화된 대화를 바 탕으로 한 연구결과에 따르면, 아이들은 친밀하지 않은 또래 사이에서 불안한 사회적 행동을 매우 빠르게(2분 이내) 감지하고 그 결과로 그들과 소통하고 싶지 않다는 의사 를 표명한다(Blöte et al., 2011; Miers et al., 2010). 그러나 불안형 고독 아동이 친숙한 또 래 및 낯선 또래와 상호작용하는 것을 관찰한 연구에 따르면, 1시간의 놀이 이후 낯선 또래는 불안형 고독 아동을 다른 아이들보다 덜 좋아했지만, 이어지는 5시간의 놀이 동 안 불안형 고독 아동을 친숙한 또래가 괴롭히는 것보다 덜 괴롭혔으며, 이는 이 시간 동 안 불안형 고독 아동의 사회적 행동을 개선시키는 데 기여한 것으로 나타났다(Gazelle et al., 2005). 따라서 또래학대는 싫어하는 태도보다는 천천히 발달하는 것을 알 수 있 다. 아이들은 새로운 사회집단에서 관계를 협상할 때 다른 사람들을 괴롭히기를 주저 하기 때문에 불안형 고독 아동이 낯선 또래와 만날 때 긍정적인(적어도 부정적 상호작용 이 없는) 또래 상호작용을 경험할 기회를 얻을 수 있다(Shell, Gazelle, & Faldowski, 2014).

우리의 연구결과는 친숙함과 관련된 이와 같은 시간적 양상과 일치하는데, 또래배제 의 이러한 시간적 양상이 해마다 아이들이 같은 학교 내에서 다른 학급으로 재배치되 는 학급 재편성의 영향을 강하게 받는다는 점을 시사한다. 배제는 또래집단이 형성되 는 새 학년의 시작인 가을에 가장 낮게 나타나고, 시간이 지날수록 증가된다(Spangler Avant et al., 2011). 이는 아이들이 또래집단을 형성한 후 그 집단의 역동을 나쁘게 변화 시킬 것 같은(또는 변화시키는) 구성원을 못 들어오게(또는 몰아내게) 하기 위해 배제에 관여할 가능성이 크다는 점을 보여 준다. 아이들은 누가 그들의 또래집단에 속하게 될 것인지에 대해 확실한 합의가 없고, 다른 아이들이 자신의 행동을 지지해 줄 것인가에 대해서도 확신이 없는 상태에서 특정 또래를 배제시키는 것이 위험하다는 것을 이해하고 있기 때문에 배제가 또래집단 형성 초기에 나타날 가능성은 훨씬 희박하다.

또래의 친숙함에 따른 이와 같은 시간적 양상과 일치하게 최근에 우리가 수행한 연구에서도 사회집단이 아직 형성되지 않은 중학교 전환기에는 또래배제와 또래괴롭힘 피해가 평균적으로 급격히 감소하였으나, 또래 청소년들의 또래집단이 잘 형성됨에 따라 배제는 중학교 첫 2년 동안 점차적으로 증가하는 것으로 나타났다(Shell et al., 2014; Paul & Cillessen, 2003 참조). 가장 중요한 점은 이런 패턴이 불안형 고독 수준이 낮은 청소년들보다는 높은 청소년들에게 특히 유익했다는 점인데, 이러한 청소년들은 초등학교와 중학교에서 또래배제를 보다 많이 경험하였더라도(Shell et al., 2014), 중학교 전환기에는 또래배제와 또래괴롭힘 피해가 상대적으로 크게 감소하는 경험을 하는 것으로 나타났다. 이런 결과는 학교 전환기가 청소년의 내면화 문제와 학업 적응의 위기라고 보았던 과거의 연구들과는 대조를 이룬다(Coplan & Arbeau, 2008; Hirsch & Rapkin, 1987; Talwar, Nitz, & Lerner, 1990). 불안형 고독 청소년들은 새로운 또래관계를 형성하고 이전의 평판으로부터 거의 자유로워지는 새로운 학교환경에 들어갔을 때, 또래배제와 또래괴롭힘 피해의 상당한 감소를 경험할 수는 있으나, 시간이 지나고 또래집단이 확고해지면서 다소 높은 수준의 또래배제를 재경험할 가능성이 크다. 이는 학교 전환기 직전과 전환기 동안에 불안형 고독 아동 및 청소년에 대해 시의적절하게 개입할 때, 자연적으로 형성되는 또래집단의 친교 역동과 불안형 고독 아동 및 청소년이 또래집단으로 가져가는 기술 간의 시너지 효과를 낼 수 있음을 시사한다.

또래학대의 행동적 및 정서적 결과　아동×환경 관점과 일치하는 점은 불안형 고독 아동이 학교에서 또래배제를 경험하면 불안형 고독은 보다 안정되거나 증가하며(Booth-LaForce & Oxford, 2008; Gazelle & Ladd, 2003; Oh et al., 2008), 시간이 지날수록 우울 증상이 높아진다는 점이다(Gazelle & Ladd, 2003; Gazelle & Rudolph, 2004). 또래배제가 불안형 고독의 안정성을 부분적으로 더 강화시킬 수도 있는데, 이는 또래배제가 불안형 고독 아동의 사회적 두려움을 확인해 주는 역할을 하기 때문이다(Gazelle & Ladd, 2003). 다른 연구도 이러한 가능성을 지지하였는데, 시간의 경과에 따라 또래배제, 또래괴롭힘 피해, 시회적 불안이 양방향적으로 상호 악화시키는 관계가 있음을 밝혔다(Siegel, La Greca, & Harrison, 2009). 더욱이 불안과 우울 간의 관계에 대한 무기력–절망 모델(helplessness-hopelessness model; Alloy, Kelly, Mineka, & Clements, 1990)에 따르면, 만일 또래학대를 경험하게 된다면 이에 대해 자신이 효과적으로 대응할 수 없을 것(무기력)이라는 불안형 고독 아동이 갖고 있는 '우려'가 실제로 또래배제를 경험하면서 또래학대를 경험할 것이라는 '확신'과 이러한 상황은 절대 바뀔 수 없다는 지속적 무능감(절망)으로 바뀌게 된다(Gazelle & Ladd, 2003; Gazelle & Rudolph, 2004).

불안형 고독 행동의 지속성과 변화, 그리고 학교 전환기에 불안형 고독 청소년들의 내재화 문제에 대한 연구는 특히 중요한데, 이는 환경 변화에 의해 촉진된 자기–재구성 시기가 어려움을 악화시킬 수도 있고 긍정적 변화를 가져올 수도 있기 때문이다. 한편으로 불안형 고독 아동들은 또래 및 교사와 새로운 관계를 형성하는 것을 스트레스로 받아들이므로 학교 전환기 이후에 그들의 불안형 고독이 강화되는 어려움을 경험할 수도 있다(Coplan & Arbeau, 2008). 그러나 다른 한편으로 학교 전환기 이후에 또래관계를 재협의하는 집단적 과정을 거치고, 이전의 평판 및 또래 간 지위로부터 자유로워지게 되면서 불안형 고독 아동들은 자신에게 도움이 되는 사교 기회를 얻을 수도 있는데, 이를 통해 전환기 이후의 불안형 고독이 개선될 여지도 있다.

최근의 한 연구에서는 중학교 전환기 동안에 불안형 고독의 극적인 감소를 확인하였다. 이러한 감소는 대상 아동들에게서 평균적으로 나타났지만, 특히 전환기 직전에 불안형 고독이 높은 아동들에게서 더 뚜렷하였다(Shell et al., 2014). 이러한 불안형 고독의 감소는 학교가 바뀌면서 발생하는 또래배제와 또래괴롭힘 피해의 극적인 감소에 기인한 것으로 보인다. 다른 연구에서도 이와 유사한 결과가 도출되었는데, 5~8학년 중학교 시기를 거치는 동안에 불안형 고독의 감소를 경험한 아동들은 이 시기에 또래배제와 또래괴롭힘 피해의 경험 역시 감소한 것으로 나타났다(Oh et al., 2008). 반대로 전환기 이후에 증가된 또래배제와 괴롭힘 피해를 경험한 아동들은 이 시기 동안에 불안형 고독이 약간 증가한 것으로 나타났다. 이러한 결과는 전환기가 아닌 시기에 나타나는 양상과 일치하는 것으로, 또래배제의 증가가 시간의 경과에 따른 불안형 고독의 안정성을 강화시킨다는 결과와 일치한다(Gazelle & Ladd, 2003). 종합적으로 볼 때, 이러한 결과들은 또래문제가 불안형 고독 아동의 사회적 두려움을 강화시켜서 그들의 불안형 고독을 유지 혹은 악화시킨다는 개념을 지지한다.

내재화 증상들은 일반적으로 청소년기 동안에 증가하기 때문에(Angold & Rutter, 1992) 특히 중학교에서 고등학교로 진급하면서 악화되기가 쉽다. 중학교 진급 시기는 다른 시기에 비해 대체로 아동들의 우울, 불안, 신체화 증상이 보다 높은 비율로 나타나는 것으로 알려져 있다(Barber & Olsen, 2004; Chung, Elias, & Schneider, 1998; Tram & Cole, 2006). 이처럼 학교 진급이 특히 불안형 고독 청소년의 내재화 증상에 미치는 영향에 대해서는 아직 연구가 많이 필요하다. 한편으로는 학교 진급 이후에 감소된 또래학대가 정신건강을 증진시킬 수도 있지만, 다른 한편으로는 새로운 친구를 사귀어야하고 보다 성숙한 행동이나 학업 성취에 대한 요구가 증가하는 점이 내재화 문제에 기여할 수도 있다. 일반적으로 불안형 고독 아동 및 청소년은 내재화 증상을 보일 위험이 보다 높으며(Gazelle & Ladd, 2003; Gazelle, Workman, & Allan, 2010; Rubin & Mills, 1988), 전환기 동안의 그들의 정서적 적응에 대한 연구가 필요하다.

양자 수준의 또래관계: 친구관계

친구관계의 양과 안정성   불안형 고독 아동들이 학교에서 규준(평균)적인 수의 호혜적 친구관계(reciprocated friendship)를 맺는지에 대한 연구결과는 다소 일치하지 않고 있다. 일부 연구자들은 불안형 고독 아동들도 다른 아이들만큼 단일의 안정적이며, 호혜적인, 가장 친한 친구관계를 가질 가능성이 있다고 밝혔다(Rubin, Wojslawowicz, Rose-Krasnor, Booth-LaForce, & Burgess, 2006). 그러나 호혜적 친구관계의 양에 대한 연구에 따르면, 관심-추구적이며 외현화 문제를 가지고 있는 불안형 고독 아동들은 일반아동들에 비해 보다 적은 수의 호혜적 친구를 가지고 있는 반면(평균적으로 1명 이하),

다른 불안형 고독 아동들은 일반 아동들만큼 많은 호혜적 친구관계(평균적으로 1명 이상이지만 2명 이하)를 즐기는 것으로 나타났다(Gazelle, 2008). 물론 일부 연구자들은 보다 많은 수의 호혜적 친구관계를 맺고 있는 것이 학교생활에 보다 잘 적응하고 있다는 표식이 되는가에 대해 의문을 갖기는 하지만, 평균적으로 한 명의 친구도 없는 집단을 고려해 보았을 때 친구가 없다는 것은 우려점이 된다. 더욱이 친구가 없거나 불안정한 친구관계는 초기 청소년기에 불안형 고독의 증가를 예측하는 것으로 보고되었다(Oh et al., 2008). 또한 보다 친밀한 친구의 존재는 사회적 불안 및 외로움과 또래괴롭힘 피해 간의 관계를 약화시키는 것으로 나타났다(Erath, Flanagan, Bierman, & Tu, 2010). 심지어 다른 학년에 속해 있는 친구들이라고 하더라도 이들은 불안형 고독 남아들(여아들의 경우에는 그렇지 않음)을 또래괴롭힘 피해로부터 보호하는 것으로 밝혀졌다(Bowker & Spencer, 2010).

그럼에도 불구하고 다른 아동들의 친구관계와 비교해 볼 때, 불안형 고독 아동들의 친구관계는 또래괴롭힘 피해로부터 보호하는 효과가 더 적을 수 있다. 불안형 고독 아동의 친구는 행동적으로 유사한 특성을 보일 가능성이 높으며(즉, 위축되어 있고 또래괴롭힘 피해를 당하는; Rubin, Lynch, Coplan, & Rose-Krasnor, 1994; Rubin et al., 2006), 불안형 고독의 특징을 보이는 친구들은 또래괴롭힘 피해로부터 보호하는 역할을 거의 하지 못한다는 증거도 있다(Hodges et al., 1997). 종합해 보면, 비록 다른 아동들에 비해 불안형 고독 아동들이 평균적으로 볼 때에는 친구관계의 유익을 덜 누리는 것으로 보이지만, 그럼에도 불구하고 그들의 친구관계는 어느 정도는 유익한 것으로 보인다. 또한 친화성이 좋은(agreeable) 불안형 고독 아동들은 충분한 친구관계를 즐기며(Gazelle, 2008), 이러한 친구관계의 질과 유익은 불안형 고독 아동들의 평균적 양상보다 나은 것으로 보인다.

친구관계의 질   통제집단의 아동들과 비교할 때, 불안형 고독 아동들과 그의 친구들은 친구관계의 질(friendship quality)을 낮게 평가한다(Rubin et al., 2006; Schneider, 2009). 구체적으로 보면 불안형 고독 아동들은 낮은 동료애(companionship)를 보고하였고, 불안형 고독 아동과 그의 친구들은 모두 조력, 안내 및 전반적 대인관계의 질이 낮은 것으로 보고하였다. 또한 불안형 고독 아동의 친구들은 친밀한 상호작용이나 갈등 해결 수준이 낮다고 보고하였다. 마찬가지로 다른 연구에서도 불안형 고독 아동의 친구들은 불안형 고독 아동에 비해 그들 간의 호혜적 친구관계가 덜 친밀하고 덜 도움이 되는 것으로 지각한다는 점을 발견하였다(Schneider, 1999). 이런 양상은 불안형 고독 아동들이 호혜적 친구관계 속에서조차 상대적으로 소극적이기 때문에(Schneider, 2009) 이러한 아동들을 위한 개입에서 관계 기술이 포함될 필요가 있음을 시사한다. 또한 이러한 친구관계 양상은 불안형 고독 아동과 친구가 되는 아동들의 질과도 관련된다는 점을 명심할 필요가 있다(Gazelle & Spangler, 2007). 따라서 개입을 위해서는 불안형 고독 아동에게 있어서 좋은 친구란 무엇을 의미하는지를 잘 파악하는 것이 중요하다.

친구관계 형성 과정   아동 및 청소년들은 학교 진급 후 친숙하지 않은 또래와 새로운 친구관계를 발전시켜야 한다. 그러나 다른 사람에 비해 또래에게 접근하는 것이 쉽지 않은 불안형 고독 아동들에게 이것은 특히나 도전적인 일이다(Asendorpf, 1990). 불안형 고독 아동 및 청소년들은 대학 진학 후 새로운 친구관계를 형성하는 데 보다 오랜 시간이 걸리지만, 대략 비슷한 수의 친구를 얻는다는 연구결과가 있다(Asendorpf, 2000; 자세한 내용은 Asher와 Weeks가 집필한 이 책 2권의 2장과 Bowker, Nelson, Markovic 및 Luster가 저술한 이 책의 1권 10장 참조). 이러한 긍정적인 사회적 관계 형성의 지연은 성인기까지 계속된다. 예를 들면, 아동기에 수줍음이 많은 남성은 그렇지 않은 남성들보다 늦게 결혼을 하여 가정을 꾸렸다(Caspi, Elder, & Bem, 1988; Kerr, Lambert, & Bem, 1996). 이처럼 새로운 관계 형성의 지연은 불안형 고독의 특성을 가진 개인이 다른 사람과 접촉하기를 주저하며 망설이기 때문만은 아니며, 다른 사람을 알게 되고 다른 사람이 그들을 알게 하는 지속적 상호작용을 쉽게 하지 못하기 때문이기도 하다. 불안형 고독 청소년들은 이전의 친구관계를 유지함으로써 전환기 이후의 친구관계 형성의 지연을 극복한다는 증거도 있다(Asendorpf, 2000). 불안형 고독 아동 및 청소년보다는 불안형 고독 성인의 지연된 친구관계 형성에 대해 더 많이 알려져 있다. 따라서 성인기 이전의 학교 전환기 동안에 친구관계 형성 과정과 이러한 과정에서의 잠재적인 정서적 결과(예: 외로움)에 대한 연구들이 필요하다.

종합해 보면 많은 불안형 고독 아동 및 청소년들이 학교에서 집단 수준 및 양자 수준의 또래문제에 직면한다. 그러나 불안형 고독 아동이 긍정적 또래관계를 경험할 때, 이는 긍정적 학교 적응에 도움을 준다. 유사한 양상이 불안하지만 사교적인 아동과 교사와의 관계에서도 발견되었다.

불안형 고독 아동에 대한 교사의 지각과 교사-아동 관계

교사는 부모 다음으로 학습 영역뿐만 아니라 사회적 · 정서적 영역에서 아동의 발달을 도와줄 책임이 있는 성인이다. 그러나 불안형 고독 아동들이 교사와 맺는 관계의 질은 이러한 지도로부터 도움을 받는 정도에 영향을 미칠 수 있다.

교사-아동 관계

교사-아동 관계는 전형적으로 교사의 보고를 통해 세 가지, 즉 친밀함(따뜻함과 긍정적 의사소통), 갈등(긴장, 적대감, 잦은 논쟁), 의존성(교사에 대한 과잉 의존; Pianta, Hamre, & Stuhlman, 2003)의 측면에서 평가된다. 교사는 평균적으로 볼 때, 다른 아동들에 비해 불안형 고독 아동들과의 관계가 덜 친밀하며 갈등이 적다고 평가하였다(Arbeau, Coplan, & Weeks, 2010; Rudasill, 2010; Rudasill & Rimm-Kaufman, 2009; Rydell, Bohlin, & Thorell, 2005). 또한 교사들은 불안형 고독 아동들이 다른 아동들에 비해 자신들에게 더 의존적이라고 본다는 증거도 있다(Arbeau et al., 2010). 이러한 교사와의 관계의 질은 불안형 고독 아동들이 그들의 친구들(앞에서 기술한 대로 낮은 친밀성) 및 부모(불안정한 양가적 애착; Sroufe, Fox, & Pancake, 1983)와 맺는 관계의 질을 그대로 반영한다.

이처럼 아동이 부모와 맺는 관계와 교사와 맺는 관계가 유사한 점은 불안정한 부모-자녀 애착이 교사-아동 간의 불안정 애착과 관련된다(Rydell et al., 2005)는 증거와 맥을 같이하며, 부모-자녀 애착은 아동이 다른 사람들과 맺는 관계에 대한 기대의 기반

이 된다는 견해와도 일치한다(자세한 내용은 Bukowski와 Véronneau가 집필한 이 책의 1권 2장 참조). 불안정한 양가적 애착의 특징은 짧은 분리 후 부모에 대해 아동이 양가감정을 표출하는 것이다(예: 부모의 친밀감을 원하지만 진정시키려는 부모에게 화를 내며 반항하는 것). 이러한 애착 유형은 일관성이 결여된 양육(예: 일관성 없는 반응성; Ainsworth, 1979)과 관련된다. 이런 상황에서 아동은 자신이 힘들 때 부모가 자신을 도와줄 것인지를 확신할 수가 없다. 이러한 불확실성은 아동의 세상 탐색과 관계에 대한 신뢰감 형성을 방해한다.

불안형 고독 아동들이 다른 아동들보다 탐색을 위한 안전한 베이스로서 교사를 활용하는 능력이 보다 낮음을 시사하는 증거(Rydell et al., 2005)는 이러한 애착의 관점과 일치한다. 불안형 고독 아동들도 교사에게 의존한다는 일부 증거가 있기는 하지만, 그들은 다른 아이들에 비해 교사와 상호작용하는 시간을 더 적게 보내며(Rudasill, 2010), 교사의 주의를 끌기 위한 시도도 적게 한다(Rudasill & Rimm-Kaufman, 2009). 그 결과, 공격적인 아동들에 비해 불안형 고독 아동들의 교사-아동 상호작용은 학생에 의해 시작될 가능성이 훨씬 적고, 교사가 주도할 가능성이 더 크다(Coplan & Prakash, 2003). 이에 따라 불안형 고독 아동들은 교사에게 자신의 필요를 효과적으로 소통할 가능성이 더 적으며, 따라서 교사로부터 지원도 더 적게 받을 수 있다.

교사-아동의 관계는 교실에서 보내는 시간 동안에만 중요한 자원이 되는 것이 아니라 향후의 아동 적응도 유의하게 예측한다. 유아기 동안에 덜 안정적이고(즉, 덜 친밀하고), 더 의존적인 교사-아동 관계를 맺은 미취학 아동들은 5년이 지난 후에 더 위축되는 것으로 나타났다(Howes, Hamilton, & Matheson, 1994). 유사하게 1학년 학급에서 교사에 대한 높은 의존성은 학년 초의 불안형 고독과 6개월 후의 비사회적(asocial) 행동 및 또래배제 간의 관계를 강화시키는 것으로 나타났다(Arbeau et al., 2010). 따라서 교사-아동 관계는 적어도 아동의 적응을 나타내는 민감한 표식(markers)이며, 아동의 향후 발달경로에 영향을 미치는 관계적 과정을 대표한다고 할 수 있다.

불안형 고독 아동에 대한 교사의 평가

아동의 행동에 대한 교사의 해석은 아동과의 상호작용(예: 지원 제공 대 훈육; Keogh, 2003)에 영향을 미친다. 따라서 불안형 고독 아동의 사회적 및 학업 역량에 대한 교사의 평가는 중재 여부와 어떤 유형의 중재가 적절한지에 대한 교사의 결정에 영향을 미칠 수 있다. 불안형 고독 학생의 사회적 및 학업 역량에 대한 교사의 평가는 두 가지 방식을 통해 연구되었는데, 하나는 불안형 고독 학생에 대해 가상적으로 묘사한 내용을 교사가 평정하는 방법이며, 다른 하나는 교사 자신이 가르치는 불안형 고독 학생을 직접 평정하는 방법이다.

사회적 적응   교사들은 가상적인 사례에 반응하여 불안형 고독과 관련해서 사회적 및 학업적으로 치러야 할 대가가 있다고 보고한다(Arbeau & Coplan, 2007; Coplan, Hughes, Bosacki, & Rose-Krasnor, 2011). 이러한 가상적 사례에 대한 평가 결과와 일관되게 교사들은 자신이 가르치는 불안형 고독 학생에 대해서 그들은 보다 많은 불안이나 또래배제(Arbeau et al., 2010; Gazelle & Ladd, 2003; Gazelle & Rudolph, 2004), 또래관계에서 보다 많은 사회적 회피와 적은 친사회적 행동(Flanagan, Erath, & Bierman, 2008), 그리고 더 많은 우울 증상(Gazelle & Ladd, 2003)을 보이거나 경험한다고 보고하였다.

더 나아가 교사들은 가상적 사례에 묘사된 불안형 고독 행동이 상황에 의한 것(내적 성격 특질이 아닌; Arbeau & Coplan, 2007)이며, 변화 가능한 것으로 보고하였다(Brophy & McCaslin, 1992). 교사들은 불안형 고독 아동들의 또래관계를 개선하기 위하여(Brophy & McCaslin, 1992; Coplan et al., 2011; Evans, 2001) 간접적이며 또래-중심적인 사회적 관계 형성 개입(예: 개인적 대화와 사회적 참여를 촉진하기 위해 고안된 특별한 활동)을 활용할 것이며, 아동에게 더 적합하도록 환경을 변화(예: 또래가 불안형 고독 아동을 놀이에 초대할 수 있도록 격려하기; Brophy & McCaslin, 1992)시킬 것이라고 보고하였다. 우리가 알기로 불안형 고독 학생에 대한 교사 주도의 개입 전략의 효과성을 평가한 연구는 아직 없다. 불안형 고독 아동이 경험하는 문제를 교사가 정확히 파악하기는 하였지만 상충되는 다양한 요구를 조정해야 하는 교사의 일상을 고려할 때 질문지에 대한 그들의 응답이 불안형 고독 아동에 대한 실제적인 조치로 이어지지 못할 수도 있다는 점을 고려할 필요가 있다.

학업 능력   불안형 고독은 학업 능력에 대한 교사의 지각에도 영향을 미치는 것으로 보인다(Henderson & Fox, 1998; Keogh, 2003). 교사들은 불안형 고독 아동들에게는 낮은 학업 성취를 기대하고(Arbeau & Coplan, 2007; Coplan et al., 2011), 말이 많은 다른 아동들보다 덜 총명할 것이라고 예상한다(Coplan et al., 2011; Evans, 2001; Lerner, Lerner, & Zabski, 1985). 유사하게 교사들은 새로운 환경에 적응하는 데 더 오랜 시간이 걸리는 아동들(불안형 고독 아동들이 종종 그러하다)의 지능은 과소평가하고, 긍정적으로 빠르게 반응하는 아동들의 지능은 과대평가한다(Gordon & Thomas, 1967). 그러나 이러한 기대는 아동의 다른 특성들(언어 수행이 좋지 않은 불안형 고독 아동들은 특히 학업 수행이 떨어질 것으로 기대됨; Evans, 2001)에 따라 달라지며, 또한 교사의 특성(말수가 적은 교사에 비해서 말수가 많은 교사가 불안형 고독 아동들이 학습 수행이 더 나쁠 것으로 예상함; Coplan et al., 2011)에 따라서도 달라진다.

학교 진급 이후에 청소년들이 새로운 기대와 요구에 적응해 감에 따라 학업의 어려움이 가중되는 경향이 있다(Rudolph, Lambert, Clark, & Kurlakowsky, 2001; Simmons & Blyth, 1987). 이러한 경향은 불안형 고독 아동들의 경우에 특히 강하게 나타날 수 있다. 유치원에서의 학습목표는 집단 사회화에 초점을 맞춘다. 가령, 구조화된 집단 활동의 참여는 유치원에서의 매우 흔한 사회화 목표이지만, 불안형 고독 아동들에게는 특히 도전적인 목표일 수 있다. 영아기에 불안형 고독의 기질적 위험요인인 행동억제(behavioral inhibition)를 보인 아동은 유치원에서 집단 안이나 교사가 지도하는 활동 중에 말을 더 적게 하고, 혼자 방관자적인 행동을 할 가능성이 더 크다(Rimm-Kaufman & Kagan, 2005). 게다가 불안형 고독 성향은 이후 학교교육을 회피하는 데 기여할 수 있다. 예를 들면, 아동기에 수줍음이 많았던 여성은 그렇지 않은 여성에 비해 대학에 진학해서 이후의 생산 활동에 참여할 가능성이 적었다(Caspi et al., 1988; Kerr et al., 1996). 따라서 학교에 다니는 것은 본질적으로 사회적 활동이므로 불안형 고독은 일부 아동 및 청소년의 학업과 직업적 진보를 방해할 수도 있다. 이것은 학업능력의 문제라기보다는 학교교육의 일부분인 사회적 도전과 더 관련이 있다고 할 수 있다. 또한 불안형 고독 아동의 학업 성취에 있어서 개인차가 있다는 점을 인정하는 것이 중요하다. 불안형 고독 아동 중 일부는 학업 면에서 뛰어나며, 또래관계도 꽤 잘해 나간다는 증거가 있다(Gazelle, 2008).

불안형 고독 아동들의 학업적 어려움은 그들의 정서적 · 행동적 유형과 환경적 요구가 잘 들어맞지 않은 경우에 발생할 수 있기 때문에 환경적 변화가 학급 참여를 향상시킬 수 있다. 유치원에서 교사가 '보여 주고 말하기' 활동을 하는 동안에 덜 직접적인 전략(더 적은 직접적 질문, 보다 많은 개인적 이야기)을 사용하자 불안형 고독 아동들은 보다 더 자주 말했고, 보다 많은 어휘를 사용하였으며, 또한 더 오랫동안 말을 했다. 즉, 교사가 아동의 말을 지지하며 신뢰를 불러일으킨 교수 접근법은 불안형 고독 아동의 학급 참여를 향상시킨 것이다. 이러한 교수법을 통해 불안형 고독 아동의 행동이 개선되면 그들의 학업 능력에 대한 교사의 인식도 긍정적으로 개선될 것이다.

학교환경과 불안형 고독 아동의 적응

전환기 전후의 학교환경의 질은 전환기 동안에 불안형 고독의 지속성과 변화, 심리사회적 적응에 영향을 미친다. 유아기에 부모에게 양육되어 상대적으로 또래에게 거의 노출되지 않았거나 많은 아동과 직원이 있는 센터에서 보육을 받음으로써 과도하게 또래집단에 노출되었던 불안한 유아들은 소규모 또래집단에 노출되는 가정집 기반의 보육기관에 다닌 아동들에 비해 유치원 입학 시 더 불안을 나타냈다(Coplan, Findlay, & Schneider, 2010). 따라서 전환기 이전의 환경이 또래 상호작용에 대해 지지적인 기회를 제공하는 환경이었다면, 전환기 이후에 불안을 덜 경험하였다.

후기 아동기에 진급 이후의 교실환경, 특히 학급의 정서적인 풍토는 불안형 고독 아동의 적응에 차별적으로 영향을 미치는 것으로 나타났다. 학급의 정서적인 풍토는 교사와 학생, 학생들 사이의 상호작용을 포함하는 교실의 정서적인 분위기에 대한 평가의 총합이다. 비록 학급의 정서적인 풍토가 교사에 의해 주도된다고 여겨지더라도 근본적으로 집단 수준의 구성개념이며, 특정 교사-아동 관계(Pianta, La Paro, & Hamre, 2008)보다 더 넓은 개념이다. 학교 진급 이후의 학급의 정서적인 풍토가 불안형 고독 아동의 또래문제의 위험요인을 조절하는 것으로 나타났다. 유아기에 불안형 고독의 역사가 있는 아동들은 정서적인 풍토가 상대적으로 덜 지지적인 것으로 관찰된 1학년 학급에서 또래배제를 겪거나, 우울 증상(여아들의 경우)을 더 많이 경험한다고 교사들은 보고하였다(Gazelle, 2006). 그러나 초등학교에서 중학교까지 관찰된 지지적인 정서적인 풍토의 감소는 초기 청소년기에 불안형 고독의 증가나 또래관계의 어려움으로 바뀌지 않았다(Shell et al., 2014). 오히려 이 시기에는 또래관계의 재구성과 이전 평판에서의 해방, 그리고 중학교에서의 지위가 더 큰 영향을 미치며, 불안형 고독과 또래관계 어려움을 감소시키는 것으로 나타났다. 종합적으로 고려할 때, 적어도 유아기와 중기 아동기의 초반부에, 불안형 고독 아동은 학교 맥락에서 그들이 받고 있는 지지의 질에 의해 특히 영향을 받는 것으로 보인다.

결론과 향후 연구 방향

이 장에서 우리는 불안형 고독 아동이 학교에서 사회 · 정서 · 학업 면에서 어떻게 적응하는지에 관한 경험 기반의 연구들을 요약하였다. 우리는 불안형 고독 아동의 발달에 있어 또래 및 교사와의 상호작용과 관계, 학급의 정서적인 풍토의 영향을 강조하였다. 이 장에서 검토된 연구들은 다음의 사항에 대해 특히 강조하고 있다. 즉, (1) 불안형 고독 아동의 이질성과 아동의 다양한 특성이 어떻게 통합된 시스템으로 기능하는지에 대한 이해, (2) 학교환경이 제공하는 지지의 이질성, (3) 불안형 고독 아동의 또래관계 진전 및 시간에 따른 심리사회적 적응과 관련된 시간적 역동 및 이러한 시간적 양상이 학교에 의해 어떻게 형성되는지에 대한 이해, (4) 학교에서 발생하는 관계적 과정이 시간의 흐름에 따라 불안형 고독 아동에게 미치는 영향에 대한 이해 등이다. 학교에서의 불안형 고독 아동의 발달에 대해 오랫동안 연구되었지만, 아동 발달에 영향을 주는 학교의 역할은 최근에야 관심을 받고 있다. 이후 연구에서는 불안형 고독 아동의 강점 및 취약성, 시간의 경과에 따른 학교환경이 제공하는 요구와 지지 간의 역동적 상호작용에 중점을 두어야 할 필요가 있다.

이 장의 개관을 통해 불안형 고독 아동이 경험하는 다양한 관계의 어려움(즉, 또래, 교사, 부모뿐 아니라 친구와의 관계에서 관계의 질이 낮음)이 명백히 드러났으므로 가장 우선되어야 할 질문 중 하나는 "어떻게 하면 학교가 아이들에게 다른 사람들과 관계하는 방법에 대한 건강한 모델을 제공할 수 있는가?" 하는 점이다. 또래배제와 또래괴롭힘 경험은 다른 사람과의 건강한 관계를 위한 모델을 경험하는 데 도움이 되지 않는다. 이러한 최소한을 넘어 추가되어야 할 질문으로는 "어떻게 하면 아이들로 하여금 급우를 지지하고 돌보도록 가르칠 수 있을까?" "어떻게 하면 아이들이 취약한 급우에 대해 그들을 방해하기보다는 도와주는 방식으로 반응하도록 가르칠 수 있을까?" 하는 것이다. 불안형 고독 아동들이 긍정적인 또래관계를 형성하고 교실 활동에 적극 참여하도록 지원하는 방식으로 학교환경이 조정될 수 있음을 보여 주는 소수의 연구결과(예: Coplan et al., 2010; Evans & Bienert, 1992; Gazelle, 2006)가 있지만, 이러한 연구들이 더 많이 필요하다. 이러한 노력들은 불안형 고독 아동들에게 가장 큰 영향을 미치겠지만, 대부분의 아동에게도 당연히 도움이 될 것이다. 가장 취약한 구성원이 잘 성장할 수 있는 맥락을 제공하는 데 특별한 관심을 기울이는 학교는 보다 안전하고 통합교육적인 (inclusive, 포용적인) 환경을 제공하여 모든 아이가 그들의 지역사회에서 활동적인 성원이 되는 법을 배우게 할 것이다.

참고문헌

Abramson, L. Y., Alloy, L. B., & Metalsky, G. I. (1988). The cognitive diathesis-stress theories of depression: Toward an adequate evaluation of the theories' validities. In L. B. Alloy (Ed.), *Cognitive processes in depression* (pp. 3-30). New York: Guilford.

Ainsworth, M. D. S. (1979). Attachment as related to mother-infant interaction. In J. S. Rosenblatt, R. A. Hinde, C. Beer, & M. Busnel (Eds.), *Advances in the study of behavior* (Vol. 9). New York: Academic Press.

Alloy, L. B., Kelly, K. A., Mineka, S., & Clements, C. M. (1990). Comorbidity of anxiety and depressive disorders: A helplessness-hopelessness perspective. In J. D. Maser & C. R. Cloninger (Eds.), *Comorbidity of mood and anxiety disorders* (pp. 499-543). Washington, DC: American Psychiatric Press.

Angold, A., & Rutter, M. (1992). Effects of age and pubertal status on depression in a large clinical sample. *Development and Psychopathology, 4*, 5-28.

Arbeau, K. A., & Coplan, R. J. (2007). Kindergarten teachers' beliefs and responses to hypothetical prosocial, asocial, and antisocial children. *Merrill-Palmer Quarterly: Journal of Developmental Psychology, 53*(2), 291-318.

Arbeau, K. A., Coplan, R. J., & Weeks, M. (2010). Shyness, teacher-child relationships, and socio-emotional adjustment in grade 1. *International Journal of Behavioral Development, 34*(3), 259-269.

Asendorpf, J. B. (1990). Beyond social withdrawal: Shyness, unsociability, and peer avoidance. *Human Development, 33*, 250-259.

Asendorpf, J. B. (2000). Shyness and adaptation to the social world of university. In W. R. Crozier (Ed.), *Shyness: Development, consolidation and change* (pp. 103-120). New York: Routledge.

Avant, T. S., Gazelle, H., & Faldowski, R. (2011). Classroom emotional climate as a moderator of anxious solitary children's longitudinal risk for peer exclusion: A child × environment model. *Developmental Psychology, 47*, 1711-1727.

Barber, B. K., & Olsen, J. A. (2004). Assessing the transitions to middle and high school. *Journal of Adolescent Research, 19*, 3-30.

Blöte, A., Bokhorst, C. L., Miers, A. C., & Westenberg, P. M. (2011). Why are socially anxious adolescents rejected by peers? The role of subject-group similarity characteristics. *Journal of Research on Adolescence, 22*(1), 123-134.

Booth-LaForce, C., & Oxford, M. L. (2008). Trajectories of social withdrawal from grades 1 to 6: Prediction from early parenting, attachment, and temperament. *Developmental Psychology, 44*(5), 1298-1313.

Bowker, J. C., Markovic, A., Cogswell, A., & Raja, R. (2012). Moderating effects of aggression on the associations between social withdrawal subtypes and peer difficulties during early adolescence. *Journal of Youth and Adolescence, 41*(8), 995-1007.

Bowker, J. C., & Spencer, S. V. (2010). Friendship and adjustment: A focus on mixed-grade friendships. *Journal of Youth and Adolescence, 39*(11), 1318-1329.

Brophy, J., & McCaslin, M. (1992). Teachers' reports of how they perceive and cope with problem students. *The Elementary School Journal, 93*(1), 3-68.

Caspi, A., Elder, G. H., & Bem, D. J. (1988). Moving away from the world: Life-course patterns of shy children. *Developmental Psychology, 24*(6), 824-831.

Chung, H., Elias, M., & Schneider, K. (1998). Patterns of individual adjustment changes during middle school transition. *Journal of School Psychology, 36*, 83-101.

Coplan, R. J., & Arbeau, K. A. (2008). The stresses of a 'brave new world': Shyness and school adjustment in kindergarten. *Journal of Research in Childhood Education, 22*(4), 377-389.

Coplan, R. J., Arbeau, K. A., & Armer, M. (2008). Don't fret, be supportive! Maternal characteristics linking child shyness to psychosocial and school adjustment in kindergarten. *Journal of Abnormal Child Psychology, 36*(3), 359-371.

Coplan, R. J., Findlay, L. C., & Schneider, B. H. (2010). Where do anxious children "fit" best? Childcare and the emergence of anxiety in early childhood. *Canadian Journal of Behavioural Science/Revue canadienne des sciences du comportement, 42*(3), 185-193.

Coplan, R. J., Gavinski-Molina, M. H., Lagace-Seguin, D. G., & Wichmann, C. (2001). When girls versus boys play alone: Nonsocial play and adjustment in kindergarten. *Developmental Psychology, 37*(4), 464-474.

Coplan, R. J., Hughes, K., Bosacki, S., & Rose-Krasnor, L. (2011). Is silence golden? Elementary school teachers' strategies and beliefs regarding hypothetical shy/quiet and exuberant/talkative children. *Journal of Educational Psychology, 103*(4), 939-951.

Coplan, R. J., & Prakash, K. (2003). Spending time with teacher: Characteristics of preschoolers who frequently elicit versus initiate interactions with teachers. *Early Childhood Research Quarterly, 18*(1), 143-158.

Erath, S. A., Flanagan, K. S., Bierman, K. L., & Tu, K. M. (2010). Friendships moderate psychosocial maladjustment in socially anxious early adolescents. *Journal of Applied Developmental Psychology, 31*, 15-26.

Evans, M. A. (2001). Shyness in the classroom and home. In W. R. Crozier & L. E. Alden (Eds.), *International handbook of social anxiety: Concepts, research, and interventions relating to the self and shyness* (pp. 159-183). Ipswich, MA: Wiley.

Evans, M. A., & Bienert, H. (1992). Control and paradox in teacher conversations with shy children. *Canadian Journal of Behavioural Science/Revue canadienne des sciences ducomportement, 24*(4), 502-516.

Flanagan, K. S., Erath, S. A., & Bierman, K. L. (2008). Unique associations between peer relations and social anxiety in early adolescence. *Journal of Clinical Child and Adolescent Psychology, 37*(4), 759-769.

Gazelle, H. (2006). Class climate moderates peer relations and emotional adjustment in children with an early history of anxious solitude: A child × environment model. *Developmental Psychology, 42*, 1179-1192.

Gazelle, H. (2008). Behavioral profiles of anxious solitary children and heterogeneity in peer relations. *Developmental Psychology, 44*, 1604-1624.

Gazelle, H., & Druhen, M. J. (2009). Anxious solitude and peer exclusion predict social helplessness, upset affect, and vagal regulation in response to behavioral rejection by a friend. *Developmental Psychology, 45*, 1077-1096.

Gazelle, H., & Ladd, G. W. (2003). Anxious solitude and peer exclusion: A diathesis-stress model of internalizing trajectories in childhood. *Child Development, 74*, 257-278.

Gazelle, H., Putallaz, M., Li, Y., Grimes, C. L., Kupersmidt, J. B., & Coie, J. D. (2005). Anxious solitude across contexts: Girls' interactions with familiar and unfamiliar peers. *Child Development, 76*, 227-246.

Gazelle, H., & Rudolph, K. D. (2004). Moving toward and away from the world: Social approach and avoidance trajectories in anxious solitary youth. *Child Development, 75*, 829-849.

Gazelle, H., & Spangler, T. (2007). Early childhood anxious solitude and subsequent peer relationships: Maternal and cognitive moderators. *Journal of Applied Developmental Psychology, 28*(5-6), 515-535.

Gazelle, H., Workman, J. O., & Allan, W. (2010). Anxious solitude and clinical disorder in middle childhood: Bridging developmental and clinical approaches to childhood social anxiety. *Journal of Abnormal Child Psychology, 38*, 1-17.

Gordon, E. M., & Thomas, A. (1967). Children's behavioral style and the teacher's appraisal of their intelligence. *Journal of School Psychology, 5*(4), 292-300.

Hart, C. H., Yang, C., Nelson, L. J., Robinson, C. C., Olsen, J. A., Nelson, D. A., et al. (2000). Peer acceptance in early childhood and subtypes of socially withdrawn behaviour in China, Russia, and the United States. *International Journal of Behavioral Development, 24*(1), 73-81.

Henderson, H. A., & Fox, N. A. (1998). Inhibited and uninhibited children: Challenges in school settings. *School Psychology Review, 27*(4), 492-505.

Hirsch, B. J., & Rapkin, B. D. (1987). The transition to junior high school: A longitudinal study of self-esteem, psychological symptomatology, school life, and social support. *Child Development, 58*, 1235-1243.

Hodges, E. V. E., Malone, M. J., & Perry, D. G. (1997). Individual risk and social risk as interacting determinants of victimization in the peer group. *Developmental Psychology, 33*(6), 1032-1039.

Howes, C., Hamilton, C. E., & Matheson, C. C. (1994). Children's relationships with peers: Differential associations with aspects of the teacher–child relationship. *Child Development, 65*(1), 253-263.

Keogh, B. K. (2003). *Temperament in the classroom.* Baltimore, MD: Paul H. Brooks.

Kerr, M., Lambert, W. W., & Bem, D. J. (1996). Life course sequelae of childhood shyness in

Sweden: Comparison with the United States. *Developmental Psychology, 32*(6), 1100-1105.

Ladd, G. W., & Burgess, K. B. (1999). Charting the relationship trajectories of aggressive, withdrawn, and aggressive/withdrawn children during early grade school. *Child Development, 70*(4), 910-929.

Larson, R. (2001). How U. S. children and adolescents spend time: What it does (and doesn't) tell us about their development. *Current Directions in Psychological Science, 10*(5), 160-164.

Lerner, J. V., Lerner, R. M., & Zabski, S. (1985). Temperament and elementary school children's actual and rated academic performance: A test of a 'goodness-of-fit' model. *Journal of Child Psychology and Psychiatry, 26*(1), 125-136.

Magnusson, D., & Cairns, R. B. (1996). Developmental science: Toward a unified framework. In R. B. Cairns, G. H. J. Elder & E. J. Costello (Eds.), *Developmental science* (pp. 7-30). New York: Cambridge University Press.

Magnusson, D., & Stattin, H. (2006). The person in context: A holistic-interactionistic approach. In R. M. Lerner & W. Damon (Eds.), *Handbook of child psychology* (6th ed., Vol. 1, pp. 400-464). Hoboken, NJ: John Wiley & Sons Inc.

Miers, A. C., Blöte, A. W., & Westenberg, P. M. (2010). Peer perceptions of social skills in socially anxious and nonanxious adolescents. *Journal of Abnormal Child Psychology, 38*(1), 33-41.

Oh, W., Rubin, K. H., Bowker, J. C., Booth-LaForce, C., Rose-Krasnor, L., & Laursen, B. (2008). Trajectories of social withdrawal from middle childhood to early adolescence. *Journal of Abnormal Child Psychology, 36*, 553-566.

Paul, J. J., & Cillessen, A. H. N. (2003). Dynamics of peer victimization in early adolescence: Results from a four-year longitudinal study. *Journal of Applied School Psychology, 19*, 25-43.

Pianta, R. C., Hamre, B., & Stuhlman, M. (2003). Relationships between teachers and children. In W. M. Reynolds & G. E. Miller (Eds.), *Handbook of psychology: Educational* psychology (Vol. 7, pp. 199-234). Hoboken, NJ: John Wiley & Sons Inc.

Pianta, R. C., La Paro, K. M., & Hamre, B. K. (2008). Classroom assessment scoring system^{TM}: Manual K-3. Baltimore, MD: Paul H Brookes Publishing.

Pianta, R. C., La Paro, K. M., Payne, C., Cox, M. J., & Bradley, R. (2002). The relation of kindergarten classroom environment to teacher, family, and school characteristics and child outcomes. Elementary School Journal, 102(3), 225-238.

Prakash, K., & Coplan, R. J. (2007). Socioemotional characteristics and school adjustment of socially withdrawn children in India. International Journal of Behavioral Development, 31(2), 123-132.

Rimm-Kaufman, S. E., & Kagan, J. (2005). Infant predictors of kindergarten behavior: The contribution of inhibited and uninhibited temperament types. Behavioral Disorders, 30, 331-347.

Rubin, K. H. (1982). Nonsocial play in preschoolers: Necessarily evil? Child Development, 53(3), 651-657.

Rubin, K. H., Lynch, D., Coplan, R., & Rose-Krasnor, L. (1994). "Birds of a feather⋯": Behavioral concordances and preferential personal attraction in children. Child Development, 65(6), 1778-1785.

Rubin, K. H., & Mills, R. S. (1988). The many faces of social isolation in childhood. Journal of Consulting and Clinical Psychology, 56, 916-924.

Rubin, K. H., Wojslawowicz, J. C., Rose-Krasnor, L., Booth-LaForce, C., & Burgess, K. B. (2006). The best friendships of shy/withdrawn children: Prevalence, stability, and relationship quality. Journal of Abnormal Child Psychology, 34(2), 143-157.

Rudasill, K. M. (2010). Child temperament, teacher-child interactions, and teacher-child relationships: A longitudinal investigation from first to third grade. Early Childhood Research Quarterly, 26(4), 147-156.

Rudasill, K. M., & Rimm-Kaufman, S. E. (2009). Teacher-child relationship quality: The roles of child temperament and teacher-child interactions. Early Childhood Research Quarterly, 24(2), 107-120.

Rudasill, K. M., Rimm-Kaufman, S. E., Justice, L. M., & Pence, K. (2006). Temperament and language skills as predictors of teacher-child relationship quality in preschool. *Early Education and Development, 17*(2), 271-291.

Rudolph, K. D., Lambert, S. F., Clark, A. G., & Kurlakowsky, K. D. (2001). Negotiating the transition to middle school: The role of self-regulatory processes. *Child Development, 72*, 929-946.

Rydell, A,-M., Bohlin, G., & Thorell, L. B. (2005). Representations of attachment to parents and shyness as predictors of children's relationships with teachers and peer competence in preschool. *Attachment & Human Development, 7*(2), 187-204.

Schneider, B. H. (1999). A multimethod exploration of the friendships of children considered socially withdrawn by their school peers. *Journal of Abnormal Child Psychology, 27*, 115-123.

Schneider, B. H. (2009). An observational study of the interactions of socially withdrawn/ anxious early adolescents and their friends. *Journal of Child Psychology and Psychiatry, 50*(7), 799-806.

Shell, M. D., Gazelle, H., & Faldowski, R. (2014). Anxious solitude and the middle school transition: A diathesis × stress model of peer exclusion and victimization trajectories. Unpublished manuscript.

Siegel, R., La Greca, A. M., & Harrison, H. M. (2009). Peer victimization and social anxiety in adolescents: Prospective and reciprocal relationships. *Journal of Youth and Adolescence, 38*(8), 1096-1109.

Simmons, R. G., & Blyth, D. A. (1987). *Moving into adolescence: The impact of pubertal change and school context.* Hawthorne, NY: Aldine de Gruyter.

Spangler, T., & Gazelle, H. (2009). Anxious solitude, unsociability, and peer exclusion in middle childhood: A multitrait-multimethod matrix. *Social Development, 18*, 833-856.

Sroufe, L. A., Fox, N. E., & Pancake, V. R. (1983). Attachment and dependency in developmental perspective. *Child Development, 54*(6), 1615-1627.

Talwar, R., Nitz, K., & Lerner, R. M. (1990). Relations among early adolescent temperament, parent and peer demands, and adjustment: A test of the goodness of fit model. *Journal of Adolescence, 13*, 279-298.

Tram, J. M., & Cole, D. A. (2006). A multimethod examination of the stability of depressive symptoms in childhood and adolescence. *Journal of Abnormal Psychology, 115*, 674-686.

Younger, A. J., Schwartzman, A. E., & Ledingham, J. E. (1985). Age-related changes in children's perceptions of aggression and withdrawal in their peers. *Developmental Psychology, 21*(1), 70-75.

Younger, A. J., Schwartzman, A. E., & Ledingham, J. E. (1986). Age-related differences in children's perceptions of social deviance: Changes in behavior or in perspective? *Developmental Psychology, 22*(4), 531-542.

2

대학생 시기의
외로움과 소속감

Steven R. Asher & Molly Stroud Weeks

    타인 및 보다 넓은 공동체와의 연결에 대한 욕구가 충족되었을 때, 사람들은 긍정적인 정서, 적응적인 동기 부여, 신체적·정신적 건강 등을 포함하여 안녕을 경험하게 된다. 반면, 연결에의 욕구가 좌절될 때, 부정적인 정서적·동기적 결과 및 건강상의 문제를 갖게 된다(예: Baumeister & Leary, 1995; Maslow, 1943; Ryan & Deci, 2002; Weiss, 1973). 이 장에서 우리는 사람들의 사회적 경험에 따른 두 가지 주요한 정서적 결과로 볼 수 있는 외로움 및 소속감에 초점을 맞추어 대학생 시기의 외로움의 감정과 소속감에 영향을 미치는 요인을 살펴보고자 한다.

    외로움의 경험이란 "슬픈 혹은 아픈 고립의 느낌"(Parkhurst & Hopmeyer, 1999, p. 58)이라고 묘사되어 왔으며, 개인의 사회적 관계 내에서 느끼는 지각된 결핍, 혹은 실제적 결핍의 결과로 여겨진다(예: Peplau & Perlman, 1982). 일시적으로 나타나는 외로움의 감정은 일반적인 것이지만, 외로움의 감정이 만성적이고 심할 때 심각한 심리적·신체적 건강문제가 나타날 수 있다. 연구자들은 우울(Fontaine et al., 2009), 수면의 질 하락(Cacioppo et al., 2002), 면역 기능 약화(Pressman et al., 2005)와 같은 광범위한 부정적인 결과가 외로움과 관련된다고 주장하였다.

소속감의 경험은 편안함과 안전감을 포함하는 긍정적인 정서 상태로 볼 수 있는데, 이는 자신이 공동체, 장소, 조직, 기관의 필수적인 부분이라는 지각으로부터 나온다(Hagerty, Lynch-Sauer, Patusky, Bouwsema, & Collier, 1992 참조). 소속감은 학업 영역에 있어서 긍정적 동기 및 성취 결과와 연관되어 있고(예: Walton & Cohen, 2007), 행동문제(Loukas, Roalson, & Herrera, 2010), 우울(예: Sargent, Williams, Hagerty, Lynch-Sauer, & Hoyle, 2002), 자살사고(Van Orden, Cukrowicz, Witte, & Joiner, 2012)에 대한 보호요인이 된다고 밝혀졌다. 실제로 소속감은 그 자체가 사람들의 삶에서 매우 중요한 요소이기 때문에 소속감의 한 원인인 통합의 촉진이 빈곤 퇴치, 일자리 창출과 함께 유엔 경제사회국(United Nations Department of Economic and Social Affairs)의 세 가지 목표(2007)로 지정된 바 있다.

이 장에서는 Weiss(1973), Shaver와 Buhrmester(1983), Hagerty(Hagerty et al., 1992; 1993)와 같은 학자들의 연구를 바탕으로 다음과 같은 가설을 제시하고자 한다. 외로움과 소속감이 하나의 연속적 차원에서 양극단에 놓인 것으로 생각할 수 있지만, 이 둘은 서로 구별되는 심리적 경험의 차원이며 모두 똑같이 중요하고 부분적으로만 관련되는 현상으로 연구되어야 한다는 것이다. 우리는 사람들이 외로움과 소속감으로 이어지는 상황들을 평가하고, 이러한 평가를 위해 사용하는 차원들이 뚜렷하게 구별된다고 제안하고자 한다. 이러한 주장의 일환으로 우리는 선행 연구의 진전을 방해해 온 만연한 평가의 문제에 대해 논할 것이다. 왜냐하면 외로움과 소속감에 대한 평가는 다양하고 혼란스러운 문항 내용을 포함하고 있는데, 이러한 문항 내용에는 이 두 경험의 원인에 대한 가정이 중첩되기 때문이다. 이러한 측정상의 한계는 외로움과 소속감 관련 연구의 진전을 지연시켰다. 우리의 주장은 이러한 감정의 원인을 묻는 문항들을 제거하고 각 구인을 측정하면 외로움과 소속감이 중복되는 원인뿐만 아니라 뚜렷이 구별되는 원인을 가진 명백히 다른 경험임이 분명해질 것이라는 점이다. 우리는 문항 내용에서 중복 및 혼돈의 문제를 피할 수 있는 고도로 집중화된(highly-focused) 측정도구를 사용하여 대학생들의 외로움과 소속감에 대한 예언변인을 살펴본 연구들(이러한 연구들이 많지는 않지만)을 중점적으로 검토할 것이다. 이렇게 함으로써 우리는 서로 다른 형태의 고독, 위축, 또는 고립과 학생들이 느끼는 외로움 및 소속감 간의 관계를 검증하는 후속 연구의 기초를 제공할 수 있기를 희망한다. 이 장에서 우리는 대학생 시기에 초점을 두고 있으므로 대학생 시기와 대학생활의 맥락이 외로움과 소속감을 연구하는 데 있어 특히 중요한 시간과 장소가 될 수 있는 이유에 대해 논하는 것으로 시작하고자 한다.

대학 환경에서의 외로움과 소속감

대학생 시기는 가족이나 개인의 가정 환경에서 비롯되는 유대와 안전, 그리고 새로운 환경에서의 유대감과 정체성을 확립하고 싶은 욕구, 이 둘 사이의 과도기에 놓여 있는 시기다. 이러한 과도기에는 젊은이들이 반드시 헤쳐 나가야 하는 많은 도전이 따라오는데, 가령 그들의 생각과 감정, 열망 등을 함께 공유할 수 있는 친구들이나 연인을 찾는 것, 그들이 열망하는 주제, 생각, 목표를 이해하는 것, 자신에게 의미 있는 직업을 향한 관심사를 정립해 나가는 것, 그리고 보다 큰 사회에 기여하는 구성원이 되는 방법을 찾는 것 등이 있다. 학생들은 이러한 각각의 도전과 협상해 나가면서 대학에서 다음 단계로, 즉 삶에서 보다 독립적인 단계로 전환하는 데 도움이 되는 새로운 기술과 역량을 키우고 자기이해를 도모하게 된다. 많은 학생이 이러한 도전들에 성공적으로 대처함에도 불구하고, 일부는 사회적 또는 학업적으로 적절한 자신의 자리를 찾느라 고군분투한다(대학 환경 내의 사회적 · 맥락적 · 발달적 특징에 대한 논의는 Feldman & Newcomb, 1969; Pascarella & Terenzini, 1991; Strayhorn, 2012; Tinto, 1993 참조).

대학 환경의 중요한 특징 중의 하나는 다양한 또래에게 비교적 쉽게 접근할 수 있다는 것이다. 이러한 접근성은 새로운 대인관계, 친구관계, 그리고 연인관계를 발전시킬 수 있는 기회를 제공한다. 반면, 많은 학생은 대학 이전의 가족관계, 친구관계, 연인관계 등에서 즐겼을지도 모르는 친근함과 익숙함에서 멀어진다. 대학에서 형성된 새로운 관계를 발전시키면서 기존 관계를 유지하는 것은 어려운 도전이 될 수 있다. 실제로 다른 곳에 사는 친구, 가족, 연인과 관계를 매우 가깝게 유지하는 데 시간을 투자하는 것은 대학 내의 새로운 관계를 발전시키는 데 방해가 될 수 있는데, 이는 대학 학우들과 함께하는 활동이나 행사에 참여하는 데 시간이 부족해질 수 있기 때문이다. 이는 집에서 학교를 다니는 학생들도 마찬가지다(2010년 국립통계센터에 따르면, 약 26%의 대학생이 대학 재학 중에 부모와 함께 산다).

대학 환경은 새로운 개인적 관계를 형성할 수 있는 기회를 제공하는 것 외에도, 학생들이 더 큰 지역사회에 참여하여 자신의 자리를 찾을 수 있는 무수히 많은 기회를 제공한다. 캠퍼스 투어에 참여하는 대부분의 입학 희망자들은 캠퍼스 투어 가이드가 열심히 설명하는 수십 혹은 수백 개에 달하는 동아리, 조직, 활동 등에 관해서 듣는다. 그리고 많은 대학에는 학생들을 팬으로 만드는 대학 스포츠도 있다. 또한 학생들에게는 다양한 학문적 관심을 탐색하고 발전시킬 수 있는 기회뿐만 아니라 교수진 및 대학원생들과 함께 연구과제에 참여할 수 있는 기회도 있다. 종합해 보면, 이러한 대학 환경의 특징들은 대학을 외로움과 소속감에 대해 연구할 수 있는 이상적인 장으로 만들어 준다.

이론적 배경

욕구 이론가들은 인간에게는 적응적 기능을 촉진하기 위해 충족되어야 하는 근원적 욕구가 있다고 가정한다. 욕구 이론가들 중 가장 잘 알려진 Abraham Maslow는 인간 욕구의 위계를 제안하였다(예: Maslow, 1943). Maslow는 사랑과 소속의 욕구를 기본적인 욕구로 보았고, 이는 보다 더 기본적인 생리적 욕구나 안전의 욕구와도 근접해 있는 것으로 보았다. Maslow는 자존감이나 자아실현 욕구와 같은 상위욕구를 충족시키는 것보다 다른 사람들과의 유대의 욕구를 먼저 충족시켜야 한다고 이론화했다.

Baumeister와 Leary(1995)는 Maslow의 소속의 욕구 개념을 확장하여 다른 사람들의 정서 경험(즉, 인간은 욕구가 충족되었을 때에는 긍정 정서를 경험하지만 좌절되었을 때에는 부정 정서를 경험함), 신체건강(즉, 인간은 욕구가 충족되었을 때에는 긍정적인 신체적 결과를 경험하지만 좌절되었을 때에는 조기 사망 등의 부정적인 신체적 결과를 경험함) 및 정신건강(즉, 유대의 욕구 충족은 정신병리로부터 완충하는 요인으로 작용함) 영역에서 다른 사람들과의 유대와 관련된 욕구의 만족과 좌절의 결과에 대해 광범위하게 검토한 것을 제시하였다.

외로움

욕구 이론가들은 다른 사람들과 유대를 맺고자 하는 광범위한 욕구를 가정하였을 뿐만 아니라 애착과 사회적 통합에 대한 욕구와 같은 보다 구체적인 욕구도 가정하였다. Weiss(1973)는 이러한 두 유형의 욕구 좌절이 상이한 유형의 외로움, 즉 정서적 고립으로 인한 외로움 및 사회적 고립으로 인한 외로움과 관련이 있을 수 있다고 주장하였다. 이러한 두 가지 유형의 외로움에 대한 주제는 실증적 연구로 충분히 검토되지 못했는데, 그 이유는 외로움 측정 척도에 각 유형의 외로움에 대한 가정된 원인을 포함시키지 않고서는 정서적 고립으로 인한 외로움과 사회적 고립으로 인한 외로움을 측정하기가 어려웠기 때문이다(이 주제에 관한 보다 깊은 논의를 위해서는 Weeks & Asher, 2012 참조). 그럼에도 불구하고 Weiss(1973)의 핵심적인 공헌 중 하나는 사회적 욕구의 관점에서 사회적 공급(social provisions)에 대한 주제를 도입하였다는 점이다. Weiss에 따르면 사회적 공급은 사람들이 관계를 통해서 얻는 유익을 말하며, 정서적 안녕을 촉진하는 관계가 갖는 핵심적인 특징이기도 하다. 이러한 관점에서 보면, 외로움의 감정을 야기하는 것은 특정 관계의 결핍이기보다는 그러한 관계에서 유래하는 특정한 사회적 공급의 결핍이라고 할 수 있다.

더욱이 Shaver와 Buhrmester(1983)는 사회적 공급이 애착과 사회적 통합에 대한 욕구를 충족시킨다는 주제를 명확히 제시하였다. Shaver와 Buhrmester에 따르면, 애착 공급(또는 그들이 '심리적 친밀감' 공급이라고 부르는 것)에는 애정과 온정, 무조건적인 긍정적 존중, 자기개방의 기회, 감정 표현의 기회, 낮은 방어적 태도, 사회적 제시에 대한 염려 부재, 보살핌 주고받기, 안전과 정서적 지지 등과 같은 관계적 특성이 포함된다. 사회적 통합 공급(또는 Shaver와 Buhrmester가 '통합적 관여' 공급이라고 부르는 것)에는 즐겁게 몰두할 수 있는 활동과 일에 참여할 기회, 사회적 정체성과 자기인식을 발달시킬 수 있는 기회, 자신의 기술을 활용할 수 있는 기회, 사회비교정보를 얻을 수 있는 기회, 힘과 영향력을 가질 수 있는 기회, 조건적인 긍정적 존중을 얻을 수 있는 기회, 그리고 자신의 신념과 가치에 대한 지지를 얻을 수 있는 기회 등과 같은 특성들이 포함된다. Shaver와 Buhrmester는 각 유형의 공급이 양자관계나 집단관계로부터 독보적으로 얻어진다기보다는 집단이 통합된 참여 공급뿐만 아니라 심리적 친밀감도 어느 정도 제공해 줄 수 있다고 주장하였다.

사회적 욕구 관점 내에서 또 다른 변형 형태는 외로움에 대한 인지적 불일치 관점(예: Cutrona, 1982; Kupersmidt, Sigda, Sedikides, & Voegler, 1999; Peplau & Perlman, 1982)인데, 이러한 관점은 외로움의 경험에 있어서 주관적 평가의 역할을 강조한다. 즉, 외로움은 사람들이 **원하는** 사회적 유대의 수준과 **지각하는** 사회적 유대의 수준 간의 불일치를 경험할 때 나타나는 결과다. 이러한 불일치는 양적인 수준(예: 개인이 원하는 것보다 친구 수가 적은 경우)에서 발생하거나 질적인 수준(예: 자신이 원하는 것보다 연인의 정서적 지지가 부족하다고 생각하는 경우)에서 발생할 수 있다. 이러한 관점에 따르면, 외로움을 가져오는 것은 개인이 자신의 사회적 관계를 지각하고 결핍을 인식하게 되는 방식이지 객관적으로 측정이 가능한 사회적 결핍이 아니다.

소속감

사회학, 정치학, 지역사회 심리학, 교육심리학 및 간호학 분야의 학자들은 소속감뿐만 아니라 관계성, 사회적 통합, 심리적 공동체감, 사회적 자본 등의 소속감 관련 구인에 관한 연구 문헌에 기여하였다(예: Durkheim, 1897/1951; McMillan & Chavis, 1986;

Osterman, 2000; Putnam, 2000; Ryan & Deci, 2002; Sarason, 1974; Strayhorn, 2012 참조). 여기서 우리는 소속감을 심리적/정서적 경험, 즉 자신이 지역사회, 장소, 조직, 또는 기관의 필수적인 부분이라는 인식에서 비롯되는 느낌으로 개념화하는 것에 초점을 맞춘다.

Hagerty와 동료들(예: Hagerty, Lynch-Sauer, Patusky, & Bouwsema, 1993; Hagerty et al., 1992)은 소속감이 자신을 체제(관계 및 조직을 포함)나 환경(자연 및 문화 환경을 포함)의 필수적인 부분으로 보는 것과 관련된 심리적 경험이라고 정의하였다. Hagerty와 동료들(1992, 1993)은 소속감이라는 느낌이 다음과 같은 두 가지 핵심 요소를 가지고 있다고 주장하였다. 첫째는 가치롭게 여겨지는 관여의 느낌, 즉 체제 또는 환경에서 존중 받고 필요로 하며 수용되는 느낌의 경험이고, 둘째는 부합되는 느낌, 즉 자신의 특성이 체제나 환경에 존재하는 것들과 공유되거나 보완된다는 개인의 지각이다. 이들의 견해는 한 사람이 주관적인 소속의 느낌을 경험하기 위해서는 **부합성**(fit)에 대한 지각과 **가치로움**(value)에 대한 지각 모두가 있어야 한다는 것이다. 게다가 소속감은 언제나 구체적인 참조 맥락(예: 대학, 직장, 이웃, 과외 조직 또는 도시)과 관련하여 경험된다고 Hagerty와 동료들(1992)은 주장하였다. 여기서 중요한 시사점은 개인이 일상생활의 다양한 맥락에 따라 매우 다른 수준의 소속감을 경험할 수 있다는 사실이다.

외로움과 소속감의 구별

이전 절에서 검토한 이론적 관점은 외로움과 소속감이 다른 사람들과의 유대에 대한 인간의 욕구에 뿌리를 두고 있음에도 불구하고 구별되는 개념으로 생각할 수 있다는 것을 시사한다. 외로움에 대한 인지적 불일치 관점(예: Kupersmidt et al., 1999)과 소속감에 대한 Hagerty와 동료들(1992, 1993)의 개념화를 통해 우리는 외로움과 소속감 사이를 구분 짓는 하나의 주요 요인은 각각의 심리적 경험에 관여하는 근접 평가의 내용(종류)이 다르다는 점을 제안하고자 한다. 외로움에 대한 핵심적인 평가 내용은 자신의 사회적 관계가 다음과 같은 요인들에 대한 기대에 부응하는 것으로 보이는지의 여부다.

즉, 절친한 친구의 존재, 친구들의 수, 연인의 존재, 그리고 관계에서 기대한 바를 얻는 것을 말한다. 반면, 소속감(Hagerty et al., 1992, 1993 참조)의 경우에 핵심적인 평가 내용은 주어진 맥락에의 부합성 여부와 그 맥락에서 가치롭게 여겨지는지의 어부다. 관계는 부합성과 가치로움에 기여할 수 있는 여러 요인 중 하나다.

외로움과 소속감을 구분할 수 있는 두 번째 주요 요소는 각각에 대한 맥락 특수성이 상대적으로 어떠한가와 관련이 있다. Hagerty와 동료들이 지적했듯이, 소속감은 항상 특정 대상 맥락(예: 학교, 직장 또는 이웃 맥락)과 관련하여 발생하고 일상적인 삶의 다양한 맥락에 따라 매우 다를 수 있다. 외로움의 감정은 장면마다 다를 수 있지만, 맥락 특수성은 약하기 마련이다. 왜냐하면 외로움은 자신의 사회적 삶 전반에서 만족감이나 불만족에 대한 광범위한 평가에 기반을 두기 때문이다.

불행히도 외로움과 소속감을 한 연속선상의 양극단에 있는 것으로 개념화하는 암묵적인 경향으로 인해 이 두 개념 사이의 관계의 본질이 어떠한지 알아본 연구는 거의 없는 실정이다. 따라서 여기서 제시된 특정 가설들은 검증이 필요하다. Bukowski, Hoza와 Boivin(1993)의 연구는 이 개념들을 분리해서 동시에 측정한 소수의 연구 중 하나이지만, 이 연구에서 각 구인을 평가한 방식은 연구의 제한점으로 여겨질 수 있다.

외로움과 소속감 평가의 쟁점들

외로움과 소속감에 관한 선행 연구들에서 나타난 몇몇 방법론적 한계점이 이 두 개념 간의 개념적 구분이 유용한지를 평가하는 데 걸림돌이 되었을 뿐 아니라 각각의 심리적 경험에 영향을 주는 요인들에 대한 이해를 제고하는 데에도 방해가 되었다. 구체적으로 외로움과 소속감을 측정하기 위하여 널리 사용되는 척도들은 각각 심리적 경험의 가정된 원인뿐만 아니라 외로움과 소속감에 대한 감정에 초점을 맞춘 다양한 문항 내용을 포함하고 있다. 이러한 문제는 외로움이나 소속감의 원인을 연구할 때 해석상의 문제로 이어진다(외로움과 관련된 이러한 문제에 대한 논의는 Weeks & Asher, 2012 참조).

외로움

전 생애에 걸쳐 외로움의 원인, 공존 요인, 결과를 검토한 잘 확립되고 꽤 일관된 연구물들이 있다(Ernst & Cacioppo, 1999; Peplau & Perlman, 1982; Weeks & Asher, 2012 참조). 그러나 아동, 청소년, 그리고 성인에 대한 연구의 대다수는 **가정된 원인**뿐만 아니라 외로움의 **정서적 경험**에 대해 묻는 문항 내용을 포함한 외로움 척도를 사용하여 수행되었다. 예를 들면, UCLA 외로움 척도(UCLA Loneliness Scale; Russell, 1996), Illinois 외로움과 사회적 불만족 질문지(Illinois Loneliness and Social Dissatisfaction Questionnaire: ILSDQ; Asher, Hymel, & Renshaw, 1984), 아동 및 청소년을 대상으로 한 Louvain 외로움과 홀로 있음 척도(Louvain Loneliness and Aloneness Scale for Children and Adolescents; Marcoen, Goossens, & Caes, 1987) 및 또래 관계망과 양자관계에서의 외로움 척도(Peer Network and Dyadic Loneliness Scale; Hoza, Bukowski, & Beery, 2000)에는 외로움에 대한 정서적 경험(예: "나는 학교에서 혼자라고 느낀다.")뿐만 아니라 친구 유무(예: "나는 학급에 친구들이 많다."), 관계로부터 얻는 사회적 공급의 가용성(예: "동료의식을 얼마나 자주 느끼는가?"), 사회적 유능성의 지각(예: "학교에서 새로운 친구들을 사귀는 것이 쉽다"), 사교성(예: "얼마나 자주 소심해지는가?")에 대해 묻는 문항들도 포함되어 있다. 현존하는 외로움 척도들은 내적 신뢰도가 높고 시간이 지나도 안정적인 점수를 산출하지만 가정된 원인이 외로움 척도에 포함되면 연구자들이 외로움의 가정된 원인과 외로운 감정 사이의 연관성에 대한 가설을 검증할 때 문제가 생긴다.

아동기의 외로움을 연구하는 연구자들은 더욱더 이러한 문제를 인식하고 있다. Parker와 Asher(1993)는 또래수용, 친구관계 참여, 친구관계의 질이 외로운 감정에 고유하게 기여하는 것을 살펴본 연구에서 외로움과 친구관계의 질을 평가할 때 생길지도 모르는 중복 문제를 피하기 위해 ILSDQ의 16개 문항에서 '순수한'(고도로 집중화된) 외로움만을 측정하는 3개 문항(예: "나는 학교에서 외롭다.")을 하위 영역으로 하여 분석하였다. 다른 연구자들도 외로운 감정에 특히 초점을 두는 세 문항 혹은 다섯 문항 척도를 사용한 유사한 전략을 채택하였다(예: Gest, Welsh, & Domitrovich, 2005;

Kochenderfer-Ladd & Wardrop, 2001; Ladd, Kochenderfer, & Coleman, 1997; Lavallee & Parker, 2009). 이러한 연구들은 덜 집중화된 척도를 사용했던 선행 연구 결과들을 재확인하였다.

　Asher와 동료들(Asher, Gorman, Guerra, Gabriel, & Weeks, 2013; Asher, Weeks, & McDonald, 2010)은 아동, 청소년, 대학생들에게 다양한 일상적 맥락에서 외로움에 대한 감정을 묻는 것으로 순수한 외로움의 감정을 측정하는 문항의 수를 확장하였다(〈표 2-1〉 참조). 이렇게 확장되고 고도로 집중화된 척도는 예상했던 요인구조를 보여 주었고, 높은 내적 신뢰도($\alpha s \geq .90$)를 보였으며, 시간이 지나도 안정적인 점수를 산출하였다. 그리고 이후에 논의하겠지만 예상되는 방식으로 사회관계 요인들과 관련되는 것으로 나타났다(Asher et al., 2013; Asher et al., 2010).

〈표 2-1〉 대학생을 대상으로 한 상황에 따른 외로움 질문지

교실은 나에게 외로운 장소다.
나는 저녁에 외롭다.
내가 거주하는 공간은 나에게 외로운 곳이다.
나는 자유 시간에 외롭다.
나는 주말에 슬프고 홀로 있다고 느낀다.
나는 다른 사람들과 있을 때 외롭다.
나는 단체 행사에서 슬프고 홀로 있다고 느낀다.
나는 식사 시간에 외롭다.
나는 공부를 할 때 슬픔과 홀로 있다고 느낀다.
취침 시간은 나에게 외로운 시간이다.

주: 각 문항은 5점 척도로 구성되어 있다(1= 전혀 아니다, 5= 항상 그렇다).
출처: Asher, Weeks, & McDonald(2010).

소속감

　소속감 관련 연구는 외로움 관련 연구에 비해 다소 일관성이 떨어지고, 이질성이 높은 편이며, 소속감뿐만 아니라 연결성, 심리적 공동체감, 사회적 유대감과 같은 다른 관련 개념들을 측정하도록 고안된 매우 다양한 평가도구를 사용해 왔다(예: Furrer & Skinner, 2003; Lee & Robbins, 1995; Perkins, Florin, Rich, Wandersman, & Chavis, 1990 참조). 이러한 많은 척도는 소속감에 대해 묻는 문항뿐만 아니라 사회적 수용, 사회관계의 질에 대한 지각, 안전감, 개인이 존중받고 있는지에 대한 지각 등을 묻는 문항들도 포함한다(예: Psychological Sense of School Membership Scale, Goodenow, 1993; Sense of Belonging Instrument, Hagerty & Patusky, 1995; General Belongingness Scale, Malone, Pillow, & Osman, 2012). 그러나 가정된 원인을 포함하지 않고 소속감의 심리적 경험에만 초점을 맞춘 소속감에 대한 평가를 사용한 연구자도 있다. Walton과 Cohen(2007, 2011)은 대학생들을 대상으로 단일 문항(예: 나는 ○○대학에 소속되어 있다) 척도를 사용하였고, Bollen과 Hoyle(1990)은 지각된 응집력의 두 가지 가설적 차원, 즉 소속감과 사기(morale)를 평가하는 6개의 문항으로 구성된 지각된 응집력 척도(perceived cohesion instrument)를 개발하였다.

소속감의 하위 척도는 고도로 집중화된 3개의 문항을 포함한다. "나는 [제시된 공동체]에 소속되어 있다고 느낀다." "나는 [제시된 공동체] 사회의 구성원이라고 느낀다." "나는 스스로를 [제시된 공동체] 사회의 부분으로 보고 있다."가 그것이다. 세 문항 모두는 동일하게 제시된 공동체에 대해 묻고 있으며, 이 세 문항은 단일 요인에 적재되고 높은 내적 신뢰도를 보였다(α = .94; Hurtado & Carter, 1997). 소속감에 대한 Bollen과 Hoyle의 척도는 대학생을 대상으로 수행된 몇 편의 최근 연구에서 사용되었다(다음 절에서 살펴볼 것이다).

최근 Weeks, Asher 및 McDonald(2012)는 아동, 청소년, 젊은 성인에게 사용하기 위하여 고도로 집중화된 여섯 문항으로 구성된 소속감 척도를 개발하였다(본 척도의 대학생용은 〈표 2-2〉 참조). 몇 가지 표본으로부터 얻은 증거들은 Weeks와 동료들(2012)에 의해 다양한 연령대를 대상으로 개발된 척도들이 우수한 심리측정적 속성을 가진다는 것을 보여 주었다. 즉, 모든 항목은 단일 요인에 적재되고 중학생(α=.93), 고등학생(α=.95), 대학생(α=.91) 표본에서 높은 내적 신뢰도를 보인다는 것이다. 이러한 척도들은 사회적 관계 적응 지표(예: 친구관계 참여, 친구관계의 질, 연인관계 참여) 및 학교 공동체에 대한 학생의 참여 지표(예: 학업 참여, 활동 참여; Asher & Weeks, 2012)와 유의한 관련이 있는 것으로 나타났다.

〈표 2-2〉 대학생 소속감 질문지

나는 이 학교에 소속감을 느낀다.
나는 이곳에 잘 들어맞지 않는다.*
나는 학교와 유대감을 느낀다.
나는 학교에서 환영받는다고 느낀다.
이곳은 나와 확실히 잘 맞는 학교다.
나는 이 학교에 오게 되어 기쁘다.

주: 각 문항은 5점 척도로 구성되어 있다(1 = 매우 동의하지 않는다, 5 = 매우 동의한다).
*표는 역채점 문항
출처: Weeks, Asher, & McDonald(2012).

Walton과 Cohen(2007), Bollen과 Hoyle(1990), Weeks와 동료들(2012)의 척도가 가지는 매력적인 특징은 맥락 단어를 첨가함으로써 쉽게 수정하여 서로 다른 참조 맥락(예: 특정 학교, 조직, 혹은 도시)과 관련된 소속감을 평가하는 데 활용될 수 있다는 점이다. 이는 다양한 맥락이 유발하는 소속감의 측면에서 이 맥락들을 비교하고 사람들의 다양한 삶의 맥락과의 연결에 대해 연구하는 것을 가능하게 할 수 있다.

대학에서의 외로움과 소속감

이 절에서는 대학생의 외로움 및 소속감을 예측하는 변인들에 대한 연구를 엄선하여 검토하고자 한다. 그리고 가능하면 각 개념에 대해 고도로 집중화된 척도를 도입한 연구들에 초점을 맞추고자 한다. 이어지는 논의는 외로움과 소속감에 중요한 것으로 보이는 두 가지 요인군, 즉 관계 과정 및 사회인지적 과정에 초점을 맞추고자 한다.

관계 과정

외로움　사회적 관계가 인생 전반에 걸쳐 주된 역할을 한다는 관점(예: Peplau & Perlman, 1982; Shaver & Buhrmester, 1983; Weiss, 1973)과 마찬가지로, 아동 및 청소년을 대상으로 한 외로움 연구는 외로움의 예측 요인으로 또래관계 요소(예: 또래 수용/거부, 또래괴롭힘, 친구관계 참여, 친구관계의 질)에 초점을 맞추었다. 학령기의 또래관계를 연구하는 연구자들은 종종 전체 학급이나 학년의 학생들로부터 데이터를 수집하였다. 거의 모든 아동이 연구에 참여하고 사회성 측정치들(sociometric measures)이 사용될 때, 상호적인 친구관계를 보다 종합적이고 정확하게 확인할 수 있다. 또한 또래에 의한 사회적 수용도를 매우 신뢰할 수 있게 측정할 수 있다. 연구결과들은 낮은 수준의 또래수용, 또래괴롭힘 피해, 적은 친구의 수, 낮은 친구관계의 질이 높은 수준의 외로움과 관련이 있다는 것을 보여 주었다(Asher & Paquette, 2003; Bukowski와 Véronneau가 저술한 이 책의 1권 2장 참조, this volume; Rotenberg & Hymel, 1999; Weeks & Asher, 2012 참조).

그러나 연구자들이 대학생에게서 외로움의 예측요인으로 이러한 관계 요인을 조사할 때 분명한 어려움에 직면하게 된다. 학생이 속해 있는 많은 맥락(예: 다양한 수업, 거주지, 조직, 동아리, 활동) 중에서 어떤 것이 학생의 사회적 관계를 이해하는 데 사용되어야 할까? 게다가 대학생들은 대다수의 동료 학생에 대해 겨우 면식이 있는 사람이라거나 거의 알지 못하는 사람이라고 느낄 수 있으며, 이는 사회성 측정 평가를 어렵게 한다. 일부 연구자들은 대학의 여학생회나 남학생회 같은 폐쇄적 시스템에서 학생들의 사회적 관계에 대해 조사함으로써 대학생의 사회적 관계에 대해 타당성 있는 평가를 할 때 당면하는 어려움에 대처해 왔다(Paxton & Moody, 2003; Werner & Crick, 1999 참조). 그러나 많은 연구자는 대학생 시기의 외로움을 연구하기 위해 이러한 접근법을 사용해 오지는 않았다.

게다가 대학생을 대상으로 외로움의 예측요인을 측정하기 위해 고도로 집중화된 외로움 척도를 사용한 연구는 없는 것으로 보인다. 그럼에도 불구하고 대학생을 대상으로 한 연구에서 흥미로운 주제들이 다루어졌는데, 여기에는 대학으로 전환되는 동안의 외로움에 대한 연구가 있다. 예를 들어, Cutrona(1982)는 대학 1학년생의 외로운 감정을 예측하는 데 있어 사람들의 사회적 관계망에서 양적 및 질적 측면이 기여하는 바를 살펴보았다. 이 연구결과는 친구의 수, 친구들과의 접촉 빈도, 연인의 유무와 같은 사회적 관계망의 특징이 대학생들의 외로운 감정을 이해하는 데 영향을 미치는 요인이라는 것을 보여 주었다. 또한 대학생들에게 있어서 사회적 통합의 제공, 가이던스, 가치의 재확인이 낮은 수준의 외로움과 관련이 있다는 것을 발견하였다. Shaver, Furman과 Buhrmester(1985)는 Cutrona(1982)의 연구결과를 기반으로 하여 대학 1학년 학생들의 외로움 예측요인인 대학 입학 전 사회적 관계망의 유지와 대학에서의 새로운 사회적 관계망의 발달에 대해 조사하였다. 이들은 입학 전 여름부터 1학년 말까지 학생들을 추적하여 외로움과 사회적 관계에서의 만족도에 대해 연구하였다. Shaver와 동료들(1985)은 첫 해를 지나면서 대학 입학 전 관계가 양적으로나 질적으로 감소하는 경향이 있는 반면, 새로운 관계는 양적으로나 질적으로 증가하는 경향이 있다는 것을 발견하였다. 외로움에서의 변화는 사회적 관계망에서의 변화와 유사하였다. 즉, 대부분의 학생이 전환기와 첫 해 첫 학기를 거치면서 외로움의 증가를 경험하고, 이러한 외로움의 경험은 첫 해 말까지 기준선 수준에 가깝게 다시 회복되었다. 흥미롭게도 새롭게 맺은 관계에서의 만족감을 개별적으로 측정한 결과, 대학 이전의 관계 수준에 미치지 못하였고 대학 이전의 관계에 대한 만족감 역시 대학 이전 수준으로 돌아가지 않았다.

이 연구들은 외로움의 감정뿐만 아니라 사회적 관계 요인에 대해서도 묻는 다양한 내용이 포함된 평가도구를 사용하였다는 점을 재차 강조할 필요가 있다. 그럼에도 불구하고 이 연구들은 대학 전환기를 성공적으로 통과하는 데 친밀하고 질 높은 관계를 개발하고 유지하는 것이 핵심적임을 시사한다. 후속 연구들은 고도로 집중화된 외로움 척도를 사용하여 이러한 결과들을 재확인할 필요가 있다.

소속감　많은 연구자는 Bollen과 Hoyle(1990)가 개발한 고도로 집중화된 세 문항의 척도를 사용하여 대학생의 관계 과정과 소속감 사이의 관련성을 연구하였다. 그 결과, 대학 내 또래와의 연대가 청년들의 소속감을 촉진하는 데 중요한 역할을 한다는 것을 보여 주었다. Hausmann과 동료들(Hausmann, Schofield, & Woods, 2007; Hausmann, Ye,

Schofield, & Woods, 2009)은 대학생의 지속성(persistence)에 대한 연구에서 대학 1학년 동안에 학생들의 소속감을 촉진하는 사회적 관계의 역할을 조사하였다. Hausmann과 동료들(2009)은 참여자들의 보고를 통해 1학년 동안에 또래와의 상호작용(친구를 사귈 수 있음, 개인의 가치를 공유할 수 있는 친구가 있음, 지적 성장을 돕는 친구가 있음 등)이 높은 수준의 소속감과 관련이 있다는 것을 발견하였다.

또 다른 연구에서 Locks, Hurtado, Bowman 및 Oseguera(2008)는 대학생이 한 주 동안 또래와 사교 활동을 하는 데 쓰는 시간이 소속감을 예측하는 데 영향을 미치는 것을 발견하였다. 또한 이 연구자들은 사교 활동에 보내는 시간과 소속감의 관계에서 다양한 또래와의 긍정적인 상호작용에 대한 학생들의 보고(즉, 다양한 배경의 또래와 얼마나 자주 지적인 토론에 참여하는지, 개인적인 감정을 공유하는지, 함께 공부하고, 사교적으로 활동하는지)가 매개한다는 것을 발견하였다. 아쉽게도 이 연구자들은 일반적인 긍정적 또래 상호작용의 정도를 평가하지 않았기 때문에 이 표본에서 소속감에 가장 크게 기여한 것이 다양한 또래와의 긍정적인 상호작용이었는지, 아니면 긍정적 또래 상호작용 그 자체였는지를 판단하기는 어렵다.

Paxton과 Moody(2003)는 사회적 관계망 특성과 여대생 클럽 회원들의 소속감 간의 관련성을 조사하였다. 이 연구는 대학생들의 소속감에 대한 예측변인을 조사하기 위해 사회성 측정 지명 척도를 사용한 유일한 연구로 생각된다. 이 연구는 여대생 클럽의 사회적 관계망 내에서 중심이 되고 교차횡단적 유대(crosscutting ties)를 가진 학생들이 여대생 클럽에 대해 높은 수준의 소속감을 보고한다는 것을 발견하였다. 또한 사회적 관계망에서 중심이 되거나 교차횡단적 유대를 가진 것보다는 덜 중요하였지만, 다른 많은 여대생 클럽의 회원들로부터 믿을 만한 친구라고 지명받은 학생들은 그 집단에 대해 더 높은 수준의 소속감을 보고하였다. 흥미로운 것은 학생들이 회피하려는 회원의 수가 많은 집단에서 여대생 클럽의 소속감 수준이 전체적으로 보다 낮았다는 것이다.

또래와의 관계뿐만 아니라 교수진과의 관계 또한 대학 내 소속감을 느끼는 데 있어 상관이 있는지 검토되었다. Hausmann과 동료들(Hausmann et al., 2007; Hausmann et al., 2009)은 교수-학생 관계의 질(예: 강의실 밖에서의 교수와의 긍정적인 상호작용 및 이에 대해 알고 있는 것, 교수가 학생에게 관심을 가지고 있다고 인식하는 것)이 대학에서 소속감의 초기 수준을 예측한다는 사실을 발견하였다. 그러나 이러한 관련성은 일단 또래관계 요소를 고려한 후에는 더이상 유의하지 않은 것으로 나타났다(Hausmann et al., 2009). 더욱이 교수-학생 관계는 1학년 동안의 소속감의 변화를 예측하지 못했다(Hausmann et al., 2007).

연구자들은 대학 내 학생들의 소속감을 촉진하는(혹은 감소시키는) 데 있어서 부모의 역할에 대해서도 고려하였다. 부모는 보통 일상적인 맥락에서는 물리적으로 존재하지 않음에도 불구하고 자녀가 보다 구조화되고 다소 독립적이지 못한 고등학교 영역에서는 상대적으로 구조화되어 있지 않고 독립적인 대학 환경으로 전환하는 데 잠재적으로 중요한 역할을 한다. 일부 연구에서는 부모의 지원이 대학으로 전환하는 시기에 긍정적인 소속감을 촉진하는 데 어느 정도 역할을 수행함을 시사하였다(Locks et al., 2008; Mounts, 2004). 그러나 학생들이 대학에서 긍정적인 소속감을 확립하는 데 어떤 유형의 지원(예: 재정적·학술적·사회적 지원)이 가장 중요한지를 확인하기 위해서는 추가 연구가 필요하다. 학생들이 대학생활을 이어 가는 동안에 부모의 지원과 자율성 증진 사이의 적절한 균형에 대해서도 후속 연구가 필요하다.

사회인지적 과정

외로움   외로움의 사회인지적 상관변인을 살펴본 연구들이 많다. 하지만 대학생을 대상으로 한 연구는 상대적으로 드물기 때문에 이 절에서는 아동 및 청소년을 대상으로 수행된 몇몇 연구를 참고하고자 한다. 외로움에 고도로 집중화된 척도를 이용하여 수행된 일부 연구에 주목하고자 한다. 외로움에 대한 인지불일치 관점과 마찬가지로, 연구자들은 외로움의 중요한 예측변인으로서 관계 기대와 관계 **실제**에 대한 지각 사이의 불일치를 살펴보았다. 사회적 유대에 대한 열망과 실제 수준 사이의 차이가 외로움의 감정과 연결되어 있다는 증거가 있다(예: Archibald, Bartholomew, & Marx, 1995; Kupersmidt et al., 1999; Russell, Cutrona, McRae, & Gomez, 2012).

　　귀인 과정과 사회적 자기효능감 지각 또한 연구되었다. 사회적 실패를 내적이고 안정적인 원인에 있다고 여기는 사람들은 외적이고 불안정한 원인에 있다고 여기는 사람들보다 만성적이고 심각한 외로움을 경험할 가능성이 크다(예: Anderson, Horowitz, & French, 1983; Cutrona, 1982; Renshaw & Brown, 1993; Shaver et al., 1985). 사회적 자기효능감과 관련하여 Shaver와 동료들(1985)은 관계의 시작과 자기개방 영역에서 능숙하지 못하다고 보고한 학생들이 대학 1학년 동안의 사회적 관계망에 대해 불만족과 외로움 수준이 더 높다고 보고하였다.

　　외로움과 관련하여 목표와 신념에 대한 연구도 있다. Jarvinen과 Nicholls(1996)는 친사회적인 목표(예: 친밀함, 돌봄, 다른 사람들의 호의적 평가를 받는 것과 관련된 목표)에 동의한 청년들은 지배와 관련된 목표에 동의한 청년들에 비해 덜 외롭다는 것을 발견하였다. 그들은 사회적 성공의 원인에 대한 신념들이 외로움과 어떻게 관련되는지도 검증하였다. 진실성(즉, 진솔함)이 또래관계에 있어 중요하다고 믿는 청년들은 덜 외로운 반면, 강인함이 또래관계에 있어 중요하다고 믿는 청년들은 더 외로웠다. 외로움에 고도로 집중화된 측정도구를 사용한 연구에서 Lavallee와 Parker(2009)는 친구관계에 관해 경직된 신념(즉, 특정한 한 사람만이 친구관계에의 욕구를 만족시킬 수 있다는 신념)을 갖고 있는 11~14세 학생들이 높은 수준의 외로움을 경험한다는 것을 발견하였다. 또한 고도로 집중화된 척도를 사용한 대학생 연구에서도 Asher, Weeks와 McDonald(2012)는 친구관계에 관한 다양한 종류의 신념이 외로움과 관련 있다는 것을 발견하였다. 예를 들어, 여기에는 친구는 독보적인 존재이어야 한다는 신념, 갈등은 친구관계가 실패로 이어지는 신호라는 신념, 친구가 실수를 했을 때 용서할 수 없다는 신념, 친구는 대체 가능하다는 신념 등이 있다.

　　사람들이 다른 사람들로부터 받은 긍정적 또는 부정적 피드백을 정확하게 읽는지에 대한 연구도 수행되었다. 대학생 연구에서 외로운 사람들은 긍정적인 피드백보다는 부정적인 피드백을 확인할 때 보다 정확한 것으로 나타났다. 이는 외로운 청년들이 실제로 사회 환경 내에서 부정적 정보에 더 귀를 기울일 수 있음을 시사한다(Duck, Pond, & Leatham, 1994).

마지막으로, 사회적 상황에서 거부를 방어적으로 해석하는 경향인 거부민감성에 대한 연구가 있다. Downey, Lebolt, Rincón 및 Freitas(1998)는 과거의 사회적 거부 경험이 기부를 암시하는 단서를 방어적으로 예상하게 만들고, 따라서 이러한 단서에 극도로 예민해지게 한다는 가설을 발전시켰다. 아동을 대상으로 한 거부민감성 연구에 따르면, 사회적 상황에서 거부를 방어적으로 예상하는 경향성은 높은 수준의 외로움과 지속적으로 관련되어 있었다(London, Downey, Bonica, & Paltin, 2007).

소속감 Mendoza-Denton, Downey, Purdie, Davis 및 Pietrzak(2002)은 거부민감성에 대해 상세하게 기술하면서 사회적 정체성을 소속감을 통해 학업 수행에 연결시키는 **인종 기반의 거부민감성**(race-based rejection sensitivity)이라는 과정을 확인하였다. 이들은 다음과 같이 가정하였다. 어떤 사람들은 낙인이 찍혔거나 평가절하된 집단(예: 소수 인종 및 소수 민족)에 소속됨으로 인해 발생한 거부 경험을 바탕으로 하여 자신이 속한 집단과 관련된 다른 맥락에서도 거부를 당할 수 있다는 불안한 예상을 하게 된다. Mendoza-Denton과 동료들(2002)의 연구에서 인종 기반 거부민감성이 높은 대학생들일수록 대학에서 소속감이 낮았고(연구를 위해 개발된 3개 문항 척도로 측정), 살아가면서 부정적인 인종 기반 사건들을 더 많이 경험하는 것으로 나타났다. 또한 이러한 사건들에 대한 반응에서 인종 기반 거부민감성 수준이 낮은 학생들에 비해 높은 수준에서 소외감 및 거부되는 느낌을 경험한 것으로 나타났다. 인종 기반 거부민감성 수준이 높은 것은 대학에서 처음 한두 해 동안에 학업 성취가 크게 감소하는 것과도 관련이 있었다(Mendoza-Denton et al., 2002). 흥미롭게도 소규모 표본조사에서 나온 예비 증거는 다수 민족/인종에 속한 사람들과의 친구관계가 소수집단의 대학생들로 하여금 인종 기반 거부민감성의 부정적 영향을 완화시키는데 도움이 될 수 있음을 시사하고 있다. Mendoza-Denton과 Page-Gould(2008)는 고도로 집중화된 여섯 문항 척도를 사용하여 인종 기반 거부민감성이 높은 아프리카계 미국인 학부생들이 다수 민족에 속한 사람들과 친구관계를 많이 맺을수록, 소수 민족의 친구 수를 통제한 후에도 대학에 대한 소속감과 만족감의 수준이 높아졌다고 보고하는 경향이 있음을 발견하였다.

Walton과 Cohen(2007, 2011)은 최근 연구에서 사회적 정체성이 상황적 요인들과 상호작용하여 성취에 영향을 미치는 과정을 이해하는 데 초점을 맞추었다. Walton과 Cohen(2007)은 **소속 불확실성**(belonging uncertainty)이라는 사회-인지적 현상을 가정하였다. 이는 낙인 찍힌 집단(예: 대부분 유럽계인 미국인의 교육환경 속에 있는 아프리카계 미국인)의 구성원이 특정한 사회적 환경에 속하는지에 대해 의문을 제기할 때 발생할 수 있다. 소속 불확실성은 사람과 맥락 간의 상호작용의 결과다. 이러한 상호작용은 부정적 처우의 기초가 될 수 있는 사회정체성(예: 인종/민족, 성별)을 가진 사람이 자신의 정체성이 드러나는 상황에서 소속 관련 단서들을 경계하게 되는 것을 의미한다. 정체성 위협(즉, 자신이 어딘가에 소속되어 있지 않다는 단서)이 확인된 후에도 개인이 이 위협에 대처할 수 없거나 대처하기를 원치 않는다면, 이러한 위협에 대한 경계는 과업 수행에 지장을 초래할 수 있다(Cohen & Garcia, 2008). 소속 불확실성과 인종 기반 거부민감성에서의 차이점은 소속 불확실성이 개인이 처한 특정 상황의 함수로 유발되는 것이라면, 인종 기반 거부민감성은 개인이 다양한 맥락에 걸쳐 소속 불확실성을 경험할 수 있게 하는 개인차 요인이라는 점이다.

　Walton과 Cohen(2007, 2011)은 소속 불확실성 현상에 대한 관심의 일환으로, 역사적으로 소수 집단(underrepresented group)에 속한 학생들이 대부분 다수 집단으로 구성된 학내에서 자신이 소속되었는지 의문을 제기할 수 있다고 가정하였다. 이 연구자들은 사회인지적 '선제 공격'으로서 학생들에게 소속되지 않았다는 감정을 불안정한 원인(즉, 대학교 1학년생 되기)으로 돌리도록 격려하는 단기 귀인 재구성 개입을 실시하였다. 무선표집된 아프리카계 미국인 학생들에게 선배들이 준비한 자료를 통해 새로 입학한 학생들이 학교에 소속되지 않은 것처럼 느끼는 것이 일반적이지만, 이런 느낌은 시간이 지나면서 사라질 것이라고 이야기하였다. Walton과 Cohen의 간단하지만 강력한 개입은 개입 직후와 대학교 4학년 말에 아프리카계 미국 학생들의 소속 불확실성이 교육 및 건강에 미치는 부정적 효과를 경감시키는 것으로 나타났다.

구분되는 개념으로서의 외로움과 소속감에 대한 연구의 도래

이 장에서 우리는 외로움과 소속감이 중복되는 원인과 구분되는 원인을 모두 가진 구분되는 개념으로 고려되어야 한다고 주장하였다. 원인을 측정하는 문항들을 포함하지 않고도 외로움과 소속감만을 평가할 수 있는 고도로 집중화된 척도에 대해서도 설명하였다. 이러한 주제들을 뒷받침하면서 우리는 여기서 최근 완수한 4년간의 연구를 간단히 소개하면서 결론을 내리고자 한다. 이 연구에서는 대규모 학부생 표본을 대상으로 외로움과 소속감의 상관에 대해 이해하기 위해 우리가 개발한 새로운 척도를 사용하였다(Asher & Weeks, 2012 참조).

이 연구에서 우리는 외로움을 평가하는 문항들과 소속감을 평가하는 문항들이 상관은 있지만 분명히 구분되는 요인에 적재된다는 것을 발견하였다(Asher et al., 2010). 게다가 외로움과 소속감을 구별하는 예측변인이 있었다. 특히 친구가 있고, 친구관계의 질이 높은 것과 같은 친구관계 요인은 외로움으로부터 보호하고 소속감을 촉진하는 데 중요한 것으로 밝혀졌다. 그러나 Hagerty와 동료들(1992, 1993)의 부합성과 가치로움에 대한 개념을 반영하는 더 넓은 범주의 요인들은 외로움보다는 소속감과 더 강력하게 관련되어 있었다. 예를 들어, 부합성과 관련하여 학문적으로 깊이 몰입하는 것(즉, 자신의 학업적인 수행에 흥미와 열정이 있는 것)과 대학교 스포츠 대표팀의 '열성적인 팬'이 되는 것은 각각 높은 수준의 소속감과 연관되어 있었으나 외로움과의 연관성은 크지 않았다. 대학에서 자신이 중요하다고 느끼는 가치로움은 외로운 느낌보다는 소속감과 더 강하게 관련이 있었다.

후속 연구에서는 외로움과 소속감에 대한 공유된 특정 원인 및 공유되지 않는 특정 원인을 구별하는 데 보다 더 초점을 맞추어야 할 것이다. 뿐만 아니라 외로움과 소속감의 공통되는 혹은 구분되는 사회적·심리적·학문적 결과에 대해서도 살펴보아야 할 것이다. 외로움과 소속감이 각각 독특한 원인과 적응에 대한 시사점을 가지고 있는 것으로 확인된다면, 두 구성 개념을 개념적으로 구분하는 것의 중요성은 더욱 분명해진다.

참고문헌

Anderson, C. A., Horowitz, L. M., & French, R. D. (1983). Attributional styles of lonely and depressed people. *Journal of Personality and Social Psychology, 45*, 127-136.

Archibald, F. S., Bartholomew, K., & Marx, R. (1995). Loneliness in early adolescence: A test of the cognitive discrepancy model of loneliness. *Personality and Social Psychology Bulletin, 21*, 296-301.

Asher, S. R., Gorman, A. H., Guerra, V. S., Gabriel, S. W., & Weeks, M. S. (2013). Children's loneliness in different school contexts. Manuscript submitted for publication.

Asher, S. R., Hymel, S., & Renshaw, P. D. (1984). Loneliness in children. *Child Development, 55*, 1456-1464.

Asher, S. R., & Paquette, J. A. (2003). Loneliness and peer relations in childhood. *Current Directions in Psychological Science, 12*, 75-78.

Asher, S. R., & Weeks, M. S. (2012). Social relationships, academic engagement, and well-being in college: Findings from the duke social relationships project. Retrieved from Duke University http://sites.duke.edu/dsrp/files/2012/10/Duke-Social-Relationships-Project-Report.pdf

Asher, S. R., Weeks, M. S., & McDonald, K. L. (2010, March). Loneliness and belongingness in college: Distinct emotional experiences or two sides of the same coin? In S. R. Asher & M. S. Weeks (Chairs), *Contextual perspectives on loneliness and belongingness in early, middle, and late adolescence*. Symposium conducted at the meeting of the Society for Research on Adolescence, Philadelphia, PA.

Asher, S. R., Weeks, M. S., & McDonald, K. L. (2012, July). Measuring beliefs about friendship in men and women: Linkages with friendship quality and loneliness. In S. R. Asher & M. S. Weeks (Chairs), *Gender and close friendships in childhood, adolescence, and early adulthood: New discoveries and advances in assessment*. Symposium conducted at the meeting of the International Association for Relationship Research, Chicago, IL.

Baumeister, R. F., & Leary, M. R. (1995). The need to belong: Desire for interpersonal attachments as a fundamental human motivation. *Psychological Bulletin, 117*, 497–529.

Bollen, K. A., & Hoyle, R. H. (1990). Perceived cohesion: A conceptual and empirical examination. *Social Forces, 69*, 479–504.

Bukowski, W. M., Hoza, B., & Boivin, M. (1993). Popularity, friendship, and emotional adjustment during early adolescence. *New Directions for Child Development, 60*, 23–37.

Cacioppo, J. T., Hawkley, L. C., Berntson, G. G., Ernst, J. M., Gibbs, A. C., Stickgold, R., & Hobson, J. A. (2002). Do lonely days invade the nights? Potential social modulation of sleep efficiency. *Psychological Science, 13*, 384–387.

Cohen, G. L., & Garcia, J. (2008). Identity, belonging, and achievement: A model, interventions, implications. *Current Directions in Psychological Science, 17*, 365–369.

Cutrona, C. E. (1982). Transition to college: Loneliness and the process of social adjustment. In L. A. Peplau & D. Perlman (Eds.), *Loneliness: A sourcebook of current theory, research, and therapy* (pp. 291–309). New York: Wiley.

Downey, G., Lebolt, A., Rincón, C., & Freitas, A. L. (1998). Rejection sensitivity and children's interpersonal difficulties. *Child Development, 69*, 1074–1091.

Duck, S., Pond, K., & Leatham, G. (1994). Loneliness and the evaluation of relational events. *Journal of Social and Personal Relationships, 11*, 253–276.

Durkheim, E. (1951). *Suicide: A study in sociology* (J. A. Spaulding & G. Simpson, Trans.). New York: Free Press. (Original work published 1897)

Ernst, J. M., & Cacioppo, J. T. (1999). Lonely hearts: Psychological perspectives on loneliness. *Applied & Preventive Psychology, 8*, 1–22.

Feldman, K. A., & Newcomb, T. M. (1969). *The impact of college on students.* San Francisco: Jossey-Bass.

Fontaine, R. G., Yang, C., Burks, V. S., Dodge, K. A., Price, J. M., Pettit, G. S., & Bates, J. E. (2009). Loneliness as a partial mediator of the relation between low social preference in childhood and anxious/depressed symptoms in adolescence. *Development and Psychopathology, 21*, 479–491.

Furrer, C., & Skinner, E. (2003). Sense of relatedness as a factor in children's academic engagement and performance. *Journal of Educational Psychology, 95*, 148-162.

Gest, S. D., Welsh, J. A., & Domitrovich, C. E. (2005). Behavioral predictors of changes in social relatedness and liking school in elementary school. *Journal of School Psychology, 43*, 281-301.

Goodenow, C. (1993). The psychological sense of school membership among adolescents: Scale development and educational correlates. *Psychology in the Schools, 30*, 79-90.

Hagerty, B. M. K., Lynch-Sauer, J., Patusky, K. L., & Bouwsema, M. (1993). An emerging theory of human relatedness. *IMAGE: Journal of Nursing Scholarship, 25*, 291-296.

Hagerty, B. M. K., Lynch-Sauer, J., Patusky, K. L., Bouwsema, M., & Collier, P. (1992). Sense of belonging: A vital mental health concept. *Archives of Psychiatric Nursing, 6*, 172-177.

Hagerty, B. M. K., & Patusky, K. (1995). Developing a measure of sense of belonging. *Nursing Research, 44*, 9-13.

Hausmann, L. R. M., Schofield, J. W., & Woods, R. L. (2007). Sense of belonging as a predictor of intentions to persist among African American and White first-year college students. *Research in Higher Education, 48*, 803-839.

Hausmann, L. R. M., Ye, F., Schofield, J. W., & Woods, R. L. (2009). Sense of belonging and persistence in White and African American first-year students. *Research in Higher Education, 50*, 649-669.

Hoza, B., Bukowski, W. M., & Beery, S. (2000). Assessing peer network and dyadic loneliness. *Journal of Clinical Child Psychology, 29*, 119-128.

Hurtado, S., & Carter, D. F. (1997). Effects of college transition and perceptions of the campus racial climate on Latino college students' sense of belonging. *Sociology of Education, 70*, 324-345.

Jarvinen, D. W., & Nicholls, J. G. (1996). Adolescents' social goals, beliefs about the causes of social success, and satisfaction in peer relations. *Developmental Psychology, 32*, 435-441.

Kochenderfer-Ladd, B., & Wardrop, J. L. (2001). Chronicity and instability of children's peer victimization experiences as predictors of loneliness and social satisfaction trajectories. *Child Development, 72*, 134-151.

Kupersmidt, J. B., Sigda, K. B., Sedikides, C., & Voegler, M. E. (1999). Social self-discrepancy theory and loneliness during childhood and adolescence. In K. J. Rotenberg & S. Hymel (Eds.), *Loneliness in childhood and adolescence* (pp. 263-279). New York: Cambridge University Press.

Ladd, G. W., Kochenderfer, B. J., & Coleman, C. C. (1997). Classroom peer acceptance, friendship, and victimization: Distinct relational systems that contribute uniquely to children's school adjustment? *Child Development, 68*, 1181-1197.

Lavallee, K. L., & Parker, J. G. (2009). The role of inflexible friendship beliefs, rumination, and low self-worth in early adolescents' friendship jealousy and adjustment. *Journal of Abnormal Child Psychology, 37*, 873-885.

Lee, R. M., & Robbins, S. B. (1995). Measuring belongingness: The social connectedness and the social assurance scales. *Journal of Counseling Psychology, 42*, 232-241.

Locks, A. M., Hurtado, S., Bowman, N. A., & Oseguera, L. (2008). Extending notions of campus climate and diversity to students' transition to college. *The Review of Higher Education, 31*, 257-285.

London, B., Downey, G., Bonica, C., & Paltin, I. (2007). Social causes and consequences of rejection sensitivity. *Journal of Research on Adolescence, 17*, 481-506.

Loukas, A., Roalson, L. A., & Herrera, D. E. (2010). School connectedness buffers the effects of negative family relations and poor effortful control on early adolescent conduct problems. *Journal of Research on Adolescence, 20*, 13-22.

Malone, G. P., Pillow, D. R., & Osman, A. (2012). The General Belongingness Scale (GBS): Assessing achieved belongingness. *Personality and Individual Differences, 52*, 311-316.

Marcoen, A., Goossens, L., & Caes, P. (1987). Loneliness in pre- through late adolescence: Exploring the contributions of a multidimensional approach. *Journal of Youth and Adolescence, 16*, 561-577.

Maslow, A. H. (1943). A theory of human motivation. *Psychological Review, 50*, 370-396.

McMillan, D. W., & Chavis, D. M. (1986). Sense of community: A definition and theory. *Journal of Community Psychology, 14*, 6-23.

Mendoza-Denton, R., Downey, G., Purdie, V. J., Davis, A., & Pietrzak, J. (2002). Sensitivity to status-based rejection: Implications for African American students' college experience. *Journal of Personality and Social Psychology, 83*, 896-918.

Mendoza-Denton, R., & Page-Gould, E. (2008). Can cross-group friendships influence minority students' well-being at historically white universities? *Psychological Science, 19*, 933-939.

Mounts, N. S. (2004). Contributions of parenting and campus climate to freshmen adjustment in a multiethnic sample. *Journal of Adolescent Research, 19*, 468-491.

National Center for Education Statistics. (2010). Web tables-profile of undergraduate students: 2007-08 (Publication No. NCES 2010-205). Retrieved from http://nces.ed.gov/pubsearch/pubsinfo.asp?pubid=2010205

Osterman, K. F. (2000). Students' need for belonging in the school community. *Review of Educational Research, 70*, 323-367.

Parker, J. G., & Asher, S. R. (1993). Friendship and friendship quality in middle childhood: Links with peer group acceptance and feelings of loneliness and social dissatisfaction. *Developmental Psychology, 29*, 611-621.

Parkhurst, J. T., & Hopmeyer, A. (1999). Developmental changes in the sources of loneliness in childhood and adolescence: Constructing a theoretical model. In K. J. Rotenberg & S. Hymel (Eds.), *Loneliness in childhood and adolescence* (pp. 56-79). New York: Cambridge University Press.

Pascarella, E. T., & Terenzini, P. T. (1991). *How college affects students: Findings and insights from twenty years of research.* San Francisco: Jossey-Bass.

Paxton, P., & Moody, J. (2003). Structure and sentiment: Explaining emotional attachment to group. *Social Psychology Quarterly, 66*, 34-47.

Peplau, L. A., & Perlman, D. (Eds.) (1982). *Loneliness: A sourcebook of current theory, research, and therapy.* New York: Wiley-Interscience.

Perkins, D. D., Florin, P., Rich, R. C., Wandersman, A., & Chavis, D. M. (1990). Participation and the social and physical environment of residential blocks: Crime and community context. *American Journal of Community Psychology, 18,* 83–115.

Pressman, S. D., Cohen, S., Miller, G. E., Barkin, A., Rabin, B. S., & Treanor, J. J. (2005). Loneliness, social network size, and immune response to influenza vaccination in college freshmen. *Health Psychology, 24,* 297–306.

Putnam, R. D. (2000). *Bowling alone: The collapse and revival of American community.* New York: Simon & Schuster.

Renshaw, P. D., & Brown, P. J. (1993). Loneliness in middle childhood: Concurrent and longitudinal predictors. *Child Development, 64,* 1271–1284.

Rotenberg, K. J., & Hymel, S. (Eds.) (1999). *Loneliness in childhood and adolescence.* New York: Cambridge University Press.

Russell, D. (1996). UCLA Loneliness Scale (Version 3): Reliability, validity, and factor structure. *Journal of Personality Assessment, 66,* 20–40.

Russell, D. W., Cutrona, C. E., McRae, C., & Gomez, M. (2012). Is loneliness the same as being alone? *The Journal of Psychology: Interdisciplinary and Applied, 146,* 7–22.

Ryan, R. M., & Deci, E. L. (2002). Overview of self-determination theory: An organismic dialectical perspective. In E. L. Deci & R. M. Ryan (Eds.), *Handbook of self-determination research* (pp. 3–33). Rochester: University of Rochester Press.

Sarason, S. B. (1974). *The psychological sense of community: Prospects for a community psychology.* San Francisco: Jossey-Bass.

Sargent, J., Williams, R. A., Hagerty, B., Lynch-Sauer, J., & Hoyle, K. (2002). Sense of belonging as a buffer against depressive symptoms. *Journal of the American Psychiatric Nurses Association, 8,* 120–129.

Shaver, P., & Buhrmester, D. (1983). Loneliness, sex-role orientation, and group life: A social needs perspective. In P. B. Paulus (Ed.), *Basic group processes* (pp. 259–288). New York: Springer.

Shaver, P., Furman, W., & Buhrmester, D. (1985). Transition to college: Network changes, social skills, and loneliness. In S. Duke & D. Perlman (Eds.), *Understanding personal relationships: An interdisciplinary approach* (pp. 193–219). London: Sage.

Strayhorn, T. L. (2012). *College students' sense of belonging: A key to educational success for all students*. New York: Routledge.

Tinto, V. (1993). *Leaving college: Rethinking the causes and cures of student attrition* (2nd ed.). Chicago: The University of Chicago Press.

United Nations Department of Economic and Social Affairs. (2007). *Participatory dialogue: Towards a stable, safe, and just society for all*. New York: United Nations.

Van Orden, K. A., Cukrowicz, K. C., Witte, T. K., & Joiner, T. E., Jr. (2012). Thwarted belongingness and perceived burdensomeness: Construct validity and psychometric properties of the interpersonal needs questionnaire. *Psychological Assessment, 24*, 197–215.

Walton, G. M., & Cohen, G. L. (2007). A question of belonging: Race, social fit, and achievement. *Journal of Personality and Social Psychology, 92*, 82–96.

Walton, G. M., & Cohen, G. L. (2011). A brief social-belonging intervention improves academic and health outcomes of minority students. *Science, 331*, 1447–1451.

Weeks, M. S., & Asher, S. R. (2012). Loneliness in childhood: Toward the next generation of assessment and research. In J. B. Benson (Ed.), *Advances in child development and behavior* (Vol. 42, pp. 1–39). San Diego, CA: Academic Press.

Weeks, M. S., Asher, S. R., & McDonald, K. L. (2012, February). Assessing feelings of belonging in school: Addressing the problem of confounding content. Poster session presented at the Society for Research in Child Development Developmental Methodology Conference, Tampa, FL.

Weiss, R. S. (1973). *Loneliness: The experience of emotional and social isolation*. Cambridge, MA: The MIT Press.

Werner, N. E., & Crick, N. R. (1999). Relational aggression and social-psychological adjustment in a college sample. *Journal of Abnormal Psychology, 108*, 615–623.

커플에 집착하는
사회 속의 독신

Bella DePaulo

　나에게 있어 고독이란 너무 달콤해서 모든 사람이 고독을 그런 방식으로 경험하는 것은 아니라는 것을 스스로 되새겨야 한다. 나는 환갑을 바라보고 있고, 지금까지 독신이다. 나는 앞으로도 독신을 선택할 것이다. 나는 나와 같은 사람들을 위해 '뼛속까지 독신(single at heart)'이라는 명칭을 만들었다. 독신은 우리의 진짜 모습이다. 독신으로 사는 것은 가장 의미 있고 진정한 삶을 사는 방식이다.

　고독은 환영하는 것일 수도, 두려워하는 것일 수도 있다. 고독은 만족스러운 것일 수도 있고, 외로운 것일 수도 있다. 독신의 삶도 마찬가지다. 나는 독신의 삶에 대한 연구를 진행한 첫 10년 정도의 대부분을 독신인 사람들은 모두 비참하고 외로우며, 독신을 벗어나는 것 이외에는 원하는 것이 없다는 가정을 반박하는 데 보냈다(DePaulo, 2006, 2011a, 2011b; DePaulo & Morris, 2005). 이제는 한걸음 물러나서 독신(그리고 고독)에 대해서 반대의 이미지를 그려 보고자 한다. 걱정스러워하는 사람의 눈으로 보면 고독은 분명 끔찍한 것이다. 그러나 다른 한편으로 그것을 환영하는 사람의 시각에서 보면 그것은 황홀한 것이다. 고독과 독신의 삶의 문제에 있어서 핵심은 선택이다. 만약 당신이 혼자서 시간을 보내기로 선택하고 독신이기를 선택했다면(이 둘은 같지 않다), 동의 없이 그러한 상황으로 떠밀릴 때보다 당신은 자신의 시간과 삶에 훨씬 더 만족할 것이다(Dykstra, 1995).

또한 우리의 선택이 어떠한 맥락에서 이루어졌는지도 중요하다. 21세기 초반 현재, 미국은 결혼생활, 결혼식, 커플 만들기에 계속해서 집착하는 사회이다. 나는 이러한 활동들과 관련하여 지나치게 기념하는 태도를 결혼 지상주의(matrimania)라고 부른다(DePaulo, 2006). 미국에서 독신의 삶을 선택하는 사람들은 결혼을 선택한 사람들과는 다른 방식으로 어려움에 처할 위험에 놓여 있다. 마찬가지로 지역사회가 쇠퇴하지 않을까 조바심하면서[예컨대, Klinenberg(2012)에서 논의됨] 혼자 많은 시간을 보내는 사람(Rufus, 2003)을 희화화하는 우리의 오랜 국가적 전통은 고독을 선택한 사람들에게 그림자를 드리운다. 그렇다 하더라도 국가의 인구통계학적 모습은 빠르게 그리고 매우 뚜렷하게 변화하고 있다(DePaulo, 2006). 독신인 사람들의 수는 꾸준히 증가하고 있고, 혼자 사는 사람들의 수 역시 그렇다.

독신으로 사는 것과 고독을 좋아하는 것 사이의 관련성은 아직 실증적으로 완전히 탐구되지 않았다. 독신으로 지내는 사람들이 결혼한 사람들(Marks, 1996)보다 내향적이라는 증거가 있다. 그래서 그들은 혼자만의 시간을 특히 만끽하는 것 같다(자세한 내용은 Zelenski, Sobocko와 Whelan이 저술한 이 책의 1권 11장 참조). 그러나 독신인 사람들이 결혼한 사람들보다 형제자매, 부모, 이웃, 친구들과 더 많이 연결되어 있으며(Gerstel & Sarkisian, 2006; Klinenberg, 2012), 결혼한 사람들은 그들이 독신이었을 때보다 친구나 부모에게 관심을 덜 기울인다는 증거가 다수의 국가 차원의 조사에서 나타났다(Musick & Bumpass, 2012). 그러므로 독신인(커플이 아닌) 사람들은 혼자서도, 그리고 가족이나 친구들과도 결혼한 사람들보다 더 많은 시간을 보낼 수 있으며, 다만 파트너와 시간을 적게 보내는 것일 수도 있다. 현재까지 이에 대해 우리는 정확히 알지 못하고 있다.

독신인 것에 관해서 중요한 질문들이 많이 남아 있다. 예를 들어, 다음 절에서 설명하겠지만 오늘날 미국에 살고 있는 결혼한 사람들 대비 독신인 사람들의 수에 대해서 모호한 점이 있다. 지난 반세기에 걸쳐 미국에서 핵가족 세대의 수가 현저하게 감소한 것으로 알려졌지만, 오늘날 우리가 어떻게 살고 있는지는 명확하지 않다. 우리는 혼자 사는 것을 더 많이 선택할까, 아니면 배우자나 애인이 아닌 다른 사람들과 사는 것을 더 많이 선택할까? 사람들이 혼자 사는 것을 선택하면, 이들은 혼자만의 시간을 더 많이 보내고 싶은 것일까?

그럼에도 불구하고 독신이 된다는 것이 무엇을 의미하는지, 그리고 혼자만의 시간을 보내는 것이 무엇을 의미하는지에 대한 우리의 이해는 보다 정교해지고 있다. 많은 미국인들뿐만 아니라 다른 나라에 살고 있는 많은 사람도 독신인 사람들이 커플인 사람들만큼 행복하거나 건강하거나 이타적이거나 사교적이지 않다고 생각하며, 독신자들이 결혼한다면 그들의 정서적·사회적인 삶이 훨씬 더 나아질 것이라고 믿는다 (DePaulo, 2011b; Greitemeyer, 2009; Morris, Depaulo, Hertel, & Ritter, 2008). 하지만 그러한 편견들이 1950년대만큼 비판적이지는 않다(Klinenberg, 2012). 예를 들면, 오늘날 사람들이 독신인 사람들을 결혼한 사람들보다 덜 의존적인 사람이라고 인식하는 것처럼 이들을 긍정적으로 보기도 한다(DePaulo & Morris, 2006).

수십 년 동안 외로움과 고립에 대한 우려는 우리의 문화적 담론과 학술적 문헌에서 주류를 이루었다(자세한 내용은 Wesselmann, Williams, Ren과 Hales가 저술한 이 책의 1권 13장 참조). 1963년에 사회학자 David Riesman은 우리가 '고독한 군중'이 되었는지를 물었다. 21세기에 진입하면서 Robert Putnam은 우리가 '혼자 볼링을 치고 있는지' 궁금해 했다(Putnam, 2000). 보다 최근에는 우리의 학문적 관점이 바뀌고 있다. 심리학 데이터베이스에서 이제 외로움뿐만 아니라 고독에 관한 기사들을 점점 더 자주 볼 수 있다. 뛰어난 사회과학자들이 집필한 외로움에 관한 책은 상당한 관심을 받았다(Cacioppo & Patrick, 2008). 몇 년 뒤, 고독의 달콤함과 관련 있는 『콰이어트: 시끄러운 세상에서 조용히 세상을 움직이는 힘(Quiet: The power of introverts in a world that can't stop talking)』(Cain, 2012)'이라는 책은 〈뉴욕타임스〉의 베스트셀러가 되면서 폭발적인 관심을 끌었다.

다음 절에서 커플에 집착하는 문화 속에서 독신의 삶이 가지는 어두운 면들을 살펴볼 것이다. 나는 결혼 여부와 거주 형태 등 최근 미국의 인구통계학적 경향을 검토할 것이며, 사람들이 공적으로 혼자인 것처럼 보일 때 부정적 평가를 받는지도 살펴볼 것이다. 나는 또한 결혼 상태가 다르고, 독신생활에 대한 태도도 다양한 사람이 외로움과 고독 경험을 어떻게 달리하고 있는지도 고찰할 것이다.

우리 사회는 결혼한 커플의 사회인가, 아니면 독신의 사회인가: 인구통계학적 자료

기자들이 내게 많이 하는 질문 중에서 내가 가장 좋아하는 질문은 "독신들이 지배하는 사회에서 결혼한 사람들이 사는 것이 어떨 것이라고 생각하는가?"이다. 그 기자는 문화적 지배를 언급하고 있는 것이 아니라, 현대 미국 사회에서 결혼한 사람들보다 독신자들의 수가 더 많다는 것에 대해 언급하고 있는 것이다.

독신자가 수치상으로 더 지배적이라는 이 주장은 2007년 '여성의 51%가 배우자 없이 살고 있다'라는 제목의 〈뉴욕타임스〉기사와 같이 세간의 이목을 끄는 것에서 비롯되었다(Roberts, 2007). 〈뉴욕타임스〉는 나라면 하지 않았을 집계 기준을 선택하였다. 예를 들어, 〈뉴욕타임스〉는 15세 이상인 사람들의 결혼 여부를 기록했는데, 내가 볼 때 더 적절한 나이는 18세다. 후자의 기준을 따르면, 결혼하지 않은 미국인은 다수 집단이 아니다.

그럼에도 불구하고 〈뉴욕타임스〉기사의 요점은 미혼인 미국인들의 숫자 및 비율이 아주 많고 수십 년 동안 증가하고 있다는 점인데, 이는 정확한 사실이다. 2011년 기준, 이혼했거나 미망인이거나 항상 독신이었던 18세 이상의 미국인은 1억2백만 명이다. 그것은 성인 인구의 44.1%다(만일 동성 혹은 이성과 동거하고 있는 커플들의 수를 제외한다면, 그 수는 8천8백4십만 명으로 준다). 1970년에는 단지 약 3천8백만 명의 18세 이상 미국인이 결혼을 하지 않았고, 이것은 전체 인구의 28%였다.

결혼한 커플이 진짜 소수에 속하는 또 다른 자료가 있다. 2011년 기준 모든 가구의 약 49%만이 결혼한 커플을 포함하고 있다(U.S. Census Bureau, 2011). 1970년에 이 숫자는 대략 70%였다(U.S. Census Bureau, 2006). 미국 가정을 무작위로 선택해서 방문했을 때, 결혼한 커플이 당신을 맞이하지 않을 확률이 더 크다.

이제 독신자들이 적어도 수적으로는 미국 사회의 주류로 들어오고 있는데, 이것은 그들이 완전히 일상의 사회생활에 통합되었다는 것을 의미하는가? 이 질문에 대한 다양한 접근 방식이 있지만, 소수의 연구결과가 출간되었다. 이제 이것들을 검토해 보자.

미국인의 사회생활은 커플 위주로 돌아가는가? 독신자들에 대한 포용과 배제

내가 독신인 사람으로부터 듣는 다소 일관적인 이야기가 있다. 각색된 이야기들이 내 이메일의 받은 편지함에서, 내 블로그 게시물의 댓글에서, 비공식적인 대화에서 불쑥 나타난다. 요지는 독신인 사람이 한동안 다른 사람과 좋은 친구관계를 가지지만, 일단 그 친구에게 진지하게 사귀는 사람이 생겨 커플이 되면 독신인 사람은 주변으로 밀려나게 된다는 것이다. 때때로 독신인 사람이 선물을 안겨 준다거나 혹은 여행경비를 댄다거나 하여 유대가 유지되기도 한다. 그러나 그다음에는 아무것도 없다. 그 결혼한 친구는 결혼한 커플집단에 들어가게 되고, 주로 다른 커플들과 어울리게 된다.

나는 이 주제에 대해 블로그에 가끔 글을 쓰는데, 결혼한 사람들이 들어와서 반대하며 주장하기를 커플이 된 친구를 배제시킨 것은 독신인 사람 자신이라고 한다. 일군의 친구들을 대상으로 누가 먼저 만남을 주도하였는지에 대한 기록을 포함하여 서로 접촉한 내용을 기록하게 함으로써 친구 중에 한 명이 연애를 시작하여 결혼을 하고, 다른 친구는 독신으로 남게 되었을 때 실제로 어떤 일이 일어나는가를 확인하는 종단연구가 가능할 것이다. 이러한 연구는 아직 수행되지 않았다.

경험적 연구 문헌들이 제공하는 자료는 다음과 같이 세 가지다. 첫째는 연애관계가 점점 진지해짐에 따라 커플과 그 친구와의 상호작용이 어떻게 변화하는지에 대한 연구들(Johnson & Leslie, 1982; Milardo, Johnson, & Huston, 1983; Surra, 1985)인데, 친구관계의 상태가 어떠한지에 대해서는 기록하지 않은 한계가 있다. 둘째는 서로 다른 생애 단계 혹은 관계 상태에 있는 사람들이 보고하는 친구의 수, 혹은 절친(confidant)의 수에 대한 횡단 연구[Amos, 2010; Kalmijn(2003)이 기술한 Dunbar의 연구]다. 셋째는 파트너를 만들기 전후에 친구와 함께 보낸 시간에 대한 종단 연구(Musick & Bumpass, 2012)인데, 이 또한 친구관계의 상태에 대한 자료는 얻지 않았다.

이자관계로 인한 위축(dyadic withdrawal)이라고 부르는 현상에 대한 연구에서 커플들은 관계가 진지해질수록 두 사람끼리만 더 많은 시간을 보냈다(Milardo et al., 1983; Surra, 1985). 점차 편한 친구와 지인들은 주변으로 밀려났다. 처음에는 가까운 친구들이 완전히 배제되지는 않지만, 그들의 의견은 이전보다 덜 중요해진다(Johnson & Leslie, 1982). 우리는 이 연구로부터 주변으로 밀려난 친구들이 독신인지는 알 수가 없다.

이혼을 하거나 사별한 사람들의 경우, 결혼한 다른 커플들이 예전만큼 중요하지 않게 된다고 보고한 연구가 있다(Milardo, 1987; Morgan, Carder, & Neal, 1997). 그러나 이 연구는 다른 커플들과 교제하고자 하는 결혼한 커플들이 새롭게 독신이 된 사람들을 배제하는 것인지, 아니면 새롭게 독신이 된 사람들이 결혼한 커플들과의 이전의 관계에서 물러나는 것인지, 아니면 둘 다인지에 대해서는 답하고 있지 않다.

2010년에 BBC는 인류학자 Robin Dunbar가 학회에서 발표한 연구결과들을 '**사랑에 빠지면 친구를 잃는다**(Falling in love costs you friends)'라는 제목으로 소개하였다(Amos, 2010). 그는 성인들에게 위기의 순간에 도움을 요청할 수 있는 사람들의 목록을 작성하라는 온라인 설문조사를 실시하였다. 연애 중에 있는 사람들은 자신의 파트너 이외에 4명을 언급했고, 독신들은 5.8명을 언급했다. Dunbar는 연애 중에 있는 사람들은 2명의 친구(자신의 파트너가 대체하고 있는 한 사람과 그 외 다른 한 사람)를 포기하게 된다고 주장하였다. 그러나 이 연구는 횡단 연구라서 커플이 된 사람들이 평균 2명의 친구를 실제로 잃게 되는지는 확실히 알 수 없다.

Dunbar의 연구보다 더 설득력 있는 것은 네덜란드에서 약 3천 명의 성인을 표집하여 실시한 연구이다. 참여자들은 5명까지 가장 친한 친구의 이름을 말하였는데, 배우자나 연인 또는 자녀는 포함하지 않았다(Kalmijn, 2003). 데이트 중이거나 데이트를 하고 있지 않은 독신자들, 자녀 없이 함께 사는 사람들, 자녀와 함께 사는 사람들, 빈 둥지에 남은 사람들(empty nesters) 등 다양한 인생 단계와 관계 상태에 있는 사람들의 결과가 비교되었다. Kalmijn은 다양한 범주에서 친구와 만나는 횟수뿐만 아니라 친구의 수가 감소하는 경향이 있다는 것을 발견하였다. 예를 들어, 독신자들은 평균적으로 4명의 친한 친구가 있다고 답한 반면, 빈 둥지에 남게 된 부부들은 3명이 있다고 답했다. 하지만 이 역시 횡단 연구다.

파트너가 생기는 것이 친구들과 시간을 덜 보내는 결과를 야기하는지에 대한 질문에 가장 가까운 답을 주는 연구는 미국 성인 2,700명을 대상으로 한 6년간의 종단 연구다(Musick & Bumpass, 2012). 연구가 시작되었을 때, 모든 참여자는 50세 이하이고, 독신이며, 동거하고 있지 않았다. 연구의 첫 3년에 걸쳐 파트너가 생긴 사람들은 독신을 유지하던 사람들보다 그들의 친구와 시간을 덜 보내게 되었다(그리고 그들의 부모와 덜 접촉하게 되었다).

커플들은 특히 그들의 관계 초기에는 서로에게 잘 맞추면서 나중에 다른 사람과 다시 연결되는 것도 가능하다. 그러나 연구결과는 이것이 전형적인 양상은 아님을 시사한다. 오히려 파트너가 있는 사람들은 최소 4년에서 최대 6년까지 독신을 유지하는 사람들보다 그들의 친구, 부모와 접촉을 덜한다. 새롭게 파트너가 생긴 사람과 최소 4년간 파트너가 있었던 사람 간에 그들의 친구와 부모님을 돌보는 데 있어서 차이가 없었다. 우리는 소외되었던 친구들이 독신인 경우가 더 많은지는 확인할 수 없었다.

적어도 어떤 측면에서 보면 독신인 사람들이 배우자가 있는 사람들보다 친구나 절친한 친구가 더 많기 때문에 커플이 된 친구들에게 의존하지 않는다. 이들은 저녁을 먹으러 가거나, 영화를 보러 가거나, 스포츠 경기를 하러 갈 때, 그리고 그 외의 활동을 할 때 다른 친구들과 어울린다. 하지만 그들이 진짜 혼자 식사를 하기로 결심했다고 가정해 보자. 어떤 사람들이 두려워하듯이, 그들은 함께 어울릴 수 있는 사람이라고는 하나도 없는 사회적으로 거부 당한 사람으로 보일까?

공공장소에서 혼자 있든 같이 있든: 무슨 상관?

내가 독신인 사람들의 사회적 인식에 대해 연구하기 시작하였을 때, 수행한 연구 중 하나는 혼자 식사하는 것에 대해 사람들이 어떻게 인식하는지를 알아보는 정교하게 설계된 한 실험이었다. 어떤 사람이 혼자 식사하고 있는 것을 당신이 본다고 가정해 보자. 당신은 그 사람에 대해 어떻게 생각하는가?

나는 사람들이 혼자 식사하는 빈도에 관해서 어떠한 통계도 알지 못한다. 그러나 풀서비스가 제공되는 레스토랑을 둘러보면 당신은 혼자 식사하는 사람이 이례적이라는 것을 알게 될 것이다. 나는 당신이 혼자 식사하러 가는 것을 드러내지 않는 이유 중 하나는 다른 사람들이 당신을 어떻게 볼까 걱정하기 때문이라고 생각한다. 나는 그렇게 고심하며 다른 사람들이 혼자 식사하는 사람을 **아무도 없는**(don't have anyone) 패배자로 볼까 봐 걱정할 것이라고 추측하였다. 그렇기 때문에 내 연구의 첫 번째 단계는 혼자 식사하는 사람들을 사람들이 실제로 어떻게 보느냐에 관한 것이었다. 이 연구에서 내 동료인 Wendy Morris와 Cathy Popp은 혼자 식사하는 다양한 참여자를 들여보내고 사진도 찍도록 허락해 주는 괜찮은 레스토랑 하나를 발견하였다.

물론 방법론적으로 단순히 혼자 식사하는 사람에 관한 평가를 취합하는 것으로는 충분하지 않았다. 우리는 또한 같은 사람이 다른 사람과 식사하러 올 때 어떻게 인식되는지 볼 필요가 있었다. 즉, 같은 사람이 동행과 함께 식사하러 온다면 인식이 달라질 수 있는지에 대해서도 질문하였다. 그가 2명은 남자, 2명은 여자로 네 명이 한 그룹을 이루는 그룹 중 한 사람이면 어떨까? 같이 식사하는 사람이 더 어리거나(이십대) 다소 나이가 더 있다면(사십대) 문제가 될까?

우리는 부스에 앉아 있는 네 명의 20대(2명은 남자, 2명은 여자)와 네 명의 40대(2명은 남자, 2명은 여자)의 사진을 촬영하면서 실험을 시작하였다. 그 후, 4명의 사진을 있는 그대로 사용하기도 하고, 그 사진에서 각자가 혼자, 혹은 이성 또는 동성과 식사하고 있는 것처럼 보이도록 사진을 수정하기도 하였다. 매번 똑같은 사진을 사용하는 것이 중요했고, 그들이 혼자 식사할 때 찍혔는지, 또는 한 명 이상의 사람들과 식사할 때 찍혔는지에 상관없이 얼굴 표정과 그들의 자세는 정확히 똑같았다. 그 다음, 우리는 사진을 쇼핑몰로 가지고 가서 수백 명의 성인에게 사진 속 사람을 보고 그 사람이 그날 식사를 하러 간 이유를 추측해서 알려 달라고 요청하였다. 만약 그 사진이 혼자 식사하고 있는 사람의 사진이라면, 우리는 그들에게 왜 그 사람이 혼자 식사하러 갔다고 생각하는지를 물어보았다.

우리는 쇼핑객들의 반응을 코딩하고 분석하였다. 우리는 실험결과가 유의하지 않았기 때문에 학회지에 발간하지는 않았다. 학술지는 유의한 결과가 없는 경우를 좋아하지 않는데, 우리는 그러한 결과를 얻었다. 혼자 식사하는 사람에 대한 쇼핑객들의 생각은 그가 한 명 이상의 동행과 식사하러 온 경우와 차이가 없었다. 식사하는 사람이 남자인지 여자인지, 나이가 어린지 많은지는 중요하지 않았고, 같이 식사를 하러 온 사람이 동성인지 이성인지도 중요하지 않았다. 그렇다고 해서 혼자 식사하러 온 사람이 결코 부정적 평가를 받지 않는다는 의미는 아니다. 즉, 혼자 식사하는 사람은 다른 사람과 함께 식사를 하는 사람과 동일한 기준에 의해 부정적 평가를 받았다는 뜻이다.

혼자 식사하는 사람에 대해서 어떤 사람들은 "그는 외롭다" "친구가 별로 없다" "그녀는 우울해 보인다"와 같은 말을 했다. 하지만 함께 식사하는 남녀의 사진을 평가할 때에도 사람들은 똑같이 판단적이었다. 예를 들어, 그들은 다음과 같은 의견을 남겼다.

- "그들은 '서로의 관계를 개선할 필요가 있기 때문에 이야기하기 위해서' 식사하러 갔다."
- "그녀가 화가 났다."
- "그는 자신이 그녀를 좋아한다고 생각했다."
- "그들은 '자녀로부터 벗어나길' 원했다."
- "그녀는 '그와 결혼했기 때문에 의무감으로' 그와 함께 식사하러 갔다."

다른 사람들은 함께 식사를 하고 있는 남녀 커플에 대해서 친절한 말을 했다. 예를 들어, 그들은 남자가 '아내와 즐거운 시간을 보내기 위해 식사하러' 갔다. 또는 두 명이 '멋지고, 조용한 대화'를 나누고 있다고 말했다. 그러나 참여자들은 다음과 같이 혼자 식사히는 사람에 대해서도 비판적이지 않고 긍정적인 말을 했다.

- "평화로운 순간을 즐기는 것이다."
- "그는 단지 혼자 먹기를 원했다."
- "여행 중이다."
- "그는 이 시간을 즐기고 있는 것처럼 보인다."
- "생각할 시간을 원했다."
- (그리고 내가 가장 마음에 들어 하는) "그는 안정되어 보인다."

우리는 사람들에게 혼자 식사를 하고 있는지, 아니면 한 명 이상의 다른 사람과 함께 식사를 하고 있는지에 따라 자신을 어떻게 판단할 것 같은지를 물어보지는 않았다. 그러나 Gilovich와 Savitsky(1999)는 이와 관련될 수도 있는 한 중요한 현상에 대해 적었다. 그것은 사람들이 "자신의 행동과 모습이 타인에 의해 주목을 받고 평가를 받는 정도에 대해서 과대평가하는 경향이 있다"(p.165)는 점이다. 그들은 영화 〈외로운 자(The lonely guy)〉에서 Steve Martin이 혼자 레스토랑으로 걸어 들어가 테이블로 다가갈 때 조명이 그를 따라가는 장면을 따서 이것을 '스포트라이트 효과'라고 불렀다. 아마도 혼자 식사하는 사람에 대한 다른 사람들의 생각은 실험에서처럼 사진을 평가하라고 요구하지 않는다면 전혀 중요한 것이 아닌 듯하다. 사람들은 신경 쓰지 않는다.

혼자 살기 또는 함께 살기: 21세기 미국인들은 어떤 것을 선택할까?

20세기 중반 이래로 가족 단위로 분리된 주택이 주택시장을 지배하였다. 가정은 엄마, 아빠, 자녀의 안식처로 그려졌다(Hayden, 2002). 하지만 핵가족은 더이상 만연하는 가구 형태가 아니다. 현재 우리는 어떻게 살고 있는가?

사회학자 Klinenberg(2012)는 자신의 저서 『솔로로 살기: 독거의 이례적 증가와 놀라운 매력(Going solo: The extraordinary rise and surprising appeal of living alone)』에서 미국에서의 독거의 급격한 증가를 언급하였다. 1950년에 400만 명의 미국인이 혼자 살았는데, 이것은 전체 가구의 9%를 차지하였다. 2011년 기준 3,300만 명의 미국인이 혼자 살고 있고, 이것은 전체 가구의 28%를 차지하고 있다(U.S. Census Bureau, 2011). 그 수만큼이나 충격적이게도 미국은 이러한 주요 사회 변화의 최전선에 있지 않다. 오히려 덴마크, 필리핀, 노르웨이, 스웨덴은 1인 가구 비율이 전체 가구의 약 40~45%를 차지하며 훨씬 더 높은 비중을 차지하고 있다.

혼자 사는 사람이 증가하고 있다는 사실은 미국뿐만 아니라 같은 추세를 보이는 나라들이 고립과 외로움의 증가 위험에 처했다는 것을 의미하는가? Klinenberg(2012)는 1인 가구 중에서 특히 저소득층이거나 웰빙을 위한 자원이 없는 사람들에게서 대단히 심각한 결과가 발생할 가능성이 있음을 인정하였다. 그럼에도 불구하고 그가 연구 대상으로 삼았던 도시의 독신 거주자들의 이야기는 사회적 위축보다는 유대 및 사회적 참여에 대한 내용이 더 많다. 도시의 독신 거주자들은 대인간의, 그리고 시민으로서의 유대감을 유지하기 위해 선택할 수 있는 옵션들이 아주 많다. 첫째, 이들은 문 밖으로 걸어 나가 문화 행사, 정치 행사, 레스토랑, 상점, 서점 등을 찾아갈 수 있다. 둘째, 심지어 집을 떠나지 않고서도 그들은 인터넷과 소셜 미디어를 통해 다른 사람과 연락을 유지할 수 있다.

Klinenberg(2012)는 관련 연구에 관한 그의 저서 말미에서 독신 가구의 증가가 개인과 사회에 의미하는 것에 관하여 다음과 같이 결론을 내렸다.

… 젊은 독신자들과 중년의 독신자들은 도시의 공공생활에 활력을 불어넣었다. 왜냐하면 이들은 다른 사람과 함께 사는 사람들보다 친구, 이웃들과 더 많은 시간을 보내고 술집, 카페, 레스토랑에 자주 간다. 그리고 이들은 시민 단체뿐만 아니라 비공식적인 사교 활동에 더 많이 참여하

는 편이다. 혼자 사는 것에 대한 문화적 수용은 여성을 잘못된 결혼과 억압적인 가정에서 해방시키는 데 도움을 주었다. 혼자 사는 것은 회복력을 주는 고독을 성취할 방법뿐만 아니라 적극적으로 사회적 경험에 참여할 수 있는 자유를 주었다. 놀랍게도 그것은 사람들에게 다른 사람, 공동체, 대의(大義), 또는 우리의 자아와 관련하여 때로는 사회적 유대를 더 깊고 의미 있게 하기 위해 필요한 개인적 시간과 공간을 부여해 왔다(pp. 230-231).

혼자 사는 추세와 더불어 배우자나 동거인(partner)이 아닌 사람들과 함께 사는 사람들의 증가라는 또 다른 패턴이 있다. 2010년에 미국 성인의 30.1%인 6천9백만 명 이상은 셰어하우스에서 사는 것으로 집계되었다. 이는 전체 가구의 18.7%에 해당한다. 다양한 삶의 방식은 급증하고 있고, 핵가족 내에서 흔히 **전통적**(traditional)인 방식으로 살아가는 사람들의 수는 줄어들고 있다.

1인 가구의 증가는 경제적 요인과 연결되는데, 일반적으로 개인이 거주지를 소유하거나 임대하는 것은 거주 비용을 다른 사람과 나누어 내는 것보다 더 비싸기 때문이다. 혼자 사는 사람들은 그렇게 할 여유가 있는 사람들이다(가구 유형에 대한 인구조사국의 센서스는 요양원이나 감옥 같은 그룹시설은 포함하지 않았다). 반대로, 셰어하우스의 최근 성장은 공식적으로 2007년 12월부터 2009년 6월까지의 경제 불황 때문에 일어났다(Mykyta & Macartney, 2012). 인구조사국의 인구 통계학자들이 2007년과 2010년 사이의 경향을 연구했을 때, 성인 인구가 2.9% 증가하는 동안에 배우자나 동거인 이외의 사람들과 셰어하우스에서 거주하는 사람들이 11.1% 증가했다는 것을 발견하였다(Mykyta & Macartney, 2012).

그러나 많은 사람이 친구, 형제자매, 부모, 성인 자녀, 다른 친척들과 함께 살도록 동기 부여되는 것은 단지 경제적 요인 때문만은 아닌 것 같다. 공동주택 공동체와 에코빌리지를 포함하여 집을 공유하는 것은 보다 비공식적으로는 기존의 이웃을 더 친근한 이웃으로 만들기 위해 노력하는 등 **공동체 거주**(living in community)를 지향하는 대규모 운동의 일환인 경우가 많다(Living in Community Network, 2012; Manzella, 2010). 공동체 거주 네트워크(Living in Community Network)에서는 "우정, 평생학습, 시민 참여를 통해서 삶을 풍요롭게 하고자 하는 마음과 가치를 공유하는 사람들과 함께 서로 지지해 주는 환경에서 살 수 있는 지속 가능한 지역사회를 만드는 것"이 자신들의 비전이라고 설명하고 있다.

우리가 생활환경을 선택하는 것은 혼자 보내는 시간과 다른 사람과 함께 보내는 시간의 배분을 조절하기 위한 가장 근본적인 방법일지도 모른다. 혼자 보내는 시간과 다른 사람과 함께 보내는 시간의 이상적인 비율은 사람마다 다르다. 혼자 사는 사람들은 혼자서 많은 시간을 보낼 수 있는 선택사항들이 더 많은 반면, 다른 사람과 함께 사는 사람들은 사교할 수 있는 환경에 보다 용이하게 접근할 수 있을 것이다. 도시에서 혼자 사는 사람들은 집 밖으로 나가야 다른 사람들을 볼 수 있지만, 집을 공유하는 사람들은 방문 밖으로 나가면 복도, 부엌, 거실에서 다른 사람을 볼 수 있다.

1990년대 초기에 건축가 Durrett(2009; McCamant & Durrett, 2011)이 덴마크에서 미국으로 가져온 코하우징(co-housing)이라는 개념은 한 집단의 사람들이 공동체를 조성하기 위해 설계된 주택 단지를 창출하는 것을 의미한다. 거주지는 일반적으로 아이들이 안전하게 놀 수 있도록 차량이 접근할 수 없는 개방된 녹지공간과 이웃들과 이야기 나눌 수 있는 모임 장소와 인접해 있다. 각 개인이 또는 여러 개인이 집단을 이루어 생활 공간을 소유하거나 임대한다. 코하우징은 옛날식의 공동 생활촌은 아니다. 그러나 공동 생활촌의 측면도 있다. 예를 들어, 코하우징 공동체에는 공동체 구성원이 일주일에 몇 번씩 함께 식사를 하는 공동주택이 있다. 개별 가정에 주방이 따로 마련되어 있어서 공동주택에서 식사하지 않을 때에는 구성원이 직접 자신의 식사를 준비한다. 코하우징 구성원은 코하우징 공동체와 관련 없는 직업에서 소득을 창출한다. 이들은 Skinner의 『월덴 투(Walden two)』(1948/1976)에 근거를 둔 트윈오크 공동체(Twin Oaks commune) 처럼 공동체 전체의 수입을 위해 판매용 해먹이나 두부를 만들지는 않는다. 그러나 코하우징 공동체는 모두가 의사결정 과정을 공유하고 공통 기반을 유지하는 데 도움이 되는 비계층적 구조를 유지하려고 노력한다.

세대 유형에 대한 인구조사국의 정의는 다양한 주거 형태의 심리적 측면을 완전히 포착하지는 못한다. 주거 밀집 지역에서 떨어져 혼자 사는 사람과 코하우징 공동체에서 집을 소유하며 살고 있는 사람 모두 1인 가구로 간주된다. 그러나 이 둘은 매우 다른 방식으로 지역사회를 경험하며, 아마도 고독 또한 매우 다르게 경험할 것이다.

우리가 사는 다양한 방식은 가장 연구가 덜 되었고, 아직 그 가치가 평가절하되고 있는 고독의 요소다. 우리가 어떻게 고독을 얻거나 피하는지, 그리고 어떻게 그것을 경험하는지는 우리 삶의 생활양식과 많은 관련이 있다.

외로움의 경험: 결혼하면 덜 취약해지는가?

개관 논문들은 때때로 결혼이 낮은 수준의 외로움과 연관된다고 주장한다(예: Cacioppo & Hawkley, 2005). 그러나 그러한 개관(예: Tornstam, 1992)에 인용된 원자료에서 보고된 결과들은 그다지 설득력이 없다. 데이터는 횡단적이며, 결혼하지 않은 사람들의 모든 범주(항상 독신, 이혼, 미망인)를 현재 결혼한 상태의 사람들과 비교한다. 예를들어, 만약 이전에 결혼했던 경험이 있는 사람이 항상 독신이었던 사람보다 더 외롭다면, 외로움의 위험요인은 독신을 유지하는 것보다는 오히려 결혼을 한 후에 결혼하지 않은 상태가 되는 것일 수도 있다.

심지어 이전에 결혼했던 사람과 항상 독신이었던 사람을 함께 묶어서 현재 결혼한 사람과 비교한 연구에서조차도 결혼이 외로움을 덜 느끼는 것과 관련 있다는 주장에 대한 강력한 증거를 제공하는 것은 아니다. 예를 들어, Hawkley와 동료들(2008)의 연구에서 현재 결혼한 사람들은 현재 결혼하지 않은 사람들과 전반적으로 다르지 않았다. 배우자를 절친한 친구로 여기는 사람들과 같이 결혼한 사람들 중 일부만을 포함시켰을 때, 결혼한 사람들이 결혼하지 않은 사람들보다 외로움을 덜 느낀다고 보고하였다[결혼 상태와 외로움을 주제로 한 횡단 연구에 관한 더 자세한 논의는 DePaulo(2011a) 참조].

독신으로 지내다가 결혼한 성인들에게서 외로움의 변화를 연구한 종단 연구들이 있다면, 결혼이 외로움에 있어서 어떤 역할을 하는지를 이해할 수 있을 것이다. 내가 아는 한 그러한 연구는 아직 없다. 다만 시간이 흘러 미망인이 되었거나, 결혼을 계속 유지하거나, 독신으로 지내는 노인들에 관한 종단 연구가 있다. 예를 들어, 1992년 에 55~84세에 이르는 3,800명 이상의 네덜란드 성인을 대면 면접으로 외로움의 경험 에 대해 질문하였다. 후속 면접은 1, 3, 7년 이후에 시행되었다(Dykstra, van Tilburg, & de Jong Gierveld, 2005). 평균적으로 참여자들은 나이가 들어감에 따라 더 외로워하였 다. 시간이 지나면서 외로움이 가장 많이 증가했다고 보고한 사람들은 배우자를 잃 은 사람들이었다. 배우자를 유지하고 있든 사람들은 독신을 유지하는 사람들보다 더 큰 폭으로 외로움이 증가하였다. 그러나 모든 네덜란드 노인이 나이가 들어감에 따 라 더 외로워지는 것은 아니었다. 사회적 네트워크가 확장된 사람들은 결혼 여부에 상 관없이 덜 외로워 했다. 65~75세 사이의 네덜란드 노인에 관한 소규모 횡단 연구에서 Dykstra(1995)는 외로움은 독신이기 때문이 아니라 친구로부터 지지를 받지 못하는 것 과 연관이 있다는 것 또한 발견하였다.

　　Dykstra의 연구(1995)에는 결혼 상태와 외로움에 관한 다른 연구에서 놓친 중요한 기 준인 독신생활과 결혼생활에 대한 참여자들의 태도에 대한 평가가 포함되었다. 독신 생활을 자율성과 개인의 발전을 제공해 주는 기회로 평가하는 배우자가 없는 노인들은 외롭지 않은 경향이 있다. 이와 대조적으로 동반자 없는 삶은 공허하고 불완전하다고 믿는 독신 노인들은 보다 자주 외롭다고 느꼈다.

뼛속까지 독신인 사람이 혼자 시간을 보내는 경험

　　사람들에게 외로운 감정에 대해 묻는 연구에서는 혼자 있을 때 시간을 어떻게 보내 는지에 대해 직접적으로 질문을 하지 않는다. 사람들은 결혼이나 관계의 상태와 상관 없이, 그리고 현재 다른 사람과 함께 있거나 심지어 다른 사람과 상호작용 중이라고 하 더라도 이와 상관없이 외로움을 느낄 수 있다. 고독의 긍정적인 경험은 단지 외로움의 부재가 아니다(자세한 내용은 Averill과 Sundararajan이 저술한 이 책의 1권 6장 참조; Korpela 와 Staats가 저술한 이 책의 2권 6장 참조). 자신의 고독을 사랑하는 사람들은 혼자만의 시간을 환영한다. 그들에게 고독은 단순한 선호 이상의 일종의 욕구처럼 느껴질 수 있다 (자세한 내용은 Averill과 Sundararajan이 저술한 이 책의 1권 6장 참조; Korpela와 Staats가 저술한 이 책의 2권 6장 참조).

그러나 혼자서 시간을 보내는 것을 좋아하는 사람이 다른 사람들을 피하는 것이 아니라, 그 경험을 즐기고 있다는 증거가 있는가? 그들은 고독을 향해 달려가고 있는 것인가, 아니면 다른 사람들로부터 도망치고 있는 것인가? 상관관계 연구에서 Leary와 동료들(2003)은 대학생들에게 다양한 활동에 얼마나 자주 참여하는지, 그리고 그것을 얼마나 즐기는지를 물었다. 학생들은 또한 대인관계 지향(예: 외향성, 소속감, 그리고 사교성)과 고독 지향(예: 혼자 하는 것에 대한 선호, 평화롭게 혼자 있는 것에 대한 욕구)을 측정하는 일련의 척도를 기입하였다. 연구자들은 스스로 하는 활동에 참여하고, 그것을 즐기는 사람들이 단지 다른 사람들과 시간을 보내는 것에 흥미가 없는 사람들보다 더 긍정적인 방식으로 고독에 이끌린다는 것을 발견하였다.

만약 이것이 당신이 읽은 첫 번째 심리학 논문이 아니라면 당신은 다음 문장이 무엇인지 예상할 수 있을 것이다. 그렇다. 더 많은 연구가 필요하다는 문장이다. 내가 연구하고자 했던 방향은 **뼛속까지 독신**이 아닌 사람들 사이에서 고독의 경험을 조사하는 것이었다. 나는 **뼛속까지 독신**이라는 개념을 이제 개발하고 검증하기 시작했기 때문에 기초 자료만을 제공하였다. 나는 온라인에 '당신은 **뼛속까지 독신**인가?'라는 제목의 설문조사를 올린 후 1,200명의 응답자로부터 나온 결과를 분석하였다. 표본은 대표 표본이 아니다. 참여자들은 내 웹사이트, 블로그, 페이스북에서 설문조사에 대해 알게 되었다.

참여자들은 다음에 나오는 서술을 읽고 4개의 범주 중 하나에 자신을 포함시켜 **뼛속까지 독신** 상태를 나타냈다.

이 퀴즈는 뼛속까지 독신인 사람들을 확인하는 첫 번째 단계입니다. 만약 당신이 뼛속까지 독신이라면 독신의 삶은 당신에게 적합할 것입니다. 당신에게 '문제'가 있거나 아직 배우자를 발견하지 못했기 때문에 독신인 것이 아닙니다. 오히려 독신으로 사는 것은 당신의 가장 의미 있고 진정한 삶을 이끄는 방법입니다. 심지어 독신이 아닌 사람들이 뼛속까지 독신일 수도 있습니다. 당신은 스스로 뼛속까지 독신이라고 생각하십니까?

선택 가능한 대답은 (1) '그렇다', (2) '몇 가지는 그렇지만 모두 그런 것은 아니다', (3) '몇 가지는 그렇지만 대개 그렇지 않다', (4) '아니다'의 4가지다. 설문조사 참여자들은 또한 스스로 아니면 배우자와 함께 의사결정하기, 혼자 아니면 배우자와 함께 행사에 참석하기에 대한 그들의 선호도, 그들에게 의미 있는 일의 중요성 같은 주제에 대하여 10여 개 이상의 질문에 대답하였다. 그러나 한 질문에 대한 응답에서만 뼛속까지 독신 범주에 속하는 사람들('완전히 뼛속까지 독신입니다'의 범주와 '예: 뼛속까지 독신입니다'의 범주)의 90% 이상이 똑같은 응답을 표기하였다. 그것은 고독에 관한 질문이었다.

그 문항은 "혼자 시간을 보내는 것에 대해 생각할 때 마음속에 무엇이 먼저 떠올랐습니까?"였다. 선택 가능한 응답은 "아, 달콤한 고독!" "안 돼! 외로울 거야."였다. '달콤한 고독'을 선택한 각 범주의 비율은 '예: **뼛속까지 독신입니다**'에서 99%, '대체로 **뼛속까지 독신입니다**'에서 95%, '대체로 **뼛속까지 독신이 아닙니다**'에서 76%, '아니오, **뼛속까지 독신이 아닙니다**'에서 56%였다.

참여자들에게 자신이 왜 **뼛속까지 독신**이거나 아니라고 생각하는지 자신의 표현으로 설명해 달라고 요청하였다. 몇 번이고 반복해서 스스로를 정확히 **뼛속까지 독신**이라고 분류한 사람들은 혼자 시간을 갖는 것의 중요성에 대해 기술하였다. 일부는 그것을 좋아하고 즐긴다고 말했다. 다른 사람들은 그것이 필요하다고 주장하였다. 일부는 왜 고독이 자신에게 중요한지를 설명하였다. 예를 들어, 혼자일 때 자신이 중심에 있는 것처럼 느낀다거나 고독의 평화로움을 즐긴다는 사실을 중심으로 설명하였다(Long & Averill, 2003; Long, Seburn, Averill, & More, 2003; Pedersen, 1999).

결론

커플에 집착하는 사회에서 독신이라는 것은 무엇을 의미하는가? 당신이 생각하기에 따라 독신이라는 것은 규준적인 것일 수도 있고 아닐 수도 있지만, 미국뿐만 아니라 다른 서구 사회에서는 확실히 점점 더 흔한 일이 되고 있다. 독신자에 대한 고정 관념은 여전하지만, 예전보다 덜 혹독하다. 독신인 사람들에 대한 신화를 현실에 비교해 볼 때, 그런 신화들이 잘 이어지는 것 같지는 않다. 예를 들면, 결혼이 외로운 독신자를 외로움 없는 커플로 바꿔 준다는 증거는 거의 없다.

사실 독신인 사람들은 결혼한 사람들보다 어떤 면에서는 친구, 이웃, 형제자매, 부모와 더 잘 연결되어 있다. 커플이 된 사람들은 그들이 독신일 때보다 친구들과 시간을 덜 보내지만, 그들이 독신인 친구들을 주변으로 내모는 비율이 더 큰지에 대해서는 아직 명확하지 않다.

결혼, 커플, 결혼생활이 지나치게 축하받고 과도하게 선전되는 사회에서 사람들이 혼자서 식당이나 다른 공공장소에 가는 것을 꺼려한다면 이해할 수 있을 것이다. 그들은 결국 자신의 동반자를 찾지 못한 패배자라고 낙인 찍히지 않겠는가? 그 문제에 대한 체계적인 연구에서 그러한 두려움을 뒷받침할 증거가 없다는 것을 발견하였다. 성인이 식당에서 한 명 또는 그 이상의 다른 사람과 함께 있을 때보다 혼자 있을 때 더 가혹하게 판단되지는 않는다.

예비적인 증거 자료들은 **뼛속까지 독신인** 사람들이 특히 혼자 있는 시간을 추구하고 음미하는 경향이 있다는 것을 시사하였다. 그들이 혼자 있는 시간을 더 늘릴 수 있는 방법은 혼자 사는 것이다. 지난 수십 년간 1인 가구의 수가 가파르게 증가하였다. 최근 몇 년 동안 배우자나 애인이 아닌 다른 사람과 집을 공유하는 사람들의 수도 증가하고 있다.

나는 결혼 상태, 생활 방식, 주거 형태, 혼자 보내는 시간에 대한 태도 등의 복잡성은 선택의 중요성을 보여 준다고 생각한다. 최근 미국 역사상 어느 때보다 많은 미국인이 독신으로 있을지 결혼을 할지, 혼자 또는 다른 사람과 함께 살지, 많은 시간을 혼자 보낼지 말지를 선택할 수 있게 되었다. 관습과 전통은 독신과 고독을 추구하는 사람들보다 커플이거나 사교적인 사람들에게 더 수용적이었다. 그래서 문화적 맥락에서도 이러한 사람들을 더 환영해 왔다. 그러나 그러한 태도들이 서서히 변하고 있다.

특히 커플에게 집착하는 사회에서 독신인 사람들이 경험하는 고독에 대한 연구는 앞으로 많은 잠재력이 있다. 가장 근본적인 질문 중 연구할 만한 것들이 많이 남아 있다. 예를 들어, 혼자 시간을 보내거나 독신으로 사는 것이 그러한 경험을 선택한 사람에게 있어서 어떤 의미가 있으며, 그러한 선택을 하지 않은 사람과는 어떠한 차이가 있는가? 주거 방식이 어떻게 혼자 보내는 시간과 다른 사람과 보내는 시간이 최상의 조화를 이루도록 돕는가? 뼛속까지 독신인 사람들이 정말 있는가(타당화 연구가 필요하다)? 만약 그렇다면 그들은 뼛속까지 독신이 아닌 사람들에 비해 혼자만의 시간을 더 많이 즐기는가?

참고문헌

Amos, J. (2010, September 15). *Falling in love costs you friends*. BBC News. Retrieved August 5, 2013, from http://www.bbc.co.uk

Cacioppo, J., & Patrick, W. (2008). *Loneliness: Human nature and the need for social connection*. New York: Norton.

Cacioppo, J. T., & Hawkley, L. C. (2005). People thinking about people: The vicious cycle of being an outcast in one's own mind. In K. D. Williams, J. P. Forgas, & W. von Hippel (Eds.), *The social outcast: Ostracism, social exclusion, rejection, and bullying* (pp. 91-108). New York: Psychology Press.

Cain, S. (2012). *Quiet: The power of introverts in a world that can't stop talking*. New York: Crown.

DePaulo, B. (2006). *Singled out: How singles are stereotyped, stigmatized, and ignored, and still live happily ever after*. New York: St. Martin's Press.

DePaulo, B. (2011a). Living single: Lightening up those dark, dopey myths. In W. R. Cupach & B. H. Spitzberg (Eds.), *The dark side of close relationships II* (pp. 409-439). New York: Routledge.

DePaulo, B. (2011b). *Singlism: What it is, why it matters, and how to stop it*. Charleston, SC:

DoubleDoor Books.

DePaulo, B. M., & Morris, W. L. (2005). Singles in society and in science. *Psychological Inquiry, 16*, 57-83.

DePaulo, B. M., & Morris, W. L. (2006). The unrecognized stereotyping and discrimination against singles. *Current Directions in Psychological Science, 15*, 251-254.

Durrett, C. (2009). *The senior cohousing handbook: A community approach to independent living*. Gabriola Island, British Columbia, Canada: New Society Publishers.

Dykstra, P. A. (1995). Loneliness among the never and formerly married: The importance of supportive friendships and a desire for independence. The Journals of Gerontology. *Series B, Psychological Sciences and Social Sciences, 50*, S321-S329.

Dykstra, P. A., van Tilburg, T. G., & de Jong Gierveld, J. (2005). Changes in older adult loneliness: Results from a seven-year longitudinal study. *Research on Aging, 27*, 725-747.

Gerstel, N., & Sarkisian, N. (2006). Marriage: The good, the bad, and the greedy. *Contexts, 5*, 16-21.

Gilovich, T., & Savitsky, K. (1999). The spotlight effect and the illusion of transparency: Egocentric assessments of how we are seen by others. *Current Directions in Psychological Science, 8*, 165-168.

Greitemeyer, T. (2009). Stereotypes of singles: Are singles what we think? *European Journal of Social Psychology, 39*, 368-383.

Hawkley, L. C., Hughes, M. E., Waite, L. J., Masi, C. M., Thisted, R. A., & Cacioppo, J. T. (2008). From social structural factors to perceptions of relationship quality and loneliness: The Chicago health, aging, and social relations study. Journals of Gerontology *Series B: Psychological Sciences and Social Sciences, 63*, S375-S384.

Hayden, D. (2002). *Redesigning the American dream: Gender, housing, and family life*. New York: Norton.

Johnson, M. P., & Leslie, L. (1982). Couple involvement and network structure: A test of the dyadic withdrawal hypothesis. *Social Psychology Quarterly, 45*, 34-43.

de Jong-Gierveld, J. (1987). Developing and testing a model of loneliness. *Journal of Personality and Social Psychology, 53*, 119-128.

Kalmijn, M. (2003). Friendship networks over the life course: A test of the dyadic withdrawal hypothesis using survey data. *Social Networks, 25*, 231-249.

Klinenberg, E. (2012). *Going solo: The extraordinary rise and surprising appeal of living alone.* New York: Penguin.

Leary, M. R., Herbst, K. C., & McCrary, F. (2003). Finding pleasure in solitary activities: Desire for aloneness or disinterest in social contact? *Personality and Individual Differences, 35*, 59-68.

Living in Community Network. Retrieved July 27, 2013, from http://www.livingincommunity.net/index.html

Long, C. R., & Averill, J. R. (2003). Solitude: An exploration of benefits of being alone. *Journal for the Theory of Social Behavior, 33*, 21-44.

Long, C. R., Seburn, M., Averill, J. R., & More, T. A. (2003). Solitude experiences: Varieties, settings, and individual differences. *Personality and Social Psychology Bulletin, 29*, 578-583.

Manzella, J. C. (2010). *Common purse, uncommon future: The long, strange trip of communes and other intentional communities.* Santa Barbara, CA: Praeger.

Marks, N. F. (1996). Flying solo at midlife: Gender, marital status, and psychological wellbeing. *Journal of Marriage and the Family, 58*, 917-932.

McCamant, K., & Durrett, C. (2011). *Creating cohousing: Building sustainable communities.* British Columbia, Canada: New Society Publishers.

Milardo, R. M. (1987). Changes in social networks of women and men following divorce: A review. *Journal of Family Issues, 8*, 78-96.

Milardo, R. M., Johnson, M. P., & Huston, T. L. (1983). Developing close relationships: Changing patterns of interaction between pair members and social networks. *Journal of Personality and Social Psychology, 44*, 964-976.

Morgan, D. L., Carder, P., & Neal, M. (1997). Are some relationships more useful than others?

The value of similar others in the networks of recent widows. *Journal of Social and Personal Relationships, 14*(6), 745-759.

Morris, W. L., DePaulo, B., Hertel, J., & Ritter, L. C. (2008). Singlism-another problem that has no name: Prejudice, stereotyping, and discrimination against singles. In T. G. Morrison & M. A. Morrison (Eds.), *The psychology of modern prejudice* (pp. 165-194). Hauppauge, NY: Nova Science Publishers.

Musick, K., & Bumpass, L. (2012). Reexamining the case for marriage: Union formation and changes in well-being. *Journal of Marriage and Family, 74*, 1-18.

Mykyta, L., & Macartney, S. (2012, June). Sharing a household: Household composition and economic well-being: 2007-2010. Consumer Income. *Current Population Report* (pp. 60-242). Spauldings, MD: Census Bureau of the United States.

Pedersen, D. M. (1999). Model for types of privacy by privacy functions. *Journal of Environmental Psychology, 19*, 397-405.

Putnam, R. D. (2000). *Bowling alone: The collapse and revival of American community*. New York: Simon & Schuster.

Riesman, D. (1963). *The lonely crowd: A study of the changing American character*. New Haven, CT: Yale University Press.

Roberts, S. (2007, January 16). 51% of women are now living without spouse. *The New York Times*.

Rufus, A. (2003). *Party of one: The loners' manifesto*. New York: Marlowe.

Skinner, B. F. (1948/1976). *Walden two*. New York: Macmillan.

Surra, C. A. (1985). Courtship types: Variations in interdependence between partners and social networks. *Journal of Personality and Social Psychology, 49*, 357-375.

Tornstam, L. (1992). Loneliness in marriage. *Journal of Social and Personal Relationships, 9*, 197-217.

U.S. Census Bureau. (2006). Current population survey, March and annual social and economic supplements, 2006 and earlier, Table HH-1.

U.S. Census Bureau. (2011). Current Population Survey, March 2011, Table H2.

외로움과 인터넷 사용

Yair Amichai-Hamburger & Barry H. Schneider

전 세계에 걸쳐 수억에 이르는 사람들은 매 순간 인터넷에 접속하고 있다. 그들은 일, 학업, 여가, 사회적 상호작용 등 삶의 거의 모든 측면을 포함해서 무한한 디지털 활동에 참여하고 있다. 인터넷의 사회적 요소라고 할 수 있는 셀 수 없이 다양한 종류의 서비스와 웹사이트는 마치 인간의 모든 사회적 필요를 충족시키고 있는 것처럼 보인다. 인터넷의 보급이 증가하면서 2006년 이후 소셜 네트워크(social network)는 많은 사람의 사회적 삶에 막대한 영향력을 행사해 왔다(Boyd, 2006). 사람들은 이러한 소셜 네트워크를 통해 그들의 사회적 접촉을 만들어 내고 또한 유지하고 있다. 그러나 24시간 줄곧 사회적 접촉을 가능하게 하는 이와 같은 새로운 기회가 진정 사람들의 행복을 증진시켰는가? 현대인의 삶에 만연해 있는 질병이 바로 외로움이라는 사실을 고려한다면 이는 매우 중요한 질문이다(Killeen, 1998).

이와 관련된 논의는 여러 세부적인 주제로 좁힐 수 있다. 예컨대, 페이스북에서 사귀는 친구를 **진정한 친구**(real friends)라고 할 수 있을까? Peplau와 Perlman(1982)은 사람들이 타인에게 둘러싸여 있을 때에도 외로움을 경험할 수 있다고 주장하였는데, 그렇다면 온라인에서 행해지는 사회적 상호작용의 결과가 이러한 모습과 닮아 있는가? 온라인 소셜 네트워크를 통해 증폭되는 사회적 비교는 사람들이 기대하는 관계와 실제의 관계 사이에서 커다란 불일치를 느끼게 할 수 있는데, 이것이 사람들의 좌절을 야기하고 외로움을 증가시키는가?(Peplau & Perlman, 1982) Sermat(1980)에 의하면, 외로움은 그 자체로 일종의 관성을 만들어 낸다. 외로운 사람들은 자신의 외로운 감정을 스스로 증가시키는 경향이 있기 때문이다. 그들은 거절의 두려움으로 인해 타인과의 상호작용을 시작하는 일을 꺼리게 되고, 점차 고립되어 간다. 그러나 만일 거절로 인해 치러야 하는 대가가 줄어든다면, 외로운 사람들은 위험을 무릅쓰고서라도 사회적 상호작용에 참여하려고 할지도 모른다. 보호된 온라인 환경(protected online environment)이 바로 이런 기회를 제공한다. 사람들은 이곳에서 자신의 정체를 드러내지 않고 익명으로 남아 있기를 선택할 수 있다. 따라서 어떠한 거절도 개인에게 직접적으로 상처를 주지 않는다. 더욱이 이러한 안전감은 익명성을 전제로 하는 상호작용이 스스로 선택한 안전한 환경에서 일어나고 있다는 사실에 의해 더욱 증대될 것이다.

Rook(1984)은 외로움의 주요한 원인 중 하나로 자신이 좋아하는 활동을 함께할 수 있는 사회적 대상의 부족을 들고 있다. 좋아하는 활동이 사람들에게 사회적 통합감과 정서적 친밀감을 제공하는 경우에는 특히 그러한데, 이러한 활동에서 좋은 동료를 발견하기란 쉬운 일이 아닐 것이다. 사용자만 수억 명에 이르며, 셀 수 없이 다양한 종류의 주제를 중심으로 무수히 많은 집단이 형성되어 있는 인터넷의 경우에는 자신이 좋아하는 활동을 함께 즐길 수 있는 동료를 수월하게 발견하도록 도울 수 있으며, 이를 통해 외로움의 감소를 도울 수 있다.

이 장에서는 외로움에 미치는 인터넷과 영향에 초점을 두고, 인터넷의 주요한 특징을 탐색하는 것으로 그 논의를 시작할 것이다. 그리고 인터넷이 외로움을 최대화 또는 최소화할 수 있는 독특한 심리적 환경을 어떻게 만들어 내는지를 검토하고자 한다. 나아가 우리의 사회적 삶에 미치는 인터넷의 일반적인 영향에 대하여 평가할 것이다. 또한 다음 절에서는 외로움에 대한 인터넷의 효과를 조절할 수 있는 개인차에 대하여 평가하고자 한다. 예컨대, 외향성과 내향성, 신체 장애, 연령의 증가, 낙인이 찍힌 소수집단에 소속되는 것 등이다. 다음으로, 외로운 사람들이 인터넷을 사용할 때의 효과를 포함하여 중독과 외로움 사이의 관련성에 대하여 평가할 것이다. 나아가 사람들이 온라인에서 발휘하는 사회적 기술이 어떻게 사이버 세상 바깥에서의 상호작용으로 변모할 수 있는지를 평가하고자 한다. 마지막으로, 이 장은 이 분야에서 수행되어야 할 향후 연구 방향에 대해 권고하면서 끝을 맺는다.

인터넷의 심리적 속성

　인터넷은 서로 밀접하게 관련 있는 몇 가지 중요한 특징을 가지고 있으며, 이러한 특징들이 한데 모여 오프라인 세계와는 전혀 다른 심리적 환경을 만들어 낸다(Amichai-Hamburger, 2005, 2007, 2012). 이 중에서 가장 두드러지는 특징은 다음과 같다.

　온라인 익명성　온라인 익명성은 다른 인터넷 사용자들에게 자신을 드러내는 정보를 노출하지 않은 채 인터넷에 접속할 수 있다고 여기는 인식을 가리킨다. 사회적 단서가 결여되어 있는 익명성은 오프라인 상호작용에서의 일반적인 경우와 비교할 때 더 강력한 탈억제와 더 많은 폭로로 빠르게 이어지는 경우가 많다.

　신체적 외모에 대한 통제　온라인 익명성과 관련 있는 것으로, 인터넷 기술은 온라인에서 드러나는 신체적 노출을 인터넷 사용자들이 스스로 선택한 바에 따라 다양하게 표현할 수 있도록 만들어 준다. 이는 모든 형태로 가능한데, 예를 들어 어떤 사람들은 만화 캐릭터나 애완동물의 이미지로 자신을 표현함으로써 그들이 가진 신체적 외모를 숨길 수 있다. 그리고 어떤 사람들은 아기인 것처럼 자신을 드러낼 수도 있고, 더 젊고 날씬하며 매력적인 사람으로 자신을 나타낼 수도 있다. 많은 사람에게 있어서 이와 같은 특징은 인터넷 경험의 매우 중요하고도 자유로운 측면이다.

상호작용에 대한 강력한 통제   인터넷은 사람들이 스스로 선택한 장소에서 세상을 만날 수 있도록 만들어 주는데, 많은 사람은 이러한 장소를 자신의 영역으로 지각한다. 이곳은 그들의 집이나 사무실일 수도 있고, 그들이 편안하게 느끼는 다른 어떤 장소일 수도 있다. 또한 이곳은 사람들에게 강력한 안전감을 제공할 수 있으며, 이러한 느낌은 자신감으로 이어지기 마련이다. 나아가 많은 대화형 기술, 특히 전자 우편 및 채팅과 같은 텍스트 기반의 기술은 비동기적인(asynchronous) 처리 방식을 가지고 있다. 따라서 인터넷 사용자는 메시지를 송신하기 전에 자신이 작성한 메시지를 확인하고 스스로 만족할 때까지 계속해서 이를 재구성할 수 있다. 이것은 상호작용에 대한 통제감을 제공한다. 물론 어떤 인터넷 사용자들은 이러한 특징이 가진 이점을 제대로 이용하지 못하기도 하는데, 예를 들어 화가 날 때 온라인 상호작용이 가진 탈억제적 속성에 도취되어 상대방에게 충동적으로 반응하는 경우다.

나와 비슷한 사람 발견하기   인터넷에는 수천 개가 넘는 다양한 집단이 존재한다. 그래서 자신과 비슷한 생각을 가진 사람들을 쉽게 발견할 수 있다. 특히 특정 문제에 대해 상대적으로 남다른 관심이나 소수의 의견을 가진 사람은 자신과 마음이 통하는 사람들을 오프라인에서보다 온라인에서 훨씬 더 수월하게 찾을 수 있다.

언제 어디서나 가능한 뛰어난 접근성   오늘날 사람들은 노트북이나 스마트폰과 같은 기기를 이용하여 사이버 공간으로 진입할 수 있다. 이에 따라 사람들은 인터넷을 어디에서나 사용할 수 있으며, 인터넷을 통해 연결된 사람들과 어디에서나 함께할 수 있다. 이러한 특징은 사람들이 오프라인에서 살아가는 삶과 온라인에서 살아가는 삶 사이의 균형을 지각하는 방식에 큰 변화를 불러일으켰다. 예컨대, 매주 또는 매월 연락을 취하는 오프라인 친구나 집단이 온라인에서 상호작용하는 집단에 비해 많은 사람에게 삶과 정체성에 있어 훨씬 더 중요했다. 그러나 오늘날 사람들은 자신이 깨어 있는 대부분의 시간 동안에 **온라인 친구들과 함께하기** 때문에 이러한 온라인 집단은 오프라인 만남을 뛰어넘는 강력한 힘을 가지고 있을 가능성이 있으며, 또한 인터넷 사용자의 정체성과 자존감에 매우 중요한 영향을 미친다고 할 수 있다. 바로 이러한 이유로 오늘날 사람들은 오프라인 집단에서 확실히 살아남기 위해서라도 온라인 활동에 참여하지 않을 수 없는 것이다.

재미   인터넷은 우리에게 즐거움과 흥미로움을 선사하는 경우가 많다. 웹 사이트 간의 치열한 경쟁으로 인터넷 사용자는 계속해서 점점 더 즐겁고 특별한 경험을 하게 될 것이다.

인터넷은 오프라인이라는 전통적인 세계와는 비교할 수 없는 독특한 환경을 제공한다. 인터넷은 지속적으로 이용이 가능하며, 인터넷 사용자의 엄격한 보호와 더불어 풍성한 즐거움을 누릴 수 있는 환경이다. 또한 이곳에서는 전 세계에 걸쳐 어떠한 장소나 어떠한 관심사에도 구애받지 않고 자신과 같은 생각을 가진 사람들을 쉽게 만날 수 있다.

인터넷이 외로움에 미치는 일반적인 영향

초창기부터 인터넷은 사회적으로 사람들에게 악영향을 미치는 매체로 인식되어 왔다. 예컨대, 인터넷 사용 실태 조사(internet usage survey; Brenner, 1997)에서 대부분의 인터넷 사용자는 인터넷이 삶의 다른 주요한 활동을 방해한다고 보고하였다. 또한 많은 사람이 인터넷에 중독되어 있는 것으로 나타났다. 게다가 초기 연구에서는 인터넷의 사용이 사회적 고립을 초래한다고 주장하였다(Stoll, 1995; Turkle, 1996). 사회적 참여와 심리적 안녕감에 대한 인터넷의 영향을 평가한 포괄적인 종단 연구에서는 인터넷 사용의 증가가 우울 및 외로움의 증가, 그리고 사회적 접촉 횟수의 감소와 관련이 있다고 보고하였다(Kraut et al., 1998). 이 연구의 저자들은 자신들의 연구를 "인터넷의 역설(internet paradox)"이라고 명명하였다. 이는 사회적 접촉을 만들어 내고 유지하는 데 도움이 된다고 생각한 인터넷이 실제로는 정반대라는 것을 보여 주기 위해서였다. 이후, Valkenburg와 Peter(2008)는 인터넷 사용이 청소년들의 사회적 역량에 매우 좋지 않은 영향을 미칠 수 있음을 경고하고 나섰다. 그들은 청소년들이 실제 세계에서의 정체성보다는 온라인 세계에서의 정체성에 더욱 동질감을 느낄 수 있으며, 결과적으로 오프라인 맥락에서의 사회적 역량이 감소할 수 있다고 주장하였다. Stepanikova, Nie 및 He(2010)는 2004년과 2005년에 미국에 거주하는 성인들에게서 대규모의 데이터를 수집하여 분석하였다. 그들은 이를 기반으로 인터넷을 사용하는 데 소비하는 시간이 외로움과는 정적으로, 삶의 만족도와는 부적으로 관련이 있음을 발견하였다.

이와는 대조적으로 다른 연구자들은 인터넷 사용이 개인의 안녕감에 긍정적인 영향을 미친다고 주장하였다. 예컨대, Sproull과 Faraj(1995)는 인터넷이 가지고 있는 긍정적인 사회적 역할을 강조하였다. 그들은 인터넷이 의사소통의 수단을 제공함으로써 공동의 관심사와 비슷한 생각을 가진 사람들을 서로 이어 주며, 결과적으로 사회적 지지와 공동체 의식을 형성하는 데 기여한다고 주장하였다. 또한 Whitty(2008)는 사회적 기술이 부족한 사람들이 이러한 기술을 연습하고 또 개선시킬 수 있도록 인터넷이 무한한 사회적 기회를 제공한다고 하였다. 그녀는 인터넷의 이러한 특징이 연애 영역에서 특히 효과를 발휘할 수 있다고 언급하였다. Amichai-Hamburger와 Hayat(2011)는 삶의 다양한 영역에서 서로 다른 미디어가 어떠한 영향을 미치는지를 연구한 국제적 연구 프로젝트인 세계 인터넷 프로젝트(World Internet Project: WIP)의 데이터를 검토하였다. 그들은 이를 통해 다양한 삶의 영역에서 이루어지는 사회적 상호작용(예: 가족 구성원, 친구, 동료와의 상호작용)에 인터넷 사용이 어떠한 영향을 미치는지 평가하고자 하였다. 연구에 참가한 각국은 대표 표본을 대상으로 동일한 설문지를 사용하여 데이터를 수집하였다. 연구자들은 총 13개국의 보고서를 분석하였는데, 참여자의 수는 모두 22,002명이었으며, 연령의 분포는 12~84세까지였다. 이들의 분석은 인터넷을 사용하는 것이 인터넷 사용자들의 사회적 삶을 실제로 향상시킬 수 있다는 것을 확인시켜 주었다. 예컨대, 인터넷 사용은 가족, 친구, 그리고 동일한 직업을 가진 사람들과의 접촉을 증진시킨다는 것이다.

그러나 인터넷이 외로운 사람들의 사회적 접촉을 실제로 증가시키지만 그들의 외로움을 경감시키지는 못할 가능성도 있다. 이와 같은 매우 흥미로운 가능성은 노르웨이 청소년 및 성인 2,000명으로 구성된 대표 표본으로부터 데이터를 분석한 대규모 종단 연구결과에서 제기되었다. 참여자들은 총 3년에 걸쳐 1년에 한 번씩 수행된 데이터 수집 절차에 참여하였다(Brandtzaeg, 2012). 연구결과 소셜 네트워크 사이트를 사용하는 사람들이 이를 사용하지 않는 사람들에 비해 사회적으로 더 많은 대면 접촉을 하며, 또한 더 많은 수의 지인을 가지고 있다는 것으로 나타났다. 그러나 소셜 네트워크 사이트를 사용하는 사람들, 이 중에서도 특히 남성들의 경우에는 이를 사용하지 않는 사람들에 비해 자신이 더 외롭다고 보고하였다.

Leung(2002)은 다음과 같은 사실에 주목하였다. 그것은 타인과의 직접적인 대면이 외로움을 경감시키는 데 기여할 수 있음에도 불구하고, 외로운 사람들은 그러한 사회적 위험을 무릅쓰고자 하는 의지가 약하거나 그렇게 할 능력이 부족할 수 있으며, 이들이 온라인에서 경험하는 의사소통은 실제로 외로움의 경감을 촉진할 수 있다는 것이다. 이와 같은 견해를 지지하는 것으로, Morahan-Martin과 Schumacher(2003)는 혼자 지내는 사람들(loners)이 그렇지 않은 사람들에 비해 인터넷을 더 많이 사용한다는 사실을 발견하였다(Amichai-Hamburger & Ben-Artzi, 2003 참조). 그들은 직접 대면하는 상호작용보다 온라인 상호작용을 더 선호하였고, 온라인 맥락에서 더욱 개방적이고 친밀하며 우호적인 느낌을 갖는다고 말했다. 이러한 사람들은 특히 외로움을 느낄 때 온라인에 접속하는 경향이 있다.

이와 유사하게 Whitty와 McLaughlin(2007)은 외로운 사람들이 여흥을 위해 인터넷을 사용할 가능성이 더 높다는 사실을 발견하였다. 저자들은 인터넷이 혼자 지내는 사람들의 사회적 필요를 해결하는 데 어떻게 해서 실패하는지를 단적으로 보여 주는 좋은 예시라고 믿는다. 나아가 Hu(2009)는 사회적 억제(즉, 내향성, 수줍음, 낮은 자존감)로 인해 고통받고 있는 사람들이 인터넷 채팅을 한 후에 더 많은 외로움을 느꼈다고 보고하였다. 오프라인에서 사용되는 전통적인 방법과 비교할 때, 인터넷이 이들에게 사회적 접촉을 만들어 주는 손쉬운 방법이자 덜 위협적인 방법으로 지각된다는 사실을 감안한다면 매우 흥미로운 결과가 아닐 수 없다. Hu(2009)는 컴퓨터로 매개된 의사소통이 외로움을 증가시키는 데 기여하며, 결과적으로 직접 대면에 의한 의사소통과 비교할 때 외로움을 경감시키는 데 그다지 효과적이지 못한 방법이라고 결론지었다.

Kim, LaRose 및 Peng(2009)은 외로운 사람들이 자신에게 유익해 보이는 방식으로 인터넷을 사용하는 것 같지만, 실제로는 악순환의 고리를 만들고 있다는 점에 주목하였다. 외로움을 해결하기 위해 이들이 강박적으로 사용하는 인터넷은 일, 학업, 또는 중요한 관계와 같은 삶의 다른 영역을 궁극적으로 손상시키며, 이들을 실제로 오프라인 세계에서 더욱 멀어지게 만든다. Stepanikova(2010)는 외로움과 삶의 만족도가 인터넷 사용의 변화를 야기하는지, 아니면 인터넷 사용이 외로움과 삶의 만족도의 변화를 초래하는지는 명확하지 않다고 지적하였다.

그러나 어떠한 경우이든지 인간의 행동과 심리적 안녕감에 미치는 인터넷의 영향을 더욱 정교하게 이해하기 위해서는 인터넷에 포함된 서로 다른 구성요소가 미치는 영향을 이해할 필요가 있다. Hamburger와 Ben-Artzi(2000)는 인터넷 연구가 다양한 종류의 응용 프로그램과 다양한 유형의 인터넷 사용자를 각각 구별해야 한다고 주장하였다. 나아가 Amichai-Hamburger(2002)는 다음과 같이 제안하였다. 그것은 전 세계 수백만 명의 사람이 매일매일 서로 소통하고 있음에도 불구하고 인터넷 사용은 다분히 개인적인 경험이며, 그렇기 때문에 인터넷에서의 행동을 이해하기 위해서는 반드시 인터넷 사용자의 성격과 특정 인터넷 사용에 대한 평가가 포함되어야 한다는 것이다. 이어지는 글에서는 인터넷 사용자의 개인차를 반영한 몇 가지 유형에 따라 외로움과 인터넷 사용의 관련성이 어떻게 달라질 수 있는지를 검토할 것이다.

인터넷이 미치는 영향에 대한 조절변인으로서의 개인차

외향성 대 내향성

앞서 언급한 바와 같이, Kraut와 동료들(1998)은 그들의 초기 연구에서 인터넷의 일반적인 영향을 부정적인 것으로 보았다. 그러나 이후 연구에서 Kraut와 동료들(2002)은 그러한 양상이 실제로는 더 복잡하며, 인터넷 사용을 통해 유익을 얻는 것은 사실 외향적인 사람들이라고 주장하였다. 연구자들은 이러한 결과를 '**부익부 현상**(rich get richer phenomenon)'이라는 용어로 설명하였다. 그들은 더 나은 사회성 기술과 함께 많은 오프라인 친구를 가지고 있는 사람들이 인터넷에서도 그들의 능숙한 사회성 기술을 십분 활용하여 더 많은 친구를 사귈 수 있을 것이라고 설명하였다. 이와는 대조적으로 사회적으로 능숙하지 못하고 오프라인에서 더 빈약한 사회적 삶을 살아가는 사람들은 인터넷 상호작용에서도 친구를 사귀게 될 가능성이 낮다는 것이다. 이와 같은 견해에 비추어 볼 때, 인터넷은 내향적인 사람들에 대한 외향적인 사람들의 우월성을 보여 주는 또 다른 환경이라고 할 수 있다(자세한 내용은 Zelenski, Sobocko과 Whelan이 저술한 이 책의 1권 11장 참조).

  그러나 Hamburger와 Ben-Artzi(2000)는 내향적인 사람들이 인터넷에 의해 힘을 얻으며, 인터넷을 통해 유익을 얻을 수 있다고 믿었다. 그들은 인터넷에 의해 제공되는 보호적인 환경으로 인하여 내향적인 사람들이 온라인에서 사회적 유능성을 발휘할 수 있다고 주장하였다. 이러한 연구결과는 내향적이고 신경증적인 여성을 대상으로 수행된 연구에서 처음으로 관찰되었는데, 이들은 오프라인에서보다 온라인에서 사회적으로 훨씬 더 유능하고 능동적인 것으로 확인되었다(Hamburger & Ben-Artzi, 2000). 연구자들은 이와 같은 보상효과가 일반적으로 여성들이 갖추고 있는 더 높은 자기인식과 사회적 지지를 획득하는 능력에서 기인한다고 주장하였다. 이것은 다음과 같은 사실을 제안한다. 인터넷 사용이 점차 확산됨에 따라 내향적인 남성들 역시 인터넷이 자신의 사회적 필요를 채워 줄 잠재력이 있음을 깨닫게 될 것이다. 또한 인터넷이 가진 보호적인 환경을 통해 자신을 자유롭게 표현할 수 있다는 점을 알아차릴 수도 있다. 이러한 가설은 다른 연구들을 통해 확인된 바 있다(Amichai-Hamburger, Wainapel, & Fox, 2002; Maldonado, Mora, Garcia, & Edipo, 2001). 나아가 이와 같은 접근 방식은 '**가난한 사람은 더 부유해지기 마련**(the poor get richer)'이라는 말로 표현하곤 하는데, 다시 말해 오프라인에서 사회적으로 빈약한 사람이 온라인에서는 사회적으로 더욱 풍요로워진다는 것이다.

  Amichai-Hamburger, Kaplan 및 Dorpatcheon(2008)은 가난한 자가 더 부유해지는 '빈

익부' 이론(the poor get richer theory)과 부유한 자가 더 부유해지는 '부익부' 이론(the rich get richer theory)이 필연적으로 서로 상충하는지, 아니면 적어도 부분적으로는 상호보완적인지 여부를 고려하였다. 연구자들은 이와 같은 질문을 온라인 소셜 네트워크의 맥락에서 연구하였다. 이들에 따르면, 온라인 소셜 네트워크는 웹 기반의 서비스로, 첫째, 사람들이 구조화된 틀 안에서 자신의 프로필을 만드는 것이 가능하고, 둘째, 자신과 연결되어 있는 다른 인터넷 사용자의 목록을 보여 주며, 셋째, 이 시스템 내에서 인터넷 사용자는 자신의 연결 목록과 함께 다른 인터넷 사용자가 만든 연결 목록까지 볼 수 있다(Boyd & Ellison, 2007). 연구자들은 온라인 소셜 네트워크를 사용하는 외향적인 사람과 내향적인 사람을 비교하여 외향적인 사람이 인터넷을 사회적인 도구(즉, 채팅 모임이나 채팅 게임과 같은 사회적 상호작용)로 더 많이 사용한다는 사실을 발견하였다. 그러나 온라인 소셜 네트워크를 사용하지 않는 외향적인 사람과 내향적인 사람을 비교하였을 때에는 내향적인 사람이 인터넷에서 이용 가능한 사회적 플랫폼을 더 많이 사용한다는 사실이 밝혀졌다. 연구자들은 인터넷 사용자가 온라인 소셜 네트워크를 사용하고 있을 때, 본질적으로 자신의 오프라인 소셜 네트워크를 온라인상에 그대로 복제하고 있다고 주장하였다. 다시 말해, 오프라인에서 나타나는 사회적 상호작용의 패턴이 온라인에서의 행동으로 재현된다는 것이다. 외향적인 사람들은 이러한 방식으로 오프라인에서 그들이 가진 사회적 우위를 온라인에서도 유지한다. 이것은 **부익부 이론과 일치한다**(Kraut et al., 2002). 반면, 온라인 소셜 네트워크를 사용하지 않는 내향적인 사람들의 경우에는 인터넷에서 나타나는 그들의 행동은 사회적으로 더 탐색적인 경향을 보일 것이다. 그들은 오프라인에서의 페르소나를 벗어 던지고, 새로운 사회적 상호작용을 시작하고 유지함으로써 실제로 자신을 재창조할 수 있다. 따라서 이러한 사람들은 인터넷을 일종의 보상적인 환경으로 사용할 가능성이 높으며, 이러한 점은 온라인 소셜 네트워크를 사용하지 않는 내향적인 사람들이 온라인 소셜 네트워크를 사용하지 않는 외향적인 사람들에 비해 인터넷에서 사회적인 우위를 차지하게 될 수도 있다. 이것은 빈익부 이론과 일치한다(Hamburger & Ben-Artzi, 2000).

따라서 온라인에서는 두 가지의 서로 다른 방향성이 발달할 것으로 여겨진다. 먼저 사람들이 높은 수준의 익명성을 즐기는 것이다. 익명성은 사람들이 자신을 재창조할 수 있도록 돕는다. 타인에게 거절 당할 것이라는 두려움을 벗어 던진 채 자신의 정체성이 가지고 있는 다른 측면들을 자유롭게 탐색할 수 있다. 이러한 모습은 판타지 게임, 익명을 바탕으로 하는 채팅, 블로그 등을 통해 관찰할 수 있다. 이와는 다르게 사람들이 자신을 스스로 드러내는 현상이 있는데, 그 드러내는 정도가 매우 구체적인 경우가 많다. 이러한 사람들은 온라인에서 자신을 재창조하는 것을 목표로 두지 않고, 오히려 오프라인에서 형성되어 있는 자신의 정체성을 온라인으로 복제하는 것을 목표로 삼는다. 이것은 온라인 소셜 네트워크에서 보이는 행동을 통해 가장 잘 입증된다.

앞서 논의한 바와 같이, 사회적으로 억제되어 있는 많은 사람은 자신의 어려움, 심지어는 온라인 소셜 네트워크에서 경험하는 어려움까지도 보상할 수 있는 창의적인 방법을 발견해 온 것으로 여겨진다. 게다가 인터넷은 소셜 네트워크에 비해 자신을 더욱 보호할 수 있으면서 동시에 자기를 마음껏 표현할 수 있는 많은 분출구를 포함하고 있다. 이를테면 위키피디아, 블로그, 판타지 게임 등이다.

위키피디아 회원은 수많은 글을 직접 작성하여 위키피디아 사이트에 게시하고, 나아가 다른 사람들이 작성한 글을 승인하고 또 편집한다. 위키피디아 회원은 이름도 얼굴도 없으며, 공식적인 인정도 받지 못한다. 인터넷 사용자 중 위키피디아 회원과 비회원의 성격 프로파일 차이를 분석한 연구결과는 다음과 같은 사실을 보여 주었다. 그것은 내향적인 여성들이 외향적인 여성들에 비해 위키피디아 회원으로 활동할 가능성이 더 높다는 것이다(Amichai-Hamburger et al., 2008). 이러한 결과는 여성들이 인터넷을 보상적인 도구로 사용할 가능성이 높다는 사실을 나타내는 것일 수 있다. 다시 말해, 내향적인 성향을 가지고 있으면서도 자신을 표현할 필요를 느끼는 여성들의 경우에는 오프라인에서는 자신을 표현하는 것에 어려움을 경험할 수 있지만, 온라인에서는 충분히 할 수 있다고 느낄 수 있다는 것이다. 이것은 Hamburger와 Ben-Artzi(2000)의 연구결과와도 일치하는 것으로, 내향적인 여성들이 인터넷이 가진 사회적 잠재력을 재차 발견하였음을 보여 주는 결과다.

채팅은 일반적으로 익명을 사용하는 또 하나의 환경이다. Anolli, Villani 및 Riva

(2005)는 익명으로 채팅에 참여하는 사람들이 오프라인 상호작용에서는 폐쇄적이고 내향적인 경향이 있다는 사실을 발견하였다. 이러한 사람들은 채팅 환경이 마음을 터놓고 개인적인 관계를 발전시킬 수 있는 적절한 장이라고 생각한다. 또한 **판타지 세계**(fantasy world)는 내향적인 사람들이 특별한 유대를 느낄 수 있는 또 다른 환경이다. 판타지 세계는 모든 가능한 환경을 포함하는 온라인 세계를 가리키는 것으로, 인터넷 사용자는 쇼핑하기, 기도하기, 박물관 관람하기 등과 같이 일상에서 경험하는 모든 종류의 오프라인 활동을 온라인으로 복제할 수 있다. Dunn과 Guadagno(2012)는 비디오 게임 환경에 대하여 연구하면서 참여자들에게 게임 세션을 시작하기 전에 먼저 자신의 아바타를 디자인하도록 요청하였다. 그 결과, 연구자들은 내향적인 사람들이 외향적인 사람들에 비해 상대적으로 더욱 매력적인 아바타를 만들어 내는 경향이 있다는 사실을 발견하였다. 이것은 내향적인 사람들의 경우에는 익명성이 보장된 게임 환경을 이용하여 오프라인 맥락에서의 사회적 상호작용에서 철수하는 자신의 경향성을 보상하려고 할 것이라는 일반적인 예측과 일치한다. 이 분야의 향후 연구에서는 내향적인 사람들이 온라인 맥락에서 이용하는 또 다른 보상의 수단을 평가할 필요가 있다(자세한 내용은 Ducheneaut와 Yee가 저술한 이 책의 2권 15장 참조).

　소셜 네트워크와 같이 인터넷 사용자가 식별되는 인터넷 환경과 관련하여 앞서 논의한 연구들은 다음과 같은 점을 시사한다. 그것은 내향적인 사람들이 외향적인 사람들에 비해 사회적으로 열등할 것이라고 추측할 수 있다는 것이다. 본질적으로 외향적인 사람들은 내향적인 사람들에 비해 소셜 네트워크에서 더 많은 사회적 상호작용을 하는 것으로 나타났다(Amichai-Hamburger & Vinitzky, 2010). 소셜 네트워크를 이용하는 내향적인 사람들은 오프라인에서 나타나는 자신의 내향적인 행동 패턴을 온라인 환경에서 실제로 재현하는 것으로 보인다. 이것은 그들이 이용하는 온라인 소셜 네트워크의 규모에서 그대로 드러나는데, 내향적인 사람들의 경우에는 외향적인 사람들에 비해 온라인 소셜 네트워크의 규모가 상대적으로 작은 경향이 있다. 그러나 흥미롭게도 페이스북이 그들에게 불리한 환경임에도 불구하고 또는 아마도 불리한 환경이기 때문에, 다시 말해 페이스북에서는 자신이 드러나기 때문에 내향적인 사람들은 외향적인 사람들에 비해 페이스북에서 개인적인 프로파일을 구축하고 디자인하는 데 더 많은 노력을 기울인다. 예컨대, 내향적인 사람들은 외향적인 사람들과 비교할 때 자신의 페이스북 프로파일에 더 많은 개인 정보를 올린다. 이는 다음과 같은 사실에 의해 설명된다. 외향적인 사람들은 오프라인에서 자신이 보유한 사회성 기술과 사회적 관계에 자신감을 가지고 있다. 그래서 그들은 자신을 친구들에게 홍보할 필요를 적게 느낀다. 반면, 내향적인 사람들은 더욱 많은 긍정적인 이미지로 자신을 홍보하는 경향이 있다. 이를 위해 그들은 페이스북 프로필과 같이, 자신을 알고 있는 사람들과 동시적인 상호작용을 실제로 포함하지 않는 것에 많은 노력을 기울인다. 이것은 다음과 같은 사실을 보여 준다. 내향적인 사람들은 자신의 사회적 지위를 개선하고자 노력할 때, 심지어 자신을 식별할 수 있는 온라인 소셜 네트워크에서조차 작고 구석진 곳을 찾으려 한다는 것이다. 요컨대, 일반적으로 내향적인 사람들은 익명성이 보장된 네트워크 환경을 사용하여 자신의 사회적 세계를 구축하는 것으로 보인다. 또한 그들은 페이스북 프로파일에 노력을 기울이는 것과 같이, 동시적인 상호작용이 필요 없는 영역에서 자신을 보상하기 위해 최선을 다한다. 반면, 외향적인 사람들은 그들이 오프라인 소셜 네트워크에서 가지고 있는 사회적 우위를 온라인으로 복제하는 경향이 있는 것으로 보인다.

신체 장애와 심리 장애

Barak, Boniel-Nissim 및 Suler(2008)는 많은 사람이 자신의 사회적 고립과 외로움을 감소시키기 위하여 온라인 지지집단(online support groups)에 참여한다고 주장하였다. 예컨대, 이러한 사람들 중에는 특수아동(children with special needs)의 형제자매(Tichon & Shapiro, 2003), AIDS 환자(Mo & Coulson, 2010), 난소암 또는 전립선암 환자(Sullivan, 2003), 다발성 경화증 환자(Weis et al., 2003), 파킨슨병 환자(Attard & Coulson, 2012), 당뇨병 환자(van Dam et al., 2005), 유방암 환자(Fogel, Albert, Schnabel, Ditkoff, & Neugut, 2002) 등이 있다. 이러한 모든 사례에서 사람들은 다른 많은 사람과 마찬가지로 온라인 상호작용에서의 친밀감이야말로 자신에게 안도감을 느끼게 해 주는 주요한 요인이라고 강조하였다. 하지만 일부 학자들의 경우에는 이러한 온라인 지지집단의 긍정적인 영향에 대해 다소 의구심을 가지고 있다. 예컨대, van der Houwen과 동료들(2010)은 사별 경험을 가진 사람들이 속한 지지집단이 정신건강의 장기적인 개선을 예측하지 못한다는 점을 발견하였다.

　인터넷에는 이와 같은 지지집단뿐만 아니라 심각한 정서적 스트레스나 자살 의도를 가진 사람들을 돕는 웹 사이트도 존재한다. 대표적인 것으로 SAHAR 웹 사이트를 들 수 있다. SAHAR은 숙련된 기술을 가진 익명의 조력자를 통해 도움의 손길이 필요한 사람들에게 따뜻함과 지지를 제공한다. 나아가 이 웹 사이트는 사람들을 돕는 데 높은 성공률을 보이고 있다(Barak, 2007). 특히 이와 같은 종류의 웹 사이트들은 외로운 사람들에게 매우 중요할 수 있다. 외로운 사람들은 극심한 정서적 고통의 상황을 경험하기 마련이지만 자신을 도와줄 수 있는 어떠한 사람도 곁에 두지 못하고 있을 수 있기 때문이다.

　Barak과 Sadovsky(2008)는 청각장애 청소년들의 인터넷 사용이 그들의 안녕감에 어떠한 영향을 미치는지에 대하여 연구하였다. 연구자들은 인터넷이 이들에게 비음성 커뮤니케이션 도구(nonauditory communication tool)를 제공함으로써 다른 사람들과 손쉽게 소통할 수 있도록 도와준다는 것을 발견하였다. 더욱이 청각장애 청소년들이 이 도구를 사용할 때면 그들은 자신의 사생활을 보호할 수 있다(대부분의 인터넷 채널에서 상대방은 자신이 청각장애인과 상호작용하고 있다는 사실을 알아차리지 못할 것이기 때문에). 이러한 점은 청각장애 청소년들의 개인적인 역량 강화(empowerment)에 강력한 영향을 미칠 수 있다. 나아가 Barak과 Sadovsky(2008)는 다음과 같이 보고하였다. 청각장애 청소년들이 전형적인 발달 청소년들에 비해 자존감이 더 낮고 외로움의 정도가 더 높음에도 불구하고, 그들이 인터넷을 사용하고 있을 때에는 그 양상이 달라진다는 것이다. 인터넷 환경에서 청각장애 청소년은 뛰어난 집중력을 발휘하며, 전형적인 발달 청소년과 안녕감의 수준에서 차이가 없다는 사실을 보여 주었다. 또한 인터넷은 시각장애인(Williamson, Wright, Schauder, & Bow, 2001)이나 휠체어 이용자(Amichai-Hamburger, McKenna, & Azran, 2008)와 같이 장애를 가진 다수의 사람에게 힘을 실어 주는 것으로 보인다.

고령자

인터넷으로 인하여 타인과 정보를 공유하고 소통하는 방법은 전에 없이 다양하고 새로워졌다. 고령자가 인터넷을 사용하게 되면 자신이 가진 신체적 한계나 이동의 어려움, 신체 장애에 크게 영향을 받지 않고 다른 사람과 손쉽게 어울릴 수 있다(Sum, Mathews, Pourghasem, & Hughes, 2008). Fokkema와 Knipscheer(2007)는 특히 교육 수준이 높은 노인들의 경우에는 인터넷 기술을 습득하는 것으로 외로움을 감소시킬 수 있다고 제안하였다. Blažun, Saranto 및 Rissanen(2012)은 온라인 의사소통 기술을 포함하는 노인 대상 컴퓨터 교육 프로그램이 참여자들의 외로움을 감소시키고 삶의 질을 향상시켰다고 밝혔다. 또한 Cotten, Ford, Ford 및 Hale(2012)은 미국의 건강 및 퇴직 연구(Health and Retirement Survey: HRS)에 구축된 대규모 데이터베이스를 사용하여 퇴직한 50세 이상의 미국인을 대상으로 인터넷 사용과 우울 사이에 어떠한 관계가 있는지를 평가하였다. 그 결과, 연구에 사용된 모든 지표는 인터넷을 규칙적으로 사용하는 참여자들의 우울이 감소하고 안녕감이 증가한다는 것을 보여 주었다(추가적으로 Fuglsang, 2005; Shapira, Barak & Gal, 2007 참조).

한편, Rodríguez, Gonzalez, Favela 및 Santana(2009)의 연구는 멕시코에 거주하는 노년층에 초점을 두었다. 멕시코의 많은 노인은 젊은 세대의 미국 이주로 인하여 오랫동안 자녀를 만나지 못한 채 홀로 살고 있다. 노인들과의 인터뷰를 바탕으로 연구자들은 온라인을 통해 가족과 접촉하는 것이 머나먼 거리를 극복하는 데 도움이 될 수 있다고 주장하였다. Dickson, Hughes 및 Walker(2005)는 노년 여성의 데이트에 대한 탐색적 연구를 통해 다음과 같은 사실을 발견하였다. 그것은 인터넷이 노인들에게 자신을 보호하면서도 다른 사람과 연인 관계를 맺을 수 있는 독특한 기회를 제공한다는 것이다. 연구자들의 보고에 따르면, 노년 여성들은 그들의 잠재적인 파트너가 자신을 연인으로 여기고 있는지, 아니면 미래의 보호자로 여기고 있는지 여부를 인터넷을 통해 확인할 수 있다고 느꼈다. 또한 노년 여성들은 인터넷을 사용하여 그들의 잠재적인 파트너가 다정하고 배려심이 많은 사람인지, 자신을 구속하고 통제하려는 사람은 아닌지를 확인한다고 보고하였다.

낙인이 찍힌 소수집단의 구성원

인터넷 집단의 구성원은 집단의 정체성을 발전시키는 경향이 있는데, 그 속도가 때로는 오프라인 집단에서보다 더 **빠르게** 나타나는 경우도 있다. 또한 온라인 집단의 구성원이 보여 주는 협력적인 행동의 수준은 오프라인 집단의 구성원과 크게 다르지 않다(McKenna & Green, 2002). 낙인이 찍힌 집단에 속한 사람들, 또는 그들의 개인적 특성이 공개적으로 드러날 경우에 낙인을 피할 수 없는 사람들은 주요한 심리적 장애에 직면하기 마련이다. 먼저, 그들은 일상의 환경에서 자신과 유사한 타인을 발견하는 데 어려움을 겪는다. 이러한 상황은 그들에게 외로움, 소외감, 소원감을 느끼게 만들 수 있다. 게다가 그들은 지역사회, 심지어는 자신의 가족과 친구와도 멀어져 있다고 느낄 수 있다. 그들은 사람들이 '나의 **진짜 모습**(the real me)'을 알게 된다면 아마도 자신을 받아들이지 않을 것이라고 두려워한다. 숨겨진 정체성을 가진 사람들은 자신이 속한 집단, 즉 낙인이 찍힌 집단의 구성원에 대하여 주변 사람들이 부정적인 의견을 표현하는 것(예: 동성애자라는 **진실을 숨기고 있는 사람** 앞에서 동성애가 혐오스럽다고 표현하는 것)을 듣게 될 가능성이 매우 높다. 이것은 홀대 받고 은폐할 만한 정체성을 가진 사람들의 자존감과 자기가치를 떨어뜨리고 소외감과 외로움을 증가시킨다(Frable, 1993).

일상의 환경에서는 자신과 유사한 타인을 발견하는 것이 어려울 수 있지만, 인터넷에서는 그렇지 않다. 인터넷에서는 우리가 상상할 수 있는 거의 모든 관심사에 대한 정보를 손쉽게 찾을 수 있으며, 또한 이를 공유하는 집단이나 사람들을 어렵지 않게 발견할 수 있다. 이와 같이 자신과 유사한 타인, 즉 홀대 받는 자기의 일면(self-aspect)을 공유할 수 있는 타인을 온라인에서 발견하게 되면 문화적인 소외감과 소원감의 감소로 이어지는 것으로 나타났다. 또한 개인이 자신과 유사한 타인들로 구성된 집단에 능동적으로 참여할 때 이와 같은 집단 참여는 자기수용을 증가시키고 자존감을 향상시키며 외로움을 더 많이 감소시키는 것으로 나타났다. 또한 부정적인 사회적 낙인을 가진 집단에 속해 있다고 하더라도, 온라인의 익명성은 이들이 웹 커뮤니티에 참여하도록 독려할 수 있다(McKenna & Bargh, 1998; McKenna, Green, & Gleason, 2002). 이것은 인정받지 못하는 성적 선호를 가진 사람들의 집단과 같이 어떤 특정 집단에 속해 있는 사람들에게는 특히나 해당되는 사실이다. 이러한 집단의 구성원은 오프라인에서 펼쳐지는 일상의 삶에서 자신의 정체성을 숨긴 채 살아간다. 하지만 온라인에서 자신과 유사한 부류의 사람들이 속한 집단의 구성원이 되었을 때 그들의 자존감은 높아질 수 있다. 그리고 이것은 다음과 같은 강력한 가능성으로 이어질 수 있다. 그것은 그들이 마침내 자신을 오프라인 세계에 드러내기를 선택하는 것이다(McKenna & Bargh, 1998).

인터넷 중독과 외로운 사람들

　인터넷은 사회적으로 억제된 사람들로 하여금 자신의 역량이 강화(empowerment)되는 중요한 느낌을 경험하게 할 수 있다. 그러나 온라인에서 사회적 관계를 구축하는 것은 비교적 수월하기 때문에 사람들은 인터넷 중독으로 내몰릴 수도 있다. 결과적으로 이와 같은 인터넷 중독은 사람들이 가진 대부분의 사회적 유대 및 대인관계를 인터넷으로 옮아가게 만들 수 있다. Young(1996, 1998)은 인터넷 중독에 대하여 인터넷의 과용이 특징적으로 나타나며, 이것은 수면 패턴, 업무 생산성, 일상적 일과, 사회적 삶을 붕괴시킨다고 설명하였다. 이와 같이 인터넷 활동에 심각하게 의존하는 사람들은 오프라인에서 펼쳐지는 일상의 삶에서 상당한 어려움을 경험할 수 있다(Widyanto & McMurran, 2004; Young, 1998).

　많은 성격 특성이 온라인 중독과 관련지어 연구되었는데, 그러한 특성 중 상당수는 사회적 억제와 관련이 있는 것으로 보인다. Shotton(1991)은 내향성과 감각 추구가 과도한 컴퓨터 사용과 관련이 있다는 사실을 발견하였다. 지루해 하는 성향, 자의식, 외로움, 그리고 사회불안 또한 과도한 컴퓨터 사용과 관련되어 있었다(Loytsker & Aiello, 1997). 나아가 Caplan(2003)은 많은 수의 외로운 사람이 온라인 사회적 상호작용에 대한 선호를 발달시킨다는 사실을 발견하였는데, 이는 문제적 인터넷 사용(problematic internet use)으로 이어질 수 있다. 이와 유사하게 Erwin, Turk, Heimberg, Fresco 및 Hantula(2004)는 사회적으로 불안한 사람들의 경우에는 자신에게 주어진 대부분의 시간을 온라인 활동에 소비하고 있다고 보고하였으며, Chak과 Leung(2004)은 수줍음이 인터넷 중독과 정적으로 관련이 있다는 것을 확인하였다.

따라서 인터넷 과다 사용자 및 중독자들은 비중독자들에 비해 다음과 같은 점이 특징적으로 나타난다. 그들은 더 신경증적이고, 덜 외향적이며, 사회적으로 더 불안하고, 정서적으로 외롭다. 게다가 인터넷 과다 사용자는 평균적인 인터넷 사용자에 비해 인터넷 소셜 네트워크에서 더 많은 사회적 지지를 얻고 있는 것으로 보인다(Hardie & Yi-Tee, 2007). Hardie와 Yi-Tee(2007)는 신경증, 그리고 소셜 네트워크의 사회적 지지에 대한 개인적 지각 모두가 과도한 인터넷 사용을 예측하는 중요한 요인이라고 보고하였다. 이와 유사하게 성격 유형과 인터넷 및 채팅방 사용 시간의 관련성을 연구한 Anolli, Villani 및 Riva(2005)는 상대적으로 더 외향적인 사람들이 내향적인 사람들에 비해 인터넷과 채팅에 더 적은 시간(주당 사용 시간)을 사용한다는 사실을 발견하였다.

인터넷 중독이 매우 광범위한 개념이라는 점을 기억하는 것은 중요한데, 특히 특정 인터넷 중독(예: 채팅, 정보, 성 관련 중독)에 대하여 검토하는 일은 매우 유용한 작업이 될 수 있다. 이러한 문제에 심도 있게 접근하고, 이러한 행동에 신중히 대응하기 위해서는 우선적으로 특정 서비스에 대한 중독과 특정 성격의 특성 사이에서 나타나는 관련성을 충분히 이해할 필요가 있다. 특히 극단적인 수준의 사회적 억제를 동반하는 중독 증상의 경우에는 특정 성격의 특성이 사회적 억제와 어떠한 관련성을 가지고 있는지와 밀접하게 관련이 있는 것으로 보인다. 향후 연구에서는 성격의 역할을 명백하게 하고, 초기에 나타난 인터넷 남용이 어떠한 경로를 거쳐 평균적인 사용 수준 또는 병리적 중독에까지 이르는지를 추적할 필요가 있다. 또한 극단적으로 홀로 있는 행동과 인터넷 사용의 관련성은 특히 분석하기가 쉽지 않다. 이러한 행동을 보이는 사람들에게 인터넷은 보상 수단일 뿐만 아니라 오프라인 세계를 더욱 차단하는 가림막이기도 하다. 바로 이 점에 유념하여 이러한 사람들이 보다 전문적인 도움을 받을 수 있도록 독려해야만 한다.

온라인에서 오프라인으로:
온라인에서의 사회성 기술은 성공적으로 전이될 수 있는가

인터넷은 사람들에게 강력한 역량 증진 도구로 알려져 왔으며, 특히 사회적 억제를 나타내는 사람들에게는 더욱 그러하다. 그렇다면 다음과 같은 의문이 제기된다. 사회적 억제를 나타내는 사람들은 인터넷에서 획득한 사회성 기술을 오프라인의 사회적 상호작용에서 발휘할 수 있을까? 또한 그렇게 함으로써 온라인에서 형성한 관계를 오프라인의 영역으로까지 확장할 수 있을까? 사회적으로 억제되어 있지 않은 사람들은 큰 어려움 없이 오프라인 세계와 온라인 세계를 통합할 수 있으며, 그 사이를 수월하게 오고 가는 것으로 보인다(Pew Research Center, 2005). 그러나 사회적으로 억제된 사람들은 온라인 세계에서 자신을 재창조하기 마련인데(인터넷 환경이 만들어 내는 익명성을 이용하거나 신체 노출 차단이 가능하다는 점을 이용하여 자신을 재창조하는 등), 이러한 경우에 온라인에서 창조된 자신을 오프라인으로 옮겨 가는 것은 매우 어려운 일이다. Gollwitzer(1986)는 그들의 정체성 관련 활동이 사회적 청중에게 주목받을 때 삶의 만족도는 더욱 높아진다고 주장하였다.

인터넷이 만들어 내는 심리적 환경은 온라인에서의 사회적 관계에 중대한 영향을 미칠 수 있는데, 그 이유는 다음과 같다. 첫째, 인터넷의 익명성은 자기 노출의 위험을 크게 감소시킨다. 둘째, 장기적으로 보았을 때 온라인에서의 사회적 관계는 안정적일 가능성이 크다. 그렇기 때문에 만일 온라인에서 관계를 맺은 두 사람이 직접 만나기로 결심한다면 오프라인에서의 관계 또한 성공적일 수 있다(McKenna et al., 2002). McKenna와 동료들(2002)은 자신의 이러한 견해를 발전시키면서 다음과 같이 주장하였다. 온라인에서 사회적 관계를 형성하는 일이 그리 어렵지 않다는 점을 알아차린 사람들은 그 중요한 관계를 인터넷 바깥으로 옮기기 위해, 그래서 그것을 사회적 현실로 만들기 위해 노력할 것이라는 점이다.

이러한 과정이 점진적으로 이루어져야 한다는 점을 유념하는 것은 매우 중요하다. 특히 사회적 억제를 나타내는 사람들에게는 더욱 그러한데, 이들은 다른 사람들에 비해 직접 대면하는 상호작용에서 더 큰 불안을 느낄 수 있기 때문이다. 또한 Orgad(2007)는 온라인에서 오프라인으로 옮겨 간 후 개방성과 자기노출의 요소를 상실해 버린 사회적 관계에 대하여 탐구하였는데, 그녀는 이러한 결과가 상호작용에 대한 통제력과 익명성이 사라져 버린 것에 기인하는 것일 수 있다고 지적하였다. 나아가 McKenna와 동료들(2002)은 온라인에서의 사회적 관계가 오프라인 맥락으로 이동할 수 있으며, 그러한 변화는 특정한 집단, 이를 테면 동성애자나 극단적인 정치색을 가진 사람들과 같은 집단에서는 실제로 일반적인 것이라고 주장하였다. 이러한 사람들은 자신과 유사한 사람들이 속한 집단을 온라인에서 손쉽게 찾을 수 있으며, 바로 이 집단 구성원과의 상호작용을 통하여 서서히 자신감을 획득하게 된다. 이와 같은 과정을 거쳐 그들은 오프라인 세계에 직면하여 자신의 성향을 공개적으로 표현하기에 충분히 강력한 힘을 느끼는 단계에 도달할 수 있다.

우리는 사회적 억제를 가진 대부분의 사람이 이와 유사한 과정을 빈번하게 경험할 것이라고 예측하고 있다. 그 과정의 진전은 매우 오래 걸릴 수도 있지만, 사회적 억제를 가진 사람들은 결국 온라인에서 맺은 사회적 관계를 오프라인 세계로 옮길 수 있는, 그리고 온라인 세계에서 개발한 사회성 기술을 오프라인 세계에서 활용할 수 있는 용기를 발견하는 단계에 이르게 될 것이다. 그러나 일부 사람들의 경우에는 인터넷 기반의 사회적 상호작용을 통해 새롭게 획득한 이와 같은 사회적 자기효능감이 단지 사이버 공간에서만 국한될 수도 있다. 비록 이들이 자신의 사회성 기술을 오프라인 맥락에서 사용하기를 원한다고 할지라도 말이다. 그들은 자신이 온라인에서 개발한 기술을 사이버 공간의 경계 너머로 일반화할 수 없다고 느낄 것이다. 특히 이러한 일들은 극단적인 형태의 사회불안으로 고통받는 사람들에게 일어날 수 있다. 인터넷에서 형성된 유대관계를 현실의 삶으로 이동시키는 것은 이들이 뛰어넘기에 지나치게 큰 간극일 수 있다.

Amichai-Hamburger와 Furnham(2007)은 인터넷이 제공하는 구조적인 학습 환경 덕분에 사람들은 온라인에서 새롭게 익힌 의사소통 기술을 오프라인 상호작용으로 옮겨가는 방법을 배울 수 있다고 주장하였다. 이와 관련하여 연구자들은 극단적인 사회 불안을 가진 사람들을 조력할 수 있는 모델을 제공하였는데, 이러한 사람들의 경우에 는 인터넷에서의 대인관계 기술을 특히 내부를 향하여 일반화할 가능성이 높다(즉, 대 인관계 기술을 가상의 의사소통 맥락에만 국한하여 광범위하고 배타적으로 사용하는 것). 이 모델에서 눈에 띄는 점은 점진적인 과정을 강조한다는 것이다. 이와 같은 점진적인 과 정은 사람들이 인터넷에서 느끼는 단단한 통제감의 고삐를 느슨하게 풀 수 있도록 돕 는다. 그리고 이를 통해 오프라인 장면에서 상대적으로 통제감을 상실하는 것에 충분 히 대처하도록 준비시킬 수 있다. 연구자들이 제안한 모델은 다음과 같은 4단계로 구 성되어 있다. (1) 텍스트로만 소통하기, (2) 텍스트와 이미지로 소통하기, (3) 영상으 로 소통하기, (4) 직접 대면으로 상호작용하기가 그것이다. Amichai-Hamburger와 Furnham(2007)은 특히 극단적인 사회불안을 가진 사람들의 경우에 이 모델에 의해 도 움을 받을 수 있다고 주장하였는데, 그것은 이 모델이 직접적인 대인관계 의사소통을 향하여 적당한 수준에서 서서히 이동하기 때문이다. 이 같은 과정은 인터넷이 가진 힘 을 입증하는 것으로, 인터넷은 사용자에게 안전한 환경을 제공할 뿐만 아니라, 사회불 안에서 안전한 사회적 관계로 변화하는 과정을 창조할 수 있도록 조력한다. 물론 신체 장애를 가진 사람들의 경우에는 온라인에서의 상호작용을 오프라인으로 옮겨 가는 일 이 특히 어려울 수 있다. 그러나 신체 장애를 가진 사람들이 상대적으로 손쉬운 온라인 상호작용에만 파묻혀 직접적인 상호작용의 기회를 소멸시키지 않도록 이러한 과정을 스스로 인식하는 것은 매우 중요한 일이다.

한편, 온라인 지지집단에게 도움을 구하려는 사람들에 대하여 온라인 참여가 그들 을 오프라인 세계에서 멀어지게 할 것이라고 우려하는 것은 다른 상황들에 비해 그다 지 타당하게 여겨지지 않는다. 온라인 지지집단의 목적은 오프라인에서 경험하는 어려 움에 대처하고, 이러한 어려움을 극복하고자 노력하는 사람들에게 도움을 제공하는 것 이기 때문이다. 이러한 집단의 초점은 타인과 다른 삶의 측면을 가진 사람들을 돕는 데 있기 때문에 온라인 지지집단에게 도움을 구하는 것이 인터넷 중독으로 이어질 개연성 은 낮다고 할 수 있다.

최종 논평 및 향후 연구 방향

인터넷은 많은 사람이 자신의 사회적 삶을 형성하고 유지하도록 도울 수 있다. 이것은 노인, 신체적 한계를 가진 사람, 부정적인 사회적 낙인이 찍힌 집단에 속한 사람 등 다양한 집단 스펙트럼에 걸쳐 광범위하게 적용된다. 그러나 사회적으로 억제된 사람들의 경우라면 상황은 더 복잡하다. 인터넷은 친밀감에 대한 두려움에 대처하도록 돕는 것으로 알려져 왔다(Stritzke, Nguyen, & Durkin, 2004). 인터넷은 사회적 억제를 나타내는 사람들을 보호하는 피난처 역할을 할 수 있다. 그들은 인터넷을 통하여 그들이 지각하는 두려운 세계에서 빠져나올 수 있다(Hamburger & Ben-Artzi, 2000). 그러나 인터넷이라는 피난처는 쉽사리 패쇄적인 곳이 되거나 심지어는 감옥이 될 수도 있는데, 이러한 사람들이 점차 자신을 온라인 세계에 가두어 버리고 오프라인 세계를 도외시할 수 있기 때문이다.

최근의 주목할 만한 발전 중에 하나는 온라인 소셜 네트워크의 가장 대중적인 형태인 페이스북이다. 페이스북은 외견상 타인과 친구관계를 형성하고 유지하며 외로움에 대항하도록 지원하는 환경으로 보인다. 페이스북이 가지고 있는 가장 강력한 힘은 마치 페이스북 속에서 자신의 삶을 살아가는 것처럼 보이는 젊은이들의 모습을 생생하게 느낄 수 있다. 친구관계와 외로움에 대한 페이스북의 장기적인 영향은 아직 명확하지 않다. 페이스북에서 나타나는 상호작용을 살펴보면 대부분의 의사소통에 깊이가 없다. 이곳에서의 친구들이란 그저 '좋아요'를 누르는 사람들일 뿐이다. 따라서 페이스북에 내재하는 피드백 시스템, 그리고 전형적으로 매우 간략한 상호작용은 높은 수준의 친구관계의 질을 시사한다고 할 수는 없다. 페이스북이 장기적으로 친구관계의 정의에 어떠한 영향을 미치게 될 것인지 질문을 던지는 것은 매우 적절하다. 페이스북의 사용자들은 친구관계가 가지는 질적인 정의를 기형적이고 왜곡된 양적인 정의로 대체하고 있는가? 그들은 실제의 친구관계가 아닌 허상에 불과한 친구관계 속으로 뛰어들 가능성이 있는가? 그리고 자신이 가진 친구관계의 대부분이 이러한 범주에 속하는 경우에 사람들은 전통적인 친구관계가 선사하는 심리적인 유익을 잃어버리게 될 것인가?

선구적인 연구들에서는 이미 우려되는 결과를 보고하고 있다. 예컨대, Lee, Moore, Park 및 Park(2012)은 자존감과 페이스북 친구 수와의 관계에서 부적인 관련성을 발견하였다. 나아가 이러한 관계는 공적인 자의식(즉, 타인에게 어떻게 지각되는지에 대한 불안)에 의해 조절되는 것으로 밝혀졌다. 다시 말해, 낮은 수준의 자존감과 높은 수준의 공적인 자의식을 가진 사람들이 페이스북에서 유의하게 더 많은 수의 친구를 가지고 있었다는 것이다. 젊은이들이 어떻게 오프라인에 비해 온라인에서 더 많은 친구관계를 발달시키는지 평가하기 위해서는 종단 연구가 필요하다. 나아가 향후 연구에서는 혼자 지내는 사람들이 어떻게 페이스북을 사용하고 있는지, 그리고 만일 페이스북이 그들에게 정말 도움을 주고 있다면 이들이 고립된 상태에 대한 해결책을 발견하는 데 장기적으로 어디까지 도움을 주고 있는지를 이해하기 위해 노력해야 한다.

페이스북이 미치는 영향은 우리의 연구에서 핵심적인 주제다. 향후 성인들이 친구관계가 가져오는 심리적인 유익을 얻지 못하고 실제로 외로움을 경험하고 있으면서도 친구들에 둘러싸여 있다는 착각 속에서 살게 될 것인지의 여부에 대해 묻는 것은 중요하다. 또 다른 가능성은 페이스북이 결국에는 전통적인 대면 상호작용을 지원하는 추가적인 의사소통 채널로 사용될 것이라는 것이다. 분명히 사람들은 오프라인과 온라인의 연속선상에서 자신의 친구관계를 서로 다른 위치에 놓아둘 것이다. 이러한 선택이 그들에게 얼마나 만족스러울지에 대해서는 오직 시간만이 말해 줄 것이다.

참고문헌

Amichai-Hamburger, Y. (2002). Internet and personality. *Computers in Human Behavior, 18,* 1-10.

Amichai-Hamburger, Y. (2005). Personality and the internet. In Y. Amichai-Hamburger (Ed.), *The social net: Human behavior in cyberspace* (pp. 27-55). New York: Oxford University Press.

Amichai-Hamburger, Y. (2007). Personality, individual differences and internet use. In A. N. Joinson, K. Y. A. McKenna, T. Postmes, & U-R. Reips (Eds.), *Oxford handbook of internet psychology* (pp. 187-204). Oxford, UK: Oxford University Press.

Amichai-Hamburger, Y. (2012). Reducing intergroup conflict and promoting intergroup harmony in the digital age. In H. Giles (Ed.), *The handbook of intergroup communication* (pp. 181-193). New York: Routledge.

Amichai-Hamburger, Y., & Ben-Artzi, E. (2003). Loneliness and internet use. *Computers in Human Behavior, 19*, 71-80.

Amichai-Hamburger, Y., & Furnham, A. (2007). The positive net. *Computers in Human Behavior, 23*, 1033-1045.

Amichai-Hamburger, Y., & Hayat, Z. (2011). The impact of the internet on the social lives of users: A representative sample from 13 countries. *Computers in Human Behavior, 27*, 585-589.

Amichai-Hamburger, Y., Kaplan, H., & Dorpatcheon, N. (2008). Click to the past: The impact of extroversion by users of nostalgic website on the use of internet social services. *Computers in Human Behavior, 24*, 1907-1912.

Amichai-Hamburger, Y., McKenna, K. Y. A., & Azran, T. (2008) Internet E-empowerment: Empowerment by the internet. *Computers in Human Behavior, 24*, 1776-1789.

Amichai-Hamburger, Y., & Vinitzky, G. (2010). Social network use and personality. *Computers in Human Behavior, 26*, 1289-1295.

Amichai-Hamburger, Y., Wainapel, G., & Fox, S. (2002). "On the internet no one knows I'm an introvert": Extroversion, neuroticism, and internet interaction. *CyberPsychology and Behavior, 2*, 125-128.

Anolli, L., Villani, D., & Riva, G. (2005). Personality of people using chat: An on-line research. *CyberPsychology & Behavior, 8*, 89-95.

Attard, A., & Coulson, N. S. (2012). A thematic analysis of patient communication in Parkinson's disease online support group discussion forums. *Computers in Human Behavior, 28*, 500-506.

Barak, A. (2007). Emotional support and suicide prevention through the internet: A field project report. *Computers in Human Behavior, 23*, 971–984.

Barak, A., Boniel-Nissim, M., & Suler, J. (2008). Fostering empowerment in online support groups. *Computers in Human Behavior, 24*, 1867–1883.

Barak, A., & Sadovsky, Y. (2008). Internet use and personal empowerment of hearing-impaired adolescents. *Computers in Human Behavior, 24*, 1802–1815.

Blažun, H., Saranto, K., & Rissanen, S. (2012). Impact of computer training courses on reduction of loneliness of older people in Finland and Slovenia. *Computers in Human Behavior, 28*, 1202–1212.

Boyd, D. (2006). Friends, friendsters, and myspace top 8: Writing community into being on social network sites. First Monday, 11(12). Retrieved July 21, 2007, from http://firstmonday.org/article/view/1418/1336

Boyd, D. M., & Ellison, N. B. (2007). Social network sites: Definition, history, and scholarship. *Journal of Computer-Mediated Communication, 13*(1), Article 11. Retreived July 27, 2013, from http://jcmc.indiana.edu/vol13/issue1/boyd.ellison.html

Brandtzaeg, P. B. (2012). Social networking sites: Their users and social implications-A longitudinal study. *Journal of Computer-Mediated Communication, 17*, 467–488.

Brenner, V. (1997). Psychology of computer use: XLVII. Parameters of internet use, abuse and addiction: The first 90 days of the internet usage survey. *Psychological Reports, 80*, 879–882.

Caplan, S. E. (2003). Preference for online social interaction: A theory of problematic internet use and psychosocial well-being. *Communication Research, 30*, 625–648.

Chak, K., & Leung, L. (2004). Shyness and locus of control as predictors of internet addiction and internet use. *CyberPsychology & Behavior, 7*, 559–568.

Cotten, S. R., Ford, G., Ford, S., & Hale, T. M. (2012). Internet use and depression among older adults. *Computers in Human Behavior, 28*, 496–499.

van Dam, H. A., van der Horst, F. G., Knoops, L., Ryckman, R. M., Crebolder, H. F. J. M., & van den Borne, B. H. W. (2005). Social support in diabetes: A systematic review of controlled intervention studies. *Patient Education and Counseling, 59*(1), 1-12.

Dickson, F. C., Hughes, P. C., & Walker, K. L. (2005). An exploratory investigation into dating among later-life women. *Western Journal of Communication, 69*, 67-82.

Dunn, R. A., & Guadagno, R. E. (2012). My avatar and me? Gender and personality predictors of avatar-self-discrepancy. *Computers in Human Behavior, 28*, 97-106.

Erwin, B. A., Turk, C. L., Heimberg, R. G., Fresco, D. M., & Hantula, D. A. (2004). The internet: Home to a severe population of individuals with social anxiety disorders? *Journal of Anxiety Disorders, 18*, 629-646.

Fogel, J., Albert, S. M., Schnabel, F., Ditkoff, B. A., & Neugut, A. I. (2002). Internet use and social support in women with breast cancer. *Health Psychology, 21*, 398-404.

Fokkema, T., & Knipscheer, K. (2007). Escape loneliness by going digital: A quantitative and qualitative evaluation of a Dutch experiment in using ECT to overcome loneliness among older adults. *Aging & Mental Health, 11*, 496-504.

Frable, D. E. S. (1993). Dimensions of marginality: Distinctions among those who are different. *Personality and Social Psychology Bulletin, 19*, 370-380.

Fuglsang, L. (2005). IT and senior citizens: Using the internet for empowering active citizenship. *Science, Technology, & Human Values, 30*, 468-495.

Gollwitzer, P. M. (1986). Striving for specific identities: The social reality of self-symbolizing. In R. Baumeister (Ed.), *Public self and private self* (pp. 143-159). New York: Springer-Verlag.

Hamburger, Y. A., & Ben-Artzi, E. (2000). The relationship between extraversion and neuroticism and the different uses of the internet. *Computers in Human Behavior, 16*, 441-449.

Hardie, E., & Yi-Tee, M. (2007). Excessive internet use: The role of personality, loneliness and social support networks in internet addiction. *Australian Journal of Emerging Technologies and Society, 5*, 33-47.

van der Houwen, K., Stroebe, M., Stroebe, W., Schut, H., van den Bout, J., & Wijngaards-de Meij, L. (2010). Risk factors for bereavement outcome: A multivariate approach. *Death

Studies, 34, 195-220.

Hu, M. (2009). Will online chat help alleviate mood loneliness? *CyberPsychology & Behavior,* *12,* 219-223.

Killeen, C. (1998). Loneliness: An epidemic in modern society. *Journal of Advanced Nursing,* *28,* 762-770.

Kim, J., LaRose, R., & Peng, W. (2009). Loneliness as the cause and the effect of problematic internet use: The relationship between internet use and psychological well-being. *CyberPsychology & Behavior, 12,* 451-455.

Kraut, R., Kiesler, S., Boneva, B., Cummings, J., Helgeson, V., & Krawford, A. (2002). Internet paradox revised. *Journal of Social Issues, 58,* 49-74.

Kraut, R., Patterson, M., Lundmark, V., Kiesler, S., Mukopadhyay, T., & Scherlis, W. (1998). Internet paradox: A social technology that reduces social involvement and psychological well-being? *American Psychologist, 53,* 1017-1031.

Lee, J. -E., R., Moore, D., Park, E,-A., & Park, S. G. (2012). Who wants to be "friend-rich"? Social compensatory friending on Facebook and the moderating role of public self-consciousness. *Computers in Human Behavior, 28,* 1036-1043.

Leung, L. (2002). Loneliness, self-disclosure, and ICQ ("I Seek You") use. *CyberPsychology & Behavior, 5,* 241-251.

Loytsker, J., & Aiello, J. R. (1997, April). Internet addiction and its personality correlates. Poster session presented at the annual meeting of the Eastern Psychological Association, Washington, DC.

Maldonado, G. J., Mora, M., Garcia, S., & Edipo, P. (2001). Personality, sex and computer communication mediated through the internet. *Anuario-de-Psicologia, 32,* 51-62.

McKenna, K. Y. A., & Bargh, J. A. (1998). Coming out in the age of the internet: Identity 'de-marginalization' from virtual group participation. *Journal of Personality and Social Psychology, 75,* 681-694.

McKenna, K. Y. A., & Green, A. S. (2002). Virtual group dynamics. *Group Dynamics: Theory, Research and Practice, 6,* 116-127.

McKenna, K. Y. A., Green, A. S., & Gleason, M. J. (2002). Relationship formation on the internet: What's the big attraction? *Journal of Social Issues, 58,* 9-32.

Mo, P. K. H., & Coulson, N. S. (2010). Living with HIV/AIDS and use of online support groups. *Journal of Health Psychology, 15,* 339-350.

Morahan-Martin, J., & Schumacher, P. (2003). Loneliness and social uses of the internet. *Computers in Human Behavior, 19,* 659-671.

Orgad, S. (2007). The interrelations between 'online' and 'offline': Questions, issues and implications. In R. Mansell, C. Avgerou, D. Quah, & R. Silverstone (Eds.), *The Oxford handbook of information and communication technologies.* Oxford, UK: Oxford University Press.

Peplau, L., & Perlman, D. (1982). Perspectives on loneliness. In L. Peplau & D. Perlman (Eds.), *Loneliness: A sourcebook of current theory, research and therapy* (pp. 1-20). New York: John Wiley and Sons.

Pew Research Center. (2005). *Internet & American life project.* Washington, DC: Author.

Rodríguez, M. D., Gonzalez, V., Favela, J., & Santana, P. (2009). Home-based communication system for older adults and their remote family. *Computers in Human Behavior, 25,* 609-619.

Rook, K. S. (1984). Promoting social bonding: Strategies for helping the lonely and socially isolated. *American Psychologist, 39,* 1389-1407.

Sermat, V. (1980). Some situational and personality correlates of loneliness. In J. Hartog, J. R. Audy, & Y. A. Cohen (Eds.), *The anatomy of loneliness* (pp. 305-318). New York: International Universities Press.

Shapira, N., Barak, A., & Gal, I. (2007). Promoting older adults' well-being through internet training and use. *Aging and Mental Health, 11,* 477-484.

Shotton, M. (1991). The costs and benefits of "computer addiction". *Behavior and Information Technology, 10,* 219-230.

Sproull, L., & Faraj, S. (1995). Atheism, sex, and databases: The net as a social technology. In B. Kahin & J. Keller (Eds.), *Public access to the internet* (pp. 62-81). Cambridge, MA:

The MIT Press.

Stepanikova, I. (2010). Applying a status perspective to racial/ethnic misclassification: implications for health. In S. R. Thye & E. J. Lawler (Eds.), *Advances in group processes* (pp. 159-183). Bingley, UK: Emerald.

Stepanikova, I., Nie, H., & He, X. (2010). Time on the internet at home, loneliness, and life satisfaction: Evidence from panel time-diary data. *Computers in Human Behavior, 26,* 329-338.

Stoll, C. (1995). *Silicon snake oil.* New York: Doubleday.

Stritzke, W. G. K., Nguyen, A., & Durkin, K. (2004). Shyness and computer-mediated communication: A self-presentational theory perspective. *Media Psychology, 6,* 1-22.

Sullivan, C. F. (2003). Gendered cybersupport: A thematic analysis of two online cancer support groups. *Journal of Health Psychology, 8,* 83-103.

Sum, S., Mathews, M. R., Pourghasem, M., & Hughes, I. (2008). Internet technology and social capital: How the internet affects seniors' social capital and wellbeing. *Journal of Computer-Mediated Communication, 14,* 202-220.

Tichon, J. G., & Shapiro, M. (2003). The process of sharing social support in cyberspace. *CyberPsychology & Behavior, 6,* 161-170.

Turkle, S. (1996). Virtuality and its discontents: Searching for community in cyberspace. *The American Prospect, 24,* 50-57.

Valkenburg, P., & Peter, J. (2008). Adolescents' identity experiments on the internet: Consequences for social competence and self-concept unity. *Communication Research, 35,* 208-231.

Weis, R., Stamm, K., Smith, C., Nilan, M., Clark, F., Weis, J., et al. (2003). Communities of care and caring: The case of MSWatch.com[®]. *Journal of Health Psychology, 8*(1), 135-148.

Whitty, M. T. (2008). Liberating or debilitating? An examination of romantic relationships, sexual relationships and friendships on the net. *Computers in Human Behavior, 24,* 1837-1850.

Whitty, M. T., & McLaughlin, D. (2007). Online recreation: The relationship between loneliness, internet self-efficacy and the use of the internet for entertainment purposes. *Computers in Human Behavior, 23*, 1435-1446.

Widyanto, L., & McMurran, M. (2004). The psychometric properties of the internet addiction test. *CyberPsychology & Behavior, 7*(4), 443-450.

Williamson, K., Wright, S., Schauder, D., & Bow, A. (2001). The internet for the blind and visually impaired. *Journal of Computer-Mediated Communication*, Retrieved from http://jcmc.indiana.edu/vol7/issue1/williamson.html

Young, K. S. (1996). Internet addiction: The emergence of a new clinical disorder. *CyberPsychology and Behavior, 1*(3), 237-244.

Young, K. S. (1998). *Caught in the net.* New York: John Wiley & Sons.

마음챙김 명상:
공동체 안에서 고독 추구하기

Paul Salmon & Susan Matarese

> 생각하거나 일을 하는 사람은 항상 혼자이니, 그가 있고자 하는 곳에 있게 하라.
>
> 고독은 사람과 사람 사이에 존재하는 공간의 거리로 측정될 수 없다.
>
> – Henry David Thoreau의 『월든(Walden)』(1960) 중에서

명상에 대해 알려 주는 유명한 이야기가 있다. 한 사람이 고독을 찾으려고 외딴곳에 오두막을 빌렸다. 그러고는 고독하게 보내는 시간을 간절히 고대하였다. 그는 바쁜 도시의 부산한 환경을 뒤로하고 오두막으로 떠나는 여행에 매우 신이 났다. 그 장소에 도착해서는 숨막힐 듯한 경관에 감탄하면서 맑은 산의 공기를 마시고 주변을 음미하면서 시간을 보냈다. 그런 후, 여장을 풀고 드문드문 가구가 배치된 오두막에서 이제 그렇게 간절히 원했던 평화와 고요를 얻으면서 휴식을 취했다. 그런데 몇 분 지나지 않아 불안

함과 지루함을 느끼기 시작하였다. 딱딱한 의자는 점점 불편해져서 오래 앉아 있기가 힘들었다. 그래서 더 오래 앉아 있을 수 있는 자세를 찾아 이리저리 움직여 보았다. 어느 순간 그는 오두막 주변에 있는 나뭇가지들이 바람에 바스락거리는 소리를 의식하게 되었고, 이 소리를 막기 위해 창문을 닫으려고 마음먹었다. 그러나 창문을 닫는 것은 단지 임시방편일 뿐이었다. 근처에서 흐르는 개울물 소리가 여전히 고요함을 방해하기 때문이다. 이 이야기에 따르면, 어느 순간 그는 밖으로 나가 시끄러운 개울물 소리가 들리지 않기를 바라면서 개울에 있는 돌들의 자리를 바꿔 보기 시작한다. 물리적으로 혼자 있는 상태, 즉 물리적 고독은 그것이 의도된 것과는 다른 것일 수 있다!(자세한 내용은 Korpela와 Staats가 저술한 이 책의 2권 6장 참조)

이 장에서는 **마음챙김-기반 스트레스 감소**(Mindfulness-Based Stress Reduction: MBSR)로 알려진 시간-제한적 임상 프로그램에 포함된 **마음챙김**(mindfulness)의 관점에서 고독에 대한 주제를 다루고자 한다. 다소 역설적이지만 이 장은 생각이 비슷한 사람들이 존재하거나 적어도 그들의 지지를 받을 때, 고독은 더 생산적으로 추구될 수 있다는 관점에 초점을 맞춘다. MBSR 프로그램에 대한 설명을 한 후에 오랫동안 유지되어 온 공동체 조직들의 예를 제시할 것이다. 이를 통해 명상을 훈련하는 기회가 일상생활의 일부로 들어와서 물리적 고독의 추구는 아니더라도, 어떻게 심리적 고독의 감각을 증진시키는지 설명할 것이다.

마음챙김과 고독

MBSR 프로그램은 1980년대에 보완적 건강관리 서비스의 필요성이 증가하면서 매사추세츠 대학병원에서 Jon Kabat-Zinn과 동료들의 연구로 발전되었다. 이는『마음챙김 명상과 자기치유(Full catastrophe living)』(Kabat-Zinn, 1990)에 잘 설명되어 있는데, 이 책은 대도시 병원에서 실시한 불교식 명상 훈련이 생물의학적 돌봄과 어떻게 통합될 수 있는지를 기술한 획기적인 책이라고 할 수 있다. 매사추세츠 대학병원에 있는 환자들은 우수한 의료 서비스를 제공받았지만, 질병으로 인한 스트레스를 다루는 데 도움을 받을 수 있는 자원이 거의 없었다. 더욱이 당시에는 질병이 스트레스 요인이라는 점에 대해 이해가 부족하였고, 몸과 마음을 치유하는 것에 대한 고심없이 전적으로 질환 치료에만 초점을 맞추고 있었다. Engel(1997)이 질병에 관해 제안한 **생물심리사회적 모델**(biopsychosocial model)은 의학적 치료를 새롭고 폭넓은 방식으로 생각해 볼 수 있는 출발점이 되었지만, 그의 견해가 주류 의학에 포함되기까지는 많은 시간이 걸렸다.

Kabat-Zinn과 동료들(Kabat-Zinn, 1990, 1994)은 환자들이 치료 중의 다양한 상황에 따른 부작용과 고통에 직면하는 것을 돕기 위해 '매 순간의 비판단적 자각'인 마음챙김에 기반을 둔 명상 기반 프로그램을 고안하였다. 이후 수년 간 MBSR 프로그램은 문자 그대로 수천 명의 환자가 혜택을 받을 정도로 확장되었다. 이 프로그램은 건강관리 서비스로서의 가치와 높은 지속률을 종합적으로 입증하는 많은 임상결과 연구의 초점이 되었다(예: Keng, Smoski, & Robins, 2011). 또한 질병을 포함한 일상생활의 스트레스에 도움이 되는 자원이 필요해짐에 따라 MBSR 프로그램은 미국과 유럽 전역에서 생겨났다(Salmon, Sephton, & Dreeben, 2011). MBSR 프로그램은 혼자 또는 다른 사람들과 함께 장기간의 조용한 사색을 포함하는 지속적인 명상을 통해 질병과 같은 스트레스 사건과 관련된 고통의 특성과 원인에 대하여 통찰을 얻는 것을 강조하였다. MBSR 프로그램은 일반적으로 지속률이 높다. 왜냐하면 이 프로그램은 광범위한 의식 영역에 존재하는 정신적 사건과 신체적 감각을 자발적으로 탐색하도록 강력하게 촉진하기 때문이다(Salmon, Santorelli, Sephton, & Kabat-Zinn, 2009). MBSR 프로그램은 홀로 있는 상태로 침묵 속에서 수행되는 장시간의 좌선 명상을 통해 이루어진다. MBSR 프로그램 참여자들은 바쁜 생활 속에서 매일 조용히 좌선하는 시간을 가지면서 마음의 작용과 그것이 어떻게 의식적 사고, 행동 및 감정에 기여하는지를 관찰하도록 격려 받는다. 내면으로 들어가기(going inwardly)는 벗어나기(getting away) 보다 핵심적인 것으로, 내적 경험 세계를 탐색하기 위해서는 쿠션이나 의자, 그리고 현재에 온전히 머무르고자 하는 의도만 있으면 된다.

그러나 침묵, 심지어는 고독 속에서 이루어지는 명상일지라도 MBSR 집단의 지지적인 사회적 맥락의 일부인 것을 명확히 할 필요가 있다. 이러한 맥락은 같은 생각을 가진 사람들이 공유하는 경험을 의미하는 승가(sangha)의 개념을 연상시킨다. 고독은 고립을 의미하지는 않는데, 고립은 통신기기의 기술적 발달로 인해 고도로 상호연결된 세계에서 역설적으로 점점 더 흔해지고 있는 경험이다(Turkle, 2011; Amichai-Hamburger와 Schneider가 저술한 이 책의 2권 4장 참조). 명상 중에는 다른 사람과 경험을 공유하고 상호 지지를 제공할 수 있는 기회가 있다. 즉, 어떠한 고독의 느낌이라고 하더라도 강한 사회적 유대감과 함께 섞여 있는 것이다.

　MBSR 프로그램에서 실행되는 마음챙김 명상은 내적 경험과 외부 세계 모두를 아우르는 비반응적 알아차림의 상태를 구축하는 것과 관련이 있다. 내적 경험과 외적 경험 사이의 경계가 어디인지 정확하지 않다는 점에서 내적 경험과 외부 세계를 구별하는 것이 인위적으로 보일 수도 있지만, 자신의 세계를 알아차리는 것이 값진 치료적 속성을 가질 수 있다는 것을 구체적으로 보여 준다. 이는 자신의 세계를 **알아차림**으로써 깨어 있는 시간 동안에 끊임없이 생겨나는 지속적인 자극의 흐름을 인식하는 것이 중요하다는 점을 깨닫도록 돕는다. 마음챙김 명상 수련자들이 가장 먼저 발견하는 것 중 하나가 얼마나 많은 **과제**(business)가 자신의 삶을 특징짓는지에 대한 알아차림이다. 그 과제들은 일상생활의 활동뿐만 아니라 끊임없는 흐름으로 오가는 생각이나 느낌, 기억 및 다른 정서적 사건으로 채워진 의식의 풍부한 내면세계에 관한 것이기도 하다. 이런 맥락에서 **고독**의 개념은 매우 낯설고 심지어는 도달하기 어려워 보이기까지 한다. 고독은 흔히 물리적으로 **벗어나는** 것과 관련되거나 물리적인 환경에 방해받지 않으면서 자유롭게 사색적이고 무반응적인 심신의 상태가 되는 장소에 존재하는 것으로 생각된다. 하지만 이 장의 서두에서 제시한 이야기에서와 같이 물리적인 고독의 상태에 이르는 것은 우리가 실제로 얼마나 흔들리는지 분명히 알아차리게 할 뿐이다. 또한 이 이야기는 일상생활의 대혼란으로부터 멀리 떨어진 목가적 환경을 찾는 것, 물리적인 고독 상태를 얻기 위한 노력을 암묵적으로 강조하고 있다. 하지만 어떤 물리적 의미에서든 완전히 **벗어나는** 것은 많은 사람에게 점차 어려워지고 있다. 그리고 그럴 수 있는 기회가 생기더라도 그 경험은 기대와 크게 다를 수 있다. 왜냐하면 사람들은 문자 그대로 자극에 중독되어 있고, 자극의 만연된 영향을 알아차리기 어려울 정도로 자극에 젖어 있기 때문이다. 자발적으로 이를 박탈하였을 때 초래되는 혼란은 이러한 의존성을 잘 보여 준다. 즉, 외부 자극을 제거하는 것은 마치 약물 중독에 대한 금단 증상처럼 오히려 정신적 혼란만 가중시킬 뿐임을 발견한다.

마음챙김 기반 고독의 발현

마음챙김 기반의 관점에서 우리가 제안하는 바는 단순히 지금 있는 곳에서 현재 순간에 초점을 맞춤으로써 **고독**의 감각 조성을 가장 잘 시작할 수 있다는 점이다. 번거롭게 어딘가로 떠나는 것보다는 우리를 둘러싼 환경 속에서, 그러한 환경이 무엇이든지 간에 **현재**(present)에 존재하는 것이 가치 있다는 사실에 우리는 동의한다. 고독의 기회는 어디에나 존재한다고 우리는 제안한다. 우리는 고독에 관한 역사적이고 현대적인 저술들을 인용하여 공동체를 지향하는 집단들에게 명상 훈련의 기회를 제공함으로써 어떻게 일상 속에서 적극적 관여로 야기되는 문제들에 균형을 잡도록 도움을 주는지 설명한다. 환경적 공간은 치유와 회복의 원천으로서 매우 중요하지만(Sternberg, 2009), 타인의 존재는 물질적 자양분과 지지적 격려의 측면에서 고독 추구에 필수적인 전제조건이라는 것을 많은 사람이 발견한다.

우리는 먼저 MBSR 프로그램을 고려하는데, 보통의 일상에서 마음챙김을 통한 알아차림으로 스트레스를 감소시키는 것을 강조하며, 또한 MBSR 프로그램을 배우고 수행하는 사회적 맥락의 중요성을 강조한다. 그 후에는 『월든(Walden)』이라는 고전에서 고독에 대한 장을 쓴 미국의 초월주의자인 Henry David Thoreau에 대한 간단한 논평을 이어 간다. Thoreau는 『월든』에서 가족 및 친구, 지인들과 지속적으로 연락하면서도 2년 간 고독한 시간을 보냈다. 당시 그는 멘토인 Ralph Waldo Emerson이 소유한 집에서 생활했다. 따라서 고독에 대한 그의 실험은 매우 지지적인 사회적 네트워크의 맥락에서 전개되었다고 할 수 있다.

미국에서 가장 중요하고 오래된 공동체 사회인 셰이커(Shaker) 교도 사이에서도 이와 유사한 패턴이 발견되었다. 셰이커교의 긴밀한 집단 응집력과 통제 경향에도 불구하고, 셰이커 교도들은 자신들이 일종의 예배로 여기는 집단 노동을 통해 명상, 나아가 고독마저도 경험할 수 있었다. 개인적인 명상에 대한 공동체의 지지를 나타내는 것과 동일한 형태를 하모니스트(harmonist)들의 미로에서도 찾을 수 있다. 이 미로는 19세기 초 미국에서 3개의 공동체를 설립한 하모니스트들이 신중하게 구성한 것이다. 앞으로 보겠지만, 하모니스트들이 설계한 미로의 구불구불한 원형 통로는 성찰과 자기인식을 촉진하기 위한 것이다. 이는 바쁜 공동체 생활 가운데서 얻을 수 있는 꽤 의식적인 고독의 기회였다. 현대의 의도된 공동체 구성원이 삶을 공유하면서 고요와 고독에 대한 필요성을 인식하고 받아들인 방식을 간단하게 논의하는 것으로 이 장의 끝을 마무리할 것이다. 이 구성원은 공동 경작이나 목축과 같은 수행을 통해 '타인과 함께하며 홀로 있는' 창의적인 방법을 찾아내기도 하였다.

고독은 사회적 지원의 네트워크 속에 포함될 필요가 있거나, 적어도 포함됨으로써 촉진될 수 있다는 것이 우리의 논지다. 역설적으로 보일 수 있겠지만 생각해 보면 대부분의 명상 수행은 그것을 가능하게 하는 인적 및 물적 네트워크의 지원을 받는다. 우리가 생각하는 방식에 따르면, 고독은 거의 항상 사회적 맥락에서 일어난다.

우리는 통제되지 않은 자극에 너무 많이 노출되어 있지만, 다행히도 공동체에 기반한 명상 환경에서 시간을 보낼 수 있다. 역설적이게도 이 환경은 산만한 방해를 막는 일종의 방화벽 역할을 함으로써 심리적 고독을 지원한다. 물론 개인적인 기도나 사색, 명상과 같은 방법으로도 고독을 추구할 수 있다. 하지만 수행을 격려하는 공동체 환경은 **마음챙김 명상**(mindfulness meditation)과 같은 현대의 심리적 개입과 밀접한 관련이 있기 때문에 인기가 있다. 사회적 지원은 만성적인 스트레스를 크게 완화시켜 준다. 따라서 '타인의 존재 속에 홀로 있는' 경험은 고독한 명상 수행을 통해 심리적 성장의 기회를 제공하는 보호적 구조의 형태로 이중적인 혜택을 제공하는 것이라고 본다. 이러한 관점에는 **고독**이 지속적으로 수행되기보다는 일시적으로 실천된다는 의미가 내포되어 있다. 바쁜 하루를 벗어나 고독한 명상으로 시간을 보내는 것은 사회적 접촉이 제한된 명상적인 수도 생활을 하는 것보다 대부분의 사람에게 더 매력적이고 실행 가능한 일이다. 타인과 지속적인 관계를 유지하면서 고독한 시간을 보내는 것은 삶의 균형 잡힌 **중도**(middle way)를 가리킨다.

쉬어가기

나(Paul Salmon)는 몇 시간째 공항에서 연결 항공편을 기다리면서 출발 게이트로 향하거나 도착 게이트에서 나오는 사람들의 끊임없는 흐름에 몰두한 채 이 글을 쓰고 있다. 나는 넓은 중앙 홀과 반짝이는 타일로 된 통로 사이에 있는 두 개의 무빙워크를 마주하고는 휴대용 컴퓨터에 필요한 전원을 사용할 수 있는 긴 탁자의 작은 의자에 앉아 있다. 딱딱한 의자와 탁자는 나를 비롯한 사람들의 다리가 바닥에 닿지 않을 정도로 높다. 이동하기 전에 잠깐 걸터앉을 수 있도록 디자인된 공간이라서 그런지 오랫동안 자리에 앉아 머무르는 사람은 거의 없다. 주기적으로 흘러나오는 방송은 끊임없는 대화의 흐름과 통로의 조용한 소음 사이를 갈라놓는다. 커피, 향수, 감자튀김, 그리고 카트 위의 청소용품들의 냄새는 떠돌아다니며 의식을 들락거린다. 주말 아침 이른 시간의 일상으로 다가오는 공항의 많은 장면과 소리도 마찬가지다. 그리고 이 모든 것의 한가운데서 혼잡한 공공장소들 특유의 친숙한 익명성으로 인해 편안함을 경험한다. 이러한 경험에는 고독의 질적인 측면 같은 것이 있는데, 이는 어떤 공간이든 간에 나에게 반응을 요구하지 않는 공간의 존재에서 오는 것이다. 고독을 방해하는 것은 행동을 강요받는, 즉 무엇인가를 하도록 강요받는 느낌이지 소음의 수준이나 외부 혹은 개인의 마음 영역에서 만들어지는 다른 형태의 자극이 아니다. 이런 의미에서 우리는 어떤 물리적 감각을 느끼든지 스스로 고독할 수 있는 기회를 만든다. 이런 관점에서 보면, 고독은 홀로 있든 다른 사람들과 함께 있든 순간의 경험에 대한 편안한(relaxed)·비반응적 주의의 특징을 구현한다.

고독은 장소의 질만큼이나 자기충족적 마음 상태이며, 이러한 의미에서 마음챙김을 연상시킨다. 앞서 마음챙김은 현재의 순간적이고 비판단적인 알아차림의 상태라고 정의하였다. Jon Kabat-Zinn(1994)의 마음챙김 명상에 관한 저서인 『**당신이 어디를 가든 거기엔 당신이 있다**(Wherever you go, there you are)』는 살아가는 틀이나 맥락이 주변의 환경에 의해 구성된다는 견해를 담고 있다. 또한 우리가 특정한 환경에 가져오는 것은

환경 자체의 특성뿐 아니라 우리 마음의 산물이기도 하다는 관점을 설명한다. 물리적인 고립의 형태로 고독을 추구하는 것은 스트레스가 많은 삶의 방식에서 휴식을 취하는 사람에게는 매력적인 제안으로 보일 수 있다. 그러나 물리적으로 고립되는 장소가 그러한 효과를 가져온다는 보장은 결코 없다. 더욱이 물리적으로 고립된 환경에 놓이는 것은 주로 의식적인 경험의 배경에 존재했던 이전의 생각, 감정, 기억과 같은 내면적(inner) 풍경에 대한 자각만을 고조시킬 수 있다.

많은 사람이 페이스북(Facebook), 트위터(Twitter) 등과 같은 사회적 네트워킹 시스템의 출현이 사회적 네트워크를 확장함으로써 많은 사람을 힘들게 하는 외로운 고립을 줄일 것으로 생각하는 듯하다. 예를 들어, 최근 『American Behavioral Scientist』 특별호에서는 정보 기술이 점차 일상생활에 통합되고, 새로운 사회적 참여의 기회를 만드는 방법을 다루었다(Haythornthwaite & Kendall, 2010). 인터넷에 접속한 사람은 몇 년 전에는 상상할 수도 없었던 방식으로 다른 사람과 서로 연결할 수 있는 다양한 가상의 자원에 언제라도 접근할 수 있다. 하지만 디지털 기술이 촉진하는 것으로 보이는 사회적 연결의 본질(nature)에 대하여 활발한 논쟁이 진행되고 있다. 일부에서는 사회 속에서 관계의 깊이(depth)가 얕아지는 보편적 추세가 나타나고 있으며, 결과적으로 외로움과 소외감이 증가하고 있다고 본다(Marche, 2012). 하지만 인터넷 매체를 통한 상호 연결성이 사회적 관계에 미치는 영향이 어떠하든지 간에 그것의 편재적 특성은 일상의 매 순간 증가하고 있는 지속적인 자극의 흐름으로부터 벗어나 우리의 뜻대로 조용히 성찰할 수 있는 시간을 감소시킨다.

마음챙김과 스트레스 감소

스트레스의 완벽한 해결 방법으로 물리적 고독의 이미지를 포함하는 개념인 '벗어나기'를 생각하는 것이 일반적이다. MBSR 프로그램은 그 사람이 처한 상황의 특성에 상관없이, 벗어나기의 대안으로 현재에 머무르기(being present)가 더 가치 있다고 제안한다. MBSR 프로그램은 우리가 가진 많은 불행은 어떤 순간에 알게 된 것들이 달라지기를 원하는 데에서 온다고 주장한다. 이런 사고방식에 따르면, **고독** 그 자체는 본질적으로 유익하거나 해로운 것이 아니다. 가장 중요한 것은 수반되는 마음의 상태다. 물리적 고독의 상태에서 정신적 혼란이 드러나 큰 스트레스가 생길 수 있는 반면, 붐비고 소란스러운 환경의 맥락 속에서도 마음을 침착하게 만드는 것은 내면을 평화롭게 이끌 수 있다. 고독은 확실히 긍정적인 경험이 될 수 있지만, 긍정적인 정도는 개인의 마음 상태에 따라 달라진다. 물리적 고독의 경험에 끌리는 사람이라고 할지라도 고독의 여정을 타인의 존재 속에서 시작해 보는 것은 가치가 있다. 한 번에 몇 년씩 고독의 상태에서 사는 명상 수련자들의 예는 많이 있지만, 오랜 시간 동안 고독을 추구하는 사람들은 비교적 극소수다.

　전통적으로 MBSR 프로그램은 모든 참여자를 아우르는 공동 목적을 강조하기 위하여 집단 형식으로 가르치고 수행되어 왔다. MBSR 프로그램은 바쁘게 돌아가는 의료센터에서 유래되었다. 의료센터는 스트레스를 감소시키는 것과 관련이 거의 없어 보이는 세속적인 장면과 소리에 참여자들이 노출되는 곳이다. 그러나 MBSR 프로그램의 형식과 배경은 매일의 **마음챙김**(mindfulness)을 함양하기 위한 개인적 헌신을 조성하고 유지하는 데 도움을 주는 공동체 의식에 특별한 방식으로 기여한다. 이러한 공동체 의식은 '승가', 즉 모든 수련자를 연결하는 공동의 목적 의식을 함양하는 데 도움을 준다. 역사적으로 '승가'는 불교 수련의 토대를 이루는 세 가지 요소 중 하나였으며, 나머지 두 가지는 부처에 대한 공경과 **진리**(dharma; 즉, 길)에 대한 헌신이다. 그것들은 인간 존재가 공유하는 특징에 대한 관점을 나타내는 **사성제**(four noble truths)에 의해 통합된다. 이 사성제는, (1) 삶의 고통(**불만족**, unsatisfactoriness)의 필연성을 인정하고, (2) 고통의 원인을 깨우치며, (3) 고통의 소멸을 제안하고, (4) 그 소멸을 향한 올바른 길을 제시한다. MBSR 프로그램이 본질적으로 불교적인 것은 아니지만, 스트레스의 개념과 이것의 완화에 접근하는 방식에 있어서 MBSR 프로그램은 이러한 원리의 영향을 강하게 받았다. 스트레스는 고통과 관련되는데, 불교적 관점으로 보자면 이때의 고통은 알게 된 그대로 받아들이지 못하는 것에서 초래된다. 그 결과, 좋아하는 것은 하려고 하고 붙잡으려고 하지만, 좋아하지 않는 것은 멀리하고 피하려는 습관적인 경향을 가지게 된다. 삶의 균형 감각은 수동적인 체념에서 나오는 것이 아니라 사물을 있는 그대로 받아들이는 것, 즉 우리가 개인적으로 구성한 현실에 대한 관점과 종종 갈등을 유발하는 사물의 진정한 본질에 대한 깊은 이해로부터 나오는 것이다. 수용, 인내, 비판단, 바뀔 수 없는 신념에 갇히지 않고자 하는 의지를 포함한 태도적 요인의 중요성은 마음챙김의 알아차림을 함양하기 위해 아무리 강조해도 지나침이 없다.

MBSR 프로그램의 기본 전제는 간단하다. 삶에서 발생하는 대부분의 스트레스는 생리적 각성을 동반한 행동 반응을 촉발하는 정신적 활동의 습관적 패턴에 기인하다(자세한 내용을 Schmidt와 Miskovic가 저술한 이 책의 1권 4장 참조). 스트레스를 받는 사람들은 현재 순간에 자신의 삶에서 무엇이 일어나는지에 초점을 맞추기보다는 과거와 미래에 대한 끊임없는 생각, 그와 관련된 만성적인 걱정과 불안, 신체적 긴장을 보고한다. Kabat-Zinn(1990)이 처음으로 기술하고 Garland, Gaylord 및 Park(2009), 그리고 Salmon, Sephton 및 Dreeben(2011)이 이후에 기술한 것처럼, 마음챙김은 Lazarus와 Folkman(1984)이 처음으로 제안한 스트레스의 교류(transactional) 모델과 관련이 있다. 이 모델은 도전적 사건들이 지각된 대처 능력과 관련되어 평가된다고 주장한다. 스트레스에 대한 이러한 관점은 삶의 사건을 지각하는 방식뿐만 아니라 삶의 사건이 제기하는 도전에 대응할 수 있다고 느끼는지의 여부에도 영향을 미치는 인지적 처리과정을 포함한다. 다시 말해, 사물에 대해 어떻게 **생각하는가**(think)는 스트레스 인식의 정도에 많은 영향을 미친다. 그러나 대부분의 경우에 우리는 과거 경험과 습관적인 반응 패턴에 근거하여 반응하려고 하기 때문에 이러한 평가 과정은 의식적인 숙고 없이 이루어진다. 잠재적으로 스트레스를 주는 사건의 시작과 그 사건에 대한 우리의 반응 사이에 의식적인 알아차림이 개입되면 우리가 직면한 도전의 본질과 실제적인 행동이 필요할 경우에 가장 효과적인 행동 방향이 무엇인지 깊이 생각하는 기회를 얻을 수 있다.

MBSR 프로그램은 원래 환자들에게 2달 동안 1주일에 한 번씩, 8회기 프로그램의 형태로 제공되었고, 현재 임상 장면에서도 이와 같은 형태로 시행되는 것이 일반적이다. 프로그램이 진행되는 6~7주 사이에 거의 침묵으로 진행되는 전일제 주말 리트릿은 참여자들에게 내면에 집중하는 마라톤식의 명상 수련에 참여할 수 있는 기회를 제공하며, 동일한 목적으로 모인 사람들과 침묵을 공유할 수 있게 해 준다.

MBSR 프로그램의 목적은 질병을 비롯하여 스트레스를 주는 생활사건에 빈번히 동반되는 고통을 줄이도록 돕는 것이다. 이는 현재 상황에 대한 수용적 태도를 촉진함으로써 가능한데, 이러한 태도는 사건에 저항하는 와중에 흔히 생겨나는 공포와 불안, 그리고 다른 부정 정서에 대항하도록 돕는다. 이를 위해 MBSR 프로그램에서는 바디스캔, 좌선 명상, 하타 요가 등 몇 가지 핵심적인 마음챙김 수련법을 활용한다. 이들 각각의 목적 중 하나는 경험의 특정한 측면에 주의를 기울이면서 규칙적이고 지속적으로 수련에 참여하는 방법을 제공하는 것이다. 프로그램 회기가 진행되는 동안에는 이 수련들을 배우게 되며, 45분 정도의 녹음 내용을 사용하면 일상적인 가정에서도 수련을 할 수 있다. 바디스캔 명상과 요가의 요소들은 신체지향적인 반면, 좌선 명상은 경험의 인지적인 측면을 지향한다.

바디스캔에서는 주의를 내면으로 돌린 후에 수용과 개방적인 탐색을 촉진하는 태도로 차례로 신체의 한 영역에서 다른 영역으로 옮겨 간다. 만성통증이 있는 경우, 통증에만 과도하게 주의가 집중되기 때문에 신체의 대부분은 탐색되지도 않을 뿐만 아니라 인식되지도 않는다. 바디스캔은 부분적으로는 통증이 있음에도 불구하고, 생명을 유지하는 많은 내적 과정을 깊이 인식하도록 촉진하는 것을 돕는다. '숨 쉬는 한, 당신에게는 잘못된 것보다 옳은 것이 더 많다(As long as you are breathing, there is more right than wrong with you)'라는 말은 이 프로그램에서 자주 듣는 메시지로, 바디스캔 수련을 지속하면서 강화된다. 신체 또는 그 기능의 어떤 측면에 주의를 기울이는 것은 알아차림을 현재 순간에 머무르게 하는데, 이는 우리의 모든 신체 기능이 실시간으로 진행되기 때문이다. 과거 기억, 미래 예측, 그리고 (때때로) 현재에 일어나고 있는 사건을 따라 자유롭게 흘러가는 마음과 달리, 신체 감각은 현재-순간에 지속적으로 주의를 집중하도록 하는 견고한 토대가 된다.

요가는 신체 움직임을 통해 느리고 부드러운 내면지향적 탐색을 촉진하고, 질병으로 인해 활동량이 줄어들면서 발생하는 **불활동성 위축**(disuse atrophy), 즉 근육의 상실을 극복하도록 도우면서 바디스캔과 비슷하게 **순간**(moment)에 대한 지속적인 주의집중을 가져온다(Salmon, Lush, Jablonski, & Sephton, 2009). 바디스캔과 마찬가지로 신체 동작과 관련된 감각을 경험하기 위해 주의집중은 내면으로 향하게 된다. 천천히 진행되는 마음챙김 요가(mindful yoga)는 일련의 동작들이 어떤 내적인 관련성을 가지는지, 그리고 그 동작들이 호흡과 어떻게 일치되는지를 주의 깊게 탐색하도록 한다. 수련자는 중력이 끌어당기는 힘에 대응하여 움직일 수 있는 신체적 힘의 경계나 한계(edge)를 감지하고 호흡하는 법을 배운다. 그리고 맞서는 두 힘 사이에서 평형을 유지하며 움직임을 순간적으로 멈춘다. 마음챙김 요가 동작은 등을 바닥에 대고 누운 채 평온한 상태에서 호흡과 관련된 감각을 느끼는 사바사나(savasana) 자세라는 휴식 단계로 마무리된다.

　주의집중을 다시 내면으로 옮기는 좌선 명상에서는 의식적인 알아차림의 상당 부분을 차지하면서 끊임없이 지속적으로 흐르는 인지 활동 속의 정신 작용을 관찰한다. 이 내면의 대화는 마음속에서 끊임없이 흐르면서 감정 상태와 행동 경향에 큰 영향을 미치는 사고, 심상, 기억 및 다른 의식의 대상들(objects of consciousness)로 이루어져 있다. 그것들은 과거, 현재, 그리고 투사된 미래 위에 자유롭게 떠다니며 우리의 전반적 존재 상태에 중요한 영향을 미친다. 좌선 명상의 목적은 비반영적(non-reflective) 상태에서 일어나는 감정이나 행동을 통제하지 않은 채 그것들을 알아차릴 수 있도록 정신작용의 흐름으로부터 심리적 거리를 두는 것을 의미하는 탈중심화(decentering)를 장려하게 하기 위함이다. 생각을 단지 생각으로만 보는(thoughts as just thoughts) 법을 배우는 것은 좌선 명상의 강력한 효과이며, 마음과 그 속의 내용에 대한 내성뿐 아니라 이상적으로는 적극적 호기심까지 갖도록 격려한다. 이는 현실의 성질에 대해 우리가 품고 있으면서 마음속에 깊이 자리 잡고 있는 신념의 경직성을 완화시키며, 자신에 대해 열린 마음과 연민 어린 관용을 갖게 하는 데 도움을 줄 수 있다. 이런 관점에서 마음챙김 수련이 임상 심리학 실제에 상당한 영향을 미치고 있는 것은 놀랄 일이 아니다(Shapiro & Carlson, 2009). 이 수련이 내담자로 하여금 주의를 내면으로 돌리게 하고, 심리적 고통을 야기하는 정신적 혼란에 대해 거리를 두고 관찰할 수 있게 하기 때문이다. 그러나 이러한 수련은 일시적 고독의 기간이 자기중심적 고립(solipsistic isolation)으로 발전되지 않도록 돕는 대인관계에 기반을 둔 지지적 치료 관계의 맥락에서 실행된다.

내면으로 향하고, 내면에 집중하며, 내면으로 들어가고, 생각과 신체에 관심을 돌리는 것은 MBSR 프로그램의 공통된 지침이다. 이러한 지침은 스트레스의 근원을 파헤치고 능숙하게 다루는 방법을 이해하려면 내면에 집중함으로써 외부 지향 감각 경험의 세계로부터 벗어나야 한다는 확신을 잘 보여 준다. 은둔과 같이 오래 지속되는 고독과 달리, 일시적으로 한 번에 단 몇 분만 지속하는 것도 고독을 추구하는 것으로 생각해야 한다. 외부 세계에서 벗어나 내적 경험의 영역으로 들어가는 잠깐 동안의 휴식도 그 예다. 이는 물속에 들어가 수면 아래로 다니는 것과 비슷하다. 어느 순간 물 위로 올라온 머리는 보고, 듣고, 주변 환경의 다양한 감각을 느낀다. 그런 다음 감각적 느낌이 갑자기 차단되는 물속 세계로 들어간다. 그리고 나면 호흡이나 심장 박동과 같은 새롭고 매우 다른 감각을 즉시 알아차리게 된다. 그리고 수면 위의 강렬한 광경이나 소리에 의해 더 이상 가려지지 않는 생각을 알아차리는 것이 더 증폭되거나 고조된다. 이와 같은 상태의 전환은 놀라운 경험일 수 있다. 외부 세계에 대한 민감성을 감소시키는 방식으로 내면에 주의를 집중시키는 것은 그것이 바디스캔, 요가, 좌선 명상 그 어느 것을 통해서든 방향의 근본적 변화라는 점에서 모두 동일하게 매우 극적일 수 있다. 그러나 가장 중요한 점은 짧은 시간 동안이라도 내면에 주의를 집중하면 현재 순간에 주의가 머물게 되어 스트레스가 줄어듦으로써 회복에 큰 도움이 된다는 사실이다.

대부분의 MBSR 프로그램 참여자들은 바쁘게 생활하고 있으며, 일상적인 업무에서 시간을 내는 호사를 누리지 못한다. 이들은 스트레스를 자주 유발하는 상황 속에서 스트레스를 다루는 방법을 찾아야 하는데, 이는 확실히 벅찬 도전이다. MBSR 프로그램은 집단의 형태로 제공되므로 중요한 사회적 지지의 원천이 될 수 있다. MBSR 프로그램은 스트레스를 능숙하게 관리하는 방법을 배우고 실천하고자 하는 프로그램 참여자들의 노력을 암묵적으로 강화한다. 뿐만 아니라 정기적으로 사람들이 모여 아이러니하게도 관심을 내부로 돌리고, 결국 특별한 의미의 고독을 경험할 수 있게 도움을 주는 조용한 시간과 장소를 제공하게 된다. 일상에서 많은 비중을 차지하며 사람들 간에 일상적 패턴으로 오가는 의사소통에 참여할 필요없이 단순히 다른 사람들과 함께 있기만 하는 것은 신뢰할 수 있고 안전하다는 독특한 느낌을 일깨운다. 그리고 의식적 알아차림의 이면에 놓여 있는 내면 상태를 자유롭게 탐색하도록 북돋운다. 자기성찰적인 수행은 지속하기가 매우 어려운데, 이는 부분적으로는 본능적인 경계심과 자기보호 경향 때문이다. 그래서 상호 헌신을 계속 말로 표현하지 않아도 암묵적으로 안심을 줄 수 있는, 같은 마음을 가진 사람들의 공동체와 유대를 가지는 것이 큰 가치가 있다. MBSR 프로그램에서 다수 속의 안정감(security in numbers)은 적어도 심리적 고독의 상태에서 내면의 휴식을 취하는 집단 장면에서 명상 수련을 촉진하고 유지하는 역할을 한다.

고독의 다른 공동체적 발현

Thoreau와 초월주의

공동체적 장면에서의 고독에 대한 다른 예를 군이 멀리서 찾을 필요는 없다. 우리는 이제 고독에 대한 다른 역사적 및 현대적 관점에 대한 고찰(자세한 내용은 Barbour가 저술한 이 책의 2권 17장 참조)로 시선을 돌려 Henry David Thoreau에서부터 시작해 보고자 한다. 그의 저술 및 Ralph Waldo Emerson을 포함한 초월론자들(transcendentalists)의 저술은 마음챙김이 건강 관리와 일상 영역에서 현대적으로 발전하는 데 큰 영향을 주었다. 또한 명상 수련으로서의 마음챙김은 불교에 역사적 뿌리를 두고, 보다 넓은 사회적 맥락으로 동료를 보살피며 개인적인 명상 수행을 추구하는 삶의 방향을 지지한다. 앞서 언급했던 마음챙김의 초석이 되는 **승**가 개념이 반영된 불교철학에서는 상호 연결성과 상호 의존성이라는 주제가 강하게 나타난다. 이 둘의 균형을 잡기 위해서는 주관적인 경험의 본질을 결정할 때 마음의 중요성과 역할을 인식해야 한다. 각 개인이 만들어 낸 **구성된 현실**과 교섭하는 것은 명상의 핵심 기능 중 하나이며, 궁극적으로는 고독을 추구하는 것이다. 이러한 탐색에 참여하는 과정은 다른 사람과 함께 있을 때 촉진될 수 있다. 특히 다른 사람이 같은 것을 추구할 때 더욱 그렇다. 그러나 궁극적으로 그 과정은 일종의 심리적 고독(psychological solitude)으로부터 혜택을 얻는 개인적 여정이다. 그리고 이러한 심리적 고독은 외부를 경계하거나 사회적으로 관여해야 할 필요가 거의 없이 암묵적으로 신뢰나 안정감을 느낄 때 가능하다.

Thoreau는 '동양 사상(Orientalism)'이라고 불리는 분야를 폭넓게 연구하였는데, 당시의 합리적이고 결정론적인 서양의 철학적 전통과는 근본적으로 다른 세계관과 그 세계 속에서의 우리의 위치를 인식하며 많은 영향을 받았다. 그의 세계관과 철학은 마음챙김 수련의 지적 기초에 중요한 기여를 하였다. 그의 다소 역설적인 인식 중 하나는 다른 생명체와의 강한 상호 연결성에도 불구하고, 아무도 함께할 수 없는 독특하고 사적인 마음의 심연이 있다는 것이다. 고전인 『월든』(Thoreau, 1960) 중 고독에 대해 쓴 장에서 Thoreau는 "생각하거나 일을 하는 사람은 항상 혼자이니, 그가 있고자 하는 곳에 있게 하라. 고독은 사람과 사람 사이에 존재하는 공간의 거리로 측정될 수 없다"고 하였다. 이 문구는 고독이 장소의 특성만큼이나 자립적(self-contained)인 마음의 상태라는 이 장의 주요 주제 중 하나를 완벽하게 설명하고 있다. 매사추세츠의 콩코드 마을을 산책할 때, Thoreau는 주변에 있는 동식물의 생태를 관찰하고 흙과 공기의 상태에 주목하면서 의식적으로 이 세상에서 가장 잘 사는 방법에 대해 고민하면서 자주 생각에 잠겼다. Thoreau는 콩코드 마을과 지역 주민들의 일상적인 리듬에 묻힌 일생을 통해 풍요롭고 사려 깊은 내면의 삶을 가꿀 수 있었다. 또한 월든 호수에서 사는 동안에도 가족 및 친구들과 자주 교류했다. 앞서 언급한 것처럼, '깊이 생각하며 사는 것(오늘날 우리는 '마음을 챙긴다'라고 부른다)'에 대한 그의 실험은 그 자신도 인정하고 수용했던 경제적 및 사회적 지지망을 통해 가능하였다(Richardson, 1986).

셰이커 공동체

"생각하거나 일하는 사람은 항상 혼자다"라는 Thoreau의 견해는 집단 장면에서의 고독의 특징을 이해하는 중요한 방법을 제공한다. 미국의 공동체적 실험의 전통에서 나타나는 세 가지 사례가 이를 잘 설명한다. 첫 번째는 셰이커 교도들의 작업 관습에 초점을 맞추는데, 이것은 미국에서 가장 중요하고 오래된 공동체적 사회 중 하나로서 200년의 미국 역사보다 더 오래 이어지고 있는 집단이다. 셰이커 교도들은 뉴욕과 뉴잉글랜드에서부터 오하이오, 인디애나, 그리고 켄터키 주에 걸친 19개의 마을에 거주했다. 이들의 종교직인 신념과 사회적 관습에는 금욕주의, 공동 소유, 열광적 예배, 그리고 '세속적인' 사회로부터의 철수였다(Andrews, 1963). 셰이커 교도의 마을은 50~150명 정도의 남녀로 이루어진 하나 이상의 '가족'으로 구성되어 있었다. 가족은 영적인 성숙과 셰이커 신앙에 대한 헌신 정도에 따라 그룹화되었다. 각 가족은 자신들만의 지도자와 토지 및 건물을 가진 자치적인 단위였으며, 스스로의 경제적 생존에 대한 책임이 있었다. 가족 구성원은 함께 생활하고, 식사하고, 일하고, 기도하였다.

신도들을 결속시키는 강력한 공동체적 유대에도 불구하고, 구성원에게는 '다른 사람과 함께 있으면서 홀로 있는' 다양한 기회가 있었다. 셰이커 교도들이 일에 헌신하는 것은 예배의 한 형태였으며, 이들에게 이보다 중요한 것은 없었다. 셰이커 공동체의 모든 구성원은 유용한 업무를 맡아서 일했다. 자매들은 식사를 준비하고, 공동체의 빨래, 다림질, 바느질 및 베짜기를 담당했다. 이들은 가금류를 보살피고, 옷감, 의자에 감는 패브릭 테이프, 과일 또는 채소 통조림, 약용 식물, 씨앗을 담는 통 등과 같이 판매할 수 있는 물건을 만들었다. 형제들은 곡식과 소, 돼지, 양떼를 돌보며 농장에서 일했다. 어떤 이들은 가죽을 만드는 곳이나 방앗간, 그리고 그들이 만든 빗자루, 물통, 바구니, 의자, 탁자, 수납장, 가죽 제품 및 타원형 나무 상자를 판매하는 가게에서 일하기도 하였다(Stein, 1992).

일이 신성한 헌신이라는 생각은 신도들로 하여금 노동에 집중하게 하고, 마음챙김의 핵심이라고 할 수 있는 매 순간 알아차림을 기대하는 '현존(presence)'에 주의를 기울이게 하였다. 셰이커 교도들은 관념은 형상화될 수 있으며, 그들이 하는 노동의 세부사항과 그들의 작품의 질은 신에 대한 헌신을 구현한다고 믿었다. 셰이커 교도들이 만든 공예품의 우아함과 아름다움, 그리고 은은한 광채는 적어도 부분적으로는 '내면의 빛(the inner light)'이라는 셰이커 신도들의 개념에서 비롯되었다. 이들은 자신이 만든 작품에 영적인 상태가 스며들어 반영되었다고 생각하였다. 셰이커 교도들은 자신들이 하는 모든 것에서 완벽함을 추구하였고, 탁월함에 대한 그들의 헌신은 아름다움과 기능의 기

준이 되는 디자인 미학뿐만 아니라 미국의 위대한 건축물들이 생겨나는 바탕이 되었다
(Andrews & Andrews, 1974).

이러한 정신(ethos)이 요구하는 전념과 집중은 집단 노동 가운데서도 고독의 추구를
가능하게 하였다. 세이커 마을을 방문하는 사람들은 거의 예외 없이 마을의 평화로움
과 성스러운 기운, 그리고 질서와 영속성에 대해 이야기하였다. 작업장은 밝고, 바람이
잘 통했고, 2~3명의 형제나 자매가 함께 일하고 있었다. 대화가 금지되어 있지는 않았
지만, 이들을 관찰했던 지역 신문이나 방문객들은 신도들이 그들의 작업에만 몰두하
고 있었다고 주장하였다(Wergland, 2007). **'천 년을 살 것처럼 일하고, 내일 죽을 것을 아는
것처럼 일하라**(Do your work as though you had a thousand years to live, and as you would
if you knew you would die tomorrow)'라는 세이커의 격언은 역설적으로 보이는 두 가지
생각의 흥미로운 결합을 보여 준다. 일은 끈기 있게 서두르지 말고 수행해야 한다는 것
이다. 그와 동시에 사소한 일에 시간을 소모하지 않도록 시간의 귀중함을 깨닫고, 매
순간 집중을 강조하는 목적 의식을 가지고 수행해야 한다.

고역이 아닌 생산적 노동이 세이커 교도들의 노동 방식의 목표였으며, 여러 관찰자
는 이들의 노동을 미국에서 급증하는 공장의 소음과 끊임없는 속도와는 다른 '편안한
종류의 리듬'이라고 논평하였다(Andrews, 1963). 세이커 교도들은 일을 할 때 고독을 즐
겼으며, 이러한 모습은 이 장의 광범위한 논의에 대한 예를 잘 보여 준다고 할 수 있다.
즉, 고독은 우리가 내적 경험의 영역에 주의를 기울일 때 외부 세계의 요구로부터 벗어
나는 일시적인 휴식이 될 수 있다는 것이다.

독일의 경건주의자들과 새로운 조화

'사람들이 있는 곳에서의 고독'에 대한 두 번째 예는 19세기 초 미국에서 번창한 독일
경건주의자들의 공동체 중 하나인 하모니스트들이 세심하게 만든 미로를 이용한 '걷기
명상(walking meditations)'에서 찾을 수 있다. 카리스마 넘치는 George Rapp이 이끄는
하모니스트들은 유럽에서 몇 년 간 박해를 받은 후 1805년에 미국에 들어왔다. 이들의

종교적 신념은 금욕주의, 공동 소유 및 반전주의를 포함하고 있다. 세이커 교도들과 마찬가지로 이들은 재림을 기다리며 산업과 농업을 병행하여 마을을 아름답게 하고, 질서를 만들고, 번영시킨 것으로 유명하다(Arndt, 1971).

하모니스트들은 3개의 공동체(펜실베이니아에 2개, 인디애나주 경계에 1개)를 갖고 있는데, 공동체 각각에 미로를 건설하였다. 미로(labyrinth)와 미궁(maze)이라는 단어는 자주 혼용되지만, 이 둘 사이에는 차이가 있다. 진정한 미로는 중심으로 이어지는 길이 단 하나만 존재하고, 다른 길은 출발 장소로 돌아가게 만든다. 미궁과 달리 여기서는 막다른 길이나 방향을 고민할 필요가 없다. 반대로 미궁은 많은 통로와 나선 모양의 길, 그리고 돌아가는 길이나 갈래길이 자주 나타난다. 어떤 미궁은 빛이나 시야를 가림으로써 불안을 유발하기도 한다. 하모니스트들은 원형으로 둘러싸인 통로를 '미로'라고 불렀지만, 사실은 막다른 길을 비롯하여 여러 개의 통로가 존재하는 원형으로 둘러싸인 미궁의 형태를 따랐다. 이것은 덤불과 덩굴식물, 꽃들로 이루어졌고, 방향 감각을 상실할 만큼 높지는 않았다. 공동체 기록을 살펴보면, 하모니스트들이 '미로'를 사색과 명상의 장소로 생각하고 바쁜 공동 사회에서 고독을 누릴 기회로 생각했음이 분명하다(Laishley, 2001).

미로는 당연히 긴 역사를 가지고 있고, 많은 문화와 종교적 전통 속에서 다양한 형태로 발생했다. 기독교에서는 천국이나 타락 전의 에덴동산의 상징으로 미로를 이해하는데, 이는 하모니스트들의 의도였던 것으로 보인다. 통로를 걸어가다가 만나게 되는 교차로에서 정확한 방향을 선택하는 사람은 미로의 중앙에 있는 작은 건물에 도착할 수 있다. 이 건물의 내부에는 고요함과 만족감을 떠올리게 하는 아름다운 장면들이 그려져 있다. 공동체의 기록에 따르면, Rapp 신부는 그를 따르는 신도들이 자신들의 삶, 그리고 평화와 사회적 조화의 상태에 이르는 어려움을 되돌아보는 데 미로가 강력한 수단이 된다고 생각하였다(Arndt, 1971). 이처럼 미로 통로의 복잡함은 신을 향한 영적 추구의 어려움을 상징한다(Laishley, 2001).

하모니스트들이 자신의 모든 공동체에서 미로를 만들었다는 사실은 의미심장하다. 이는 이들이 공동체적 삶의 방식에 헌신했음에도 불구하고, 개인적인 성찰과 자기반성의 중요성을 인식했음을 나타낸다. 미로는 공동체 삶의 필수적인 부분이었고, 산업화되고 세밀하게 조직된 사회의 한가운데서 짧은 시간 동안에 고독할 수 있는 기회를 개인 구성원에게 제공해 주었다.

현대의 공동체들

고독의 기회가 사회적 지지망에 의해 어떻게 촉진될 수 있는지에 대한 세 번째 예는 많은 현대 공동체와 생태 마을의 공동체 정원, 사육에서 찾을 수 있다. 많은 현대 공동체가 건강 관리의 중요한 요소로 원예와 산책, 식물과 약초 채취, 풍경 감상 및 동물 돌보기를 수용한다(Roth, 2009). **생태치료**(ecotherapy)라는 용어가 이러한 관점을 설명하기 위해 사용되는데, 이는 한 사람이 일상적인 삶을 살아가면서 자신의 주변 환경에 주의를 기울이고 인식하는 것이 중요함을 강조한다. 이는 앞서 설명한 마음챙김의 개념과 유사하다. 그리고 타인과 관계를 유지하면서 고독의 시간을 가지는 것이 오늘날 바쁘게 살아가는 대부분의 사람에게 더 현실적이고 실현 가능한 접근 방식이다.

Hempton은 자신의 저서 『**한 평의 고독**(One square inch of silence)』(2009)에서 다음과 같이 주장하였다. 삶에서 **고요한** 장소를 소중하게 생각하는 것과 지역사회 구성원이 필요할 때 고요함을 찾을 수 있도록 보장하는 것은 스트레스보다는 감사로 우리를 채울 수 있는 내면 및 외부 세계를 탐색하도록 해 준다. Hempton(2009)에 의하면, 인위적인 자극이 우리의 감각을 압도하고, 주의를 산만하게 하고, 무디게 할 때 자신의 진정한 부분을 잃게 된다. 우리를 둘러싼 세상에 대해 귀가 먹을 뿐만 아니라 무감각해지는 것이다. Hempton은 한숨 돌리는 휴식을 존중하고, 장려하고, 지원하는 공동체적 배려가 필요함을 강조하였다. 그의 글은 현대적 공동체들의 조합인 계획된 공동체 협회(Fellowship for Intentional Community)에서 발행하는 『**Communities**』라는 잡지에 게재되었다. 현대의 공동체에 소속된 구성원이 쓴 많은 글이 그러한 생각의 힘을 입증한다. 공동체의 핵심적 임무인 집단 응집력뿐 아니라 자기성찰 및 고독의 기회를 높게 평가하고 장려하는 공동체 내의 삶에서 얻게 되는 이점의 형태나 방식을 암시하는 기사는

『Communities』에서 흔히 만날 수 있다. 애리조나의 투박에 있는 생태 마을의 구성원인 Emerson-Chase(2009)는 개인적이고 설득력 있는 에세이에서 "성찰하고, 처리하고, 그리고 놓아 주기(reflect, process, and release)"를 위해 공동체 안에서 **철회**(retreat)하도록 허용하는 공동체의 강력한 지지에 대해 기술하였다. 지역사회의 유기농 농장에 관심을 가진 그녀는 그곳에서 작업을 하는 동안에 '깊은 성찰'을 수행할 수 있었고, 자기성찰의 힘든 작업에 착수하였을 때에는 공동체의 일원으로부터 물리적 및 정서적 지지를 받을 수 있었다.

결론과 향후 연구 방향

요컨대 마음챙김 기반 및 다른 명상 수련과 관련하여 고독의 개념에 대해 무엇을 말할 수 있을까? 우리의 주 결론은 고독은 보다 광범위한 사회적 지지의 맥락 안에서 가장 자주 추구되고 또 지속된다는 것이다. 물론 수년 동안 완전히 홀로 고립되어 살아가는 비밀스럽고 영적으로 헌신하는 사람들(예: Nouwen, 1981)과 같이 이 패턴에서 예외인 사례들도 있다. 그러나 이것은 세상에 열심히 참여하면서도 명상적 고독에 가치를 두는 대부분의 사람에게는 현실적인 선택이 아니다. 최근에 고독 명상의 기회는 역설적으로 외부 세계의 침범을 최소화하도록 조성된 환경에서 자주 발생하며, 이러한 패턴에 대한 역사적 선례는 풍부하다. 사실 명상적이고, 영적이고, 종교적이고, 공동체적인 거의 모든 집단에서는 구성원이 일상의 일부로 고독을 추구할 수 있도록 강력하게 지원하고 장려한다. 이러한 집단들은 상호 의존하며 서로 연결된 타인과 가까이에서 보내는 시간과 홀로 있는 시간의 균형을 맞출 필요가 있음을 인식하고 있다.

Thoreau와 같이 잘 알려진 명상적 인물조차도 월든 호수에서 2년간 상대적 고독에 대한 실험을 수행하기 위해 사회적 관계에 크게 의존하였다. MBSR 프로그램에서 고독은 마음챙김 수련의 형태에서 오며, 조용한 성찰을 위한 시간과 장소를 얻도록 수련자들을 독려한다. 그리고 수련자들은 그들이 받는 압박의 정도에 관계없이 일상의 요구들로부터 휴식을 취한다. 셰이커 교도들과 하모니스트들 역시 하나의 전통으로 다양한 사회적 맥락에서 지속되어 온 명상 수행을 허용하였다.

둘째로, 여기서 정의된 대로 고독은 물리적 고립 경험보다 마음의 상태와 더 관련이 있다. 대부분의 사람에게 있어서 일상과 촘촘히 얽혀 있는 가족, 직장, 그리고 또 다른 책임으로부터 벗어나는 것은 비현실적이다. 그러나 정기적으로 자신과 함께하고, 바쁜 삶의 맥락에서 벗어나 고요하게 성찰할 수 있는 시간을 내면 엄청난 원기를 회복할 수 있다. 그러한 시간을 내는 일은 하나의 도전이 되는데, 일반적으로 그런 일의 우선순위가 낮기 때문이다. 앞서 살펴본 대로, 단기 임상적인 개입에서부터 지속적인 생활 공동체에 이르기까지 공동체적 환경은 명상 수련에 가치를 둔다. 그리고 명상 수련을 발전시킬 수 있는 정기적인 기회를 제공한다. 이 장에서 논의된 예에서 알 수 있듯이, 고독과 유대는 서로를 강화시키면서 효과적인 균형을 이룬다. 이와 같은 공동체 참여자들은 **모든 것에서 벗어날** 필요가 없는데, 이는 성찰의 기회가 환경에 내재되어 있기 때문이다. 좌선 명상, 숲속 산책, 미로 따라 걷기, 그리고 공동 농장에서의 노동은 고독을 공동체 삶의 필수적이고도 중요한 부분으로 만들 수 있는 다양한 방법을 보여 준다.

마지막으로, 고독의 가치를 재차 강조하고자 한다. 특히 명상 수련 맥락에서의 고독은 스트레스로 가득찬 세상에서 심적 평정을 유지하는 도구라는 점에 가치가 있다. 조용하게 성찰하기 위한, 그리고 외부 사건으로 발생하는 마음의 동요를 알아차리기 위한 잠깐의 시간을 가지는 것만으로도 현대 사회에서 쉽게 얻지 못하는 평정으로 가는 길을 제공받을 수 있다. 그러한 수련은 사회적 고립을 권장하는 것이 아니라 자신의 욕구뿐만 아니라 다른 사람들의 욕구에도 주의를 기울이도록 도움을 준다.

건강 관리를 비롯한 현대 생활의 여러 측면에서 마음챙김의 영향력이 증가함에 따라 일상의 필수요소인 고독의 가치에 대한 인식이 높아지고 있다. 그리고 종교적 맥락뿐만 아니라 일반 대중 사이에서도 마음챙김의 혜택을 누리는 명상 수련이 권장될 것이라고 예상된다.

참고문헌

Andrews, E. D. (1963). *The people called Shakers*. New York: Dover Publications.

Andrews, E. D., & Andrews, F. (1974). *Work and worship among the shakers: Their craftsmanship and economic order*. New York: Dover Publications.

Arndt, K. (1971). *George Rapp's harmony society*. Rutherford, NJ: Fairleigh Dickenson University Press.

Emerson-Chase, N. (2009). Want to be a healer? Be a creek! *Communities, 145,* 46-49.

Engel, G. (1977). The need for a new medical model: A challenge for biomedicine. *Science, 196*(4286), 833-839.

Garland, E., Gaylord, S., & Park, J. (2009). The role of mindfulness in positive reappraisal. *Explore, 5*(1), 37-44.

Haythornthwaite, C., & Kendall, L. (2010). Internet and community. *American Behavioral Scientist, 53*(8), 1083-1094.

Hempton, G. (2009). *One square inch of silence*. New York: Free Press.

Kabat-Zinn, J. (1990). *Full catastrophe living: Using the wisdom of your body and mind to face stress, pain, and illness*. New York: Delta.

Kabat-Zinn, J. (1994). *Wherever you go, there you are: Mindfulness meditation in everyday life*. New York: Hyperion.

Keng, S. L., Smoski, M. J., & Robins, C. J. (2011). Effects of mindfulness on psychological health: A review of empirical studies. *Clinical Psychology Review, 31,* 1041-1056.

Laishley, L. (2001). The harmonist labyrinths. *Caerdroia, 32,* 8-20.

Lazarus, R. S., & Folkman, S. (1984). *Stress, appraisal, and coping*. New York: Springer.

Marche, S. (2012, May). Is Facebook making us lonely? The Atlantic. Retrieved August 13, 2013, from http://www.theatlantic.com/magazine/archive/2012/05/is-facebook-makingus-lonely/308930/

Nouwen, H. J. M. (1981). *The way of the heart: The spirituality of the desert fathers and mothers*. New York: HarperOne.

Richardson, R. D. (1986). *Henry Thoreau: A life of the mind*. Berkeley: University of California Press.

Roth, C. (2009). Health and quiet. *Communities, 145*, 78-80.

Salmon, P., Lush, E., Jablonski, M., & Sephton, S. (2009). Yoga and mindfulness: Clinical aspects of an ancient mind/body practice. *Cognitive and Behavioral Practice, 16*, 59-72.

Salmon, P., Santorelli, S., Sephton, S., & Kabat-Zinn, J. (2009). Intervention elements promoting adherence to Mindfulness-Based Stress Reduction (MBSR) programs in a clinical behavioral medicine setting. In S. A. Shumaker, J. K. Ockene, & K. A. Reikert (Eds.), *Handbook of health behavior change* (3rd ed., pp. 271-285). New York: Springer.

Salmon, P., Sephton, S., & Dreeben, S. (2011). Mindfulness-based stress reduction. In J. D. Herbert, & E. M. Forman (Eds.), *Acceptance and mindfulness in cognitive behavior therapy* (pp. 132-163). New York: Wiley.

Shapiro, S. L., & Carlson, L. E. (2009). *The art and science of mindfulness: Integrating mindfulness into psychology and the helping professions*. Washington, DC: American Psychological Association.

Stein, S. (1992). *The Shaker experience in America*. New Haven, CT: Yale University Press.

Sternberg, E. (2009). *Healing spaces: The science of place and well-being*. Cambridge, MA: Belknap Division of Harvard University Press.

Thoreau, H. D. (1960). *Walden or, life in the woods and on the duty of civil disobedience*. New York: New American Library.

Turkle, S. (2011). *Alone together: Why we expect more from technology and less from each other*. New York: Basic Books.

Wergland, G. (Ed.) (2007). *Visiting the shakers*. Clinton, NY: Richard Couper Press.

자연 속에 홀로 있음이
회복에 미치는 영향

Kalevi Korpela & Henk Staats

환경 심리학 문헌에서 '회복(restoration)'이라는 용어는 인간과 환경 간의 상호작용이 부정적 선행사건이나 환경 맥락으로부터 보다 긍정적인 상태나 맥락으로 변화되는 생리적·심리적·사회적 과정을 지칭한다(Hartig, 2004). 부정적 선행자극들은 예컨대 복잡하고 시끄러운 도시 환경과 같이, 누적되어 온 심리·생리적 스트레스와 과잉 집중에 따른 피로(attentional fatigue) 등이 포함될 수 있다. 긍정적 결과에는 조용한 공원이나 숲속과 같은 곳에서의 생리적 이완, 긍정 정서, 집중이 필요한 인지적 수행의 향상 등이 포함될 수 있다(Berman, Jonides, & Kaplan, 2008; Hartig, 2004; Hartig, Evans, Jamner, Davis, & Gärling, 2003; Ulrich et al., 1991). 따라서 소모적이며 요구적인 과정뿐만 아니라 회복적 과정도 어떤 활동을 하거나 특정 환경에서 보다 잘 일어날 가능성이 크다 (Hartig, 2004). 회복적 환경에 대한 문헌뿐 아니라 정서 조절이나 자기조절 이론에서도 일반적으로 개인은 원하지 않는 감정을 불러일으키는 환경이나 상황은 피하고, 원하는 감정을 불러일으킬 수 있는 환경이나 상황을 선택하는 경향이 있다고 가정한다 (Campos, Frankel, & Camras, 2004; Caspi, Roberts, & Shiner, 2005; Tesser, 2002). 유사하게 정서 조절 과정 모델에서도 **선행자극에 초점을 둔 조절**(antecedent focused regulation)에 대해 언급하는데, 이는 정서적으로 미칠 수 있는 영향에 기초하여 개인이 상황이나 환경에 대해 접근, 회피, 선택, 혹은 수정하는 것을 의미한다(Gross, 1998). 즉, 보다 요구적인 환경에 있다가 회복을 촉진하는 환경에 속하게 될 때 이를 회복적이라고 부른다 (Hartig, 2004).

회복을 위해서는 사생활이 보장되는 환경을 위해 사회적으로 철수할 필요가 있다. 이러한 맥락에서 사생활 조절(privacy regulation), 장소 정체성(place identity), 좋아하는 장소(favorite places)에 대한 애착 및 회복적 결과는 자기조절 및 정서 조절 내에서 상호 연관된 현상일 수도 있다고 제안되어 왔다(Korpela, 2002). 방해받지 않는 환경에서 갖는 고독 및 성찰의 기회와 긍정 정서 결과 간의 관련성은 **좋아하는 장소에 대한 연구들**(favorite place studies)에서도 여러 차례 언급되었다(Korpela, 1992; Korpela & Hartig, 1996; Newell, 1997). 이러한 연구들에서 사람들은 즉각적인 사회적 요구가 없는 즐거운 자연환경에서 이완과 긍정 정서를 경험하고, 자신의 마음을 비울 수 있으며, 전체적인 시야로 상황을 볼 수 있고, 문제를 떨쳐 버린다고 보고하였다. 따라서 정서적 혹은 인지적 스트레스를 경험한 후에 고독과 자연 속에 홀로 있는 것은 긍정적 효과가 있는 바람직한 상태로 간주된다(자세한 내용은 Averill과 Sundararajan이 저술한 이 책의 1권 6장 참조, 그리고 Salmon과 Matarese가 저술한 이 책의 2권 5장 참조). 이 장에서 우리는 회복의 추구가 고독뿐 아니라 다른 사람과 함께 있는 것 모두를 포함하는 사생활 조절을 내포한다는 점에 주목하면서 이러한 현상들을 살펴볼 것이다.

개인과 소집단 대상의 회복 연구

　개인 수준에서 회복은 스트레스(Ulrich et al., 1991)나 과잉 집중에 따른 피로(Kaplan & Kaplan, 1989)와 같은 부정적인 선행사건에 노출된 후, 대개 도시의 공원이나 숲 같은 자연환경을 보거나 자연 속에서 걸은 다음에 오는 생리적 복원과 이완, 스스로 보고한 긍정 정서의 변화 및 주의집중이 필요한 인지과제 수행 능력의 복원(Hartig et al., 2003; Parsons, Tassinary, Ulrich, Hebl, & Grossman-Alexander, 1998; Ulrich et al., 1991) 등을 포함한다(이런 연구의 예는 〈표 6-1〉 참조). 따라서 서로 다른 시간적 순서에 따라 나타나며, 서로 다른 심리적 과정에 초점을 맞추는 회복에 대한 두 가지 이론(주의집중적 및 심리·생리적)이 있다. 이 이론들은 상호 보완적이고, 관련된 심리적 과정들은 이론적(Kaplan, 1995)으로나 조작적(Hartig et al., 2003)으로 서로 구분이 되며 함께 상호작용하여 회복 경험의 유익을 가져오는 것으로 볼 수 있다.

　회복을 의미하는 다양한 긍정적 결과는 시간의 흐름에 따라 다음과 같이 나타난다. 보통 4~7분 이내에 심박수, 근육 긴장도, 피부 전도성이 감소한다(Ulrich et al., 1991; 개별적으로 비디오 보기). 혈압 하강과 향상된 기분은 20분 후에 나타난다(Hartig et al., 2003; 실제로 자연환경에서 보조원과 대화 없이 걷기; van den Berg, Koole, & van der Wulp, 2003; 8~10명의 참여자와 상호작용 없이 비디오 보기), 타액 내 코르티솔의 감소는 20분 동안 자연환경을 관찰한 다음에 나타나고(Park et al., 2007; 실제로 자연환경에서 개별적으로 걷거나 앉아 있기), 10~55분 후에는 주의력 향상이 확인된다(Berman et al., 2008; 실제로 자연환경에서 개별적으로 걷거나 사진 보기; Faber Taylor & Kuo, 2009; 아동이 자연환경에서 보조원과 함께 대화 없이 걷기). 여기서 언급한 회복적 환경 실험은 혼자인 참여자, 보조원과 함께한 참여자, 혹은 상호작용하지 않는 여러 소그룹을 대상으로 실시되었다. 연구결과들은 자연을 경험하는 홀로 있는 도시민들에게 일반화될 수 있을 것이다. 그러나 이 연구들은 주로 성인을 대상으로 하였으므로 보다 완전한 설명을 위해서는 생애 각 단계를 구별하고 각각을 따로 설명해야 한다. 따라서 우리는 다음 절에서 아동, 청

〈표 6-1〉 도시 환경에 비해 자연환경이 미치는 긍정적 영향을 보여 주는 회복적 환경에 관한 연구들

연구자	과정	자연환경이 미치는 영향의 주요 결과
Ulrich(1981)	혼자 슬라이드 보기	뇌파 기록에 따르면, 연구 참여자들은 물이나 식물 같은 자연 사진을 보여 주는 26분의 시간 동안에 알파 주파수 대역(의식이 깨어 있으면서 몸은 이완된 상태)에서 더 큰 활동을 나타냈다.
Ulrich et al. (1991)	혼자 비디오 보기	4~7분 이내에 심박수, 근육 긴장도, 피부 전도성이 보다 큰 폭으로 감소하였다.
Parsons et al. (1998)	혼자 10분 동안 자연과 도시 비디오 보기	도시 중심의 장면을 감상했던 연구 참여자들은 자연 중심의 장면을 본 참여자들에 비해 스트레스를 나타내는 자율적 활성과 부정 정서를 나타내는 신체 활동을 더 많이 나타냈다. 자연 중심의 장면을 본 참여자들은 또한 더 빨리 스트레스에서 회복했고, 도시 중심의 장면을 본 참여자들에 비해 이후의 스트레스 유발 인자에 대해 더 큰 면역성을 보여 주었다.
Cackowski & Nasar (2003)	세 참여자(대화를 피하기 위해 파티션으로 분리)에게 한 번에 4분 45초짜리 비디오를 보여 주기	분노에 있어서 뚜렷한 영향은 없었지만, 초목이 더 많이 등장하는 비디오테이프를 시청한 후에 좌절에 대한 인내력이 더 높아졌다.
Hartig et al. (2003)	보조원과 함께 대화 없이 실제로 자연환경에서 걷기	20분 후에 혈압이 낮아지고, 기분이 좋아졌다.
van den Berg et al. (2003)	8~10명의 참여자와 함께 비디오 보기	7분 후에 기분이 좋아지고 집중력이 향상되었다.
Laumann, Gärling & Stormark (2003)	혼자 비디오 보기	도시 집단에 비해 자연 진단에서 자율신경계의 각성이 감소(심박수 감소)하였고, 공간에 대한 선택적 주의도 감소하였다.
Berto(2005)	혼자 컴퓨터 모니터로 사진 보기	6분 후 지속적 주의가 향상되었다.
Park et al. (2007)	실제로 자연환경에서 혼자 걷거나 앉아 있기	20분 동안 자연환경을 본 후 타액 내 코르티솔의 수치가 큰 폭으로 감소하였다.

Berman et al. (2008)	실제로 자연환경에서 걷거나 혼자 사진 보기	55분 걷기/10분 사진 보기 후에 주의력이 향상되었다.
Faber Taylor & Kuo(2009)	아동이 자연환경에서 보조원과 함께 대화 없이 걷기	25분 후에 주의력이 향상되었다.
Li(2010)	서로 이야기하도록 허락된 11~16명의 사람이 단체로 2박 3일 여행	자연살상세포의 활동성 및 항암 단백질 세포의 수가 증가되었다.

소년, 그리고 성인별로 회복, 고독 및 자연환경 간의 관계를 살펴볼 것이다. 이에 앞서 우리는 아동기부터 시작되는 사생활 조절, 감정 조절 및 자기조절의 발달 경향을 기술할 것이며, 이는 홀로 있는 자연환경에서의 회복을 정서 조절 및 자기조절의 특정 측면으로서 이해하는 데 도움을 줄 것이다.

아동기의 사적 공간

발달적으로 사생활이 보장될 수 있느냐의 여부는 자아정체성 및 자존감 성취와 밀접하게 관련되어 있다(Laufer & Wolfe, 1976; Newell, 1994). 사적 공간(private spaces)을 소유하게 되면서 아동 및 청소년은 자신이 독특하고 다른 사람과 다르다는 구체적인 표지를 얻게 된다(Sobel, 1990). 아동들은 자기 방을 갖는 것을 중요하게 여긴다. 자기 방은 화가 나거나 방해받고 싶지 않을 때 갈 수 있고, 집에서 가장 편하게 느끼는 자신만의 중요한 장소다(Chawla, 1992). 1~11세의 아동을 관찰한 연구에서 Weinberger(2006)에 따르면, 거의 절반 이상의 아동이 자신의 집에서 공식적으로 **철수하는** 장소(흔히 혼자 있는 장소)가 있었다. 그러한 공간은 아동이 일시적으로 집단 활동에서 벗어나기 위해서 가는 곳이었다. 부정적 기분을 느끼는 아동들은 편안한 공간에 있는 동안에 수동적 행동(다른 사람을 지켜보기, 울기, 편안함을 주는 물건을 껴안기)을 보였다.
유사하게 Smith와 Barker(2000)는 잉글랜드와 웨일스의 5~12세의 아이가 큰 공간에서 방과후 활동을 할 때 성인들의 시야 범위에서 벗어난 사적인 장소를 만드는 방법으로 동굴 만들기를 자주 사용한다는 것을 발견하였다. 9~15세의 스코틀랜드 아동에 대한 Harden(2000)의 연구에 따르면, **보통**의 많은 아동은 그들의 집과 이웃을 안전하고 사적인 안식처로 경험한다고 하였다. 안전하지 않은 느낌(예: 도둑이 들까 두려워하는 것 등)은 밤이나 집에 혼자 있을 때 가장 강력하였다. 그러나 이웃은 집만큼 안전감을 주지는 않았는데, 이는 다양한 공공장소(예: 철도, 공원)에는 잠재적인 위험요인으로 여겨지는 성인 또는 십대 청소년들이 있기 때문이다.

사생활에 대한 아동의 욕구를 침해할 경우에 다른 사람과 부대끼는 지속 시간과 아동의 성격에 따라 심리적 위축이나 공격성으로 이어질 수 있는 것으로 보인다(Maxwell, 1996). 미국에서 실시된 3~5세 유아에 대한 Maxwell(1996)의 연구에 따르면, 가정이나 보육시설에서 만성적으로 높은 밀도에 노출된 유아들은 공격성, 불안, 과잉 활동 등과 같은 행동장애에 노출되기 더 쉽다. 하지만 홀로 있는 것은 또한 반추를 강화하고 우울 및 자살 위험과도 관련될 수 있다(Evans, Owens, & Marsh, 2005).

결론적으로 아동에게 사적이며 좋아하는 장소가 이용가능할 때 긍정적인 정서 결과로 이어진다는 사실은 아동기의 사생활 조절, 회복 및 자기조절 간에 관계가 있음을 시사한다(Newell, 1997; Korpela, Hartig, Kaiser, & Fuhrer, 2001). 더욱이 성인과 아동의 자기보고 연구에 따르면, 정서 조절과 자기조절은 아동기의 좋아하는 장소에서 일어나는 것으로 수렴되는 증거가 있다. 아동기에 좋아했던 장소에 대한 성인의 기억에 관한 연구들(Cooper-Marcus, 1978; Hester, 1979; Sobel, 1990)에 따르면, 이러한 장소들은 안전감, 사적인 느낌, 그리고 통제감을 제공했다고 하였다. 혼자 있고자 하는 욕구, 숨는 장소의 중요성, 그리고 사회적 요구로부터 도피하고 싶은 욕구는 흔히 이런 연구들에서 보고되었다. 아동 및 청소년에 대한 연구결과들은 홀로 있는 공간과 사회적 공간 모두가 중요하다는 점을 확증한다(Abbott-Chapman & Robertson, 2001, 2009; Owens, 1988, 1994).

좋아하는 자연 공간에서의 회복 경험과 고독

자기조절의 특정 측면으로서 자연환경에서 이완하면서 개인적으로 중요한 문제를 잠시 숙고해 보는 경험은 아동, 청소년, 성인을 대상으로 한 연구들에서 흔히 나타난다.

아동 및 청소년

핀란드와 에스토니아의 9세, 12세, 17세 아동 및 청소년은 자신이 가장 좋아하는 장소에서 많은 사회적 활동과 놀이를 즐길 뿐 아니라 자신의 방이나 자연환경(교외, 숲속)에 있을 때 마음을 정리하고, 이완하며, 골칫거리를 해결한다고 하였다(Korpela, 1989; Sommer, 1990). 미국의 청소년들은 자연 공원과 미개발 농지가 다른 사람으로부터 벗어나 기분을 전환하고, 사물에 대한 시각을 바꿀 수 있는 최고의 장소라고 말했다(Owens, 1988). 미국 청소년 대상의 다른 연구에서 자연환경은 신체적 안정감, 짧은 휴식과 긴장 완화, 심미적 체험, 자연과 함께하기, 혼자 있을 기회나 가까운 친구와 고독의 경험을 공유하기 등을 누릴 수 있고, 보호받는다고 느끼며 주위를 돌아볼 수 있는 중요한 장소(즉, 조망 은신처)인 것으로 나타났다(Owens & McKinnon, 2009).

14~19세의 호주 청소년들에 대한 연구에서 집이나 자연환경(시골, 강가 또는 해변)에서 좋아하는 장소는 다른 사람이나 그들을 괴롭히는 것들로부터 잠시 벗어나려는(take time out) 청소년기의 욕구와 관련되어 있었다(Abbott-Chapman & Robertson, 2009). 단지 청소년 중 11%만이 좋아하는 자연공간을 사회적 관계와 연관시켰다(도심에서는 21%). 자연을 좋아하는 장소로 선택한 이유는, 첫째, 활동 참여(32%), 둘째, 평화, 조용함, 공간감(30%), 셋째, 휴식, 근심 걱정이 없는 상태, 자유를 찾는 것(13%) 순이었다. 유사하게 17세 후반~18세경의 핀란드 청소년들은 자기경험의 일관성 및 자존감을 위협하는 정서적으로 부정적인 사건을 경험한 후에 혼자 좋아하는 장소(주로 자기 방이나 별장)에 간다고 보고하였다(Korpela, 1992). 그들은 별장에 혼자 있으면서 마음이 맑아

졌고, 자기 본연의 모습으로 살아갈 용기를 느꼈다. 8~9세 혹은 12~13세의 핀란드 아동들의 절반 이상(55%)은 인지적 회복(cognitive restoration)을 위해 그들이 가장 좋아하는 장소를 이용하는 것으로 나타났으며, 문제를 떨쳐내거나, 개인적인 문제를 되돌아보거나, 정신을 맑게 하거나, 가장 좋아하는 장소에서 휴식과 자유를 느끼려는 욕구에 대해서 기술하였다(Korpela, Kyttä, & Hartig, 2002). 이 아이들의 1/3 이상은 정서 조절을 위해 좋아하는 장소를 이용하는데, 특히 퇴보, 실망, 울적함, 외로움을 경험한 후에 좋아하는 장소를 찾는다고 하였다. 좋아하는 자연환경을 발견한 아동들은 스포츠 환경, 주거 환경, 공동체 서비스 환경, 상업 환경과 같은 다른 장소를 선택한 아동들보다 인지 회복과 안정을 위해 그 장소를 보다 자주 찾는 경향이 있었다. 그러나 이러한 차이는 통계적으로는 유의하지 않았다.

마지막으로, Thurber와 Malinowski(1999)에 따르면 부정 정서 수준이 높은 8~16세의 남아들은 뉴햄프셔의 시골 지역에서 열린 여름 숙박캠프에 참가한 캠프 기간 동안에 혼자 있을 수 있는 장소를 선호한 반면, 보다 행복한 남아들은 다른 사람과 어울릴 수 있는 장소를 선호하였다. 캠프는 오래된 소나무 숲, 혼성림, 호반, 목초지, 습지, 해변, 작은 섬 등의 자연환경과 오두막, 식사 공간, 테니스코트, 축구장, 배구장, 야구장, 보트 선착장 등과 같은 조성된 환경을 포함하였다. 또한 부정 정서 수준이 높은 남아들은 스트레스를 덜 받은 남아들에 비해 캠프에서 새로운 장소를 방문할 가능성이 보다 높았다.

그러므로 가장 좋아하는 장소는 정서적 발산, 회복 경험, 산만하지 않은 환경에서 반추할 수 있는 가능성을 제공한다. 이러한 결과는 좋아하는 장소가 자기경험(자아정체성, 자존감; Korpela, 2002; Owens & McKinnon, 2009)뿐만 아니라 정서, 특히 부정 정서를 조절하는 데에도 이용된다는 것을 시사한다. 다음에 나오는 성인들의 내적 경험에 대한 연구들은 이러한 해석을 뒷받침하고 구체화한다.

성인

영국, 스웨덴, 핀란드, 아일랜드, 세네갈과 미국에서 실시된 연구(Jorgensen, Hitchmough,

& Dunnett, 2007; Knez, 2006; Korpela et al., 2001; Newell, 1997)에 따르면, 일상의 자연환경(예: 공원, 해변, 숲)이 성인들이 좋아하는 장소 중 가장 큰 비율(50~63%)을 차지한다는 것을 알 수 있다. 고독, 회복, 자연 사이의 연관성에 관해 미국 여러 지역에서 실시된 자기보고식 연구에 따르면, 사람들은 잘 설계된 공원과 정원뿐 아니라 관리가 안 된 숲, 사바나, 대초원, 목초지 및 물가와 같은 자신만의 **특별한** 야외 장소에 떨어져 있거나 고립되는 것이 중요하다고 보고하였다(Schroeder, 2002). 응답자들은 문명 세계(심지어 인구밀집 지역)에서 떨어져 있는 느낌을 보고하였는데, 일상생활로부터 완전히 다른 세계로 들어가는 느낌, 일상에서 벗어나 몸이 이완되고 기분이 상쾌해지고 명상을 하고 반성하면서 내적인 평화를 경험하는 느낌을 보고하였다. 자연과 보다 적극적인 상호작용을 통해 사람들은 흥분, 탐험, 발견, 그리고 새로운 것에 대한 놀람 등을 경험하는 것으로 보고하였다(Schroeder, 2002).

일반적으로 자기보고식 횡단 연구는 좋아하는 자연 공간이 휴식, 부정적 감정의 감소 및 긍정적 감정의 증가, 걱정을 잊는 것과 같이 회복적이고 스트레스를 줄이는 경험을 제공하며, 사람들 또한 자기경험과 감정 조절을 위해 이러한 장소를 혼자 찾는다고 보고하였다(Gross & Lane, 2007; Jorgensen et al., 2007; Korpela et al., 2001; Newell, 1997; Smaldone, Harris, & Sanyal, 2005). 특히 좋아하는 자연 공간을 찾음으로써 회복의 결과(즉, 이완되는 것, 걱정을 잊는 것, 심사숙고하는 것)가 나타났다(Korpela et al., 2001). 부정적인 기분을 많이 느끼는 성인들은 부정적인 기분을 덜 느끼는 성인들에 비해 다른 좋아하는 장소(예: 스포츠 환경, 상업적 환경 또는 지역사회 서비스 환경)보다 **자연** 공간을 좋아하는 장소로 선택하였다(Korpela, 2003). 또한 건강에 대해 더 많이 불평하는 성인들은 그렇지 않은 성인들에 비해 다른 좋아하는 장소보다 인근의 자연 공간을 선택하였다(Korpela & Ylén, 2007). 보다 중요한 사실은 자기조절의 과정을 지지하는 점인데, 건강에 대해 더 많이 불평하는 성인들은 그렇지 않은 성인들에 비해 좋아하는 자연 공간을 찾았을 때 정서적으로 더 큰 혜택을 누리는 것으로 보인다. 이러한 발견은 가장 좋아하는 장소를 찾는 빈도와 회복 경험 사이의 용량-반응(dose-response) 관계를 바탕으로 한다. 이는 가장 좋아하는 장소를 찾는 빈도가 회복 경험의 강도를 증가시킨 5일간의 연구에서 입증되었다(Korpela & Ylén, 2009). 더욱이 좋아하는 장소에 있는 동안에 스트레스를 받는 기분이 일시적으로 개선되고, 긍정적 기분이 지속되는 증거 역시 제시되었다(Korpela, 2002, 2003; Regan & Horn, 2005).

회복 대처 전략을 이행하기 위한 자발적 장소 선택이 스트레스의 정도뿐만 아니라 스트레스의 근원과도 관련되어 있다는 것을 시사하는 몇몇 증거가 있다. Gulwadi (2006)에 따르면, 가족 내 스트레스나 대인관계 스트레스보다 직업적 스트레스를 자주 받는 초등학교 교사들은 직업적 스트레스를 덜 받는 교사 비교 집단보다 회복 장소로서 자연환경을 더 많이 언급하였다. 반대로 높은 빈도의 대인관계 스트레스를 보고하는 교사들은 사회적 접촉을 제공하는 장소를 찾을 가능성이 더 높았다.

요약하자면 성인들을 대상으로 한 자기보고식 연구들은 성인들이 자연환경에서 회복 잠재력(예: 멀리 떨어지는 느낌)을 지각하며, 스트레스의 원인과 유형에 따라 자기조절과 정서 조절을 위해 이러한 공간을 혼자 이용하는 과정에 대한 증거를 제공한다.

회복의 사회적 맥락

인간은 사회적 존재다. 소속의 욕구(Baumeister & Leary, 1995), 비교의 욕구(Festinger, 1954), 또는 집단의 일원이 되고자 하는 욕구(Ellemers, 2012)는 모두 인류에게 생래적이다. 따라서 물리적 세계와의 교류는 이러한 환경들이 가질 수 있는 사회적 의미를 반영한다. 이것은 또한 회복을 위해 이용하는 환경과 그 공간이 회복적인 환경인가를 판단하는 데 적용된다. Wohlwill(1983)은 그의 매우 영향력 있는 글에서 자연환경이 대개 회복적인 곳으로 여겨지는 이유를 분석하였는데, 자연환경에서는 사회적 피드백이 없기 때문에 타인의 이전 반응에 맞추어 우리가 반응해야 할 필요가 없으며, 이것이 회복을 가능하게 한다고 보았다. 지금까지 이러한 주장이 공식적으로 실증되지는 않았다. 그러나 도시 거주자가 경험한 사회적 스트레스와 관련된 최근 연구의 결과에서 이러한 주장을 상기시키는 듯하다(Lederbogen et al., 2011). fMRI 기술을 사용하여 Lederbogen

과 동료들(2011)은 도시에서 살고 자랐던 사람들이 작은 도시나 시골에서 자랐거나 살고 있는 사람들에 비해 인지과제를 수행하는 동안에 부정적 피드백이 유발하는 스트레스를 더 많이 경험한다고 보고하였다. 일찍이 도시환경에 대한 심리학적 연구에서 나타난 것과 같이, 인구 밀도가 높은 곳에서 사는 것은 그에 따른 대가를 치른다(예: Milgram,1970). 그렇다면 여기서 의문이 되는 점은 사람들이 회복을 위해 가진 기회를 어떻게 활용하기를 원하는지, 특히 그들이 다른 사람과 함께 있기를 원하는지, 어떤 사람과 어떤 분위기 속에 있기를 원하는지 알아보아야 한다는 점이다.

회복의 사회적 맥락에 관한 연구를 검토할 때 유용한 초기의 구분점은 혼자서 회복을 추구하는 사람들과 같은 상황에 놓인 익명의 집단 속에서 회복을 추구하는 사람들의 상황을 비교하는 것이다.

친한 사람의 동행

회복의 사회적 맥락에 명시적으로 관심을 기울여 온 몇몇 연구에 따르면, 회복에 도움이 되든 그렇지 않든 사회적인 지지는 상황을 더욱 회복적으로 만들며, 친구의 동행은 다양한 기능을 하여 회복에 도움이 될 수도 있지만 그렇지 않을 수도 있다. 동행이 상황을 더욱 회복적으로 만드는 것은 회복의 능력 부여(enablement) 또는 증진(enhancement)으로 설명할 수 있다(Hartig, 2004). 예를 들면, 회복의 능력 부여는 안전에 대한 걱정에 기초할 수 있다. 이러한 점에서 자연 공간에 머무는 동안에 일행과 함께하는 것은 어떤 사람이 안전하다고 느끼게끔 도와줄 수 있다. 안전하지 않다는 느낌은 찾기 어려운 지역 또는 위험한 지역을 지나가거나, 야생 동물을 만나거나, 방향감각을 상실했을 때 생길 수 있다(Bixler & Floyd, 1997; Coble, Selin, & Erickson, 2003; Kaplan & Kaplan, 1982). 그러므로 다른 사람의 존재는 다치거나 길을 잃지 않도록 보호하는 안전장치가 될 수 있다.

그러나 어떤 지역에서 느끼는 위험보다 다른 사람으로부터 느끼는 위험이 더 클 수 있다. 특히 사회적 통제가 거의 없는 곳에서 일어나는 추행이나 강도의 위험은 널리 공유되는, 특히 여성들에게서 흔한 두려움으로 여긴다(예: Day, 1995; Nasar & Jones, 1997). 사람들은 이런 것들이 위험하다고 지각하기 때문에 회복에 도움이 된다고 여겨지는 매력적인 장소라고 히더라도 그곳에 가지 않는다. 일행과 함께하는 것은 어떤 사람이 혼자서는 안전하지 않다고 느낄 수 있는 장소로도 가도록 하는 능력 부여의 요인이 된다. 자아고갈(ego depletion)을 연구한 연구자들은 회복을 촉진할 수 있는 사회적 지지의 효과와 유사한 효과에 대해 기술하였다(Baumeister, Faber, & Wallace, 1999). 그들은 **자아 깁스**(ego cast), 즉 고갈 상태에서 한 개인이 다룰 수 없는 요구로부터 자신을 보호하기 위해 친숙한 타인이 제공하는 지지의 중요성에 대해서 언급하였다.

　환경에 대한 접근이 문제가 되지 않는다면 동료는 개인의 경험이 가져오는 회복의 질을 증진 혹은 저하시킬 수 있다. 일반적으로 개인은 안정적이고 지속적인 정서적 유대를 공유할 수 있는 사람과 상호작용하는 것을 선호한다는 점을 보여 주는 다수의 연구 증거가 있다(Baumeister & Leary, 1995). 우리는 이러한 즐거움이 단지 친한 사람끼리 서로에게 관심을 주는 것 이상이며, 일상의 요구로부터 주의를 돌리는 것과도 관련된다고 본다. 또한 야외 레크리에이션 활동 중에 다른 사람과의 동행을 즐기느냐의 여부는 어느 정도는 주어진 환경과 그것이 지원하는 활동에 대한 상호 간의 이해에 따라 달라지는 것으로 보인다. 이는 친한 사람과의 동행은 환경에 대한 선호에 미치는 긍정적 영향을 보여 주는 것으로, 안전의 증가를 통한 능력 부여만으로는 설명할 수 없는 것으로 보인다(Kaplan & Kaplan, 2011 참조). 다른 한편으로 다른 사람의 존재는 가령 개인의 관심을 물리적인 환경에서 강제로 철회하게 함으로써 회복 경험의 질을 저하시킬 수 있다(Kaplan, 1995; Staats, 2012 참조). 이는 동료가 있는 것이 환경에 대한 선호에 미치는 부정적 영향을 보여 주는 것으로, 안전의 증가와는 별개의 것이다.

　일련의 연구에서 우리는 다양한 여가 환경과 사회적 맥락, 즉 혼자 있는 것과 동료와 있는 것이 환경의 회복 잠재력에 미치는 효과에 대해 살펴보았다. Staats와 Hartig(2004)은 시나리오를 사용해서 '정신적 피로'와 '친구와 함께 있는 것'을 조작하였다. 그 이후 자연과 도시 환경에 대한 선호도를 조사하였다. 동료와 있는 것은 도시 환경에서 선호되었지만, 자연환경을 선호하는 것과 자연환경의 회복 잠재력에는 기여하지 않는 것으로 나타났다. 자연환경에 대한 연구결과를 살펴보면서 우리는 상반되는 두 가지 결과를 발견하였다. 즉, 친한 사람의 동행은 안전에 미치는 영향을 통해 간접적으로 지각된 회복력을 증가시키는 동시에 지각된 회복력에 직접적인 **부정적** 영향 또한 미치는 것으로 보인다.

이와 같은 복잡한 결과는 공원이나 도시 환경에서 동료와 함께 또는 혼자 걷는 것의 효과를 살펴본 현장 연구에서도 확인되었다(Johansson, Hartig, & Staats, 2011). 도시 공간을 걷는 동안의 회복에 있어 일행이 있는 것이 더 큰 효과가 있지만, 자연 공간에서는 혼자 있는 것이 더 큰 효과가 있었다. 유사하게 다른 연구 또한 친구 동행의 영향이 환경에 따라 크게 달라짐을 보여 주었다. 시나리오 연구에서 Staats, Van Gemerden 및 Hartig(2010)은 네 가지 유형의 장면(가정, 도심, 도심의 공원, 운송 환경)이 갖는 회복 잠재력을 비교하였다. 각 환경에 대해 참여자들은 정신적으로 피곤한 상태와 편안한 상태뿐만 아니라 일행이 있는 것과 혼자 있는 것을 상상하였다. 사람-환경 특성에 따른 특정 조합에 따라 좋아하는 것이 달라짐을 의미하는 강력한 상호작용 효과가 발견되었다. 가장 주목할 점은 참여자들의 도심 공원에 대한 선호도가 혼자 쉴 때나, 정신적으로 피곤하지만 좋은 친구와 함께 있을 때에 비해 혼자 있을 때 도심 공원에 대한 선호도가 훨씬 높았다는 점이다. 즉, 도심 속 자연은 피곤할 때 혼자 있으려는 선호가 매우 뚜렷해지는 유일한 환경이었다(Staats et al., 2010).

모르는 타인의 존재

인구가 점점 더 급속하게 증가하고, 교통과 커뮤니케이션 수단이 다른 사람과의 만남을 일상적 경험으로 만드는 세상에서 고독을 얻기란 더이상 쉬운 일이 아니다. 이는 조성된 환경에서든, 자연환경에서든 회복 경험이 낯선 사람이 실제로 존재하거나 또는 곧 존재할 것으로 예상할 수 있는 상황에서 일어날 것임을 의미한다. 사람들은 이러한 현상에 대해 어떻게 대처할까? 익명인 다수의 사람과 상호작용하는 것이 가지는 심리학적 결과를 구체적으로 제시한 한 연구에서는 그것이 회복에 미치는 결과에 대해 낙관적이지 않았다. 앞서 피드백 없는(no feedback) 가설(Wohlwill, 1983)을 언급하였는데, 이는 자연의 매력 중 하나다. 회복이 필요한 사람은 자연에서 (많은) 낯선 사람과의 대면을 부정적으로 평가할 것이며, 그러한 대면은 실제로 회복을 방해할 것이다. 그러나 이런 특정 주제에 대한 연구는 거의 없다. 우리의 가설과 반대로 경험적 연구에 따르면, 자연환경에 낯선 사람이 있는 것은 환경에 대한 평가나 회복에 영향을 미치지 않았다. Cole과 Hall(2010)의 연구에서는 과하게(하루 방문객 100~300명) 또는 적당히(하루 방문객 0~100명) 붐비는 산책로 기점에서의 방문객들의 경험을 기술하였다. 자기보고식 스트레스 감소와 정신적 회복 점수는 산책로에 따라 차이가 없었다. 참여자들이 산책로에서 만난 다른 방문객들의 수도 회복과 관련이 없었다. 연구의 제한점, 즉 참여자들은 결코 완전한 고독을 경험할 수 없었다는 점에도 불구하고, 회복이 방문객들의 접근을 강하게 막는 근거가 될 수 없다고 연구자들은 결론을 내렸다.

이러한 비확정적 결과들은 현재 이 장의 두 번째 저자의 감독 하에 실시된 실험에 의해 어느 정도 보완될 예정이다(Konings, 2012; Rieder, 2012). Konings(2012)의 실험에서

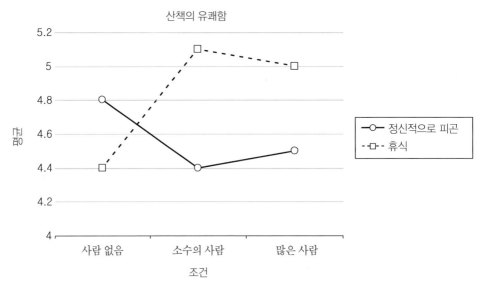

[그림 6-1] 사람의 수가 다른 산책로에서 피곤하거나 휴식한 상태에서 산책할 때 느끼는 유쾌함
출처: Konings(2012).

숲을 통과하는 어떤 코스는 사람이 없거나, 약간 있거나(총 44장의 슬라이드 중 사람이 있는 4장의 사진), 혹은 많이 있는(총 44장의 슬라이드에서 사람이 있는 18장의 사진) 세 가지 상황을 제외하고 동일한 사진으로 시뮬레이션되었다. 이렇게 시뮬레이션된 코스는 선호도 및 회복 가능성 점수에서 차이를 보였다. 50분 동안의 지능검사를 받고 정신적으로 피곤해진 참여자들은 휴식을 취한 참여자들에 비해 사람이 없는 곳에서 걷는 것을 보다 유쾌한 것으로 여겼고, 소수의 혹은 많은 사람과 걷는 것에 대해서는 덜 유쾌한 것으로 여겼음을 시사한 유의 수준에 근접하는 상호작용 효과가 있었다([그림 6-1] 참조).

여가 환경에서 알거나 알지 못하는 타인의 존재

다른 연구(Staats et al., 2010)에서는 친구와 함께 있는 다른 동기에 대해서 지적하였다. 분주한 도심을 다니느라 지친 참여자들은 안전이 이러한 선호를 설명하지 못하는 환경에서 혼자 있기보다는 친구와 있기를 선호하였다. 공공장소에서 혼자 있으면 안 된다는 사회적 규준이 이에 대한 잠재적 설명이 될 수 있다(Bourdieu, 1984; Lofland, 1998). 우리는 또한 참여자들이 카페에서 좌석을 선택하는 실험에서 친구와 모르는 사람을 조합하여 연구를 진행하였다(Staats & Van der Jagt, 2013). 시나리오는 참여자들이 정신적으로 피곤하여 휴식을 취하는 것으로, 혼자 있거나 친구와 함께 있는 것으로 기술하였다. 그리고는 카페에 어느 정도 사람이 있는 평면도를 보여 주었다. 여러 개의 동일한 테이블로만 구성된 카페와 동일한 테이블로 구성되어 있지만 다인용 테이블(reading table)도 있는 카페의 두 가지 조건이었다([그림 6-2] 참조).

다인용 테이블이 있는 쪽은 테이블만 있는 쪽보다 좌석 선택, 선호도와 회복력 평가에서 강하게 선호되었고, 주로 홀로 있거나 정신적인 피로를 유도받았던 사람들이 선택하였다. 이런 결과는 좋은 친구와 동행한 사람들은 혼자 있는 사람들, 특히 정신적인 피로감을 느끼는 사람들이 경험했던 사생활 침범에 대해 그리 예민하지 않음을 시사한다. 사회적 상황에서 친구의 동행은 분명히 사생활 침해에 저항하는 완충제로 작용할 뿐 아니라, 혼자 있는 사람들은 그런 침해를 다루는 데 미숙하다.

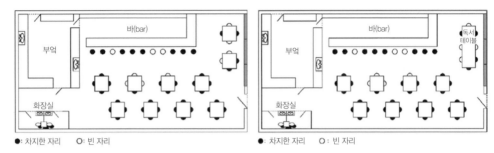

●: 차지한 자리   ○: 빈 자리

[그림 6-2] 다인용 테이블이 없는 카페와 다인용 테이블이 있는 카페의 평면도

출처: Staats & Van der Jagt (2013).

결론과 향후 연구 방향

정서적 혹은 인지적 스트레스를 받은 후에 자연에 혼자 있는 것은 다양한 세대의 도시인에게 회복의 경험을 준다. 사람들은 생리적 회복과 긍정적 정서를 경험하고 마음을 가다듬게 되며, 종종 즉각적인 사회적 요구를 제기하지 않는 쾌적한 자연환경에서 문제를 털어 버리고 해결한다. 따라서 도시화된 환경에서 매력적인 자연환경으로 쉽게 접근함으로써 스트레스와 불확실성에 대처하는 현대인의 능력이 향상될 수 있다. 더욱이 자연과의 접촉은 일반적 건강 증진을 위한 새로운 예방 조치로서 제안되어 왔다(COSTE39 Action, 2007; Maller, Townsend, Pryor, Brown, & Leger, 2005). 그러나 자연으로 홀로 철회하는 것이 건강과 행복에 미치는 결과에 대한 종단 연구는 아직 존재하지 않는다. 더군다나 우리는 자연환경이 가져다주는 이러한 회복적 경험이 개인 및 문화에 따라 어떤 차이가 있는지 거의 알지 못한다. 또한 고독의 회복 효과에서 가장 중요할 수 있는 자연환경의 정확한 질에 대해서도 거의 알지 못한다. 여러 연구 결과에 따르면, 친구와 동행하게 되면 사람은 안전에 대한 걱정 없이 자연에서 회복을 경험할 수 있다. 또한 친구와의 동행은 주어진 자연환경에 함께 감탄하면서 회복을 증진할 수 있지만, 그 환경으로부터 주의를 멀어지게 한다면 회복을 저하시킬 수 있다. 우리가 회복에 방해를 받지 않고 견뎌 낼 수 있는 자연환경에서 만나는 낯선 사람들의 수에 대해서는 거의 알려져 있지 않다. 나아가 사람은 자연환경에서 회복을 경험할 때 장소 애착을 발달시킬 가능성이 크다. 정체성, 정서 조절 및 자기조절의 발달에서 이러한 장소 애착의 역할은 향후 연구자들에게 매력적이고 생산적인 연구의 노선이 될 것이다(Korpela, 2012).

참고문헌

Abbott-Chapman, J., & Robertson, M. (2001). Youth, leisure and home: Space, place and identity. *Society and Leisure, 24*, 485-506.

Abbott-Chapman, J., & Robertson, M. (2009). Adolescents' favourite places: Re-defining the boundaries between private and public space. *Space and Culture, 12*, 419-434.

Baumeister, R. F., Faber, J. E., & Wallace, H. M. (1999). Coping and ego-depletion: Recovery after the coping process. In C. R. Snyder (Ed.), *Coping: The psychology of what works* (pp. 50-69). Oxford, UK: Oxford University Press.

Baumeister, R. F., & Leary, M. R. (1995). The need to belong: Desire for interpersonal attachment as a fundamental human motivation. *Psychological Bulletin, 117*, 497-529.

van den Berg, A. E., Koole, S., & van der Wulp, N. (2003). Environmental preference and restoration: (How) they are related? *Journal of Environmental Psychology, 23*, 135-146.

Berman, M. G., Jonides, J., & Kaplan, S. (2008). The cognitive benefits of interacting with nature. *Psychological Science, 19*, 1207-1212.

Berto, R. (2005). Exposure to restorative environments helps restore attentional capacity. *Journal of Environmental Psychology, 25*, 249-259.

Bixler, R. D., & Floyd, M. R. (1997). Nature is scary, disgusting and uncomfortable. *Environment and Behavior, 29*, 443-467.

Bourdieu, P. (1984). *Distinction: A social critique on the judgment of taste* (R. Nice, Trans.). London: Routledge. (Original work published 1979)

Cackowski, J. M., & Nasar, J. L. (2003). The restorative effects of roadside vegetation:

Implications for automobile driver anger and frustration. *Environment & Behavior, 35*, 736-751.

Campos, J. J., Frankel, C. B., & Camras, L. (2004). On the nature of emotion regulation. *Child Development, 75*, 377-394.

Caspi, A., Roberts, B. W., & Shiner, R. L. (2005). Personality development: Stability and change. *Annual Review of Psychology, 56*, 453-484.

Chawla, L. (1992). Childhood place attachments. In I. Altman & S. M. Low (Eds.), *Place attachment* (pp. 63-86). New York: Plenum Press.

Coble, T. G., Selin, S. E., & Erickson, B. B. (2003). Hiking alone: Understanding fear, negotiation strategies and leisure experience. *Journal of Leisure Research, 35*, 1-22.

Cole, D. N., & Hall, T. E. (2010). Experiencing the restorative components of wilderness environments: Does congestion interfere and does length of exposure matter? *Environment and Behavior, 42*, 806-823.

Cooper-Marcus, C. (1978). Remembrance of landscapes past. *Landscape, 22*, 35-43.

COSTE39 Action. (2007). Health and the natural outdoors. Final report. Retrieved, August 13, 2013, from http://www.e39.com.ee/

Day, K. (1995). Assault prevention as social control: Women and sexual assault prevention on urban college campuses. *Journal of Environmental Psychology, 15*, 261-281.

Ellemers, N. (2012). The group self. *Science, 336*, 848-852.

Evans, W. P., Owens, P., & Marsh, S. C. (2005). Environmental factors, locus of control, and adolescent suicide risk. *Child and Adolescent Social Work Journal, 22*, 301-319.

Faber Taylor, A., & Kuo, F. E. (2009). Children with attention deficits concentrate better after walk in the park. *Journal of Attention Disorders, 12*(5), 402-409.

Festinger, L. (1954). A theory of social comparison processes. *Human Relations, 7*, 117-140.

Gross, H., & Lane, N. (2007). Landscapes of the lifespan: Exploring accounts of own gardens and gardening. *Journal of Environmental Psychology, 27*, 225-241.

Gross, J. J. (1998). The emerging field of emotion regulation: An integrative review. *Review of General Psychology, 2*, 271-299.

Gulwadi, G. B. (2006). Seeking restorative experiences: Elementary school teachers' choices for places that enable coping with stress. *Environment & Behavior, 38,* 503-520.

Harden, J. (2000). There's no place like home. The public/private distinction in children's theorizing of risk and safety. *Childhood, 7,* 43-59.

Hartig, T. (2004). Restorative environments. In C. Spielberger (Ed.), *Encyclopedia of applied psychology* (Vol. 3, pp. 273-279). San Diego, CA: Academic Press.

Hartig, T., Evans, G. W., Jamner, L. D., Davis, D. S., & Gärling, T. (2003). Tracking restoration in natural and urban field settings. *Journal of Environmental Psychology, 23,* 109-123.

Hester, R. (1979, September). A womb with a view: How spatial nostalgia affects the designer. *Landscape Architecture, 69,* 475-482.

Johansson, M., Hartig, T., & Staats, H. (2011). Psychological benefits of walking: Moderation by company and outdoor environment. *Applied Psychology: Health and Well-Being, 3,* 261-280.

Jorgensen, A., Hitchmough, J., & Dunnett, N. (2007). Woodland as a setting for housing-appreciation and fear and the contribution to residential satisfaction and place identity in Warrington New Town, UK. *Landscape and Urban Planning, 79,* 273-287.

Kaplan, R., & Kaplan, S. (1989). *The experience of nature: A psychological perspective.* Cambridge, NY: Cambridge University Press.

Kaplan, R., & Kaplan, S. (2011). Well-being, reasonableness, and the natural environment. *Applied Psychology: Health and Well-Being, 3,* 304-321.

Kaplan, S. (1995). The restorative benefits of nature: Towards an integrative framework. *Journal of Environmental Psychology, 15,* 169-182.

Kaplan, S., & Kaplan, R. (1982). *Cognition and environment: Functioning in an uncertain world.* New York: Praeger Publishers.

Knez, I. (2006). Autobiographical memories for places. *Memory, 14,* 359-377.

Konings, C. (2012). How the presence of others can effect psychological restoration. A social context for restorative environments. Unpublished master's thesis, Department of Social and Organizational Psychology, Leiden, the Netherlands.

Korpela, K. (1989). Place-identity as a product of environmental self-regulation. *Journal of Environmental Psychology, 9,* 241-256.

Korpela, K. (1992). Adolescents' favourite places and environmental self-regulation. *Journal of Environmental Psychology, 12,* 249-258.

Korpela, K. (2002). Children's environment. In R. B. Bechtel, & A. Churchman (Eds.), *Handbook of environmental psychology* (pp. 363-373). New York: John Wiley.

Korpela, K. (2012). Place attachment. In S. Clayton (Ed.), *The Oxford handbook of environmental and conservation psychology* (pp. 148-163). New York: Oxford University Press.

Korpela, K., & Hartig, T. (1996). Restorative qualities of favorite places. *Journal of Environmental Psychology, 16,* 221-233.

Korpela, K., Hartig, T., Kaiser, F., & Fuhrer, U. (2001). Restorative experience and self-regulation in favorite places. *Environment & Behavior, 33,* 572-589.

Korpela, K., & Ylén, M. (2007). Perceived health is associated with visiting natural favourite places in the vicinity. *Health & Place, 13,* 138-151.

Korpela, K., & Ylén, M. (2009). Effectiveness of favorite place prescriptions–A field experiment. *American Journal of Preventive Medicine, 36,* 435-438.

Korpela, K. M. (2003). Negative mood and adult place preference. *Environment & Behavior, 35,* 331-346.

Korpela, K. M., Kyttä, M., & Hartig, T. (2002). Restorative experience, self-regulation, and children's place preferences. *Journal of Environmental Psychology, 22,* 387-398.

Laufer, R., & Wolfe, M. (1976). The interpersonal and environmental context of privacy invasion and response. In P. Korosec-Serfaty (Ed.), *Appropriation of space* (pp. 516-535). Strasbourg, France: Institut Louis Pasteur.

Laumann, K., Gärling, T., & Stormark, K. M. (2003). Selective attention and heart rate responses to natural and urban environments. *Journal of Environmental Psychology, 23,* 125-134.

Lederbogen, F., Kirsch, P., Haddad, L., Streit, F., Tost, H., Schuch, P., et al. (2011). City living and urban upbringing affect neural social stress processing in humans. *Nature, 474,* 498-501.

Li, Q. (2010). Effect of forest bathing trips on human immune function. *Environmental Health and Preventive Medicine, 15,* 9-17.

Lofland, L. L., (1998). *The public realm: Exploring the city's quintessential social territory.* New York: Walter de Gruyter.

Maller, C., Townsend, M., Pryor, A., Brown, P., & Leger, L. (2005). Healthy nature healthy people: Contact with nature as an upstream health promotion intervention for populations. *Health Promotion International, 21*(1), 45-54.

Maxwell, L. E. (1996). Multiple effects of home and day care crowding. *Environment and Behavior, 28,* 494-511.

Milgram, S. (1970). The experience of living in cities. *Science, 167,* 1461-1468.

Nasar, J. L., & Jones, K. M. (1997). Landscapes of fear and stress. *Environment and Behavior, 29,* 291-323.

Newell, P. B. (1994). A systems model of privacy. *Journal of Environmental Psychology, 14,* 65-78.

Newell, P. B., (1997). A cross-cultural examination of favourite places. *Environment & Behavior, 29,* 495-514.

Owens, P. E. (1988). Natural landscapes, gathering places, and prospect refuges: Characteristics of outdoor places valued by teens. *Children's Environmental Quarterly, 5,* 17-24.

Owens, P. E. (1994). Teen places in Sunshine, Australia: Then and now. *Children's Environments, 11,* 292-299.

Owens, P. E., & McKinnon, I. (2009). In pursuit of nature: The role of nature in adolescents' lives. *Journal of Developmental Processes, 4,* 43-58.

Park, B, -J., Tsunetsugu, Y., Kasetani, T., Hirano, H., Kagawa, T., Sato, M., et al. (2007). Physiological effects of Shinrin-yoku (taking in the atmosphere of the forest)-Using salivary cortisol and cerebral activity as indicators. *Journal of Physiological Anthropology,*

26, 123-128.

Parsons, R., Tassinary, L. G., Ulrich, R. S., Hebl, M. R., & Grossman-Alexander, M. (1998). The view from the road: Implications for stress recovery and immunization. *Journal of Environmental Psychology, 18*, 113-140.

Regan, C. L., & Horn, S. A. (2005). To nature or not to nature: Associations between environmental preferences, mood states and demographic factors. *Journal of Environmental Psychology, 25*, 57-66.

Rieder, M. (2012). Effects of social interaction on restoration in nature. Unpublished master's thesis, Department of Social and Organizational Psychology, Leiden, the Netherlands.

Schroeder, H. (2002). Experiencing nature in special places: Surveys in the North-Central region. *Journal of Forestry, 100*, 8-14.

Smaldone, D., Harris, C., & Sanyal, N. (2005). An exploration of place as a process: The case of Jackson Hole, WY. *Journal of Environmental Psychology, 25*, 397-414.

Smith, F., & Barker, J. (2000). Contested spaces: Children's experiences of out of school care in England and Wales. *Childhood, 7*, 315-333.

Sobel, D. (1990). A place in the world: Adults' memories of childhood special places. *Children's Environments Quarterly, 7*, 5-12.

Sommer, B., (1990). Favorite places of Estonian adolescents. *Children's Environmental Quarterly, 7*, 32-36.

Staats, H. (2012). Restorative environments. In S. Clayton (Ed.), *The Oxford handbook of environmental and conservation psychology* (pp. 445-458). New York: Oxford University Press.

Staats, H., & Hartig, T. (2004). Alone or with a friend: A social context for psychological restoration and environmental preferences. *Journal of Environmental Psychology, 24*, 199-211.

Staats, H., Van Gemerden, E., & Hartig, T. (2010). Preference for restorative situations: Interactive effects of attentional state, activity-in-environment, and social context. *Leisure Sciences, 32*(5), 401-417.

Staats, H., & Van der Jagt, A. P. N. (2013). Choosing a seat in a cafe. Effects of interior design, company, and attentional fatigue. Manuscript submitted for publication.

Tesser, A. (2002). Constructing a niche for the self: A bio-social, PDP approach to understanding lives. *Self and Identity, 1*, 185-190.

Thurber, C. A., & Malinowski, J. C. (1999). Environmental correlates of negative emotions in children. *Environment & Behavior, 31*, 487-513.

Ulrich, R., Simons, R. F., Losito, B. D., Fiorito, E., Miles, M. A., & Zelson, M. (1991). Stress recovery during exposure to natural and urban environments. *Journal of Environmental Psychology, 11*, 201-230.

Ulrich, R. S. (1981). Natural versus urban scenes: Some psychophysiological effects. *Environment and Behavior, 13*, 523-556.

Weinberger, N. (2006). Children's use of retreats in family child care homes. *Early Education and Development, 17*, 571-591.

Wohlwill, J. F. (1983). The concept of nature. A psychologist's view. In I. Altman & J. F. Wolwill (Eds.), *Human behavior and environment. Advances in theory and research: Vol. 6. Behavior and the natural environment* (pp. 5-37). New York: Plenum Press.

제 2 부

임상적
관점

사회적 무쾌감증과 고독

Thomas R. Kwapil, Paul J. Silvia, & Neus Barrantes-Vidal

인간의 행동은 주로 사회적 환경 속에서 일어나며, 사회적 환경은 적어도 대부분의 인간의 활동을 위한 배경을 제공한다. 더욱이 사회적 상호작용을 계획하고, 참여하며, 정신적으로 재현하는 활동은 우리의 많은 활동 중에서도 핵심을 차지한다. 주의 깊게 수행된 연구결과 및 검증되지 않은 경험 모두에 비추어 볼 때, 사회적 상호작용에 대한 관심, 추구, 그리고 성공 여부에 있어 개인차가 광범위하게 나타난다. 사회적 기능은 다양한 요인으로 인해 방해받을 수 있는데, 여기에는 사회불안, 편집증, 성격 특징의 극단성(외향성과 내향성) 등이 포함된다.

혼히 잘 고려하지 않는 사회적 기능의 방해요인 중 하나는 **사회적 무쾌감증**(social anhedonia)이라는 용어에 잘 드러나 있다. 사회적 무쾌감증은 일반적으로 사회적 접촉에 특성적으로 무관심하고, 사회적 접촉으로부터 얻는 즐거움이 약화되어 있으며, 이로 인해 사회적 관계 및 상호작용이 줄어드는 것으로 정의된다. Silvia와 Kwapil(2011)은 사회적 무쾌감증의 주요한 특징인 사회적 무관심(social disinterest)이 사회적 접촉으로부터 적은 보상을 얻는 것과 관련된다는 점에 주목하였다. 이것은 사회불안(자세한 내용은 Alden과 Auyeung이 저술한 이 책의 2권 8장 참조)과 대조적이다. 사회불안은 사회적 접촉에 대한 욕구가 사회적 평가 및 창피 당하는 것에 대한 두려움과 부딪히는 특징을 보인다. 또한 사회적 무쾌감증은 우울증 때문에 나타나는 일시적인 사회적 무관심, 건강한 내향성, 혼자 하는 활동을 즐기는 것과 구별된다(자세한 내용은 Zelenski, Sobocko와 Whelan이 저술한 이 책의 1권 11장 참조). 사회적 무쾌감증의 역사적 뿌리는 분열형 성격(schizotypy), 분열성 성격(schizoid personality) 및 조현병(schizophrenia)의 개념화에서 찾을 수 있으며, 이 영역의 많은 연구는 정신병리적 접근에서 비롯되었다. 이 장에서는 사회적 무쾌감증을 개관하고, 이 개념의 이론적 배경을 제시하며, 경험적 연구를 검토하는 동시에 앞으로의 연구 방향을 살펴본다.

사회적 무쾌감증에 대한 이해

사회적 무쾌감증의 역사적 뿌리

사회적 무쾌감증의 개념은 분열형 성격과 조현병에 대한 연구에서 비롯되었다. 사회적 무관심과 고립(isolation)은 분열성 성격장애 및 분열형 성격장애의 특성일 뿐 아니라 조현병의 전구기, 활성기, 잔류기 증상의 특징이기도 하다. Kraepelin(1913/1919)과 Bleuler(1911/1950)는 그들의 대표적인 저서에서 무사회성(asociality)을 조현병 환자, 조발성 치매 환자, 조현병 진단 이전 상태(preschizophrenic condition)의 환자의 특징이라고 기술하였다. Hoch(1910)는 많은 환자의 사회적으로 위축된 병전 기능의 특징을 은둔형 성격(shut-in personality)이라고 하였다. Clausen과 Kohn(1960)은 "조현병이 사회심리이론의 핵심(개인과 그가 속한 사회 간의 관계, 즉 개인의 성격과 사회적 맥락 간의 문제)

에 관한 문제를 제기한다."(p. 295)고 기술하였다. 마지막으로 Kretschmer(1925)는 사회적으로 위축된 사람들을 설명하기 위해 **분열성**(schizoid)이라는 용어를 사용하였는데, 조현병 진단 이전 상태의 환자들이 보이는 위축 행동은 세상에 대한 성격적 무관심의 결과라고 제안하였다.

사회적 무쾌감증은 조현병 발달에 대한 Rado(1956)의 모형에서 중추적인 역할을 하였고, 이 모형은 Meehl(1962)의 분열형 성격(schozotypy)에 관한 이론에 큰 영향을 주었다. 분열형 성격은 성격 구조를 의미하는데, 이는 기저해 있는 조현병에 대한 발달적 취약성 때문에 생겨난다(Claridge, 1997; Kwapil, Barrantes-Vidal, & Silvia, 2008; Lenzenweger, 2010). 분열형 성격은 인지적·행동적·정동적(affective)·대인관계적 결핍을 포함하는데, 이는 준임상적(subclinical) 수준에서 임상적 수준에 이르는 연속선 상에서 분포한다. 따라서 조현병은 분열형 성격의 가장 심각한 형태의 표현형인 셈이다. 분열형 성격은 더 확장시킨다면 조현병도 다차원적인 구성개념이다. 이 차원들에는 양성 증상(망상과 환각 포함), 음성 또는 결핍 증상(사회적 위축, 무쾌감증, 둔마된 정동, 사고 결핍), 그리고 와해(인지와 행동의 퇴화; 예: Vollema & van den Bosch, 1995)가 있다. 사회적 무쾌감증은 차원 중 음성 증상에 포함된다.

사회적 무관심과 위축에 대해서는 Kreapelin(1913/1919)과 Bleuler(1911/1950)가 그들의 주요 저서에서 기술하고 있지만, 사회적 무쾌감증은 비교적 새로운 용어다. Silvia와 Kwapil(2011)은 PsycINFO에서 사회적 무쾌감증을 검색하여 134편의 연구물(주로 분열형 성격과 조현병의 연구에서)을 찾을 수 있었지만, 이 중 단 2편만이 1976년 이전에 출판된 것이다. 이는 Meehl(1962)이 개념화시킨 분열형 성격이라는 구성개념에 대해 관심이 증가하고 있다는 점과 이 개념이 임상심리학 외의 사회 및 성격 심리학 같은 영역에서는 그리 관심을 받지 못한 점을 반영하는 것일 수 있다.

사회적 무쾌감증과 소속 욕구

사회적 무쾌감증은 역사적으로 분열형 성격과 조현병의 영역 내에서 연구되었지만,

개인차의 한 차원으로 볼 수도 있다. 높은 수준을 보이는 사람들은 고독과 사회적 위축과 같은 명백한 행동적 결과를 보일 수 있겠으나, 연속선상에 있는 수준에 따라 개인별로 의미 있는 차이가 있다.

우리는 사회적 무쾌감증의 연속선적인 개념을 Baumeister와 Leary(1995)의 소속 욕구(need to belong)를 사용하여 개념화해 왔다. Baumeister와 Leary(1995)는 사람들이 "적어도 최소한의 지속적이고 긍정적이며 의미 있는 개인 간의 관계를 형성하고 유지하려는 욕구를 가지고 있다."(p. 497)고 주장하였다. 여기에 접근-회피 동기 모델을 적용하여(Elliot, 2008; Nikitin과 Schoch가 저술한 이 책의 1권 12장 참조) 우리는 소속 욕구를 접근 동기로 해석하였다. 즉, 소속 욕구 때문에 사람들은 관계를 원하고, 형성하고, 유지하는 동기를 가지게 된다. 소속 욕구는 욕구를 불러일으키고, 보상을 추구하게 만드는 특성을 갖는다. 사람들은 사회적 관계가 보상을 주기 때문에 그것을 추구하지 외로움이 두려워 사회적 관계를 추구하는 것은 아니다. 그래서 우리의 관점에서 볼 때 사회적 무쾌감증은 소속 욕구가 감소된 것을 의미한다. 즉, 사회적 무쾌감증의 특징 중 고독이라는 부분은 타인과 연결되려는 욕구가 약해진 것을 반영하는 것이지 타인을 회피하려는 욕구가 커진 것을 의미하는 것은 아니다. 이와 대조적으로 사회불안을 가진 사람들은 접근-회피 갈등을 느낀다. 그들은 다른 사람들을 판단적·비판적·위협적 존재로 보기 때문에 타인을 회피하고 싶은 동기를 가지지만, 동시에 친밀한 관계를 맺기 위해 다른 사람에게 접근하고 싶은 동기도 가진다(Leary & Kowalski, 1995; Pontari, 2009). 사회적으로 불안한 사람들은 사회적 두려움 때문에 소속 욕구가 좌절되지만, 대조적으로 사회적 무쾌감증을 가진 사람들은 접근하고 싶은 동기가 적다.

조현병 연구에서 사회적 무쾌감증의 기원에 대한 이론

Silvia와 Kwapil(2011)은 사회심리학과 성격심리학이 사회적 무쾌감증이라는 구성개념에 대해 대체로 간과해 왔다고 지적하였다. 그로 인해 이 개념과 관련된 대부분의 이론적 문헌은 조현병과 분열형 성격에 관한 연구로부터 나왔다. 그러나 우리는 사회적 무쾌감증의 조현병 증상으로서의 측면과 기질적 소인(temperamental disposition)으로서의 측면을 통합하는 과정을 통해 고독에 대하여 한층 더 이해할 수 있게 될 것이라고 생각한다. 조현병에 대한 대표적인 역사적 모델에 따르면, 조현병의 증상들은 기본 신경인지적 기능의 결함을 반영하기 때문에 신경인지적 기능의 결함과 관련된 요소에 초점을 맞추어 연구가 진행되어 왔다. 더욱이 Kraepelin(1913/1919)은 정동적 정신증과 비정동적 정신증을 구분하였는데, 이는 조현병에 있어서 정서적 측면이 이차적인 역할을 한다는 가정을 부채질하였다. 그러나 이러한 장애들이 독립적으로 존재하는 실체가 아니며, 정서적 요인들과 사회적 요인들이 신경인지적 결함을 통해 전적으로 설명되는 것이 아니라는 주장이 나타나면서 조현병의 사회적 및 정서적 기능부전의 기저에 있는 기제들이 새롭게 주목받기 시작하였다. 더욱이 사회신경과학, 인지신경과학, 정서신경과학이 나타나면서 정서적 지각 및 표현의 기반에 대해 새로운 관심이 나타났다.

무쾌감증의 본질과 사회적 위축에서의 역할에 대한 현 쟁점들

음성 증상은 두 가지의 관련 영역으로 나뉜다. 하나는 감소된 쾌락 추동(drive)과 쾌락 경험(experience)인데, 이는 무쾌감증, 무동기, 무감정/무의지의 기저가 된다. 다른 하나는 감소된 정서 표현(expression)인데, 여기에는 둔마된 정동, 빈곤한 언어(speech), 무사회성(Foussias & Remington, 2010)이 포함된다. 전통적으로 무쾌감증을 보이는 환자들에 대해서는 쾌락을 경험하거나 표현하는 능력이 없다고 가정하였다. 그러나 최근 누적된 문헌들에서는 조현병을 가진 사람들이 진정 긍정 정서를 경험할 능력이 없는지, 진실로 쾌락 결손이 있는지에 대한 의문을 제기하고 있다(Barch & Dowd, 2010; Kring & Moran, 2008). 실험적 증거에 따르면, 조현병 환자들도 순간적으로는 유쾌한 감정과 불쾌한 감정을 일반인의 수준과 비슷한 강도로 경험한다고 한다. 한편, 자기보고식 검사에서는 일관적으로 **특질적** 무쾌감증과 정서 표현 결손이 높은 수준으로 나타나고 있다. 이러한 특징은 Cohen, Najolia, Brown 및 Minor(2011)의 개관에 따르면 '정서적 역설(emotional paradox)'로 지칭되기도 하는데, 우리는 무쾌감증의 상태–특질 괴리 (state-trait disjunction)를 요약하였다.

Gard, Kring, Gard, Horan 및 Green(2007)은 조현병 환자들이 쾌라 상태를 기대하는 데 있어서 특정한 결함이 있지만, 완료적 쾌락(consummatory pleasure)에서는 상대적으로 손상이 없다고 하였다. 그러므로 환자들에게 그들이 느낀 즐거움[이는 **예기적 쾌락** (anticipatory pleasure) 신경회로체계의 활성화에 따라 결정됨]을 면접이나 설문으로 평가하게 하면, 해당 순간에는 비록 즐거움을 느꼈더라도 그 즐거움을 축소 보고하는 경향이 있다. 이는 **원하는 것**(wanting, 예기적 쾌락)과 **좋아하는 것**(liking, 완료적 쾌락)에 기저하는 신경 회로가 구분되어 있음을 시사한다(Berridge & Robinson, 2003). 조현병에서 나타나는 도파민계 활동의 뚜렷한 손상은 예기적 쾌락과 더 강하게 관련되는데, 이는 세로토닌계와 오피오이드계와 관련되는 완료적 쾌락과는 다르다.

조현병 환자들이 예기적 쾌락에는 결손이 있지만, 완료적 쾌락에서는 그렇지 않은 양상은 사회적 상호작용에서 즐거움을 적게 경험한다는 특질적 무쾌감증과 관련지어 생각했을 때 상충적으로 보인다. 그러나 (신체적 혹은 비사회적이 아닌) 사회적 무쾌감증이 특질적 성질을 갖는다는 일관된 증거를 제시하는 연구들이 있다. Cohen과 동료들(2011)에 따르면, 정신분열 스펙트럼에서 나타나는 무쾌감증은 특히 **사회적**일 수 있는데, 이는 사회적 상황이 내포하고 있는 모호함으로 인해 정서적 · 사회적 · 신경인지적 체계에 더 많은 노력이 요구되기 때문이다. 사회적 자극의 특정 측면들 때문에 처리가 더 어려워질 가능성이 있지만, 이러한 어려움이 **사회적** 성질 그 자체 때문인 것인지, 아니면 자극 자체의 복잡성과 모호함 때문인지는 아직 알려져 있지 않다.

정서적 기억의 손상

특질적 무쾌감증은 주관적으로 경험한 긍정 정서에 대한 기억의 손상을 반영하는 것일 수 있다(Horan, Green, Kring, & Nuechterlein, 2006). 예기적 쾌락이 과거 긍정적 경험의 기억으로부터 강한 영향을 받으므로 경험을 보상적인 것으로 회상하거나 부호화시키는 기능에 장애가 있는 것은 위축에 기여할 수도 있다. 또한 무쾌감증을 보이는 사람들은 정서적 유인가를 갖는 정보, 특히 쾌락적 자극을 적게 기억하는 편향성을 보일 수 있다. 이는 정서가 기억 기능을 조절(modulate)한다는 가설과 일치한다(McGaugh, 2004).

Herbener(2008)는 무쾌감증이 경험을 장기기억으로 통합하는 능력의 결함에서 비롯된다는 증거를 개관하였다. 정서가 장기 일화 기억(long-term episodic memory)에 영향을 주는 방식에 관한 두 가지 모델이 존재한다. 장기기억의 생물학적인 기질(基質)인 장기강화작용(Long-Term Potentiation: LTP)[1]은 정서적 자극을 처리하는 데 관여하는 뇌 영역에 의해 조절된다. 정서적으로 각성되는 자극은 편도체 활동을 증가시키며, 이는 해마에서 LTP를 강화시키는 일련의 사건들을 일으킨다. 조현병을 가진 사람들은 편도체의 부피가 비정상적이고, 정서적 자극에 대한 반응으로 나타나는 편도체 활동이 감소되며, 이는 LTP를 방해하고 정서적 자극에 대한 기억력을 손상시킬 수 있음을 보여주는 증거가 있다. 한편, 기억을 적절히 높이는 자극의 수준보다 편도체와 자율신경 활동의 기초선 수준이 더 높을 수 있다는 의견이 있다. 이는 자극이 **현저할**(salient) 때, 복측피개영역(ventral tegmentum)이 LTP를 지원하기 위해 폭발적으로 도파민을 해마로 내보낸다는 증거에서 비롯된다.

Gold, Waltz, Prentice, Morris 및 Heerey(2008)는 정서학습의 손상이 시작됨에 따라 자극의 가치에 대한 정신적 표상을 유지하는 능력이 감소되면서 무쾌감증이 나타난다고 제안하였다. 정서 경험, 이전의 보상, 동기적 목표를 내적으로 표상하는 능력에 결함이 있으면 미래를 위해 동기화된 행동이 일어날 가능성이 감소된다. 조현병을 가진 사람들은 강화학습과 보상 예측에 대한 결함이 있다는 증거가 존재하는데, 이는 '원하는 것'을 관할하는 회로체계(wanting circuitry)의 장애와 일치한다(Barch & Dowd, 2010).

---

1) 역자 주: 특정 패턴의 시냅스 입력에 의해 시냅스 전달이 장기적으로 증강되는 것

낮은 쾌락 신념 도식

Strauss와 Gold(2012)는 최근 정서적 자기보고의 접근성 모델(Robinson & Clore, 2002)을 사용하여 조현병의 무쾌감증을 새롭게 개념화하였다. 이 모델은 개인이 현재의 감정을 보고할 때 경험적 지식에 접근하여 자신의 정서에 대한 정보를 직접 제공한다고 본다. 그러나 비현재적 감정을 보고하도록 요구하면 사람들은 일화 기억을 사용해서 관련 맥락 정보를 인출하여 이전의 정서 경험을 재산출할 수 있게 된다. 건강한 사람들은 전형적으로 비현재적 경험을 보고하는 동안에 쾌락을 과잉 평가하는데, 이는 의미(semantic) 지식 저장고에서 인출하며, 상황–특정적 혹은 정체성–관련 신념에 의지하기 때문이며, 이는 조현병 환자들과 대조를 이룬다. '일반적으로(in general)'라는 시간 틀과 무쾌감증에 대한 자기보고 척도의 가설적 특성은 생활사건을 평균화하고 쾌락에 대한 신념을 이끌어 내는 것을 어렵게 할 수 있다. 상황별 세부사항을 기억하는 능력은 시간이 지나면서 빠르게 쇠퇴한다. 그리고 과거의 정서를 보고하는 데 필요한 일화적 세부 정보가 너무 적을 때, 사람들은 의미기억을 이용하거나 정보를 채울 수 있는 정서에 대한 보다 일반적인 신념에 의존한다. 따라서 회고적 보고들은 실제 경험한 정서와 일치하지 않을 수도 있다. 감소된 쾌락과 관련된 신념의 기원은 아직 밝혀지지 않았지만, Strauss와 Gold(2012)는 쾌락에 대한 신념을 형성하는 초기의 부정적 생활사건(예: 사회적 거부)뿐만 아니라 즐거움에 대한 규준적인 신념을 발달시키기에는 충분하지 않은 쾌락 경험의 역사에서 비롯된다고 추측하였다. 그들은 정체성 관련 신념과 정서적 도식을 활용하여 생활사건의 세부사항이 조직되고 재구성된다는 증거를 인용하였으며, 도식과 일치하지 않는 정보는 쉽게 망각된다고 제안하였다.

정서 조절 결함

정서 조절은 불쾌한 상태를 줄이고 긍정적 상태를 강화시키는 전략과 관련이 있다. Cohen과 동료들(2011)은 불쾌한 정서를 약화시키는 기능의 결함이 즐거운 상태에 대한 경험을 방해하는 것으로 보았고, 무쾌감증은 부분적으로 긍정 정서의 비정상성이라기보다는 매 순간 부정 정서가 증가하는 것일 수도 있다고 주장하였다. 전전두엽과 전방대상피질 영역은 변연계의 조직들, 그중 특히 편도체로부터 유발되는 부정 정서를 조절하여 감소시킨다. 따라서 조현병에서 나타나는 전두엽 기능의 결함은 변연계의 과잉 활동에 기여할 수 있다(Cohen & Minor, 2010).

사회-정서적 처리과정의 결함

정서적 · 보상적 · 사회적 뇌 체계에 있어 나타나는 개인차는 사회적 접촉에 대한 동기가치 부여(motivational value)에 영향을 준다. 사회적 맥락을 이해하고, 정서를 인식하며, 조절하는 데 어려움을 겪는 것은 고립에 대한 선호에 영향을 미칠 수 있다. 정서 처리를 위한 핵심 조직인 편도체는 공포스러운 자극을 의식적으로 알아차리기 전에 그 자극에 의해 활성화되며, 정서적 자극에 대한 반응으로 대뇌피질의 활성화를 증가시킨다(Phelps & LeDoux, 2005). 편도체는 특정 자극에 현저성(salience)을 할당하기 위해 도파민 관련 조직들과 상호작용한다(Laviolette, 2007). 도파민의 핵심 기능은 쾌락과 관련된 주관적 즐거움을 촉진하고, 보상 단서를 확인하며, 동기적 현저성을 매개하는 것이다(Kapur, 2003). 도파민 기능부전은 보상 단서에 대한 반응을 무력화하여 동기적 추동을 감소시킴으로써 사회적 무관심을 야기하는 방식으로 시스템의 혼란을 증가시킬 수 있다(Howes & Kapur, 2009).

Rosenfeld, Lieberman 및 Jarskog(2011)는 정서를 처리하는 사회적 인지 기능에서 노나펩타이드 호르몬 옥시토신(nonapeptide hormone oxytocin)의 역할이 중요하다고 강조하였다. 옥시토신은 사회적 기억, 공감, 신뢰, 애착 등과 같은 사회적 및 정서적 행동뿐만 아니라 사회적 결함과 관련되는 장애에도 영향을 미친다. Rosenfeld와 동료들(2011)은 옥시토신이 사회적 행동에 미치는 영향은 편도체 및 편도체의 도파민 연결망을 통해 매개된다고 제안하였다. 정서적 자극의 사회적 관련성은 편도체로 투입되는 옥시토신의 정도를 수정하며, 옥시토신은 정서적 자극에 대한 반응을 약화시킬 수 있고, 이에 친사회적 행동이 촉진될 수 있다. 이 연구자들은 옥시토신 시스템의 활동이 사회적 맥락에서 정서적 자극을 처리하는 데 필수적이라고 주장하였다. 이와 관련하여 옥시토신은 초기 발달 단계에서 생리적 효과를 나타내는 것으로 보이며, 따라서 옥시토신 조절곤란은 사회-정서적 유능성의 신경발달적 결함에 기여할 수도 있다.

애착 이론

Bowlby(1988)는 사람들이 자신과 타인에 대한 **내적작동모델**(internal working models)을 통해 주요인물과의 초기 상호작용을 인지적, 정서적으로 부호화한다고 가정하였다. 이러한 모델은 애착 유형의 기초를 제공한다. 애착 유형이란 애착 경험을 내재화하여 안정적인 혹은 불안정적인 방식으로 발달하게 되는 관계에 대한 기대, 욕구, 정서 및 행동의 패턴으로 정의된다(자세한 내용은 Mikulincer와 Shaver가 저술한 이 책의 1권 3장 참조). Bartholomew와 Horowitz(1991)는 두 가지 애착 차원으로 설명하였다. **불안애착**(anxious attachment)은 자신에 대한 부정적 도식을 특징으로 하고, **회피애착**(avoidant attachment)은 타인이 가용하지 않고 지지적이지도 않다는 판단을 특징으로 한다. 회피애착은 사회적 회피, 자신감과 독립에 대한 과도한 욕구, 그리고 정서적 거리와 관련이 있다(Mikulincer & Shaver, 이 책의 1권 3장 참조). 회피성이 높은 사람들은 잠재적 위협에 대해 무시하거나, 정서에 대해 의식적으로 차단시키며, 감정적 반응이 약해지는 등의 비활성화 전략을 취한다. 방임적인 초기 환경은 비활성화 전략을 사용하게 하고, 회피의 발달을 촉발할 수 있으며, 이는 사회적 무쾌감증의 소인을 형성하는 역할을 한다.

사회적 무쾌감증에 대한 경험적 연구

앞서 언급한 것과 같이, 사회적 무쾌감증은 사회적 접촉에 대한 특질적 무관심을 가지고 있어 고독해지는 것으로 정의하였다. 임상 및 비임상 집단을 대상으로 한 사회적 상호작용의 발달과 경험에 대한 광범위한 연구문헌이 있지만, 여기서는 비환자군의 사회적 무쾌감증에 대한 횡단 연구, 정신병리학적 위험성에 관한 종단 연구, 그리고 일상생활에서 사회적 무쾌감증을 표현하는 것에 대한 경험-표집(experience-sampling) 연구를 소개하기로 한다.

사회적 무쾌감증의 측정

사회적 무쾌감증에 대한 연구는 Chapman 부부와 동료(1976)가 정신증 경향성을 평가하는 연구 프로그램의 한 부분으로 개발한 사회적 무쾌감증 질문지로 거슬러 올라간다. Chapman, Chapman 및 Raulin(1976)은 Meehl(1964)의 분열형 성격 특징 체크리스트를 기반으로 **사회적 무쾌감증 척도**(Social Anhedonia Scale) 원판을 개발하였다. Meehl(1964)이 기술한 내용에 근거하여 이 척도는 사회적 무관심과 사회적 두려움 두 가지 모두를 측정하는 문항을 포함시켰으나, 정신증적 경험을 효과적으로 예측하지는 못하였다. 이에 Eckblad, Chapman, Chapman 및 Mishlove(1982)는 사회불안 문항을 제거하고 분열성 위축을 측정하는 문항을 추가하여 이 척도를 개정하였다. 확인적 요인분석 결과(예: Brown, Silvia, Myin-Germeys, Lewandowski, & Kwapil, 2008; Kwapil et al., 2008), 이 척도는 음성 증상 분열형 성격요인에는 높게 적재되지만 양성 증상 분열형 성격요인에는 작은 교차 부하량을 가지는 것으로 나타났다. 이 장에서 인용하는 대부분의 연구는 이 척도를 사용하여 사회적 무쾌감증을 측정하였다. 분열형 성격이나 조현병과 관련된 사회적 기능장애를 측정하기 위해 개발된 다른 척도들도 있지만, 이들 중 다수가 진단적 특징에 초점을 맞추고 있거나 사회적 무쾌감증과 불안을 혼합하여 평가한다는 점에 유의하기를 바란다. **분열형 성격장애 설문지**(Schizotypal Personality Questionnaire; Raine, 1991)의 '친한 친구 부재(no close friends)' 하위 척도 및 **옥스포드 리버풀 감정 및 경험 척도**(Oxford-Liverpool Inventory of Feelings and Experiences; Mason, Claridge, & Jackson, 1995)의 '내향적 무쾌감증(introvertive anhedonia)' 하위 척도는 **사회적 무쾌감증 척도 개정판**(Revised Social Anhedonia Scale: RSAS)의 내용과 중복된다.

사회적 무쾌감증의 횡단적 평가

사회적 무쾌감증이 분열형 성격의 한 요소로 가정된다는 것을 고려하고, 많은 연구에서는 정신분열 스펙트럼 증상과 성격장애 특질 간의 횡단적 관련성을 살펴보았다. Kwapil, Crump 및 Pickup(2002)은 RSAS에서 높은 점수를 획득한 대학생들은 면접을 통해 측정한 정신증적 증상, 음성 증상, 분열형, 분열성 및 편집증 증상의 측정치가 통제집단에 비해 높았으며, 전반적 기능은 떨어졌다고 보고하였다. Horan, Brown 및 Blanchard(2007)에 따르면, 높은 수준의 사회적 무쾌감증을 나타내는 참여자들은 통제집단에 비해 분열형, 분열성 및 편집증 증상을 많이 나타낸다. 비슷한 결과로 분열형 성격에 대한 Maryland 종단 연구(Maryland Longitudinal Study of Schizotypy; Blanchard, Collins, Aghevli, Leunng, & Cohen, 2011)에서는 지역사회 표본 중 사회적 무쾌감증을 나타내는 참여자들을 횡단적으로 평가했을 때 통제집단에 비해 높은 수준의 정신분열 스펙트럼 성격 특질을 보였다. 더욱이 Cohen, Emmerson, Mann, Forbes 및 Blanchard(2010)는 사회적 무쾌감증을 나타내는 청년들의 친부모 중에서 정신분열 스펙트럼 성격장애의 비율이 높음을 발견하였다. Kwapil과 동료들(2008)은 음성적 분열형 성격 요인(대체로 RSAS의 부하량에 기초한)이 면접을 통해 평가된 분열형 증상들과 관련이 있다고 보고하였다.

많은 연구가 사회적 무쾌감증과 관련된 사회적 기능의 손상에 대해 살펴보았다. Mishlove와 Chapman(1985)은 원판 RSAS 척도에서 높은 점수를 받은 사람들을 통제집단과 비교해 보았을 때, 이들은 보다 적은 수의 친구를 가지고 있고, 사회적으로 고립되어 있으며, 교제에 대해 무관심을 보이고, 가족과의 사회적 어려움을 비롯한 전반적인 사회적 손상을 나타낸다고 설명하였다. Horan과 동료들(2007)은 무쾌감증을 나타내는 참여자들이 통제집단보다 더 적은 사회적 지지와 더 빈약한 사회적 대처를 보고한다는 점을 발견하였다. Kwapil과 동료들(2008)은 음성적 분열형 성격이 지속적인 이성관계를 유지하기 어렵게 만들고, 전반적인 사회적 결함, 친구관계, 이성교제, 가족관계에서 보이는 특정한 결함과 관련이 있다고 보고하였다.

일부 연구자들은 사회적 무쾌감증과 애착의 관련성에 대해 연구하였다. Leak(1991)는 사회적 무쾌감증이 친화적 경향성 및 사회적 관심과 부적 관계를 갖는다는 것을 발견하였다. Troisi, Alcini, Coviello, Nanni 및 Siracusano(2010)는 사회적 무쾌감증이 특히 친밀감에 대한 불편함과 낮은 사회적 자신감을 특징으로 하는 불안정 애착과 관련이 있다고 보고하였다. Berry, Wearden, Barrowclough 및 Liversidge(2006)는 사회적 무쾌감증이 주로 회피 애착과 관련이 있다고 보고하였다. Sheinbaum, Bedoya, Ros-Morente, Kwapil 및 Barrantes-Vidal(2013)은 스페인과 미국 표본 모두에서 음성적 분열형 성격을 가진 사람들이 불안정하고, 소원하며, 두려워하는 애착과 관련이 있다는 것을 발견하였다.

사회적 무쾌감증은 정서적 경험에서의 손상, 특히 긍정 정서의 감소를 특징으로 한다. Martin, Becker, Cicero, Docherty 및 Kerns(2001)는 사회적 무쾌감증을 보이는 참여자들이 통제집단과 비교했을 때 긍정 정서에 대한 주의력이 부족하다는 점을 밝혔다. 그들은 예기적 및 완료적 쾌락의 감소가 부정 정서로 설명되지 않는 점을 덧붙였다. Leung, Couture, Blanchard, Lin 및 Llerena(2010)는 사회적 무쾌감증을 보이는 여성들은 특질과 정서를 환기시키는 자극에 대한 반응으로 나타나는 긍정 정서가 줄어드는 특징을 보인다고 하였다. Martin과 Kerns(2010), Martin, Cicero 및 Kerns(2012)는 사회적 무쾌감증을 나타내는 참여자들은 통제집단과 비교했을 때, 정서적 프라이밍(priming) 과제에서 손상을 보인다는 점을 발견하였다. 연구자들은 사회적 무쾌감증이 인지 조절의 전반적 손상으로는 설명되지 않는 통제된 정서 처리과정 상에서 보이는 결함과 관련된다고 결론지었다. Rey와 동료들(2010)에 따르면, 사회적 무쾌감증을 보이는 참여자들은 명암-계조 과정(contrast-gradient procedure)에 있는 사진을 볼 때 쾌락이 감소된다. 그러나 이러한 효과는 주로 쾌락의 감각적 차원이 아닌 사회적 차원에 한정되어 나타났다.

Silvia와 Kwapil(2011)은 RSAS의 점수와 성격5요인 모델(McCrae& Costa, 1987)의 성격차원 간의 관련성을 살펴보았다. RSAS의 점수는 외향성과의 부적 상관이 큰 효과 크기를 보이며, 우호성과의 부적 상관은 작은 효과 크기를 보인다고 보고하였다. 신경증적 경향성, 경험에 대한 개방성 및 성실성과의 상관은 아주 낮은 것으로 나타났다. 사회적 무쾌감증은 외향성의 세부 측면들과도 관련이 있는데, 사교성(gregariousness) 및 온정(warmth)과 높은 부적 상관, 긍정 정서(positive emotions) 및 자극 추구(excitement-seeking)와는 중간 크기의 부적 상관을 보였다. 이러한 결과들은 선행 연구(Ross, Lutz, & Bailley, 2002)와 유사하였다. 이러한 결과들은 사회적 무쾌감증이 부정 정서의 증가가 아닌 긍정 정서의 감소 및 사회적 접촉의 감소를 특징으로 한다는 점을 지지한다고 Silvia와 Kwapil(2011)은 강조하였다.

사회적 무쾌감증의 신경인지적 상관변인에 대한 실증적 증거들은 일관된 결과가 나타나지 않고 있다. 예를 들어, Gooding, Kwapil 및 Tallent(1999)는 사회적 무쾌감증을 나타내는 참여자들이 **위스콘신 카드 분류 검사**(Wisconsin Card Sorting Test: WCST)에서 수행상 결함을 보인다고 보고하였다. Tallent와 Gooding(1999)은 이러한 WCST 연구결과를 부분적으로 반복 검증하여 작업 기억 결함의 증거를 발견하였다. Gooding, Matts 및 Rollmann(2006)은 사회적 무쾌감증이 높은 참여자들이 지속적인 주의력 결핍을 보인다고 보고하였다. 그러나 Gooding과 Tallent(2003)는 사회적 무쾌감증 집단과 통제집단 간의 작업 기억의 차이는 발견하지 못하였다. Cohen, Leung, Saperstein 및 Blanchard(2006)는 사회적 무쾌감증을 보이는 참여자들이 시각적-공간적 기억 및 구성을 측정하는 검사에서 수행 결함을 보인지만, 언어적 기억이나 지속적 주의 및 일반적 지능을 측정하는 검사에서는 통제집단과 차이를 보이지 않았다고 보고하였다.

사회적 무쾌감증과 신경해부학적 및 생물행동학적 상관변인에 대한 연구는 매우 적다. Germine, Garrido, Bruce 및 Hooker(2011)는 사회적 무쾌감증을 보이는 참여자들과 통제집단 간에 얼굴 표정 자극 처리과정에서 차이가 있는지 살펴보기 위해 기능적 자기 공명 영상을 사용하였다. 그들은 사회적 무쾌감증이 높은 참여자들의 경우에는 얼굴 표정을 식별하는 조건들이 제시되었을 때 부리쪽 내측 전두엽 전부피질의 앞부분과 오른쪽 상측두회, 그리고 왼쪽 체성감각 피질(사회적 인지에 관계된 뇌의 영역)에서 보다 적은 신경활동을 보였다고 보고하였다. Blanchard, Aghevli, Wilson 및 Sargeant(2010)는 사회적 무쾌감증이 높은 참여자들 중에 (초기 발달적 불안정성의 표시로 추정되는) 경미한 신체적 기형의 비율이 높으며, 이러한 기형은 그들의 높은 분열성 특질 측정치와 상관을 보인다고 보고하였다. Barrantes-Vidal과 동료들(2003)은 음성적 분열형 성격 군집은 분열형 성격이 낮은 군집에 비해 보다 불안정한 피문형(dermatoglyphic) 기형을 보인다는 것을 발견하였다.

사회적 무쾌감증을 연구하는 대다수의 연구가 영어를 쓰는 사람들을 대상으로 수행되었음에도 불구하고, 이 구성개념이 교차문화적 타당성을 갖는다는 증거들이 증가하고 있다. 예를 들어, Chan과 동료들(2012)은 중국어판 RSAS의 점수가 분열형 증상, 그리고 예기적 및 완료적 쾌락의 결함에 대한 측정치들과 관련이 있다고 보고하였다. Kwapil, Ros-Morente, Silvia 및 Barrantes-Vidal(2012)은 스페인어판 RSAS를 사용하여 분열형 성격의 요인 구조에서 문화 간 불변성에 대한 증거를 제시하였다. Velthorst와 Meijer(2012)는 사회적 무쾌감증에 대한 네덜란드어판 면접 척도를 사용한 고위험 표본에서 사회적 위축 및 정신증 증상과 사회적 무쾌감증의 관련성을 보고하였다. Rey, Jouvent 및 Dubal(2009)은 프랑스어판 RSAS에 의해 확인된 사회적 무쾌감증 참여자들 중에 분열형 성격 증상을 보이는 비율이 높다고 보고하였다. 많은 연구가 RSAS 번역본의 심리측정적 속성에 대해 검토해 왔다(예: Fonseca-Pedrero et al., 2009)

사회적 무쾌감증에 대한 종단 연구

비임상 표본들에 대한 횡단 연구를 통해 사회적 무쾌감증의 구인타당도와 분열형 성격의 음성 증상 차원의 핵심 요소로서 사회적 무쾌감증의 역할을 밝혔다. 추가적으로 세 편의 종단 연구에서 사회적 무쾌감증이 정신병리의 발달 및 손상과 관련되는 정도를 검토하였다.

Kwapil(1998)은 RSAS에서 높은 점수를 받은 사람들과 통제집단을 10년간의 종단 연구를 통해 비교하였다. 이 연구는 10년 후 원 참여자들의 96%를 재평가하는 데 성공하였다. 참여자들은 각 평가에서 구조화된 진단적 면접을 완료하였다. 최초 평가에서 사회적 무쾌감증 집단은 통제집단에 비해 분열형 성격 증상 및 사회적 손상 측정치가 높았지만, 사회적 무쾌감증 집단에서는 오직 한 명(3%)만이 정신분열 스펙트럼 장애로 진단되었고, 통제집단에서는 아무도 진단되지 않았다. 그러나 10년이 지난 후 사회적 무쾌감증 집단에서 정신병리와 손상의 비율이 현저하게 높았다. 분열형 성격에 대한 연구와 가장 관련이 있는 점은 사회적 무쾌감증 집단의 24%가 정신분열 스펙트럼 장애를 가지고 있었던 것에 비해 통제집단은 겨우 1%에 불과하였다. 게다가 정신분열 스펙트럼 장애 진단을 받지 않았지만 사회적 무쾌감증을 보이는 참여자들은 정신증적 증상이나 분열형, 분열성 및 편집 증상이 통제집단보다 높은 점수를 보였고, 더 낮은 전반적 기능 및 사회적 기능을 나타냈다. 사회적 무쾌감증 집단의 38%만이 기혼인데 비해 통제집단은 68%가 기혼이었다. 재평가 시기에 기분장애의 비율을 비교한 결과, 사회적 무쾌감증 집단은 대조집단과 차이를 보이지 않음으로써 분열형 성격의 음성적 특징인 특질적 사회적 무관심은 우울증의 일부로서 나타나는 삽화적 사회적 손상과 구분됨을 보여 주었다.

연구를 시작할 때 모든 참여자가 대학생으로 구성되었다는 점과 사회적 무쾌감증 집단이 연구 시작 시점에서 분명히 장애가 없었다는 사실을 고려할 때, 추후 평가에서 사회적 무쾌감증 집단이 보인 뚜렷한 차이는 놀라운 결과다. Kwapil(1998)과 Silvia와 Kwapil(2011)은 가정과 대학 환경에서 청소년 및 젊은 성인들에게 제공된 사회적 구조가 정신분열 스펙트럼 정신병리에 대한 보호요인으로 작용했을 수 있다고 제안하였다. 또 이 보호요인은 그들이 가족과 대학 환경의 구조에서 현실세계(real world)로 나아감에 따라 줄어들었을 수 있다고 덧붙였다. 더욱이 그들은 사회적 무쾌감증의 특징인 사회적 접촉에 대한 무관심과 그 결과로 따라오는 고독 때문에 사회적 접촉이 제공할 수 있는 보호적 이점을 누리지 못하게 되었을 가능성이 크다고 추측하였다. 이것은 특히 분열형 성격을 가진 사람들에게 문제가 될 수 있는데, 왜냐하면 이들의 증상이 조기 발견과 치료를 기피하게 할 수 있기 때문이다.

Gooding, Tallent 및 Matts(2005)는 RSAS에서 높은 점수를 보이는 한 집단을 포함하여 고위험군과 통제집단에 대한 5년간의 종단 연구를 실시하였다. 그들은 집단 간에 기분장애 비율은 차이가 없었지만, 정신분열 스펙트럼 장애 비율은 사회적 무쾌감증 집단이 통제집단보다 더 높다는 점(각 16%, 0%)을 발견하였는데, 이는 Kwapil(1998)의 결과와 일치한다.

Cohen, Couture 및 Blanchard(2012)는 사회적 무쾌감증 집단과 통제집단에 대한 3년간의 종단적 재검사에서 나타난 중간 결과를 보고하였다. 그들의 연구에서는 무쾌감증 집단 86명 중 78명, 통제집단 89명 중 77명에게 재검사를 성공적으로 실시하였다. 그들의 연구는 주로 신경심리학적인 기능에 초점을 맞추고 있지만, 사회적 무쾌감증 집단은 통제집단에 비해 분열형, 분열성 및 편집 증상 측정치에서 더 높은 점수를 얻었으며, 전반적 기능에서는 더 낮은 결과를 보였다.

요컨대 참여자 수와 기간에 있어서는 한계가 있었지만, 종단 연구를 통해 사회적 무쾌감증은 정신분열 스펙트럼 장애가 병리적으로 발달하는 데 있어 유망한 취약성 표식(marker)임을 보여 준다. 그러나 정신병리의 발달(또는 발달로부터의 보호)에 있어서 사회적 기능장애의 역할, 사회적 무쾌감증의 손상과 정신병리의 위험성에 기여하는 경로와 이유, 시기 등에 대해 보다 잘 이해할 수 있는 더 많은 연구가 필요하다.

일상생활에서 사회적 무쾌감증에 대한 평가

설문과 면접, 그리고 실험 연구는 사회적 무쾌감증 자체 및 정신병리와의 관련성에 대한 중요한 정보를 제공해 준다. 그러나 이 연구들은 일상생활에서 사회적 무쾌감증의 표현을 포착하는 데에는 실패하였다. 예를 들어, 설문과 면접에서는 보통 참여자들이 얼마나 자주 다른 사람들과 시간을 보내는지 또는 다른 사람들과 보내는 시간을 즐기는지와 같은 주제와 관련하여 수 주 또는 수개월에 걸친 일반적인 기억에 대해 질문한다. 그러나 이러한 질문들은 편향된 기억을 떠올리기 쉽고 연구의 인위적인 설계에 영향을 받을 수 있다. 일상생활에서 사회적 무쾌감증을 평가하기 위해 최근의 연구들은 경험표집법(Experience-Sampling Methodology: ESM)을 사용하였다. 경험표집법은 참여자들이 임의적인 시간 간격을 두고 간단한 설문을 완성하게끔 하는데, 하루 일과 중에서 실행하는 자기평가 방법이다. 경험표집법은 전통적인 평가 과정에 비해 몇 가지 이점이 있다. 구체적으로 경험표집법은, (1) 참여자들을 평범한 일상 환경에서 반복적으로 평가하여 환경적 타당성을 향상시킨다. (2) 신호가 나타날 때 참여자들의 경험을 평가하기 때문에 회상 편향을 최소화시킨다. (3) 평가 시 참여자의 경험적 맥락을 고려한다. 그래서 경험표집법은 사회적 무쾌감증의 현실적 표현을 살펴보는 특별한 기회를 제공해 준다.

　우리 연구팀은 일상생활에서의 사회적 무쾌감증의 표현을 살펴보는 경험표집법 연구 세 편을 실시하였다. Brown, Silvia, Myin-Germeys 및 Kwapil(2007)은 245명의 대학생을 대상으로 사회적 무쾌감증과 사회불안의 표현을 비교하였다. 참여자들에게 일주일 동안 하루에 8번 신호를 보내는 디지털 보조기구를 개별적으로 지급하고는 정서, 사고, 활동, 그리고 사회적 접촉과 관련된 간단한 설문을 완성하게 하였다. 일주일의 평가 기간 동안 평균적으로 41문항의 설문을 완성하였다. 가정했던 것처럼, 사회적 무쾌감증은 고독 및 사회적 무관심과 관련이 있었다. 높은 사회적 무쾌감증은 혼자 있기의 증가, 다른 사람들과 함께 있을 때 고독이나 사회적 거리를 유지하는 것에 대한 더 큰 선호, 그리고 혼자 있을 때 다른 사람과 함께하는 것에 대한 관심의 감소와 관련되었다. 사회적 무쾌감증은 다른 사람이 원하지 않는 것 때문에 혼자 있는 것과는 관련이 없었다. 사회적 무쾌감증은 일상생활에서 긍정 정서의 감소에 대한 보고와 관련이 있었지만 부정 정서와는 관련이 없었다. 반대로 사회불안은 부정 정서와 관련이 있었고, 고독과는 관련이 없었다. 게다가 사회불안은 자의식, 낯선 사람과 함께 있을 때 혼자 있는 것을 선호하는 것과 관련이 있었다. 요약하면 사회적 무쾌감증이 높은 사람들은 많은 시간을 혼자 보내고 사회적 접촉에 대해서 대체로 무관심하다. 사회불안이 높은 사람들은 다른 사람들과 함께하는 시간이 적은 것은 아니지만, 다른 사람들과 함께 있을 때 특히 가깝지 않은 사람들과 함께 있을 때 정서적 불편함과 자의식을 경험한다.

　Kwapil과 동료들(2009)은 새로운 56명의 대학생 표본을 대상으로 Brown과 동료들(2007)의 연구를 반복하고 확장시켰다. 선행 연구에서처럼, 사회적 무쾌감증은 혼자 있을 가능성이 높은 점과 관련이 있었으며, 실제로 홀로 있음(고독)의 변수 중 34%가 사회적 무쾌감증으로 설명되었다. 혼자 있을 때 사회적 무쾌감증 점수는 선택에 의해 혼자

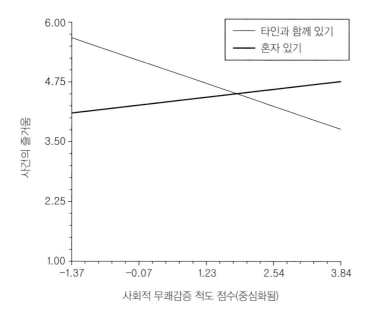

[그림 7-1] 사회적 무쾌감증의 수준에 따른 마지막 신호 후에 가장 중요한 사건의 즐거움 정도와
그 사건이 다른 사람들과 함께 있는 것을 포함하였는지 간의 관계

있는 것과 관련이 있었고, 다른 사람들과 함께 있는 것에 대한 소망과는 부적 상관이 있
었다. 다른 사람들과 함께 있을 때 사회적 무쾌감증은 혼자 있기를 선호하는 것, 감소된
친밀함, 그리고 상호작용에 대한 낮은 즐거움과 관련이 있었다. 또한 사회적 무쾌감증
은 사회적 접촉이 일어나는 동안에 더 크게 나타나지만 덜 친한 집단에 있는 것과 관련
이 있었다.

　　Kwapil과 동료들(2009)은 또한 긍정 및 부정 정서와 사회적 접촉의 관련성을 탐색하
였다. 일반적으로 사람들은 혼자 있을 때보다 다른 사람과 함께 있을 때보다 더 긍정
적이고 보다 덜 부정 정서를 경험하는데, 이는 소속 모델(model of belongingness)과 일
치한다. 그러나 Kwapil과 동료들(2009)은 사회적 무쾌감증을 나타내는 참여자들은 혼
자 있을 때 더 긍정적이면서 덜 부정 정서를 보고하는 점을 통해 이들이 상반된 효과를
경험한다는 것을 발견하였다. 또한 참여자들에게 마지막 경험표집법 신호 후에 일어
난 가장 중요한 사건에 대한 즐거움과 그 사건이 다른 사람들과 관련된 것이었는지에

대해 보고하게 하였다. [그림 7-1]에서 나타나 있듯이, 대체로 사람들은 타인과 관련된 사건을 겪을 때 더 즐겁게 경험하지만, 사회적 무쾌감증이 높은 사람들은 반대의 결과를 보고하였다.

Kwapil, Brown, Silvia, Myin-Germeys 및 Barrantes-Vidal(2012)은 앞서 설명한 방법을 사용하여 412명의 학부생을 대상으로 일상생활에서 음성적 분열형 성격이 어떻게 표현되는지에 대해 연구하였다. 그들의 연구결과는 선행 연구의 결과와 일치하였다. 구체적으로 음성적 분열형 성격은 긍정 정서의 감소 및 다른 사람들과 적은 시간을 보내는 것과 관련이 있었다. 음성적 분열형 성격은 다른 사람들과 함께 있는 것 보다는 사회적 거리감을 크게 느끼는 것, 혼자 있기를 더 선호하는 것과 관련이 있었고, 혼자 있을 때 다른 사람들과 함께 하고자 하는 욕구는 감소하는 경향을 보였다. 간단히 말해서 음성적 분열형 성격이 높은 참여자들은 혼자 많은 시간을 보낸다. 다른 사람들과 함께 있을 때에는 혼자 있는 것을 선호한다. 혼자 있을 때에는 계속해서 혼자 있는 것을 선호한다. 가정한 것처럼, 양성적 및 음성적 분열형 성격은 일상생활에서 경험의 서로 다른 패턴과 관련이 있다. 주목할 점은 양성적 및 음성적 분열형 성격은 모두 다른 사람들과 있을 때, 혼자 있고 싶어 하는 욕구의 증가와 관련된다는 점이다. 그러나 이러한 선호는 양성적 분열형 성격에서는 불안에 의해 조절되고, 음성적 분열형 성격에서는 감소된 긍정 정서에 의해 조절된다. 따라서 사회적 무쾌감증을 주 특징으로 하는 음성적 분열형 성격은 높은 수준의 사회적 불안 때문이라기보다는 사회적 상황에서 얻는 보상이 부족한 점 때문이다.

사회적 무쾌감증 연구의 향후 방향

정상적인 개인차 대 임상적 특징

지금까지의 개관을 통해서 명확해졌듯이, 사회적 무쾌감증에 대한 우리의 관심은 분열형 성격 및 정신분열 스펙트럼 장애와 밀접하게 관련된다. 분명한 것은 고독에 대한 선호가 반드시 사회적 무쾌감증을 의미하는 것은 아니며, 조현병에 대한 위험성과 동일시되어서도 안 된다는 점이다. 공식적 진단명인 '**위험한 정신 상태**(at-risk mental states)'와 같이 전구 증상이 있는 상태를 포함할 것인지에 대해 토론이 격렬해질 때, 이 점을 명심하는 것이 매우 중요하다(예: Corcoran, First, & Cornblatt, 2011). 사회적 고립과 무관심은 조현병의 모든 단계에서 흔한 점이라는 것을 지지하는 강력한 증거들이 있다. 그럼에도 불구하고 정상적인 내향성이나 스트레스에 대한 반응으로 나타나는 일시적 고립을 **과잉병리화**(overpathologize)하지 않는 것이 중요하다. 더욱이 RSAS와 같은 선별검사에서 높은 점수를 받았다고 해서 진단적 결정이나 치료의 필요성에 대한 결정을 내려서는 안 된다. 그러한 척도들은 '분열형 성격이라는 문을 열고 한쪽 발을 들여놓는 목적'으로는 유용하겠으나, 임상적 결정을 하기 위해서는 더 엄격한 평가가 필요하다.

분열형 성격을 특징짓는 사회적 고립과 무관심은 긍정 정서 및 세상에 대한 유대감 경험에 있어 소인적(dispositional) 결함과 관련이 있다고 가정된다. 그러나 연구자들은 사회적 고립이 분열형 성격과 조현병에서 보호적 역할을 할 수 있다고 주장하기도 한다. 예를 들어, Kingdon과 Turkington(2008)은 위축이 과잉 자극(특히 사회적 과잉 자극)에 대처하는 하나의 방법을 제공한다고 주장하였다. 그래서 앞으로의 연구는 사회적 무쾌감증의 발달적 선행사건, 사회적 손상의 현재 표현과 역할, 그리고 사회적 무쾌감증이 정신분열 스펙트럼 장애의 발달에 영향을 미치는 경로를 이해하는 데 초점을 맞추어야 하겠다.

사회적 무쾌감증을 사회 및 성격 연구에 통합하기

지금까지 사회적 무쾌감증은 주로 임상심리학과 정신의학 내에서 연구되어 왔다. 그럼에도 불구하고 우리는 사회적 무쾌감증의 다양성을 통해 일상적인 사회적 행동에 대한 영향 및 사회/성격 심리학자들이 소속욕구의 특성에 대해 생각하는 방식에 어떤 영향을 미칠지에 대해 살펴보았다. 앞으로의 연구에서 유익한 방향은 사회-성격 연구에서 발전된 방법과 척도, 그리고 이론적 틀을 사용하여 사회적 무쾌감증에 대해 연구하는 것이다. 한 가지 예로, 사회심리학자들은 사회적 배제와 거부의 중요성에 대해 광범위하게 연구해 왔다(DeWall & Bushman, 2011). 핵심적인 사회적 동기로서 소속욕구의 위상과 마찬가지로, 사회적 거부는 기분, 자존감, 공격성, 대인 행동 및 인지에 광범위한 영향을 미친다(Baumeister, 2012; DeWall, Deckman, Pond, & Bonser, 2011). 거부가 가져오는 고통을 제거하기는 어렵다 하더라도, 거부가 미치는 효과를 조절하는 요인은 여러 가지가 있다. 따라서 사회심리학자들은 눈에 띄게 타인에 대해 무사회적인(asocial) 성향을 지닌 사회적 무쾌감증이 어떠한 방식으로 사회적 수용 및 거부의 조작과 상호작용하는지를 밝히는 데 호기심을 가져야 한다.

다른 한 예로, 소속욕구가 일상을 통해 다양한 작은 형태로 표현되는 것을 보여 주는 연구가 있다. 예를 들어, 친구나 배우자가 주위에 없을 때 사람들은 사진을 본다거나, 행복했던 사회적 사건을 기억한다거나, 소셜 미디어 사이트에서 친구에 관한 글을 읽거나 하는 것과 같은 '**사회적 간식 먹기**(social snacking)'를 한다(Gardner, Pickett, & Knowles, 2005). 심지어 사람들은 사랑하는 사람과의 관계를 상기시키는 옛 음식을 먹는 것(Troisi & Gabriel, 2011), TV쇼의 허구적인 등장인물과 관계를 맺는 것(Derrick, Gabriel, & Hugenberg, 2009), 또는 애완동물과 노는 것(Gardener et al., 2005)으로 유대감에 대한 욕구를 간접적으로 만족시킬 수도 있다. 사회적 무쾌감증이 높은 사람들은 사회적 욕구를 만족시키기 위해 이런 간접적 방법을 사용할까?

끝으로, 친밀한 관계는 소속욕구의 분명한 표현이다. 사회적 무쾌감증을 나타내는 사람들 사이에서 친밀한 관계의 특징을 면밀히 관찰할 필요가 있다. 사회적 무쾌감증이 높은 사람들은 결혼을 거의 하지 않지만 일부는 한다는 것을 보여 주는 연구가 있다. 사회적 무쾌감증이 높은 사람들에게 있어 친밀한 관계는 무엇과 같을까? 그들은 어떤 배우자를 좋아하고, 어떤 활동을 함께하며, 그들의 관계는 얼마나 안정되고 만족스러울까?

실생활의 맥락에서 고독을 평가하는 것의 중요성

실증적 연구결과를 개관하면서 명백해졌겠지만, 우리 연구팀은 실생활의 맥락에서 심리적 현상을 평가할 것을 강력히 주장한다. 심리학자 혹은 사회과학자로서 우리는 우리가 관심을 가지고 있는 구성개념에 대해서 많이 알고 있다고 가정하는 경우가 자주 있다. 그러나 우리의 지식은 임상 장면이나 실험 장면에서 평가한 것에 국한되는 경우가 많다. 이 점은 고독과 사회적 행동을 연구하는 데 특히 문제가 된다. 전통적인 평가는 대체로 회고적인 자기보고나 모의 상황에서의 사회적 행동 관찰에 한정된다. 경험표집법과 일기 기록법은 자연스러운 장면에서 경험을 평가하고 맥락적 요소의 영향을 알아보는 독특한 기회를 제공해 준다. 우리가 진행한 실생활 연구들은 사회적 무쾌감증 개념의 기본적 타당성에 대한 증거(예: 혼자 보내는 시간이 더 많다는 것, 접촉에 대한 무관심)를 제공하였을 뿐만 아니라 사회적 무쾌감증을 보이는 사람들이 지닌 사회적 접촉에 대한 정서가 그렇지 않은 사람과 비교했을 때 뚜렷한 차이가 있다는 것을 보여 주었다. 게다가 우리의 연구들은 음성적 분열형 성격과 양성적 분열형 성격을 구분하는 기제에 대한 가정을 밝힐 수 있는 증거를 제공하였다. 경험표집법을 사용하는 연구자들에게는 스마트폰과 태블릿 기술, GPS 관찰, 그리고 이동식 생리적 평가도구와 같은 많은 새로운 가능성이 열려 있다. 이러한 진보가 고독의 경험과 사회적 기능장애에 대한 이해를 도모할 것이며, 사회적 무쾌감증과 정신분열 스펙트럼 정신병리의 발달이 어떻게 연결되는지 보다 잘 이해할 수 있도록 돕기를 바란다.

참고문헌

Barch, D. M., & Dowd, E. C. (2010). Goal representations and motivational drive in schizophrenia: The role of prefrontal-striatal interactions. *Schizophrenia Bulletin, 36*, 919-934.

Barrantes-Vidal, N., Fañanás, L., Rosa, A., Caparrós, B., Riba, M. D., & Obiols, J. E. (2003).

Neurocognitive, behavioural, and neurodevelopmental correlates of schizotypy clusters in adolescents from the general population. *Schizophrenia Research, 61*, 293-302.

Bartholomew, K., & Horowitz, L. M. (1991). Attachment styles among young adults: A test of a four-category model. *Journal of Personality and Social Psychology, 61*, 226-244.

Baumeister, R. F. (2012). Need-to-belong theory. In P. M. Van Lange, A. W. Kruglanski, & E. T. Higgins (Eds.), *Handbook of theories of social psychology* (Vol. 2, pp. 121-140). Thousand Oaks, CA: Sage.

Baumeister, R. F., & Leary, M. R. (1995). The need to belong: Desire for interpersonal attachments as a fundamental human motivation. *Psychological Bulletin, 117*(3), 497.

Berridge, K. C., & Robinson, T. E. (2003). Parsing reward. *Trends in Neuroscience, 26*, 507-513.

Berry, K., Wearden, A., Barrowclough, C., & Liversidge, T. (2006). Attachment styles, interpersonal relationships and psychotic phenomena in a non-clinical student sample. *Personality and Individual Differences, 41*, 707-718.

Blanchard, J. J., Aghevli, M., Wilson, A., & Sargeant, M. (2010). Developmental instability in social anhedonia: An examination of minor physical anomalies and clinical characteristics. *Schizophrenia Research, 118*, 162-167.

Blanchard, J. J., Collins, L. M., Aghevli, M., Leung, W. W., & Cohen, A. S. (2011). Social anhedonia and schizotypy in a community sample: The Maryland longitudinal study of schizotypy. *Schizophrenia Bulletin, 37*, 587-602.

Bleuler, E. P. (1950). Dementia praecox or the group of schizophrenias (J. Zinkin, Trans.). New York: International Universities Press. (Original work published 1911)

Bowlby, J. (1988). *A secure base: Parent-child attachment and healthy human development*. New York: Basic Books.

Brown, L. H., Silvia, P. J., Myin-Germeys, I., & Kwapil, T. R. (2007). When the need to belong goes wrong: The expression of social anhedonia and social anxiety in daily life. *Psychological Science, 18*(a), 778-782.

Brown, L. H., Silvia, P. J., Myin-Germeys, I., Lewandowski, K. E., & Kwapil, T. R. (2008).

The relationship of social anxiety and social anhedonia to psychometrically identified schizotypy. *Journal of Social and Clinical Psychology, 27*, 127-149.

Chan, R. K., Wang, Y., Yan, C., Zhao, Q., McGrath, J., Hsi, X., et al. (2012). A study of trait anhedonia in non-clinical Chinese samples: Evidence from the chapman scales for physical and social anhedonia. *PLoS ONE, 7*(4), e34275.

Chapman, L. J., Chapman, J. P., & Raulin, M. L. (1976). Scales for physical and social anhedonia. *Journal of Abnormal Psychology, 85*, 374-382.

Claridge, G. (1997). Theoretical background issues. In G. Claridge (Ed.), *Schizotypy: Implications for illness and health* (pp. 3-18). Oxford, UK: Oxford University Press.

Clausen, J. A., & Kohn, M. L. (1960). Social relations and schizophrenia: A research report and a perspective. In D. D. Jackson (Ed.), *The etiology of schizophrenia* (pp. 295-320). New York: Basic Books.

Cohen, A. S., Couture, S. M., & Blanchard, J. J. (2012). Neuropsychological functioning and social anhedonia: Three-year follow-up data from a longitudinal community high risk study. *Journal of Psychiatric Research, 46*(7), 898-904.

Cohen, A. S., Emmerson, L. C., Mann, M. C., Forbes, C. B., & Blanchard, J. J. (2010). Schizotypal, schizoid and paranoid characteristics in the biological parents of social anhedonics. *Psychiatry Research, 178*, 79-83.

Cohen, A. S., Leung, W. W., Saperstein, A. M., & Blanchard, J. J. (2006). Neuropsychological functioning and social anhedonia: Results from a community high-risk study. *Schizophrenia Research, 85*, 132-141.

Cohen, A. S., & Minor, K. S. (2010). Emotional experience in patients with schizophrenia revisited: Meta-analysis of laboratory studies. *Schizophrenia Bulletin, 36*, 143-150.

Cohen, A. S., Najolia, G. M., Brown, L. A., & Minor, K. S. (2011). The state-trait disjunction of anhedonia in schizophrenia: Potential affective, cognitive and social-based mechanisms. *Clinical Psychology Review, 31*, 440-448.

Corcoran, C., First, M., & Cornblatt, B. (2011). The psychosis risk syndrome and its proposed inclusion in the DSM-V: A risk-benefit analysis. *Schizophrenia Research, 120*, 16-22.

Derrick, J. L., Gabriel, S., & Hugenberg, K. (2009). Social surrogacy: How favored television programs provide the experience of belonging. *Journal of Experimental Social Psychology, 45*, 352–362.

DeWall, C. N., & Bushman, B. J. (2011). Social acceptance and rejection: The sweet and the bitter. *Current Directions in Psychological Science, 20,* 256–260.

DeWall, C. N., Deckman, T., Pond, R. S., Jr., & Bonser, I. (2011). Belongingness as a core personality trait: How social exclusion influences social functioning and personality expression. *Journal of Personality, 79,* 979–1012.

Eckblad, M. L., Chapman, L. J., Chapman, J. P., & Mishlove, M. (1982). The Revised Social Anhedonia Scale. Unpublished test (copies available from T.R. Kwapil, Department of Psychology, University of North Carolina at Greensboro, P. O. Box 26170, Greensboro, NC 27402-6170, USA).

Elliot, A. J. (2008). Approach and avoidance motivation. In A. J. Elliot (Ed.), *Handbook of approach and avoidance motivation* (pp. 3–15). New York: Guilford Press.

Fonseca-Pedrero, E., Paino, M., Lemos-Giráldez, S., García-Cueto, E., Villazón-García, Ú., Bobes, J., et al. (2009). Psychometric properties of the Revised Physical and Social Anhedonia Scales in non-clinical young adults. *The Spanish Journal of Psychology, 12*(2), 815–822.

Foussias, G., & Remington, G. (2010). Negative symptoms in schizophrenia: Avolition and Occam's razor. *Schizophrenia Bulletin, 36,* 359–369.

Gard, D. E, Kring, A. M., Gard, M. G., Horan, W. P., & Green, M. F. (2007). Anhedonia in schizophrenia: Distinctions between anticipatory and consummatory pleasure. *Schizophrenia Research, 93,* 253–260.

Gardner, W. L., Pickett, C. L., & Knowles, M. (2005). Social snacking and shielding: Using social symbols, selves, and surrogates in the service of belonging needs. In K. D. Williams, J. P. Forgas, & W. von Hippel (Eds.), *The social outcast: Ostracism, social exclusion, rejection, and bullying* (pp. 227–241). New York: Psychology Press.

Germine, L. T., Garrido, L., Bruce, L., & Hooker, C. (2011). Social anhedonia is associated with neural abnormalities during face emotion processing. *Neuroimage, 58*, 935-945.

Gold, J. M., Waltz, J. A., Prentice, K. J., Morris, S. E., & Heerey, E. A. (2008). Reward processing in schizophrenia: A deficit in the representation of value. *Schizophrenia Bulletin, 34*, 835-847.

Gooding, D. C., Kwapil, T. R., & Tallent, K. A. (1999). Wisconsin card sorting test as a vulnerability marker in schizotypal individuals. *Schizophrenia Research, 40*, 201-209.

Gooding, D. C., Matts, C. W., & Rollmann, E. A. (2006). Sustained attention deficits in relation to psychometrically identified schizotypy: Evaluating a potential endophenotypic marker. *Schizophrenia Research, 82*, 27-37.

Gooding, D. C., & Tallent, K. A. (2003). Spatial, object, and affective working memory in social anhedonia: An exploratory study. *Schizophrenia Research, 63*, 247-260.

Gooding, D. C., Tallent, K. A., & Matts, C. W. (2005). Clinical status of at-risk individuals 5 years later: Further validation of the psychometric high-risk strategy. *Journal of Abnormal Psychology, 114*, 170-175.

Herbener, E. S. (2008). Emotional memory in schizophrenia. *Schizophrenia Bulletin, 34*, 875-887.

Hoch, A. (1910). Constitutional factors in the dementia praecox group. *Review of Neurology and Psychiatry, 8*, 463-475.

Horan, W. P., Brown, S. A., & Blanchard, J. J. (2007). Social anhedonia and schizotypy: The contribution of individual differences in affective traits, stress, and coping. *Psychiatry Research, 149*, 147-156.

Horan, W. P., Green, M. F., Kring, A. M., & Nuechterlein, K. H. (2006). Does anhedonia in schizophrenia reflect faulty memory for subjectively experienced emotions? *Journal of Abnormal Psychology, 115*, 496-508.

Howes, O. D., & Kapur, S. (2009). The dopamine hypothesis of schizophrenia: Version III-The final common pathway. *Schizophrenia Bulletin, 35*, 549-562.

Kapur, S. (2003). Psychosis as a state of aberrant salience: A framework linking biology, phenomenology, and pharmacology in schizophrenia. *American Journal of Psychiatry,*

160, 13-23.

Kingdon, D. G., & Turkington, D. (2008). *Cognitive therapy of schizophrenia.* New York: Guilford Press.

Kraepelin, E. (1919). Dementia praecox and paraphrenia (R. Mary Barclay, Trans.). Edinburgh, Scotland: Livingstone. (Original work published 1913)

Kretschmer, E. (1925). *Physique and character.* New York: Harcourt Brace.

Kring, A. M., & Moran, E. K. (2008). Emotional response deficits in schizophrenia: Insights from affective neuroscience. *Schizophrenia Bulletin, 34,* 819-834.

Kwapil, T. R. (1998). Social anhedonia as a predictor of the development of schizophreniaspectrum disorders. *Journal of Abnormal Psychology, 107,* 558-565.

Kwapil, T. R., Barrantes-Vidal, N., & Silvia, P. J. (2008). The dimensional structure of the Wisconsin schizotypy scales: Factor identification and construct validity. *Schizophrenia Bulletin, 34,* 444-457.

Kwapil, T. R., Brown, L. H., Silvia, P. J., Myin-Germeys, I., & Barrantes-Vidal, N. (2012). The expression of positive and negative schizotypy in daily life: An experience sampling study. *Psychological Medicine, 42*(12), 2555-2566.

Kwapil, T. R., Crump, R. A., & Pickup, D. R. (2002). Assessment of psychosis proneness in African-American college students. *Journal of Clinical Psychology, 58,* 1601-1614.

Kwapil, T. R., Ros-Morente, A., Silvia, P. J., & Barrantes-Vidal, N. (2012). Factor invariance of psychometric schizotypy in Spanish and American samples. *Journal of Psychopathology and Behavioral Assessment, 34,* 145-152.

Kwapil, T. R., Silvia, P. J., Myin-Germeys, I., Anderson, A. J., Coates, S. A., & Brown, L. H. (2009). The social world of the socially anhedonic: Exploring the daily ecology of asociality. *Journal of Research in Personality, 43,* 103-106.

Laviolette, S. R. (2007). Dopamine modulation of emotional processing in cortical and subcortical neural circuits: Evidence for a final common pathway in schizophrenia? *Schizophrenia Bulletin, 33,* 971-981.

Leak, G. K. (1991). An examination of the construct validity of the social anhedonia scale.

Journal of Personality Assessment, 56, 84-95.

Leary, M. R., & Kowalski, R. M. (1995). *Social anxiety.* New York: Guilford Press.

Lenzenweger, M. F. (2010). *Schizotypy and schizophrenia: The view from experimental psychopathology.* New York: Guilford Press.

Leung, W. W., Couture, S. M., Blanchard, J. J., Lin, S., & Llerena, K. (2010). Is social anhedonia related to emotional responsivity and expressivity? A laboratory study in women. *Schizophrenia Research, 124*, 66-73.

Martin, E. A., Becker, T. M., Cicero, D. C., Docherty, A. R., & Kerns, J. G. (2011). Differential associations between schizotypy facets and emotion traits. *Psychiatry Research, 187*, 94-99.

Martin, E. A., Cicero, D. C., & Kerns, J. G. (2012). Social anhedonia, but not positive schizotypy, is associated with poor affective control. *Personality Disorders: Theory, Research, and Treatment, 3*(3), 263-272.

Martin, E. A., & Kerns, J. G. (2010). Social anhedonia associated with poor evaluative processing but not with poor cognitive control. *Psychiatry Research, 178*, 419-424.

Mason, O., Claridge, G., & Jackson, M. (1995). New scales for the assessment of schizotypy. *Personality and Individual Differences, 18*, 7-13.

McCrae, R., & Costa, P. (1987). Validation of the five-factor model of personality across instruments and observers. *Journal of Personality and Social Psychology, 52*, 81-90.

McGaugh, J. L. (2004). The amygdala modulates the consolidation of memories of emotionally arousing experiences. *Annual Review of Neuroscience, 27*, 1-28.

Meehl, P. E. (1962). Schizotaxia, schizotypy, schizophrenia. *American Psychologist, 17*, 827-838.

Meehl, P. E. (1964). Manual for use with checklist of schizotypic signs. (No. PR-73-5). Minneapolis, MN: University of Minnesota Research Laboratories of the Department of Psychiatry.

Mishlove, M., & Chapman, L. J. (1985). Social anhedonia in the prediction of psychosis proneness. *Journal of Abnormal Psychology, 94*, 384-396.

Phelps, E. A., & LeDoux, J. E. (2005). Contributions of the amygdala to emotion processing:

From animal models to human behavior. *Neuron, 48*, 175-187.

Pontari, B. A. (2009). Appearing socially competent: The effects of a friend's presence on the socially anxious. *Personality and Social Psychology Bulletin, 35*, 283-294.

Rado, S. (1956). *Psychoanalysis of behavior.* New York: Grune & Stratton.

Raine, A. (1991). The SPQ: A scale for the assessment of schizotypal personality based on DSM-III-R criteria. *Schizophrenia Bulletin, 17*, 555-564.

Rey, G., Jouvent, R., & Dubal, S. (2009). Schizotypy, depression, and anxiety in physical and social anhedonia. *Journal of Clinical Psychology, 65*, 695-708.

Rey, G., Knoblauch, K., Prévost, M., Komano, O., Jouvent, R., & Dubal, S. (2010). Visual modulation of pleasure in subjects with physical and social anhedonia. *Psychiatry Research, 176*, 155-160.

Robinson, M. D., & Clore, G. L. (2002). Belief and feeling: Evidence for an accessibility model of emotional self-report. *Psychology Bulletin, 128*, 934-960.

Rosenfeld, A. J., Lieberman, J. A., & Jarskog, L. F. (2011). Oxytocin, dopamine and the amygdala: A neurofunctional method of social cognitive deficits in schizophrenia. *Schizophrenia Bulletin, 37*, 1077-1087.

Ross, S. R., Lutz, C. J., & Bailley, S. E. (2002). Positive and negative symptoms of schizotypy and the five-factor model: A domain and facet level analysis. *Journal of Personality Assessment, 79*, 53-72.

Sheinbaum, T., Bedoya, E., Ros-Morente, A., Kwapil, T. R., & Barrantes-Vidal, N. (2013). Association between attachment prototypes and schizotypy dimensions in two independent non-clinical samples of Spanish and American young adults. Submitted for publication.

Silvia, P. J., & Kwapil, T. R. (2011). Aberrant asociality: How individual differences in social anhedonia illuminate the need to belong. *Journal of Personality, 79*, 1315-1332.

Strauss, G. P., & Gold, J. M. (2012). A new perspective on anhedonia in schizophrenia. *American Journal of Psychiatry, 169*, 364-373.

Tallent, K. A., & Gooding, D. C. (1999). Working memory and Wisconsin Card Sorting Test performance in schizotypic individuals: A replication and extension. *Psychiatry Research, 89*, 161-170.

Troisi, A., Alcini, S., Coviello, M., Nanni, R., & Siracusano, A. (2010). Adult attachment style and social anhedonia in healthy volunteers. *Personality and Individual Differences, 48*, 640-643.

Troisi, J. D., & Gabriel, S. (2011). Chicken soup really is good for the soul: "Comfort food" fulfills the need to belong. *Psychological Science, 22*(6), 747-753.

Velthorst, E., & Meijer, C. (2012). The association between social anhedonia, withdrawal and psychotic experiences in general and high-risk populations. *Schizophrenia Research, 138*(2), 128-135.

Vollema, M. G., & van den Bosch, R. J. (1995). The multidimensionality of schizotypy. *Schizophrenia Bulletin, 21*, 19-31.

8

사회불안장애와 정서적 고독

Lynn E. Alden & Karen W. Auyeung

　이 장에서는 사회불안과 사회불안의 임상적 측면이라고 할 수 있는 **사회불안장애**(Social Anxiety Disorder: SAD; **사회공포증**)에 대하여 살펴보고자 한다. 심각한 사회불안을 가진 대부분의 사람은 물리적으로나 사회적으로 고립되어 있지는 않다. 그들은 학교에 출석하고, 가족 구성원 및 직장 동료들과 교류하며, 심지어 사회적 모임과 파티에 참석하기도 한다. 사회불안을 가진 사람들이 이와 같은 사회적 접촉을 유지하고 있음에도 불구하고, 우리는 그들이 정서적으로 고립된 **정서적 고독**(emotional solitude)의 상태에 있다고 제안한다. 그 이유는 그들이 가지고 있는 부정적인 자기관(self-views)과 두려움이 정서적으로 의미 있는 관계의 발전을 방해하기 때문이다. 이 장에서는 사회불안 및 SAD에 관한 연구들을 살펴볼 것이다. 이를 통해 정서적 고독의 개념을 탐색하고, 사회불안을 가진 사람들이 다른 사람들과 함께 있을 때에도 혼자 있다고 느끼는 이유가 무엇인지를 이해하고자 한다.

사회불안과 사회불안장애

사회불안은 사람이라면 누구나 느낄 수 있는 매우 흔한 경험이다. 대부분의 사람은 구직 면접, 대중 연설, 권위자와의 대화 등 특정한 사회적 상황에서 적어도 약간의 불안을 느끼기 마련이다(Frances, First, & Pincus, 1995, p. 246). 그러나 어떠한 경우에는 사회불안이 SAD로 발전되기도 하는데, 이는 만성적이면서도 심신을 쇠약하게 하는 임상적인 상태의 사회불안이라고 할 수 있다(American Psychiatric Association, 1994). SAD를 가진 사람들 중 일부는 단지 제한된 상황에서만 불안을 느끼기도 하지만, 대부분의 경우에는 부정적인 평가에 대한 두려움이 엄습해 오는 광범위한 사회적 상황에서 불안을 경험하게 된다. 일반적인 성인 인구에서 추정되는 SAD의 평생 유병률은 약 8% 정도이며, 이는 북아메리카에서 네 번째로 높은 정신장애 유병률에 해당한다(Kessler et al., 2005). 또한 아동 인구에서도 단순 공포증에 이어 두 번째로 높은 정신장애 유병률을 나타내고 있다(Costello, Mustillo, Erkanli, Keeler, & Angold, 2003).

SAD는 만성적인 상태를 보이는 경향이 있는데, 평균 10~25년 정도 지속된다(DeWit, Ogborne, Offord, & MacDonald, 1999; Yonkers, Dijck, & Keller, 2001). SAD는 불완전한 고용, 경제적인 어려움, 보건의료서비스 사용의 증가 등 여러 가지 부정적인 결과로 이어질 수 있기 때문에 사회 전반에 경제적인 부담을 가중시킬 수 있다(Katzelnick et al., 2001). 또한 사회불안장애는 물질사용장애, 우울증 등 다른 장애들에 대한 취약성을 증가시킬 수 있다(Morris, Stewart, & Ham, 2005).

그러나 가장 심각한 것은 아마도 SAD가 사회적 관계에 미치는 영향일 것이다. 아동기, 청소년기, 성인기 등 모든 발달 단계에 걸쳐 SAD를 가진 사람들은 그들의 사회적 관계 속에서 많은 어려움을 겪게 된다. 소속에 대한 욕구는 인간의 생존에 있어 신체적 자기보호만큼이나 중요한 높은 차원의 메커니즘으로 받아들이고 있다(DeWall &

Bushman, 2011; 자세한 내용은 Mikulincer와 Shaver가 저술한 이 책의 1권 3장 참조). SAD를 가진 사람들도 이와 다르지 않게 사회적 관계에 대한 욕구를 가지고 있다. 그러나 SAD 의 기저에 깔려 있는 부정적 평가에 대한 두려움으로 인하여 그들은 만족스러운 사회적 관계를 만들어 나가는 데 어려움을 겪는다(Brown, Silvia, Myin-Germeys, & Kwapil, 2007). 그들은 자신이 다른 사람의 부정적인 반응을 불러일으키는 어떠한 말이나 행동을 하거나 또는 심각한 개인적 결함이 있다는 사실에 두려움을 갖는다(Rodebaugh, 2009; Wilson & Rapee, 2005). 저자들은 SAD를 가진 사람들을 치료한 경험이 있다. 그들은 충분히 호감을 가질 만한 사람들임에도 불구하고, 자신을 '지루한 사람' '괴짜 같은 사람' '서투른 사람' '이상한 사람'으로 묘사하곤 하였다. 그러한 이유로 그들은 다른 사람들이 자신을 거절할 것으로 생각하였다. 그들은 다른 사람들 주변에 머물러 있으면서도 의미 있는 정서적 접촉을 제대로 하지 못하는 경향이 있었다. 당연한 말이겠지만, SAD를 가진 사람들이 보여 주는 이러한 모습은 그들의 삶의 질을 황폐하게 만든다(Stein & Kean, 2000). 이 장에서는 사회불안과 사회적 관계를 다루고 있는 연구들에 대해 살펴보고자 한다. 이를 통해 사회불안으로 인한 관계적 어려움이 생애 전반에 걸쳐 어떻게 나타나는지, 그리고 이러한 관계적 어려움이 정서적 친밀감의 발달을 어떻게 방해하는지에 대한 연구 문헌을 검토할 것이다.

아동기 및 청소년기의 사회불안

성인 인구에서 추정되는 높은 SAD 유병률에도 불구하고, 1980년대 이전 연구들은 아동 및 청소년의 SAD 유병률을 과소평가하는 경향이 있었는데, 이는 진단 기준의 변화에 따른 것으로 볼 수 있다(Blanco, Garcia, & Liebowitz, 2004). 흔히 사회불안은 일시적인 상태이거나 일반적인 성격 특질(즉, 수줍음)이 변형된 것으로 여긴다. SAD를 가진 아동 및 청소년들은 진단 과정에서 특정 공포증 및 범불안장애와 유사한 증상이 함께 나타나는 아동 및 청소년기 회피성 장애(avoidant disorder) 또는 과잉불안장애

(overanxious disorder)로 분류되는 경우가 많았다(Albano & Hayward, 2004; Bögels et al., 2010). 그러나 이 두 장애는 정신질환 진단 및 통계 매뉴얼 4판(DSM-IV)에서 모두 제외되었다. 현재 임상가들은 학령기 아동에게 SAD 진단이 내려질 수 있다는 것에 동의하고 있다(Bögels et al., 2010 참조). 사실 이보다 더 어린 연령에서 관찰되는 심각한 임상적 사례에 대해서는 최근에 들어서야 관련 연구가 수행되기 시작하였다. 이와 같이 아동 및 청소년기 SAD를 다루고 있는 대부분의 연구는 임상적 표본과 비임상적 표본 모두를 포함하고 있다. 또한 SAD는 기질과 관련된 특정 변인(예: 행동 억제, 수줍음, 사회적 위축)과 상당히 중첩되는 면이 있다. 일부 연구자들은 이와 같은 변인들이 동일한 스펙트럼의 양극단에 위치하고 있을 수 있다고 주장하였다(Coplan & Rubin, 2010; Heiser, Turner, Beidel, & Roberson-Nay, 2009; Rapee & Coplan, 2010). 이와 같은 유사성을 고려할 때, **사회적으로 불안**(socially anxious)하다는 것은 이러한 개념 모두를 포함한다고 할 수 있다.

사회불안이 아동 및 청소년들에게 심각한 손상과 스트레스를 초래할 수 있다는 것 (La Greca & Lopez, 1998; Spence, Donovan, & Brechman-Toussaint, 1999), 그리고 그와 같은 만성적인 속성으로 인하여 장기간 해로운 영향을 미칠 수 있다는 것은 현재 보편적으로 받아들이고 있는 사실이다(Beidel, Ferrell, Alfano, & Yeganeh, 2001). 사회불안을 가진 아동 및 청소년들은 상대적으로 친구의 수가 더 적고, 학교 출석에 어려움을 느끼며, 학업성취도가 더 낮은 것으로 보고되었다(Khalid-Khan, Santibanez, McMicken, & Rynn, 2007). 그리고 그들은 또래괴롭힘 피해, 우울증, 자살 시도, 물질 남용을 경험하게 될 위험이 높다(Essau, Conradt, & Petermann, 2002; Kendall, Safford, Flannery-Schroeder, & Webb, 2004; Wittchen, Stein, & Kessler, 1999).

나이가 듦에 따라 점차 자신의 직업과 사회적 환경을 선택할 수 있게 되는 성인들과는 달리 아동 및 청소년들은 의무적으로 받아들여야 하는 교육과 학교라는 사회적 환경에 구속되어 있다. 일반적으로 학교 환경에는 의무적인 수업 참여, 공개 발표 과제, 팀 단위 운동경기, 사회적 활동을 강조하는 분위기(예: 교내 식당에서 함께 식사하기) 등이 포함되어 있다. 한편, 아동 및 청소년들은 이와 같은 학교 환경을 통해 사회적 환경에 접근할 수 있는 충분한 기회를 제공받게 된다. 사실 사회적으로 고립된 일부 성인들의 경우에는 이러한 혜택이 좀처럼 주어지지 않는다. 그러나 사회적으로 불안한 아동 및 청소년들은 설사 **물리적으로**(physically) 고립되어 있지 않더라도 **정서적인 고립감과 고독감**을 경험하고 있을 수 있다. 다음 절을 통해 이와 관련된 연구를 소개하고자 한다.

아동기

초기 아동기에 부모는 가정이라는 울타리 안에서 아동의 사회적 발달에 큰 영향을 미치게 된다(McLeod, Wood, & Weisz, 2007). 또한 기질이나 생물학적 요인과 같은 아동의 특성도 사회불안의 발달과 밀접하게 관련된다(Essex, Klein, Slattery, Goldsmith, & Kalin, 2010). 아동이 학교 환경에 들어가게 되면 또래관계가 아동의 사회적 · 정서적 발달에 더욱 중요한 역할을 하게 되는데, 또래수용, 또래지지와 같은 또래 변인은 이러한 발달에 강력한 영향을 미치는 경향이 있다(Festa & Ginsburg, 2011). 아동기 동안에 타인과 관계를 맺고, 또래와의 우정을 성공적으로 발전시키는 능력은 건강한 발달에 있어 매우 중요한 부분이라고 할 수 있다(Farmer et al., 2008). 사실 나이가 어릴수록 우정에 대한 이해는 제한적일 수밖에 없다(Selman, 1980). 그럼에도 불구하고, 아동들은 한참 어린 유아기에도 친구를 만들기 시작하고, 그 관계를 발전시켜 나간다. 관련 연구들에서는 어린 나이에 친구를 가진 아동의 경우에는 향후 타인과의 관계 증진에 필요한 사회적 기술을 획득하고, 이를 향상시킬 수 있는 기회를 제공받게 된다고 주장하였다(자세한 내용은 Bukowski와 Véronneau가 저술한 이 책의 1권 2장 참조; Howes, 1996; Howes & Phillipsen, 1998). 뿐만 아니라, 학령기 이전에 경험한 긍정적인 또래관계는 학교에서의 적응을 보다 용이하게 만든다(Ladd, Kochenderfer, & Coleman, 1996). 또한 또래와의 우정을 통해 형성된 긍정적인 관계는 삶의 다양한 측면에서 안녕감(well-being)을 증진시킨다고 보고되었다(Baumeister & Leary, 1995). 심지어 이러한 관계는 사회적으로 점점 고립되고 있거나 내재화 증상이 심각해지고 있는 아동을 보호할 수 있다고 보고되었다(Laursen, Bukowski, Aunola, & Nurmi, 2007).

그러나 안타깝게도 불안한 아동들, 특히 사회불안을 가진 아동들의 경우에는 또래와의 우정을 발전시키고 유지시키는 데 어려움을 겪는 경향이 있다. 사회적으로 불안한 아동들은 그렇지 않은 아동들에 비해 사회적으로 위축되고 억제되는 모습을 자주 보인다(자세한 내용은 Coplan과 Ooi가 저술한 이 책의 1권 7장 참조; Erath, Flanagan, & Bierman, 2007). 아동에게 있어 중요한 성인들(즉, 부모, 교사)은 아동의 사회불안을 잘 알아차리지 못하는 경우가 많다. 이것은 이러한 아동들이 그저 수줍음이 많은 것처럼 비춰질 수 있기 때문이며, 아동이 경험하고 있는 대인관계에서의 어려움이 그다지 눈에 잘 띄지 않을 수 있기 때문이다(Rimm-Kaufman et al., 2002). 성인들과 마찬가지로, 사회적으로 불안한 아동들은 또래에게 부정적인 평가를 받지 않을까 하는 두려움과 또래에게 거절 당하지 않을까 하는 두려움 때문에 사회적 상호작용을 회피하고는 한다. 그러나 이러한 회피는 사회화를 위한 기회와 중요한 대인관계 기술을 습득할 수 있는 기회를 박탈할 수도 있다(Schneider, 2009). 그리고 사회적으로 불안한 아동들은 상대적으로 친구의 수가 더 적을 뿐만 아니라 친밀한 관계 또한 더 적다고 보고하였다(La Greca & Lopez, 1998). 아동기 및 초기 청소년기에서 나타나는 이러한 사회적 문제는 성인기에까지 지속적으로 유지되는 것으로 보이며, 향후의 불안장애(Roza, Hofstra, van der Ende, & Verhulst, 2003) 및 광범위한 다른 정신장애(Bittner, Egger, Erkanli, Costello, & Foley, 2007)를 예측하기도 한다.

부정적인 평가와 거절에 대한 두려움으로 인하여 사회적으로 불안한 사람들은 긍정적인 대인관계 행동을 보여 주지 못하는 경우가 많다. 예컨대, 사회적으로 불안한 아동들은 그렇지 않은 아동들에 비해 적극성이 떨어지고, 사회적 문제 해결 기술이 빈약하며, 협력이나 도움과 같은 친사회적 행동 성향이 낮은 편이라고 알려져 있다(Bohlin, Bengtsgård, & Andersson, 2000; Caspi, Elder, & Bem, 1988). 일부 연구자들은 사회적으로 불안한 아동들이 보이는 긍정적인 대인관계 행동의 부족이 또래배제와 또래괴롭힘 피해로 이어질 수 있다고 주장하였다(Ollendick & Hirshfeld-Becker, 2002). 이러한 주장과 일관되게 부정적인 평가에 대한 두려움과 사회적 불안을 가진 미취학 아동 및 초등학생들은 또래에 의해 공공연하게 행해지고 있는 높은 수준의 또래괴롭힘 피해를 보고하고 있다(Slee, 1994; Storch, Zelman, Sweeney, Danner, & Dove, 2002).

　이와는 대조적으로 일부 연구에서는 불안한 아동들이 또래에 의해 능동적으로 배제되기보다는 자연스럽게 고립되는 경향이 더 많다는 것을 보여 주었다. 이는 불안한 아동들이 스스로 위축되거나 효과적이지 못한 사회적 기술을 사용하고 있기 때문이다(Thorell, Bohlin, & Rydell, 2004). 또래 지명을 통해 사회적 관계를 측정하는 연구에서 사회적으로 불안한 아동들은 또래들에게 인기가 없거나 무시되는 아동으로 평가되며(즉, 지명을 거의 받지 못함; Franke & Hymel, 1984; La Greca & Stone, 1993), 사회적 영향 부문에서 가장 낮은 점수를 받는 경우가 많았다(Strauss, Lahey, Frick, Frame, & Hynd, 1988). 사회적으로 불안한 아동들이 사회적인 상황을 회피하고 그러한 상황에서 스스로 철수하는 경향이 있다는 것을 고려한다면, 또래들이 그들에게 아무런 관심을 가지지 않을 수 있다는 것은 어쩌면 예견된 일인지도 모른다. 그러나 무시를 당하고 있는 것과 같은 수동적인 고립을 교사들이 알아차리기란 그리 쉽지 않다. 이는 신체적 괴롭힘이나 놀림 등 명백한 형태의 또래배제와 비교할 때 더욱 그러하다. 한 연구에서는 아동이 지각한 사회불안이 외로움, 학교 회피(school avoidance), 학교 혐오(dislike of school) 등 자기보고에 의한 여러 가지 부정적 결과와 관련되어 있다고 보고하였다. 반면, 이와 같은 사회불안은 교사보고에 의한 아동들의 사회·정서적 문제 및 학교적응 문제와 대부분 아무런 관련을 보이지 않았다(Weeks, Coplan, & Kingsbury, 2009). 교사가 고립되어 있는 아이들을 제대로 알아차리지 못하게 되면 그들이 필요로 하는 적절한 지원을 제공할 수 없다. 결과적으로 자신이 무시 당하고 있다고 생각하는 고립된 아동들의 지각은 더욱 강화될지도 모른다.

　더 적은 사회적 상호작용은 타인을 향한 유대감을 제한할 뿐만 아니라 그들이 참여할 수 있는 사회적 상황의 전체 횟수마저 제한할 수 있다. 이러한 아동들은 긍정적인 대인관계 행동이나 기술을 연습할 수 있는 기회를 충분히 제공받을 수 없게 되며(Hodges, Boivin, Vitaro, & Bukowski, 1999), 이와 같은 기회의 부족은 효과적이지 못한 대인관계로 이어질 가능성이 높다. 아동들이 대인관계를 효과적으로 만들어 나가지 못하게 되면 그들은 점점 더 거부되고, 심지어 또래괴롭힘을 당하게 될 것이다. 결과적으로 부정적인 행동과 또래거부가 서로 꼬리를 무는 악순환의 고리가 만들어지게 되는 것이다(Gazelle & Ladd, 2003).

이처럼 사회적으로 불안한 아동들은 또래관심과 또래수용의 수준이 전반적으로 낮을 뿐만 아니라, 그들이 친구라고 여기고 있는 또래와 함께 있을 때에도 외로움과 고립을 경험할 수 있다. 그들은 그들이 가진 친구관계의 질과 사회적 지지의 수준을 상대적으로 낮게 평가하고 있으며, 친구와의 긍정적인 상호관계 또한 더 적다고 지각하는 경향이 있다(Festa & Ginsburg, 2011; La Greca & Harrison, 2005). 이러한 지각은 매우 중요하다고 할 수 있는데, 높은 수준의 사회불안을 가진 초기 청소년의 친밀한 또래관계가 외로움과 또래괴롭힘 피해에서 그들을 보호할 수 있다는 최근의 연구들을 고려할 때 더욱 그러하다(Erath, Flanagan, Bierman, & Tu, 2010). 이와 같은 연구결과에도 불구하고, 사회적으로 불안한 대다수의 아동은 그들의 친구로부터 친밀함과 편안함을 느끼지 못한다고 보고하였다. Schneider(2009)는 불안한 아동들이 친밀한 상호작용이 일어나는 상황에서 더욱더 비주장적이고, 말수가 적어지며, 정상적인 우호적 경쟁 행동을 잘하지 않을 뿐만 아니라 전반적으로 덜 긍정적이라는 것을 발견하였다. 불안한 아동들은 그들이 **가까운 친구들**(close friends)로 여기는 또래와의 상호작용에서도 마음을 잘 드러내지 않는다. 유사하게, 불안한 아동들은 또래관계에서 긍정적 반응과 상호작용이 보다 적은 것으로 보고하였다(Spence et al., 1999). 일부 연구자들은 아동에게서 관찰되는 사회불안과 회피는 아동이 그들의 사회적 관계를 만족스럽게 여기고 있지 않다는 신호로 해석될 수 있다고 주장하기도 하였다(Asher & Wheeler, 1985).

청소년기

일부 연구에서는 아동들이 청소년기에 접어들었을 때, 그들이 가진 두려움의 수준이 감소한다는 것을 보여 주었다(Westenberg, Gullone, Bokhorst, Heyne, & King, 2007). 그러나 대부분의 연구에서는 초등학교 시기에 경험한 사회불안 및 대인관계 어려움은 청소년기와 초기 성인기에서의 문제를 가중시킬 뿐만 아니라 더 좋지 않은 결과로 이어질 수 있다고 주장하였다(Bittner et al., 2007; Bowker, Nelson, Markovic 및 Luster가 저술한 이 책의 1권 10장 참조). 외로움은 매우 일반적인 경험으로, 청소년기와 밀접한 관련이 있다. 초기 청소년들은 가장 높은 수준의 외로움을 보고하는데, 이러한 외로움은 그들이 나이가 들어감에 따라 점차 감소한다(Marcoen & Goossens, 1993). 또한 청소년기의 외로움은 우울증, 외현화 행동, 자해, 자살 충동과 같은 다른 정신건강 문제와도 관련이 있다(Jones, Schinka, van Dulmen, Bossarte, & Swahn, 2011).

아동이 청소년기에 접어들게 되면 개인 수준과 또래 수준 양쪽 모두에서 다양한 변화가 일어나게 된다. 이러한 변화는 청소년들의 대인관계에 어려움을 발생시키거나 어려움을 더욱 가중시킬 수 있는데, 특히 사회적으로 불안한 청소년들의 경우에는 더욱 그러하다. 사회불안은 청소년기에서부터 흔히 시작되기 때문에 이러한 변화의 속성을 이해하는 것은 매우 중요하다(APA, 1994). 청소년들은 이전에 비해 더 많은 자율성을 획득하기 시작하고, 더 많은 시간을 또래와 함께 보내기 시작한다. 결과적으로 또래 집단은 청소년기의 심리사회적 기능을 좌우하는 가장 강력한 결정요인 중 하나가 된다(Parker, Rubin, Erath, Wojslawowicz, & Buskirk, 2006). 청소년들은 또래에게 인기를 얻는 것에 관심을 기울이는 경향이 있으며(LaFontana & Cillessen, 2010), 친구관계의 질과 대인관계에서의 상호작용 또한 중요하게 여긴다. 또래관계의 친밀감과 안정성에 대한 긍정적인 지각은 더 높은 수준의 자기가치(self-worth), 그리고 긍정적인 사회·정서적 적응 지표와 관련이 있었다(Bukowski, Gauze, Hoza, & Newcomb, 1993).

청소년기에는 개인의 정체성 형성을 위한 핵심 발달 과업이 시작되는 것으로 알려져 있다(Erikson, 1972; Marcia, 1966). 이 기간 동안에 청소년들은 수많은 정체성과 역할을 탐색하고 평가하기 시작한다. 청소년들이 더 많은 시간을 또래와 함께 보내게 된다는 것을 고려할 때, 대인관계 경험은 다양하고 유용한 정보 획득을 위한 중요한 원천이 될 수 있다(Allison & Schultz, 2001; Grotevant, Thorbecke, & Meyer, 1982). 동시에 청소년의 자기인식, 특히 '다른 사람과 다르다'는 인식은 이 시기 동안에 더욱 보편화된다(Fordham & Stevenson-Hinde, 1999; Rubin & Burgess, 2001). 청소년들은 자기제시(self-presentation)에 더욱 민감해지고 자기관(self-view)이 타인과 어떻게 다른지를 더욱 자각하기 시작한다(Beidel & Morris, 1995). 이와 같은 변화로 인하여 청소년들은 자신과 타인이 행하는 일반적이지 않은 행동에 대해 더 잘 알아차리게 된다.

사회적으로 불안한 초기 청소년들은 사회적 행동과 또래 상호작용을 잘 시작하지 못하고, 시작하더라도 반응을 지속하지 못한다. 또한 사회적 상호작용에서 긍정적인 반응을 획득할 가능성이 더 적다(La Greca & Lopez, 1998). 사회적으로 억제된 행동이나 수줍음과 같은 내재화 행동은 또래에게 점점 더 부정적인 모습으로 비춰지게 되며, 사회적 역량을 제대로 갖추고 있지 못한 모습으로 여겨지게 된다(Fordham & Stevenson-Hinde, 1999; Rubin & Burgess, 2001). 청소년들은 이러한 행동을 보이는 그들의 또래를 적극적으로 거부하고 배제할 수도 있다. 또래의 부정적인 평가는 사회적으로 불안한 청소년들에게서 더욱 현저하게 나타날 수 있다. 그들은 자기개념(Reichert & Kuriloff, 2004)이 빈약하고, 자기가치 및 사회적 수용의 정도가 낮으며, 또래와의 상호작용에서 부정적인 모습(Ginsburg, La Greca, & Silverman, 1998)을 보이는 것으로 자주 보고되고 있다.

성인기의 사회불안

사회적으로 불안한 아동과 청소년에게서 관찰되는 관계의 패턴은 성인기에까지 지속적으로 유지되는 경향이 있다(Yonkers et al., 2001). SAD 치료를 희망하는 성인의 경우에는 불안이 없는 통제집단과 비교할 때, 심지어 수많은 임상집단과 비교할 때에도 상대적으로 더 적은 사회적 네트워크를 가지고 있다는 사실이 일관되게 확인되어 왔다(Davidson, Hughes, George, & Blazer, 1993). 지역사회 표본에서도 동일한 패턴이 확인되었는데, SAD 증상이 심각할수록 혼자 살아가는 경우가 많고, 친구의 수가 더 적으며, 클럽이나 모임 활동에 잘 참여하지 않고, 결혼(또는 결혼과 유사한 관계) 비율이 낮게 나타나는 등 상대적으로 더 큰 위험과 관련이 있었다(Falk Dahl & Dahl, 2010). 특히 눈에 띄는 것은 SAD를 가진 성인이 친밀한 관계에서도 문제를 가지고 있다는 것이다. 다른 장애를 가진 사람들과 비교할 때, 그들은 친한 친구를 가지고 있지 않다고 보고하는 경우가 많았다(Chou, Liang, & Sareen, 2011; Rodebaugh, 2009). 설사 친구를 가지고 있다고 하더라도, 그들은 그들이 가진 관계의 질에 대해 그다지 만족하지 못하고 있었다(Bech & Angst, 1996). 또한 결혼을 했다고 하더라도, 그들은 그들의 배우자에 대해 그다지 만족하지 못하고 있었으며(Bech & Angst, 1996), 결혼 생활에서도 상당한 어려움을 겪고 있었다(Whisman, 2007).

아동기 및 청소년기와 마찬가지로, SAD를 가진 성인들은 다른 사람의 부정적인 반응을 유발할 수 있다. 예컨대, Creed와 Funder(1998)는 다음과 같은 사실을 발견하였다. 그것은 사회적으로 불안한 대학생과 대화를 하는 상대방이 그들에 대한 흥미나 호감을 잘 표현하지 않았고, 일방적으로 말하는 모습을 보였으며, 상호작용을 지배하면서 그들에게 더 많은 짜증을 냈다는 것이다. 대학생 또래(친구)는 그들이 쉽게 상처받고, 민감하며, 개인적인 삶의 의미가 결여되어 있고, 기분 변화가 심한 것으로 기술하였다(Creed & Funder, 1998). Heerey와 Kring(2007)은 사회적으로 불안한 대학생과 대화를 하는 상대방이 긍정 정서의 증가를 경험하지 못했다는 것을 확인하였는데, 이것은 불안하지 않은 대학생과 대화를 하는 상대방이 이야기를 나누는 가운데 긍정 정서의 증가를 경험하였다는 결과와 비교된다. 앞서 SAD를 가진 사람들도 실상은 충분한 호감을 지니고 있는 사람들이라는 사실을 언급한 바 있다. 그렇다면 왜 다른 사람들은 그들에 대해 부정적인 인상을 가지게 되는 것일까?

사회불안과 관계적 행동

긍정적 자기감(sense of self)을 위해 필수적이라고 할 수 있는 만족스러운 관계의 발달은 상대방에 대한 감정과 의견을 개방적이고 진실하게 표현하는 것, 그리고 상대방이 나에 대해 이와 동일하게 표현할 수 있도록 독려하는 것에 달려 있다(Collins & Miller, 1994; Laurenceau, Barrett, & Pietromonaco, 1998; Reis & Shaver, 1988). 서로가 주고받는 자기노출(self-disclosure)은 유사성과 상호 신뢰의 느낌을 강화시킨다. 이것은 지속적인 만남을 추구할 수 있도록 사람들을 동기화시키며, 친밀한 또래관계와 연인관계를 만들어 낸다. 이러한 관계는 우리가 스스로를 가치 있게 여길 수 있도록 돕는다. 자기 노출은 보다 넓은 의미의 개념인 **진실성**(authenticity), 즉 **참된 자기**(true self)에 따라 행동하는 것을 반영한다(Brunell et al., 2010). 진정성은 사회적 유대감, 높은 자존감, 그리고 높은 자기개념 명확성과 관련된다(Leary, 2003). 흥미로운 것은 사람들은 자신이 외향적인 행동을 할 때 스스로에게 더 큰 진정성을 느낀다는 점이다(Fleeson & Wilt, 2010). 진정성이 높은 사람은 상대방에 따라 다른 얼굴을 보이는 사회적 카멜레온이 될 가능성이 더 적다(Leary & Allen, 2011). 나아가 진실한 자기(authentic self)가 사회적으로 용인된다면 관계를 방해하는 방어적인 행동은 감소될 것이다(Schimel, Arndt, Pyszczynski, & Greenberg, 2001).

만족스러운 관계의 발달을 위해 필요한 또 하나의 중요한 요인은 바로 반응성(responsiveness)이다. 자기노출에 대한 상대방의 반응성은 자신이 충분히 이해받고 있음을 느끼게 만들고, 그것은 일방적인 자기노출을 뛰어넘어 상호 간의 친밀감 및 지각된 사회적 유대감 증진에 기여한다(Laurenceau et al., 1998). 또한 자기노출과 이에 대한 상대방의 반응성은 서로 처음 만나는 사람 사이의 상호작용에서 라포(rapport)가 형성될 수 있도록 도우며(Butler et al., 2003), 연인이나 부부가 서로 친밀감을 느끼게 하는 데 기여한다(Lippert & Prager, 2001).

특히 결혼이나 데이트 관계 같은 **친밀한**(intimate) **관계**에서 신뢰를 쌓는 일은 매우 중요한 과정이라고 할 수 있다(Murray, Holmes, & Collins, 2006). 사람들은 친밀한 관계 속에서 상대방이 자신을 사랑하고 소중하게 여긴다는 것을 신뢰하며, **안전하다는 느낌**(felt security)을 경험하게 된다. 상대방이 자신을 사랑한다는 지각은 부분적으로는 상대방이 자신의 긍정적인 면을 바라보고 있다는 믿음에 달려 있다. 사람들은 보다 긍정적인 연인관계에서는 긍정성을 상대방에게 투사한다. 즉, 상대방이 자신에 대한 사랑을 증명하는 분명한 행동을 보이지 않더라도, 자신을 사랑하고 소중하게 여기고 있음을 믿는다. 이와는 대조적으로 자기회의(self-doubts)는 신뢰와 관련된 인지적·행동적 과정을 약화시키는 경향이 있다. 부정적인 자기관을 가진 사람들은 실제로는 긍정적인 자기존중(self-regard)을 가진 사람들만큼이나 충분히 사랑받고 있음에도 불구하고, 상대방의 사랑을 평가절하 하려는 모습을 보인다(Murray, Holmes, Griffin, Bellavia, & Rose, 2001). 덜 사랑받고 있다고 잘못 느끼고 있는 사람들은 상대방을 긍정적으로 지각하는 수준이 낮았는데, 이러한 경향은 관계에서의 정서적 거리 두기(emotional distancing)로 이어질 수 있다(Murray et al., 2006). 요컨대 부정적인 자기신념(self-beliefs)을 가진 사람들은 사랑하는 사람들, 헌신적인 사람들과의 관계에서조차 그들이 가지고 있는 안전과 소속의 욕구를 만족시키기가 어렵다.

사회적으로 불안한 사람들이 경험하는 두려움과 자기회의는 이와 같은 중요한 관계적 과정(relational process)을 약화시키는 것으로 보인다. Meleshko와 Alden(1993)은 실험 연구를 통해 다음과 같은 사실을 발견하였다. 그것은 사회적으로 불안한 사람들은 대화 상황에서 상대방이 자기노출을 하더라도 정작 자신은 잘 노출하지 않으며, 그 결과 상대방은 향후 그들과의 만남에 그다지 큰 흥미를 느끼지 못한다는 것이다. Vonken과 동료들(2008)은 구조방정식 모형(SEM)을 사용하여 사회적 행동이 어떠한 경로를 거쳐 사회적 거부로 이어지는지에 대한 대략적인 순서를 제시하였다. 그들의 연구에서 SAD를 가진 환자들은 대화의 상대방과 그 대화를 객관적으로 관찰한 평가자 모두에게 부정적인 정서적 반응을 불러일으켰으며, 이러한 정서적 반응은 비유사성(dissimilarity)에 대한 지각으로 이어졌다. 최종적으로 이들의 부정 정서와 비유사성에 대한 지각은 SAD를 가진 사람들에 대한 사회적 거부를 예측하였다.

이 연구에서 확인할 수 있는 사실은 개방성의 부족이 정서적 친밀성의 발달을 차단한다는 것이다. 중요한 것은 사회적으로 불안한 사람들에게서 관찰되는 이와 같은 패턴은 그들이 부정적 평가의 위협을 받을 때에만, 또는 적어도 그러한 때에 더 강하게 나타난다는 점이다. 부정적 평가의 위협이 줄어들면 사회적으로 불안한 사람들도 스스럼없이 자기노출에 참여하며, 불안하지 않은 사람들과 동일한 수준으로 상대방의 호감을 이끌어 낼 수 있다(Alden & Bieling, 1998). 이와 같은 연구결과는 사회적으로 불안한 사람들이 자신을 충분히 개방할 수 있을 뿐만 아니라 타인을 친숙하게 대할 수 있다는 것을 보여 준다. 그러나 동시에 그들이 관계의 쇠퇴와 함께 부정적 평가에 대한 두려움을 가지게 된다면 이와 같은 행동들은 억제될 수 있다는 것 또한 보여 주고 있다.

사회적으로 불안한 사람들이 정서적 노출을 잘하지 못한다는 것은 그들이 맺고 있는 친밀한 관계에서도 관찰할 수 있다. 높은 사회불안을 가진 학생들은 가족 및 친구와의 상호작용에서 정서 표현의 회피, 자기주장의 부족, 그리고 대인관계에서의 의존성을 보고하였다(Grant, Beck, Farrow, & Davila, 2007). 더욱이 정서 표현을 회피하는 행동은 측정 시점으로부터 1년이 경과한 후에 우울 증상의 증가를 예측하기도 하였다(Grant et al., 2007). Davila와 Beck(2002)은 사회불안 증상을 가진 사람들을 대상으로 이와 유사한 결과를 확인하면서 그들에게 갈등을 회피하는 경향이 있다는 것을 추가적으로 보고하였다. 또한 임상적 표본에서는 정서적 거리 두기 양상이 발견되기도 하였다. Sparrevohn과 Rapee(2009)는 SAD를 가진 환자들이 통제집단과 비교했을 때 연인과의 관계에서 더 낮은 자기노출과 정서 표현을 보였으며, 심지어는 불쾌감(dysphoria)이 통제되었을 때에도 그러한 패턴을 보였다고 주장하였다. 이에 대한 후속 연구에서는 이러한 패턴이 여성에게 더 강하게 나타날 수 있다고 제안하였다(Cuming & Rapee, 2010). 친밀감 형성을 위한 자기노출의 역할을 고려할 때, 자기노출과 정서 표현의 부족이 더 낮은 수준의 지각된 사회적 지지와 관련이 있다는 사실은 그리 놀라운 일이 아니다.

일부 실험 연구들에서는 행동 관찰을 통하여 사회적으로 불안한 사람들이 친밀한 관계에서 어떠한 행동 양상을 보이는지에 대해 살펴보았다. Wenzel, Graff-Dolezal, Macho 및 Brendle(2005)은 긍정적·중립적·부정적인 주제에 대해 대화를 나누고 있는 연인들의 모습을 관찰하였다. 모든 주제의 대화 속에서 사회적으로 불안한 사람들은 긍정적인 행동(예: 감정 진술하기, 공감하기, 긍정적인 비언어적 행동하기)을 더 적게 나타냈다. 또한 부정적인 주제에 관해 대화를 나눌 때면 그들은 '매우 부정적인 행동(예: 다른 사람을 깎아내리거나 비난하기)'을 더 많이 나타냈다. Beck, Davila, Farrow 및 Grant(2006)는 사회적으로 불안한 사람들은 배우자의 긍정적인 행동에 대한 반응으로 부정 정서를 경험하는 경우가 더 많다고 보고하였으며, 이는 상대방의 성공에 대하여 행복을 표현하는 능력이 부족하다는 징조일 수 있다고 주장하였다. 또한 이들 연구자들은 관계에 대한 만족감이 문제 상황과 관련한 대화에서 나타나는 반응을 조절한다는 것을 발견하였다. 구체적으로 사회적으로 불안한 사람들은 그들의 관계를 긍정적으로 지각할수록 부정적인 행동(예: 비난, 거부, 원망)을 더 많이 보였다. 연구자들은 신뢰할 수 있는 관계가 SAD를 가진 사람들의 진실한 정서 표현과 자기노출을 증진시킬 수 있다고 결론을 내렸다. 이러한 결론은 만일 사회적 위험이 감소한다면 사회적으로 불안한 사람들 또한 솔직하게 정서를 표현할 수 있다는 생각을 지지하고 있다. 그러나 부정적인 정서 표현이 장기적으로 어떠한 영향을 미칠지에 대해서도 충분한 연구가 수행되어야 할 것이다. 흥미롭게도 사회적으로 불안한 사람들의 연인에게서 관찰되는 행동에는 어떠한 다른 점도 발견되지 않았다(Beck et al., 2006; Wenzel et al., 2005). 이는 사회적으로 불안한 사람들의 비규준적 정서 표현은 연인이 아닌 바로 자신에 의해 주도되는 것임을 시사한다.

안전 추구와 관계

앞서 살펴보았듯이, SAD를 가진 사람들은 정서적으로 중요한 사회적 연대를 가능하게 하는 관계 형성 행동을 실행하는 데 실패할 수 있다. 그럼 그들이 실패하는 까닭은 무엇일까? SAD를 가진 사람들에게서는 역기능적인 사회적 행동이 관찰되는데, 인지행동이론가들은 그 까닭을 다음과 같이 설명하고 있다. 그것은 사회적 지식이나 기술이 부족해서가 아니라 연쇄적으로 일어나는 인지 과정이 그들의 두려움을 유지시키고 사회적 상호작용을 해치고 있기 때문이라는 것이다(Clark & Wells, 1995; Rapee & Heimberg, 1997). 다시 말해, 그들의 부정적인 자기신념은 위협적인 신호에 대한 선택적 주의로 이어지고, 사회적 사건에 대한 예측과 판단을 편향되게 만들 수 있다. 이를 통해 그들의 두려움과 부정적인 자기관이 유지되는 것이다. 예컨대, SAD를 가진 사람들은 자신의 사회적 수행과 자신에 대한 타인의 호감을 평가 절하하려는 경향이 있는데, 이러한 경향은 타인을 신뢰하고 타인과 정서적으로 연대하는 그들의 능력을 저해하는 것으로 보인다(Alden & Wallace, 1995; Rapee & Lim, 1992).

특히 대인관계 영역과 관련하여 이러한 인지 과정이 사회적으로 불안한 사람들의 안

전추구행동(Safety-Seeking Behaviors: SSBs)으로 이어진다는 증거가 있다. 안전추구행동은 지각된 위협을 관리하거나 분산시키고 안전감을 증가시키려는 행동으로, 밖으로 드러나는 외현적인 행동이나 밖으로 드러나지 않는 내재적인 행동으로 나타난다(Salkovskis, 1991). 본 저자의 연구팀에서는 안전추구행동이 어떻게 대인관계 상호작용에 영향을 미치는지에 대해 특히 관심을 기울여 왔다. 다소 놀랍게도 SAD를 가진 환자들은 자신의 습관적인 안전추구행동을 알아차릴 수 있었는데, 이것은 그들의 행동이 무의식적인 방어가 아니라는 것을 보여 준다. 한편 가장 공통적으로 나타나는 안전추구행동은 회피와 관련되어 있었으며, 또한 인상 관리와도 관련되어 있었다(Plasencia, Alden, & Taylor, 2011). 회피는 발표에 참여하지 않기, 눈맞춤 회피하기, 그리고 낮은 자기노출, 특히 자신을 숨기기 위한 행동을 포함한다. 인상 관리는 자신의 행동을 면밀하게 관찰하고 통제하기, 과도하게 준비하기(예: 사회적 상호작용을 하기 전이나 하는 동안에 무엇을 말할지 미리 연습하기), 그리고 가장된 친절을 포함한다. 자기를 인위적으로 포장하는 이러한 행동은 사람들의 거부를 좀처럼 유발시키지 않을 것이다. 이와 같은 자기은폐(self-concealment)와 인상 관리는 모두 **관계 전략**(relational strategies; 즉, 지각된 사회적 위협을 관리하기 위한 보편적인 행동 전략)으로 여겨질 수 있다.

중요한 것은 두 전략이 모두 부정적인 사회적 결과를 낳을 수 있다는 것이다. 회피전략을 사용하는 사람과 대화하는 상대방은 향후에 있을 그와의 상호작용에 그다지 큰흥미를 보이지 않았는데, 이것은 회피 전략이 대화의 상대방을 친밀한 관계에서 떨어져 나오게 만든다는 주장을 지지한다. 이와는 대조적으로 인상 관리 전략은 미래에 있을 부정적인 결과에 더 많은 대가를 치러야 하는 것으로 나타났다. 즉, 인상 관리 전략을 사용하는 사람들은 앞으로의 대화에서도 이러한 허울을 유지하지 않는다면 더 많은 것을 잃을 것이라고 느꼈다. 주목할 점은 두 전략 모두 비진실성(inauthenticity)에 대한 주관적인 감각(즉, 자신의 행동이 거짓이라는 것을 인식하는 것)과 관련되어 있다는 점이다. 사회적 관계를 다루고 있는 연구들이 정서 표현과 진정성을 강조하고 있다는 것을 고려할 때, 이러한 행동들은 명백하게 관계 발전을 방해하는 것으로 보인다. 더욱이 상호작용이 잘 이뤄진다고 하더라도, SAD의 뿌리라고 할 수 있는 부정적인 자기관의 변화는 기대하기 어려울 것인데, 이는 타인의 어떠한 긍정적인 피드백도 진정한 자기와 관련이 없기 때문이다.

본 저자의 연구팀은 SSBs 감소가 사회적 결과에 어떠한 영향을 미칠 수 있는지를 직접적으로 평가하고자 하였다. 이를 위해 SAD 환자 집단에게 다음과 같이 요청하였는데, 그것은 대화 상대방과의 두 번째 상호작용에서는 자신의 SSBs를 제거해 달라는 것이었다(Taylor & Alden, 2010, 2011). 압도적으로 많은 수의 환자가 그러한 요청에 맞게 행동할 수 있었다는 것은 매우 주목할 만하다. 더욱이 대화 상대방은 환자들에게 더 좋은 인상을 가지게 되었고, 이어지는 그들과의 상호작용에도 더 많은 흥미를 보였다. 반면에 통제집단의 경우에는 사회적 결과와 관련해서 어떠한 개선도 관찰되지 않았다(Taylor & Alden, 2011). 따라서 SSBs는 부정적인 자기신념과 좋지 못한 대인관계를 연결하는 것으로 보인다. 자신이 심각한 결함을 가지고 있는 것이 아니라 자신이 채택한 안전 전략 때문에 정서적으로 고립되고 있다는 사실을 SAD 환자들이 분명하게 인식하게 된다면 그들은 그러한 패턴을 변화시킬 수 있을 것이며, 보다 만족스러운 삶을 위해 요구되는 친밀한 관계를 훌륭하게 만들어 갈 수 있을 것이다(Alden & Taylor, 2011).

향후 연구 방향

이 장 전체에서 다루고 있는 주제는 사회불안과 SAD가 선제적인 사회적 행동(proactive social behavior)을 방해한다는 것이다. 선제적인 사회적 행동은 친밀한 관계와 사회적 유대감 발달에 필수적이라고 할 수 있다. 지금까지의 연구들은 불안과 회피를 감소시키면 자연스럽게 사회적 접근 행동이 증가할 것이라고 가정하면서 부정적인 행동, 회피, 안전 추구 등에 주안점을 두는 경향이 있었는데, 이와 같은 가정은 확인되어야 할 필요가 있다. 또한 사회적 시작 행동, 자기노출, 타인에 대한 공감적 인식(empathic awareness)과 같은 핵심적인 대인관계 행동을 증진시키는 전략이 개입에 도움을 줄 수 있을지에 대해서도 논의할 필요가 있다. 관계 및 대인관계 관련 연구들에서는 관계가 효과적으로 기능할 수 있는 중요한 기본적인 원리와 과정을 밝혀 왔으며, 이는 향후 연구를 위해 많은 시사점을 제공한다. 뿐만 아니라 아동 및 청소년기 사회불안에 대한 관심이 증가하는 것을 고려할 때, 향후 연구에서는 아동과 청소년들에게 적합한 개입 방법이 무엇인지 확인할 필요가 있다. 이와 같은 연구는 심각한 사회불안을 야기하는 부정적인 결과로부터 아동과 청소년들을 보호하는 데 도움을 줄 수 있을 것이며, 나아가 이들이 정서적 고립을 극복하고 더욱 만족스러운 우정을 발전시켜 나가는데 도움을 줄 수 있을 것이다.

요약

이 장에서는 사회불안 및 SAD와 관련된 관계적 어려움을 발달 과정에 따라 설명하였다. 그리고 SAD를 가진 사람들이 어떻게 자신도 모르게 진실한 자기표현과 친밀한 관계 발전을 방해하는 행동에 관여하고 있으며, 이에 따라 부정적인 자기신념과 두려움을 교정할 수 있는 사회적 유대를 스스로 단절하고 있는지를 설명하였다. 그 결과는 그들이 종종 정서적 고독의 상태, 즉 군중 속의 고독 가운데 살아간다는 것이다.

참고문헌

Albano, A. M., & Hayward, C. (2004). Social anxiety disorder. In T. H. Ollendick & J. S. March (Eds.), *Phobic and anxiety disorders in children and adolescents: A clinician's guide to effective psychosocial and pharmacological interventions* (pp. 198-235). New York: Oxford University Press.

Alden, L. E., & Bieling, P. M. (1998). The interpersonal consequences of the pursuit of safety. *Behaviour Research and Therapy, 36*, 1-9.

Alden, L. E., & Taylor, C. T. (2011). Relational treatment strategies increase social approach behaviors in patients with generalized social anxiety disorder. *Journal of Anxiety Disorders, 25,* 309-318.

Alden, L. E., & Wallace, S. T. (1995). Social phobia and social appraisal in successful and unsuccessful interactions. *Behaviour Research and Therapy, 33,* 497-506.

Allison, B. N., & Schultz, J. B. (2001). Interpersonal identity formation during early adolescence. *Adolescence, 36,* 509-523.

American Psychiatric Association. (1994). *Diagnostic and statistical manual of mental disorders* (4th ed.). Washington, DC: Author.

Asher, S. R., & Wheeler, V. A. (1985). Children's loneliness: A comparison of rejected and neglected peer status. *Journal of Consulting and Clinical Psychology, 53,* 500-505.

Baumeister, R. F., & Leary, M. R. (1995). The need to belong: Desire for interpersonal attachments as a fundamental human motivation. *Psychological Bulletin, 117,* 497-529.

Bech, P., & Angst, J. (1996). Quality of life in anxiety and social phobia. *International Clinical Psychopharmacology, 11,* 97-100.

Beck, J. G., Davila, J., Farrow, S., & Grant, D. (2006). When the heat is on: Romantic partner responses influence distress in socially anxious women. *Behaviour Research and Therapy, 44,* 737-748.

Beidel, D. C., Ferrell, C., Alfano, C. A., & Yeganeh, R. (2001). The treatment of childhood social anxiety disorder. *The Psychiatric Clinics of North America, 24,* 831-846.

Beidel, D. C., & Morris, T. L. (1995). Social phobia. In J. S. March (Ed.), *Anxiety disorders in children and adolescents* (pp. 181-211). New York: Guilford Press.

Bittner, A., Egger, H. L., Erkanli, A., Costello, E. J., & Foley, D. L. (2007). What do childhood anxiety disorders predict? *Journal of Child Psychology and Psychiatry, 48,* 1174-1183.

Blanco, C., Garcia, C., & Liebowitz, M. R. (2004). Epidemiology of social anxiety disorder. In B. Bandelow & D. J. Stein (Eds.), *Social anxiety disorder* (pp. 75-92). New York: Marcel Dekker.

Bögels, S. M., Alden, L., Beidel, D. C., Clark, L. A., Pine, D. S., Stein, M. B., et al. (2010). Social anxiety disorder: Questions and answers for the DSM-V. *Depression and Anxiety,*

27, 168-189.

Bohlin, G., Bengtsgård, K., & Andersson, K. (2000). Social inhibition and overfriendliness as related to socioemotional functioning in 7- and 8-year-old children. *Journal of Clinical Child Psychology, 29*(3), 414-423.

Brown, L. H., Silvia, P. J., Myin-Germeys, I., & Kwapil, T. R. (2007). When the need to belong goes wrong: The expression of social anhedonia and social anxiety in daily life. *Psychological Science, 18*, 778-782.

Brunell, A. B., Kernis, M. H., Goldman, B. M., Heppner, W., Davis, P., Cascio, E. V., et al. (2010). Dispositional authenticity and romantic relationship functioning. *Personality and Individual Differences, 48*(8), 900-905.

Bukowski, W. M., Gauze, C., Hoza, B., & Newcomb, A. F. (1993). Differences and consistency between same-sex and other-sex peer relationships during early adolescence. *Developmental Psychology, 29*, 255-263.

Butler, E. A., Egloff, B., Wilhelm, F. H., Smith, N. C., Erickson, E. A., & Gross, J. J. (2003). The social consequences of expressive suppression. *Emotion, 3*, 48-67.

Caspi, A., Elder, G. H., & Bem, D. J. (1988). Moving away from the world: Life-course patterns of shy children. *Developmental Psychology, 24*(6), 824-831.

Chou, K, -L., Liang, K., & Sareen, J. (2011). The association between social isolation and DSM-IV mood, anxiety, and substance use disorders: Wave 2 of the National Epidemiologic Survey on Alcohol and Related Conditions. *Journal of Clinical Psychiatry, 72*(11), 1468-1476.

Clark, D. M., & Wells, A. (1995). A cognitive model of social phobia. In R. G. Heimberg, M. Liebowitz, D. Hope, & F. Schneier (Eds.), *Social phobia: Diagnosis, assessment, and treatment* (pp. 69-93). New York: Guilford Press.

Collins, N. L., & Miller, L. C. (1994). Self-disclosure and liking: A meta-analytic review. *Psychological Bulletin, 116*, 457-475.

Coplan, R. J., & Rubin, K. H. (2010). Social withdrawal and shyness in childhood: History, theories, definitions, and assessments. In K. H. Rubin & R. J. Coplan (Eds.), *The development of shyness and social withdrawal* (pp. 3-22). New York: Guilford Press.

Costello, E. J., Mustillo, S., Erkanli, A., Keeler, A., & Angold, G. (2003). Prevalence and development of psychiatric disorders in childhood and adolescence. *Archives of General Psychiatry, 60*, 837-844.

Creed, A. T., & Funder, D. C. (1998). Social anxiety: From the inside and outside. *Personality and Individual Differences, 25*(1), 19-33.

Cuming, S., & Rapee, R. M. (2010). Social anxiety and self-protective communication style in close relationships. *Behaviour Research and Therapy, 48*, 87-96.

Davidson J. R. T., Hughes, D. L., George, L. K., & Blazer, D. G. (1993). The epidemiology of social phobia: Findings from the Duke epidemiological catchment area study. *Psychological Medicine, 23*, 709-718.

Davila, J., & Beck, J. G. (2002). Is social anxiety associated with impairment in close relationships? A preliminary investigation. *Behavior Therapy, 33*, 427-444.

DeWall, C. N., & Bushman, B. J. (2011). Social acceptance and rejection: The sweet and the bitter. *Current Directions in Psychological Science, 20*, 256-260.

DeWit, D. J., Ogborne, A., Offord, D. R., & MacDonald, K. (1999). Antecedents of the risk of recovery from DSM III-R social phobia. *Psychological Medicine, 29*, 569-582.

Erath, S. A., Flanagan, K., Bierman, K., & Tu, K. M. (2010). Friendships moderate psychosocial maladjustment in socially anxious early adolescents. *Journal of Applied Developmental Psychology, 31*, 15-26.

Erath, S. A., Flanagan, K. S., & Bierman, K. L. (2007). Social anxiety and peer relations in early adolescence: Behavioral and cognitive factors. *Journal of Abnormal Child Psychology, 35*, 405-416.

Erikson, E. (1972). Play and actuality. In M. W. Piers (Ed.), *Play and development.* New York: Norton.

Essau, C. A., Conradt, J., & Petermann, F. (2002). Course and outcome of anxiety disorders in adolescents. *Journal of Anxiety Disorders, 16*, 67-81.

Essex, M. J., Klein, M. H., Slattery, M. J., Goldsmith, H. H., & Kalin, N. H. (2010). Early risk factors and developmental pathways to chronic high inhibition and social anxiety disorder in adolescence. *The American Journal of Psychiatry, 167,* 40-46.

Falk Dahl, C. A., & Dahl, A. A. (2010). Lifestyle and social network in individuals with high levels of social phobia/anxiety symptoms: A community-based study. *Social Psychiatry and Psychiatric Epidemiology, 45,* 309-317.

Farmer, T. W., Estell, D. B., Hall, C. M., Pearl, R., Van Acker, R., & Rodkin, P. C. (2008). Interpersonal competence configurations, behavior problems, and social adjustment in preadolescence. *Journal of Emotional and Behavioral Disorders, 16,* 195-212.

Festa, C. C., & Ginsburg, G. S. (2011). Parental and peer predictors of social anxiety in youth. *Child Psychiatry and Human Development, 42,* 291-306.

Fleeson, W., & Wilt, J. (2010). The relevance of big five trait content in behavior to subjective authenticity: Do high levels of within-person behavioral variability undermine or enable authenticity achievement? *Journal of Personality, 78,* 1353-1382.

Fordham, K., & Stevenson-Hinde, J. (1999). Shyness, friendship quality, and adjustment during middle childhood. *Journal of Child Psychology and Psychiatry, 40,* 757-768.

Frances, A. J., First, M. B., & Pincus, H. A. (1995). *DSM-IV guidebook.* Washington, DC: American Psychiatric Press.

Franke, S., & Hymel, S. (1984). Social anxiety and social avoidance in children: The development of a self-report measure. Presented at the Biennial University of Waterloo Conference on Child Development, Waterloo.

Gazelle, H., & Ladd, G. W. (2003). Anxious solitude and peer exclusion: A diathesis-stress model of internalizing trajectories in childhood. *Child Development, 74,* 257-278.

Ginsburg, G. S., La Greca, A. M., & Silverman, W. K. (1998). Social anxiety in children with anxiety disorders: Relation with social and emotional functioning. *Journal of Abnormal Child Psychology, 26,* 175-185.

Grant, D. M., Beck, J. G., Farrow, S. M., & Davila, J. (2007). Do interpersonal features of social anxiety influence the development of depressive symptoms. *Cognition and Emotion, 21,* 646-663.

Grotevant, H. D., Thorbecke, W. L., & Meyer, M. L. (1982). An extension of Marcia's identity status interview into the interpersonal domain. *Journal of Youth and Adolescence, 11*(1), 33-47.

Heerey, E. A., & Kring, A. M. (2007). Interpersonal consequences of social anxiety. *Journal of Abnormal Psychology, 116*(1), 125-134.

Heinrich, L. M., & Gullone, E. (2006). The clinical significance of loneliness: A literature review. *Clinical Psychology Review, 26*, 695-718.

Heiser, N. A., Turner, S. M., Beidel, D. C., & Roberson-Nay, R. (2009). Differentiating social phobia from shyness. *Journal of Anxiety Disorders, 23*, 469-476.

Hodges, E. V. E., Boivin, M., Vitaro, F., & Bukowski, W. M. (1999). The power of friendship: Protection against an escalating cycle of peer victimization. *Developmental Psychology, 35*(1), 94-101.

Howes, C. P. (1996). The earliest friendships. In W. M. Bukowski, A. F. Newcomb, & W. W. Hartup (Eds.), *The company they keep: Friendship in childhood and adolescence* (pp. 66-86). New York: Cambridge University Press.

Howes, C. P., & Phillipsen, L. (1998). Continuity in children's relations with peers. *Social Development, 7*, 340-349.

Jones, A. C., Schinka, K. C., van Dulmen, M. H. M., Bossarte, R. M., & Swahn, M. H. (2011). Changes in loneliness during middle childhood predict risk for adolescent suicidality indirectly through mental health problems. *Journal of Clinical Child and Adolescent Psychology, 40*, 818-824.

Katzelnick, D. J., Kobak, K. A., DeLeire, T., Henk, H. J., Greist, J. H., Davidson, J., et al. (2001). Impact of generalized social anxiety disorder in managed care. *American Journal of Psychiatry, 158*(12), 1999-2007.

Kendall, P. C., Safford, S., Flannery-Schroeder, E., & Webb, A. (2004). Child anxiety treatment: Outcomes in adolescence and impact on substance use and depression at 7.4-year follow-up. *Journal of Consulting and Clinical Psychology, 72*(2), 276-287.

Kessler, R. C., Berglund, P., Demler, O., Jin, R., Merikangas, K. R., & Walters, E. E. (2005).

Lifetime prevalence and age-of-onset distributions of DSM-IV disorders in the National comorbidity survey replication. *Archives of General Psychiatry, 62*, 593-602.

Khalid-Khan, S., Santibanez, M, P., McMicken, C., & Rynn, M. A. (2007). Social anxiety disorder in children and adolescents: Epidemiology, diagnosis, and treatment. *Pediatric Drugs, 9*(4), 227-237.

La Greca, A. M., & Harrison, H. M. (2005). Adolescent peer relations, friendships, and romantic relationships: Do they predict social anxiety and depression. *Journal of Clinical Child and Adolescent Psychology, 34*(1), 49-61.

La Greca, A. M., & Lopez, N. (1998). Social anxiety among adolescents: Linkages with peer relations and friendships. *Journal of Abnormal Child Psychology, 26*(2), 83-94.

La Greca, A. M., & Stone, W. L. (1993). Social anxiety scale for children-revised: Factor structure and concurrent validity. *Journal of Clinical Child Psychology, 22*(1), 17-27.

Ladd, G. W., Kochenderfer, B. J., & Coleman, C. C. (1996). Friendship quality as a predictor of young children's early school adjustment. *Child Development, 67*, 1103-1118.

LaFontana, K. M., & Cillessen, A. H. N. (2010). Developmental changes in the priority of perceived status in childhood and adolescence. *Social Development, 19*(1), 130-147.

Laurenceau, J, -P., Barrett, L. F., & Pietromonaco, P. R., (1998). Intimacy as an interpersonal process: The importance of self-disclosure, partner disclosure, and perceived partner responsiveness in interpersonal exchanges. *Journal of Personality and Social Psychology, 74*(5), 1238-1251.

Laursen, B., Bukowski, W. M., Aunola, K., & Nurmi, J, -E. (2007). Friendship moderates prospective associations between social isolation and adjustment problems in young children. *Child Development, 78*, 1395-1404.

Leary, M. R. (2003). Interpersonal aspects of optimal self-esteem and the authentic self. *Psychological Inquiry, 14*, 52-54.

Leary, M. R., & Allen, A. B. (2011). Self-presentational persona: Simultaneous management of multiple impressions. *Journal of Personality and Social Psychology, 101*(5), 1033-1049.

Lippert, T., & Prager, K. (2001). Daily experiences of intimacy: A study of couples. *Personal*

Relationships, 8, 283-298.

Marcia, J. E. (1966). Development and validation of ego-identity status. *Journal of Personality and Social Psychology, 3,* 551-558.

Marcoen, A., & Goossens, L. (1993). Loneliness, attitude towards aloneness, and solitude: Age differences and developmental significance during adolescence. In S. Jackson & H. Rodriguez-Tomé (Eds.), *Adolescence and its social worlds* (pp. 197-227). Hillsdale, NJ: Lawrence Erlbaum Associates.

McLeod, B. D., Wood, J. J., & Weisz, J. R. (2007). Examining the association between parenting and childhood anxiety: A meta-analysis. *Clinical Psychology Review, 27,* 155-172.

Meleshko, K. A., & Alden, L. E. (1993). Anxiety and self-disclosure: Toward a motivational model. *Journal of Personality and Social Psychology, 64,* 1000-1009.

Morris, E. P., Stewart, S. H., & Ham, L. S. (2005). The relationship between social anxiety disorder and alcohol use disorders: A critical review. *Clinical Psychology Review, 25,* 734-760.

Murray, S. L., Holmes, J. G., & Collins, N. L. (2006). Optimizing assurance: The risk regulation system in relationships. *Psychological Bulletin, 132,* 641-666.

Murray, S. L., Holmes, J. G., Griffin, D. W., Bellavia, G., & Rose, P. (2001). The mismeasure of love: How self-doubt contaminates relationship beliefs. *Personality and Social Psychology Bulletin, 27,* 423-436.

Ollendick, T. H., & Hirshfeld-Becker, D. R. (2002). The developmental and psychopathology of social anxiety disorder. *Biological Psychiatry, 51*(1), 44-58.

Parker, J. G., Rubin, K. H., Erath, S. A., Wojslawowicz, J. C., & Buskirk, A. A. (2006). Peer relationships, child development, and adjustment: A developmental psychopathology perspective. In D. Cicchetti & D. J. Cohen (Eds.), *Developmental psychopathology: Vol 1. Theory and method* (2nd ed., pp. 419-493). Hoboken, NJ: John Wiley & Sons Ltd.

Plasencia, M. L., Alden, L. E., & Taylor, C. T. (2011). Functional implications of safety behaviour subtypes in social anxiety disorder. *Behaviour Research and Therapy, 49,*

665-675.

Rapee, R. M., & Coplan, R. J. (2010). Conceptual relations between anxiety disorder and fearful temperament. *New Directions for Child and Adolescent Development, 127*, 17-31.

Rapee, R. M., & Heimberg, R. G. (1997). A cognitive-behavioral model of anxiety in social phobia. *Behaviour Research and Therapy, 35*(8), 741-756.

Rapee, R. M., & Lim, L. (1992). Discrepancy between self- and observer ratings of performance in social phobics. *Journal of Abnormal Psychology, 101*, 728-731.

Reichert, M. C., & Kuriloff, P. (2004). Boys' selves: Identity and anxiety in the looking glass of school life. *Teachers College Record, 106*, 544-573.

Reis, H. T., & Shaver, P. (1988). Intimacy as an interpersonal process. In S. Duck, D. F. Hay, S. E. Hobfoll, W. Ickes, & B. M. Montgomery (Eds.), *Handbook of personal relationships: Theory, research and interventions* (pp. 367-389). Oxford, UK: John Wiley & Sons Ltd.

Rimm-Kaufman, S. E., Early, D. M., Cox, M. J., Saluja, G., Pianta, R. C., Bradley, R. H., et al. (2002). Early behavioral attributes and teachers' sensitivity as predictors of competent behavior in the kindergarten classroom. *Journal of Applied Developmental Psychology, 23*(4), 451-470.

Rodebaugh, T. L. (2009). Social phobia and perceived friendship quality. *Journal of Anxiety Disorders, 23*, 872-878.

Roza, S. J., Hofstra, M. B., van der Ende, J., & Verhulst, F. C. (2003). Stable prediction of mood and anxiety disorders based on behavioral and emotional problems in childhood: A 14-year follow-up during childhood, adolescence, and young adulthood. *American Journal of Psychiatry, 160*, 2116-2121.

Rubin, K. H., & Burgess, K. B. (2001). Social withdrawal and anxiety. In M. W. Vasey & M. R. Dadds (Eds.), *The developmental psychopathology of anxiety* (pp. 407-434). Oxford, UK: Oxford University Press.

Salkovskis, P. M. (1991). The importance of behavior in the maintenance anxiety and panic: A cognitive account. *Behavioural Psychotherapy, 19*, 6-19.

Schimel, J., Arndt, J., Pyszczynski, T., & Greenberg, J. (2001). Being accepted for who we are:

Evidence that social validation of the intrinsic self reduces general defensiveness. *Journal of Personality and Social Psychology, 80*, 35-52.

Schneider, B. H. (2009). An observational study of the interactions of socially withdrawn/ anxious early adolescents and their friends. *Journal of Child Psychology and Psychiatry, 50*, 799-806.

Selman, R. L. (1980). *The growth of interpersonal understanding.* New York: Academic Press.

Slee, P. T. (1994). Situational and interpersonal correlates of anxiety associated with peer victimisation. *Child Psychiatry and Human Development, 25*(2), 97-107.

Sparrevohn, R. M., & Rapee, R. M. (2009). Self-disclosure, emotional expression and intimacy within romantic relationships of people with social phobia. *Behaviour Research and Therapy, 47*, 1074-1078.

Spence, S. H., Donovan, C., & Brechman-Toussaint, M. (1999). Social skills, social outcomes, and cognitive features of childhood social phobia. *Journal of Abnormal Psychology, 108*, 211-221.

Stein, M. B., & Kean, Y. M. (2000). Disability and quality of life in social phobia: Epidemiologic findings. *American Journal of Psychiatry, 157*, 1606-1613.

Storch, E. A., Zelman, E., Sweeney, M., Danner, G., & Dove, S. (2002). Overt and relational victimization and psychosocial adjustment in minority preadolescents. *Child Study Journal, 32*(2), 73-80.

Strauss, C. C., Lahey, B. B., Frick, P., Frame, C. L., & Hynd, G. W. (1988). Peer social status of children with anxiety disorders. *Journal of Consulting and Clinical Psychology, 56*(1), 137-141.

Taylor, C. T., & Alden, L. E. (2010). Safety behaviors and judgment biases in generalized social anxiety disorder. *Behavior Research and Therapy, 48*, 226-237.

Taylor, C. T., & Alden, L. E (2011). To see ourselves as others see us: An experimental integration of the intra and interpersonal consequences of self-protection in social anxiety disorder. *Journal of Abnormal Psychology, 120*, 129-141.

Thorell, L. B., Bohlin, G., & Rydell, A. M. (2004). Two types of inhibitory control: Predictive relations to social functioning. *International Journal of Behavioral Development, 28*(3), 193-203.

Vonken, M. J., Alden, L. E., Bögels, S. M., & Roelofs, J. (2008). Social rejection in social anxiety disorder: The role of performance deficits. *British Journal of Clinical Psychology, 47,* 439-450.

Weeks, M., Coplan, R. J., & Kingsbury, A. (2009). The correlates and consequences of early appearing social anxiety in young children. *Journal of Anxiety Disorders, 23,* 965-972.

Wenzel, A., Graff-Dolezal, J., Macho, M., & Brendle, J. R. (2005). Communication and social skills in socially anxious and nonanxious individuals in the context of romantic relationships. *Behaviour Research and Therapy, 43,* 505-519.

Westenberg, P. M., Gullone, E., Bokhorst, C. L., Heyne, D. A., & King, N. J. (2007). Social evaluation fear in childhood and adolescence: Normative developmental course and continuity of individual differences. *British Journal of Developmental Psychology, 25,* 471-483.

Whisman, M. A. (2007). Marital distress and DSM-IV psychiatric disorders in a populationbased national survey. *Journal of Abnormal Psychology, 116,* 638-643.

Wilson, J. K., & Rapee, R. M. (2005). The interpretation of negative social events in social phobia: Changes during treatment and relationship to outcome. *Behaviour Research and Therapy, 43,* 373-389.

Wittchen, H, -U., Stein, M. B., & Kessler, R. C. (1999). Social fears and social phobia in a community sample of adolescents and young adults: Prevalence, risk factors and co-morbidity. *Psychological Medicine: A Journal of Research in Psychiatry and the Allied Sciences, 29*(2), 309-323.

Yonkers, K. A., Dijck, I. R., & Keller, M. B. (2001). An eight-year longitudinal comparison of clinical course and characteristics of social phobia among men and women. *Psychiatric Services, 52,* 637-643.

9

자폐 스펙트럼 장애 아동의
외로움과 사회적 고립

Connie Kasari & Lindsey Sterling

　자폐 스펙트럼 장애(Autism Spectrum Disorder: ASD)는 자폐증, 아스퍼거 증후군, 그리고 달리 명시되지 않은 전반적 발달장애를 포함한 일군의 발달장애로, 의사소통과 사회적 상호작용에서의 손상이 특징적으로 나타난다. 또한 행동, 흥미, 활동의 패턴이 매우 제한적이고 반복적이며 상동적인 모습을 보인다. 사회적 상호작용의 어려움은 ASD의 핵심적인 특징으로 간주되는데, 이것은 타인과 관계를 맺고 유지하는 능력 등 일상생활의 다양한 측면에 심각한 영향을 미칠 수 있다. ASD를 가진 사람들 중 일부는 사회적 관계를 원하고는 있지만 다른 사람과 잘 어울리기 위해 요구되는 사회적 기술이 부족할 수도 있다. 반면, 또 다른 일부는 혼자 있는 것을 더 선호하고, 다른 사람과 관계를 맺는 일에 그리 큰 흥미를 느끼지 못할 수도 있다. 그러나 그 어느 쪽이든 결과적으로 홀로 있음(aloneness)은 동일하다.

Kanner(1943)는 자폐증을 가진 11명의 아동을 관찰하면서 다음과 같이 기술하였다. "아동들은 처음부터 혼자 있으려고 하였으며 극도로 자폐적인 모습을 보였다. 이 아동들은 외부에서 접근하는 그 어떤 것도 가능한 한 묵살하고 무시하고 차단하려고 하였다"(p. 242). 사람들이 아동에게 접촉을 시도하는 일은 오히려 그를 방해하고 훼방하는 것처럼 보였다. 아동은 이러한 접촉을 재빠르게 처리해 버리고서야 "그토록 갈망하는 혼자만의 세계로 돌아갈 수 있었다" "깊이 빠져 들어간 홀로 있음이 아동의 모든 행동을 지배하고 있다"(p. 247).

Kanner(1943)는 초기 관찰을 통해 자폐 아동들이 혼자 있는 상태를 갈망한다고 주장하였다. 자폐 아동들은 사람이 아닌 다른 대상(object)과 좋은 관계를 맺고 있는 것처럼 보였다. 실제로 Donald(사례 1)의 부모는 그가 "혼자 있을 때 가장 행복하다"고 기술하였다(p. 218).

홀로 있음과 외로움(loneliness)을 구별하는 것은 ASD 아동을 이해하는 데 있어 매우 중요하다. Donald의 사례와 같이, 홀로 있음과 사회적 고립은 ASD 아동에게 오히려 즐거운 상황이 될 수도 있다. 이것은 때때로 사람들이 고독을 추구하거나 타인의 존재나 방해로부터 벗어나기를 원하는 것과 유사하다고 할 수 있다(Galanaki, 2004). 실제로 자폐 아동의 행동을 기술하면서 Kanner(1943)는 이와 같은 생각을 했던 것 같다.

반면, 외로움은 혼자 있을 때(예: 사회적 관계의 부재), 또는 현재의 관계가 만족스럽지 못할 때 생겨나는 부정적이고 부적절한 감정으로 인하여 나타난다(Margalit, 1994; Perlman & Peplau, 1982). 외로움은 타인과의 접촉을 원하는 인간의 사회적 갈망과 욕구를 고스란히 보여 준다. 따라서 홀로 있음과 외로움 사이에 존재하는 중요한 차이점은 자신의 관계를 어떻게 지각하고 있는지와 관련이 있다. 외로움을 경험하기 위해서는 자신이 바라는 이상적인 관계와 실제의 관계 사이에서 무언가가 빠져 있다는 것을 느껴야만 한다. 그러나 홀로 있음에는 이와 같은 조건이 필요 없다. Kanner(1943)가 기술한 문장을 살펴보면, 자폐증을 가진 많은 아동이 다른 사람과의 관계에 대한 사회적 욕구를 가지고 있지 않은 것은 분명해 보인다. 그렇기 때문에 아마도 그들은 외로움을 느끼지 않을 수도 있다.

외로움의 이론적 기초

외로움에 대한 인지불일치 모델(cognitive discrepancy model of loneliness; Perlman & Peplau, 1982)에서는 사람들은 자신의 사회적 관계를 판단하는 개인적인 기대를 가지고 있다고 주장한다. 다시 말해, 만일 자신이 맺고 있는 관계가 스스로 설정한 기준(자신의 내적 표상)에 도달하지 못한다면 그들은 그들의 관계에 만족하지 못하게 되고 외로움을 경험할 수 있다는 것이다. 따라서 자신이 바라는 이상적인 관계와 실제의 관계 사이에서 생겨나는 불일치가 외로움의 감정을 불러일으킬 수 있다.

Weiss(1973)에 따르면, 외로움은 정서적 외로움과 사회인지적 외로움이라는 두 가지 유형으로 구분된다. 정서적 외로움은 다른 사람과의 좋지 않은 정서적 유대감과 관련이 있으며, 공허하고 슬픈 감정을 초래한다. 사회인지적 외로움은 앞서 언급한 인지불일치 모델에서 제시한 자기지각(self-perception) 및 사회적 비교와 더 관련이 있다. 사회인지적 요소에 기인한 외로움은 자신의 관계에 대한 불만족, 또래집단에서 떨어져 있다는 느낌, 또래집단에게 배제 당하거나 홀대받고 있다는 느낌을 포함한다. 일반적인 학령기 아동들에게 외로움이 무엇인지 물어보게 되면, 그들은 혼자 있는 것, 홀로 남겨진 것, 그리고 슬픈 느낌 등 외로움의 두 가지 유형 모두를 답하는 경우가 많다(Asher & Wheeler, 1985; Renshaw & Brown, 1993).

외로움과 자폐증

앞서 언급한 이론적 관점에는 그 기저에 많은 가정이 포함되어 있다. 예컨대, 아동들이 외로움을 느끼기 위해서는 다른 사람과의 관계 속에서 무엇인가를 놓치고 있어야 한다. 가장 기본적인 수준에서 아동들은 관계, 특히 친구관계(우정)를 추구하고 갈망해야 하며, 자신이 바라는 친구관계와 실제의 친구관계 사이에서 생겨나는 불일치를 이해하고 있어야 한다. 궁극적으로 아동들은 사회적 비교 능력을 획득해야 하는데, 이를 위해서 타인과는 다른 자신을 이해할 수 있어야 한다(Lee & Hobson, 1998).

이외 같이 타인과 자신을 구분하는 능력은 자폐증에서 외로움을 이해하기 위한 핵심 열쇠라고 할 수 있다. 자폐증은 자신과 다른 사람을 지각하는 것, 특히 다른 사람과 비교하여 자신을 지각하는 것에 대한 장애를 포함한다(Capps, Sigman, & Yirmiya, 1995; Lee & Hobson, 1998). 이것은 타인과 자신을 구별하지 못하는 장애로 기술되어 왔으며(자폐 아동들은 인칭대명사 사용에 어려움을 겪는 경우가 많은데, 타인과 자신을 구별하지 못하는 장애가 이러한 어려움에 기여하였을 수 있다), 또한 자의식(self-consciousness), 자기반성(self-reflection), 자기개념(self-concept)의 결여와 관련이 있다(Lee & Hobson, 1998 참조). 결과적으로 자폐 아동들은 다른 사람과의 관계의 관점에서 자신을 바라보는 것이 매우 어려울 수 있다. 그리고 그들은 대부분의 경우에서 자신을 다른 사람의 친구로 여기지 않을 수도 있다(Locke, Ishijima, Kasari, & London, 2010). 따라서 ASD 아동의 외로움을 다루고 있는 연구들은 일반적으로는 그들이 맺고 있는 관계, 특히 친구관계에 대해 ASD 아동들이 어떻게 이해하고 있는지를 바탕으로 검토되어야 한다.

이 장에서는 자폐증에서의 **외로움** 개념을 다루고 있는 다양한 연구를 소개하고자 한다. 그리고 이러한 연구들이 제시하고 있는 결과를 다음과 같은 관점에서 살펴볼 것이다. 그것은 ASD 아동이 보여 주는 친구관계에 대한 이해와 자기지각(self-perception), ASD 아동이 보고하는 친구관계의 질, ASD 아동의 상호성(reciprocity), 그리고 사회적 네트워크에 대한 그들의 연결성(connectedness)이다. 다음으로 보다 나이가 많은 자폐 아동들의 외로움, 불안, 우울, 그리고 그들의 좋지 못한 또래관계가 잠재적으로 가져올 수 있는 부정적인 후유증에 대해 기술하고자 한다. 나아가 초기 예방 및 개입 노력에 대해 어떠한 가능성을 기대할 수 있을지도 살펴볼 것이다.

자폐 아동의 외로움에 대한 이해

자폐 아동들은 외로움의 의미를 이해하고 있을까? 충분한 언어 능력을 갖추고 있는 8~14세 ASD 아동들을 대상으로 하는 연구에서 ASD 아동들의 외로움을 정동적/정서적 외로움(예: 슬픔)보다는 사회인지적 외로움(예: 주변에 아무도 없음, 함께 놀 사람이 아무도 없음)으로 더 많이 정의하였다(Bauminger & Kasari, 2000). 사실 외로움을 사회인지적 외로움으로 이해하는 경향은 이들과 동일한 연령 및 성별을 가진 일반적인 아동들에게서도 유사하게 나타난다. 그러나 ASD 아동들의 경우에는 외로움을 정의할 때 정서적 특성을 포함하여 보고하는 경우가 상대적으로 더 드물었다. 보다 구체적으로는 ASD 아동의 30%만이 외로움을 정의할 때 두 가지 특성(정서적, 인지적) 모두를 포함하였는데, 이는 일반 아동의 74%가 두 가지 특성 모두를 포함하였다는 것과 매우 대비된다. 이와 같은 연구결과는 자폐 아동들의 외로움에 대한 이해가 불완전할 수 있음을 시사한다.

그러나 자폐 아동과 일반 아동에게 외로움에 대한 구체적이고 개인적인 사례를 물어본 후 그 결과를 분석했을 때, 그 둘 사이에서 유의한 차이가 발견되지는 않았다. 두 집단 모두에서 약 10%의 아동들이 사례를 떠올리지 못하였다. 사례를 떠올린 아동들 중 보고한 사례에서 통제 소재(내적 통제의 예: "나는 어떻게 친구를 만드는지 모른다. 그래서 나는 외롭다."; 외적 통제의 예: "아이들은 나를 놀린다. 그래서 나는 외롭다."), 관중의 존재(예: "쉬는 시간에 다른 아이들이 핸드볼 경기를 하고 있을 때 나는 외로움을 느낀다."), 일반적인 묘사와 구체적인 묘사(외로움에 대한 일반적인 묘사를 뛰어넘어 개인적으로 외로움을 느꼈던 시간을 분명하게 표현할 수 있는지를 평가하는 것; 예: "나는 혼자 있을 때 외롭다고 느낀다.")의 측면에서 대부분 유사한 양상을 나타냈다(Bauminger & Kasari, 2000; Seidner, Stipek, & Feshbach, 1988). 따라서 ASD 아동과 일반 아동이 생각하는 외로움의 속성은 유사하다고 할 수 있다. 그런데 이와 같은 결과는 외로움이 아닌 다른 정서적 상태, 특히 사회적으로 파생된 다른 정서 상태들(예: 자부심과 당혹감)와 비교할 때 대조를 이룬다. 이러한 정서들에 대해서는 자폐 아동들의 경우에는 개인적인 사례를 좀처럼 보고 하지 못하며, 외우고 있는 대답을 내어 놓거나 대본을 읽는 것처럼 응답하는 경우도 많 다(Capps, Yirmiya, & Sigman, 1992; Capps et al., 1995). 이것은 자폐 아동들이 다른 정서 에 비해 외로움의 속성을 더 잘 이해하고 있기 때문이거나, 아니면 자폐 아동과 일반 아 동 모두에게 외로움을 정의하는 일이 매우 어려운 일이기 때문일 수 있다.

ASD 아동들이 외로움을 이해하는 방식에는 수많은 요인이 영향을 미칠 수 있다. 여 기에는 연령, 인지적 손상의 정도, 개인의 역사와 같은 개인차가 포함된다. 특히 발달 연령은 매우 중요한 요인으로, 아동이 외로움이라는 느낌을 알아차리는 능력에 영향을 미칠 수 있다. Chamberlain, Kasari 및 Rotheram-Fuller(2007)는 외로움에 대한 자기보 고식 척도(Loneliness Rating Scale; Asher, Hymel, & Renshaw, 1984)를 사용하여 다음과 같 은 사실을 확인하였는데, 그것은 7~9세 사이의 아동 대부분이 자폐증 여부와 상관없이 학교에서의 외로움을 보고하지 않는다는 것이다. 어린 아동들이 실제로 외롭지 않은 것 일 수도 있다. 그러나 한편으로 외로움이라는 개념은 아동들이 좀더 나이가 들어서야 완전하게 이해할 수 있는 개념일 수도 있다. 실제로 동일한 자기보고식 척도를 사용한 연구에서 이들보다 나이가 많은 고기능 ASD(즉, 평균 또는 그 이상의 IQ를 가진) 청소년들 은 일반적인 또래와 비교할 때 외로움을 더 많이 보고하였다(Bauminger & Kasari, 2000; Locke et al., 2010; Storch et al., 2012; Whitehouse, Durkin, Jaquet, & Ziatas, 2009). 비록 종단 연구를 통해 실증적으로 확인되지는 않았지만, 이러한 연구결과들은 ASD 아동들이 외 로움을 느끼거나 이해하는 방식에 발달적인 변화가 나타날 수 있음을 시사한다.

외로움을 느끼는 능력은 자신이 바라는 이상적인 친구관계와 실제의 친구관계에 대 한 지식, 사회적으로 비교하는 능력, 그리고 사회적 환경 안에서 자신의 지위를 이해 하는 능력을 요구하는 경우가 많다. 이러한 이유로 ASD 아동들은 일반적인 또래에 비 해 외로움을 더 늦게 경험할 수도 있다. 만일 그러한 이유가 아니라면 ASD 아동들에게 서 외로움이 발달적으로 더 늦게 나타나는 것은 그들이 오랫동안 많이 경험한 부정적 인 사회적 상호작용 때문일지도 모른다. 예컨대, 일부 연구들은 다음과 같은 결과를 보 고하였다. 그것은 ASD 아동들이 또래의 괴롭힘에 노출될 위험이 높을 뿐만 아니라, 또래와 어울리기 위해서는 보통의 아이들과 다름없는 모습으로 자신을 **꾸며야 한다**고 느끼고 있다는 것이다. 그리고 이 과정에서 매우 많은 스트레스를 받고 있다는 것이다 (Carrington, Templeton, & Papinczak, 2003; Humphrey & Lewis, 2008). 이러한 반복된 또래거부와 또래괴롭힘 피해의 패턴은 시간이 흐름에 따라 외로움의 발달에 기여했을 수도 있다. ASD 아동 및 청소년의 이와 같은 사회적 상호작용, 특히 또래관계를 깊이 있게 이해하는 일은 그들이 사회적 관계 안에서 자신을 어떻게 지각하고 있는지, 그리고 외로움을 어떻게 경험하게 되는지에 대한 정보를 제공할 수 있다.

자폐 아동의 친구관계에 대한 이해와 자기지각

앞서 언급한 바와 같이, 혼자 있는 것과 외로움의 한 가지 차이점은 사회적 관계에 대한 자신의 지각이다. 외로움은 어떠한 그 무엇이 사라져 버렸다는 느낌, 또는 자신이 바라는 이상적인 친구관계와 실제의 친구관계가 같지 않다는 느낌으로 인하여 생겨난다. 따라서 ASD 아동의 외로움을 탐구하기 위해서는 또래관계에 대한 ASD 아동 및 청소년의 자기지각을 충분히 이해해야 한다. 일부 연구들에서는 ASD를 가진 사람들이 시간이 지남에 따라 친구관계에 대한 자기지각의 변화를 경험한다는 사실을 보여 주었다.

친구가 있는가

ASD 아동들 중에서 비교적 나이가 많은 아동들은 친구가 없다고 보고하는 경우가 많은 반면, 비교적 나이가 어린 아동들은 친구가 있다고 보고하는 경우가 많다. 일부 연구에서는 대부분의 자폐 아동이 한 명의 가장 친한 친구를 포함하여 세 명의 친구를 선택할 수 있다는 것을 보여 주었다(Bauminger & Kasari, 2000; Chamberlain et al., 2007; Kasari, Locke, Gulsrud, & Rotheram-Fuller, 2011). 뿐만 아니라 많은 연구에서 학령기 아동 중 단지 극소수의 아동만이 학급에서 단 한 명의 친구도 지명하지 못한다는 결과를 보고하였다.

그러나 ASD 아동이 직접 지명한 친구의 수는 다른 사람(부모, 또래)이 지명한 친구의 수와 다소 일치하지는 않았다. 예컨대, Bauminger와 Kasari(2000)의 연구를 살펴보면 ASD 자녀를 가진 부모는 자녀가 직접 보고한 친구의 수보다 자녀에게 더 많은 친구가 있다고 보고하였다. 하지만 어머니를 대상으로 실시한 후속 면담의 결과는 다음과 같은 사실을 보여 주었다. 그것은 부모가 자녀의 친구로 여기는 아동들을 지명할 때, 실제 친구라고 생각하면서 지명한 경우보다는 실제 친구이기를 희망하면서 지명한 경우가 더 많다는 것이다. 이러한 사실은 아동들 사이에서 관찰되는 상호작용을 통해서도 확인되었다. 예컨대, 모든 구성원이 함께 참여하는 단체 활동 시간에 ASD 아동들은 거의 대부분 다른 아동을 무시하는 모습을 보였다. 이 경우, 자폐 아동은 그들의 부모에 비해 특정 또래가 자신의 친구인지 아니면 단순히 아는 사람인지를 더 정확하게 구별하고 있는 것으로 보인다. 부모는 자녀가 맺고 있는 관계의 성질과 사회적 복잡성에 대해 잘 알고 있지 못할 수도 있다. 또는 자녀의 또래관계를 낙관적으로 바라보는 경향이 부모의 보고에 반영되었을지도 모른다.

또래지명법을 사용한 여러 연구는 ASD 아동이 학교 장면에서 친구를 지명하는 것과 관련하여 서로 상반되는 결과를 보고하였다. 2학년 및 3학년 아동들을 대상으로 연구를 수행한 Chamberlain과 동료들(2007)은 ASD 아동들이 학급의 다른 또래에 비해 더 많은 수의 아동을 가장 친한 단짝으로 지명하였음을 확인하였다. 그러나 1~5학년 아동들을 대상으로 연구를 수행한 Kasari와 동료들(2011)은 정반대의 결과를 보고하였는데, 그것은 ASD 아동들이 학급의 다른 또래에 비해 더 적은 수의 급우를 자신의 친구로 지명하였다는 것이다. 두 연구가 보여 주는 서로 다른 결과는 ASD 아동들이 학급의 사회적 환경이나 구조에 대해 제한적인 인식과 부정확한 지각을 가지고 있다는 것을 반영하는 것일 수도 있다. 그리고 또래가 그들에게 친밀감을 가지고 다가오는 때나 또래와 잠재적인 친구로 어울릴 수 있는 때를 잘 알아차리기 어렵다는 것을 반영하는 것일 수도 있다(Kasari, Rotheram-Fuller, Locke, & Gulsrud, 2012). 자폐 아동이 친구로 생각하면서 지명하는 또래의 수는 그들이 나이가 들어감에 따라 점차 감소하는 경향을 보였다. 일부 연구들에서는 ASD 청소년 및 성인의 절반 가까이가 친구를 거의 지명하지 않으며, 이들이 후기 청소년기 및 후기 성인기에 접어들었을 때에는 단 한 명의 친구도 지명하지 않는다고 보고하였다(Howlin, Goode, Hutton, & Rutter, 2004; Orsmond, Krauss, & Seltzer, 2004). 이러한 발달적 변화는 친구의 수가 실제로 감소했다기보다는 우정에 대한 지각이 변화했다는 것을 반영하는 것일 수도 있다. 그리고 친구가 별로 없다는 인식은 관계에 대한 느낌과 외로움에 대한 지각에 영향을 줄 수 있다.

자기지각: 친구의 의미와 친구로서의 자기

ASD 아동들은 친구라는 개념을 충분히 발달시키지 못하고 있을 수 있다. Lee와 Hobson(1998)은 ASD 아동들의 경우에 다른 사람과 관련지어 자신을 조망하는 것이 쉽지 않다고 주장하였다. 따라서 ASD 아동들이 자신을 누군가의 친구로 여기거나 타인과의 관계적 측면에서 자신을 바라보는 경우는 그리 많지 않다. 이와 같은 자기지각(또는 자기이해의 부족)은 친구관계의 질에 대한 느낌, 외로움, 또래관계에서의 상호성에 영향을 미칠 수 있다.

일부 연구자들의 주장에 따르면, 자폐 청소년들은 친구를 매우 힘들고 고통스러운 성장 과정의 일부분으로 여긴다(Carrington et al., 2003; Humphrey & Lewis, 2008). ASD 청소년들은 큰 갈등 없이 상호작용할 수 있는 사람을 친구라고 표현하였다(Carrington et al., 2003). 친구는 여전히 그 자리에 있지만 ASD 청소년들은 자신의 행복을 위해서 그들을 찾지 않거나 또는 필요로 하지 않는다. 8~14세 사이의 ASD 아동들에게 **"친구란 무엇입니까?"**라고 물었을 때, 그들은 친구를 '동반자' '나에게 관심을 가져주는 사람' '비밀을 말할 수 있는 사람' 등으로 정의하였다. 그러나 일반 아동들에 비해 ASD 아동들이 친구관계의 세 가지 차원(동료애, 친밀감, 애정)을 모두 포함하여 말하는 경우는 드물었다(Bauminger & Kasari, 2000).

자폐증을 가진 고등학생들에게 친구가 무엇인지 물어보았을 때, 그들 또한 안전감, 친밀감과 같은 요소를 언급하였다(Locke et al., 2010). 그리고 친구가 갖추어야 할 자질

로는 친절함, 유익함, 참을성, 신뢰성이 언급되었다. 그러나 ASD 청소년들에게 자신
이 친구로서 어떠한 자질을 갖추고 있는지를 물어보았을 때, 그들은 "나는 정말 똑똑해
요." "나는 자동차에 대해 잘 알고 있어요." 등과 같이 자신의 재능이나 능력에 대해 언
급하였다. 또한 자신에게 마음에 들지 않는 점이 무엇인지를 물어보자, 그들은 조바심,
옹졸함, 걸핏하면 화를 내는 성질 등 친구가 갖추기를 원했던 자질과 상반되는 성격적
특징을 찾아내어 대답하였다. 이와 같이 ASD 청소년들은 자신이 가지고 있는 **친구로서**
의 자질에 대해 부정적인 견해를 가지고 있는 것으로 보인다(Locke et al., 2010).

친구관계의 질과 상호성

좋지 못한 관계의 질과 상호성의 부족은 친구관계에 대한 불만족으로 이어질 수
있으며, 결과적으로 외로움에 기여할 수 있다. 또한 단 한명의 친구가 있는 것만으
로도 아동들은 외로움에서 벗어날 수 있다는 연구결과가 자주 보고되고 있다(Ladd,
Kochenderfer, & Coleman, 1996). 본 저자가 학령기 ASD 아동을 대상으로 수행한 거의
모든 연구에서 대부분의 아동은 그들이 소속된 학급에서 적어도 한 명 또는 그 이상의
친구를 지명할 수 있었다. 이처럼 자신의 친구를 찾아낼 수 있음에도 불구하고 ASD 아
동들, 특히 9세 이상의 ASD 아동들은 일반 아동들에 비해 외로움을 더 많이 보고하였
다(Bauminger & Kasari, 2000). 따라서 단순히 친구의 유무만으로 ASD 아동이 느끼는 외
로움이 감소될 것으로 보이지는 않는다. 좋은 친구를 가지고 있는 것이 외로움과 관련
된 부정적인 느낌을 경감시키지 못할 수도 있는데, 그것은 그들의 친구관계가 진정으
로 상호적이지 않을 수도 있고 그 관계의 질이 그리 좋지 못할 수도 있기 때문이다.

상호성

친구 지명에서 중요하게 고려되어야 할 사항은 바로 상호성이다(예: 친구 지명을 서

로 주고받는 것). 상호성은 외로움의 발달에 영향을 미치는 보호요인이 될 수 있다. ASD 아동 및 청소년을 다루고 있는 대부분의 연구는 그들의 친구관계와 관련된 증거가 부족하다는 점에서 한계가 있다. 이것은 Bauminger와 Kasari(2000)의 연구에서처럼 친구를 직접 지명하는 자료가 수집되지 않고, 자녀의 친구관계에 대하여 부모가 보고하고 있는 자료만을 포함하고 있기 때문이다. 한편, Chamberlain과 동료들(2007), 그리고 Kasari와 동료들(2011)이 수행한 두 연구에서는 학급에서 수집된 또래 지명 자료를 사용하였다. 두 연구 모두에서 아동들은 학급에 있는 자신의 친구를 지명하였는데, 친구 지명을 서로 주고받는 상호성에서 ASD 아동들의 상호성은 일반적인 또래에 비해 상대적으로 낮게 나타났다. 구체적으로 살펴보면 일반 아동의 경우에는 60%가 자신이 지명한 또래에게 친구로 지명을 받았지만, ASD 아동의 경우에는 18~34%만이 자신이 지명한 또래에게 친구로 지명을 받았다(Chamberlain et al., 2007; Kasari et al., 2011). ASD 아동의 또래관계에서 관찰되는 이러한 낮은 수준의 상호성은 분명 우려스러운 일이다. 하지만 ASD 아동은 교실 밖의 친구와 상호적인 또래관계를 맺을 수도 있다. 비록 완전하게 확인되지는 않았지만 이와 같은 주장은 오랫동안 받아들이고 있다. 이러한 이유로 비슷한 연령의 일반 아동들과 함께하는 통합교육은 간혹 보다 많은 상호적 친구관계(Bauminger et al., 2008)와 관련되지만 친구관계 수의 증가와는 관련이 없었다(Orsmond et al., 2004).

친구관계의 질

앞서 대부분의 연구에서 언급한 바와 같이, 거의 모든 ASD 아동은 자신의 가장 친한 친구를 지명할 수 있다. 그러나 ASD 아동들은 동일한 성별과 연령을 가진 다른 일반 아동들과 비교할 때 자신이 맺고 있는 친구관계의 질을 더 낮게 평가하는 경향이 있다. ASD 아동들이 맺고 있는 관계의 질이 상대적으로 좋지 못하다는 결과는 나이가 더 어린 ASD 아동에게서도(Chamberlain et al., 2007; Kasari et al., 2011), 그리고 나이가 더 많은 ASD 아동에게서도(Bauminger & Kasari, 2000; Whitehouse et al., 2009) 일관되게 나타난다. 대부분의 상황에서 ASD 아동들이 보고하는 친교와 유익함의 질은 일반 아동들이 보고하는 결과에 비해 더 낮은 편이다(Bauminger & Kasari, 2000; Locke et al., 2010). 한 연구에서는 갈등이 더 큰 것으로 보고되기도 하였지만(Whitehouse et al., 2009), 다른 연구들에서는 이러한 결과가 나타나지 않았다(Bauminger & Kasari, 2000; Chamberlain et al., 2007; Locke et al., 2010). 따라서 ASD 아동들은 일반 아동들과 비교할 때, 연령에 상관없이 자신의 가장 친한 친구와 맺고 있는 친구관계의 질을 그리 좋지 않게 여기고 있는 것으로 보인다. ASD 아동이 보고하는 낮은 친구관계의 질은 그들이 학교에서 느끼는 외로움에도 영향을 줄 수 있다.

소속감과 사회적 연결성

일반학급에서 주어지는 학업적 환경은 대부분의 ASD 아동에게 그리 큰 어려움이라고는 할 수 없는데, 이는 숱한 사회적 도전에 직면해야 하는 다른 어려움들과 비교할 때 더욱 그러하다(Mayes & Calhoun, 2008). 최근 발표된 일부 연구들에서는 학교 환경에서 ASD 아동들의 사회적 통합에 대해 논의하였다. 여기에서의 통합은 ASD 아동들을 포함한 모든 아동이 일반 학급에 소속되어야 한다는 것을 말한다. 반면, 비통합적 환경(non-inclusive settings)은 ASD 아동들에게 특별한 도움이나 지원을 제공하기 위하여 그들을 전문적이고 독립된 학급으로 분리시키는 것을 말한다.

어떤 연구자들은 통합적 환경이 ASD 아동들의 사회적 결과 개선에 더 나은 도움을 준다고 주장하고 있는 반면, 다른 연구자들은 신중한 입장이다. 일부 연구에서는 자폐 아동들이 친구관계와 사회적 통합에 대한 동기를 가지고 있다는 것을 발견하였다. 이러한 사실은 통합적 환경에서 자폐 아동들이 주로 평범한 또래와 상호작용하며, 또래에게 매우 일반적인 방식으로 접근하고, 그 시도가 성공적이지 못하였을 경우에 외로움을 느낀다는 점을 통해서 확인된다(Bauminger, Shulman, & Agam, 2003). 통합적 환경 속에서 맺는 일반 아동과의 친구관계는 자폐 아동에게 일정한 유익을 제공하는 것으로 보인다. 예컨대, Bauminger와 동료들(2008)은 일반 아동들과 친구관계를 맺은 자폐 아동들이 장애 아동들과 친구관계를 맺은 자폐 아동들에 비해 더 많은 사회적 반응성, 더 강력한 수용적 언어 기술, 더 긍정적인 사회적 지향성 및 응집성을 보이며, 더 복합적인 협력적 활동에 참여한다고 주장하였다.

또래의 관점과 사회적 네트워크

일부 ASD 아동들은 친밀한 또래관계를 만들어 나갈 수 있다. 그러나 중요한 것은 또래가 ASD 아동을 항상 수용하지는 않는다는 것이다. Swaim과 Morgan(2001)은 3학년과 6학년 아동들에게 12세 소년의 행동을 촬영한 두 개의 비디오 영상을 보여 주었다. 한 영상에는 보통의 소년과 다를 바 없는 행동들이 촬영되어 있었고, 나머지 한 영상에는 시선 회피하기(gaze aversion), 몸 흔들기(rocking), 손 퍼덕이기(hand flapping), 반향어(echolalia)와 같이 **자폐증적** 특징을 나타내는 행동들이 촬영되어 있었다. 또한 자폐증 행동이 촬영되어 있는 비디오 영상은 자폐증과 관련한 정보를 제시하고 있는 영상과 그렇지 않은 영상으로 구별되었다. 영상을 시청한 아동들은 자폐증에 대한 설명의 유무와 관계없이 **자폐증적** 특징을 보여 주는 비디오 장면에서 소년을 덜 호의적으로 평가하였다. 그러나 자폐증 행동을 보이는 소년에 대한 구체적인 정보(소년의 행동을 기술하고 설명하는 정보 모두)가 주어졌을 때, 소년을 향한 아동들의 태도는 개선되었다 (Campbell, Ferguson, Herzinger, Jackson, & Marino, 2004). 이러한 결과는 다음과 같은 사실을 보여 준다. 그것은 소년이 왜 이러한 모습으로 행동하는지에 대해 이해하는 것은 소년의 행동에 대한 아동들의 부정적인 해석을 완화시킬 수 있으며, 아동들이 그러한 행동에 대해 보다 수용적인 태도를 가지도록 도울 수 있다는 것이다.

뿐만 아니라, ASD 아동들과 함께하는 실제적인 경험은 그들에 대한 긍정적인 시각으로 이어질 수 있다. ASD 아동이 포함된 초등학교 통합학급 장면에서는 단지 소수의 ASD 아동만이 학급의 사회적 네트워크에서 실제로 고립되거나 무시되었다 (Chamberlain et al., 2007; Kasari et al., 2011). 대다수의 ASD 아동은 적어도 미미하게나

마 다른 아동들과 연결되어 있었다. 그러나 학급의 주요한 사회적 집단에는 포함되지 못하면서 그 주변에 머물러 있는 경우가 대부분이었다. 이처럼 ASD 아동들은 단지 한 명이나 두 명의 또래를 통하여 또래집단에 연결되는 경우가 많았다. 반면, 비록 적은 수이기는 하지만 또 다른 ASD 아동들의 경우에는 인기 있는 사회적 집단의 구성원으로 지명되기도 하였는데, 이것은 ASD 아동의 학급 내 사회적 위치가 크게 변화될 수 있다는 사실을 보여 주고 있다.

그러나 상대적으로 나이가 많은 ASD 아동이 소속된 학급에서는 ASD 아동들이 다른 아동들에 비해 또래에게 거부되거나(Church, Alisanski, & Amanullah, 2000; Locke et al., 2010), 또래괴롭힘의 표적이 되는 경우가 많았다(Humphrey & Lewis, 2008). ASD 아동들이 또래들에게 괴롭힘을 당하는 이유는 행동 문제, 사회적 기술 결핍, 사회적 취약성을 포함하여 많은 이유가 있다(Sofronoff, Dark, & Stone, 2011). 향후 연구는 이와 같은 또래 거부와 고립의 문제에 대하여, 그리고 이것이 외로움에 미치는 잠재적인 영향에 대하여 더욱 면밀하게 평가해야 한다. 또한 시간이 지남에 따라 이러한 문제가 응집력과 지지가 약한 학급의 맥락이나 나이가 많은 아동들에게서 더욱 분명하게 드러날 수 있는지 평가해야 한다.

자기지각이 또래와의 연결에 미치는 영향

또래의 지각이 ASD 아동의 사회적 연결성에 영향을 미칠 뿐만 아니라 아동 자신의 자기지각 또한 영향을 미친다. 일부 자폐 아동들은 일반 또래와 가까운 친구관계를 만들고 유지하기도 한다. 그리고 좋은 친구끼리는 서로 자연스럽게 수용하고 지지하기 때문에 시간이 흐르면서 이러한 친구관계는 자폐 아동의 욕구를 비공식적으로 지원한다(Bauminger et al., 2008). 친구가 된 자폐 아동과 일반 아동은 서로를 이해하고 지지하는 데 어려움이 따를 수도 있지만, 자폐 아동의 특이함은 친구관계를 맺는 데 장점이 되기도 하는데, 가령 다수를 수동적으로 따라가기보다는 독창적으로 사고하는 것, 사회적 서열의 게임을 하지 않는 것, 물질적 이해관계에 집착하지 않는 것 등이 그것이다

(Brownlow, 2010). 이러한 장점에도 불구하고 이들의 친구관계는 종종 연결 상태의 수준이 낮고, 협응 놀이에 비해 범행놀이를 더 많이 하고, 재미, 친근함, 친밀감, 도움을 덜 나눈다(Bauminger et al., 2008).

일반 또래를 명백히 선호하는 것은 자폐 아동이 그들이 가지고 있는 차이에 대해서 상당한 정도의 자기인식이 있는 것과 관련될 수 있다. 그들은 이러한 차이를 다른 사람들과 어울리고자 하는 사회적 목표를 달성하는 데 장애물이 되는 것으로 낙인 찍는 경향이 있음을 보고한다(Humphrey & Lewis, 2008). 특히 지능이 높은 아동들의 경우에는 자기의심이 더욱 뚜렷한 것으로 보인다. Knott, Dunlop 및 MacKay(2006)의 연구에서는 고기능 자폐 아동들이나 아스퍼거 아동들은 가까운 친구를 만들 수 있는 능력과 같이 사회성 기술 및 사회적 유능성에 있어서 또래 일반 아동들보다 자신을 훨씬 낮게 평가했다. 고기능 자폐 아동들은 대개 자신의 사회적 능력에 대해 자신감이 없다. 사실 지능과 사회성 기술이 비교적 우수한 ASD 아동들은 그 특징이 두드러지게 나타나지 않기 때문에 또래로부터 학대를 받을 위험이 더 커질 수 있다. 이는 이 장애의 보이지 않는 특성이 또래에게 장애에 기인하는 것으로 보이기보다는 그저 받아들이기 어려운 정도의 기괴한 모습으로 비추어질 수 있기 때문이다.

요약

또래관계는 아동들의 고립감과 외로움의 감정에 있어서 중요하다. ASD 아동 개개인의 또래관계에 관하여 현존하는 문헌에서 보면 몇 개의 주요한 발견이 있다. 첫째, 거의 대부분의 ASD 아동은 친구를 알아볼 수 있고, 대부분이 학교 내 사회연결망에서 적어도 미약하게나마 연결되어 있다는 것이다. 즉, ASD 아동들은 또래관계에 포함되고자 하는 사회적 욕구를 가지고 있는 것으로 보이며, 더 나이가 있는 아동과 그 부모가 보고하는 바는 ASD 아동들의 삶에서 친구를 사귄다는 것은 굉장히 중요하다는 점을 시사한다. 그러나 이러한 관계의 질에 대한 불만족의 결과와 관계의 사회적 뉘앙스를 이해하기 어렵다 보니 그로 인해 발생하는 스트레스로 ASD 아동들은 더욱 외로움을 호소한다. 외로움은 연령이 높을수록 더욱 커지는데, 이는 자아 성찰과 사회비교의 증가, 부정적 또래 상호작용 경험의 축적 때문일 수 있다. 이러한 부정적인 자각과 예상은 외로움 증폭의 위험요소가 될 수 있으며, 이는 인지불일치 모델과 일치한다. 더 나아가, 의미 있고 지속적인 외로움은 더욱 부정적인 결과로 이어질 수 있다.

외로움이 가져오는 잠재적인 부정적 결과

일반 아동들에게 보통 수준의 외로움은 잠재적으로 친구관계를 추구하는 동기를 부여할 수 있지만(Parker & Asher, 1993), 외로움은 우울과도 관련이 있다. 청소년기 동안의 외로움과 우울 증상은 서로 영향을 주고받는 반면(Vanhalst et al., 2012), 청소년기 동안의 우울은 초기 아동기 동안의 외로움의 부정적 결과임을 시사하는 증거가 있다. 예를 들어, 8세 때 부모와 또래가 평가한 외로움은 13세 때의 우울 증상을 예측할 수 있는 것으로 나타났다(Qualter, Brown, Munn, & Rotenberg, 2010). 유사하게 11~13세 때 또래 집단(배타적인 소집단)으로부터의 고립 가능성이 높을수록 14세 때의 우울 증상을 예측하였으며, 이러한 관계는 외로움에 의해 매개되었다(Witvliet, Brendgen, Can Lier, Koot, & Vitaro, 2010). 이러한 발달 궤적은 외로움이 향후 우울 발달의 위험요소라는 점을 시사한다.

ASD 아동들, 특히 청소년기 아동들의 외로움과 우울 사이의 관계에 대한 것은 아쉽게도 충분히 밝혀지지 않았다. ASD 아동들에게서 사춘기는 우울증과 같은 정신의학적 증상의 발달을 포함하여 갖가지 문제가 증가되는 것과 관련이 있다(Simonoff et al., 2012). 일반 청소년들의 경우와 마찬가지로, ASD 청소년들의 사회적 고립과 외로움은 우울증을 포함한 정신병리의 발달에 기여할 것이다. 그러나 우리가 알기로 ASD의 우울에 관한 발달 궤적, 특히 초기 아동기의 외로움이 우울에 선행하는가에 대해서 살펴본 연구는 아직 없다. 신경 호르몬 변화 및 신체 변화에 더하여 사회적 적응과 일상생활 기술에 대한 요구가 증폭되는 청소년기는 그 자체로서 ASD 청소년들에게 심리적 위험을 증가시킬 수 있다.

외로움은 반복되는 사회적 실패의 패턴을 경험해 온 ASD 청소년들에게 특히 현저하게 나타날 수 있다. 개입이나 성숙의 결과로 사회적 상호관계를 더욱 얻고 싶거나, 자신과 또래 간의 차이가 보다 뚜렷해지면서 외로움을 경험할 가능성이 더욱 커진다. 실패와 어려움에 대한 자각이 증가하면서 부정적인 감정이 커질 수 있다. 가령, ASD 남자 청소년 39명에 대한 연구에서 21%가 종종 또는 항상 외로움을 느낀다고 응답하였다(Lasgaard, Nielsen, Eriksen, & Goossens, 2010). 지각된 사회적 지지는 외로움과 부적 상관이 있었는데, 이는 사회적 지지가 보호요인임과 동시에 개입의 대상임을 시사한다. 사회적 거부와 결점의 인식은 자존감에 영향을 미치고, 사회적 고립을 촉진하며, 정신병리 위험을 증가시키는데, 특히 우울과 불안을 높일 수 있다(Capps et al., 1995; Butzer & Konstantareas, 2003). 사회적 압력은 청소년들이 스스로 고립시키는 원인이 될 수 있으며, 아마도 정신병리의 발달에 기여할 것으로 보인다. 불안이나 우울과 같은 정신의학적 문제의 발달은 차례로 ASD와 관련된 핵심 행동을 악화시킬 수 있으며, 사회적 고립을 더욱 심화시킬 수 있다(Magnuson & Constantino, 2011).

혹은 ASD를 가진 사람들은 자신을 사회적으로 고립시키면서도 자신이 외로움을 경험하게 될 것이라는 사실을 지각하지 못할 수도 있다. ASD를 가진 성인에 관한 문헌들을 개관하면서 Happe와 Charlton(2012)은 ASD를 가진 사람들 중 일부는 업무 환경이나 친구관계 집단에서 사회적 연결망을 구축하지 않음으로써 사회적 고립의 부정적 결과로부터 보호받을 수 있을 것이라고 제안하였다. 이는 연결망의 소실이나 변화가 그들에게는 아무런 영향을 끼치지 않을 것이기 때문이다. 아마도 어떤 사람들의 경우에는 지각된 차이를 덜 인식하고, 타인과 관계를 맺으려는 동기가 낮은 점이 외로움과 관련된 부정적인 결과로부터 보호하는 요인이 된다. 이 연구자들은 또한 친구는 별로 없지만 가족과 유대감이 높은 경우에 시간이 흐름에 따라 가족 연결망이 줄어드는 것은 ASD를 가진 사람들에게 많은 영향을 끼칠 수 있다는 점을 강조하였다. 사회적 고립과 외로움의 장기적인 영향, 그리고 어떤 사람들이 그 결과와 관련된 문제(예: 우울증)를 발달시킬 위험이 보다 큰지를 알아보는 종단 연구가 이 분야에 더욱 필요하다.

ASD의 잠재적 영향을 완전히 이해하기 위해서는 이 분야에서 계속 발전하고 있는 연구 문헌, 특히 종단 연구의 틀에서 외로움을 검토하는 연구물들을 토대로 모델을 개발하는 연구들이 큰 도움이 될 것이다(자세한 내용은 Goossens가 저술한 이 책의 1권 9장 참조). 지각된 사회적 지지를 포함하는 사회적 참여의 다양한 측면이 이러한 연구들에 포함되어야 할 것이며, 이는 사회적 지지가 일반 아동 및 청소년들의 외로움과 우울 간의 관계를 매개하는 것으로 보이기 때문이다(Nangle, Erdley, Newman, Mason, & Carpenter, 2003; Witvliet et al., 2010). 자기인식과 정서를 보고하는 능력의 한계를 고려할 때, 다양한 사람으로부터 정보를 얻는 것이 유용할 것이다. 더욱이 인생 초기의 외로움이 우울증과 다른 정신의학적 증상에 기여하기 쉬우므로 ASD 아동 및 청소년의 외로움과 우울 모두를 개입 대상으로 삼는 것이 유용할 수 있다. ASD를 가진 6~21세 사이의 아동 및 청소년을 대상으로 사회성 기술 집단을 구성하여 효과를 검증한 5개의 무선화된 통제 실험 연구결과 외로움은 감소되었지만, 우울에는 아무런 영향이 없었다(Reichow, Steiner, & Volkmar, 2012). 이러한 결과는 외로움과 관련된 부정적 결과를 충분히 개입하기 위해서는 보다 많은 표적적 치료, 즉 고위험 집단에 초점을 맞춘 치료가 시행되어야 함을 보여 준다.

예방/개입 가능성

또래경험

친구관계의 발전과 유지는 유대감과 소속감으로 이어질 수 있으며, 잠재적으로 고립이나 외로움으로부터 아동을 보호할 수도 있다(자세한 내용은 Bukowski와 Véronneau가 저술한 이 책의 1권 2장 참조). 친구관계는 또래와의 관계에서 관심사가 공유되고, 서로 돌보며, 협상하는 경험을 반복하면서 발달된다. 자폐 아동에게 있어 한 가지 문제는 또래와 함께하는 경험의 횟수가 감소한다는 것이다. 그러므로 또래와 함께하는 시간의 양도 한정적이고, 이러한 상호작용으로부터 배워 나아갈 기회도 한정적이다. 심지어 다른 아동들이 함께 있어도 또래에 노출되는 것이 자폐 아동들에게는 충분히 도움이 되지 못할 수 있다. Kanner(1943)가 밝혔듯이, 자폐 아동들은 주변에서 또래가 놀고 있어도 알아채지 못할 수도 있다. 유사하게 ASD 아동들은 운동장에 또래가 많아도 혼자서 놀거나 고립되어 있으며, 그로 인해 ASD 아동이 운동장 주변을 달리고 있는 것을 어렵지 않게 발견할 수 있다. 어떤 경우에는 다른 또래가 같은 곳에서 놀고 있거나 심지어 같은 활동을 하고 있더라도 자폐 아동들은 어울리기 위한 노력을 거의 하지 않거나, 다른 또래가 말을 걸어도 이에 응답하지 않는다(Sigman et al., 1999). ASD 아동들은 또래와 상호작용을 잘하지 않으며, 주변의 사회적 기회를 활용하지 않는다. 이는 ASD 아동들이 통합교육 환경 속에서 일반 아동들을 많이 만나고, 또 좋은 사회적 모델을 접하지만, 그들과 친구관계를 발전시키지 않는다는 연구결과를 설명한다(Orsmond et al., 2004). 따라서 통합교육 환경같이 빈번한 또래경험을 제공하는 상황에 아동을 배치하는 취지를 살리려면 ASD 아동을 또래관계에 참여시키는 적극적 시도가 있어야 한다. 예방적 조치로서 통합교육 자체가 ASD 아동들에게 미치는 영향에 대해서는 연구가 더 필요하다.

현재까지 어떤 종류의 개입도 없이 ASD 아동들이 사회적 수용도와 또래관계 참여도를 높일 것이라는 증거는 거의 없다. 기본적으로 세 가지 종류의 개입이 있다. 여기에는 학교에 있는 동안에 아동에게 배정된 성인 보조원의 지원, 또래를 매개로 한 개입, 사회성 기술 개입이 포함된다.

성인 보조원의 지원

통합 프로그램에서 ASD 아동들을 위한 일반적인 개입은 보조원(paraprofessional; 예: 보조 교사)을 아동에게 할당하는 것이다. 필요할 때 보조 교사가 도와주되, 대체로 눈에 띄지 않는 뒤쪽으로 물러나서 ASD 아동이라고 낙인 찍히지 않게끔 한다. 하지만 ASD를 가진 개인은 이러한 지원 서비스가 낙인을 더욱 두드러지게 하고, 일반적으로 도움이 되지 않는다고 볼 수도 있다(Humphrey & Lewis, 2008).

ASD 초등학생을 대상으로 한 연구에서 60%의 아이들이 쉬는 시간에 1:1 전문적 도움을 받았다고 응답하였다. 쉬는 시간에 독립적 관찰자가 또래참여를 관찰했을 때, 성인 보조원의 도움을 받는 ASD 아동들은 운동장에서 가장 저조한 참여를 보인다는 점을 밝혔다. 이들은 또래는 물론이고, 도움을 주는 성인 보조원과도 어울리지 않았다(Kasari et al., 2011). 따라서 사회적 통합 목적을 달성하기 위한 성인 보조원의 실효성에 대해서는 의문의 여지가 있다.

또래중재 개입

대부분의 ASD 아동의 경우에 또래의 지지는 사회적 통합을 향상시킬 수 있는 강력한 개입이다. 학급 친구의 사회적 지지는 또래괴롭힘 피해를 방어해 주며, 교사나 부모와 같은 어른들의 사회적 지지보다 훨씬 더 강력한 방어막을 제공한다(Humphrey & Symes, 2010). ASD 아동들은 압도적으로 자주 또래괴롭힘 피해를 경험하며(Little, 2001), 슬프게도 그러한 피해를 예상한다고 스스로 보고한다는 점(Tobias, 2009)을 고려할 때 또래와의 사회적 관계는 자폐 아동들에게 대단히 중요한 회복탄력성을 제공한다. 자폐 아동들은 특히 조롱이 미치는 효과에 대해 민감한 것으로 보인다. 이는 그들이 흔히 웃음거리가 되는 것을 두려워하며, 이는 과거에 놀림을 당한 경험을 기억해 내는 강도나 빈도와 정적으로 관련되기 때문이다(Samoson, Huber, & Ruch, 2011). 자폐 아동들의 사회인지적 어려움은 이러한 취약성을 더욱 악화시키는데, 자폐 아동들이 종종 장난스런 농담 행위를 비난적 놀림이나 놀림을 전달할 신호로 오해하기 때문이다(Heerey, Capps, Keltner, & Kring, 2005).

또래중재 개입(peer-mediated intervention)은 보통 일반 아동들이 ASD 아동을 적극적으로 지지하는 역할을 하는 것을 포함하는데, 이러한 역할은 학교 장면 내에서 사회적 기회가 증가하도록 조력함으로써 가능하다. 이러한 개입은 ASD 아동의 학급 내 사회적 유대감을 증가시키며, 어른-아동 개입보다 훨씬 큰 효과를 보인다(Kasari et al.,

2012). 이러한 개입은 ASD 아동을 사회 집단에 연결시키는 데 도움을 줄 수 있지만, 운동장(놀이터)에서 ASD 아동을 성공적으로 일반 학생과 어울리게 돕기 위해서는 상당한 수정이 필요하다. ASD 초등학생들은 또래중재 개입을 통해 운동장에서 또래와 보다 더 어울릴 수 있게 되었다고 진술했지만, 다른 아이들과 협동적으로 어울리는 시간을 증가시키는 데에는 효과가 없었다. 이는 운동장에서의 구체적인 개입이 필요함을 시사한다. 더 나아가, 이러한 개입이 학교에서의 외로움을 감소시키고 친구관계의 상호성을 향상시킬 잠재성도 있는지에 대해서도 후속 연구가 필요하다.

또래경험에 대한 또 다른 관점은 개개인이 사회적으로도, 인구통계학적으로도 유사한 친구를 선택한다는 동종친화(homophilic affiliation)의 개념에서 비롯된다(Farmer & Farmer, 1996). 이 이론에서는 ASD 아동들이 자신과 유사한 아동들과 보다 가까운 친구관계를 발전시킨다고 주장한다. 실제로 Locke와 동료들(2010)은 ASD 아동들이 통합 연극수업에서 서로 한 무리를 지었는데, 그 무리는 그들이 잘 아는 학급의 다른 아이들이기보다는 서로 이미 친구였던 아이들인 점을 발견하였다. 이러한 연구결과는 ASD 아동이 오직 한 명뿐인 통합학급에서 부모와 교사가 ASD 아동이 친구관계를 발전시킬 것으로 기대하는 것이 적절한지에 대해 의문을 제기한다. 비록 장기적 효과는 아직 검증되지 않았지만, 결국 유사한 사회적 어려움을 공유하는 집단이 친구관계를 발전시키는 데 성공적이라는 점을 보여 준다(Laugeson, Frankel, Gantman, Dillon, & Mogil, 2012).

사회성 기술 개입

지난 10년간 사회성 기술 개입은 확산되어 왔다(Kasari & Lawton, 2010). 대부분은 병원에서 시행되었으며, 종종 ASD 아동들의 집단으로 구성되었다. 대표적인 모델은 구조화된 교육집단 치료로, 12~16주에 걸쳐 진행된다. 이러한 집단은 불안과 같은 관련 문제를 줄이는 데 도움이 되지만(Chalfant, Rapee, & Carroll, 2007), 일반화 측면과 장기적 측면에서 사회성 기술 개입 훈련 효과는 미미하였다(Bellini, Peters, Benner, & Hopf, 2007). 특히 아동들이 어려운 사회적 상황의 대부분을 경험하는 학교 장면으로 치료 효과를 일반화하는 점은 매우 제한적이거나 검증되지 않았다.

사회성 기술 개입의 실효성에 관한 논쟁도 있다(Kapp, Gillespie-Lynch, Sherman, & Hutman, 2013). 실제로 모든 ASD 아동이 자신의 사회적 어려움에 대해서 개입을 필요로 하거나 원하는 것은 아니며, 앞서 언급하였듯이 ASD 아동은 외로움을 경험할 위기에 있다기보다는 혼자이기를 선택하는 경우도 있다. 보다 나이가 든 청소년이나 어른은 그들이 어느 정도로 관계 관련 기술을 익히고 싶은지 선택할 수 있다. 부모나 교사가 사회성 기술 개입을 희망하는 아동들에 대해서는 여러 정보원으로부터 정보를 얻는 것이 개입의 강도와 종류를 선택하는 데 도움이 될 수 있다. 관찰 결과와 함께 아동, 또래, 부모, 교사로부터의 정보는 개입이 정말 필요한지 여부를 결정하는 데 매우 도움이 된다(Kasari et al., 2010). 아마도 사회성 기술의 어려움과 사회적 고립, 외로움 사이의 관계를 설명하는 향후 연구에서는 가장 큰 위험에 처해 있는 아이들을 대상으로 하여 외로움 경감을 목표로 하는 사회성 기술 개입의 개별화를 가능하게 할 것이다.

결론

ASD를 가진 사람들에게 있어서 외로움은 중요한 문제이며, 이는 스스로 고립시키거나 혼자 있기를 추구하는 경향과는 별도의 문제다. 향후 연구에서는 외로움이 시간이 지나면서 어떻게 변하는지, 그리고 ASD 아동들의 또래관계 경험이 어떠한 결과를 가져오는지에 대해 연구할 필요가 있다. 종단 연구 설계가 필요하며, 또래 상호작용의 부족과 소외감 및 외로움의 부정적인 결과를 예방하는 데 도움이 되는 개입을 개발하는 연구도 필요하다.

마지막으로, 우리는 ASD를 가진 사람들이 또래관계와 친구관계 면에서 성취하는 일부 긍정적 결과들(Cederlund, Hagberg, Billstedt, Gillberg, & Gilberg, 2008; Szatmari, Bryson, Boyle, Streiner, & Duku, 2003)로부터 배울 수 있다. 어떤 사람들은 외롭지도, 고립되지도 않고 실제로 대인관계에 만족을 느낀다. 따라서 ASD를 가진 사람을 대상으

로 긍정적 개입 전략과 성과를 강조하며, 이들의 성공적 적응을 돕는 데 핵심적 역할을
할 수 있는 기술적 연구가 필요하다.

참고문헌

Asher, S., Hymel, S., & Renshaw, P. D. (1984). Loneliness in children. *Child Development, 55,* 1456-1464.

Asher, S., & Wheeler, V. A. (1985). Children's loneliness: A comparison of rejected and neglected status. *Journal of Consulting and Clinical Psychology, 53,* 500-505.

Bauminger, N., & Kasari, C. (2000). Loneliness and friendships in high-functioning children with autism. *Child Development, 71,* 447-456.

Bauminger, N., Shulman, C., & Agam, G. (2003). Peer interaction and loneliness in high-functioning children with autism. *Journal of Autism and Developmental Disorders, 33,* 489-507.

Bauminger, N., Solomon, M., Aviezer, A., Heung, K., Gazit, L., Brown, J., et al. (2008). Children with autism and their friends: A multidimensional study of friendship in high-functioning autism spectrum disorder. *Journal of Abnormal Child Psychology, 36*(2), 135-150.

Bellini, S., Peters, J. K., Benner, L., & Hopf, A. (2007). A meta-analysis of school-based social skills interventions for children with autism spectrum disorders. *Remedial and Special Education, 28*(3), 153-162.

Brownlow, C. (2010). Re-presenting autism: The construction of 'NT syndrome'. *Journal of Medical Humanities, 31,* 243-255.

Butzer, B., & Konstantareas, M. M. (2003). Depression, temperament, and their relationship to other characteristics in children with Asperger disorder. *Journal on Developmental Disabilities, 10,* 67-72.

Campbell, J., Ferguson, J., Herzinger, C., Jackson, J., & Marino, C. (2004). Combined descriptive and explanatory information improves peers' perceptions of autism. *Research in Developmental Disabilities, 25*, 321-339.

Capps, L., Sigman, M., & Yirmiya, N. (1995). Self-competence and emotional understanding in high-functioning children with autism. *Development and Psychopathology, 7*(1), 137-149.

Capps, L., Yirmiya, N., & Sigman, M. (1992). Understanding of simple and complex emotions in non-retarded children with autism. *Journal of Child Psychology and Psychiatry, 33*, 1169-1182.

Carrington, S., Templeton, E., & Papinczak, T. (2003). Adolescents with Asperger syndrome and perceptions of friendship. *Focus on Autism and Other Developmental Disabilities, 18*, 211-218.

Cederlund, M., Hagberg, B., Billstedt, E., Gillberg, I. C., & Gilberg, C. (2008). Asperger syndrome and autism: A comparative longitudinal follow-up study more than 5 years after original diagnosis. *Journal of Autism and Developmental Disorders, 38*, 72-85.

Chalfant, A. M., Rapee, R., & Carroll, L. (2007). Treating anxiety disorders in children with high functioning autism spectrum disorders: A controlled trial. *Journal of Autism and Developmental Disorders, 37*, 1842-1857.

Chamberlain, B., Kasari, C., & Rotheram-Fuller, E. (2007). Involvement or isolation? The social networks of children with autism in regular classrooms. *Journal of Autism and Developmental Disorders, 37*(2), 230-242.

Church, C., Alisanski, S., & Amanullah, S. (2000). The social, behavioral, and academic experiences of children with Asperger syndrome. *Focus on Autism and Other Developmental Disabilities, 15*(1), 12-20.

Farmer, T. W., & Farmer, E. M. Z. (1996). Social relationships of students with exceptionalities in mainstream classrooms: Social networks and homophily. *Exceptional Children, 62*(5), 431-450.

Galanaki, E. (2004). Are children able to distinguish among the concepts of aloneness, loneliness, and solitude? *International Journal of Behavioral Development, 28*, 435-443.

Happe, F., & Charlton, R. A. (2012). Aging in autism spectrum disorders: A mini-review. *Gerontology, 58*, 70-78.

Heerey, E. A., Capps, L. M., Keltner, D., & Kring, A. M. (2005). Understanding teasing: Lessons from children with autism. *Journal of Abnormal Child Psychology, 33*, 55-68.

Howlin, P., Goode, S., Hutton, J., & Rutter, M. (2004). Adult outcome for children with autism. *Journal of Child Psychology and Psychiatry, 45*, 212-229.

Humphrey, N., & Lewis, S. (2008). 'Make me normal': The views and experiences of pupils on the autistic spectrum in mainstream secondary schools. *Autism: An International Journal of Research and Practice, 12*, 39-62.

Humphrey, N., & Symes, W. (2010). Perceptions of social support and experience of bullying among pupils with autistic spectrum disorders in mainstream secondary schools. *European Journal of Special Needs Education, 25*(1), 77-91.

Kanner, L. (1943). Autistic disturbances of affective contact. *Nervous Child, 2*, 217-250.

Kapp, S. K., Gillespie-Lynch, K., Sherman, L. E., & Hutman, T. (2013). Deficit, difference, or both? Autism and neurodiversity. *Developmental Psychology, 49*(1), 59-71.

Kasari, C., & Lawton, K. (2010). New directions in behavioral treatment of autism spectrum disorders. *Current Opinion in Neurology, 23*, 137-143.

Kasari, C., Locke, J., Gulsrud, A., & Rotheram-Fuller, E. (2011). Social networks and friendships at school: Comparing children with and without ASD. *Journal of Autism and Developmental Diorders, 41*, 533-544.

Kasari, C., Rotheram-Fuller, E., Locke, J., & Gulsrud, A. (2012). Making the connection: Randomized controlled trial of social skills at school for children with autism spectrum disorders. *Journal of Child Psychology and Psychiatry, 53*(4), 431-439.

Knott, F. J., Dunlop, A. W., & Mackay, T. (2006). Living with ASD. *Autism, 10*(6), 609-617.

Ladd, G. W., Kochenderfer, B. J., & Coleman, C. C. (1996). Friendship quality as a predictor of young children's early school adjustment. *Child Development, 67*, 1103-1118.

Lasgaard, M., Nielsen, A., Eriksen, M. E., & Goossens, L. (2010). Loneliness and social support in adolescent boys with autism spectrum disorders. *Journal of Autism Developmental*

Disorders, 40, 218-226.

Laugeson, E. A., Frankel, F., Gantman, A., Dillon, A. R., & Mogil, C. (2012). Evidence-based social skills training for adolescents with autism spectrum disorders: The UCLA PEERS program. *Journal of Autism and Developmental Disorders, 42*(6), 1025-1036.

Lee, A., & Hobson, R. P. (1998). On developing self-concepts: A controlled study of children and adolescents with autism. *Journal of Child Psychology Psychiatry, 39,* 1131-1144.

Little, L. (2001). Peer victimization of children with Asperger spectrum disorders. *Journal of the American Academy of Child & Adolescent Psychiatry, 40,* 995-996.

Locke, J., Ishijima, E., Kasari, C., & London, N. (2010). Loneliness, friendship quality and the social networks of adolescents with high-functioning autism in an inclusive school setting. *Journal of Research in Special Educational Needs, 10*(2), 74-81.

Mayes, S. D., & Calhoun, S. L. (2008). WISC-IV and WIAT-II profiles in children with high-functioning autism. *Journal of Autism and Developmental Disorders, 38*(3), 428-439.

Magnuson, K. M., & Constantino, J. N. (2011). Characterization of depression in children with autism spectrum disorders. *Journal of Developmental and Behavioral Pediatrics, 32*(4), 332-340.

Margalit, M. (1994). *Loneliness among children with special needs.* New York: Springer-Verlag.

Nangle, D. W., Erdley, C. A., Newman, J. E., Mason, C. A., & Carpenter, E. M. (2003). Popularity, friendship quantity, and friendship quality: Interactive influences on children's loneliness and depression. *Journal of Clinical Child & Adolescent Psychology, 32,* 546-555.

Orsmond, G. I., Krauss, M. W., & Seltzer, M. M. (2004). Peer relationships and social and recreational activities among adolescents and adults with autism. *Journal of Autism and Developmental Disorders, 34*(3), 245-256.

Parker, J. G., & Asher, S. R. (1993). Friendship and friendship quality in middle childhood: Links with peer group acceptance and feelings of loneliness and social dissatisfaction. *Developmental Psychology, 29,* 611-621.

Perlman, D., & Peplau, L. A. (1982). Theoretical approaches to loneliness. In L. A. Peplau & D.

Perlman (Eds.), *Loneliness: A sourcebook of current theory, research, and therapy* (pp. 123-134). New York: Wiley Interscience.

Qualter, P., Brown, S. L., Munn, P., & Rotenberg, K. J. (2010). Childhood loneliness as a predictor of adolescent depressive symptoms: An 8-year longitudinal study. *European Child and Adolescent Psychiatry, 19*, 493-501.

Reichow, B., Steiner, A. M., & Volkmar, F. (2012). Social skills groups for people aged 6 to 21 with Autism Spectrum Disorders (ASD). *Cochrane Database of Systematic Reviews, 7*, 1-48.

Renshaw, P. D., & Brown, R. J. (1993). Loneliness in middle childhood: Concurrent and longitudinal predictors. *Child Development, 64*, 1271-1284.

Samson, A. C., Huber, O., & Ruch, W. (2011). Teasing, ridiculing, and the relation to the fear of being laughed at in individuals with Asperger's syndrome. *Journal of Austism and Developmental Disorders, 41*, 475-483.

Seidner, L. B., Stipek, D. J., & Feshbach, N. D. (1988). A developmental analysis of elementary school-aged children's concepts of pride and embarrassment. *Child Development, 59*(2), 367-377.

Sigman, M., Ruskin, E., Arbeile, S., Corona, R., Dissanayake, C., Espinosa, M., et al. (1999). Continuity and change in the social competence of children with autism, Down syndrome, and developmental delays. *Monographs of the Society for Research in Child Development, 64*(1), 1-114.

Simonoff, E., Jones, C. R., Pickles, A., Happé, F., Baird, G., & Charman, T. (2012). Severe mood problems in adolescents with autism spectrum disorder. *Journal of Child Psychology and Psychiatry, 53*, 1157-1166.

Sofronoff, K., Dark, E., & Stone, V. (2011). Social vulnerability and bullying in children with Asperger syndrome. *Autism, 15*(3), 355-372.

Storch, E. A., Larson M. J., Ehrenreich-May, J., Arnold, E. B., Jones, A. M., Rennon, P., et al. (2012). Peer victimization in youth with autism spectrum disorders and co-occurring anxiety: Relations with psychopathology and loneliness. *Journal of Developmental and*

Physical Disabilities, 24(6), 575–590.

Swaim, K. F., & Morgan, S. B. (2001). Children's attitudes and behavioral intentions toward a peer with autistic behaviors: Does a brief educational intervention have an effect? *Journal of Autism and Developmental Disorders, 31*(2), 195–205.

Szatmari, P., Bryson, S. E., Boyle, M. H., Streiner, D. L., & Duku, E. (2003). Predictors of outcome among high functioning children with autism and Asperger syndrome. *Journal of Child Psychology and Psychiatry, 44*, 520–528.

Tobias, A. (2009). Supporting students with Autistic Spectrum Disorder (ASD) at secondary school: A parent and student perspective. *Educational Psychology in Practice, 25*, 151–165.

Vanhalst, J., Klimstra, T. A., Luyckx, K., Scholte, R. H., Engels, R. C., & Goossens, L. (2012). The interplay of loneliness and depressive symptoms across adolescence: Exploring the role of personality traits. *Journal of Youth and Adolescence, 41*, 776–787.

Weiss, R. S. (1973). *Loneliness: The experience of emotional and social isolation.* Cambridge, MA: MIT Press.

Whitehouse, J. O., Durkin, K., Jaquet, E., & Ziatas, K. (2009). Friendship, loneliness and depression in adolescents with Asperger's syndrome. *Journal of Adolescence, 32*, 309–322.

Witvliet, M., Brendgen, M., Van Lier, P. A. C., Koot, H. M., & Vitaro, F. (2010). Early adolescent depressive symptoms: Prediction from clique isolation, loneliness, and perceived social acceptance. *Journal of Abnormal Child Psychology, 38*(8), 1045–1056.

10

고독과 성격장애

Kevin B. Meehan, Kenneth N. Levy, Christina M. Temes, & Jonathan J. Detrixh

   홀로 있음의 경험은 우리 인간의 삶에서 중요한 경험 중 하나다. 고독을 연구하는 학자들은 **홀로 있음**(aloneness)을 외로움이나 우울과 같은 부정적이면서 주관적인 상태, 그리고 고립이나 위축과 같은 방어적 행동과 구분하고 있다(Katz & Buchholz, 1999). 고독을 추구하는 행동 자체가 꼭 병리적이거나 적응적인 것은 아니다. 많은 연구에서는 홀로 있음이 외로움이라는 느낌의 필요조건도 충분조건도 아니라고 제안한다(Buchholz & Catton, 1999; Long & Averill, 2003; Richman & Sokolove, 1992; Suedfeld, 1982). 또한 고독을 추구하는 사람들이 모두 사회적으로 위축되어 있거나 비사회적인 것도 아니다. 많은 사람은 단지 고독에 대한 특정 욕구로 인해 혼자 하는 활동을 추구하기도 한다(Leary, Herbst, & McCrary, 2003). 개인이 고독의 상태에 들어가게 될 때, 그러한 경험이 유익할지 아니면 고통스러울지는 발달 과정을 통한 정교화된 성격의 독특한 측면에 따라 달라진다. 특히 홀로 있음의 경험을 견디면서 이를 통해 이익을 얻을 수 있을지의 여부는 개인내적 자원의 질에 따라 결정된다.

성격장애가 나타나는 양상은 매우 다양하지만, 이 장애를 가진 사람들은 한편으로는 친밀성과 유대성에 대한 욕구, 다른 한 편으로는 고립의 고통스러운 경험 사이에서 갈등적 관계를 경험하는 경우가 많다(Blatt, 1995). 더욱이 많은 성격장애가 고통스러운 외로움의 경험을 특징으로 한다. 홀로 있음에 대한 갈등적 관계가 성격장애 속에 내포되어 있지만, 성격장애와 고독을 연결하는 연구는 놀랍게도 거의 없다.

이 장에서는 고독과 성격장애를 다루고 있는 문헌들을 통합할 것인데, 각각을 안정적이며 신뢰할 수 있는 정신적 표상의 발달과 연결 짓는 보다 확고한 연구 문헌들을 통해서 그렇게 할 것이다. 성격 발달을 다루고 있는 고전적인 또는 최근의 심리학 이론 및 연구들은 홀로 있는 경험이 개인에게 유익할지 여부를 결정하는 데 있어서 핵심은 내적 표상의 질이라고 강조한다. 성격장애를 가진 사람들의 경우에는 계속 머무르며 신뢰할 수 있는 타인의 표상을 내면화하는 과정의 문제로 홀로 있는 것이 매우 어려울 수 있다.

이 장은 성격과 성격장애의 본질에 대한 논의에서부터 시작된다. 이어서 성격 발달과 홀로 있을 수 있는 능력을 성취하는 데 있어서 안정적인 정신적 표상의 내면화가 어떻게 핵심적 역할을 할 수 있는지에 대해 논의할 것이다(Winnicott, 1958). 그리고 성격장애를 가진 사람들이 안정적인 정신적 표상을 지속적으로 떠올리기 위해 어떤 노력을 하고 있는지를 기술하는 이론과 연구결과를 제시할 것이다(Blatt, 1995). 그 다음으로 다양한 성격장애에서 고독이 어떻게 경험되고 행동적으로 표현되는지 기술하되, 각 성격장애에서 나타나는 정체성과 관계성의 핵심적 결함에 근거하여 기술할 것이다. 마지막으로, 이론과 연구를 위한 미래의 방향을 제시할 것이다.

성격과 성격장애

성격은 심리적 기능의 역동적 조직을 포괄하는 폭넓은 개념(umbrella concept)으로, 다양한 상황에서 표현되는 생각, 감정, 행동의 지속적 패턴을 가리킨다(Mischel & Shoda, 1995). 우리의 성격은 기질과 내면화된 경험, 그리고 이들을 해석하고 선택하는 결과로 만들어지는 행동 패턴의 복잡한 상호작용이다. 성격은 생물학적 소인, 자기와 타인에 대한 스키마, 이에 따른 정서 및 행동 패턴, 그리고 외부 세계의 요구와 끊임없는 상호작용을 한다는 측면에서 역동적이다. 어떤 성격을 갖는지에 영향을 미치는 중요한 한 가지는 내적 표상의 조직이다(Blatt, 1995; Kernberg, 1975). 삶의 초기에는 모든 경험이 비교적 구분되지 않고, 통합되지 않으며, 조직되지 않는다. 시간이 흐르면서 개인의 인지 및 정서 시스템이 발달하고, 성숙해 나가며, 경험을 구분하고, 통합하며, 자신과 세계의 스키마에 대한 위계 조직을 발달시켜 나간다. 성격 구조의 질과 조직은 적절한 스키마 정보를 찾아내고 접근하는 능력, 그리고 이를 유연하게 사용할 수 있는 능력에 강한 영향을 미친다. 우리가 세상을 이해하기 위해 내면의 스키마를 더 신속하고 유연하게 활용할수록 우리는 감정을 잘 조절할 수 있고, 자기경험을 일관되게 유지할 수 있다. 건강한 사람들은 상황에 맞는 방식으로 다양한 상황에 대해 유연하게 대체함으로써 창조하고, 삶을 즐기며, 목표와 관계에 투자하는 능력을 발휘할 수 있는 길을 놓는다. 반면에, 내적 표상이 유연하지 못하고 그 폭이 좁을 때에는 개인의 정서 조절과 자기경험을 일관되게 유지하는 것이 더 어려워지게 된다. 정서적으로 의미가 있는 정보를 적응적으로 처리하고 이에 효과적으로 반응하는 능력이 없다면 새로운 상황을 마주했을 때 혼란스러운 느낌을 가지며, 마치 그 상황이 오래된 것인 듯 반응할 소지가 크다.

성격장애는 고충에 대한 만성적이고도 장기간 지속되는 반응 특질과 패턴을 포함하는데, 이러한 특질과 패턴은 흔히 그 다양성 면에서 매우 제한되며, 상황에의 적절성 여부와 관계없이 엄격하게 적용된다(Bender & Skodol, 2007; Shedler & Westen, 2004). 이러한 성격 패턴은 개인이 피하려고 하는 상황을 도리어 실현시키기에, 이러한 패턴이 개인의 경험을 규정하게 된다(Wachtel, 1997). 따라서 성격장애에서 개인이 생각하고, 느끼고, 행동하고, 타인과 관계하는 방식은 일하고, 목표를 추구하고, 친밀한 관계를 즐기는 역량을 직접적으로 제한한다.

성격장애의 개념은 매우 다양하며, 시대를 거치며 발전해 왔으나 대부분의 모델은 성격장애를 자기와 관계성의 장애로 개념화하고 있다(예: Blatt, 1995; Fonagy, Gergely, Jurist, & Target, 2002; Kernberg, 1984). 실제로 『정신장애의 진단 및 통계 매뉴얼(DSM-IV-TR)』(American Psychiatric Association, 2000)에서 각 성격장애에 대해 구체적으로 명시된 준거들은 정체감과 대인관계의 문제를 기술하고 있다. 예컨대, 분열성 성격장애와 회피성 성격장애는 모두 빈약한 대인관계를 특징으로 하며, 이러한 장애를 가진 사람들은 홀로 있는 것을 선호하면서 종종 고독을 추구한다. 그리고 의존성 성격장애와 경계성 성격장애는 홀로 있는 것이 어려울 뿐만 아니라 유기 공포 및 친밀한 관계 와해에 대해 집착하는 공통된 특징을 가진다(Gunderson, 1996; Zanarini et al., 2007). 연극성 성격장애나 자기애성 성격장애를 가진 사람들은 공통적으로 자주 관심의 중심에 있기를 원하며, 타인의 존경을 받지 못하면 어려움을 경험한다.

또한 『DSM-5』(American Psychiatric Association, 2013)의 '대안적 성격장애 모델'에서는 성격장애의 정의로 자기와 관계성을 핵심 요소로 간주하고 있으며, 이 두 영역에 따라 증상이 분류되었다. 예를 들어, 여기서 제안된 경계성 성격장애(Borderline Personality Disorder: BPD)의 진단 준거들은 자기 기능의 문제, 특히 공허함의 정체성이 확산되는 느낌 및 대인 기능을 평가하도록 되어 있다. 중요한 것은 이러한 자기 및 관계성의 문제는 별개의 것이기보다는 상호 의존적이며 순환적인 관계에 있다는 점을 주목하는 것이다(Blatt, 1995; Kernberg, 1984). 예를 들어, BPD를 가진 사람들이 경험하는 만성적인 공허감과 자신에 대한 불확실성은 내가 누구인지를 정의하기 위하여 관계에 의지하게 만들 수도 있다. 이 장애와 관련된 이러한 정서적 유약성(liability)을 감안한다면 BPD를 가진 사람들이 타인과의 관계 속에서 스스로를 어떻게 지각하고 있는지는 아마도 정서적 맥락에 달려 있을 가능성이 크다(예: "내가 사랑하는 사람이 좋은 사람이라서 나 자신에 대해 좋게 느낀다." 그리고 반대로 "이 사람이 나쁜 사람이라서 나에 대해서 나쁘게 느낀다."). 더욱이, BPD를 가진 사람들은 타인에게 자기감이 속박되어 있기에 타인과의 관계가 종결될 수 있다는 위협을 느끼게 되면 자기도 위협을 받는다고 느낄 수 있다(예: "만약 내가 그녀의 남자친구가 아니라면 그럼 나는 누구일까?"). 이것은 버림 받을 것에 대한 강한 두려움을 가져오며, 그 사람을 되찾아 오려는 필사적이며 충동적인 시도로 이어질 수 있다. 따라서 이 예에서 볼 수 있듯이, 관계성에 대한 개인의 느낌은 자기에 대한 개인의 느낌 없이는 이해될 수 없다.

고독과 관련된 정신적 표상의 발달

고독을 견디고 심지어 고독 속에서 번영하는 능력을 의미하는 Winnicott(1958)의 '홀로 있는 능력'의 개념은 많은 고독 이론가와 연구자에게 이론적 시금석이 되어 왔다(Burger, 1995; Larson & Lee, 1996; Long & Averill, 2003; Suedfeld, 1982). Winnicott(1958)의 관점에서 홀로 있는 능력의 성취는 타인과 함께하는 자기에 대한 안정되고 안전한 표상이 내재화된 산물로 이해될 수 있으며, 이러한 개념은 애착과 대상관계 이론 및 연구에 의해 발전되었다(Blatt & Levy, 2003; Levy & Blatt, 1999). 이 이론들은 타인과 관련된 자기에 대한 표상이 정상적인 성격 발달 과정에서 보다 분화되고 통합된다고 가정한다(Blatt, 1995; Kernberg, 1975). 유아의 경험은 처음에는 고통과 쾌락의 순간을 중심으로 조직되지만, 시간이 흐름에 따라 점차 분화되고 통합된 자기 및 타인에 대한 표상을 만들게 된다.

규제되는 경험을 통해서 아동은 규제하는 타인(a regulating other)과 관련되는 자기에 대한 표상을 내면화하게 되고, 이후의 성격 발달 단계에서는 규제하는 타인에 의해 위로받는 통합된 자기 표상을 끌어낼 수 있게 된다. 초기 발달 단계에서는 정서의 조절을 위해 초기 양육자와의 외적 접촉이 필수적이지만, 아동은 이제 내적으로 규제하는 표상을 떠올릴 수 있을 뿐만 아니라 양육자와의 즉각적 접촉을 덜 필요로 하게 된다. 이러한 능력은 **환기적 불변성**(evocative constancy)이라는 용어로 불리어 왔으며, 이는 더이상 존재하지 않는 대상을 내면에 유지하고 떠올리는 능력을 의미한다(Blatt, 1995). 환기적 불변성은 홀로 있는 능력과 고독 속에서의 성장을 위해 핵심적 역할을 하는데, 이는 아무도 함께 있지 않을 때에도 사랑하고 돌보는 타인이 자기 내면의 경험을 채우기 때문이다. 이처럼 지속적으로 존재하고 믿을 수 있는 타인의 내면화가 홀로 있는 것을 가능하게 한다.

만약 규제하는 타인의 존재가 확실하지 않다면 아동은 외부로는 양육자의 존재 또는 부재를 모니터하고, 내부로는 항상성(homeostasis)을 재확립하기 위해 상당한 자원을 들여야 한다. 이처럼 자원을 들이는 것은 아동의 경험에 상당히 부정적인 영향을 미치는데, 그 이유는 아동이 양육자로부터 자원을 확보하기 위한 단기 전략에 상당한 주의를 기울여야 하기 때문이다(Tuber, 2008; Winnicott, 1958). 홀로 있다는 것은 더이상 안전한 경험이 아니다. 그것은 위험하며 욕구가 충족되지 못하는 경험이다. 이와 같은 경험은 타인에 의해 일관되고 신뢰할 수 있게 규제되는 자기의 표상을 아동이 내면화하는 것을 방해한다.

Winnicott(1958)의 이론은 '홀로 있는 능력'이 '홀로 있음'을 어머니와 편안히 **공유하**는 아동의 초기 경험에서 비롯되는 하나의 발달 지표(developmental milestone)이며 정신건강의 표식이라고 보는데, 이러한 견해는 고독 이론가와 연구자들 사이에서 널리 수용되고 있다(예: Burger, 1995; Larson & Lee, 1996). 그럼에도 불구하고, 내면화된 표상과 홀로 있는 능력 사이의 관계를 밝힌 연구는 소수에 불과하다(Richman & Sokolove, 1992). 최근 한 연구에서 Detrixhe, Samstag, Wong 및 Penn(2011)은 대상관계의 질 및 내부 자원이 고독에 대한 태도와 정신적 안녕감(mental well-being)을 예측하는지 살펴보았다. 그들은 비임상 집단을 대상으로 **대상관계척도**(ORI; Blatt, Wein, Chevron, & Quinlan, 1979)를 활용하여 고독과 사교성에 대한 태도가 외로움과 자기 및 애착 대상 표상의 복잡성 간의 정적 관계를 매개한다는 사실을 발견하였다. 이러한 연구결과는 Winnicott(1958)의 홀로 있는 능력의 개념화와 일치하는 것으로, 대상관계의 질이 고독에 대한 태도 및 외로움 경험에 강한 영향을 미친다는 것을 시사한다.

정신적 표상과 성격 병리에 대한 이론

애착 및 대상관계 이론과 연구는 규제하는 타인에 의해 위로 받는 자기에 대한 표상을 내면화하는 것과 관련한 문제를 이후의 성격병리 발달과 연결지어 왔다. Fonagy와 동료들(2002)은 성격병리의 많은 특징이 양육자에 의해 정확히 반영된 정서 상태의 표상을 아동이 내면화하지 못하는 것에서 비롯되는 것으로 이해할 수 있다고 주장하였다. 그들은 이러한 표상은 양육자에 의한 정서 경험의 반영을 통하여 확립된다고 말했다. 양육자에 의한 정서 경험의 반영은 아동의 내적인 경험과 일치(congruent)하면서도 명확하게, 또는 아동의 정서 조절을 돕고 지나치게 사실적인 정서 반영으로부터 아동을 보호하도록 익살스럽게 과장된 방식으로 이루어지기도 한다. 예를 들어, 아동이 넘어졌을 때 "아이고, 이런! 어디 아야 했지?(oh no! Do you have a boo boo?)"와 같은 정서적 표현에 의해 종종 위로를 받는다. 그러나 양육자가 아동의 상처와 아픔에 지나치게 놀라는 모습을 보인다면 아동은 도리어 더 심하게 울 수도 있다.

Fonagy와 동료들(2002)은 또한 명확하고 일치되는 방식의 반영을 경험하지 못한 아동은 양육자의 정서 상태와 자신의 내면 상태 간의 구분을 제대로 못할 수 있다고 주장하였다. 이것은 성격병리를 가진 사람들 중에는 타인의 마음을 읽고 해석하는 능력, 그리고 자기와 타인 각각이 독립된 존재이자 하나의 온전한 전체라는 것을 인식하는 능력의 손상을 통해 드러날 수도 있다. 더욱이, 아동이 유관성 있는 반영을 경험하지 못한다면 양육자의 정서 상태가 자기 자신의 정서 경험을 제대로 나타낸 것이 아니라고 하더라도 양육자의 반영을 그대로 받아들일 것이다. 아동은 양육자의 비일치적(noncongruent) 정서 상태와 투사를 내면화하게 되며, 이것은 아동의 내면에 낯선 자기 경험을 만들어 낼 것이다. 이러한 왜곡된 표상은 자기를 나쁜, 공격적인, 혐오하는, 파괴적인, 혹은 벌 받을 만한 존재로 동일시하는 것을 포함할 수 있다. 결과적으로, 아동의 정서 상태와 낯선 자기 표상 간에 비연속성이 생겨나며, 아동은 스스로 낯선 측면을 타인에게 투사함으로써만 자기 내부에 연속성의 감각을 얻을 수 있다. 따라서 이러한 아동은 다른 사람에게서 그 낯선 경험을 찾아내기 위해 그 사람에게 분노와 좌절을 유발하는 방식으로 행동할 수도 있다. 반대로, 그 아동은 자기의 낯선 측면을 가진 타인으로부터 철수할 필요가 있을 수도 있는데, 이는 열정적인 참여와 고통스러운 고독으로의 철수의 순환 주기로 이어질 수 있다.

　Blatt, Zohar, Quinlan, Zuroff 및 Mongrain(1995; Blatt & Shichman, 1983)은 성격발달이 두 개의 기본적이며 함께 병행하는 발달 노선(developmental line)을 포함하는 것으로 개념화하였다. 첫 번째는 의존성(anaclitic) 또는 관계성 발달 노선으로, 점차 성숙하고 서로 만족스러운 대인관계를 수립하는 능력의 발달을 포함한다. 두 번째는 내사적(introjective) 또는 자기정의적(self-definitional) 발달 노선으로, 공고하며, 현실적이고, 본질적으로 긍정적이며, 분화되고 통합된 자기정체성의 발달을 포함한다. 이 두 발달 노선은 일반적으로 전 생애에 걸쳐 호혜적, 변증법적, 그리고 상호촉진적 교류 속에서 전개된다. Blatt(1995)과 동료들(예: Blatt & Levy, 2003; Blatt & Shichman, 1983; Levy & Blatt, 1999)은 다양한 형태의 정신병리가 이 중 하나의 발달 노선이 다른 나머지 발달 노선을 희생시키면서 과장된 것으로, 각각은 구분되는 이상행동을 보인다고 하였다. 예컨대, 의존성 정신병리는 심리적 갈등과 스트레스에 대처하기 위해 주로 관계성 문제에 집착하고 주로 회피적 방어(예: 철회, 부인, 억압)를 사용하는 특징을 보이는 장애이며, 경계성 성격장애(BPD), 의존성 성격장애(Dependent Personality Disorder: DPD), 의존성 우울증, 연극성 성격장애(Histrionic Personality Disorder: HPD)가 포함된다. 이러한 장애를 가진 사람들은 버림 받는 것을 두려워하고 홀로 있음을 견디는 것에 어려움을 겪는 경향이 있다.

　반면, 내사적 정신병리는 자립적인 자기감의 확립과 유지에 주로 관심을 가지며, 자기가치를 둘러싼 갈등뿐 아니라 자율성과 통제에 관심을 두는 특징이 있다. 내사적 정신병리를 가진 사람들은 갈등과 스트레스에 대처하기 위해 주로 반작용적 방어(예: 투사, 합리화, 주지화, 반동형성)를 사용한다. 이들은 보다 관념적이며, 대인관계의 질보다는 자립적인 자기개념의 확립, 보호, 유지에 더 많은 관심을 가지고 있다. 이들이 겪는 어려움의 핵심에는 자기나 타인을 향한 분노 및 공격성의 문제가 있다. 내사적 정신병리에는 편집성 성격장애(Pararoid Personality Disorder: PPD), 강박성 성격장애(Obsessive Compulsive Personality Disorder: OCPD), (죄책감에 매인) 내사적 우울, 그리고 외현적 자기애 등이 포함된다. 이러한 장애를 가진 사람들은 고립을 추구하는 경향이 있으나, 일반적으로 개인의 성장을 위해 고독을 생산적으로 사용하지는 못한다.

정신적 표상과 성격 병리에 대한 연구

많은 임상 이론가와 연구자(Adler, 1985; Adler & Buie, 1979; Bender & Skodol, 2007; Blatt, 1995; Kernberg, 1975; Levy, 2005)는 BPD와 같은 성격장애를 가진 사람들이 거부되었다는 느낌, 버림을 받았다는 느낌, 그리고 홀로 있다는 느낌에 매우 취약하며, 이는 환기적 항상성이 손상되어 있기 때문이라고 제안하였다. 건강하고 통합된 사람들은 스트레스를 받거나 홀로 있을 때 타인에 의해 진정되었던 경험의 표상을 떠올릴 수 있다. 그러나 BPD를 가진 사람들은 이러한 표상을 떠올리는 데 어려움을 겪게 되므로 이에 따라 타인의 실제 존재에 매우 의존하게 된다(Adler & Buie, 1979; Blatt & Auerbach, 1988; Blatt & Shichman, 1983).

이와 같은 임상 이론과 일치하게 연구결과는 성격장애가 있는 사람들은 덜 분화되거나 통합된 자기 및 타인 표상을 가지고 있다고 제안하였다. Westen과 동료들(Segal, Westen, Lohr, & Silk, 1993; Westen, Ludolph, Lerner, Ruffins, & Wiss, 1990)은 다양한 사회인지적 측정도구를 사용하여 BPD 환자들이 타인에 대한 표상의 복잡성, 정서적인 투자 능력, 사회적 인과성에 대한 이해와 같은 다양한 사회인지적 능력에서 결함이 있음을 일관되게 밝혔다. 또한 Wilkinson-Ryan과 Westen(2000)은 임상 관련 척도를 사용한 결과 고통스러운 지리멸렬(painful incoherence) 요인이 BPD 환자와 BPD가 아닌 환자를 가장 잘 구분하는 요인이라는 점을 발견하였다. 이 요인에 부하량이 가장 큰 문항 중 하나는 공허감(feeling of emptiness)이었다. 성인 애착 인터뷰(Adult Attachment Interview: AAI; George, Kaplan, & Main, 1985)에서 BPD 환자들은 중요한 타인에 대한 일관된 표상을 제대로 보이지 못하고(Barone, 2003; Diamond et al., 2003; Fischer-Kern et al., 2010; Fonagy et al., 1996), 자신과 타인의 정신 상태를 제대로 숙고하지 못하였다(Diamond et al., 2003; Levy et al., 2006). Levy와 동료들(2002), 그리고 Benedik(2009)은 대상관계척도(ORI; Blatte et al., 1979)를 사용한 각자의 연구에서 BPD 환자들이 건강한 통제집단에 비해 덜 분화된 표상을 보인다는 사실을 발견하였다.

Richman과 Sokolove(1992)는 BPD 환자 20명과 신경증적인 환자 20명을 비교한 결과, BPD 환자들이 신경증 환자들보다 홀로 있음을 더 광범위하게 경험한다는 것을 발견하였다. 또한 BPD 환자들의 표상이 상대적으로 덜 발달되었을 뿐만 아니라, 정서적으로 부하된 표상에 대한 환기적 기억 능력도 부족하였다. 이와 유사하게 Esplen, Garfinkle 및 Gallop(2000)은 신경성 폭식증 환자를 대상으로 정서적으로 부하된 표상에 대한 환기적 기억 능력(UCLA-LS로 측정됨)의 감소가 자기위로 능력과 관련되어 있다는 것을 발견하였다. 따라서 친밀성 및 의존성과 갈등관계를 가진 정신 병리에서 환기적 항상성의 손상은 홀로 있는 능력과 강하게 연관되어 있을 수도 있다.

BPD에서의 우울을 연구하는 임상 이론들은 BPD에서 관찰되는 홀로 있음과 행동적 고독을 이해하는 것과 특히 관련이 있을 수 있다. 일부 연구자들(Grinker, Werble, & Drye, 1968; Gunderson, 1996; Masterson, 1976)의 경우에 BPD 환자의 우울에는 만성적이고 공허한 외로움과 지루함이 특징적으로 나타난다고 기술하였는데, 이는 비경계성 우울 환자에게서 나타나는 죄책감, 후회, 실패감과 대비된다. 실제로 많은 연구들은 경계성 우울과 비경계성 우울 사이에서 나타나는 이와 같은 현상학적 차이점을 확인하였다(Levy, Edell, & McGlashan, 2007; Rogers, Widiger, & Krupp, 1995; Westen, Moses, & Silk, 1992; Wixom, Ludolph, & Westen, 1993).

한편, 임상 이론가들(Beck, 1983; Blatt & Shichman, 1983)은 자기비판적(또는 자율적) 우울과 의존적(또는 사회지향적) 우울을 서로 구별하였는데, Blatt과 동료들(1995)은 의존적 요인이 두 가지 차원으로 구성된다는 것을 발견하였다. 의존적 요인의 첫 번째 차원은 실제 관계의 상실을 포함하는 우울로 대인관계에 근간을 두고 있다. 두 번째 차원은 불안을 특징으로 하는 의존적 결핍(anaclitic neediness)으로, 여기서의 불안은 무력감, 분리와 거부에 대한 두려움, 공허감과 관련된다. 우울 증상과 상관없이 BPD 환자들은 우울증 환자들보다 의존적 결핍에서 더 높은 점수를 기록하였다. 나아가, 의존적 결핍은 대인 간 스트레스, 자기파괴적 행동, 충동성과 유의한 관련성을 나타낸 반면, 자기비판적 우울, 대인 간 우울과는 유의한 관련성을 나타내지 않았다.

　Adler(1985)는 BPD 환자들의 우울은 홀로 있음의 느낌을 특징으로 하는데, 이는 중요한 타인에 대한 표상을 안정적으로 유지하는 능력이 부족하기 때문이라고 가정하였다. 하지만 BPD 환자들의 표상 결함을 어떻게 이해할 수 있을지는 아직 분명하지 않다. 다수의 이론가(Adler, 1985; Fonagy et al., 2002; Gunderson, 1996; Kohut & Wolf, 1978)는 BPD 환자들의 통합되지 못한 표상을 설명하기 위해 결핍모델(deficit model)을 제안하였다. 이 모델에 따르면, BPD 환자들은 발달 과정 중 타인에 의해 확실히 규제되는 자기표상을 충분히 내면화하는 데 실패한다. 이와는 대조적으로, Kernberg(1975, 1984)는 BPD 환자들의 이러한 어려움은 방어 과정(defensive processes)의 결과라고 주장하였다. Kernberg는 표상 결핍이 BPD 병리 내에서 특정 역할을 할 수 있다는 점을 인정하고 있으나, 환기적 항상성은 방어적 분리(defensive splitting), 즉 타인을 전적으로 좋거나 나쁘다고 양분하는 것과 관련되어 있다고 주장하였다. Kernberg(1975, 1984)에 있어서 분리란 양가적인 생각과 감정을 통합하는 인지 능력이 부족한 아동에게서 일반적으로 나타나는 정상적 발달 과정이다. 성인의 경우에는 양가성을 통합하는 능력을 갖추고 긍정적 심상과 부정적 심상을 서로 분리해 두는데, 이는 하나의 관점을 다른 관점으로부터 보호하기 위함이다. 방어적 분열은 종종 자신을 **전적으로 좋은**(all good) 존재, 타인을 **전적으로 나쁜**(all bad) 존재로 보거나, 그 반대로 자신을 전적으로 나쁘고 타인을 전적으로 좋다고 여기는 형태를 보인다. BPD 환자는 타인을 향한 자신의 공격성은 인식하지 못하면서, 자신을 향한 타인의 공격성(비록 타인의 공격성이 실제로는 없다고 하더라도)은 민감하게 인식할 수 있다. 이것은 BPD 환자가 '나는 좋고 그들은 나쁘다'는 분열을 유지하기 때문이다. 이 분열은 빠르게 바뀔 수 있어서 한 순간에는 자신을 모두 좋은 측면에서, 다른 사람을 모두 나쁜 측면에서 보다가 잠시 후에는 그 역할이 정반대로 뒤바뀔 수도 있다. 이는 BPD 환자들이 종종 타인의 존재에 의해 압도된다는 느낌을 가짐으로써 타인을 밀쳐 버리는 이유다. 하지만 잠시 후에 갑자기 자신이 버려져서 홀로 있는 것이라고 느낄 수 있는데, 이로 인해 BPD 환자들은 타인과의 접촉을 필사적으로 추구하게 된다. 이러한 역동은 BPD 환자들의 특징으로 잘 알려져 있으며, 『나는 네가 싫어-날 떠나지 마(I hate you-Don't leave me)』(Kreisman & Strauss, 2010)와 같은 책명은 이 특징을 잘 표현하고 있다. 요컨대, 방어적 분리는 BPD 환자들이 느끼는 고통스러운 외로움의 경험을 설명하는 핵심 과정일 수 있다.

나아가, Kernberg(1975, 1984)는 BPD 환자들이 타인과 정서적으로 친밀해지기 어려운 이유는 정서적 친밀이 두려움과 취약한 느낌을 불러일으킬 수 있는 잠재력이 있기 때문이라고 주장하였다. 마음을 열고 타인의 욕구를 수용하는 것은 누구에게나 두려운 일이 될 수 있다. BPD 환자가 아닌 안전한 표상을 가진 사람들은 타인에게 사랑받거나 혹은 상처받았던 경험 등 과거의 경험에서 오는 다양한 정보를 고려하여 이러한 두려움을 해결하고자 노력한다. 그들은 현재 마주하는 사회적 상황이 과거와 어떤 차이가 있는지, 이전 경험 이후로 얼마나 성장해 왔는지, 그리고 어떻게 하면 이러한 문제들을 신중하고 통합된 반응으로 가장 잘 다룰 수 있는지를 고려한다. 그러나 BPD 환자들은 오히려 의존적 욕구를 방어적으로 분리하여(또는 의식하지 않음) 스스로를 두려움으로부터 보호하려고 할 수 있다. 경험적으로 보았을 때, 이러한 방어 과정은 대인관계의 위험만을 인식하게 할 뿐, 잠재적 유익은 인식하지 못하게 한다. 행동적으로 이러한 방어 과정은 위축(철회) 행동과 상대방에 대한 분노 표출로 표현될 수 있다. 성격장애의 본질이 그러하듯, 이러한 역동은 우정이나 연인 관계, 치료적 관계 등 다양한 관계에 걸쳐 나타나는 경우가 많다. 공감적인 반응을 많이 해 주는 치료자와 친밀감을 나누는, 소위 '좋은' 회기 이후에 BPD 환자들은 심리치료를 중단하는 일은 드문 일이 아니다.

BPD 환자의 방어적 분리와 관련된 임상적 자료는 많이 있다. 이에 비해 실증적 증거는 그리 많은 편이 아니지만, 이 개념의 이점에 대해 시사점을 제공한다. Baker, Silk, Westen, Nigg 및 Lohr(1992)는 BPD 환자들이 자신의 표상을 분리시키기보다는 타인을 악의적인 것으로 보는 경향이 더 큰 것을 발견하였다. 대조적으로, Greene(1993)은 BPD를 가진 사람들이 자신을 '전능'하면서 동시에 '나쁜' 사람으로 보는 분리와 같은 이미지를 왜곡하는 방어를 사용할 가능성이 크다는 점을 발견하였다. 그리고 Gould, Prentice 및 Aisnlie(1996)는 경계성 성격장애 및 자기애성 성격장애와 관련되어 있는 분리에 대한 자기보고식 척도의 타당성을 확인하였는데, 분리 척도는 자기상(self-image) 안정성 척도, 자존감 척도, 부정 정서성, 낮은 수준의 인지적 복잡성 척도와 관련이 있었다. Linville(1985)과 Zeigler-Hill과 동료들(2007)은 카드-분류 과제를 사용하여 자기복잡성이 더 높고, 통합성이 더 낮은 사람들이 상대적으로 더 안정적인 정서 상태를 보고하는 것을 발견하였다(Campbell, Chew, & Stratchley, 1991; Linville, 1987; Rafaeli-Mor & Steinberg, 2002). 이러한 사람들은 부정적 피드백을 받을 때 스트레스를 덜 받고, 긍정적 피드백을 받을 때 덜 기뻐하였다(Linville, 1985; Niedenthal, Setterlund, & Wherry, 1992). 낮은 통합은 불안정한 자존감과 유의하게 관련되어 있었다(Zeigler-Hill & Showers, 2007). 분리의 개념과 일치하게 복잡성과 통합성이 낮은 사람들은 삶의 한 영역에서의 부정적 평가가 삶과 무관한 영역으로 옮겨 퍼지는 **파급 효과**(spillover effect)를 보였다(McConnell et al., 2005; McConnell, Strain, Brown, & Rydell, 2009).

최근의 연구들은 또한 집중적인 반복 측정 기술을 사용하여 분리에 대한 증거뿐만 아니라 분리와 BPD와의 관계, 분리와 정서 조절 기능 손상 간의 관계에 대한 증거도 확인하였다. 예컨대, Coifman, Berenson, Rafaeli 및 Downey(2012)는 21일 과정의 경험-표집 일기(experience-sampling diaries)를 사용한 연구를 통해 BPD 환자들이 건강한 통제집단에 비해 정서적 및 관계적 경험에 있어서 더 극단성을 보인다는 점을 발견하였다. 연구자들은 또한 대인관계 스트레스가 증가할 때 이러한 극단성을 보일 확률이 높다는 것을 확인하였는데, 이는 강렬한 정서가 유발되는 상황에서 분리가 나타날 가능성이 높다는 Kernberg(1984)의 주장과 일치한다.

이러한 증거에도 불구하고, BPD 환자들이 보이는 환기적 항상성 문제가 결핍에서 오느냐, 아니면 방어에서 오느냐는 상호 배제적 문제가 아님을 주목할 필요가 있다. 개인의 표상 능력의 결핍은 분리를 해결하는 데 필요한 통합이 이루어지지 않았으므로 방어적 분리에 취약하게 할 수 있다. 더욱이 방어적 분리는 하나의 문제가 지니는 다양한 측면을 고려하지 못하게 하므로 개인은 통합의 기회와 표상 발달의 기회를 놓칠 수 있다. 그리고 그와 같이 반복되는 많은 상호작용으로 인해 개인에게 결핍이 남게 될 것이다(Levy, 2005).

성격장애에서 행동적 고독의 표현

다양한 성격장애는 외적인 표현 양상에 있어서 상당히 다르지만, 각 성격장애는 한편으로는 친밀성(closeness) 및 관계성(relatedness)을 둘러싼 핵심 갈등이라는 맥락에서 이해될 수 있고, 다른 한편으로는 고립의 고통스러운 경험이라는 맥락에서 이해될 수 있다. 예컨대, 결핍은 고립되어 있으면서 친밀성에 대한 갈망을 부인하거나[분열성 성격장애(Schizoid Personality Disorder: SPD)], 친밀성에 대한 갈망은 있으나 고립되어 있거나[회피성 성격장애(Avoidant Personality Disorder: APD)], 친밀성에 대한 갈망을 부인하지만 관계를 추구하거나[자기애성 성격장애(Narcissistic Personality Disorder: NPD)], 아니면 친밀성 대한 강한 욕구와 관계를 추구하는[의존성 성격장애(Dependent Personality Disorder: DPD)] 형태로 표현될 수 있다. 특히 BPD를 가지고 있는 사람들은 외로움 및 버림받는 것에 대한 두려움과 씨름하는 것으로 알려져 있다(Choi-Kain, Zanarini, Frankenburg, Fitzmaurice, & Reich, 2010; Gunderson, 1996; Klonsky, 2008; Zanarini et al., 2007).

BPD

앞서 언급한 바와 같이, BPD를 가진 사람들의 발달 경험은 특히 스트레스를 경험할 때 돌봄을 제공하는 타인(그리고 돌봄을 받는 자기)에 대한 표상의 내면화를 어렵게 한다. 이들은 표상을 떠올리는 것이 어렵기 때문에 위로받고 안심하기 위해 다른 사람이 즉각 접촉할 수 있게 나타나 주기를 요구하는 경우가 많다. 따라서 이러한 사람들에게 홀로 있음의 경험은 매우 받아들이기 어렵다. Gunderson(1996)은 이러한 홀로 있음에 대한 불내성(intolerance to aloneness)이 BPD의 본질적인 특징으로 간주되어야 한다고 했는

데, 그 이유는 이와 같은 특징이 BPD와 다른 성격장애를 구분하게 할 뿐만 아니라 BPD
에서 나타나는 특징적인 어려움을 개념적으로 연결 짓는 일관된 틀을 제공하기 때문이
라고 주장하였다. 예를 들어, 버림받음에 대한 두려움은 자기파괴적 행동, 정서 불안정,
그리고 분노 표출의 촉진 요인이 될 수 있고, 이와 유사하게 홀로 있음의 부정적인 정서
적 결과가 충동성 및 일과성 정신병적 증상으로 이어질 수도 있다(Gunderson, 1996). 이
와 관련하여 Klonsky(2008)는 만성 공허감이라는 BPD의 진단 기준은 자해 일화 전후에
나타나는 고립과 외로움의 감정과 높은 상관관계가 있다는 점을 발견하였다.

　　BPD 환자의 증상을 10년 동안 추적해 온 연구들은 만성적인 불쾌감증(dysphoria)과
더불어 홀로 있음에 대한 불내성은 보다 지속적이고 안정적인 BPD의 특징이라는 추가
증거를 제시하였다(Choi-Kain et al., 2010; Zanarini et al., 2007). 특히 홀로 있음에 대한
불내성, 버림받음에 대한 우려, 그리고 의존성은 시간이 지나면서 가장 느리게 관해될
수 있는 특징들이다(Zanarini et al., 2007). 대인관계적 증상 중 혼자 있을 때 느끼는 정
서적 불쾌감증(즉, 불안, 우울증, 공허감 또는 분노)은 대부분의 환자에게서 확인된 특징
임에도 불구하고, 관해가 가장 느린 특징이며, 관해율 50%에 이르는 데 10년이 걸린다
(Choi-Kain et al., 2010). 종합해 보면 이러한 연구결과들은 홀로 있음에 대한 불내성은
BPD의 대표적이며 지속되는 특징으로, 이는 이 장애의 병인학적 모델과 일치함을 시
사한다.

NPD

　　NPD 환자들의 특징은 과장된 자기평가와 칭찬에 대한 강한 욕구, 자기와 견해가 다
른 타인에게 공감하기 힘들다는 것이다(American Psychiatric Association, 2000). NPD
환자들은 친밀성에 대한 욕구를 부인하거나 무시하면서도, 긍정적 자기평가에 대한
인정과 칭찬을 위해 타인을 의존한다는 점에서 홀로 있음과 복잡한 관계를 맺고 있
다. 이와 같은 명백한 모순은 이 장애의 원인론적 맥락에서 가장 잘 이해할 수 있다.
Kernberg(1975, 1984)는 NPD 발병의 원인으로 부모의 거부와 평가 절하, 정서적인 지

지가 없는 환경을 언급하였다. 아동들은 비일관되거나 자신의 욕구를 만족하기 위해서만 관계를 맺는 부모에 대처하기 위해 방어적으로 철수하거나 병리적으로 웅대한 자기표상을 형성한다. 현실적 자기의 측면을 아동이 되고 싶어 하는 공상적 측면, 그리고 이상적이며 사랑이 많은 부모에 대한 공상적 측면과 결합함으로써 웅대한 자기는 가혹하고 결핍된 환경으로부터 벗어날 수 있는 내면의 피난처 역할을 하는 것이다. 부정적 자기표상은 웅대한 표상의 일부로 통합되지는 않지만, 자기애적인 사람들의 특징인 공허감, 지속적인 찬사와 흥분에 대한 굶주림, 수치심 속에서 찾아볼 수 있다(Akhtar & Thomson, 1982). 따라서 무시와 공허감은 찬사와 인정을 제공하는 다른 사람들과의 접촉의 필요와 함께 손을 잡고 간다고 할 수 있다.

NPD의 하위 유형 구분은 이 장애와 고독의 관계에 대해 시사점을 제공한다. Kohut와 Wolf(1978)는 거리를 두는 것과 친밀성 사이의 갈등이 어떻게 타협되는지에 따라 NPD의 세 가지 하위 유형을 기술하였다. 첫째, **융합을 갈망하는**(merger-hungry) 개인은 타인을 통해 지속적으로 자신에게 애착을 느끼고, 자신을 정의하며, **접촉을 기피하는** (contact-shunning) 개인은 자신의 행동이 칭찬을 받거나 받아들이지 않을 것이라는 두려움 때문에 사회적 접촉을 피한다. 그리고 **거울을 갈망하는**(mirror-hungry) 개인은 타인 앞에서 자신을 드러내는 경향이 있다. 하위 유형과 관계없이 각 유형의 NPD는 긍정적 자기평가를 인정받기 위해 관계를 이용하면서도 진정한 친밀함은 부족하다. 또한 각 하위 유형에서 홀로 있음이 내면의 성장을 위하여 활용되기보다는 웅대한 자기표상의 위협으로부터 유예하는 수단으로 사용된다.

HPD

HPD 환자들은 극적인 감정을 보여 타인의 관심을 야기한다. HPD 환자들은 '타인의 존재'를 필요로 한다는 점에서 BPD 환자들과 유사하며, 인정받기 위한 '청중'을 원한다는 점에서 NPD 환자들과 유사하기도 하다. 하지만 이들과 구분되는 HPD의 특징은 성(sexuality)을 둘러싼 갈등과 수치심이다. 이는 무의식적으로 억압되어 신체적 증상으로 전환되거나 또는 공포심을 상쇄시키기 위해 성적으로 유혹적이며 도발적인 행동으로 표현될 수도 있다(Psychodynamic Diagnostic Manual Task Force, 2006). HPD 환자들은 혼자 있는 것이 어려우며, 종종 간절히 필요한 관심을 제공해 줄 대인관계를 찾아 나서기도 하지만, 이러한 유형의 관계 맺기는 종종 피상적이며 깊은 수준의 친밀감이 결여되어 있다.

SPD

SPD 환자들은 관계에 대해 명백히 무관심하며 홀로 있는 특징을 보인다(American Psychiatric Association, 2000). 이들은 가깝고 친밀한 관계를 원하지 않으며, 그 결과 가족, 친구, 연인 관계를 피하는 것으로 생각된다. 더 나아가, SPD 환자들은 강력한 동기부여가 될 수 있는 다양한 칭찬과 비판에도 무관심한 것으로 보인다. 이러한 결과로 인해 SPD 환자들은 사회적 상호작용에서 정서적으로 분리되어 있는 것처럼 보이기도 한다. 그러나 최근 연구들에서는 이러한 명백한 무관심에 기저하는 욕구의 부재에 대해 이의를 제기하기 시작하였다. Shedler와 Westen(2004; Westen & Shedler, 2007)은 대규모의 임상가 표본을 활용하여 성격을 기술하는 광범위한 어휘로 그들 자신의 환자와 원형적인 환자의 특징을 표현하게 한 후, 이를 토대로 경험적 유형을 도출하였다. 이 연구에서 임상가들이 기술한 SPD의 원형은 대인관계 회피를 넘어서 당황과 창피에 대한 두려움의 내적 경험이 포함되었다. 따라서 SPD를 가진 사람의 내적 경험은 실제로는 사회적 관계 참여의 어려움을 매우 경계하며, 이러한 어려움으로 야기되는 고통을 견디기 어려운 것으로 느낄 수 있으며, 이러한 고통이 고립과 대인관계에 대한 무관심으로 방어되고 있는 것일 수도 있다. 그러므로 SPD 환자들이 행동적 고독을 선호할 수 있지만, 이 연구는 SPD 환자들이 친밀감의 부재를 갈망한다는 가정에는 의문을 제기한다.

PPD

PPD는 타인에 대한 신의와 신뢰 가능성에 대한 공격으로 이어지는 만연된 의심을 특징으로 한다(American Psychiatric Association, 2000). 정신병 수준의 편집증인 경우에는 그 의심이 현실 검증의 수준을 벗어난 것인 반면, PPD 환자들의 경우에는 실제 관계를 맺지만 그러한 관계 속에서 속거나 비방 당하는 것을 두려워한다. Kernberg(1984)의 방어적 분리라는 개념이 이 장애를 이해하는 데 크게 도움이 되는데, PPD 환자들은 타인을 향한 자기 자신의 공격성(즉, 적대적 비난)은 잘 알지 못하면서 타인이 자신을 공격하는 징조에 대해서는 예민하게 인식한다는 점에서 그러하다. 불신에서 비롯되는 비난은 충분한 근거 없이 제시되거나 편집적인 사람의 행동에 의해 유발될 수 있으며, 이러한 행동은 다른 사람으로 하여금 물러서게 하거나 정보를 숨기도록 유도하고, 이는 다시 불신의 증거로 받아들일 수 있다. 방어적 분리가 전적으로 좋은 자신의 이미지를 성공적으로 보호하기 위해서는 전적으로 나쁜 이미지가 투사될 수 있는 다른 한 사람이 필요하다는 점에 주목하는 것이 중요하다. 따라서 PPD를 가진 사람들은 적대적 비난을 통해 다른 사람을 밀어내거나 스스로 고독을 선택하여 자신을 고립시킴으로써 안전하지 않은 것으로 지각되는 세상에서 벗어나려고 할 수도 있지만, 위험의 경험을 다른 사람에게서 찾을 필요가 있으므로 다시 대인관계 경험에 관여하게 될 수도 있다.

APD와 DPD

APD와 DPD는 **불안해하거나 두려워하는**(anxious or fearful) 성격장애 군집에 속한다(APA, 2000). APD 환자들은 비판, 모욕, 당황에 대한 강렬한 두려움으로 인해 이러한 두려운 결과를 회피하고자 사회적 세계로부터 철수하는 특징을 보인다. DPD 환자들은 개인을 자율적으로 기능하게 하는 역량과 능력이 부족한 것에 대한 두려움을 특징으로 하며, 이러한 두려움은 타인에게 매달리고 복종적이며 의존적인 관계 패턴으로 이어진다. 따라서 APD와 DPD 환자들이 보이는 장애의 표현 양상은 매우 다르다고 할 수 있다. DPD 환자들은 관계에 필사적으로 집착하여 혼자 있는 때가 드물지만, APD 환자들은 관계를 필사적으로 회피하고 혼자 있는 때가 많다. 그러나 Shedler와 Westen(2004; Westen & Shedler, 2007)이 도출한 APD와 DPD의 원형은 이 두 장애가 많은 핵심 특질을 공유하므로 간혹 이 둘을 구분하는 것이 어렵다는 점을 보여 준다. 이 두 장애의 환자들은 이 연구자들이 '우울의 핵심'이라고 부른 것, 즉 '부적절하고 열등하며 실패자로 느끼는 경향'이 있고, '무력하고 무능'하며, '거절/유기될 것임'을 공유하는 것으로 나타났는데, 이것으로부터 행동적 고독과 관련된 서로 다른 대처 전략(즉, 타인을 지나치게 피하거나 아니면 사람을 필요로 하거나)이 나타나는 것으로 보인다.

향후 연구 방향

다양한 성격장애가 외현적으로 표현되는 방식은 매우 다를 수 있지만, 각 성격장애는 친밀성과 관계성을 둘러싼 기저의 핵심 갈등을 반영한다. 앞서 상세히 기술한 바와 같이 성격장애를 겪는 사람들은 홀로 있는 경험과 갈등적 관계를 맺고 있지만, 그간 성격장애와 고독을 연결 짓는 연구물은 놀랍게도 아주 적었다. 그러나 여러 방식으로 한쪽이 다른 쪽의 지식을 통합한다면 명백히 유익할 수 있다.

그동안 고독에 관한 연구에서는 홀로 있는 능력을 가진 사람들이 그렇지 않은 사람들에 비해 더 나은 정신건강 결과를 보인다는 점을 일관되게 증명해 왔다(Katz & Buchholz, 1999; Larson, 1997; Larson & Lee, 1996; Suedfeld, 1982). 그러나 외로움과 좋지 않은 정신건강 상태를 특징으로 하는 환자 집단을 대상으로 고독을 평가한 연구자들은 놀랍게도 극소수에 불과하다. 선행 연구 문헌을 검토한 결과, 널리 사용되는 고독 척도(UCLA-Loneliness Scale; Russell, 1996)로 성격장애 표본을 평가한 단 한 편의 실증 연구만을 확인할 수 있었다(Richman & Sokolove, 1992). 비임상 집단을 대상으로 대상관계의 질을 평가하여 고독에 대한 태도와 정신적 안녕감을 예측하는지 알아보기 시작했지만(Detrixhe et al., 2011), 향후 연구에서는 이러한 연구결과를 외로움이 구별되는 특징으로 나타나는 임상표본(예: BPD)으로 확장할 필요가 있다. Detrixhe와 동료들(2001)의 연구결과가 가진 강점 중 하나는 대상관계의 질을 측정하기 위하여 그간 성격장애 환자 집단을 대상으로 널리 사용 되어 온 타당도가 높은 척도(ORI; Blatt et al., 1979)를 사용했다는 점이다(Benedik, 2009; Levy et al., 2002). Richman과 Sokolove(1992)의 연구를 바탕으로 향후 연구에서는 ORI와 같이 대상관계의 질을 더 엄격하게 측정할 수 있는 척도를 활용하여 연구결과를 확장할 수 있을 것이다. 또한 다양한 영역에 걸쳐 고독을 평가할 수 있을 것인데, UCLA-LS(Russell, 1996)와 같은 고독-관련 안녕감 측정을 활용하는 것 외에도 고독 행동의 측정(예: 고독한 상태로 얼마나 시간을 보내는지), 고독에 대한 태도[예: Capacity to Be Alone Scale(CBAS); Larson & Lee, 1996], 그리고 사회적 경험에 대한 태도[예: Sociability Scale(SS); Cheek & Buss, 1981]를 통해 성격장애 환자 집단을 평가할 수 있을 것이다.

성격장애를 다루는 연구 문헌들 또한 고독 관련 선행 연구를 더 많이 통합함으로써 유익을 얻을 수 있을 것이다. 그동안 임상 이론가들과 연구자들은 외로움의 역할이 BPD를 이해하는 데 핵심 요소가 될 것이라고 하였지만, 그럼에도 불구하고 다른 성격장애에서 고독의 경험을 이해하는 데에는 상대적으로 거의 관심을 기울이지 않았다. 향후 DSM 개정판들은 성격 병리의 외현적 징후와 증상에 대한 기술에만 머무르지 말고, 계속해서 고립과 친밀감의 기능에 더 많은 초점을 두어야 한다. 이러한 평가에는 자기 및 관계의 결함에 의해 영향을 받는 많은 기능 영역, 즉 정서·행동·인지·대인간 기능 등이 포함될 것이다(Psychodynamic Diagnostic Manual Task Force, 2006). 나아가, 성격 병리의 개념화에는 이런 영역에서의 결핍뿐만 아니라 증상의 영향을 완충할 수 있는 내부 자원(예: 친밀감 및 건강한 대상관계 능력)의 존재도 포함해야 한다.

더욱이, 외현적 징후와 증상 기술에 초점을 두고 성격장애를 개념화하는 것은 치료를 방해할 수 있다. 예를 들어, SPD 환자들이 외래환자 치료를 찾는 일은 극소수에 불과한데(American Psychiatric Association, 2000), 이는 이 장애의 특징적인 고립 경향을 반영할 뿐만 아니라 이 장애를 가진 사람들은 고립을 선호하고 '어쨌거나 치료를 원치 않는 것'으로 가정하는 정신건강 커뮤니티 내의 자만을 반영하는 것일 수 있다. 대상관계,

기저의 욕구 상태 및 홀로 있는 능력에 더 집중하여 이 장애를 이해한다면 이 장애를 겪는 환자들을 어떻게 하면 치료 대상으로 환영할 수 있을지에 대해 재고하는 데 큰 도움이 될 것이다.

　　마지막으로, 『DSM-IV-TR』(American Psychiatric Association, 2000)에서 **사회적 고립**(social isolation)은 성격장애의 징후일 뿐만 아니라 다양한 다른 장애의 징후로 여기며, 특히 문제가 되는 행동으로 취급하고 있다는 점에 주목할 필요가 있다. 분명, 지속 시간과 강도 면에서 어떤 역치를 넘어서는 고독 행동은 정신질환의 위험을 증가시킬 수 있다. 그러나 그 역치에 대해서, 또는 홀로 있는 시간과 함께하는 시간 사이의 최적의 정상적인 균형이 실제로 존재하는지의 여부에 대해서는 그다지 알려진 바가 없다. 향후 연구에서는 고독 추구가 안녕감의 원천인지 아니면 병리적 고립의 징후인지를 결정하는 가능한 성격변인을 살펴볼 필요가 있다.

참고문헌

Adler, G. (1985). *Borderline psychopathology and its treatment.* New York: Jason Aronson.

Adler, G., & Buie, D. (1979). Aloneness and borderline psychopathology: The possible relevance of child development issues. *International Journal of Psychoanalysis, 60,* 83-96.

Akhtar, S., & Thomson, J. A. (1982). Overview: Narcissistic personality disorder. *The American Journal of Psychiatry, 139,* 12-20.

American Psychiatric Association. (2000). *Diagnostic and statistical manual of mental disorders* (4th ed., rev. ed.). Washington, DC: Author.

American Psychiatric Association. (2013). *Diagnostic and statistical manual of mental disorders* (5th ed.). Washington, DC: Author.

Baker, L., Silk, K. R., Westen, D., Nigg, J. T., & Lohr, N. E. (1992). Malevolence, splitting, and parenting ratings by borderlines. *Journal of Nervous and Mental Disease, 180,* 258-264.

Barone, L. (2003). Developmental protective and risk factors in borderline personality disorder: A study using the Adult Attachment Interview. *Attachment and Human Development, 5,*

64-77.

Beck, A. T. (1983). Cognitive therapy of depression: New perspectives. In P. Clayton & J. E. Barrett (Eds.), *Treatment of depression: Old controversies and new approaches* (pp. 265-290). New York: Raven Press.

Bender, D. S., & Skodol, A. E. (2007). Borderline personality as a self-other representational disturbance. *Journal of Personality Disorders, 21,* 500-517.

Benedik, E. (2009). Identity diffusion and psychopathology: Comparison between adult psychiatric patients and normals. *Psychiatria Danubina, 20,* 123-133.

Blatt, S. J. (1995). Representational structures in psychopathology. In S. L. Toth & D. Cicchetti, (Eds.), *Rochester symposium on developmental psychopathology: Vol. 6. Emotion, cognition, and representation* (pp. 1-33). Rochester, NY: University of Rochester Press.

Blatt, S. J., & Auerbach, J. S. (1988). Differential cognitive disturbances in three types of "borderline" patients. *Journal of Personality Disorders, 2,* 198-211.

Blatt, S. J., & Levy, K. N. (2003). Attachment theory, psychoanalysis, personality development, and psychopathology. *Psychoanalytic Inquiry, 23,* 102-150.

Blatt, S. J., & Shichman, S. (1983). Two primary considerations of psychopathology. *Psychoanalysis and Contemporary Thought, 6,* 187-254.

Blatt, S. J., Wein, S. J., Chevron, E. S., & Quinlan, D. M. (1979). Parental representations and depression in normal young adults. *Journal of Abnormal Psychology, 88,* 388-397.

Blatt, S. J., Zohar, A. H., Quinlan, D. M., Zuroff, D. C., & Mongrain, M. (1995). Subscales within the dependency factor of the Depressive Experiences Questionnaire. *Journal of Personality Assessment, 64,* 319-339.

Buchholz, E. S., & Catton, R. (1999). Adolescent's perceptions of aloneness and loneliness. *Adolescence, 34,* 203-213.

Burger, J. M. (1995). Individual differences in preference for solitude. *Journal of Research in Personality, 29,* 85-108.

Campbell, J. D., Chew, B., & Stratchley, L. S. (1991). Cognitive and emotional reactions to daily events: The effects of self-esteem and complexity. *Journal of Personality, 59,* 473-

505.

Cheek, J. M., & Buss, A. H. (1981). Shyness and sociability. *Journal of Personality and Social Psychology, 41*(2), 330-339.

Choi-Kain, L. W., Zanarini, M. C., Frankenburg, F. R., Fitzmaurice, G. M., & Reich, D. B. (2010). A longitudinal study of the 10-year course of interpersonal features in borderline personality disorder. *Journal of Personality Disorders, 24*, 365-376.

Coifman, K. G., Berenson, K. R., Rafaeli, E., & Downey, G. (2012). From negative to positive and back again: Polarized affective and relational experience in borderline personality disorder. *Journal of Abnormal Psychology, 120*(3), 681-690.

Detrixhe, J. J., Samstag, L. W., Wong, P., & Penn, L. (2011, January). Solitude's paradox: The role of object relations and attachment in the capacity to be alone. Poster session presented at American Psychoanalytic Association National Meeting, New York.

Diamond, D., Clarkin, J. F., Stovall-McClough, K. C., Levy, K. N., Foelsch, P. A., Levine, H., et al. (2003). Patient-therapist attachment: Impact on the therapeutic process and outcome. In M. Cortina & M. Marrone (Eds.), *Attachment theory and the psychoanalytic process* (pp. 127-178). London: Whurr Publishers, Ltd.

Esplen, M. J., Garfinkle, P., & Gallop, R. (2000). Relationship between self-soothing, aloneness, and evocative memory in bulimia nervosa. *International Journal of Eating Disorders, 27*, 96-100.

Fischer-Kern, M., Schuster, P., Kapusta, N. D., Tmej, A., Rentrop, M., Buchheim, P., et al. (2010). The relationship between personality organization, reflective functioning, and psychiatric classification in borderline personality disorder. *Psychoanalytic Psychology, 27*, 395-409.

Fonagy, P., Gergely, G., Jurist, E., & Target, M. (2002). *Affect regulation, mentalization, and the development of the self.* New York: Other Press.

Fonagy, P., Leigh, T., Steele, M., Steele, H., Kennedy, R., Mattoon, G., et al. (1996). The relation of attachment status, psychiatric classification, and response to psychotherapy. *Journal of Consulting & Clinical Psychology, 64*(1), 22-31.

George, C., Kaplan, N., & Main, M. (1985). The Berkeley adult attachment interview. Unpublished manuscript, University of California, Berkeley.

Gould, J. R., Prentice, N. M., & Aisnlie, R. C. (1996). The splitting index: Construction of a scale measuring the defense mechanism of splitting. *Journal of Personality Assessment, 66*, 414-430.

Greene, L. R. (1993). Primitive defenses and the borderline patient's perceptions of the psychiatric treatment team. *Psychoanalytic Psychology, 10*, 533-549.

Grinker, R. R., Werble, B., & Drye, R. C. (1968). The borderline syndrome: A behavioral study of ego-functions. New York: Basic Books.

Gunderson, J. G. (1996). Borderline patient's intolerance of aloneness: Insecure attachments and therapist availability. *The American Journal of Psychiatry, 153*, 752-758.

Katz, J. C., & Buchholz, E. S. (1999). "I did it myself ": The necessity of solo play for preschoolers. *Early Child Development and Care, 155*, 39-50.

Kernberg, O. F. (1975). *Borderline conditions and pathological narcissism.* New Haven, CT: Yale University Press.

Kernberg, O. F. (1984). *Severe personality disorders.* New Haven, CT: Yale University Press.

Klonsky, E. D. (2008). What is emptiness? Clarifying the 7th criterion for borderline personality disorder. *Journal of Personality Disorders, 22*(4), 418-426.

Kohut, H., & Wolf, E. S. (1978). The disorders of the self and their treatment: An outline. *International Journal of Psychoanalysis, 59*, 413-425.

Kreisman, J. J., & Straus, H. (2010). *I hate you–Don't leave me: Understanding the borderline personality.* New York: Penguin.

Larson, R. (1997). The emergence of solitude as a constructive domain of experience in early adolescence. *Child Development, 68*(1), 80-93.

Larson, R., & Lee, M. (1996). The capacity to be alone as a stress buffer. *The Journal of Social Psychology, 136*, 5-16.

Leary, M. R., Herbst, K. C., & McCrary, F. (2003). Finding pleasure in solitary activities: Desire for aloneness or disinterest in social contact? *Personality and Individual Differences, 35*,

59-68.

Levy, K. N. (2005). The implications of attachment theory and research for understanding borderline personality disorder. *Development and Psychopathology, 17,* 959-986.

Levy, K. N., & Blatt, S. J. (1999). Attachment theory and psychoanalysis: Further differentiation within insecure attachment patterns. *Psychoanalytic-Inquiry, 19,* 541-575.

Levy, K. N., Edell, W. S., & McGlashan, T. H. (2007). Depressive experiences in inpatients with borderline personality disorder. *Psychiatric Quarterly, 78,* 129-143.

Levy, K. N., Meehan, K. B., Kelly, K. M., Reynoso, J. S., Weber, M., Clarkin, J. F., et al. (2006). Change in attachment patterns and reflective function in a randomized control trial of transference-focused psychotherapy for borderline personality disorder. *Journal of Consulting and Clinical Psychology, 74*(6), 1027-1040.

Levy, K. N., Meehan, K. B., Reynoso, J. S., Choksi, K. L., Goldberg, E., Clark, J. T., et al. (2002, April). Self and object representations in depressed, borderline, and schizophrenic inpatients. Paper presented at the meeting of the Division of Psychoanalysis (39) of the American Psychological Association, New York.

Linville, P. W. (1985). Self-complexity and affective extremity: Don't put all of your eggs in one cognitive basket. *Social Cognition, 3,* 94-120.

Linville, P. W. (1987). Self-complexity as a cognitive buffer against stress-related illness and depression. *Journal of Personality & Social Psychology, 52,* 663-676.

Long, C. R., & Averill, J. R. (2003). Solitude: An exploration of benefits of being alone. *Journal for the Theory of Social Behavior, 33,* 21-44.

Masterson, J. (1976). *Psychotherapy of the borderline adult.* New York: Brunner/Mazel.

McConnell, A. R., Renaud, J. M., Dean, K. K., Green, S. P., Lamoreaux, M. J., Hall, C. E., et al. (2005). Whose self is it anyway? Self-aspect control moderates the relation between self-complexity and well-being. *Journal of Experimental Social Psychology, 41,* 118.

McConnell, A. R., Strain, L. M., Brown, C. M., & Rydell, R. J. (2009). The simple life: On the benefits of low self-complexity. *Personality and Social Psychology Bulletin, 35,* 823-835.

Mischel, W., & Shoda, Y. (1995). A cognitive-affective system theory of personality:

Reconceptualizing situations, dispositions, dynamics, and invariance in personality structure. *Psychological Review, 102*(2), 246-268.

Niedenthal, P. M., Setterlund, M. B., & Wherry, M. B. (1992). Possible self-complexity and affective reactions to goal-relevant evaluation. *Journal of Personality and Social Psychology, 63*, 5-16.

Psychodynamic Diagnostic Manual Task Force (2006). *Psychodynamic diagnostic manual.* Silver Spring, MD: Alliance of Psychoanalytic Organizations.

Rafaeli-Mor, E., & Steinberg, J. (2002). Self-complexity and well-being: A review and research synthesis. *Personality and Social Psychology Review, 6*, 31-58.

Richman, N. E., & Sokolove, R. L. (1992). The experience of aloneness, object representation, and evocative memory in borderline and neurotic patients. *Psychoanalytic Psychology, 9*, 77-91.

Rogers, J. H., Widiger, T. A., & Krupp, A. (1995). Aspects of depression associated with borderline personality disorder. *American Journal of Psychiatry, 152*, 268-270.

Russell, D. (1996). The UCLA loneliness scale (Version 3): Reliability, validity, and factor structure. *Journal of Personality Assessment, 66*, 20-40.

Segal, H., Westen, D., Lohr, N. E., & Silk, K. R. (1993). Assessment of object relations and social cognition using stories told to the picture arrangement subtest of the WAIS-R. *Journal of Personality Assessment, 61*, 58-80.

Shedler, J., & Westen, D. (2004). Refining personality disorder diagnoses: Integrating science and practice. *American Journal of Psychiatry, 161*, 1-16.

Suedfeld, P. (1982). Aloneness as a healing experience. In L. A. Peplau & D. Perlman (Eds.), *Loneliness: A sourcebook of current theory, research and therapy* (pp. 54-65). New York: Wiley.

Tuber, S. (2008). *Attachment, play and authenticity: A Winnicott primer.* Lanham, MD: Jason Aronson.

Wachtel, P. L. (1997). *Psychoanalysis, behavior therapy, and the relational world.* Washington, DC: American Psychological Association.

Westen, D., Ludolph, P., Lerner, H., Ruffins, S., & Wiss, F. C. (1990). Object relations in borderline adolescents. *Journal of the American Academy of Child & Adolescent Psychiatry, 29*, 338-348.

Westen, D., Moses, M. J., & Silk, K. R. (1992). Quality of depressive experience in borderline personality disorder and major depression. *Journal of Personality Disorders, 6*, 382-393.

Westen, D., & Shedler, J. (2007). Personality diagnosis with the Shedler-Westen Assessment Procedure (SWAP): Integrating clinical and statistical measurement and prediction. *Journal of Abnormal Psychology, 116*, 810-822.

Wilkinson-Ryan, T., & Westen, D. (2000). Identity disturbance in borderline personality disorder: An empirical investigation. *American Journal of Psychiatry, 157*, 528-541.

Winnicott, D. W. (1958). The capacity to be alone. *The International Journal of Psychoanalysis, 39*, 416-420.

Wixom, J., Ludolph, P., & Westen, D. (1993). The quality of depression in adolescents with borderline personality disorder. *Journal of American Academy Child Adolescent Psychiatry, 32*, 1172-1177.

Zanarini, M. C., Frankenburg, F. R., Reich, D. B., Silk, K. R., Hudson, J. I., & McSweeney, L. B. (2007). The subsyndromal phenomenology of borderline personality disorder: A 10-year follow-up study. *The America Journal of Psychiatry, 164*, 929-935.

Zeigler-Hill, V., & Showers, C. J. (2007). Self-structure and self-esteem stability: The hidden vulnerability of compartmentalization. *Personality and Social Psychology Bulletin, 33*, 143-159.

문화와 고독의 교차점:
일본의 히키코모리 현상

Alan R. Teo, Kyle W. Stufflebam & Takahiro A. Kato

영화 〈왼손잡이(Left-Handed)〉에 등장하는 10대 소년 Hiroshi는 어느 날 자신의 방으로 들어가 모든 세상과 단절해 버린다. 그 후 2년 동안 Hiroshi는 방에서 나오지 않는다. Hiroshi는 음식과 물을 요구하려고 휘갈겨 쓴 쪽지를 방문 앞에 붙여 둔다. Hiroshi의 어머니는 그의 요구를 받아 주고, 다른 사람들에게 Hiroshi의 상태를 숨김으로써 자신도 모르게 아들의 고립을 강화하고 있다. Hiroshi의 아버지 또한 도움이 되지 않는다. Hiroshi의 아버지는 Hiroshi를 강제로 끌어내려는 한 번의 실랑이를 제외하고는 관여하지 않고 자신의 일에만 몰두한다.

Hiroshi가 보여 주는 '고독의 모라토리움'은 단순히 허구적인 영화로, 상당히 인상적이다. 그러나 Hiroshi의 이야기가 더욱 이목을 끄는 까닭은 Hiroshi의 배역을 맡은 십대 소년 Kenta Negishi 때문이다. 그는 실제 자신의 삶에서 Hiroshi와 유사한 사회적 위축의 기간을 경험한 것으로 알려져 있다. 이 심각한 사회적 고립 현상은 특히 일본에서 광범위하게 기술되고 있는데, 이와 같은 관심을 바탕으로 사회적으로 고립된 **사람**(social isolate)이나 **상태**(social isolation) 모두를 나타내는 용어인 히키코모리(hikikomori)가 등장하였다. 이 장에서 우리는 히키코모리에 대한 다양한 논의들을 다룰 것이다.

히키코모리는 많은 면에서 고독의 사례를 연구하는 데 이상적이다. 히키코모리는 고독의 극단적인 형태이므로 고독이 가지고 있는 독특한 특징을 조명하는 데 도움이 될 수 있다. 또한 그 기원과 행동 양상이 매우 복잡하기 때문에 인류학, 의학, 심리학, 사회학 등 다양한 분야에서 학술적 분석을 시도하기에 적합하다. 히키코모리는 비교적 최근에 나타난 현상으로서 대중과 미디어의 주목을 충분히 받아 온 시기적절한 주제라고 할 수 있다.

히키코모리를 둘러싼 논의와 논쟁의 영역은 이 책에서 언급한 고독의 또 다른 측면과 매우 유사하다. 전 생애에 걸쳐 히키코모리의 형태는 어떻게 달라지는가? 임상적 관점에서는 히키코모리를 어떻게 정의하는가? 히키코모리에 영향을 미치는 사회문화적 요소는 무엇인가? 이 장에서는 히키코모리에 대한 간단한 역사부터 시작하여 히키코모리의 정의와 히키코모리를 둘러싼 핵심 이론을 살펴볼 것이다. 다음으로 히키코모리를 다양한 수준에서 검토해 볼 것이다. 개인적 수준에서는 임상적 특징을 살펴볼 것이며, 집단적 수준에서는 가족 맥락을 기술할 것이다. 또한 사회적 수준에서는 사회적 영향과 일본을 벗어난 외부의 국제적 시각을 살펴볼 것이다. 이 장의 말미에서는 히키코모리 치료를 위한 자료들과 향후 연구 방향에서 고려해야 할 사항을 검토하려고 한다.

일본의 히키코모리 역사

히키코모리는 1990년대 후반에 들어서야 일본어 어휘 사전에 등장했지만, 히키코모리에 대한 단서는 1978년에도 확인할 수 있다. 당시 Yoshimi Kasahara는 위축 신경증(withdrawal neurosis), 즉 taikyaku shinkeishou(たいきゃくしんけいしょう)에 대한 사례들

을 기술하였다(Hirashima, 2001; Kasahara, 1978; Ushijima & Sato, 1997). 등교 거부 증후군(school refusal syndrome; Uchida, 2010)과 학생 무감동 증후군(student apathy syndrome; Lock, 1986)도 학교생활 참여로부터 물러난다는 점에서 히키코모리와 유사하다고 할 수 있으며, 1980년대 일본에서 논의되었던 주제이기도 하다. 그러나 이와 같은 용어들은 학자들에게 더이상 큰 주목을 받지는 못했다. 그 대신, 몇 년 후에 오랜 기간 자기 방에 틀어박혀 사회적 고립에 빠지는 청년들의 사례를 설명하기 위해 히키코모리라는 용어가 정신의학 문헌에 등장하기 시작하였다. 1998년 일본의 저명한 정신과 의사 Tamaki Saito가 집필한 베스트셀러 도서의 제목에 히키코모리가 등장하였고(Saito, 1998), 그 후로 마치 가라오케가 서양인에게 잘 알려진 것처럼 히키코모리는 일본인에게 익숙한 용어가 되었다.

히키코모리가 해외에서 주목을 받으면서 히키코모리를 어떻게 번역할 지 문제가 제기되기 시작하였다. 일본의 연구자들은 '**사회적 위축 증후군**(social withdrawal syndrome; Takahata, 2003), 또는 더 일반적으로는 '**사회적 위축**(social withdrawal)'(Kobayashi, Yoshida, Noguchi, Tsuchiya, & Ito, 2003; Kuramoto, 2003)이라는 용어를 사용해 왔다. 어떤 번역도 단어가 가진 의미와 의도를 완벽하게 전달하지는 못하였으며, 우리는 보통 히키코모리를 심각한 형태의 사회적 고립으로 기술한다. 어쩌면 히키코모리를 굳이 다른 언어로 번역할 필요가 없을지도 모른다. 세계적인 반향의 증거로 히키코모리는 현재 옥스퍼드 영어사전에 등재되어 있으며(hikikomori, 2012), 이탈리아어와 같은 다른 언어들로도 소개되어 왔다(Aguglia, Signorelli, Pollicino, Arcidiacono, & Petralia, 2010).

히키코모리의 정의

히키코모리의 정의 중 일관된 것은 자신의 주거지에 은둔하는 양상의 고독을 핵심적인 특징으로 한다는 것이다. 그러나 정의의 다른 측면은 일관되지 못하거나 명확하지 않다. 이를테면 한 전문가 패널이 2003년에 사용한 정의를 보면, 어떤 정신질환이 배제되어야 하는지, 그리고 학교 또는 직장 생활에서 어느 정도의 기능적 영향이 나타나야 하는지가 모호하였다(Ministry of Health Labor and Welfare, 2003). 최근 추세를 살펴보면 연구자들은 히키코모리를 "사회적 위축의 상태를 6개월 이상 보이는 것으로, 가끔의 외출을 제외하고는 학교나 직장에 다니지 않고, 가족 이외의 사람들과는 의사소통하지 않는 것"으로 주로 정의한다(Koyama et al., 2010).

이와 같은 정의는 히키코모리에 대해 개념적으로는 설명할 수 있지만 실제 현상에 적용하기에는 어려울 수 있다. 예컨대, 일본의 지역사회 구성원을 대상으로 하는 대규모 설문조사에서 바로 이 정의가 사용되었다. 설문조사는 단일 질문을 통해 응답자들이 정의의 기준에 충족되는지를 물었고, 이후 응답한 결과를 바탕으로 히키코모리 여부를 판명하고자 하였다. 그러나 이와 같은 단일 질문에는 다양한 개념(즉, 이중 질문)이 포함되어 있어서 이 연구의 응답은 해석하기가 어려웠다.

우리는 히키코모리를 조작적으로 정의하기 위한 여섯 가지의 기준을 제안하였다(Teo & Gaw, 2010). 공식적인 발표 이후에 우리는 그 정의를 조금씩 수정해 왔고, 현재의 결과가 〈표 11-1〉에 제시되었다.

〈표 11-1〉 연구를 위한 히키코모리의 기준

1. 거의 매일 하루 중 대부분의 시간을 집에 틀어박힌 채 보낸다.
2. 사회적 상황(예: 등교, 출근)을 회피하는 모습이 두드러지게 지속적으로 나타난다.
3. 사회적 관계(예: 친구 또는 가족과의 관계)를 회피하는 모습이 두드러지게 지속적으로 나타난다.
4. 사회적 위축 및 회피로 인해 개인에게 현저한 고통이 나타나거나, 일상적인 생활과 직업(또는 학업) 기능에 현저한 손상이 나타나거나, 대인관계 기능에 현저한 손상이 나타난다.
5. 사회적 위축이 최소 6개월 이상 지속적으로 나타난다.
6. 사회적 위축 및 회피는 사회 공포증, 주요 우울 장애, 정신분열증, 회피성 성격장애와 같은 다른 정신 장애에 의해 더 잘 설명되어지지 않는다.

　　우리는 이 기준을 통해 이전의 정의에서 나타난 몇몇 한계를 극복할 수 있다고 믿는다. 첫째, 사회적 위축의 발생 가능성을 특정 연령대가 아닌 모든 연령대로 확대하였다(Kondo et al., 2013). 둘째, 이중 질문을 피함으로써 보다 수월한 설문조사 연구가 가능해졌다. 셋째, 단순히 홀로 있는 상태를 치료해야 할 문제로 보는 것을 피하기 위해 고통 또는 기능적 손상의 기준을 포함시켰다. 그러나 이와 같은 정의에도 한계는 존재하는데, 그것은 각각의 기준에 대한 견고한 실증적 근거가 부족하다는 것이다. 그러므로 히키코모리의 정의는 추후 보다 정교화되어야 한다는 사실에는 의심의 여지가 없다. 예컨대, 히키코모리를 정의하기 위해 필요한 6개월의 지속 시간은 지나치게 엄격한 것일 수도 있다. 한편, 후에 다시 언급하겠지만 히키코모리의 치료에 대한 연구를 살펴보면 처치에 반응하는 비율이 상당히 낮다는 사실을 확인할 수 있다. 이는 개인의 사회적 위축이 장기화 또는 만성화되기 전에 적절한 개입으로 대응해야 한다는 것을 시사한다.

이론적 근거

　　히키코모리의 연구 범위를 확장시키기 위해서는 히키코모리의 정의를 명확하게 하는 작업 외에도 개념적 또는 이론적 모델의 개발이 적극적으로 논의되어야 한다. 다른 복잡한 행동 현상과 마찬가지로 히키코모리를 설명하는 훌륭한 개념적 모델에는 히키코모리와 관련된 생물학적 · 심리적 · 사회적 요인이 포함될 것이다. 이러한 요인들은 원인 · 결과 · 중간 요인(예: 조절변인 또는 매개변인) 등 다양한 방식으로 히키코모리에 영향을 미칠 수 있다. 그러나 현재와 같은 초기 연구 단계에서 제안되는 히키코모리의 모델은 일반화가 가능한 실증적 자료의 총체라기보다는 대부분 추측에 의지할 수밖에 없는 한계를 지니고 있다. 이와 같은 한계에도 불구하고 우리는 히키코모리에 대한 개념적 모델을 [그림 11-1]에 제안하였으며, 이후 몇몇 관련되는 사회문화 이론을 기술하고자 한다.

　　히키코모리의 발달을 논하기 위해서는 심리학의 거장 중 한 명인 Erik Erikson의 이론을 고려하는 것이 가장 좋은 시작점이 될 것이다. Erikson은 총 8개로 구성된 인간의 발달 단계를 제안하면서(Erikson, 1950), 개인은 각각의 단계에서 주어지는 핵심 갈등을 해결해야만 다음 단계에 성공적으로 대치할 수 있음을 역설하였다. Erikson(1950)의 모델에 따르면, 개인은 초기 성인기에 타인과의 관계 속에서 정서적 혹은 다른 방식으로 친밀감을 획득해야 하며, 친밀감을 획득하지 못하면 외로움과 고립을 경험하게 된다. 물론 초기 성인기는 히키코모리가 전형적으로 발병하는 청소년기보다 늦은 시기이지만, Erikson의 이론은 발달 단계 중 심리사회적 손상이 사회적 고립을 야기한다는 흥미로운 관점을 제시하고 있다.

　히키코모리의 발달에 대한 또 다른 이론에서는 애착 개념을 활용하고 있다. 애착 이론은 유아와 부모 사이의 특별한 관계가 유아의 성격 및 타인과의 관계 형성에 영향을 미친다고 주장한다(Bowlby, 1969, 1973; Weinfield, Sroufe, Egeland, & Carlson, 1999). 히키코모리가 종종 부모와의 갈등 경험을 보고하기 때문에 애착 이론은 히키코모리의 발달을 이해하는 데 있어 상당히 매력적인 모델이라고 할 수 있다. Krieg와 Dickie(2013)는 히키코모리의 발달에 영향을 미치는 애착의 역할을 실증적으로 규명하고자 하였

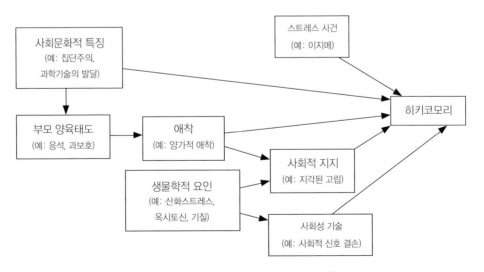

[그림 11-1] 히키코모리의 개념적 모델

다. 이를 위해 그들은 히키코모리 집단(N=24)과 통제집단(N=60)을 구분한 실험 연구를 실시하였다. 피험자는 다양한 설문지와 척도에 응답하였고, 수집된 자료는 경로 분석을 통해 처리되었다. 그 결과, 수줍음, 부모나 친구에 의한 거절, 그리고 양가적 애착(ambivalent attachment)의 결합으로 히키코모리를 예측할 수 있다는 결론이 도출되었다(Krieg & Dickie, 2013). 그러나 이 연구는 피험자의 유년기 경험을 회상해서 응답하게 한 횡단 연구라는 점에서 분명한 한계점이 있다.

히키코모리를 설명하기 위해서는 일본의 문화적 특성을 반드시 고려해야 한다. 첫째, 가장 눈에 띄는 것으로 일본 사회가 선호하는 순응과 집단주의를 들 수 있는데, 이는 정신건강에 부정적인 영향을 미칠 수 있다(Kawachi & Berkman, 2001). 그러나 이는 사회적 응집력의 건강 증진 효과가 이를 완화시킬 수 있다. 둘째, 일본에서 사회적 위축 행동은 상대적으로 선호되고, 문화적으로도 수용적이다. 개성이 중요시되는 서양의 청소년들에게서는 반항적 행동, 소란을 야기하는 행동, 위험하고 폭력적인 행동과 같은 외현화 행동이 더 쉽게 관찰된다. 그러나 다른 집단주의 문화에서처럼, 일본에서 외현화 행동은 대인관계의 화합과 관계적 맥락에서 정체성 발달을 추구하는 사회적 요구와 갈등을 일으킨다. 대신, 갈등을 피하기 위한 대처로 문제를 일으키는 에너지를 본인에게 돌리는 내재화 행동 경향이 나타난다.

아마에(amae: あまえ: 어리광 또는 응석)라는 개념 또한 일본의 히키코모리 확산에 영향을 미칠 수 있다. 아마에는 외부 세계로부터 아이들을 보호하기 위해 자녀의 요구를 지나치게 수용해 주는 일본 부모(보통 모자관계)의 양육 방식을 지칭한다(Doi, 1973). 아이들을 맹목적으로 감싸는 이와 같은 양육 방식은 자녀의 부모 의존을 더욱 강화시킬 수 있다. 실제로 Nakamura와 Shioji(1997)는 자녀의 히키코모리 증상이 두드러지게 나타나고 있는 가정에서 과보호와 같은 양육방식이 보다 일반적으로 관찰되었다는 견해를 제시했다. 또한 자녀의 요구를 맹목적으로 들어 주는 것은 십중팔구 아버지가 아닌 어머니였다(Kobayashi et al., 2003; Takahata, 2003). 이와 같이 히키코모리에 영향을 미치는 문화적 요인에 대한 직접적이고 실증적인 연구들이 꾸준하게 이루어지고 있다.

나아가 우리는 심리학 이론과 문화 이론의 통합을 통해 히키코모리가 **문화연계 증후**

군(culture-bound syndrome) 범주에 포함될 수 있다고 주장해 왔다(Teo & Gaw, 2010). 문화연계 증후군이라는 용어는 사실 많은 면에서 결함을 보인다. 실제로 문화연계 증후군이 특정 문화권에서만 배타적으로 관찰되는 것이 아님은 반복적으로 확인되었다(Sumathipala, Siribaddana, & Bhugra, 2004). 그러나 히키코모리를 설명하는 입장에서 문화연계 증후군이라는 용어는 히키코모리가 말하자면 자메이카가 아닌, 하필이면 일본에서 출현했는지를 이해하는 데 있어 문화의 중요성을 간명하게 강조한다는 측면에서 매우 유용하다. 우리는 일본에서 히키코모리가 다음과 같은 특징을 나타낸다고 제안한다. 첫째, 히키코모리는 하나의 구분되는, 잘 정의된 증후군이다. 둘째, 히키코모리는 구체적인 질환으로 여겨진다. 셋째, 히키코모리는 특정 문화적 촉발요인에 대한 반응인 것으로 추측되고 인식되며, 또 어느 정도는 인정되고 있다. 넷째, 히키코모리는 다른 문화와 비교할 때 일본에서 보다 높은 발병률 또는 유병률을 보인다(Gaw, 2001; Teo & Gaw, 2010).

임상적 특징

대부분의 의료 전문가는 히키코모리를 하나의 진단명으로 여기지는 않지만, 히키코모리는 실제적 측면에서 대체로 임상적 주의를 요하는 상태로 취급된다. 이는 실제로 히키코모리와 그 가족이 겪게 되는 스트레스 및 역기능이 심각한 의학적·정신과적 질환에 상응하는 수준인 것으로 알려져 있기 때문이다.

현상

히키코모리에서 관찰되는 고립의 기간과 정도는 매우 다양하지만, 일반적으로 그 기간은 길고 정도 또한 심각한 편이다. 히키코모리 가족 50명의 표본을 분석한 한 연구에서는 히키코모리 증상이 건강전문가를 방문하기 전까지 평균 3.4년 동안 지속되었음을 보고하였다(Kobayashi et al., 2003). 지역사회 정신건강 전문기관을 대상으로 자료를 수집한 또 다른 연구에서는 히키코모리 증상의 지속 기간이 평균 4.8년으로 더 길었고, 최장 20년을 보이는 경우도 있었다(Takahata, 2003). 히키코모리 사례를 광범위하게 수집한 Kondo와 동료들(2007) 역시 유사한 결론을 도출하였다. 이들에 따르면 히키코모리 증상은 평균 4.3년(표준편차는 4.1년) 동안 지속되었으며, 거의 26년을 히키코모리로 살아온 믿기 힘든 사례도 있었다.

이 장의 서두에서 언급한 영화 〈왼손잡이〉의 주인공 Hiroshi는 고립을 선택한 기간 동안에 한 번도 밖으로 나가지 않는다. 그러나 대부분의 히키코모리는 때때로 그들의 주거지를 벗어나기도 한다. Sakai와 동료들(2004)은 이를 계량화하여 히키코모리의 86%가 거주지를 벗어나 외출한 경험이 있다는 것을 보여 주었다. 그들은 한 달에 평균 12회 정도 외출하였고(통제집단의 경우 24회, $p < 0.001$), 각 외출당 평균 3시간을 밖에서 소비한 것으로 나타났다(통제집단의 경우 9시간 이상, $p < 0.001$; Sakai, Ishikawa, Sato, & Sakano, 2004). 히키코모리는 다른 사람들과 거의 마주치지 않는 한밤중에 밖으로 나가기도 한다. 이 때문에 수면–기상 사이클이 종종 뒤바뀌기도 한다. 한편, Sakai와 동료들(2004)은 히키코모리의 특징적인 행동을 밝히고자 하였다. 이를 위해 그들은 히키코모리 가족 800여 명이 응답한 설문조사 데이터를 분석한 후, 히키코모리와 관련된 잠재적 행동 목록을 일차적으로 만들어 냈다. 이후 이 목록은 요인 분석을 거쳐 10개 범주, 45개의 행동으로 조정되었다. 10개의 범주에는 공격성, 사회 불안, 강박 증상, 가족 회피, 우울증, 일상생활과 관련된 활동 부족, 사회 참여 부족, 활동 감소, 불규칙한 스케줄, 그리고 '이해할 수 없는 부적응 행동'이 포함된다(Sakai et al., 2004). 이 중 히키코모리와 공격성 사이의 관련성은 특히 우려할 부분인데, 5명 중 1명은 폭력적인 행동을 보였다(Ministry of Health Labor and Welfare, 2003). 예를 들면, 히키코모리는 거주하는 방의 벽면에 구멍을 내거나, 가족에게 신체적인 폭력을 가했다. 한 사례 연구에 따르면 히키코모리의 29%가 부모에게 신체적인 공격을 가한 경험이 있다고 한다(Hattori, 2005).

심리적인 관점에서 히키코모리들은 허무주의에 가까운 태도로 온 세상에 대한 극단적인 무관심과 무동기를 나타내곤 한다(Teo, 2010). 히키코모리에게 자신의 감정, 생각, 야망, 흥미 등을 질문한다면 흔히 "모르겠어요"라는 전형적인 대답이 돌아온다(Nabeta, 2003). 그들은 이미 합의된 사회적 가치에 반기를 들고 싶어 할 수도 있다. 그러나 동시에 그렇게 행동하는 것에 극심한 불안감을 느끼기도 한다. 이는 자신에게 내려지는 부정적인 평가, 즉 어리석은 사람 또는 궁극적으로 실패한 사람이라는 낙인을 두려워하기 때문이다(Ogino, 2004).

히키코모리와 주요 정신장애의 관계

히키코모리는 하나의 정신장애인가? 아니면 많은 다른 장애를 아우르는 사회적 고립에 대한 포괄적 용어인가? 두 질문에 대한 대답은 간단하지는 않지만 모두 '그렇다'라고 할 수 있다. 즉, 대부분의 히키코모리의 사례는 다른 정신장애의 결과로 설명될 수 있지만 전통적인 정신병리에서 구분되는 히키코모리만의 특성 또한 있는 것이 사실이다.

히키코모리가 다른 정신장애에 의해 충분히 설명될 수 있다고 주장하는 사람들은 다음과 같은 몇 가지 근거를 제시할 수 있다. 첫째, 히키코모리는 사회적 상호작용으로부터 스스로 철회하는 것이기 때문에 하나의 '행동'으로 규정할 수 있다는 점이다. 둘째, 행동으로서의 사회적 위축은 우울증, 조현병, 분열성 성격장애 등 다양한 정신장애에서 나타난다는 사실이다. 셋째, 경험적 진단 연구에 따르면 히키코모리 사이에서 여러 정신 질환을 경험하는 양상이 강하게 나타난다는 점이다. 최근 히키코모리 사례를 분석한 한 연구에서는 지역정신건강센터에 의해 히키코모리로 평가된 사례들을 비구조화된 임상면접 및 다른 이용 가능한 정보(예: 심리검사)를 활용하면 거의 대부분이 다른 정신장애로도 진단될 수 있는 것으로 나타났다. 히키코모리에게 가장 흔하게 내려진 정신장애 진단은 성격장애, 정신증적 장애, 기분장애, 불안장애, 그리고 발달장애였다(Kondo et al., 2013).

반면, 기존의 어떤 정신장애와도 정확히 들어맞지 않는, 그야말로 순수 히키코모리 사례가 존재함을 시사하는 경우도 있다. Kinugasa Takayuki가 이러한 견해를 최초로 제 안하였는데, 그는 주요 사회적 위축(primary social withdrawal)이라는 용어를 최초로 소 개하면서 완전하게 발달된 성격장애는 아니지만 독특한 성격 특질(traits)로 보이는 세 가지 사례를 기술한 바 있다(Kinugasa, 1998). 이 연구를 보다 확장하여 Mami Suwa는 14개의 히키코모리 사례 중 다른 정신장애로 진단할 수 없는 2개의 사례를 확인하였고 (Suwa & Suzuki, 2002), 이후 연구에서는 10개의 순수한 히키코모리 사례를 확인하여 이 를 기술하였다(Suwa, Suzuki, Hara, Watanabe, & Takahashi, 2003). 히키코모리의 진단을 다루고 있는 연구들을 살펴보면 기존의 체계로는 진단이 불가능한 일부 사례들을 발 견할 수 있다(Teo & Gaw, 2010). 현재까지 가장 정교하게 설계된 히키코모리의 대규모 역학 연구에서는 46%의 히키코모리가 평생 정신 질환 경험이 없다는 것을 밝혀 냈다 (Koyama et al,. 2010). 주목할 만한 점은 이 연구가 임상 장면이 아닌 지역사회에서 볼 수 있는 히키코모리를 대상으로 한다는 것이다(Kondo et al., 2013). 임상 장면 연구는 히키코모리의 심각성을 과대평가하는 경향이 있는데, 이러한 경향은 히키코모리가 다 른 정신 장애로 진단될 수 있는 가능성을 증가시킨다.

그러나 순수 히키코모리의 개념이 받아들여지기 위해서는 앞으로 연구되어야 할 질 문들이 여전히 많이 남아 있다. 향후 연구들은 보다 종합적인 진단 평가를 포함해야 한 다. 예를 들면, Koyama와 동료들(2010)의 연구는 히키코모리가 조현병이나 많은 다른 정신 장애로 진단될 수 있는지를 확인하지 않았다. 그러므로 이 연구에서 정신 질환 진 단을 받지 않은 사례들은 사실 충분히 평가되지 못했을 가능성도 있다. 마찬가지로 순 수 히키코모리로 알려진 사례들은 사회적 상호작용의 결함을 나타내기 때문에 경중의 ASD로 진단될 수 있는 여지도 있다. 전 세계적으로 보고되는 ASD의 유병률이 점차 증 가하고 있다는 연구결과(Kogan et al., 2009)와 일반인 중에서 성인 자폐증 발병률이 이 전보다 더 높아졌다는 연구결과(Brugha et al., 2011)는 이 가설을 뒷받침하고 있다.

위험요인

해석에 주의가 필요하기는 하지만, 아마도 히키코모리와 가장 강력한 상관관계를 나타내는 두 변인은 성별과 연령이다. 성별과 관련한 대부분의 연구에서는 강력한 남성 우세 경향을 보고하였는데, 일반적으로 남성 히키코모리의 수가 여성 히키코모리의 수보다 약 4배 정도 많았다(Kondo, 1997; Kondo, Iwazaki, Kobayashi, & Miyazawa, 2007; Ministry of Health Labor and Welfare, 2003; Saito, 1998). 그러나 실제 여성의 히키코모리 수는 알려진 것보다 더 많을 수도 있는데, 이는 문화적 경향성에 기인하는 것으로 판단된다. 예컨대, 일본의 여성은 병이 있는 것으로 비춰지거나, 치료를 독려 받는 상황을 꺼려하여 스스로를 집 안에 가두어 버리는 경향이 있다. 히키코모리의 연령 또한 하위 연령대에 편향되어 있다. 여러 연구에서는 히키코모리의 평균 발병 연령을 흔히 17~22세 사이로 보고하고 있다(Kondo et al., 2007, 2013; Koyama et al., 2010; Takahata, 2003). 그러나 히키코모리의 연령을 다루고 있는 대부분의 일본 연구들은 히키코모리 연구에 참여 가능한 연령대를 제대로 밝히지 않거나, 30대 또는 40대 이상의 연령대를 연구 대상에서 아예 배제한 한계를 가진다. 반면, 미국과 같은 나라에서는 사회적 고립과 관련된 연구들이 주로 노인 인구를 대상으로 이루어져 왔다. 따라서 성별 편향과 마찬가지로 젊은 층에 집중되어 있는 히키코모리의 편향은 고령층을 대상으로 하는 연구가 보다 많이 진행된다면 한층 감소될 수 있을 것이다.

히키코모리들은 종종 어린 시절의 혐오스러운 경험이나 충격적인 경험을 가지고 있으며, 가장 많이 인용되는 사례는 학교에서 겪은 어려움이다. 괴롭힘(bullying)은 일본의 중요한 사회적 문제로, 히키코모리는 학교에서 조롱과 따돌림, 그리고 노골적인 신체 학대의 대상이 될 수 있다. 앞서 언급한 등교 거부(futoukou: ふとうこう) 문제는 일본의 소아청소년 정신의학에서 가장 흔하게 진단되고 있는 것으로 나타났다(Honjo, Kasahara, & Ohtaka, 1992). 요컨대, 등교 거부는 히키코모리의 전조가 될 수 있다는 것이다. 한 임상의에 의해 관찰된 등교 거부 사례를 살펴보면 사례의 70%에서 히키코모

리가 확인되기도 하였다(Saito, 1998).

가족력과 가족역동

히키코모리의 정신병리적 원인을 연구하기 위한 일반적인 접근 방법은 히키코모리를 가진 개인에게 초점을 두는 것이지만, 또 다른 접근은 히키코모리의 가족을 연구하는 것이다. 여기서는 두 가지의 추론이 적용된다. 첫째, 부모의 기능장애가 자녀가 히키코모리가 되도록 촉발할 수 있다. 마치 우울증의 가족력이 개인의 정신병리의 위험을 증가시키는 것처럼 본질적으로 부모가 가진 정신병리는 히키코모리를 촉발시킬 수 있는 위험요인으로 작용한다. 둘째, 부모-자녀 관계에서 나타나는 역기능, 다시 말해 상호작용과 의사소통의 문제가 히키코모리의 발달에 기여할 수 있다. 앞서 논의한 바와 같이, 자녀와 부모 사이에서 나타나는 양가적 애착과 같은 가족역동은 히키코모리의 발달에 영향을 미칠 수 있다. 또한 정신역동 치료사들은 Hiroshi가 극중에서 마주하였던 상황과 같이, 헬리콥터 어머니[helicopter mothers; 종종 '과보호(kahogo)'로 묘사됨]와 아버지의 부재가 히키코모리의 발달에 기여한다고 추측해 왔다(Myoki, 1997). 뿐만 아니라, 가족의 상호작용에 대해 전문적인 식견을 가지고 있는 가족 치료사들은 현재 일본의 가족 구성원 사이에서 의미 있는 의사소통이 좀처럼 이뤄지지 않는다고 지적하기도 했다(Vosburg, 2009).

최근 한 연구에서는 앞선 첫 번째 추론의 중요성에 대해 예비적인 시사점을 제공했다. 이 연구에서 어머니의 정신 질환은 자녀의 히키코모리를 예측하였다(Umeda, Kawakami, & The World Mental Health Japan Survey Group, 2012). 그러나 모나 부의 자녀 양육 스타일과 히키코모리 발생 간의 상관관계는 유의하지 않았다. 한편, 이 연구는 분명한 방법론적 한계를 가지고 있다. 관련 요인을 모두 평가하지 못하였을 뿐만 아니라, 의미 있는 결과를 이끌어 낼 수 있는 정교한 비교 작업 역시 이뤄지지 못했다. 히키코모리 자녀를 둔 부모 50명이 참여한 또 다른 연구에서는 이들의 가족 기능이 6개의 하위 영역뿐만 아니라 전반적으로도 비정상적이라는 것을 발견하였다(Kobayashi et al., 2003). 그러나 이 연구는 횡단 연구로 설계되었기 때문에 비정상적인 가족 기능이 히키코모리의 원인인지, 아니면 히키코모리에 의한 결과인지는 명확하지 않다.

사회적 맥락

역학

일본에 최대 100만 명의 히키코모리가 있다는 초기 추정치(Saito, 1998)는 다소 과장된 면이 있다. 그러나 최근의 추정치, 그리고 보다 믿을만한 추청치에서도 확인할 수 있는 것처럼 일본 내 히키코모리의 수가 적은 편이 아니라는 사실은 명백하다. 히키코모리의 역학과 관련한 가장 유용한 자료는 표준화된 히키코모리의 정의를 바탕으로 4,000명을 직접 면담한 지역사회 연구로부터 나왔다. 이 연구는 가중치가 적용된 데이터를 사용하여 일본 전체의 히키코모리 수를 추산하였다. 그 결과, 지역사회에 거주하는 일본인(20~49세 사이) 중 히키코모리 증상을 한 번이라도 겪어 본 경험이 있는 사람은 전체 인구의 1.2%로 보고되었다. 또한 이 연구는 자녀에 대한 가족의 보고를 분석하여 현재 0.5%의 일본 가구에서 자녀의 히키코모리 증상이 나타나고 있음을 추정하였다. 이와 같은 결과는 현재 전국적으로 232,000명의 일본인이 히키코모리로 인해 고통받고 있음을 의미한다.

현대 사회의 질적 변화   현대 사회의 특징과 히키코모리 사이의 관련성을 보여 주는 실증적 데이터는 부족하다. 그러나 이와 같은 한계가 히키코모리에 대한 현대 사회의 역할을 추측하는 많은 논의를 막지는 못했다. 히키코모리에 대한 현대 사회의 영향력 중 하나는 일본 경제가 맞닥뜨린 전반적인 상황에서 확인할 수 있다. 예컨대, 돌파구가 보이지 않는 일본의 경기 침체 상황에서 젊은이들이 느끼고 있는 환멸감이 그것이다.

실제로 일본은 일본 내 노동 인구의 특징을 설명하기 위해 '프리터(freeter)족' '니트(Not in Education, Employment, or Training: NEET)족'이라는 새로운 용어를 만들어야 했다. 프리터족은 파트타임 또는 여러 임시직을 전전하는 비전통적인 직장인을 뜻하며, 니트족은 직장을 찾기 위한 노력을 모두 중단해 버린 사람을 뜻한다. 히키코모리의 정의를 감안할 때, 히키코모리들은 교육 활동이나 직장 활동에 적극적으로 참여하지 않기 때문에 그들이 일본 내 프리터족과 니트족의 수를 급격하게 증가시키는 요인임에는 의심할 여지가 없다.

히키코모리에 대한 현대 사회의 영향력 중 다른 하나는 일본의 교육 체계와 관련이 있다. 이 장의 서두에서 다루었던 어느 날 갑자기 등교를 거부한 Hiroshi의 이야기를 떠올려 보자. 일본의 대학생을 대상으로 진행된 한 연구에서는 학교 중퇴 및 장기 휴학생의 수가 1980년에는 각각 1%대에 머물렀지만, 2005년에는 1.5%와 2.6%로 제각기 증가하는 경향을 보인다고 보고하였다. 또한 과거에는 지속적인 등교 거부로 여겨지던 사례들이 최근에 들어서는 히키코모리로 진단될 가능성도 있다. Lock(1986, pp. 101-103)은 세 가지의 등교 거부 사례를 기술하였는데, 그중 하나는 2년간 등교하지 않은 16세 소년의 사례였다. Lock은 다음과 같이 기술하였다. "어머니가 등교하라고 설득을 하자, 소년은 이불을 가지고 지붕과 천정 사이에 있는 공간으로 피해 버렸다. 담당 정신과 의사의 말에 따르면 소년의 어머니는 2년 동안 매일같이 아들의 은신처에 음식을 가져다 주었다."

사회의 현대화 또한 히키코모리에 영향을 미치는 요인으로 폭넓게 제안되어 왔다. 현대화된 생활양식에 대한 일종의 반영이나 반응으로서 히키코모리가 나타날 수 있다는 것이다(Kato, Shinfuku, Sartorius, & Kanba, 2011). 보다 구체적으로, 인터넷과 비디오 게임은 사회적 고립과 적지 않은 연관이 있으며, 특히 한국에서 이 문제는 대표적인 공중건강 문제로 부각되었다(Block, 2008).

국제적인 시각　　히키코모리는 이제껏 철저하게 일본에서만 나타나는 현상으로 인식되어 왔다. 그러나 최근 몇 년간 다른 나라에서도 유사한 현상이 보고되고 있다. 한국은 아마도 일본과 가장 유사한 문화를 가지고 있는 나라일 것이며, 한국의 히키코모리에 대한 연구 보고는 일본 다음으로 많다. 반면, 한국에서는 히키코모리가 '사회적으로 위축된 청소년(socially withdrawn youth)'으로 일컬어지고 있다. 또한 히키코모리 진단을 위한 사회적 고립 기간(6개월)이 한국에서는 3개월로 줄어든다(Lee, 2010). 히키코모리에 대한 사례는 오만(Sakamoto, Martin, Kumano, Kuboki, & Al-Adawi, 2005), 프랑스(Furuhashi et al., 2011), 스페인(Malagon, Alvaro, Corcoles, Martin-Lopez, & Bulbena, 2010), 미국(Teo, 2013) 등 일본과 상당한 문화적 차이를 보이는 세계 각지에서도 보고되고 있다. 9개국의 정신과 의사들에게 히키코모리 사례 삽화를 보낸 후 그 결과를 분석한 한 연구에서는 히키코모리가 국제적인 현상임을 지지하고 있다. 이 연구에 따르면 해당 국가의 정신과 의사들은 삽화에 기술된 히키코모리 사례가 자신들의 나라에서도 동일하게 존재하는 것으로 판단하였다(Kato et al., 2012). 이와 같은 결과는 현재 우리가 진행하고 있는 연구를 위한 합리적인 기초를 제공한다. 우리의 예비 연구는 여러 나라를 대상으로 이뤄지고 있으며, 표준화된 연구도구를 통해 각 문화권에서 나타나는 히키코모리의 특징을 기술하게 될 것이다.

치료 및 회복

히키코모리의 치료를 위한 여러 가지 방법이 지속적으로 연구되어 왔지만, 강력하고 고무적인 자료는 아직 부족한 편이다(Teo, 2010). 히키코모리의 치료를 다루고 있는 연구들은 환자 집단, 결과 측정치, 연구 설계 등의 이질성으로 인하여 서로 비교하기가 어렵다. 게다가 치료결과들은 대체로 그리 고무적이지 않다.

히키코모리 치료 연구의 초기 장벽은 관심의 부족과 치료에 참여하려는 의지 부족이다. 한 연구에 따르면 단지 히키코모리의 54%(183/337명)만이 전문치료기관에 도움을 요청한 것으로 나타났다. 그리고 어떤 사례의 경우에는 히키코모리가 전문적인 도움을 받기까지 1년 이상의 기간 동안 가족이 그를 지지하고 설득하기도 하였다(Kondo et al., 2013). 심지어는 노출되는 것을 부담스러워 하는 히키코모리를 위해 치료자가 직접 환자의 집을 방문할 때조차 히키코모리는 극단적으로 치료에 저항하기도 하였다(Lee, Lee, & Choi, 2013). 또한 비교적 소수의 히키코모리만이 의미 있는 회복 수준에 도달하였는데, 그것도 연장 치료를 받게 된 경우에만 해당된다. 사회불안장애를 함께 가지고 있는 히키코모리의 경우, 평균 5년가량의 외래환자 치료 이후에 27%(10/37명)만이 기능적으로 회복(정해진 근무 시간 또는 학교 수업에 모두 참여하는 것을 기준으로)할 수 있었다(Nagata et al., 2011).

히키코모리 치료의 핵심은 심리사회학적 개입이다. New Start와 같은 기관에서는 '임시 자매(rental sisters)' 또는 '임시 형제(rental brothers)'로 알려진 상담자를 활용하여 접촉을 시도하고, 이들은 히키코모리를 사회적 재통합으로 연결하는 가교 역할을 한다(Jones, 2006). 영화 〈왼손잡이(Left-Handed)〉에서 Hiroshi 배역을 맡은 배우는 일본에서 자유학교(free school)라고 불리는 대안학교를 다녔다. 대안학교는 전통적인 학교에 출석할 수 없거나 출석하기 힘든 학생들을 위해 설계된 학교다. 다른 접근법은 농장 체험에서부터 사회성 기술 훈련에 이르기까지 실로 다양하다. 한 소규모 연구에서는 히키코모리 부모를 대상으로 7주간의 부모교육을 실시했지만, 일반적인 건강이나 가족 기능 영역에서 의미 있는 개선이 관찰되지는 않았다(Hata, Maeda, Aso, & Hiroyama, 2004). 만약 히키코모리가 심리치료를 수용적으로 받아들일 수 있다면 우리의 사례 연구에서 제안된 것처럼, 개인 심리치료가 히키코모리 치료에 유용하게 활용될 수 있을 것이다(Teo, 2013).

현장의 임상가가 중시하고 있는 보다 개별적이면서 가족-중심적인 개입이 원활하게 진행되기 위해서는 경제학자, 사회학자, 공중보건 임상의를 포함한 시스템 수준의 정책적 개입이 필수적으로 이뤄져야 한다. 또한 히키코모리를 연구하는 일부 사회 과학자들은 교육 및 노동 정책(Furlong, 2008), 경제 상황(Toivonen, Norasakkunkit, & Uchida, 2011)과 같은 사회적 요소가 올바르게 작동하지 않고 있음을 강조해 왔다. 현재까지 진행되었던 임상적 개입에서 눈에 띌 만한 성과가 발견되지 않고 있기 때문에 이와 같은 다른 방식의 접근이 히키코모리 치료를 위한 보다 효과적인 대안이 될 것이다.

향후 방향

히키코모리에 대한 연구는 아직은 유아기에 있다고 할 수 있다. 그러나 새로운 연구 분야를 개척해 나가는 작업은 굉장한 기대감을 불러일으키는 일이다. 여기서 우리는 이 분야를 상당히 진전시킬 수 있는, 그리고 연구 비용을 효과적으로 절감할 수 있는 다섯 가지의 제안을 개략해서 서술하고자 한다.

첫 번째 제안은 히키코모리 연구에 있어 하나의 분야만을 고집하는 태도는 그리 바람직하지 않다는 것이다. 이 복잡한 현상을 올바르게 이해하기 위해서는 다양한 분야에서 전문성을 갖춘 연구팀이 반드시 필요하다. 순수하게 의학적 관점에만 치우친 연구로는 충분하지 않다. 심리학, 사회학, 인류학과 같은 학문 분야뿐만 아니라, 임상훈련(정신의학, 사회복지, 가족치료) 분야의 전문가 등을 폭넓게 포함하는 연구팀이 보다 의미 있는 성취를 거두게 될 것이다.

두 번째 제안은 연구자들이 표준화된 연구 방법을 사용해야 한다는 것이다. 의학 연구 분야에서는 표준화된 연구 방법이 이미 필수적인 것으로 자리를 잡았지만, 히키코모리 연구 분야의 경우에는 아직 가야 할 길이 멀다. 최소한 조사 연구에서 손쉽게 사용할 수 있는 표준화된 히키코모리의 정의가 반드시 필요하다. 〈표 11-1〉에 제시된 것과 같은 히키코모리의 정의가 활용되어야 한다. 또한 히키코모리 진단 연구에서는 구조화 또는 반구조화된 진단 면접도구를 활용할 필요가 있다. 어떤 것도 완벽할 수는 없겠지만, 진단면접을 위한 선택지에는 국제진단면담도구(Composite International Diagnostic Interview: CIDI), DSM-5 장애에 대한 구조화된 임상 면담(Structured Clinical Interview for DSM-IV Disorders: SCID), 국제신경정신분석면담(Mini-International Neuropsychiatric Interview: MINI) 등이 포함될 수 있다. 동일한 맥락에서 표준화된 설문도구는 연구결과를 보다 의미 있게 비교하고 해석할 수 있도록 도와준다. 예컨대, 다양한 나라에서 진행되고 있는 우리의 예비 국제비교 연구는 널리 알려진 고독 척도인 UCLA 외로움 척도(Russell, Peplau, & Ferguson, 1978)와 Lubben 사회관계망 척도

(Lubben, 1988)가 사용되고 있다.

　세 번째 제안은 질적 연구에 관한 것이다. 엄격한 질적 방법에 의해 수행된 히키코모리 연구를 찾아볼 수 없다는 사실은 상당히 놀라운 일이다. 우리의 생각으로 '엄격한' 질적 연구는 탄탄한 이론적 이해에 토대를 두고 심층 면접이나 포커스 그룹을 포함하며 녹취록을 주의 깊게 분석하는 것이다. 이와 같은 연구는 히키코모리에 대한 가설 설정 및 창의적인 치료 방법 개발에 분명 큰 도움을 줄 수 있다.

　네 번째 제안은 히키코모리의 촉발요인을 탐구할 수 있는 전향적인 종단 연구가 필요하다는 것이다. 횡단 연구는 특정 시점에 대한 평가가 이뤄지기 때문에 인과관계를 결정할 수 없다. 물론 종단 연구는 당연히 시간이나 비용이 많이 들지만, 히키코모리가 발생할 위험이 있는 것으로 알려진 코호트부터 시작하면 이를 최소화하는 데 도움이 된다. 또한 히키코모리 연구에 생물학적 요인이 다루어지고 있다는 것도 매우 흥미로운 일이다. 이와 관련하여 사회적 고립의 생물학적 메커니즘을 병리생리학 관점에서 추정한다면 산화스트레스(Krolow et al., 2012; Schiavone et al., 2009), 옥시토신(Karelina & DeVries, 2011) 등이 포함될 수 있다.

　마지막 제안은 히키코모리의 보편적인 모습을 확인하기 위해 국제적인 수준에서 히키코모리 역학 연구가 이뤄져야 한다는 것이다. 현재 진행되고 있는 역학 연구에 일련의 질문을 추가하는 방법으로 비교적 간단하게 이와 같은 연구를 진행해 나갈 수도 있다.

결론

　히키코모리는 인간의 고립과 뒤틀린 고독을 가장 심오하게 그려 내고 있는 현상 중 하나다. 우리는 Hiroshi와 같은 히키코모리들이 왜 그렇게 극적으로, 또 철저하게 스스로를 고립시키는지 이해하기 어려울지도 모른다. 하지만 우리는 모두 외로움과 고독의 경험에 공감할 수 있다. 우리의 바람은 히키코모리에 대해 보다 명확히 설명함으로써 히키코모리를 극복하기 위해 고군분투하는 많은 사람을 돕는 것이며, 또한 모든 사람과 관련된 고독과 사회적 관계에 대한 이해를 넓혀 가는 것이다.

참고문헌

Aguglia, E., Signorelli, M. S., Pollicino, C., Arcidiacono, E., & Petralia, A. (2010). Il fenomeno dell'hikikomori: Cultural bound o quadro psicopatologico emergente? *Giorn Ital Psicopat, 16,* 1-8.

Block, J. J. (2008). Issues for DSM-V: Internet addiction. *American Journal of Psychiatry, 165*(3), 306-307.

Bowlby, J. (1969). Disruption of affectional bonds and its effects on behavior. *Canada's Mental Health Supplement, 59,* 12-33.

Bowlby, J. (1973). *Attachment and loss: Vol. 2. Separation anxiety and anger.* New York: Basic Books.

Brugha, T. S., McManus, S., Bankart, J., Scott, F., Purdon, S., Smith, J., et al., (2011). Epidemiology of Autism Spectrum Disorders in adults in the community in England. *Archives of General Psychiatry, 68*(5), 459-465.

Doi, L. T. (1973). The Japanese patterns of communication and the concept of amae. *Quarterly Journal of Speech, 59*(2), 180-185.

Erikson, E. H. (1950). *Childhood and society.* New York: W. W. Norton.

Furlong, A. (2008). The Japanese hikikomori phenomenon: Acute social withdrawal among young people. *Sociological Review, 56*(2), 309-325.

Furuhashi, T., Suzuki, K., Teruyama, J., Sedooka, A., Tsuda, H., Shimizu, M., et al. (2011). Commonalities and Differences in hikikomori youths in Japan and France. *Nagoya Journal of Health, Physical Fitness, Sports, 34*(1), 29-33.

Gaw, A. C. (2001). *Cross-cultural psychiatry.* Washington, DC: American Psychiatric.

Hata, A., Maeda, K., Aso, Y., & Hiroyama, Y. (2004). Support by an educational group for parents of patients suffering from so-called "social withdrawal". *Seishin Igaku (Clinical*

Psychiatry), 46(7), 691–699.

Hattori, Y. (2005). Social withdrawal in Japanese youth: A case study of thirty-five Hikikomori clients. *Journal of Trauma Practice, 4*(3/4), 181–201.

Hikikomori. (2012). OED Online Retrieved July 12, 2013, from http://oxforddictionaries. com/ definition/hikikomori

Hirashima, N. (2001). Psychopathology of social withdrawal in Japan. *Journal of the Japan Medical Association, 44*(6), 260–262.

Honjo, S., Kasahara, Y., & Ohtaka, K. (1992). School refusal in Japan. *Acta Paedopsychiatrica: International Journal of Child & Adolescent Psychiatry, 55*(1), 29–32.

Jones, M. (2006, January 15). Shutting themselves in. *New York Times Magazine*, pp. 46–51.

Karelina, K., & DeVries, A. C. (2011). Modeling social influences on human health. *Psychosomatic Medicine, 73*(1), 67–74.

Kasahara, Y. (1978). Taikyaku shinkeishou withdrawal neurosis to iu shinkategorii no teishou (Proposal for a new category of withdrawal neurosis). In H. Nakai & Y. Yamanaka (Eds.), *Shishunki no seishinbyouri to chiryou* (Psychopathology and treatment in the adolescent) (pp. 287–319). Tokyo: Iwasaki Gakujutsu Shuppan.

Kato, T. A., Shinfuku, N., Sartorius, N., & Kanba, S. (2011). Are Japan's hikikomori and depression in young people spreading abroad? *Lancet, 378*(9796), 1070.

Kato, T. A., Tateno, M., Shinfuku, N., Fujisawa, D., Teo, A. R., Sartorius, N., et al. (2012). Does the 'hikikomori' syndrome of social withdrawal exist outside Japan? A preliminary international investigation. *Social Psychiatry and Psychiatric Epidemiology, 47*, 1061– 1075.

Kawachi, I., & Berkman, L. F. (2001). Social ties and mental health. *Journal of Urban Health, 78*(3), 458–467.

Kinugasa, T. (1998). Yanguadaruto no hikikomori (Social withdrawal in young adults). *Rinshou Seishin Igaku (Clinical Psychiatry), 27*(Suppl. 1), 147–152.

Kobayashi, S., Yoshida, K., Noguchi, H., Tsuchiya, T., & Ito, J. (2003). 'Shakaiteki hikikomori' wo kakaeru kazoku ni kan suru jittai chousa (Research for parents of children with "social withdrawal"). *Seishin Igaku (Clinical Psychiatry), 45*(7), 749-756.

Kogan, M. D., Blumberg, S. J., Schieve, L. A., Boyle, C. A. Perrin, J. M., Ghandour, R. M., et al. (2009). Prevalence of parent-reported diagnosis of autism spectrum disorder among children in the US, 2007. *Pediatrics, 124*(5), 1395-1403.

Kondo, N. (1997). Hiseishinbyousei hikikomori no genzai (The present conditions of nonpsychotic pyscho-social withdrawal cases). *Rinshou Seishin Igaku (Japanese Journal of Clinical Psychiatry), 26*(9), 1159-1167.

Kondo, N., Iwazaki, H., Kobayashi, M., & Miyazawa, H. (2007). Seinenki hikikomori keesu no seishin igakuteki haikei ni tsuite (The psychiatric background of social withdrawal in adolescence). *Seishin Shinkeigaku Zasshi (Psychiatria et Neurologia Japonica), 109*(9), 834-843.

Kondo, N., Sakai, M., Kuroda, Y., Kiyota, Y., Kitabata, Y., & Kurosawa, M. (2013). General condition of hikikomori (prolonged social withdrawal) in Japan: Psychiatric diagnosis and outcome in mental health welfare centres. *International Journal of Social Psychiatry, 59,* 79-86.

Koyama, A., Miyake, Y., Kawakami, N., Tsuchiya, M., Tachimori, H., & Takeshima, T. (2010). Lifetime prevalence, psychiatric comorbidity and demographic correlates of "hikikomori" in a community population in Japan. *Psychiatry Research, 176*(1), 69-74.

Krieg, A., & Dickie, J. R. (2013). Attachment and hikikomori: A psychosocial developmental model. *International Journal of Social Psychiatry, 59*(1), 61-72.

Krolow, R. N. C., Weis, S. N., Pettenuzzo, L. F., Huffel, A. P., Arcego, D. M., Marcolin, M., et al. (2012). Isolation stress during the prepubertal period in rats induces long-lasting neurochemical changes in the prefrontal cortex. *Neurochemical Research, 37*(5), 1063-1073.

Kuramoto, H. (2003). Hikikomori no yogo (Prognosis of social withdrawal). *Seishin Igaku (Clinical Psychiatry), 45*(3), 241-245.

Lee, M. S. (2010). Comparison of Hikikomoris in Korea and Japan. Paper presented at the 14th Pacific Rim College of Psychiatrists Scientific Meeting, Brisbane, Queensland, Australia.

Lee, Y. S., Lee, J. Y., & Choi, T. Y. (2013). Home visitation program for detecting, evaluating, and treating socially withdrawn youth in Korea. *Psychiatry and Clinical Neurosciences, 67*, 193-202.

Lock, M. (1986). Plea for acceptance: School refusal syndrome in Japan. *Social Science & Medicine, 23*(2), 99-112.

Lubben, J. E. (1988). Assessing social networks among elderly populations. *Family & Community Health: The Journal of Health Promotion & Maintenance, 11*(3), 42-52.

Malagon, A., Alvaro, P., Corcoles, D., Martin-Lopez, L. M., & Bulbena, A. (2010). 'Hikikomori': A new diagnosis or a syndrome associated with a psychiatric diagnosis? *International Journal of Social Psychiatry, 56*(5), 558-559.

Ministry of Health Labor and Welfare. (2003). 10-dai, 20-dai wo chuushin to shita 'hikikomori' wo meguru chiiki seishin hoken katsudou no gaidorain (Community mental health intervention guidelines aimed at socially withdrawn teenagers and young adults). Retrieved July 12, 2013, from http://www.mhlw.go.jp/topics/2003/07/tp0728-1.html

Myoki, H. (1997). *Chichioya Houkai* (The fall of fatherhood). Tokyo: Shinshokan.

Nabeta, Y. (2003). Social withdrawal and abortive-types of neurosis: Especially on social phobia and obsessive compulsive disorder. *Seishin Igaku, 45*, 247-253.

Nagata, T., Yamada, H., Teo, A. R., Yoshimura, C., Nakajima, T., Kiriike, N., et al. (2011). Comorbid social withdrawal (hikikomori) in outpatients with social anxiety disorder: Demographic and clinical features. Unpublished manuscript.

Nakamura, K., & Shioji, R. (1997). Taijin kyoufushou to hikikomori (Taijin-kyofusho and withdrawal). *Rinshou Seishin Igaku (Clinical Psychiatry), 26*(9), 1169-11176.

Ogino, T. (2004). Managing categorization and social withdrawal in Japan: Rehabilitation process in a private support group for hikikomorians. *International Journal of Japanese Sociology, 13*, 120-133.

Russell, D., Peplau, L. A., & Ferguson, M. L. (1978). Developing a measure of loneliness. *Journal of Personality Assessment, 42*(3), 290-294.

Saito, T. (1998). *Shakaiteki hikikomori: owaranai shishunki* (Social withdrawal: A neverending adolescence). Tokyo: PHP Shinsho.

Sakai, M., Ishikawa, S.-i., Sato, H., & Sakano, Y. (2004). Development of Hikikomori Behavior Checklist (HBCL) and examination of its reliability and validity. *Japanese Journal of Counseling Science, 37*(3), 210-220.

Sakamoto, N., Martin, R. G., Kumano, H., Kuboki, T., & Al-Adawi, S. (2005). Hikikomori, is it a culture-reactive or culture-bound syndrome? Nidotherapy and a clinical vignette from Oman. *International Journal of Psychiatry in Medicine, 35*(2), 191-198.

Schiavone, S. S. S., Dubois-Dauphin, M., Jaquet, V., Colaianna, M., Zotti, M., Cuomo, V., et al. (2009). Involvement of NOX2 in the development of behavioral and pathologic alterations in isolated rats. *Biological Psychiatry, 66*(4), 384-392.

Sumathipala, A., Siribaddana, S. H., & Bhugra, D. (2004). Culture-bound syndromes: The story of dhat syndrome. *British Journal of Psychiatry, 184*, 200-209.

Suwa, M., & Suzuki, K. (2002). "Ichijisei hikikomori" no seishin byourigakuteki tokuchou (Psychopathological features of "primary social withdrawal"). *Seishin Shinkeigaku Zasshi, 104*(12), 1228-1241.

Suwa, M., Suzuki, K., Hara, K., Watanabe, H., & Takahashi, T. (2003). Family features in primary social withdrawal among young adults. *Psychiatry and Clinical Neuroscience, 57*(6), 586-594.

Takahata, T. (2003). Saitama-ken ni okeru 'hikikomori' no jittai (A survey of withdrawal syndrome in Saitama Prefecture). *Seishin Igaku (Clinical Psychiatry), 45*(3), 299-302.

Teo, A. R. (2010). A new form of social withdrawal in Japan: A review of hikikomori. *International Journal of Social Psychiatry, 56*(2), 178-185.

Teo, A. R. (2013). Social isolation associated with depression: A case report of hikikomori. *International Journal of Social Psychiatry, 59*, 339-341.

Teo, A. R., & Gaw, A. C. (2010). Hikikomori, a Japanese culture-bound syndrome of social withdrawal?: A proposal for DSM-5. *Journal of Nervous Mental Disease, 198*(6), 444-449.

Toivonen, T., Norasakkunkit, V., & Uchida, Y. (2011). Unable to conform, unwilling to rebel?

Youth, culture, and motivation in globalizing Japan. *Frontiers in Psychology, 2*, 207.

Uchida, C. (2010). Apathetic and withdrawing students in Japanese universities–with regard to Hikikomori and student apathy. *Journal of Medical and Dental Science, 57*(1), 95–108.

Umeda, M., Kawakami, N., & The World Mental Health Japan Survey Group. (2012). Association of childhood family environments with the risk of social withdrawal ('hikikomori') in the community population in Japan. *Psychiatry and Clinical Neurosciences, 66*(2), 121–129.

Ushijima, S., & Sato, J. (1997). Hiseishinbyousei no hikikomori no seishin ryokudou (Psychodynamics of nonpsychotic withdrawal conditions). *Rinshou Seishin Igaku (Japanese Journal of Clinical Psychiatry), 26*(9), 1151–1156.

Vosburg, E. S. (2009). Toward triadic communication. *Journal of Family Psychotherapy, 15*(1), 105–117.

Weinfield, N. S., Sroufe, L.A., Egeland, B., & Carlson, E.A. (1999). The nature of individual differences in infant-caregiver attachment. In J. Cassidy & P. R. Shaver (Ed.), *Handbook of attachment: Theory, research, and clinical applications* (pp. 68–88). New York: The Guilford Press.

제 3 부 •

다학문적
관점

12

생물학의 관점:
혼자 및 함께 놀기에 대해 동물 연구에서 배운 점

Elisabetta Palagi

인간과 동물은 혼자 놀기도 하고 다른 이들과 함께 놀기도 한다. 진화론적 관점에서 볼 때, 혼자 노는 것은 친구와 노는 것만큼 유익할 수 있다. 특히 혼자 노는 활동이 그 종의 에소그램[1]에 포함된 다양하고 풍부한 행동이고, 정형화된 행동이나 이상행동이 아닌 경우에는 더욱 그러하다. 혼자 하는 놀이가 이렇게 의미 있는 활동이라면 그것은 훨씬 더 강렬하고 복잡한 사회적 활동으로 이어질 수 있으며, 이에 대해서는 이후에 살펴볼 것이다.

놀이를 정의하는 것은 어려운 문제다(Burghardt, 2005, 2011). 동물의 놀이는 행동양식과 기능이 더 쉽게 파악될 수 있는 다른 행동과 비교하여 일시적이고 논란의 여지

---

1) 역자 주: 어떤 동물의 모든 행동양식을 상세하게 기록한 것

가 많은 현상으로, 이에 관심 있는 연구자들 사이에서는 호기심을 불러일으키는 도전적 과제이기도 하다. 단독 놀이(solitary play)와 사회적 놀이(social play)는 공히 관찰자의 눈에는 분명한 즉각적 이득이 없어 보이는 활동들도 포함하지만, 식량 공급, 주거지 건축, 포식자로부터의 방어 및 번식 행동 등과 같은 기능적 맥락을 대표하는 활동들도 포함한다(Bekoff, 2001; Martin & Caro, 1985; Pellis & Pellis, 1996; Power, 2000). 최근 Burghardt(2005)는 어떤 활동이 놀이로 간주되기 위해 갖추어야 할 다섯 가지 기준을 다음과 같이 제시하였다. Burghardt(2005)의 정의에 따르면, 동물의 놀이 행동은, 첫째, 불완전한 기능성이 있다. 즉, 놀이는 현재 생존과는 직접 관련이 없는 요소나 그러한 방향의 자극을 포함한다. 둘째, 보상/자발성이 있다. 놀이는 종종 자발적이거나 내재적 동기가 부여된 것으로 보인다. 즉, 놀이를 통해 얻는 자극 자체가 보상적이며 강화적인 것으로 보인다. 어떤 분명한 외부 자극도 그 놀이를 촉발하는 데 관여하지 않는 것으로 보인다. 셋째, 구조적 또는 시간적으로 수정된다. 즉, 놀이의 행동 패턴은 일상적인 표현보다 강도 또는 지속 시간에서 과장될 수 있으며, 발달 시기상 다른 기능적 행동에서 더 일찍 나타날 수 있다. 특히 싸움, 추격, 격투, 기차놀이, 구애 놀이 등의 경우에 더욱 그러하다. 넷째, 반복된 방식으로 수행된다. 한 바탕의 놀이는 일반적으로 오래 지속되며 딱딱하게 정형화되어 있지 않다. 동물들은 오랜 시간 동안 하는 놀이 행동에도 피곤해 하지 않는 것 같다. 끝으로, 편안한 상황에서 시작된다. 즉, 일반적으로 동물의 놀이는 적절히 먹고, 건강하고, 스트레스나 격렬한 경쟁 구도가 없는 상황에서 시작된다. 사실 놀이 활동과 다른 활동의 주된 차이점은 수행되는 행동 자체에 있기보다는 행동이 수행되는 방식에 달려 있다.

단독 놀이 행동과 사회적 놀이 행동은 모두 포유류에게 만연하다(Fagen, 1981). 그러나 이러한 행동들은 종, 성별, 연령, 관계의 질, 소속감, 상황 및 서식지에 따라 다른 기능을 가질 수 있다(Breuggeman, 1978; Cordoni, 2009; Dolhinow, 1999; Pellegrini, Dupuis, & Smith, 2007; Poirier, Bellisari, & Haines, 1978). 이런 이유로 놀이에 대한 연구는 발달생물학에서 진화생물학까지, 동물행동학에서 신경과학까지 다양한 학문 분야에 걸쳐 서로 연관되기도 하고 구분되기도 한다(Pellis & Pellis, 2009). 따라서 놀이 행동에 대한 비교연구가 광범위한 분야에 기여할 수 있다는 사실은 놀라운 일이 아니다(Palagi, 2007).

　　동물은 놀이를 할 때 신체 활동(예: 운동-회전이나 곡예)을 하기도 하고, 물건을 사용하기도 한다. 이런 두 가지 형태의 놀이는 혼자 있는 상황 또는 사회적 상황에서 나타난다. 이러한 형태의 놀이가 극도로 복잡한(그리고 빠른!) 순서에 따라 혼합되어 자연스러운 단일 범주의 놀이를 구성할 수 있기 때문에 이를 구분해 내는 것이 어려운 경우가 많다(Candland, French, & Johnson, 1978; Thompson, 1998)([그림 12-1] 참조). 이러한 이유로 놀이 범주에 대해 간단하게 하나의 정의를 내리는 것은 충분하지 않다(Power, 2000). 그럼에도 불구하고, 범주화는 동물행동학자들이 동물의 다양한 놀이 활동을 어느 정도 표준화된 방법을 통해 확인, 측정, 설명하고, 수량화하는 데 도움을 준다.

　　이 장에서는 인간을 포함한 동물이 하는 단독 놀이와 사회적 놀이의 몇 가지 측면을 다루고자 한다. 우선 단독 사물놀이(solitary object play)에 대해 기술하고, 이러한 놀이가 개별 인지발달에 주는 시사점을 설명하는 것으로 시작한다. 다음으로는 동물의 단

(a)　　　　　　　　　　(b)　　　　　　　　　　(c)

[그림 12-1] 복잡한 놀이의 연속

바르바리마카크(마카카 원숭이; Macaca sylvanus)가 (a)는 여러 마리, (b)와 (c)는 두 마리가 함께 복잡한 놀이를 이어가고 있고, 세 마리(새끼 두 마리와 수컷 성체 한 마리)가 사물을 사용하여 곡예하듯이 놀고 있다. 이렇게 사물을 가지고 노는 형태는 사회적·운동-회전적·집단적[(a)와 같이 셋 이상이 참여] 놀이로 정의될 수도 있다.
사진 출처: Elisabetta Palagi.

독 운동회전 놀이에 대해 출간된 소수의 양적 연구에 대해 논의할 것이다. SLR 놀이는 사회적 놀이 전에 나타나는 서곡과 같은 역할을 하는 것으로 보인다. 마지막으로 성체의 행동과 사회적 유능성의 발판이 되는 미성숙한 **사회적 놀이**의 중요성에 대해 개관하는 것으로 결론을 맺을 것이다.

단독 사물놀이와 인지발달에의 시사점

탐색, 도구 사용, 사물놀이는 모두 동물이 물건을 가지고 하는 행동들이다. 각각의 행동 구성요소가 명확하지 않기 때문에 사물놀이는 탐색이나 도구 사용과 혼동될 수 있다(Ramsey & McGrew, 2005). 그러나 탐색과 도구 사용, 그리고 사물놀이는 각각의 다양한 기능과 행동 순서 양식을 고려할 때 잠정적으로 구분이 가능하다.

동물들은 **탐색**을 통해 자신이 살고 있는 환경에 대한 정보를 얻고 불확실성을 감소시킨다. 탐색의 명백한 목적은 새로운 사물이나 상황에 대해 친숙해지는 것이며, 그것에 대해 더 많이 알게 되면서 생기게 되는 이점을 취하고자 하는 것이다(Power, 2000). 그러므로 진화론적 관점에서 볼 때 탐색은 생존적 기능(예: 먹이 찾기, 천적으로부터의 도피, 학습에 대한 자극, 효과적인 환경 활용) 때문에 자연 선택된 **수용기**(receptor) 활동이다. 조작적 관점에서의 탐색은, (1) 다양한 감각기가 관여된 지속적이고 정형화된 행동으로 구성되어 있고, (2) 시간이 지날수록 줄어드는 경향이 있으며, (3) 동물행동학적 과정인 **습관화**(habituation)에 둔감하다. 동물은 보통 새로운 사물에 익숙해지기 전까지는 매우 조심스럽게 접근한다. 동물들은 처음 접근할 때 새로운 사물에 즉각적이고 빠르게 반응할 수 있도록 신체는 예민하고 긴장되어 있으며, 생리적 변화 및 심박수와 호흡의 변화가 나타난다. Lorenz(1956)는 큰 까마귀들이 새로운 사물을 발견하면 하늘 높이 날아올라 그 사물에 접근하기 전까지 긴 시간 동안 바라본다는 것을 관찰하였다. 중앙 에티오피아 고원 깊은 협곡의 고지대 초원에서만 발견되는 긴꼬리원숭이과의 한 종인 겔라다개코원숭이(Theropithecus gelada)들은 새로운 사물에 친숙해지기 위해서는 적어도

3단계가 필요하다. 어린 겔라다개코원숭이와 어른 겔라다개코원숭이는 자신들의 영역에서 새로운 돌이 발견되면 우선 일정한 거리에서 눈으로만 관찰한 다음, 냄새를 맡고 만져 본다. 그리고 마지막으로 입에 넣어 보고 다루기 시작한다(Palagi의 개인적 관찰결과). 일반적으로 영장류들이 새로운 사물을 접할 때 3단계를 거치지 못하면 내적 동기의 갈등을 경험하고는 긁기나 자갈 파기, 또는 자기 털 손질과 같은 자기지시적(self-directed) 행동을 수행하기 시작하는데, 이는 보통 영장류의 불안에 대한 행동적 지표로 생각된다(Norscia & Palagi, 2011; Troisi, 2002).

사물놀이(object play)는 동물의 탐색 단계에 뒤따르는데, 이는 기능적·조작적 차원에서의 탐색과는 다르다. 일반적으로 동물들은 동종의 동물과 놀기를 좋아하는데, 이는 무생물인 사물에 비해 **살아 있는 놀이 친구**가 더 다양한 피드백을 제공하기 때문이다. 그러나 놀이 친구가 없을 때 사물을 가지고 혼자 노는 것은 좋은 대안이 될 수 있고, 유용한 행동 특질의 발달로 이어질 수 있다. 예를 들어, 야생의 어린 침팬지가 막대기를 가지고 노는 것에서 성차가 발견되었다. 수컷들에 비해 암컷들은 초보적인 인형놀이를 떠올리게 하는 방법으로 막대기를 가지고 노는 경향이 잦은데, 이는 어린 여자아이들의 행동과 매우 비슷하다. Kahlenberg와 Wrangham(2010)은 이러한 암컷의 놀이 형태가 새끼 돌보기에 관한 암컷의 내재된 흥미와 관련이 있을 것이라고 주장하였는데, 막대를 나르는 놀이는 일종의 엄마역할놀이(play-mothering)인 셈이다.

사물놀이를 하는 동안에 동물들은 자신들이 대처해야 하는 새롭고 불확실하며 도전적인 상황을 만드는 데 사물을 활용한다(Špinka, Newberry, & Bekoff, 2001). 이는 놀이 주체가 운동/인지 능력에 대해 스스로 평가하고 개선할 수 있기 때문에 자기보상적이다. 이런 의미에서 사물놀이는 하나의 **실행기**(effector) 활동이다. 인간과 유사한 영장류인 보노보(Pan paniscus)를 통해 불확실성을 만들어 내기 위해 사물을 사용하는 가장 명확한 예 하나를 살펴볼 수 있다. 보노보들은 눈을 가린 채 수평으로 뻗은 가지 위에서 떨어지지 않도록 균형을 잡고 걸어 다니며 논다. 이들은 **장님놀이**(blind man's bluff game)를 하는 동안에 친구를 잡으려고 하면서 큰 나뭇잎이나 천으로 눈을 가린다(Palagi의 개인적 관찰결과). 따라서 동물들은 자신들이 새롭게 대처하고 스스로 불리한 상황을 만드는 수단으로 사물을 활용한다.

사물놀이를 하는 동안에 사물을 핥거나, 당기거나, 흔들거나, 쫓아가거나, 던지거나, 되찾아 오기도 하고, 빠르게 반복하기도 하는 등 단순하고 독특한 순서로 이루어지지만, 명확한 단기 기능적 목적은 없다. 사물놀이는 장기간의 순차적 구조를 가지는데, 이는 사물 탐색과는 다르다. 사실 일반적으로 동물이 사물놀이를 하는 동안에 어떠한 고통의 신호도 보이지 않는다. 오히려 동물은 편안한 기분으로 사물에 접근하는데, 이러한 점은 놀이 맥락이 상대적으로 안전한 상황임을 시사한다.

한 동물이 다른 사물의 형태나 위치, 상태를 바꾸기 위해 주변의 사물을 조작하는 경우에 우리는 **도구 사용**(tool use; Beck, 1980)에 대해 이야기해 볼 수 있다. 도구 사용이 벌거숭이두더지쥐(Shuster & Sherman, 1998)부터 부엉이(Levey, Duncan, & Levins, 2004)까지 이르는 종들과 인간을 제외한 영장류에서 나타나는 것으로 알려져 있지만, 사육동물이나 야생동물 모두에서 도구 사용에 대한 좋은 예를 찾을 수 있다. 일부 영장류는 어떤 순간에 어떤 도구를 사용해야 하는지 잘 알고 있다. 예를 들어, 흰목꼬리감기원숭이들은 견과를 깨는 데 필요한 돌망치를 선택할 때 도구의 고유한 특성을 고려한다(Visalberghi et al., 2009). 유인원 중 침팬지들은 도구를 사용하는 데 가장 뛰어난 능력을 가지고 있다(McGrew, 1992; Whiten et al., 2001). 최근 침팬지들이 먹이를 사냥하는 데 도구를 사용한다는 것이 관찰되었다(Huffman & Kalunde, 1993; Pruetz & Bertolani, 2007). 도구 끝을 뾰족하게 만들기와 같은 도구 제작은 몇 단계를 가지는 것으로 관찰되었다. 손질된 막대기를 탐색하거나 자극시키는 도구로 사용하기보다는 창과 같은 방법으로 사용한다. 사물놀이와는 반대로 도구 사용은 관찰자가 볼 때 분명하고 즉각적인 기능을 가진 목표지향적 행동이다.

어린 개체들의 사물놀이에 대한 진화론적 설명은 성체가 되었을 때 필요한 특정 행동에 대한 연습을 제공하는 역할에 초점을 맞추고 있다(Ramsey & McGrew, 2005). 성체들의 사물놀이는 기본적인 동작/인지 기술을 유지하는 데 도움을 주어 행동적 가소성을 유지하게 할 수 있다([그림 12-2] 참조). 사실 동물들의 나이와 관계없이 사물놀이는 새로운 환경적 자극이 발생할 때 잠재적으로 도움이 될 가능성이 있다. 돌 다루기는 이

[그림 12-2] 어른 암컷 침팬지가 물통을 가지고 노는 모습

사진 출처: Elisa Demuru.

런 주제에 재미있는 통찰을 제공해 준다.

돌 다루기: 단독 사물놀이에 대한 사례 연구

돌 다루기(Stone Handling: SH)는 상당히 정교한 조작 행위를 포함하는 독특한 형태의 단독 사물놀이인데, 한 개체가 혼자 있거나 또는 동종 개체가 가까이 있을 때 이를 수행할 수 있다(Huffman, 1984). 포획되어 개방적으로 사육되는 마카크원숭이 무리에서 SH가 세대를 거듭하며 문화적으로 전승된다는 점이 광범위하게 확인되었다(Huffman, Leca, & Nahallage, 2010; Nahallage & Huffman, 2008). 최근 Huffman과 동료들(2010)은 일본 검정 짧은꼬리원숭이들이 인간의 일부 놀이 형태에서 일어나는 것과 같은 SH 문화를 가지고 있다는 것을 발견하였다. 다른 연구 팀에서는 '독특한 수준의 SH 전통 군집'을 보여 주었다(Leca, Gunst, & Huffman, 2007). 저자들은 SH가 마카크원숭이 무리별로 빈도의 차이뿐 아니라 다른 행동 구조를 가지고 있으며, 각 무리별로 독특한 패턴군을 보이고 있음을 발견하였다(Leca et al., 2007). 이는 단독 사물놀이가 마카크원숭이 사이에서 문화적으로 계승되는 활동이며, 동물들이 새로운 형태의 행동을 학습하고 채택하는 수단임을 시사한다. **동작 훈련 가설**(motor training hypothesis)은 사물놀이가 신경근육계를 강화시킬 수 있음을 보여 준다(Bekoff & Byers, 1981; Byers & Walker, 1995;

Fairbanks, 2000). 사물놀이가 최고조에 달하는 시점은 신경분화의 기간 및 급속한 시냅스 생성 기간, 그리고 뇌활동의 정점 시기와 일치되는 것으로 보고되었다(Jacobs et al., 1995; Rakic, Bourgeois, Eckenhoff, Zecevic, Goldman-Rakic, 1986; Zecevic, Bourgeois, Rakic, 1989). 따라서 사물을 가지고 노는 것은 미세한 손놀림의 토대가 되는 신경 연결을 형성하는 역할을 할지도 모른다(Fairbanks, 2000; Nahallage & Huffman, 2007). 단독 놀이가 다양하게 일어나듯이, SH의 기본 기능은 행동 자체의 구조나 사회 및 환경적 맥락, 종의 특성, 행위 개체의 연령에 따라 변화한다(Nahallage & Huffman, 2007). 새로운 형태의 SH를 습득하는 것은 생후 5년 이하의 동물들에게서 볼 수 있다. 그러나 어린 시절 동안에 습득한 SH를 성인 개체도 여전히 연습한다. 최근에는 어린 개체의 신경-운동 발달은 SH를 통해 성인 개체의 기본적인 신경생리 경로 유지를 하게 되는 기능적 이동을 경험할 수 있다고 가정되었다.

일반적으로 성체의 SH는 미성숙한 개체의 그것에 비해 형태에서는 더 복잡하고 정교하지만 시간은 짧다. 성체의 SH는 더 집중적인 노력이 필요한데, 이는 성체들은 울타리 안의 다양한 장소에서 돌을 고른 뒤, 선호하는 장소에 옮겨 놓음으로써 자신의 SH 장소를 준비하는 사실을 관찰하면서 알 수 있다. 성체의 SH는 보통 모든 다른 사회적 활동을 하고 난 뒤, 오후에 일어난다(Nahallage & Huffman, 2007). Nahallage와 Huffman(2007)은 자신들의 발견을 성체들이 다른 개체들과 상호작용을 하면서 과부하가 된 후, 혼자 하는 활동에 집중하려는 욕구 때문에 일어나는 것으로 해석하였다. 그러나 성체 마카크원숭이가 보인 SH의 주된 기능은 신경생물학적 잠재력과 건강을 유지하는 것과 관련이 있는 것으로 보인다(Nahallage & Huffman, 2007). 인간과 마찬가지로 늙은 마카크원숭이도 기억 감퇴, 인지 손상, 그리고 전전두엽의 병리를 경험한다(Hof & Duan, 2001). 인간의 경우, 집중적인 정신 활동이나 여가 활동을 통해 뉴런이 퇴화하는 위험성을 감소시키는데(Verghese, Lipton, Hall, Kuslansky, & Katz, 2003), 이는 이러한 활동이 손상된 뇌 영역을 우회하는 새로운 뉴런 연결망의 성장을 자극하기 때문이다(Coyle, 2003). 인간과 인간이 아닌 영장류의 뇌 조직이 매우 유사하기 때문에(Hof & Duan, 2001) 이러한 조작적인 여가 활동은 다양한 영장류 군(taxa)에 속해 있는 성체에게

[그림 12-3] 아라시야마에 서식하는 일본 검정 짧은꼬리원숭이(Macaca fuscata)의 SH 단계:
(a) 돌 모으기와 (b) 돌 조작하기

사진 출처: Nahallage & Huffman.

[그림 12-4] 베렌티(Berenty, 남부 마다가스카르)에 사는 아동들이 SH를 하고 있는 모습

사진 출처: Elisabetta Palagi.

서 유사한 기능을 할 수도 있다(Nhallage & Huffman, 2007; [그림 12-3], [그림 12-4] 참조).

전반적으로 SH 놀이 활동이 단독으로 이루어지더라도 환경과 관련된 기능을 습득하고(유년기), 신경 활동을 양호한 수준으로 유지하기(성년기) 위한 중요한 수단일 수 있다.

단독 운동회전 놀이

동물의 놀이 행동에 대한 다수의 연구에서 매우 경시되는 주제인 운동회전 놀이 (Locomotor-Rotational play: LR play)는 두 가지의 서로 다른 범주로 구분된다. 여기에는 (1) 달리기, 뛰어오르기, 구르기, 돌기, 공중제비차기, 피루엣(pirouette)[2] 하기 등과 같은 활동에서 하게 되는 단독 운동회전 놀이(Solitary Locomotor-Rotational: SLR)와 (2) 각 개체가 서로 쫓아다니는 사회적 운동회전 놀이(social LR play)가 있다(Burghardt, 2005; Palagi, 2009; Power, 2000). SLR 놀이는 유제류,[3] 육식동물, 기각류,[4] 설치류 및 영장류에 포함된 몇 종의 유년기에 나타나고, 거의 모든 종에서 나이가 들어감에 따라 감소하는 경향이 있다(Byers, 1998). SLR 놀이는 해당 종과 관련된 기능이나 그 놀이가 발생하는 환경(지상, 나무 위, 물 속 등)에서 다양한 수준으로 변화할 수 있다. 유제류와 설치류, 영장류의 유년기에 SLR 활동이 더욱 복잡해지는데, 이는 근골격계가 최대로 발달하는 민감한 시기 동안에 더욱 빈번하다(Byers, 1998). 특히 영장류에게는 순서에 대한 완화된 반복, 다양한 상호작용, 그리고 혁신적인 행동 패턴도 SLR 놀이의 중요한 특징이자 적응적인 유연한 행동에 있어 필수적이다(Fedigan, 1972).

갑작스런 자극에 빠르게 반응하는 능력이나 불편한 자세에서 평형 상태를 다시 찾는 능력은 포식자에게서 도망치거나, 싸움에서 우위를 점하거나, 먹이를 사냥하는 것과 같은 다양한 상황에서 중요하다(Aldis, 1975; Špinka et al., 2001). 이러한 관점에서 피루엣 하기, 공중제비차기, 머리 돌리기/흔들기, 그리고 다른 패턴의 SLR 놀이는 즉각적이거나 지연된 신체적 유익으로 이어질 수 있다. 다시 말해, SLR 놀이가 복잡해질수록 그 동물에게 도움이 되는 점이 더 많아진다(Petrů, Špinka, Charvátová, & Lhota, 2008). 영장

---

2) 역자 주: 한 발을 축으로 빙글빙글 도는 동작
3) 역자 주: 소, 말과 같이 발굽이 있는 동물
4) 역자 주: 수중생활에 적응된 포유류(예: 강치, 해표, 바다사자, 해마)

류가 SLR 놀이를 할 때에는 자신에게 가장 불리한 조건이 될 수 있는 자세와 동작을 찾음으로써 극단적인 곡예 형태를 보인다. 이러한 놀이는 동물들의 장난기 가득한 얼굴 표정을 통해 알 수 있듯이 자기보상적인 것으로 보인다.

영장류의 SLR 놀이는 영아기와 청소년기에 더 빈번하게 나타나는 경향이 있는데, 간혹 성체가 되어서 나타나기도 한다. 예를 들어, 야생 침팬지들이 보이는 평균적인 피루엣 행동은 초기 유아기 때부터 나타나서 증가하다가 젖을 떼는 시기쯤에 안정기에 이르고, 후기 청소년기 이후에 거의 사라진다(Nishida & Inaba, 2009). 물론 이런 습성이 사춘기가 시작할 때 중단되지 않고 성체가 될 때까지 지속될 수도 있다. 사실 신체 훈련에는 지연된 보상이 있다는 것이 사실이지만, 이러한 효과가 운동을 멈추면 금세 사라지는 경향이 있으므로 영구적이지는 않다. 더 나아가, 곡예의 형태로 혼자 노는 것은 부수적이고 즉각적인 효과를 가질 수 있는데, 특히 보노보처럼 높은 수준의 사회성을 보이고, 상호 간의 신뢰 체계에 바탕을 두고 있는 종들에게는 더욱 그렇다.

사회적 놀이의 전조로서의 단독 운동회전 놀이: 보노보에 대한 사례 연구

많은 연구자는 모방이 의사소통 신호의 사회적 전달에 중요한 역할을 할 수 있고, 놀이의 일부가 될 수 있다고 주장한다(Miklósi, 1999 참조). 이러한 관점에서 볼 때, 한 개체가 다른 개체의 놀이를 관찰하면서 자신이 놀이에 참여하고 싶은 행동 성향과 동기가 증가할 수 있다. 성체 보노보들은 혼자 하는 활기찬 놀이 시간을 자주 가지는데, 이때 그들은 자신의 전정기관(귀의 가장 안쪽에 있는 내이에 위치한 감각기관으로서 움직임과 평형감각에 대한 주된 역할을 함)이 강력하게 자극을 받는 극단적인 곡예 동작을 시도한다(Palagi & Paoli, 2007). 모든 연령대에서 보노보는 주변 환경의 도움을 받아 매우 빠른 속도로 몸을 돌리면서 기어오르기, 뛰어오르기, 매달리기 및 피루엣을 즐긴다. 이들은 몇 미터에 걸친 땅 위에서 공중제비를 돌고, 짧고 빠르게 한바탕 뛰는 동작을 자주 번갈아 가며 한다(Palagi의 개인적 관찰결과). Špinka와 동료들(2001)은 불편한 상황에서 스스로 어려운 동작과 자세를 취하는 것은 그 개체가 놀이를 하고 싶은 의도가 있다는 좋은 전조로 여길 수 있다고 주장하였다. 2008년에 저자는 성체 보노보 사이에서 SLR 놀이의 사회적 기능에 대한 가설을 검증하고자 하였다. 성체 보노보들에게 있어 SLR 놀이가 (놀이 자체를 위한 놀이에서) 사회적 놀이 시간을 요청하는 데 중요한 역할을 한다면, 단독 놀이 시간 이후의 사회적 놀이의 빈도가 먹이 섭취, 이동, 털 손질과 같은 다른 종류의 자기지향적 행동 이후에 기록된 사회적 놀이의 빈도보다 더 높아야 한다. 저자는 보노보가 상대로부터 장난스러운 반응, 즉 놀이 자체를 위한 놀이를 이끌어 내기 위해 이러한 의사소통 전술(SLR 놀이)을 사용한다는 것을 발견하였다. 실제로 약 50% 정도는 단독 놀이 이후에 사회적 놀이로 이어지는 빈도를 보였다. 더 나아가, 사회적 놀이는 다른 자기지향적 행동보다 단독 놀이 다음에 더 빈번하게 일어나고, 특히 사회적 놀이 활동 바로 앞에 일어나는 단독 놀이 중 피루엣과 공중제비차기의 비율이 더 높았는데, 이는 동물들이 하는 놀이 패턴 중 스스로를 가장 불리한 조건에 처하도록 만드는 놀이 패턴이다. 실제로 동물은 빠르게 피루엣 동작을 할 때, 거리와 방향을 짐작하기 어렵기 때문에 정확하게 도약하거나 달릴 수가 없다. 관찰하는 개체는 다른 개체가 스스로 어려운 동작과 자세를 취하고 있을 때, 자신에게 해를 가하지 않을 것을 본능적으로 이해하고, 결과적으로 신호를 보내는 개체(sender)의 명랑한 기분이 관찰하는 개체에게도 전염되어 놀이에 참여하려는 행동 경향성을 부추긴다.

  기존의 행동 패턴을 변경하여 새로운 의사소통 신호를 만들거나 창안하는 유인원들의 역량은 보노보들이 단독 놀이를 정교하게 활용하는 것에 기반을 두는 것일 수 있다. Tomasello와 Call(1997)은 이러한 역량을 개체발생적 의식화(ontogenetic ritualization)라고 불렀는데, 이와 유사한 과정이 침팬지 무리에서도 발견되었다. 유년기의 침팬지들은 놀이 친구가 될 수 있는 상대를 철썩 때리는 것으로 한바탕 놀이를 시작한다. 놀이 시작 개체가 때리려고 팔을 드는 것으로 놀이 상호작용이 시작된다는 점을 놀이 상대 개체가 안다면 놀이 상대 개체는 동작의 첫 부분만으로도 놀이가 시작될 것임을 기대하게 된다. 놀이 시작 개체는 놀이 상대 개체가 기대하고 있음을 알게 되고는 팔을 들어 올리는 동작 자체만으로도 놀이에 참여할 반응을 끌어내기에 충분하다는 것을 깨닫게 된다. 그리고 이후에도 놀이를 이끌어 내기 위해 동일한 패턴을 사용하게 된다 (Tomasello, Gust, & Evans, 1990). 이와 유사한 메커니즘은 성체 보노보들에게서 관찰되는 피루엣/공중제비차기가 동종의 개체를 놀이로 불러들이기 위해 활용되는 것을 통해서도 설명할 수 있다. 개체발생적 의식화에 대한 대부분의 증거가 미성숙한 대상들에게서 보고되지만, 성체 유인원들도 동작의 인과관계를 이해하고, 그 기능을 예상하고, 결과적으로 의사소통 신호로서 변형된 동작을 사용할 수 있을 가능성이 크다. 몇 년 전에 저자의 연구팀은 유년기의 서부로랜드고릴라(western lowland gorilla)들 사이에서 유사한 결과를 발견하였는데, 이들은 보노보들에 대해 설명한 것과 동일한 방법으로 단독 놀이를 사용하였다(Palagi, Anonacci, & Cordoni, 2007). 그렇기 때문에 일부 영장류에서 단독 놀이는 사회적 놀이의 전조가 될 수 있다.

단독 놀이 동안의 얼굴 표정을 연구하는 이유

Darwin은 『인간과 동물의 감정 표현(The expression of the emotions in man and animals)』(1872)에서 처음으로 인간의 표정에 대한 명확한 설명과 자세한 분석을 제시하였다. Darwin(1872)은 인간의 표정은 다른 동물들의 얼굴 표정과 매우 유사하다고 강조하였다. 이러한 유사성은 우리 종의 공유된 유산을 나타내는데, 이는 인간과 다른 포유류 사이의 진화적 연속성을 뒷받침한다. 일부에 따르면, 미소 짓기와 같은 인간 표정의 기원은 인간이 아닌 영장류로 거슬러 올라간다(van Hooff & Preuschoft, 2003; de Waal, 2003). 영장류의 표정은 매우 정형화되어 있으며, 보수적인 특징을 갖기 때문에 연구자들은 관련 종들[예: 마카크원숭이(학명: Macaca); 겔라다개코원숭이(학명: Theropithecus. gelada); 침팬지(학명: Pan troglodytes); 보노보(학명: Pan paniscus)]에게서 구체적이며 유사한 얼굴 표정을 확인하였다. 얼굴 표정의 움직임에는 두 가지의 신경 해부학적 경로가 있다. 하나는 뇌간의 뇌교에 있는 얼굴 신경핵을 통한 경로인데, 이는 무의식적이고 정서적인 얼굴 표정을 통제한다. 다른 하나는 수의적 움직임을 통제하는

데, 주로 운동피질에 있는 표정 영역의 활동을 통해 이루어진다(Parr, Waller, & Fugate, 2005). 후자의 경우에는 개체의 정서 상태와 반드시 관련되지 않더라도, 수의적으로 얼굴 표정을 통제하는 능력을 지원한다.

영장류의 경우에는 놀이 동안(예: 놀이 표정)에, 그리고 복종의 상황(예: 이빨을 드러내 보이기)에서 몇몇 얼굴 표정이 관찰되었다. 이 표정들은 인간의 웃음과 미소에 상응하며 형태도 비슷하다고 가정되어 왔다(Preuschoft & van Hooff, 1995; de Waal, 2003; Waller & Dunbar, 2005). 놀이를 하는 얼굴 표정은 이런 표현의 상호작용적 특성 때문에 혼자 놀 때보다는 사회적 놀이를 할 때 보다 더 일반적이다. 그러나 유인원들은 혼자 놀 때도 놀이를 하는 얼굴 표정을 보인다. 원숭이들 사이에서 얼굴 표정은 일반적으로 고정되어 있는 반면, 인간과 유사한 유인원들은 다양한 수준의 표정을 보인다. 놀이 표정의 표현이 다양한 점은 대상들이 경험한 긍정 정서와 확실히 관련되어 있는 것 같다(Parr, 2003). 이 이론은 (침팬지와 유사한) 보노보들이 마카크원숭이나 흰목꼬리감기원숭이, 그리고 마모셋원숭이와는 달리 때때로 혼자 놀이를 하는 동안에 놀이 표정을 보이는 것을 통해 뒷받침되고 있다(van Hooff & Preuschoft, 2003; de Marco & Visalberghi, 2007). Van Hooff와 Preuschoft(2003)는 이러한 '사적 정서 표현'이 자기반성이나 자기인식에 대한 능력을 반영하는 것일 수 있다고 가정하였는데, 이는 사회적 의사소통 시 나타나는 더욱 복잡한 형태의 인지에 대한 전조다(p. 257). 최근 Pellis와 Pellis(2010)는 제프로이거미원숭이(Ateles geoffroyi)들 사이에서 놀이 신호나 표현이 자기조절 기능의 역할을 하는 것일 수 있다고 주장하였다. 이 영장류 종에서 머리를 흔드는 행동은 우호적인 사회적 접촉을 촉진하는 기능을 하고, 유년기 개체들이 싸움놀이를 하는 동안에 빈번하게 일어난다. 그러나 유년기 개체들은 단독 운동회전 놀이를 하는 중에도 머리를 흔든다. Pellis와 Pellis(2010)는 홀로 있는 상황에서 머리를 흔드는 동작에 대해 설명하기 위해 세 가지의 서로 다른 가설을 검증하였다. 이 가설에는, (1) 예상하지 못한 경험 가설, (2) 신호에 대한 미성숙한 오인 가설, (3) **무덤가를 지나면서 휘파람 불기**(whistling past the graveyard)[5] 가설이 있다. 놀이를 하는 중에 혼자 머리 흔들기가 유년기 전 즉, 초기 유아기에 가장 빈번하게 일어나기 때문에 '예상하지 못한 경험 가설'은 불충분한 것으

로 나타났다. 머리 흔들기가 정확히 같은 종을 향해 이루어지고, 조작하거나 입에 가져
다대는 무생물에 대해서는 그렇지 않기 때문에 '신호에 대한 미성숙한 오인 가설'도 부
적절하다. 두 가설 모두 성체에서 관찰되는 혼자 머리 흔들기가 발생하는 이유를 예측
하는 데 실패하였다. 데이터에 의해 가장 잘 입증된 가설은 **'무덤가를 지나면서 휘파람 불**
기' 가설이었는데, 이는 어떤 상황에 빠졌을 때 행동을 촉진하거나 자신감을 얻기 위해
머리 흔들기와 같은 자기지향적 행동을 하게 된다는 것이다. 이런 관점에서 볼 때, 어
떤 사람이 정서(긍정·부정 정서 모두)를 일으키는 단독 활동을 할 때 짓는 얼굴 표정은
자신의 정서적 항상성을 유지하는 데 효과적일 수 있다.

결론적으로 혼자 놀이를 하는 동안에 영장류의 얼굴 표정과 몸의 자세 및 움직임에
대한 체계적 연구는 동물의 정서와 인지에 대한 흥미로운 통찰을 제공해 주어 점차적
으로 **인류**(Homo sapiens)와 다른 포유류 종 사이의 미묘한 차이를 구분할 수 있을 것이
다(Darwin의 가르침).

어른 되기: 사회적 놀이의 중요성

영장류들에게 있어서 일반적으로 단독 놀이는 첫 번째로 나타나는 놀이 형태이
다(Fagen, 1981). 이어서 사회적 놀이가 출현하면서 단독 놀이를 대체하는 경향이
있는데, 중간 크기의 유인원들 사이에서는 생후 1년쯤에 그 빈도가 절정에 이른다
(Govindarajulu, Hunte, Vermeer, & Horrocks, 1993; Zucker & Clarke, 1992). 그러므로 개체
가 성숙해짐에 따라 놀이의 형태가 변한다.

영장류들에게 있어서 사회적 놀이에 대한 동기, 빈도, 협력과 관련된 신경 영역은 편
도체와 시상하부다. 편도체는 정서를 인지하고 만들어 내는 것과 관련이 있는데(예:
Adolphs, 1999), 여기에는 두려움, 분노, 그리고 불안이 포함된다(Adolphs et al., 2005;

---

5) 역자 주: 무서운 상황에서 괜찮은 척하려고 애쓰는 행동

Davis, 1992). 더욱이 편도체는 성체 영장류들의 성적 놀이를 조절하는 역할을 하는데, 이는 놀이의 진화 연구에 있어 잠재적인 중요성을 시사한다(Pellis & Iwaniuk, 2002).

시상하부와 다른 변연계 및 전전두피질의 연결을 고려하면 시상하부는 변연계의 매우 중요한 요소이고, 다른 변연계 체계나 신피질과 같은 전뇌 영역에서의 신경 활동을 조절한다(Lewis & Barton, 2006). Lewis와 Barton(2006)은 사회적 놀이 활동과 편도체 및 시상하부와의 진화론적 관련성을 발견하였다. 이러한 관련성은 혼자 하는 놀이에서는 나타나지 않고, 신체 크기와 뇌 크기를 통제한 후에도 나타나지 않기 때문에 연구자들은 편도체와 시상하부가 영장류의 사회적 놀이 활동과 유일하게 관련되는 신경 요소라고 주장하였다. 두개의 뇌 영역이 정서, 협동적 성향, 그리고 사회적 놀이를 조절하는 데 관련되어 있다는 더 많은 증거가 Rilling과 동료들(2012)의 데이터에서 나타났다. 그는 보노보와 침팬지의 사회적 인지를 뒷받침하는 신경 체계에 대해 연구했던 사람이다. 이 두 가지의 종은 6백만 년 전 쯤에 인간과 같은 조상에서 분화되었고(Goodman et al., 1998), 1~2백만 년 정도 전에 서로 나누어졌다(Becquet, Patterson, Stone, Przeworski, & Reich, 2007; Hey, 2010). 이들은 계통발생적으로 가까움에도 불구하고 사회적 행동에서 눈에 띄는 차이를 보이는데, 보노보는 성체의 놀이를 더 많이 보이고(Palagi, 2006, 2011; [그림 12-5] 참조), 사회성적 행동에 있어서 더 많은 다양성과 빈도(Paoli, Tacconi, Borgognini Tarli, & Palagi, 2007) 및 보다 높은 허용 수준(Hare & Kwetuenda, 2010; Hare, Melis, Woods, Hastings, & Wrangham, 2007)을 보인다. Rilling과 동료들(2012)은 보노보의 편도체와 시상하부가 침팬지와 비교하여 더 크다는 것을 발견하였다.

[그림 12-5] 싸움놀이 장면

성장기가 거의 끝난 암컷 링갈라가 어린 암컷인 나엠비의 손을 물면서 놀고 있다.

사진 출처: Elisa Demuru.

편도체와 시상하부 영역은 사춘기 동안

에 일어나는 변화에 민감하다. 예를 들어, 이 영역의 성적 분화는 생식선 호르몬의 급증과 관련이 있는데, 이는 부분적으로 놀이 행동 그 자체가 일어나는 것에 기인하는 것일 수 있다. 이러한 놀이 행동의 발생은 생식선 호르몬에 차례로 반응하여 어른이 되기 전에 뇌 발달에 영향을 미친다(Lewis & Barton, 2006). 이러한 관점에서 볼 때, 유년기 동안 또래와 사회적 놀이를 하는 것은 영장류의 뇌 발달과 사회적 기능의 획득에 매우 중요한 것으로 보인다. 그러나 미성숙한 사회적 놀이가 어떻게 성체의 사회적 기능을 증가시키는가? 다시 말해, 유년기 놀이의 독특하고 장기적인 이득은 무엇인가?

짧은 시간이라도 또래와 사회적 놀이 활동에 참여하는 기회는 유년기 개체가 사회적으로 무능하게 되는 것을 막아 준다는 증거가 있다(Herman, Paukner, & Suomi, 2011). 예를 들어, 생후 첫 1년 동안 사회적 접촉을 제거 당한 히말라야원숭이들은 사회적 경험이 있는 원숭이들과 함께 놀 기회를 가지는 치료를 받게 되면 일반적인 부류의 행동을 발달시킬 수 있다(Novak & Harlow, 1975; Suomi & Harlow, 1972).

설치류를 대상으로 한 놀이 박탈 실험에서도 유사한 결과가 나타났다. 같은 종의 유년기 쥐 두 마리를 바로 옆에서 서로 보고, 냄새를 맡고, 가까이 앉아 있을 수 있도록 철망으로 분리해 놓으면 이 쥐들 역시 완전히 고립된 것과 같은 결핍을 보인다. 더군다나 잘 놀지 않는 또래 쥐와 오랜 기간 동안 산 정상적인 유년기 쥐들은 이후에 사회적 기능에 손상을 입었다. 이 자료들은 일반적인 사회적 접촉의 부족이 아닌, 놀이 참여 기회의 부족이 동물의 사회적 기능에서 중요한 결핍을 가져온다는 증거를 강력하게 제시하고 있다(Pellis & Pellis, 2009). 그리고 이러한 현상은 쥐들에게만 국한되는 것이 아니다. 상대방과 자주 놀이를 하지 않는 수줍은-불안한 아동(shy-anxious children) 역시 사회적으로 미숙한 경향이 있다는 것을 보여 주는 대규모의 연구가 있다(Bohlin, Hagelkull, & Andersson, 2005; Stewart & Rubin, 1995; Weeks, Coplan, & Kingsbury, 2009; 자세한 내용은 Coplan과 Ooi가 저술한 이 책의 1권 7장 참조).

사회적 놀이는 단기적인 이득도 제공하는데, 이에 대해 영장류와 설치류로부터 수집된 데이터가 있다. 영장류와 설치류에 대한 최근의 연구들에서 가벼운 스트레스와 사회적 놀이 간의 관련성이 입증되었다(Antonacci, Norscia, & Palagi, 2010; Klein, Padow, &

Romeo, 2010; Palagi, Cordoni, & Borgognini Tarli, 2004; Plalagi, Paoli, & Borgognini Tarli, 2006; Palagi, Antonacci, & Cordoni, 2007; Pellis & Pellis, 2009). 예를 들어, 쥐들을 짧은 시간 동안 격리시켰다가 다른 쥐들과 함께 두면 사회적 놀이의 양이 증가한다. 더 나아가, 실험 연구에서 부신피질자극호르몬(ACTH, 스트레스 관련 호르몬)을 주입한 쥐들이 염류를 주입한 쥐들에 비해 놀이 수준이 증가되었다는 결과가 나타났으며, 이는 적당량의 스트레스나 불안이 사회적 놀이를 증가시킨다는 주장을 뒷받침한다(Pellis & Pellis, 2009). 따라서 먹이 앞에서, 곧 있을 불안에 대처하기 위해 영장류들은 먹이 분배 이전에 놀이 수준을 증가시킨다. 게다가, 먹이를 먹기 전에 놀이를 하는 두 마리는 먹이 주변에서 높은 수준의 인내력을 보인다(Palagi et al., 2004, 2006). 사회적 놀이는 단기간의 수준에서 동물들의 긴장을 사라지게 도와줌으로써 가벼운 스트레스 상태에 대처하는 전략적인 도구에 해당하는 것으로 보인다. 이는 스트레스에 의해 놀이가 억제된다는 일반적인 관점을 고려할 때, 놀이가 오히려 스트레스를 조절하는 것으로 보일 수 있다는 점에서 특히 흥미롭다.

놀이의 개체 발생론: 인간과 침팬지의 비교

사회적 놀이는 인간을 포함한 많은 포유류의 어린 개체들이 보이는 행동 중 기본적인 요소이고, 사회적 놀이의 발달 과정(시작, 절정, 상쇄)은 미성숙 기간의 연장과 어우러져 발달되어 왔다(Fairbanks, 2000; Pellis & Iwaniuk, 2000). 사회적 놀이는 먼저 어미와 새끼 사이에서 경험된다(Biben & Suomi, 1993; MacDonald & Parke, 1984). 까꿍놀이(peekaboo)는 인간에게서 볼 수 있는 전형적인 엄마-아기 놀이인데, 유인원들도 어린 새끼를 흔들기, 던지기를 포함한 다른 종류의 행동을 보인다(Pellis & Pellis, 2009). 놀이를 통한 어미-새끼의 상호작용은 어린 새끼들이 이후에 또래와의 상호작용에서 완전해질 놀이 활동을 해내는 방법을 학습할 좋은 출발점을 보여 준다(Tomasello et al., 1990; Tamis-LeMonda & Bornstein, 1993). 보다 나이가 든 미성숙한 영장류들(유년기 개체들과 성장기가 거의 끝난 개체들)의 사회적 놀이는 개별 개체들 사이에서 서열관계를 확립하는 기능도 한다(Paquette, 1994). 개체들은 싸움놀이를 통해서 집단 구성원의 강함과 약함에 대한 정보를 얻는다(침팬지들, Paquette, 1994; 인간, Pellegrini, 1995). 침팬지와 인간은 계통발생적 유사함과 오래 지속되는 미성숙 시기 때문에(Burghardt, 2005; Palagi, 2007; Pellegrini et al., 2007; Power, 2000) 놀이 발달 경로가 비슷하다.

침팬지들의 놀이를 통해 개체발생론에 대한 연구로 우리는 영아기와 유년기 모두에서 사회적 놀이가 단독 놀이보다 확실히 더 빈번하게 일어난다는 것을 발견하였다. 영아기 침팬지들은 유년기 침팬지들보다 단독 놀이에 더 빈번하게 참여했지만, 사회적 놀이는 이 두 연령대 사이에서 차이가 없었다. 단독 놀이에 대한 연구결과는 인간 아동들로부터 얻은 데이터와 일치한다(Cordoni & Palagi, 2011). 같은 연령대인 서로 다른 종을 비교하는 것은 주의깊게 이루어져야 하지만, 영아기(29.27%) 및 유년기(14.45%) 침팬지들의 단독 놀이 비율과 0~3세(17~23%) 및 3~6세(17%)의 단독 놀이의 비율 사이에는 각각 공통점이 있다(Rubin, Maioni, & Hornung, 1976; Rubin, Watson, Jambor, 1978). 이 두 종에서 발견된 단독 놀이의 나이 분포가 좁은 것에 대해 그럴 듯한 설명이 있다. 인간과 침팬지 모두에서 단독 놀이는 운동-회전 형태의 동작이 발달을 크게 변화시킬 수 있는 민감성이 높은 기간에 일어난다.

사회적 놀이 활동에 초점을 맞추면 아동들과 미성숙한 침팬지들의 행동적 공통점은 사라진다. 아동들은 학령기 전 시기에 단독 놀이에서 사회적 놀이로 행동을 전환하지만(Pellegrini, 2009), 침팬지들의 사회적 놀이는 영아기(0~3세)부터 유년기(4~7세)까지의 넓은 연령대에 걸쳐 지속적으로 일어난다. 그러나 사회적 놀이에 한해서 싸움놀이(또는 난투, Rough and Tumble: R&T)를 고려하면 인간과 침팬지 사이의 두드러진 유사성이 발견된다. Scott과 Panksepp(2003)는 저자들의 연구결과와 동일하게 아동들이 적어도 7세가 될 때까지 R&T 놀이가 안정적으로 이어진다고 주장하였다.

R&T에서 놀이 친구 선택에 초점을 맞추어 연구한 결과, 저자들은 침팬지들이 또래 없이 놀기보다는 또래를 놀이에 자주 불러들인다는 것을 발견하였고, 따라서 유사한 크기의 개체들과 함께 놀이에 참여하는 것을 선호한다고 주장하였다. 유년기 침팬지들

이 어린 새끼들과 놀 때, 스스로 불리한 입장에 서거나, 상호 간의 역할 수행을 촉진하거나, 사용되는 패턴의 종류를 제한해야 한다. 이런 이유로 유년기 침팬지들에게 있어 어린 새끼들과 노는 것은 충분히 흥미를 돋우지 않고, 한편으로 어린 새끼들에게 있어 유년기 침팬지들과 노는 것은 매우 위험한 일이다(Mendoza-Granados & Sommer, 1995). 실제로 침팬지들에게 있어 R&T의 기능은 다양한 발달 단계에 따라 달라진다. 어린 새끼의 R&T는 사회화와 운동-인지 발달을 돕는 역할을 하지만(Power, 2000), 유년기에는 지배관계 확립과 직접적으로 관련된 경쟁적 요소도 포함된다(Paquette, 1994; Pellegrini, 2002; Pellegrini & Smith, 1998). 인간에게 있어서 약 10~11세까지의 대부분의 R&T는 재미와 즐거움을 위한 것이다. 영아기 동안에 R&T는 진짜 싸움으로 바뀔 수도 있는데, 이는 이 특정 연령대의 특징인 놀이 능력의 부족 때문이다(Humpreys & Smith, 1987). 반대로 인간 청소년들의 R&T는 공격과 정적 상관이 있고 사회적 선호와 부적 상관이 있는데, 이는 싸움놀이가 앞으로 실제 경쟁을 하는 동안에 우위를 점할 때 사용될 수 있는 강력한 경쟁적 요소를 포함하고 있다는 것을 보여 준다(Pellegrini, 1995).

결론적으로 인간과 같이 침팬지들의 놀이는 개체발생적 경로에 걸쳐 양적으로나 질적으로 모두 큰 변화를 보여 주는데, 이는 침팬지의 놀이가 발달 단계에 따라 다양한 기능을 할 수 있다는 것을 제시한다. 우리와 가장 가까운 살아 있는 친척이 사회적 놀이에서 아동과 강력한 유사성을 공유한다는 사실은 인간 놀이의 개체발생적 경로가 문화적 요소에 의해 형성된 것뿐만 아니라, 생물학적인 뿌리를 가지고 있으며, 프로그램화되어 있음을 보여 준다.

참고문헌

Adolphs, R. (1999). The human amygdala and emotion. *Neuroscientist, 5*, 125-137.

Adolphs, R., Gosselin, F., Buchanan, T. W., Tranel, D., Schyns, P., & Damasio, A. R. (2005). A mechanism for impaired fear recognition after amygdala damage. *Nature, 433*, 68-72.

Aldis, O. (1975). *Play fighting.* New York: Academic Press.

Antonacci, D., Norscia, I., & Palagi, E. (2010). Stranger to familiar: Wild strepsirhines manage xenophobia by playing. *PloS One, 5*(10), e13218.

Beck, B. B. (1980). *Animal tool behavior: The use and manufacture of tools by animals.* New York: Garland STPM.

Becquet, C., Patterson, N., Stone, A. C., Przeworski, M., & Reich, D. (2007). Genetic structure of chimpanzee populations. *PLoS Genetics, 3,* 66.

Bekoff, M. (2001). Social play behaviour: Cooperation, fairness, trust, and the evolution of morality. *Journal of Consciousness Studies, 8,* 81-90.

Bekoff, M., & Byers, J. A. (1981). A critical reanalysis of the ontogeny and phylogeny of mammalian social and locomotor play. In K. Immelmann, G. W. Barlow, L. Petrinovich, & M. Main (Eds.), *Behavioral development* (pp. 296-337). Cambridge, MA: Cambridge University Press.

Biben, M., & Suomi, S. J. (1993). Lessons from primate play. In K. MacDonald (Ed.), *Parent-child play: Descriptions and implications* (pp. 185-196). Albany: State University of New York Press.

Bohlin, G., Hagekull, B., & Andersson, K. (2005). Behavioral inhibition as a precursor of peer social competence in early school age: The interplay with attachment and nonparental care. *Merrill-Palmer Quarterly, 51,* 1-19.

Breuggeman, J. A. (1978). The function of adult play in free-ranging Macaca mulatta. In E. O. Smith (Ed.), *Social play in primates* (pp. 169-191). New York: Academic Press.

Burghardt, G. M. (2005). *The genesis of animal play: Testing the limits.* Cambridge, MA: MIT Press. 500pp.

Burghardt, G. M. (2011). Defining and recognizing play. In A. D. Pellegrini (Ed.), *The Oxford handbook of the development of play* (pp. 9-18). New York: Oxford University Press.

Byers, J. A. (1998). Biological effects of locomotor play: Getting into shape, or something more specific? In M. Bekoff & J. A. Byers (Eds.), *Animal play-Evolutionary, comparative and ecological perspectives* (pp. 205-220). Cambridge, UK: Cambridge University Press.

Byers, J. A., & Walker, C. (1995). Refining the motor training hypothesis for the evolution of play. *American Naturalist, 146,* 25-40.

Candland, D. G., French, D. K., & Johnson, C. N. (1978). Object play: Test of a categorize model by the genesis of object play in macaca fuscata. In E. O. Smith (Ed.), *Social play in primates* (pp. 259-296). New York: Academic Press.

Cordoni, G. (2009). Social play in captive wolves (Canis lupus): Not only an immature affair. *Behavior, 146,* 1363-1385.

Cordoni, G., & Palagi, E. (2011). Ontogenetic trajectories of chimpanzee social play: Similarities with humans. *PLoS One, 6*(11), e27344.

Coyle, J. T. (2003). Use it or lose it–do effortful mental activities protect against dementia? *New England Journal of Medicine, 348,* 2489-2490.

Darwin, C. (1872). *Expression of the emotions in man and animals.* London: Murray.

Davis, M. (1992). The role of the amygdala in fear and anxiety. *Annual Review of Neuroscience, 15,* 353-375.

Dolhinow, P. (1999). Play: A critical process in the developmental system. In P. Dolhinow & A. Fuentes (Eds.), *The nonhuman primates* (pp. 231-236). Mountain View, CA: Mayfield.

Fagen, R. (1981). *Animal play behavior.* New York: Oxford University Press.

Fairbanks, L. A. (2000). The developmental timing of primate play: A neural selection model. In S. T. Parker, J. Langer, & M. L. McKinney (Eds.), *Biology, brains, and behavior: The evolution of human development* (pp. 211-219). Santa Fe, NM: School of American Research Press.

Fedigan, L. (1972). Social and solitary play in a colony of vervet monkeys (Cercopithecus aethiops). *Primates, 13,* 347-364.

Goodman, M., Porter, C.A., Czelusniak, J., Page, S. L., Schneider, H., Shoshani, J., et al. (1998). Toward a phylogenetic classification of primates based on DNA evidence complemented by fossil evidence. *Molecular Phylogenetics and Evolution, 9,* 585-598.

Govindarajulu, P., Hunte, W., Vermeer, L. A., & Horrocks, J. A (1993). The ontogeny of social play in a feral troop of vervet monkeys (Cercopithecus aethiops sabaeus): The function of early play. *International Journal of Primatology, 14,* 701-719.

Hare, B., & Kwetuenda, S. (2010). Bonobos voluntarily share their own food with others. *Current Biology, 20*, R230-R231.

Hare, B., Melis, A. P., Woods, V., Hastings, S., & Wrangham, R. (2007). Tolerance allows bonobos to outperform chimpanzees on a cooperative task. *Current Biology, 17*, 619-623.

Herman, K. N., Paukner, A., & Suomi, S. J. (2011). Gene × environment interactions and social play: Contributions from rhesus macaques. In A. Pellegrini (Ed.), *The Oxford handbook of the development of play* (pp. 58-69). New York: Oxford University Press.

Hey, J. (2010). The divergence of chimpanzee species and subspecies as revealed in multipopulation isolation-with-migration analyses. *Molecular Biology and Evolution, 27*, 921-933.

Hof, P. R., & Duan, H. (2001). Age-related morphological alteration in the brain of old world and new world anthropoid monkeys. In P. R. Hof & C. V. Mobbs (Eds.), *Functional neurobiology of aging* (pp. 435-445). San Diego, CA: Academic Press.

van Hooff, J. A., & Preuschoft, S. (2003). Laughter and smiling: The intertwining of nature and culture. In F. B. M. de Waal & P. L. Tyack (Eds.), *Animal social complexity: Intelligence, culture, and individualized societies* (pp. 260-287). Cambridge, MA: Harvard University Press.

Huffman, M. A. (1984). Stone-play of macaca fuscata in Arashiyama B troop: Transmission of a non-adaptive behavior. *Journal of Human Evolution, 13*, 725-735.

Huffman, M. A., & Kalunde, M. S. (1993). Tool-assisted predation on a squirrel by a female chimpanzee in the Mahale Mountains, *Tanzania. Primates, 34*, 93-98.

Huffman, M. A., Leca, J. B., & Nahallage, C. A. D. (2010). Cultured Japanese macaques: A multidisciplinary approach to stone handling behavior and its implications for the evolution of behavioral traditions in nonhuman primates. In N. Nakagawa, M. Nakamichi, & H. Sugiura (Eds), *The Japanese Macaques* (pp. 191-219). Tokyo: Springer.

Huffman, M. A., & Quiatt, D. (1986). Stone handling by Japanese macaques (Macaca fuscata): Implications for tool use of stone. *Primates, 27* 413-423.

Humpreys, A. P., & Smith, P. K. (1987). Rough-and-tumble play, friendship, and dominance in school children: Evidence for continuity and change with age. *Child Development, 58,* 201 212.

Jacobs, B., Chugani, H. T., Allada, V., Chen, S., Phelps, M. E., Pollack, D.B., et al. (1995). Developmental changes in brain metabolism in sedated rhesus macaques and vervet monkeys revealed by positron emission tomography. *Cerebral Cortex, 5*(3), 222-233.

Kahlenberg, S. M., & Wrangham, R. W. (2010). Sex differences in chimpanzees' use of sticks as play objects resemble those of children. *Current Biology, 20,* R1067-R1068.

Klein, Z. A., Padow, V. A., & Romeo, R. D. (2010). The effects of stress on play and home cage behaviors in adolescent male rats. *Developmental Psychobiology, 52,* 62-70.

Leca, J. B., Gunst, N., & Huffman, M. A. (2007). Japanese macaque cultures: Inter-and intra-troop behavioral variability of stone handling patterns across 10 troops. *Behavior, 144,* 251-281.

Levey, D. J., Duncan, R. S., & Levins, C. F. (2004). Use of dung as a tool by burrowing owls. *Nature, 431,* 39.

Lewis, K. P., & Barton, L. R. A. (2006). Amygdala size and hypothalamus size predict social play frequency in nonhuman primates: A comparative analysis using independent contrasts. *Journal of Comparative Psychology, 120,* 31-37.

Lorenz, K. Z. (1956). Plays and vacuum activities. In M. Autuori (Ed.), *L'Instinct dans le Comportment des Animax et de L'Homme* (pp. 633-646). Paris, France: Masson.

MacDonald, K. B., & Parke, R. D. (1984). Bridging the gap: Parent-child play interactions and peer interactive competence. *Child Development, 55,* 1265-1277.

de Marco, A., & Visalberghi, E. (2007). Facial displays in young tufted capuchin monkeys (Cebus apella): Appearance, meaning, context and target. *Folia Primatologica, 78,* 118-137.

Martin, P., & Caro, T. M. (1985). On the functions of play and its role in behavioral development. *Advance Study of Behavior, 15,* 59-103.

McGrew, W. C. (1992). *Chimpanzee material culture: Implications for human evolution.*

Cambridge, UK: Cambridge University Press.

Mendoza-Granados, D., & Sommer V. (1995). Play in chimpanzees of the Arnhem zoo: Self-serving compromises. *Primates, 36*, 57-68.

Miklósi, A. (1999). The ethological analysis of imitation. *Biological Reviews, 74*, 347-374.

Nahallage, C. A. D., & Huffman, M. A. (2007). Age-specific functions of stone handling, a solitary-object play behavior, in Japanese macaques (Macaca fuscata). *American Journal of Primatology, 69*, 267-281.

Nahallage, C. A. D., & Huffman, M. A. (2008). Comparison of stone handling behavior in two macaque species: Implication for the role of phylogeny and environment in primate cultural variation. *American Journal of Primatology, 70*, 1124-1132.

Nishida,T., & Inaba, A. (2009). Pirouettes: The rotational play of wild chimpanzees. *Primates, 50*, 333-341.

Norscia, I., & Palagi, E. (2011). Scratching around stress: Hierarchy and reconciliation make the difference in wild brown lemurs (Eulemur fulvus). *Stress, 14*, 93-97.

Novak, M. A., & Harlow, H. F. (1975). Social recovery of monkeys isolated for the first year of life: I. Rehabilitation and therapy. *Developmental Psychology, 11*, 453-465.

Palagi, E. (2006). Social play in bonobos (Pan paniscus) and chimpanzees (Pan troglodytes): Implications for natural social systems and interindividual relationships. *American Journal of Physical Anthropology, 129*, 418-426.

Palagi, E. (2007). Play at work: Revisiting data focussing on chimpanzees (Pan troglodytes). *Journal of Anthropological Science, 85*, 153-164.

Palagi, E. (2009). Adult play fighting and potential role of tail signals in ringtailed lemurs (Lemur catta). *Journal of Comparative Psychology, 123*, 1-9.

Palagi, E. (2011). Playing at every age: Modalities and potential functions in non-human primates. In A. Pellegrini (Ed.), *The Oxford handbook of the development of play* (pp. 70-82). New York: Oxford University Press.

Palagi, E., Antonacci, D., & Cordoni, G. (2007). Fine-tuning of social play by juvenile lowland gorillas (Gorilla gorilla gorilla). *Developmental Psychobiology, 49*, 433-445.

Palagi, E., Cordoni, G., & Borgognini Tarli, S. M. (2004). Immediate and delayed benefits of play behavior: New evidence from chimpanzees (Pan troglodytes). *Ethology, 110,* 949–962.

Palagi, E., & Paoli, T. (2007). Play in adult bonobos (Pan paniscus): Modality and potential meaning. *American Journal of Physical Anthropology, 134,* 219–225.

Palagi, E., Paoli, T., & Borgognini Tarli, S. (2006). Short-term benefits of play behavior and conflict prevention in Pan paniscus. *International Journal of Primatology, 27,* 1257–1270.

Paoli, T., Tacconi, G., Borgognini Tarli, S., & Palagi, E. (2007). Influence of feeding and short-term crowding on the sexual repertoire of captive bonobos (Pan paniscus). *Annales Zoologici Fennici, 44,* 81–88.

Paquette, D. (1994). Fighting and play fighting in captive adolescent chimpanzees. *Aggressive Behaviour, 20,* 49–65.

Parr, L. A. (2003). The discrimination of faces and their emotional content by chimpanzees (Pan troglodytes). *Annals of the New York Academy of Sciences, 1000,* 56–78.

Parr, L. A., Waller, B. M., & Fugate, J. (2005). Emotional communication in primates: Implications for neurobiology. *Current Opinion in Neurobiology, 15,* 716–720.

Pellegrini, A. D. (1995). A longitudinal study of boy's rough-and-tumble play and dominance during early adolescence. *Journal of Applied Developmental Psychology, 16,* 77–93.

Pellegrini, A. D. (2002). The development and possible function of rough-and-tumble play. In C. H. Hart & P. K. Smith (Eds.), *Handbook of social development* (pp. 438–454). Oxford, UK: Blackwell.

Pellegrini, A. D. (2009). *The role of play in human development.* New York: Oxford University Press.

Pellegrini, A. D., Dupuis, D., & Smith, P. K. (2007). Play in evolution and development. *Developmental Review, 27,* 261–276.

Pellegrini, A. D., & Smith, P. K. (1998). Physical activity play: The nature and function of a neglected aspect of play. *Child Developmental, 69,* 577–598.

Pellis, S. M., & Iwaniuk, A. N. (2000). Comparative analyses of the role of postnatal development on the expression of play fighting. *Developmental Psychobiology, 36,* 136-147.

Pellis, S. M., & Iwaniuk, A. N. (2002). Brain system size and adult-adult play in primates: A comparative analysis of the non-visual neocortex and the amygdala. *Behavioural Brain Research, 134,* 31-39.

Pellis, S. M., & Pellis, V. C. (1996). On knowing it's only play: The role of play signals in play fighting. *Aggression and Violent Behavior, 1,* 249-268.

Pellis, S. M., & Pellis, V. C. (2009). *The playful brain: Venturing to the limits of neuroscience.* Oxford, UK: Oneworld Publications.

Pellis, S. M., & Pellis, V. C. (2010). To whom the play signal is directed: A study of headshaking in black-handed spider monkeys (Ateles geoffroyi). *Journal of Comparative Psychology, 125,* 1-10.

Petrů, M., Špinka, M., Charvátová, V., & Lhota, S. (2008). Revisiting play elements and self-handicapping in play: A comparative ethogram of five old world monkey species. *Journal of Comparative Psychology, 123,* 250-263.

Poirier, F. E., Bellisari, A., & Haines, L. (1978). Functions of primate play behavior. In E. O. Smith (Ed.), *Social play in primates* (pp. 143-168). New York: Academic Press.

Power, T. G. (2000). *Play and exploration in children and animals.* Mahwah, NJ: L. Erlbaum.

Preuschoft, S., & van Hooff, J. A. R. A. M. (1995) Homologizing primate facial displays: A critical review of methods. *Folia Primatologica, 65,* 121-137.

Pruetz, J. D., & Bertolani, P. (2007). Savanna chimpanzees, Pan troglodytes verus, hunt with tools. *Current Biology, 17,* 412-417.

Rakic, P., Bourgeois, J. P., Eckenhoff, M. F., Zecevic, N., & Goldman-Rakic, P. S. (1986). Concurrent over-production of synapses in diverse regions of the primate cerebral cortex. *Science, 232,* 232-235.

Ramsey, J. K., & McGrew, W. C. (2005). Object play in great apes. In A. D. Pellegrini & P. K. mith (Eds.), *The nature of play* (pp. 89-112). New York: The Guilford Press.

Rilling, J. K., Scholz, J., Preuss, T. M., Glasser, M. F., Errangi, B. K., & Behrens, T. E. (2012).

Differences between chimpanzees and bonobos in neural systems supporting social cognition. *Social Cognitive and Affective Neuroscience, 7*(4), 369-379.

Rubin, K. H., Maioni, T. L., & Hornung, M. (1976). Free play behaviors in middle and lower class preschoolers: Parten and Piaget revisited. *Child Development, 47*, 414-419.

Rubin, K. H., Watson, K. S., & Jambor, T. W. (1978). Free play behaviors in preschool and kindergarten children. *Child Development, 49*, 534-536.

Scott, E., & Panksepp, J. (2003). Rough-and-tumble play in human children. *Aggressive Behavior, 29*, 539-551.

Shuster, G., & Sherman, P. W. (1998). Tool use by naked mole rats. *Animal Cognition, 1*, 71-74.

Špinka, M., Newberry, R. C., & Bekoff, M. (2001). Mammalian play: Training for the unexpected. *The Quarterly Review of Biology, 76*, 141-168.

Stewart, S., & Rubin, K. (1995). The social problem solving skills of anxious-withdrawn children. *Development and Psychopathology, 7*, 323-336.

Suomi, S. J., & Harlow, H. F. (1972). Social rehabilitation of isolate-reared monkeys. *Developmental Psychology, 6*, 487-496.

Tamis-LeMonda, C. S., & Bornstein, M. H. (1993). Play and its relations to other mental functions in the child. In M. H. Bornstein (Ed.) & W. Damon (Series Ed.), *The role of play in the development of thought: Vol. 59. New directions for child development* (pp. 17-28). San Francisco: Jossey Bass.

Thompson, K. V. (1998). Self-assessment in juvenile play. In M. Bekoff & J. A. Byers (Eds.), *Animal play: Evolutionary, comparative and ecological perspectives* (pp. 183-204). Cambridge, UK: Cambridge University Press.

Tomasello, M., & Call, J. (1997). *Primate cognition.* Oxford, UK: Oxford University Press.

Tomasello, M., Gust, D. A., & Evans, A. (1990). Peer interaction in infant chimpanzees. *Folia Primatologica, 55*, 33-40.

Troisi, A. (2002). Displacement activities as a behavioral measure of stress in nonhuman primates and human subjects. *Stress, 5*, 47-54.

Verghese, J., Lipton, R. B., Hall, C. B., Kuslansky, G., & Katz, M. J. (2003). Low blood pressure and the risk of dementia in very old individuals. *Neurology, 61*, 1667-1672.

Visalberghi, E., Addessi, E., Truppa, V., Spagnoletti, N., Ottoni, E., Izar, P., et al. (2009). Selection of effective stone tools by wild bearded capuchin monkeys. *Current Biology, 19*, 213-217.

de Waal, F. B. M. (2003). Darwin's legacy and the study of primate visual communication. *Annals of the New York Academy of Sciences, 1000*, 7-31.

Waller, B. W., & Dunbar, R. I. M. (2005). Differential behavioural effects of silent bared teeth display and relaxed open mouth display in chimpanzees (Pan troglodytes). *Ethology, 111*, 129-142.

Weeks, M., Coplan, R. J., & Kingsbury, A. (2009). The correlates and consequences of early appearing social anxiety in young children. *Journal of Anxiety Disorders, 23*, 965-972.

Whiten, A., Goodall, J., McGrew, W. C., Nishida, T., Reynolds, V., Sugiyama, Y., et al. (2001). Charting cultural variation in chimpanzees. *Behavior, 138*, 1481-1516.

Zecevic, N., Bourgeois, J. P., & Rakic, P. (1989). Changes in synaptic density in motor cortex of rhesus monkey during fetal and postnatal life. *Developmental Brain Research, 50*, 11-32.

Zucker, E. L., & Clarke, M. R. (1992). Developmental and comparative aspects of social play of mantled howling monkeys in Costa Rica. *Behaviour, 123*, 144-171.

13

인류학의 관점:
아노미와 도시적 고독

Leo Coleman

근대 도시, 더 적절하게는 계산 및 계약주의가 팽배한 도시의 근대적 경제 관계 (Mitchell, 2002)에서 고립, 소외, 개인적 혼란, 즉 '아노미(anomie)'가 생긴다는 개념은 19세기 말에 전문 사회학자들이 철학적, 그리고 경험적으로 만든 독특한 가정이었다. 독일 사회학의 개척자인 Simmel(1903/1971)은 20세기 초에 베를린이 근대적 도시로 급성장하면서 상품, 기술 및 개인적 접촉의 속도와 밀도가 급증하는 것을 보고 "이 대도시의 북적대는 사람들 속에 있을 때만큼 외롭고 버려진 느낌이 들게 하는 것은 없다"라고 말했다(p. 334). 그러나 도시 근대화의 동일한 맥락에서 고독은 어떤 사람들에게는 자기수양을 위한 자유를 누릴 수 있는 분명한 사회적 가능성으로 받아들였다. 도시는 강력한 분리와 낭패감, 그리고 엄청난 개인의 세련화와 전문화, 이 두 가지에 대한 조건을 제공했다. 최근에는 소셜 미디어도 비슷한 우려를 불러일으켰다. 소셜 미디어가 사람들 사이의 접촉을 강화하기도 하고 동시에 거리를 두게 하기도 하기 때문에 고립과 위축이 증가하면서 선택과 연결도 동시에 증가하는 패러독스를 보인다.

　이 장에서 필지는 삶의 경험으로서의 도시적 고독을 고찰하고, 독특한 사회적 관계와 상호작용 방식에 의해 고독이 어떻게 형성되는지 이해하려고 시도한 인류학 연구물을 개관하고자 한다. 필자는 도시적 고립과 개인주의에 대한 초기의 관심에서부터 디지털 친밀성 및 신자유주의 주관성을 아우르는 고독에 대한 인류학적·사회학적 사조를 따른다. 먼저 고독과 아노미에 대한 기초적인 정의를 살펴본 후에 고독을 사회적 사조의 한 범주로 보는 인류학적 시각을 제시할 것이며, 이어 흔히 사회적으로 주변화(marginalize)되었으며 심리적으로 고통을 당하고 있는 고독한 사람들과의 민족지학적(ethnographic) 대면을 통해 얻은 자료들을 살펴볼 것이다. 끝으로, 지배적인 경제적 및 과학기술적 추세를 통하여 고독과 개인적 고립의 현대적 경험을 이해하는 최근의 민족지학적 이론을 검토할 것이다.

　인류학 및 사회학적 관점에서 볼 때, 외롭거나 고립된 개인은 언제나 그 사회의 산물로 여겨진다. Simmel(1903)과 근대 프랑스의 Durkheim(1893/1984, 1897/2006)의 경우에는 개인의 분리와 고립을 개인적 실패의 징후나 사회적 관계의 부재로 간주하지 않았다. 오히려 개인적 분리와 고립은 근대적 형태의 사회적 연대, 즉 노동 분업과 도시 문화 형태의 특정 병리의 결과로 간주했다. 정말이지 Simmel과 Durkheim이 고독과 외로움은 산업주의, 자본주의, 도시주의라는 새로운 형태의 사회적 구성이 낳은 독특한, 그러나 항상 바람직한 것은 아닌 산물이라고 표현한 점은 통찰력이 있는 지적이다. 이러한 통찰은 근대성, 도시, 그리고 도덕적 인간성에 대한 사회학적·인류학적 담론을 형성하는 데 기여하였다. 보다 최근에는 전 세계적으로 커뮤니케이션 및 소셜 네트워크가 강화되어 일상생활에서 중추적 역할을 하면서 개인의 분리 및 고립의 증가와 관련된 불안을 불러일으키고 있으며, 사회적 관계의 속도와 질에도 변화가 일어나고 있다. "페이스북이 우리를 외롭게 하는가?"라고 기자와 논평자들은 묻는다(Marche, 2012). 사회적 연결성의 강화에 의해 새롭게 열린 커뮤니케이션의 가능성을 넘어 인류학자들과 사회 이론가들은 우리의 상호 연결된 삶에 대해 보다 어려운 질문들이 던져

질 필요가 있음을 깨닫기 시작하고 있다. 이는 사교적 활동을 위한 미디어 활용이 계속 증가하면서 이것이 고독 자체에, 그리고 혼자 있는 능력과 혼자 느끼고 생각하는 능력에 어떤 영향을 미치는지와 같은 의문들이며, 현대 도시에서 나타나는 사회생활의 상호 모순적 흐름과도 관련된다(Turkle, 2011; 자세한 내용은 Amichai-Hamburger와 Schneider가 저술한 이 책의 2권 4장 참조, Ducheneaut와 Yee가 저술한 이 책의 2권 15장 참조). 최근의 인류학적 접근은 고독을 사회적 유대가 약화된 결과나 이러한 유대를 과학기술이 중재함에 따라 나타난 부정적 결과로서 취급할 것이 아니라 삶의 과정이요, 사회적 경험의 일부로 취급함으로써 사회적 현실로서 고독이 무엇이며, 그것이 보다 넓은 사회 및 정치적 힘과는 어떻게 관련되고, 심지어는 사회적 존재로서 개인을 어떻게 지탱할 수 있게 하는지에 대한 우리의 이해를 넓혀 준다.

고독과 아노미의 다양성

우리가 사용하는 '아노미(anomie)'라는 용어는 물론 Durkheim으로부터 시작되었다. 아노미는 사회과학 문헌에서 혼란, 무규범, 해체된 사회적 관계와 관련된 경험을 언급할 때 사용되는 용어로, 근대성의 특성으로 널리, 그리고 아마도 세계화의 특성으로 보다 광범위하게 인정된다. '아노미'는 고독이나 심지어 외로움과도 동일하지 않으며, 종종 두터운 사회적 관계 네트워크에 제대로 통합되지 않은 주변인을 묘사할 때 사용된다. 아노미라는 개념은 산업사회에서 도시 특유의 전문화와 분업화에 의해 역설적으로 만들어지는 연대(solidarity)의 형태에 대한 Durkheim의 연구에서 처음 나온 것이다. 그는 이러한 연대의 형태를 다양한 기관을 가진 신체에 비유하여 **유기적(organic)**이라고 불렀는데, 아노미는 우호적 협력보다는 개인적 고립을 초래한 유기적 연대의 병리적 형태를 지칭한 것이다(Durkheim, 1984, pp. 291-309). Durkheim(1984)은 자살의 사회적 형태에 대한 연구에서 이 용어를 더욱 발전시켰고, 또 미국의 사회과학에 이 용어가 전용되면서 '아노미'는 일탈과 비행의 사회적 맥락으로서 주로 도시와 관련하여 사용되게 되었다.

그러나 Simmel의 도시적 전문화에 대한 설명과 마찬가지로, Durkheim의 '아노미' 개념은 양가적이다. 즉, 일부 사람들(마치 이혼한 여성들의 경우처럼)이 도덕적 관념에 매이지 않는 일탈을 자유롭게 탐닉하듯이, 사회적 규제와 지배적인 권력 관계로부터 자유로워지면서 누리는 아노미의 이점을 강조한다(Durkheim, 2006, pp. 297-300). 보다 중요하게는 사상가들이 근대 사회에서 고독이 비자발적이며, 강제적으로 부과됨을 강조한다고 하더라도 사람의 풍부한 내면성(interiority)은 위험에 처하게 되며, 심지어 명백히 가장 외적인 형태의 분리에서도 이러한 내면성이 내포된다는 점을 강조한다는 것이다. 그들에게 있어서 개별성(individuality)과 홀로 있음(aloneness)은 언제나 다원적(plural) 경험이다. 이는 자율적 자기나 도시 군중으로부터 벗어나는 것에 대한 단순한 사색이 아니라, 오히려 다른 역사, 낯선 이미지, 대인관계의 잔재에 의해 깊이 영향을 받는 경험으로, 무수히 연결된 관계의 구조와 사회학적 숙고를 위한 풍부한 자원을 형성한다.

물론 Simmel과 Durkheim이 그들 각자의 방식으로 설명한 것은 그 자체로 새로운 것은 아니었다. 철학자들은 오랫동안 군중 속에서 느끼는 외로움의 아이러니를 다루어 왔고, 고독 속에서 사색가들이 경험한 풍부한 담론과 내면성을 다루었다. 그러나 이러한 모더니스트 사회학자들은 역동적이며 역설적인 **사회적 고독**, 즉 다른 사람들과는 분리되지만 동시에 일상의 교류 가운데 존재에 의지하는 자기에 대한 느낌(sense)을 표현하고 이것을 지적인 형태로 만들어 주었다(Coleman, 2009). 외로운 사색가의 고독한 철회나 사회적 중재에 앞서 참되고 진실한 자기에 대한 명상을 통해 자유를 추구하는 사람들의 자기성찰적 상념과는 달리, Simmel과 Durkheim이 연구한 도시적 고독은 다른 사람들과의 지속적이며 그침 없는 교류를 바탕으로 한다. Williams(1973)가 모더니스트 문학에서 "생각을 상상의 말로 표현하는 활동적인 교환, 심지어는 활동적인 공동체다… 이것을 알 수 있는 공동체는 서로 경쟁하지만 구분되는 형태의 의식을 필요로 한다."(pp. 244-245)라고 쓴 것처럼, 도시의 거주민인 '거리에 있는 사람들'에게 고독은 일종의 사회적 상태다.

서구 인식론이 상당 부분 그 기반을 두고 있는 자기와 세계의 대립으로부터 벗어나려고 하는 것과 유사하게 Merleau-Ponty(1962)의 구체화(embodiment)에 대한 현상학적 강조는 자아를 다른 사람과의 끊임없는 대립적인 만남의 위치에 둔다. 그는 인식론적 유아론(唯我論)의 함정에 대한 성찰의 맥락에서 '고독과 커뮤니케이션'에 대해 이렇게 쓰고 있다. "사실 다른 사람들이 나를 위해 존재하기 때문에 '고독과 커뮤니케이션'은 한 딜레마의 두 개의 뿔이 될 수는 없지만, 한 현상의 두 순간이 될 수는 있다." 그는 계속해서 다음과 같이 말했다. "내 경험은 어떤 면에서 나를 다른 사람에게 보여 주는 것이어야 한다. 그렇지 않다면 내가 고독에 대해 말할 수 있는 경우는 없을 것이며, 다른 사람들에게 접근할 수 없다고 공표할 수 없을 것이기 때문이다"(p. 359). 여기서 제시한 인류학적 설명은 고독이 항상 다원적이고, 상호 의존적이며, 사람의 사교성에 대한 기초를 형성할 수 있다는 인식에 근거한다.

그 외의 고독

인류학은 '자기'에 대해 완전히 관계적인 개념과 타인과의 집중적인 상호작용에 중점을 두는 민족지학적 방법을 갖추고 있으므로 고독은 이 학문 분야에 몇 가지 심각한 문제를 초래한다. 첫째, **홀로 있음**이 실제 경험으로서 갖는 독특성을 배제하지 않고, 고독을 어떻게 사회적 상태로, 즉 상호작용하고 공유되는 과정의 결과이자 사람의 삶의 현상으로 생각할 수 있겠는가? 둘째, 우리는 아노미를 초래하지 않으며, 자폐적이거나 기타 병리적이지 않은, 그러나 동시에 분리된 부분의 자발적인 조화로 즉각 분해되지 않는 고독에 대해서 말할 수 있는가(마치 Durkheim이 처음에 다소 낙관적으로 유기적 연대의 작동을 상상한 것처럼 말이다)? 한 가지 답은 경험적 질문에서 완전히 벗어나 고독을 주로 사회적 사조(thought)의 범주로서 검토하는 것이다. 따라서 종교적 체계, 철학적 추론, 그리고 생물의학적 유물론은 고독을 어떻게 이전과 다른 방식으로 구성하고 조직하는지에 대해서 탐구할 수 있다. 여기에는 명상과 종교적 금욕주의를 통한 세계로부터의 가치 있는 도피(종종 아르키메데스식의 합리적인 입장에서 벗어난 세계에서 행동하기 위한)로부터 자기중심적 분리에 이르기까지, 그리고 생화학적 불균형이나 신경심리학적 조건에서 사회적 고립의 근거를 찾는 신경학적 기능장애에 대한 최근의 대중화된 이론들까지 포함된다.

따라서 고독이 사회의 **사조**일 때 고독은 생산과 재생산이 반복되는 세속적 일상과 뚜렷한 차이를 보이며, 심지어 가치롭게 여겨진다. 또한 그러한 차이에서 일종의 비판적인 힘을 얻는다. 실제로 프랑스의 인류학자 Lévi-Strauss(1969)는 사회생활의 힘든 경험이나 일반적인 신화로부터의 단독적 자기충족성(solitary self-sufficiency)에 대한 꿈이 모든 사회 속에서 떠나지 않는다고 가정하기도 하였다. 프랑스인 특유의 보편주의 입장에서 그는 다음과 같이 말했다. **사회적 인간**(social man)은 다른 사람들과 떨어져서 **자신에게 붙어 있을 것**(un monde où l' on pourrait vivre entre soi; p. 497, 원래 강조됨; 프랑스 원전, 1967, p. 570)이라는 불가능한 세계를 꿈꾸며 살아간다는 것이다. 이러한 소망의 실현은 '세상과 의절한 사람'의 영웅적 분리를 축하하는 공동체에서부터 보다 최근에 큰 관심을 받고 있는 자폐증과 같은 신경학적 장애에 이르기까지 다양한 형태로 나타난다. 고독에 대한 이와 같은 집합적 열망의 표현으로 인해 인류학자들은 통합, 의존, 그리고 소속에 대해 관심을 가지게 되었다.

예를 들어, 인도의 인류학은 오랫동안 계급적인 사회관계를 맺는 세상에서 거지에서부터 신성한 사람에 이르는 제도화된 역할을 채택함으로써 의존관계를 포기하고 재구성하여 개인의 자율성을 추구하는 동시에 지역 공동체의 조밀한 연결 고리를 벗어나서 생존할 수 있다는 점을 강조해 왔다. 더 중요한 것은 '세상과 의절한 사람'이 사회적 역할 안에 있는 사람에게 '카스트 사회'를 숙고할 수 있는 독특한 위치를 제공한다는 것이다(Dumont, 1980; Parkin, 2002, p. 85). 이와 유사한 비판적 가치는 '정상적인' 사회성(sociality)의 범위를 너무 좁게 제한하여 일상적 상호작용으로부터의 경미한 일탈과 심각한 일탈 모두를 병리적인 것으로 보는 현대 생물의학적 유물론의 지배 하에 있는 자폐증에 대해서도 적용될 수 있다. 이에 따라 심리학 및 의학적 지식을 산출하는 차원에서 인류학자인 Ochs와 Solomon(2010), 그리고 문화 비평가이자 자폐증 딸을 둔

Grinker(2007)는 언어 사용 및 대인관계 능력에 심각한 문제가 있는 자폐증 환자들의 사회성을 탐색할 필요가 있음을 최근 강조하였다. 그들은 자폐증 진단 범주의 개발과 범위, 그리고 처음에는 단순히 사회성 기술의 '결핍'으로 지목되었던 그들의 독특한 경험과 의사소통 레퍼토리를 모두 재검토함으로써 주류를 이루고 있는 사회적 실존의 한계와 압박, 그리고 '사회성'의 의미에 대해서 새롭게 숙고하여 이해하게 될 것이라고 주장하였다(Bagatell & Solomon, 2010; Grinker, 2007; Ochs & Solomon, 2010).

따라서 혼자 있는 분리의 사례를 확인하여 보존하고, 이러한 사례들이 어떤 사회적 가치를 갖는지를 연구할 수 있는 것은 문화적 맥락과 내용을 다루고, 사람과 그와 비슷한 다른 사람들과의 연결성(즉, 사회적 삶과의 관련성을 다룸)을 강조하는 인류학적 사고의 역설적 장점이다. 거지, 은둔자, 또는 '비정상적인' 개인의 고독은 종종 사회의 압박과 관련하여 중요한 견해를 제공할 수 있다. 하지만 이러한 인류학적 접근은 사회의 규준으로부터 사회적으로 가치 있는 분리 또는 병리적인 분리의 형태와 유형을 단순히 분류해 내는 것의 문제가 아니다. 그러므로 이 장의 나머지 부분에서는 이러한 고독의 분석 틀을 범주적 실제로 반영하는 고독, 고립, 주변성(marginality)에 대한 민족지학적 연구를 검토할 것이다. 이러한 민족지학적 관점에서 볼 때 고독은 처음에는 종종 개인적 실패, 정신 질환의 증상, 그리고 도시적 문제로 보이지만, 병리적인 사회적 조건에 대한 개인적 적응으로서, 근대성의 정치적 및 경제적 지배로서, 사회 자체가 가져오는 고립 효과에 대항하는 부스트로서, 그리고 마지막으로는 변화하는 존재의 조건에 직면하여 의미를 찾는 개인적 투쟁으로서(이것은 우리가 아노미를 읽을 수 있는 한 가지 방법임) 다양하게 고독을 포용하며 맥락화한다.

도시의 아노미 장면

도시인류학의 학문적 계보에서 고독은 20세기 초 미국 도시에 대한 도시사회학 문헌에서 비판적 숙고의 주제로 부각된다. 시카고 학파의 사회학자들은 대규모 도시화와 이주의 시대인 1920년대와 1930년대에 이미 풍부한 독일의 전통적인 사회학 저술들을 바탕으로(Frisby, 1985; Hannerz, 1980) 외롭고, 고립되거나 단절된 사람들이 있는 곳들에 관심을 기울였다. 언론인, 사회복지사 또는 청소년보호협회(Fritz, 2010, pp. 17-45)의 연구자로 고용되기도 한 이 젊은 사회학자들은 도시에 존재하는 특이한 인구 집단을 확인하는 데 목표를 두었다. 그들은 산업 도시의 새로운 인구, 도시로 이주자를 유입시킨 사회적 세력, 그리고 그들이 생활했던 기관을 조사하였다. 그들은 부랑자들과 보헤미안들의 세상, 소도시에서 새로운 가능성을 찾기 위해 매일 기차에서 내리는 소년 및 소녀들, 단기 체류자들을 위한 거대한 거주지 및 야영지, 하숙집과 직업소개소, 미혼 남성이 전문 여성 댄서에게 '댄스 당 10센트'를 지불하는 택시-댄스 홀의 사회적 세계를 탐색하였다(Anderson, 1923; Cressey, 1932). 이 사회학자들은 '하숙집 남자의 세계'와 야간에 동반자를 찾거나 대도시에서 친구 없이 혼자 지내는 '몸 파는 소녀'와 같은 마음을 끄는 이야기를 찾아다녔다.

그러한 몸 파는 소녀에 대한 일인칭 화법의 설명은 Zorbaugh의 시카고의 사회생태학 저서인 『황금 해안과 빈민가』(1929)에 등장한다. 여기서는 산산조각 난 꿈과 성적 도덕성으로 혼란한 삶을 사는 몸 파는 소녀의 개인적 좌절을 이야기한다. 도시에 혼자 살면서 그녀는 먼저 자신의 노동력에 의지한다. 그리고 자신의 성을 자원으로 이용하고(살 곳을 얻기 위해 일종의 임시 결혼 계약을 함), 결국 도시 자선 단체에 의지한다.

초기 시카고 학파의 사회학자들이 제시한 고독은 단순히 양화되고, 분리되어 다음에 다시 합산될 수 있는 경험 이상의 것이었다. 오히려 하숙집이나 임시 거주자들 틈에서, 즉 "어떤 의미에서도 사회적 세계가 아닌 곳"(Zorbaugh, 1929, p. 82)에서 혼자 사는 것은 '도시'라는 문제 많은 사회적 현실에 적응하는 대안을 대표하였다. 도시에서의 고독은 그 자체가 정치적인 문제의 한 부분으로, 근대 사회에서 우리가 어떻게 상대적으로 위치하고 있는지에 대한 질문을 끈질기게 제기하는 것이었다. Zorbaugh와 그의 지도교수인 Robert Park은 대도시라는 거대하고 해체된 사회에 지역 사회 기반의 민주주의 규범을 적용할 수는 없다고 강조하였다. Park은 도시는 "물리적인 근접성으로 모인 사람들의 수와 종류에 있어서는 주목할 만하지만, 일반적으로 공통된 견해를 보장하고 집단 행동을 가능하게 하는 친밀감과 상호 이해의 기회도 의지도 거의 없다"고 서술하였다. 그는 머지않아 도시인들이 "모든 전통적인 형태의 지방 정부가 실패하거나 완전히 붕괴되는 것"을 목격하게 될 것이라고 우울한 결론을 내렸다.

1930년대 후반까지 이러한 강조점은 시카고 학파의 글에서 많은 부분이 여전히 유지되었지만, 정치적인 것에서 개인적인 것과 질병과 빈곤 같은 도시생활의 보다 광범위한 '사회적' 대가로 강조점이 이동하였다(Faris & Dunham, 1939). 시카고 학파의 사회학자들이 수행한 연구들에 대한 회고적인 이론적 요약에서 Wirth(1938)는 도시의 특징이 가늘고 약한 관계라는 것을 강조하였다. 그는 "이런 상황에서는 개인적 혼란, 정신적 붕괴, 자살, 비행, 범죄, 부패 및 무질서를 예상할 수 있다"라고 적었다(p. 23). 동시에 Merton(1938)은 사회구조적 갈등, 긴장을 부추기는 아노미, (개인적은 아니더라도) 사회적 와해와 무질서에 대한 이론을 정교화하였다. 그의 이론은 근대 도시 사회의 아노미적인(무질서한) 사회적 관계 내에 존재하는 사회적 고립, 일탈, 그리고 이러한 것들의 공유된 근원에 대해서 도시사회학 특유의 전문적 초점이 될 수 있는 것이 무엇인지를 확고히 하였다.

이와 대조적으로 도시인류학은 도시의 정치적 속성과 문제가 있는 사회적 현실에 대한 구체적인 적응에 중점을 둔 초기 시카고 학파의 입장을 유지해 왔다. 이 분야의 연구는 일반적으로 경험적 연구를 하나의 일관된 정치적 초점과 결합시켰다. 이 둘은 모두 넓게는 불평등을 시정하는 것(특히 미국 도시의 특징인 인종적 분리의 견지에서)을 사명으로 인식하였고, 좁게는 도시 속에서 참여와 소속을 도모하는 제도를 분석하는 데 주안점을 두었다(예: Sanjek, 1998). Hannerz(1969)가 워싱턴 DC의 '빈민가(ghetto)' 지역에서 인종과 도시 질서의 내적 긴장에 대해 탐구하고, Merry(1981)가 1970년대의 보스턴 사람들이 어떻게 낯선 사람들에 의해 제시된 익명의 위험을 관리하였는지에 초점을 두고 있을 무렵까지는 도시 근대성의 독특한 비유적 반전이 도시주의 인류학의 지배적인 비유였다. 이와 같이 '거리에서'의 전통에 충실한 도시인류학은 사회적 무질서의 형태를 도표화하고 분리하는 동시에 (사회학자나 인류학자의 입장에서, 그리고 독자의 대리로서) 징계의 권력으로부터 오는 분리 효과와 아노미에 따른 개인의 무질서한 해체에 대항해서 다른 사람들과 친밀한 관계를 조성하기도 한다(추가적인 예는 Karpiak, 2010 참조).

　노숙자, 고립된 사람들, 혹은 가까스로 거처를 정해 살면서 사회적으로 단절된 사람들을 대상으로 현장 연구를 하는 보다 최근의 민족지학자들은 그러한 사람들이 제약적이고 어려운 상황 속에서도 구축할 수 있는 응집성, 사회적 풍요로움, 개인적 자기-가치감의 세상을 강조하는 데 목표를 둔다(Bourgois & Schonberg, 2009; Garcia, 2010; Gowan, 2010). 이러한 민족지학 기법은 고독하게 홀로 거주하는 남자나 몸 파는 소녀 같은 이야기에 나오는 주인공의 개인사보다 훨씬 풍부한 개인사에 의존하지만, 마찬가지로 영예와 자기충족성에 의해 보상을 받은 파괴된 도덕성과 개인적 일탈의 관습에 의해 주도된다. 게다가 그러한 민족지학적 연구는 환각적 세계의 주관적 현실뿐 아니라 거리 또는 중독 속에서 살아내기 위해 필요한 신체적 존재를 강조한다. 이는 일관성 있는 인생사로 이해되지 않거나 합리성에 대한 공공의 표준을 따르지 않는 자아(selfhoods)에 대한 설명을 통해 이루어 진다.

　이러한 민족지(ethnographies)는 주변성, 만성 질환, 혹은 고립을 가져오는 의존이나 중독 등으로 표현되는 고독에 대해서 관계성이나 친밀성에 비해 훨씬 더 직접적으로 이러한 경험의 틀을 마련하고, 이러한 주제들이 머무를 수 있는 주변을 형성하는 사회-정치적 세력을 여전히 강하게 강조한다. 우연이 아닌 것은 집단에서 개인을 가장 분명하고 철저하게 분리시키면서 역사적으로 주변성, 노숙, 고립, 소외와 관련되어 있는 심리적 장애(예: 조현병)는 사회적 고립과 고독으로서의 주변성을 인류학적으로 설명할 때 반복적으로 나타나는 주제라는 점이다. 심리적 장애는 사회적 고립 및 고독과 같은 주변성에 대한 인류학적 설명에서 반복되는 주제다. 그러나 이러한 민족지는 심리적 및 사회적 고립이 실제로 살아내는 삶임을 강조한다고 하더라도, 병력과 함께 생물학적인 원인론을 바탕으로 하는 개인 중심 임상 의학 및 약물 치료이론의 기준과 분명히 거리가 있다(Martin, 2007). 오히려 민족지학 학자들은 특이한 것들과 고립된 자아를 형성하는 공유되며 일상적인 경험과 문화적 논리에 대해 질문을 던진다.

　Desjarlais(1997)는 이러한 질병, 고립, 장애에 대한 현상학적 접근법을 보스턴의 한 쉼터에 대한 연구에서 처음으로 고안하였다. 쉼터에 살고 있는 이동 가능한 노숙자들

을 체계적으로, 그리고 언어, 행동 및 심지어는 건축의 다양한 규칙을 통해 이성과 생
산의 사회를 형성하는 규준과 규칙으로부터 분리하였다. 반쯤 버려진 주 청사 건물에
있는 이 쉼터 자체가 주에서 이상적으로 약속하고 있는 근대주의적 확실성의 이면인
위험, 주변성 및 혼돈의 경험을 조성한다(pp. 44-65). 그는 거리-쉼터 간 연결이 **조현병
적**인 것으로 낙인된 사람들의 편집증과 고립감을 매우 정확하게 묘사할 수 있으며, 예
측 불가능성, 불안정성, 불안정한 장소 간의 강제적 이동성을 내포한 환경을 구성한다
고 지적하였다. 이러한 남녀들은 정신병으로 인해 격리되었기보다는 길거리라는 사회
적 세계와 너무 밀접하게 연결되어 있기 때문에 오히려 고통을 받을 수 있다. "길거리
에서 사는 기간이 길어질수록 사회적 존재로서의 삶은 줄어든다"(pp. 114-122). 한편,
쉼터를 운영하는 사람들은 거주자들에게 예측 가능한 습관과 일상이 있고 표현과 행위
가 성실하게 연결되는 삶을 집요하게 요구하지만, 이는 거주자들이 자신에게 해당되는
시종일관된 삶과 삶의 의미를 위해 일상적으로 고투하는 것과는 거리가 있다. 종종 그
렇듯이 그것은 기이한 것이며, 개인적이며, 고립시키는 것일 수 있다. Desjarlais는 "내
가 진실할수록 나를 해석하기가 더 쉬워진다"는 Roland Barthes의 말을 인용하였다.
쉼터에 거주하는 노숙자들은 그러한 해석 가능성을 위해 규칙과 규정에 따라 지시를
받는다. Desjarlais는 이미 '줄곧 고투하고 있는' 거주자들과 함께 지내면서 그가 '물물
교환, 래그타임(ragtime), 그날, 그리고 손에 잡은 담배'라고 부르는 그들의 관심사에 대
해 더 주의를 기울이는 것을 선호하였다(pp.181-183).

　　Luhrmann(예: 2007, 2010)도 최근 논문에서 시카고의 여성 노숙자 쉼터에서 목격한
해리, 일관된 개인적 이야기의 결핍, 정신병 및 환각적 의식의 사회적 원인을 강조하였
다. Desjarlais와 마찬가지로 Luhrmann(2007)의 경우에 있어서도 우리가 조현병적 행
동이라고 생각할 수 있는 것들의 상당 부분은 그것의 실재성이나 진단적 중요성에 대
해 의심하지 않고도 쉼터, 정신건강 및 사회복지 행정, 그리고 다른 소외된 이웃의 주
민과의 상호작용에서 반복적, 일상적으로 경험하는 사회적 패배(social defeat)의 결과
로 이해되고 설명될 수 있다. Luhrmann은 "취약하고 연약하기 때문에 억압받을 수 있
는 인간 관계망에 걸린 이러한 여성들"이 "굴욕, 거절 및 배제와 같은 끊임없는 학대"

를 일상적으로 경험한다고 지적하였다(pp. 162-163). 내적장애 혹은 정신장애의 주요 증상으로 간주되는 언어적 및 정신적 고립은 경험된 세계에 대한 긍정적인 반응으로 재평가되고 있으며, 내적인 일관성과 외부적 의사소통의 타당성을 모두 갖춘 적극적 철수로 재평가된다. 이는 몬트리올에서 조현병 환자들을 대상으로 장기간 연구한 Corin(2007)의 연구를 상기시키는데, 이 연구에서 그녀는 '긍정적 철수'와 고독의 선택에 대해 자세히 기록하였다. Freud가 "질병은 정신내적이며 대인관계적"이라고 처음 제안했을 때, 이에 구속되었던 것과 비슷한 방식으로 인류학자들도 이와 같은 정신 질환의 '새로운 역학'의 경로를 따라 우리의 신체적 경험의 사회적 차원에 직면하도록 인도하고 있다고 Luhrmann은 기록하였다(Luhrmann, 2010, p. 165).

마찬가지로, 가족에게 버림받은 사람들을 위한 브라질의 자선단체 주택에서 혼자 사는 여성인 Catarina에 대한 Biehl의 설득력 있는 일인칭 화법의 민족지는 Catarina를 향정신성 약물을 처방 받는 환자로 남긴 것은 그녀의 친척들과 보호자들이 정신 질환의 렌즈를 통해서 사회적 관계가 없는 그녀의 경험을 체계적으로 해석한 것이었음을 보여 준다(Biehl, 2005). Biehl은 가족과 사회복지 기관이 오랜 기간 동안 Catarina를 버린 점을 탐색하였는데, 사회적 유기의 영역(zones of social abandonment)을 만든 문화적 논리(브라질 가정의 친밀감에서부터 국가의 대규모 의료행정적 분류에 이르는)에 대한 비평을 제시하였다. 그는 Catarina 및 다른 사람들의 사례를 다루면서 어떠한 과정을 통해서 깨진 가족관계를 강조하는 사회적 문제로 이해되거나 생물의학적 책임을 수반한 신체적 질병으로 진단되기보다는 비합리적이고 무의미한 사람으로서 그녀의 고립을 허가하는 정신 질환으로 진단되는 것을 선호하게 되는지를 잘 보여 준다. 궁극적으로 그는 역동적이고 생동감 넘치는 경험, 매일의 투쟁 속에서 사람됨을 유지하는 경험으로서 Catarina의 고독에 대해 탐색하지만, 그녀의 병력에 대해 조사한 결과는 그녀가 버림 받게 된 사회적 조건의 촉매 역할을 한 기저의 퇴행성 신경학적 조건이 있음을 드러낸다.

시카고 학파 민족지의 대상자들이 약하거나 허술한 사회적 연결로 인해 고독 속에 남겨졌다면, 이 절에서 검토한 보다 최근의 민족지학 연구의 대상자들(어떤 의미에서는

Durkheim 학파적인 것으로 부를 수도 있음)은 긍정적인 사회적 힘의 연속에 의해 고립에 처하게 된다. 물론 그들의 상태가 사회적으로 만들어졌다고 말하는 것이 전적으로 특정 사회적 혹은 정치적 조치에만 기인한다고 말하는 것은 아니다. 여기에는 유관되는 요소도 있고, 병인적인 요인 간의 역동적 상호작용의 요소도 있기 때문이다.

신자유주의 고독

Desjarlais(1997), Luhrmann, Biehl(2005)의 민족지의 중심을 차지하는 집도 거처도 없고, 종종 돌봄을 받지 못하는 외로운 사람들은 결코 인간의 잠재력을 충분히 대표하지 못한다. 이들은 실오라기같이 길고 가늘어진 삶을 단지 연명해 가는 상처 입은 존재들이며, "줄곧 고군분투하고 있다"고 Desjarlais의 정보 제공자 중 한 명인 Alice Weldman은 설득력 있게 표현하기도 하였다(Desjarlais, 1997, p. 19). 그러나 향정신성 약물을 처방받고 있는 환자들은 쉼터나 기관의 훈육적 돌봄을 받게 되는데, 이들이 경험하는 고립된 조건은 다른 정치이론 및 민족지학의 흐름에서 현대인을 특징짓는 흔한 경험으로서, 권력에 의해 부과된 고독의 주제들로서 탐색하는 것과 놀라울 정도로 유사하다(Sennett & Foucault, 1981).

Foucault(1995)의 근대적인 훈육 기관(예: 학교, 정신병원, 작업장, 교도소)에 대한 설명을 보면 각각의 기관에서 사용하는 고립과 분리의 기법을 확인할 수 있는데, 이러한 기법은 19세기 초의 철학자 Jeremy Bentham이 꿈꾸던 모범적 교도소(model prison)로 잘 요약된다. 우연이 아닌 점은 Foucault에 의해 근대적 주제로 등장한 '기관에 의해 산출된 고독'이 최고 보안 교도소와 독방 감금이라는 새로운 형벌 기술에 대해 다루고 있는 Rhodes의 현대 민족지학 연구에서 재현되고 있다는 점이다. 그것은 그녀와 다른 사람들이 **징벌적 개인주의**(punitive individualism)라고 부르는 것을 재생하는 시도이다(Rhodes, 2004, p. 84). 그러나 도덕적 고독을 산출하기 위한 그러한 강력한 기법들은 근대의 신자유주의 정치-경제 관리 전략으로서 보다 넓게 사회적, 정치적으로 광범위하게 적용된다. 이러한 전략들은 Foucault가 언급한 교도소와 작업장처럼 민영화와 위험의 개별화를 통해, 그리고 모든 동력의 원천과 장소로서 자율적 인간에 엄격히 초점을 맞춤으로써 운용된다(Gershon, 2011; Harvey, 2005).

합리적인 개인들로만 구성된 원자론적 시장 사회(atomistic market society)의 공식적 관점은 보다 근대적인 경제 이론의 기초가 되었는데, 극단적 형태로는 끔찍하고, 싸늘하고, 계산적이며, 그리고 **관계라고는 존재하지 않는** 폭력적 세상, 곧 Geertz(2000)의 문구를 빌리자면, "Bentham의 꿈, Foucault의 악몽"에 빠지게 된다(p.139). Bearman (1991)이 지적하였듯이, 그러한 추상적 사회성이 지향하는 '한계'는 순전한 이질성으로, 이러한 이질성 속에서는 "개인보다 큰 집단이 전혀 없으므로, 모든 관계는 개인이 자신의 고유한 목적을 달성하기 위해 타인을 이용하는 도구적 교환일 뿐이다"(Bearman, 1991, p. 503; Gellner, 1998).

모든 분석가가 개별성의 제도화와 이에 따른 개인적 대가에 대해 단순한 결론에 도달하는 것은 아니다. 예를 들어, Klinenberg(2012)는 미국 사회에서 독신생활이 증가하는 것에 관한 최근의 사회학적 연구에서 혼자 사는 것이 시카고 학파 사회학자들이 두려워한 사회적 고립이나 정치적 붕괴를 가져오지 않으며, 현대 이론가들이 걱정하는 사회 자본의 쇠퇴와 미국 시민 생활의 흥과 유대 기반의 침식 또한 나타나지 않았다고 주장하였다. Klinenberg가 인터뷰한 사람들에 따르면, 혼자 사는 것은 선택과 기회이며, 자기에게 시간을 보다 투자하는 특징이 있고, 사회적 관계와 활동의 함양을 통해 균형이 맞추어진다.

Klinenberg는 혼자 사는 것을 미국식 개인주의의 실현으로 보고, 1인 가구의 증가율을 풍족한 민주주의인 미국식 성공의 징후로 보면서 아노미와 사회적인 결과에 대한 오래된 논쟁을 바꿔 놓았다. 실제로 Klinenberg는 다른 논평가들이 언급한 과학기술적 감시에 동반되는 두려움은 언급하지 않았지만, 과학기술이 로봇 돌보미나 단순한 사회적 미디어의 형태로 혼자인 사람들에게 동반의식을 부여해 줄 것이라는 약속에 대해서는 특히 낙관적이었다. Klinenberg가 수집한 혼자 사는 삶에 대한 설명은 이데올로기적으로 자기의 자율성에 대한 신자유주의의 가정을 인정하는 것으로 표현되고 있다.

이와 대조적으로 현대적 주관성에 대한 Foucault의 탐구와 같은 노선에서 신자유주의에 대한 최근의 민족지학적 접근은 신자유주의가 기반을 두고 있는 인간성의 모델에 초점을 맞추며, 또한 이러한 새롭고, 명백히 정치적인, 그리고 타인과 구분되는 존재로서의 자기의 개념을 구축하는 사회적 실천(가정에서 직장 및 학교에 이르는) 형태에 초점을 맞춘다.

분리의 윤리와 정치적 또는 법적 관계(사랑, 의존, 죄책감의 관계는 말할 것도 없고)가 아닌 계약 관계로 표출된 신자유주의는 **혼자 사는 것**의 증가뿐만 아니라 모든 사회적 거래를 개인화하고 모니터링하며, 궁극적으로는 모든 관계에 가치를 매기려는 포괄적 노력에서도 찾아볼 수 있다. 우리는 전기에서 정보에 이르기까지 모든 것의 흐름을 전례 없이 보다 정확하게 통제하는 새로운 계량 기술에 대해 생각해 볼 수 있다. 모든 병원 방문 시 받는 항목별 청구서, 심지어 장기 고객과의 관계 속에서도 이뤄지는 신용 점수와 상환청구권의 지속적 업데이트, 또는 각각의 거래를 저마다 고유한 가치를 가진 단절된 일련의 계약 중 하나로 보면서 평가를 통해 관계에 개입하는 다양한 장치 등 많은 예를 생각해 볼 수 있다(Collier, 2011).

자유주의와는 대조적으로 신자유주의에서 자기에 대해 명확하게 지향하는 것은 자기성(selfhood)을 다양하게 안내되고, 훈련되고, 개발될 동기, 의지 및 노동력이 존재하는 위치나 그것들의 중심으로 취급하는 것이 아니라 오히려 반사적인 **자기투자**(self-investment)의 위치로 간주한다. 학교, 직장, 그리고 가장 중요하게는 새로운 금융시장에서의 사업가, 경영자 및 기업가에 관한 수많은 연구에서 언급된 것과 같이(Cahn, 2011; Ho, 2009; Urciuoli, 2008; Zaloom, 2006), 신자유주의적인 자기는 대체할 수 있는 일련의 **기술, 직책 및 지식**으로 구성된다. 신자유주의적 형태의 사회 조직 안에서 경험을 갖춘 사람이란 역량(agency)과 자본(주로 무형 자본)의 일시적이고 변화무쌍한 하나의 조합이거나 기업과 같이 최대 수익을 추구하기 위한 가치의 집합체다.

아마도 이 광범위한 일련의 이데올로기와 실천의 가장 구별되는 결과는 복지 상태의 전통적인 보험 제도에 간직되어 온 집단적 연대와 공조가 **자기**(selves)는 자신의 보살핌과 생존에 대해 스스로 책임져야 한다는 개념(이는 교도소 밖에서의 처벌적 개인주의의 또 다른 반복임)에 의해 공격을 받아 왔다는 점이다. 이는 강력한 심리적·정치적 영향을 미치는데, 이는 신자유주의의 추상적 대리인이 아닌 현실 속의 사람들이 빠르게 변화하는 자기 개신과 투자에 대한 요구를 탐색하고, 또 실제로 통제할 수 없는 대규모의 외부 위험에 대비해야 하기 때문이다. Molé(2012)은 이러한 변화를 추적하였는데, 이탈리아의 연대 경제(solidarity economy)로부터 임시 고용과 같은 새로운 신자유주의적 규범을 비롯하여 그녀가 독신자 경제(bachelor economy)라고 부른 것, 즉 현재 국가가 추구하는 경제 개혁으로 옮겨 가는 변화를 추적하였다. 그녀는 "신자유주의 경제의 새로운 인물은 파트너를 쉽게 변화시킬 수 있는 엘리트 독신자-기업가"라고 지적하였다(p. 382). 그녀는 또한 '실존적 상해'를 교정하려는 일련의 새로운 사법 메커니즘뿐 아니라, 새로운 범주의 괴롭힘과 불확실한 고용 조건과 명확히 관련되는 새로운 정신과적 진단이 증가하는 것을 보았다. Molé이 보여 주었듯이, 독신자의 모습 뒤에는 미혼 여성, 이주민 어머니, 홀아비 또는 미취업 대졸자의 현실이 놓여 있다. 이들 모두는 같은 세대, 가족, 국가 등 다른 사람들과 함께 삶의 과정을 안전하게 통과할 가능성이 줄어들어, 이제는 일상의 위태로움에 맞서 홀로 서 있다. [우리는 Durkheim도 그가 살던 시대에 독신자가 아노미적 개별성과 그것의 궁극적 실패를 가장 잘 대표한다고 보았던 점을 주목할 필요가 있다. Purkheim은 "독신자는… 합법적으로 자신이 원하면 어디에든 들러붙을 수 있고, 또 모든 것을 열망하지만 아무것도에 만족하지 않는다"라고 적고 말했다(Durkheim, 2006, p. 299)].

따라서 신자유주의는 매우 '반사적인(reflexive)' 역량의 개념을 제시한다. "이러한 역량에 있어서 사람들은 자신을 위한 대상, 즉 관리되어야 할 과정의 집합이다"(Gershon, 2011, p. 539; Urciuoli, 2008). 그러나 Molé이 지적한 바와 같이, 그것은 도덕적 인간성(moral personhood)에 대한 반성적(reflective) 개념이 아니다. 즉, 이미 개별적으로 진행되고 있거나 공유되고 있는 자기성 및 정체성 프로젝트에 반하여 목표가 설정되거나 평가될 수 있는 성격의 것이다. 이러한 결과로 고전적 자유주의가 생각했던 것보다 훨씬 더 고립되고, 단조로운 전인(whole person)의 개념, 소외에 대한 비평에도 불구하고, 그 자체가 결합체에 불과한 개념이 만들어지게 되었다. 자기(self)는 '그 자체가 비즈니스로 소유'되며, 따라서 신자유주의는 '도덕적 결핍', 즉 연결, 상호의존성, 돌봄의 언어가 부족한 뚜렷한 특징을 보인다(Gershon & Alexy, 2011, pp. 799-800). 이상적으로, 모든 계약은 완료되면 완전히 종료될 수 있다. 즉, 법적으로 규제되는 계약동맹의 맥락을 벗어났을 때 자기는 더이상 매일 것이 없다. 따라서 시간 그 자체는 일련의 개별적인 순간으로 좁혀지고(contracts into), 각 순간은 위험을 평가하기 위한 하나의 기회일 뿐이다(Zaloom, 2006).

그러나 앞서 살펴본 주변인에 대한 민족지학적 연구와 함께 여기서도 변함없는 민족지학적 교훈은 가장 제한적이고 고립된 상황 속에서도 정신적으로 생존하고자 하는 의지, 사고, 그리고 역량에 엄청난 노력을 쏟아 붓고 있다는 것이다. "사람들은 인간이 어떻게 사회적 존재인지에 대한 또 다른 이해를 통해 신자유주의 원칙을 살릴 수 있도록 계속해서 끊임없이 노력하고 있다"(Gershon, 2011, p. 544). 신자유주의적 역량, 그리고 그 힘이 가진 오직 단기적 연결의 위치로서의 자기에 대한 매우 제한적인 개념은 결국에는 혼자서든 함께이든 실제 사람들이 사회적 존재로 살아가는 다른 모든 방식을 제거할 수는 없다. 그러나 의무를 계약으로 보고, 의존을 위험으로 보고, 시간과 자기를 분리 가능하거나 고립될 수 있는 것으로 보는 면에서 인간성에 대한 신자유주의의 개념은 고독 속에서도 경험될 수 있는 매우 반성적이며, 심지어는 사려 깊고, 친밀한 사회적 자기에 의문을 제기한다.

결론: 차이를 지향하는 고독

소셜 네트워크는 지난 몇 년 동안 사회적 고립, 분리 및 고독과 같은 사회적 아노미를 드러내는 고전적 근대주의 상태에 대응하고 이를 개선할 것을 보증하는 새로운 디지털 미디어로 발전하였다. 디지털 기술은 우리의 가정과 휴대 전화에 정보를 제공할 뿐만 아니라 자기표현과 관계 연결을 위한 가상 세계를 만든다. 이론가인 Turkle(2011)에게 있어서 디지털 의사소통은 우리의 삶 속에서 만들어지는 모든 요구를 '고요와 고독'의 일상적인 경험의 주변부로 밀어넣었으며, 끊임없는 자기홍보, 즉 자기와의 교류 또는 다른 사람들의 독특하고 특별하며 사적인 자기성과의 교류를 위한 여지를 거의 주지 않는 소란스러운 외침에 대한 새로운 윤리를 자리 잡게 하였다(p. 434).

　사회적 권력에 의해 형성되고 규범화된 고독과 달리, Turkle은 사회적 상호작용의 요구에서 물러나는 것으로서의 고독을 찬양하는 것으로 보인다. Turkle은 자기와 고독에 대해 정신분석학적으로 이해하며, 이러한 이해는 앞 절에서 분석된 사회적 고독에 대한 인류학 및 철학 연구와도 조화를 이룬다. 더 나아가, 그녀의 고독에 대한 이해는 고독의 가치와 유대의 필요성 간의 균형을 잡는 또 다른 방법을 제공한다.

　Turkle의 설명에 따르면, 디지털 미디어는 고독에 도전한다. 왜냐하면 이 디지털 미디어가 끊임없는 주의를 요구하고, 디지털 미디어의 방해는 경험의 흐름에 거리와 단절을 야기하기 때문이다. 생각의 흐름, 내면의 흐름, 그리고 완전히 개인적인 경험의 바탕이 되는 감정의 흐름은 이제 외적인 요구와 장치에 얽매여 있다. 자기와 세상은 새로운 근접성 속에 들어가도록 강요를 받는다. Turkle에 따르면, Simmel이 근대 도시에 사회적 접촉이 늘어나면서 개인의 정서적 삶의 깊이는 줄어들었다고 염려했던 것처럼, 디지털 미디어는 현대 도시의 사회적 접촉의 양은 늘리고 질은 낮췄다. Simmel에게 있어서 도시적 경험의 궁극적인 결과는 무딘 정서이며, 다른 사람들과의 창의적 교류를 감소시켜 외롭게 남겨지는 것이었다. 그러나 Turkle이 강조한 것처럼, 더 중요한 것은 외로움은 다름 아닌 '실패한 고독'이라는 점이다(Turkle, 2011, p. 462).

　고독에 대한 모든 설명에 있어서 외로움으로 이어지는 그러한 실패는 즉각적으로 주어진 맥락과 상호작용의 순간을 넘어서는 조건에서 다른 사람들(자기 자신 안에 있는 다른 자기도 포함하여, 과거의 자기와 미래의 자기도 포함하여)과의 창의적인 교류가 없는 것이다. 이러한 설명에서 고독은 시간이 지남에 따라, 그리고 다른 사람들과의 만남을 통해서만 알 수 있다. 또한 상반되게 다른 사람들을 이해하기 위해서는 고독과 분리의 대조를 경험해야 한다(Briggs, 1970; Povinelli, 2006). 마찬가지로, 앞서 논의된 Merleau-Ponty의 구체화된 현상학은 다른 사람들과의 대조적인 만남에서 자기이해에 대한 비전을 찾는다. 이러한 조건에서 고독은 사회적으로 구성된 존재로서 자기와 타인에 대한 반영적 경험이 된다. 그러나 Merleau-Ponty가 조심스럽게 지적한 바와 같이, 이것은 자기성찰만을 이해의 근거로 삼는 것에 대한 타당한 이유가 되지 못한다.

　고대 철학자들이 이미 알고 있었던 것처럼, 나는 '나 홀로(by myself)'라는 의미의 고독은 실제로는 내가 복수(plural)인 상태라는 의미다. 내가 다시 '하나', 즉 '대체할 수 없는 사람'인 하나가 될 수 있는 것은 다른 사람과의 대화에서 뿐이다(Arendt, 1973, p. 476). 요약하자면, 철저한 공동체와 철저한 고립 그 어느 것도 고독이 제공할 수 있는 것을 만들어 내지 못한다. 다른 사람들과의 정치적 교제에서 나는 법적 규범, 시민권 및 시민들의 인정에 의해 세워진 그저 '인위적인 인물'만 될 수 있다. 철저한 고립 속에서는 우리가 신자유주의적 형태의 권력으로 보았듯이, 자기는 전혀 존재하지 않고, 일련의 불연속적인 순간만 있을 뿐이다. 이들은 어울려 살아가는 것을 더 좋아하는 사람들과 홀로 살아가는 것을 더 좋아하는 사람들 사이에서 합리적으로 구성된 추상적 극단을 의미한다(Gellner, 1998). 그러나 이러한 극단을 고려할 때, 어떤 사람들은 외로운 군중의 고독, 주어진 목표 없이 자기를 계발하는 것, 그리고 비활동적이며 비가동적인 고독을 선호하는 것은 놀라운 일이 아니다(Deleuze, 1997).

　'함께 홀로 있는(being alone together)' 사회적 고독은 차이와 개별성을 존중하면서 동시에 도시 사회 및 다른 존재와 소속의 상태, 심지어는 심리적으로 극단적인 상태에 대해 생각할 수 있는 하나의 방법을 제시한다. 이러한 용어를 사용하여 다른 사람의 고독은 민족지학자의 전통적인(그리고 덜 전통적인) 도구를 사용하여 접근할 수 있다. 이러한 도구의 핵심은 다른 사람들과 함께 존재하면서 그들의 차이를 인식하는 것이지만, 공유된 침묵도 민족지학적 참여의 도구상자에 포함되어 있다. 고독에 대해 연구하는 인류학자들은 모든 의사소통이 다 일관될 수는 없으며, 모든 행위가 다 해석될 것이라는 진심 어린 기대 속에서 나오는 것도 아님을 이해해야만 한다. 그렇다고 하더라도, 함께 홀로 있는 것은 다른 사람의 고독 경험을 연구할 수 있는 출발점을 제공한다. 마지막으로, 고독의 민족지학은 다양한 고독의 구성을 하나의 사회적-이론적 문제로서 탐구하면서 사람들이 항상 자신의 내부에 지니고 있는 철저한 타성(他性, alterity)과 심지어는 외로움에 대한 단서와 흔적에 대해 계속해서 주의를 기울여야 한다. 이것들은 항상 우리의 합리적 구성을 넘어서며, 오직 고독 속에서만 계발될 수 있다.

참고문헌

Anderson, N. (1923). *The hobo: Sociology of the homeless man*. Chicago: University of Chicago Press.

Arendt, H. (1973). *The origins of totalitarianism*. New York: Harcourt Brace Jovanovich.

Bagatell, N., & Solomon, O. (Eds.) (2010). Rethinking autism, rethinking anthropology. *Ethos, 38*, 1-7.

Bearman, P. S. (1991). The social structure of suicide. *Sociological Forum, 6*(3), 501-524.

Biehl, J. G. (2005). *Vita: Life in a zone of social abandonment*. Berkeley: University of California Press.

Bourgois, P., & Schonberg, J. (2009). *Righteous dopefiend*. Chicago: University of California Press.

Briggs, J. L. (1970). *Never in anger*. Cambridge, MA: Harvard University Press.

Cahn, P. S. (2011). *Direct sales and direct faith in Mexico*. New York: Palgrave.

Coleman, L. (2009). Being alone together: From solidarity to solitude in urban anthropology. *Anthropological Quarterly, 82*(3), 755-788.

Collier, S. J. (2011). *Post-Soviet social: Neoliberalism, modernity, biopolitics*. Princeton, NJ: Princeton University Press.

Corin, E. (2007). The "other" of culture in psychosis: The ex-centricity of the subject. In J. G. Biehl, B. J. Good, & A. Kleinman (Eds.), *Subjectivity: Ethnographic investigations* (pp. 217-314). Berkeley: University of California Press.

Cressey, P. G. (1932). *The taxi-dance hall: A sociological study in commercialized recreation and city life*. Chicago: University of Chicago Press.

Deleuze, G. (1997). Bartleby; or, the formula. In D. W. Smith & M. A. Greco (Eds. & Trans.), *Essays critical and clinical* (pp. 68-90). Minneapolis: University of Minnesota Press.

Desjarlais, R. (1997). *Shelter blues: Self and sanity among the homeless*. Philadelphia: University of Pennsylvania Press.

Dumont, L. (1980). World renunciation in Indian religions. Reprinted in *Homo hierarchicus:*

The caste system and its implications (Appendix B, pp. 267–286). Chicago: University of Chicago Press.

Durkheim, É. (1893/1984). *The division of labor in society* (W. D. Halls, Trans.). New York: Free Press.

Durkheim, É. (1897/2006). *On suicide* (Robin Buss, Trans.). New York: Penguin.

Faris, R. E. L., & Dunham, H. W. (1939). *Mental disorders in urban areas: An ecological study of schizophrenia and other psychoses.* Chicago: University of Chicago Press.

Foucault, M. (1995). *Discipline and punish: The birth of the prison* (Alan Sheridan, Trans.) New York: Vintage.

Frisby, D. (1985). *Fragments of modernity: Theories of modernity in the writings of Simmel, Kracauer, and Benjamin.* Cambridge, UK: Polity.

Fritz, A. I. (2010). Ten cents a dance: Taxi-dancers, a living wage, and the sexual politics of women's work, 1912–1952. Doctoral dissertation, Loyola University, Chicago.

Garcia, A. (2010). *The pastoral clinic: Addiction and dispossession along the Rio Grande.* Berkeley: University of California Press.

Geertz, C. (2000). *Available light: Anthropological reflections on philosophical topics.* Princeton, NJ: Princeton University Press.

Gellner, E. (1998). *Language and solitude: Wittgenstein, Malinowski, and the Habsburg dilemma.* Cambridge, UK: Cambridge University Press.

Gershon, I. (2011). Neoliberal agency. *Current Anthropology, 52*(4), 537–555.

Gershon, I., & Alexy, A. (2011). Introduction: The ethics of disconnection in a neoliberal age. *Anthropological Quarterly, 84*(4), 799–808.

Gowan, T. (2010). *Hobos, hustlers, and backsliders: Homeless in San Francisco.* Minneapolis: University of Minnesota Press.

Grinker, R. R. (2007). *Unstrange minds: Remapping the world of autism.* New York: Basic Books.

Hannerz, U. (1969). *Soulside: Inquiries into Ghetto culture and community.* New York: Columbia University Press.

Hannerz, U. (1980). *Exploring the city: Inquiries toward an urban anthropology*. New York: Columbia University Press.

Harvey, D. (2005). *A brief history of neoliberalism*. New York: Oxford University Press.

Ho, K. (2009). *Liquidated: An ethnography of wall street*. Durham, NC: Duke University Press.

Karpiak, K. G. (2010). Of heroes and polemics: "The policeman" in urban ethnography. *Political and Legal Anthropology Review, 33*(S1), 7-31.

Klinenberg, E. (2012). *Going solo: The extraordinary rise and surprising appeal of living alone*. New York: Penguin.

Lévi-Strauss, C. (1967). *Les Structures Élémentaires de la Parenté* (deuxième éd.). Paris, France: Mouton.

Lévi-Strauss, C. (1969). The elementary structures of kinship. In J. H. Bell, J. R. von Sturmer, & R. Needham (Eds. & Trans.), Boston: Beacon Press.

Luhrmann, T. M. (2007). Social defeat and the culture of chronicity: Or, why schizophrenia does so well over there and so badly here. *Culture, Medicine, and Psychiatry, 31*(2), 135-172.

Luhrmann, T. M. (2010). *Homeless and crazy. Raritan, 29*(3), 140-166.

Marche, S. (2012). Is Facebook making us lonely? The Atlantic, May. Retrieved July 27, 2013, from http://www.theatlantic.com/magazine/archive/2012/05/is-facebook-making-uslonely/308930/

Martin, E. (2007). *Bipolar expeditions: Mania and depression in American culture*. Princeton, NJ: Princeton University Press.

Merleau-Ponty, M. (1962). *Phenomenology of perception* (Colin Smith, Trans.). London: Routledge & Kegan Paul.

Merry, S. E. (1981). *Urban danger: Life in neighborhood of strangers*. Philadelphia: Temple University Press.

Merton, R. K. (1938). Social structure and anomie. *American Sociological Review, 3*(5), 672-682.

Mitchell, T. (2002). *Rule of experts: Egypt, techno-politics, modernity*. Berkeley: University of

California Press.

Molé, N. J. (2012). Hauntings of solidarity in post-fordist Italy. *Anthropological Quarterly, 85*(2), 371-396.

Ochs, E., & Solomon, O. (2010). Autistic sociality. *Ethos, 31*(1), 69-92.

Parkin, D. (2002). *Louis Dumont and hierarchical opposition.* New York: Berghahn.

Povinelli, E. (2006). *The empire of love: Toward a theory of intimacy, genealogy, and carnality.* Durham, NC: Duke University Press.

Rhodes, L. A. (2004). *Total confinement: Madness and reason in the maximum security prison.* Berkeley: University of California Press.

Sanjek, R. (1998). *The future of us all: Race and neighborhood politics in New York.* Ithaca, NY: Cornell University Press.

Sennett, R., & Foucault, M. (1981). *Sexuality and solitude. London Review of Books, 3*(9), 3-7.

Simmel, G. (1903/1971). *The metropolis and mental life. In D. N. Levine (Ed.), On individuality and social forms* (pp. 324-339). Chicago: University of Chicago Press.

Turkle, S. (2011). *Alone together: Why we expect more from technology and less from each other.* New York: Basic Books.

Urciuoli, B. (2008). Skills and selves in the new workplace. *American Ethnologist, 35,* 211-228.

Williams, R. (1973). *The country and the city.* New York: Oxford University Press.

Wirth, L. (1938). Urbanism as a way of life. *American Journal of Sociology, 44*(1), 1-24.

Zaloom, C. (2006). *Out of the pits: Traders and technology from Chicago to London.* Chicago: University of Chicago Press.

Zorbaugh, H. W. (1929). *The gold coast and the slum: A sociological study of Chicago's near north side.* Chicago: University of Chicago Press.

14

사회학의 관점:
사회적 위기 초월에 있어서 고독의 역할
– 실존사회학의 새로운 가능성

Jack Fong

이 장에서는 사람들이 사회 속에서 자신의 자리를 이해하도록 강요하는 사회적 조건에 직면하기 위해 고독을 어떻게 활용하는지 살펴본다. 필자는 사회학의 한 줄기인 실존사회학(existential sociology)의 담론이 이러한 탐구에 기여할 것이라고 보는데, 실존사회학은 사람들이 자신이 속한 사회 속에서 어떻게 되어 가고(becoming), 견디고(persevering), 바뀌고(transposing), 그리고 죽어 가는(dying) 다양한 상태의 자기(selves)인지를 연구한다(Kotarba & Fontana, 1984, p. viii). 구체적으로 이 장에서는 저명한 지식인들이 사회적 세계에 대하여 결론을 내릴 때, 고독이 어떠한 역할을 하는지 명확히 보여주는 것을 목표로 한다. 대상자들이 경험하는 고독의 분위기(atmosphere), 즉 고독이 실존화되는 순간은 간과되고 있는 연구 영역이다. 그러나 앞으로 명확해지겠지만, 그것은 자아가 인간의 조건과 인간이 사회 속에 존재함으로 인해 나타나는 물질적 결과를 어떻게 내면화시키는지에 대한 풍부한 통찰을 포함한다. 필자는 사회에 대한 그들의 내러티브를 조명함으로써 그 내러티브가 개인과 사회를 어떻게 '구조적으로 상호 의존적이고 상호 침투적인' 방식으로 융합시키는지를 설명하고자 한다. 이러한 방식은 Tiryakian이 그의 사회학주의와 실존주의(sociologism and existentialism)』(Tiryakian, 1962, p. 52)에서 이미 다루었던 속성이기도 하다. 실제로 실존주의를 지향하는 사회학자들에게 있어서 '자기(self)'는 사회에 반응하여 그 자체를 구축하는데, 이는 Kotarba와 Fontana의 주요 연구인 『사회 속의 실존적 자기(The existential self in society)』(1984)에서 예리하게 관찰된 바 있다. Kotarba와 Fontana는 실존적 자기가 "경험뿐 아니라 그 경험을 이해할 수 있게 하는 언어의 산물"이라고 주장하였다(p. xii). 자기와 사회, 그 둘 사이의 경계가 불분명한 경우를 탐색한 저명한 사회학자 Durkheim은 다음과 같이 언급하였다. "우리는 세계와 이를 채우는 대상들을 우리 자신에게 표상하지 않고는 살아갈 수 없으며", 그러한 표상들 덕분에 "우리는 스스로에게 연결되는(attached) 동시에 세상에도 연결되는 것이다"(Tiryakian, 1962, p. 48).

실존화가 일어날 것으로 가정할 수 있는 고독의 조건에 대해 실존사회학의 담론이 아직 충분한 분석을 제공하지 못했기 때문에 필자는 경험주의를 바탕으로 한 사회학의 한 형태가 얼마나 사회를 외부의 현상으로 바라보게 하는지에 대해 비평하는 것으로 시작하려고 한다. Shapin(1990)도 이러한 태도를 공유하였는데, 17세기에 영국을 연구했던 그는 우리가 사회라고 부르는 압도적으로 크고 정확한 실체가 개인 내적으로 내면화될 수 있다고 언급하였다. 그 다음으로 17세기 이후에 고독이 어떻게 다루어졌는지에 대해 살펴볼 것이며, 여기서는 사회사상가들 또는 지식인들이 어떻게 위기 상황에서 강요된 고독에 주의를 기울였는지에 대해 논할 것이다. 그들의 사회적 내러티브가 행복, 열정, 희망, 분노, 절망, 그리고 고립감 등과 같은 실존적 요소를 어떻게 드러내는가에 구체적으로 주의를 기울일 것인데, 이러한 것들은 핵심적인 사회적(social) 지식을 제공한다(Corrigan, 2008). 필자는 이 과제가 쉽지 않음을 인정한다. 사회과학 내에서 고독을 바라보는 관점이 더 우호적으로 바뀐 것을 강조하는 Globe(2011)의 연구는 선택에 의한 고독이 얼마나 긍정적인 경험인지를 강조하였다. 즉, '강제로' 고독을 겪은 사람은 고독의 장점을 경험하지 못할 것으로 가정되었다(Neyfakh, 2011). 필자의 또 다른 과제는 지식사회학(sociology of knowledge)[1] 사상가인 Kurt Heinrich Wolff(1912~2003)에 의해 제안된 '항복과 포착(surrender and catch)'이라는 고독의 인식론적 요소를 검증하는 것이다. (인식론이란 지식이 무엇인지, 그리고 우리가 이 지식을 어떻게 알게 되었는지를 검증하고자 하는 철학의 한 갈래를 의미한다). Wolff(1976)에 따르면, **항복과 포착**이란 삶의 실존과 그물망에서 개인의 곤경에 대한 전체적 경험과 인식을 포착할 수 있는 인식론적 방법이자, 개인과 사회 간의 경계선을 흐리게 하는 경험이기도 하다. Wolff는 그러한 에피소드들이 즐거운, 그리고 스트레스적인 경험으로부터 어떻게 생겨날 수 있는지를 주목하였다. Wolff를 통해 필자는 스스로도 인식하지 못한 위기 상황 하에서 고독을 경험하고 있는 사람들이 생성하는 실존사회학적 내러티브가 어떻게 그들 자신의 항복과 포착의 산물인지에 대해 숙고해 보도록 독자들을 안내할 것이다. 끝으로, 필자는 강요되거나 강제된 고독에서 나온 주창자들의 사회적 내러티브가 사회에 대해, 그리고 그러한 고독을 견디어 내기 위한 인간의 의지에 대해 어떤 중요한 통찰을 담고 있는지 주목할 것이다.

외부의 사회

사회학 분야가 고독에 대한 사회적 내러티브를 아직까지 충분히 설명하지 못하는 이유는 역사적으로 볼 때 이 학문 분야가 산업혁명을 거치면서 나타났기 때문이다. 급격한 사회 변화와 발전 속에서 산업화가 진행되고 있는 사회의 거대한 압력 밑에 놓인 인간의 조건을 이해하려던 사회 사상가들은 당시의 사회적 세계에 대해서 불안한 감정 정도를 유지하고 있었다. 그 과정은 극적이었으며, 갈등으로 얼룩져 있었다. 대량 생

---

1) 역자 주: 지식사회학 관점에서 '현실'은 인간의 사고 및 특정한 역사적 시기의 산물로서 인간의 조건과 관련된 설명, 내러티브, 주제, 그리고 '객관적 진리'를 창조하는 것과 밀접히 연관되어 있음.

산과 소비, 이성주의, 효율성, 예측 가능성과 같은 근대성의 기풍은 당시 전원적 · 종
교적 · 전통적 삶에서 파생되었으며, 경합을 벌이지 않았던 세계관들을 잠식해 버렸
다. 19세기가 되어서야 각각의 도시로 모여든 사람들이 정치, 경제, 기술, 문화에 대
해 다루었다. 사람들은 과학으로 인해 번영하였지만, 전쟁이 일어나고 기계가 노동자
를 대체하게 되면서 사람의 존재는 배제되었다. 이 때문에 사회학자들은 물질적인 사
회에 대해 종합적인 결론을 내려야 하는 긴급한 상황에 이르렀다. 그 결론은 사회적
구조가 바뀌면 사회도 바뀌고, 그 속에 있는 사람들도 바뀐다는 것이었다. 이 기간 동
안에 사회학자인 Auguste Comte(1798~1857)와 Harriet Martineau(1802~1876), Karl
Marx(1818~1883), Émile Durkheim(1858~1917), Max Weber(1864~1920)는 사회가 마
음의 **외부**(outside)에 존재하는 현상이라는 관점을 공유하였다. 이러한 틀 속에서 고전
사회학자들은 사회 **내부**(inside)로의 접근을 추구하였다.

   사회학이 진화하면서 사회학자들과 그들의 서로 다른 지향은 이 분야를 두 가지 주
요 궤적에 수렴되게 하였다. 하나의 입장은 사회의 원형적 반복을 강조하면서 사회적
삶을 이해하기 위해 가설 검증과 통계에 중요한 비중을 두었다. 사회학의 이 갈래는
1903년 사회학을 학문적으로 정립하였던 학자 중 한 명인 Émile Durkheim, 그리고 그
를 학문적으로 비방했던(대립되는 입장) Gabriel Tarde의 역사적인 논쟁에서 분명히 설
명된다. Tarde는 사회학자였음에도 불구하고, 사회를 개인 역동의 집합으로 보았다.
반면, Durkheim은 사회를 형성된 조직, 그래서 개인으로 **환원될 수 없는** 집합적인 결과
물로 그려 냈다(Damle & Candea, 2008, p. 767). 1903년 파리의 **사회과학고등연구원**에서
열린 이 두 학자 간의 역사적인 토론에서 Durkheim은 과학적 사회학을 옹호하고 장려
하였다. 과학적 사회학에 따르면, "지금까지 알려지지 않은, 다른 과학에 의해 탐구된
것과 다른 세상을 연구하기 위하여… 사회는 측정될 수 있으며, 사회의 상대적 크기는
비교될 수 있다. 세상이 현실의 시스템이 아니라면 아무것도 아니다"(Damle & Candea,
2008, p. 764). Durkheim의 실증주의는 1912년에 출간된 『**종교 생활의 초보 형태**(The
elementary forms of religious life)』에서 더 심화되었는데, 이 연구물에서 그는 종교가 개
인적인 영적 현상이 아니며, 사람들의 집단을 고양시켜 "고차원적인 존재로 만들고 변

화시키는" "육체적 · 도덕적 힘의 가장 강력한 조합"이라고 주장하였다(Durkheim, 2008, p. 446; Tiryakian, 1962, p. 23). 한편, 그와 동 시대를 살았던 사람들도 그의 이론과 의견에 뜻을 같이했다는 것을 알아야 한다. 1848년 Karl Marx는 『공산당 선언(Communist manifesto)』에서 공산주의는 착취 당하는 상태에서 노동자들을 해방시킬 것이며, 노동자들은 부르주아 지배 하에서 착취된 집단적 지위 이상의 무엇이 **되어 존재하게 될 것**이라고 주장하였다. Weber(1968)는 현대 사회의 계산적이고 기계적인 요구가 사회 구성원을 약화시키는 합리적인 **쇠우리**(iron cage)을 어떻게 만들었는지를 설명하였다. Martineau(1837/2009, 1838/2012)는 미국에서 두 편의 중요한 경험적 연구를 수행하였는데, 사회에 대한 일반 법칙이 어떻게 존재하는지 주목하였으며, 여성과 인류의 실존을 위한 새로운 수단을 밝히기 위해 필요한 방법을 논의하였다.

　대안적인 사회학적 담론은 문화학적 및 해석학적으로 사회의 구성요소에 대한 사회의 상징성을 문서화하였다. 1960년대 후반까지 Berger와 Luckmann의 주요 연구인 『**현실의 사회적 구성**(The social construction of reality)』(1967)을 통하여 사회 구성주의의 토대는 우리가 살아가는 **현실**이 특정 시기의 사회적 구조라고 주장할 만큼 충분한 견인력을 갖추게 되었다. Berger와 Luckmann은 수치보다는 상징, 해석, 의미를 끌어들여 구체화된 객관적 사회를 명확히 설명하였다. 그러나 엄격한 개관성에 대한 이러한 불만은 새로운 것은 아니었다. 약 30년의 세월을 거슬러 올라가 프랑크푸르트 학파 사상가인 Marcuse(1964), Horkheimer와 Theodor(1944), Fromm(1994) 등 적지 않은 사상가들이 근대성의 엄격한 객관주의와 이에 따른 과학기술 발전에 대한 맹목적 집착에 실망감을 표현하였다. 두 번의 세계 대전 동안에 인류가 저지른 끔찍한 일들을 돌아보면서도 그 이후에 등장한 냉전 시대에는 핵전쟁 위협에 직면했을 뿐이며, 인류의 누적된 정서는 현대의 기술적 발전에도 불구하고 문명화된 것과는 거리가 먼 인간성을 고발하였다.

　1970년대 동안 사회 구성주의의 반복은 사회구조, 특히 문화와 언어를 해체하는 방법론을 채택한 후기 구조주의적 담론(poststructural discourse)을 통해 나타났다. Foucault(1988, 1995)와 Baudrillard(1998), Hall(1997)과 같은 사회학자들은 해체를 사회의 사회적 구조가 어려움에 직면하고 퇴출될 수 있는 것이라고 하였다. 이러한 담론은 역사가 불가피하게 노동자 편에 서 있는 것이 아니며(Max의 의견과 달리), 사회는 더이상 합리성의 쇠창살이 아니라는(Weber의 의견과 달리) 점차 커지는 공감대에도 반응하였다. 대신, 사회 변화와 집단의 임파워먼트를 하향식이 아닌 상향식으로 개념화한 페미니즘 담론, 민족/인종 담론, 그리고 문화적 이론을 위한 여지가 마련되었다. 이처럼 다양한 사회학적 표현이 나타나면서 형성된 건강한 긴장 덕분에 이 분야는 더욱 풍성해지고, 공생할 수 있는 토대를 마련하게 되었다. 사회학은 이러한 다양한 갈래를 수용하였는데, 가끔씩은 마지못해서 그렇게 하였지만, 이는 아마도 그들이 같은 인식론적 동전의 서로 다른 면에서 기능하였기 때문일 것이다. 이러한 발산이 나타나게 된 이유는 사회의 제도와 자극이 개인이라는 존재보다 상당히 크다는 모든 사회학자의 인식에 기인한다. 사회의 잘 짜인 구조들(즉, 문화, 종교, 성별, 인종과 경제)과 이들의 부속 기관과 전통은 인간이 경험하는 모든 수준에서 일상생활의 대부분을 조직한다. 그 여파로 사회적 문제와 불평등에 대한 사회학적 주제는 다양한 정체성과 요구가 서로 교차하는 것이 되었으며, 그 자체의 복잡성 그대로 수용 가능한 것이 되었다.

17세기 영국에서의 사회적 고독

인간의 상태에 영향을 미치는 물질적 결과로서의 역사적 시대정신(Zeitgeist)과 그것이 사회 사상가들에게 미치는 영향이 사회라는 틀 내에서 복잡하게 얽혀 있음을 고려한다면, 지속적으로 진화하는 사회적 세계에 대한 실존적 내러티브(existential narrative)가 가지는 내용을 탐구할 필요가 있다. Shapin(1990)은 17세기 영국의 역사적 인물들이 고독 속에서 만들어 낸 중요한 사회적 내러티브를 뛰어나게 해석해 내는 작업을 수행하였다. Shapin은 그 시대에 대한 설명을 검토할 때, 개인이 왜 '은둔자의 목소리'를 듣기 위해 '열심히 귀 기울일' 필요가 없는지에 주목하였다. Shapin은 이 시기 동안에 "고독으로부터 말하고, 고독한 상태를 설명하며, 그 정반대인 사회적 생활을 비판하는 목소리가 어디에나 있는 것인지"에 주목하였다(p. 208).

Shapin은 『마음은 그 자체의 처소다』(1990)에서 고독을 경험함으로써 얻게 되는 깊은 통찰을 우리에게 알려 주는 시대의 상징적인 인물들을 강조하였다. Shapin은 우선 낭만주의자, 시인, 심지어 귀족의 목소리에 담긴 그리고 비정치적 고독을 경험한 주역들이 언급하는 주제를 집중적으로 다루었다. 그 예로, 시인 John Keats가 〈무정한 미인(La Belle Dame Sans Merci)〉이라는 시에서 그가 '고독한 벽난로' 옆을 '창백한 모습으로 홀로 헤매고 있을 때' 경험한 영감을 언급하였다. 반면, Percy Bysshe Shelley는 〈알라스토르인가, 고독의 영혼인가(Alastor, Or the spirit of solitude)〉라는 시에서 등장인물이 어떻게 "살고 … 죽고(lived … died)" "고독 속에서 노래한 것"을 찬미하였다. 유사하게 영국 낭만주의 시인인 William Wordsworth는 〈나는 구름과 같이 외로이 방황했네〉라는 시에서 "내가 소파에 누워 있을 때, 꽤나 자주 적막하거나 깊은 생각에 잠기면 고독의 환희를 담은 내면의 눈 위에 수선화가 떠오르네"라고 노래하였다(Sapino, 1990, p. 192).

Shapin은 "과학혁명(science revolution)이 가장 지대한 영향을 미칠 방법론적 통찰은… 고독 속에서 얻어졌다"(p. 194)라고 하였다. 많은 사람이 역사상 가장 영향력이 있었던 과학자로 생각하는 Isaac Newton(1642~1727)은 그의 학식이 형성되던 시기에 케임브리지 대학의 사회와 학교생활에서 벗어나 있었다(Burt, 2001; Shapin, 1990; Westfall, 1980). Newton에 관한 가장 저명한 전기 작가 Westfall(1980)의 기록에 따르면, Newton은 케임브리지의 Trinity 대학에서 35년이 넘는 세월 동안 "그의 삶에 친구관계라고 할 만한 것은 전혀 형성하지 않으면서" 거의 은둔했으며(p. 75), 그가 명성을 얻었을 때조차도 "그를 한때 알고 지냈다고 언급하는 동료가 전혀 없었다". Westfall은 "조용하고 사색적인 청년이… 케임브리지의 고독하고 행복해 보이지 않는 학자가 된 것이다"(p. 75)라고 말했다. 1661~1696년 사이에 Newton은 자신의 저술에 관한 의문과 비판에 반응하고자 하는 강력한 자극이 있는 경우에만 겨우 고독에서 벗어났다. 1987년에 출판되어 과학과 수학에 일대 혁신을 일으킨 『프린키피아(Principia)』의 저자였음에도, Newton은 방에서 거의 나가지 않고 방 안에서 홀로 식사하였다. Westfall에 의하면, Newton은 아마 "영원히 혼자 남겨지는 것"을 원했을 것이다(Westfall, 1980, p. 377).

Shapin에게 있어서 고독은 "역사가뿐만 아니라 역사적 인물에게도" 영감을 제공하였다(Shapin, 1990, p. 193). Shapin은 또한 18세기까지 확장시켜 분석하면서 철학자 Jean Jacques Rousseau(1712~1778)에 대해 언급하였다. Rousseau의 마지막 저서인 『**고독한 산책자의 몽상**(Reveries of the solitary walker)』(1980)에는 놀랍게도 자연 속이 아닌 파리의 콘크리트 정글 안에서 고독에 잠겨 있는 철학자로서의 그의 상태가 나타나 있다. 이 저서는 '산책(Walks)'이라는 제목이 붙은 10개의 장으로 나뉘어 있는데, Rousseau는 첫 산책에서는 그로부터 "누구도 빼앗아 갈 수 없는 유일한 즐거움이기에" 그의 영혼과 "대화하는 즐거움에 온전히" 빠져들게 되었음을 언급하였다. 첫 산책에서 그는 평등주의를 향한 그의 이상주의적 찬양에 대해 맹공격하는 사람들에 관한 해결책을 찾아냈다. "내적인 삶을 명상함으로써 그것을 더 잘 정리할 수 있다면… 나의 명상이 완전히 헛되지는 않을 것이다… 나의 내적인 삶은 보상 받을 것이며, 나의 불행과 나를 박해한 자, 그리고 수치를 잊을 것이다"(p. 32). 세 번째 산책에서 Rousseau는 사회 사상가들을 비판하였다.

> 나는 철학에 조예가 깊은 많은 사람을 만났지만, 그들의 철학은 외부에만 작용하는 듯했다. …그들은 인간 본성 자체를 알기 위해서가 아니라 그것에 관해 박식하게 떠들기 위해 연구했다. 그들의 노력은 타인에게 알리기 위한 것이지, 그들 자신의 내면적 깨우침을 위한 것이 아니었다(Rousseau, 1980, pp. 48-49).

사회에서의 인간 역동에 관한 Rousseau의 결론은 다음과 같은 진술에서 전형적으로 드러난다. "나는 고독한 사람들의 말대로라면 비사교적인 염세주의자가 되었다. 왜냐하면 오직 배반과 증오 위에서 번창하는 악의적인 사람들이 있는 사회보다는 혹독한 고독을 좋아하기 때문이다"(p. 112).

Shapin은 또한 19세기를 다양한 측면에서 들여다보면서 미국의 사회 사상가 및 사회에 관한 그들의 강력한 비판에 대해 논하였다. 미국의 초월주의적 시인인 Henry David Thoreau(1817~1862)는 1985년에 매사추세츠에 있는 월든 호수에서 2년 동안 물러나 있으면서 사회에서의 자기의 위치를 평가해 보게 되었다. 'Solitude'라고 제목을 붙인 『월든(Walden)』의 다섯 번째 장에서 Thoreau는 자신이 "자연 속의 낯선 자유와 함께" 거닐며 "자연의 일부가" 될 때, 고독이 온몸을 "하나의 감각"이 되게 하는 것을 기뻐하였다(Thoreau, 1854/2011, p. 69). Thoreau는 숲에 대해 처음 느낀 공포가 "마녀들이 모두 처형되고 기독교와 촛불이 도입되었음에도 불구하고, 여전히 어둠을 두려워하는" 사람들과 비슷하게 우스꽝스러웠다고 인정하였다(p. 69). Thoreau가 숲속에서 혼자 얻은 '회복'은 사회에 대한 날카로운 비평을 낳았으며, 유사–민족지학적인 사회학적 상상을 드러낼 수 있게 하였다. 그러한 상상은 "하나의 관점을 다른 관점으로 바꾸는 능력, 그리고 사회 전체와 그것의 구성요소에 대한 적절한 관점을 수립하는 과정"을 가능하게 하는 일종의 사회학적 통찰이라고도 할 수 있다(Mills, 1959/2000, p. 211). Thoreau에게 있어서

> 보통 사회는 인색하다. 우리는 매우 짧은 시간만을 마주하기 때문에, 서로에게서 어떠한 새로운 가치를 얻기 위한 시간을 갖지 못한다… 우리는 '에티켓'이라고 불리는 특정 규칙을 따라야만 하는데 … 이것은 이 잦은 만남을 견디어 내기 위해서다… 우리는 붐비는 삶 속에서 서로에게 방해가 되며, 서로에게 걸려 넘어진다… 보다 적은 만남으로도 중요하고 진심 어린 소통을 충분히 이룰 수 있을 것이다… 내가 사는 곳처럼, 1마일 반경 내에 거주하는 사람이 단지 한 명이라면 더 좋을 것이다(Thoreau, 1854/2011, p. 71).

사상가들은 고독 속에서 사회적으로 제한하는 조건을 제거하기 위한 해방의 메커니즘을 종종 탐색한다. 어떤 이들은 이것을 조용한 방 안에서 발견하기도 하고, 반대로 어떤 이들은 자신이 선호하는 생태환경 속에 있는 야외에서 발견한다. 고독이 훌륭한 생각을 낳는 것에 더하여, 고독한 성찰을 경험해 본 사회 사상가들은 사회생활과 사회에 비판적으로 논평하는 것에 매우 능숙한 것으로 보인다. 게다가 Shapin에게 있어서 이러한 내러티브는 "우리 문화 속에서 분명히 일관되게" 나타난다(Shapin, 1990, p. 209). 고독이 사회적 비평에 기여하는 일관성은 간헐적 고립을 통해 사회 사상가들이 주변을 명확히 관찰할 수 있도록 거리를 제공하는 방식으로 나타난다. 사회생활의

즉각적인 맥락 안에서는 이러한 역동이 그렇게 명료하게 드러나지 않을 수 있는데, 왜냐하면 문화, 계급, 정치, 인종, 성별, 그리고 과학 기술적 자극이 너무 많기 때문이다. 바로 이런 섬 때문에 사상가의 고독은 "자신과 시회 모두를 심오하게 이해하기 위한…지식의 처소"가 되는 것이다(Shapin, 1990, pp. 192-193).

17세기 이후: 고독과 위기

　　17세기 이후에는 실존적 및 정치적 위기에 대해 고독에서 영감을 얻은 상징적 인물들의 내러티브 사례가 많이 있다. 17세기 이래로 위기에 대한 가장 명확한 탐구 중 하나는 틀림없이 Friedrich Nietzsche(1844~1900)의 연구에서 찾아볼 수 있다. Nietzsche는 당시는 물론이고, 지금도 우리에게 가장 중요한 실존 사상가 중의 한 사람이다. 그는 스위스의 작은 마을 실스 마리아에서 고독한 여름을 보내면서 결국『자라투스트라는 이렇게 말했다』(1883~1885)『선과 악을 넘어서』(1886/2011)『우상의 황혼』(1889/2009)과 같은 고전적 작품들을 집필하였다. Nietzsche는 개인이 '인간성의 위기'라는 것에 어떻게 직면할 수 있을지에 대해 사회적 비평의 많은 부분을 할애하였다. 인간성의 위기에 대해 Nietzsche는 실패한 기독교 사회를 고발하였다. 이 사회는 신이 죽은 사회로서 기독교의 수행자들과 그들의 왜곡된 수행이 신을 죽였고, 어떻게 해서 구시대적 가치체계를 교체할 수 있는 새로운 가치체계에 기초한 인간 해방 프로젝트가 필요하게 되었는지를 설명하였다. Nietzsche는 이러한 과정을 가치의 재평가(transvaluation of values) 과정이라고 하였는데, 이는『안티 크라이스트』(2010)에 자세히 설명되어 있다. 영국의 소설가 Will Self는 가치 재평가가 본질적으로 '시스템의 체계적 파괴'라고 하였다(Chu, Morgan, & Wardle, 1999). 사회의 낡은 가치 체제를 폐지하는 과정에서는 삶의 모든 잔인한 도전과 어려움을 극복할 수 있는 초인(übermensch: 기하급수적으로 유능한 인류)의 모습으로 자기(self)로 하여금 삶을 정복할 수 있게 하는 권력에의 의지(will to power)를 가질 필요가 있다고 하였다.

Nietzsche의 사상을 순전히 감상적인 것, 인생의 거친 물질적 결과를 전혀 다루지 않은 과도하게 낭만적인 슬로건을 내세운 것으로 생각한다면 실수다. 사실 Nietzsche는 John Keats나 William Wordsworth와는 달랐다. 그는 매독과 디프테리아와 같은 여러 심각한 질병으로 고통을 당했으며, Sax(2003)는 그가 수막종(뇌종양)까지도 앓았다고 하였다. 원인이 무엇이었든 Nietzsche는 상대적으로 짧은 인생 동안에 자신의 고통에서 비롯된 다양한 철학적인 결론을 그려 냈는데, 가장 중요한 것은 실존적 역량 부여(empowerment), 즉 사회 속에서 살아가게 하고 존재하게 하는 우리 안의 힘은 반드시 신체와 관련해서 이해되어야 한다고 주장하였다. 그의 철학대로 살아 내기 위해 Nietzsche는 전원환경에서 홀로 지내면서 신체 건강을 향상시키기 위한 엄격한 신체 요법을 사용하였다(Chu, Morgan, & Wardle, 1999). 따라서 Nietzsche에게 있어서 인간 해방이란 육체적 자기를 가진 정신의 자기숙달에 관한 것이었으며, 이것은 개인이 **초인**이 되는 것을 요구하는 과정이었다. Nietzsche가 죽고 난 이후인 1908년에 출간된 『**이 사람을 보라(Ecce Homo)**』의 유명한 선언문 중 한 부분에서 Nietzsche는 "내가 이해하고 살아온 바로는 철학이란 자발적으로 얼음으로 덮인 높은 산속에서 사는 것인데, 이는 그 존재에 있어서 이상하고 미심쩍은 모든 것, 지금까지 도덕이라는 이름 하에 금기시되었던 모든 것을 찾아내는 것이다"(1908/2009, p. 4)라고 하였다. 그러한 설명은 은유적인 가치만으로도 높게 평가될 수 있으나, Nietzsche는 실제로 11,322피트 높이의 피츠 코르바취와 같은 스위스 알프스의 꼭대기에 오르면서 자신의 형이상학적 강인함과 신체적 강인함을 향상시키고, 힘에의 의지를 조형하고자 하였다(Botton, 2001). 산꼭대기에서 홀로 있는 동안에 그는 다음과 같이 썼다. 산의 공기가 어떻게 '높은 곳의 공기'인지에 대해, "얼음이 가까이 있고, 고독은 광대하지만… 모든 것이 평화롭게 빛 속에 놓여 있다"(Nietzsche, 1908/2009, p. 4). 또한 Nietzsche의 다른 유명한 작품인 『**인간적인, 너무도 인간적인**』(1878)은 그가 너무나 사랑했던 스위스의 시골에서 겪은 고독으로 시작한다.

Nietzsche가 고독을 다룬 것은 『**자라투스트라는 이렇게 말했다**』에서도 찾아볼 수 있다. Nietzsche는 예언자 Zarathustra라는 대리 인물을 통해 그가 고독에 의지하게 된 세

가지 목적을 밝혔다. 첫 번째로, Nietzsche는 고독이 지혜로 가득할 때 그 상태를 떠나서 자신이 얻은 지혜와 통찰을 사회와 나눠야 하는 시점으로 이끌어 주는 명상과 반성의 기회라고 보았다. 사실 이 작품은 10년간의 "고독을 경험한 후에도… 지치지 않았던" Zarathustra가 산에서 내려오는 것으로 시작한다(Nietzsche, 1883~1885/2006, p. 3). 하지만 인류에 대한 그의 사랑 때문에 고독을 바다로 은유적으로 표현한 Zarathustra는 "해변으로 올라와" 그의 지혜를 전파하기로 결정하였다(p. 4). 두 번째로, Nietzsche는 문화적 잔해와 깨어나지 않은 사회의 자극에 너무 많이 노출된 이후, 고독이 치유를 위해 돌아가야 할 장소로 어떻게 기능하는지에 대해 밝히고 있다. 고독의 이러한 기능에 대해 다음과 같이 예시된다. "내 친구여, 너의 고독으로 달아나라! 나는 네가 소음으로 괴로워하고 있는 것을 보고 있다"(p. 36). 또한 Zarathustra는 청중들(특히 '무리'에 소속되어 있는 이들)에게 "너 자신에 이르는 길을 찾는" 수단으로 "고립 속으로 들어가라"고 조언하였으며, 고립에 대해 죄책감을 느끼게 하는 무리에게 방해 받지 말라고 조언하였다(p. 46). 이 책에서 Zarathustra는 그의 청중들이 '모두 다 들었다'라고 확신한 이후에(p. 117) "씨를 뿌린 사람이 수확을 기다리는 것처럼"(p. 63) 자신을 가다듬기 위하여 산으로 자주 돌아가곤 했다. 이는 Nietzsche가 Sils Maria에서 여름을 여러 해를 보내는 것과 다르지 않다. Nietzsche는 Zarathustra를 통해서 "오, 고독이여! 나의 집과 같은 고독이여! 당신의 목소리가 얼마나 행복하고 부드러운지!"(p. 147)라고 외쳤다.

마지막으로, Nietzsche는 Zarathustra 및 그의 삶에 대한 솔직한 견해를 통하여 고독의 악영향에 대해 경고하였다. 고독에 잘못 매달린다면 "고독 때문에 너는 피곤하게 될 것이고, 너의 자존심은 위축될 것이며… '나는 혼자야!'라고 울부짖게 될 것이다"(p. 47). 큰 위험을 품게 될 처소로서 Zarathustra는 다음과 같이 경고하였다. "고독 속으로 가지고 오는 무엇이든 그것은 고독 속에서 자랄 것이다. 심지어 그것이 내면의 짐승이라고 할지라도 말이다. 이러한 점에서… 고독을 많은 사람에게 추천하지는 않는다. 광야의 성인들보다 더 더러운 것이 세상에 있었는가? 그들 주변에서는 지옥도 아수라장이 될 뿐 아니라 돼지들도 그러하다"(p. 237).

Nietzsche가 고독에 대한 심리적 통찰에 뛰어났음에도 불구하고, 그의 사회적 내러티브는 현대 사회에 의해 드러나는 중요한 사회적 성향을 가시화시켰다. 『인간적인, 너무도 인간적인』에서 그는 사회의 변덕스러움을 다음과 같이 지적하였다.

> 근대 정신이 모든 영역을 지배하게 되었다. 절제와 제한에 대한 쉴 틈 없는 증오로 처음에는 혁명의 열풍에 의해 촉발되었으나, 이후에는 그 자체에 대한 경의와 두려움의 공격을 받아 다시 스스로에게 고삐를 채우고 있다(Nietzsche, 1878/2006, p. 167).

인간이 국가에 의존하고 있는 것에 관해 Nietzsche는 다음과 같이 경고하였다. "국가는 개인을 다른 이로부터 보호하는 영리한 기관이다. 만일 개인이 국가를 너무 숭상한다면 개인은 이로 인해 궁극적으로 약해지고, 심지어 해체되기도 한다"(Nietzsche, 1878/2006, p. 183). 더 중요한 것은 전쟁에 대한 Nietzsche의 견해였는데, Nietzsche는 전쟁을 "문화의 동면 혹은 겨울"로 보았다(p. 271). 더욱이 새로운 사회를 구축하기 위해 낡은 사회를 전복시키려는 혁명가에 반대하면서 Nietzsche는 다음과 같이 말했다. "사회의 전복은 지친 인류에게는 에너지 원천이 될 수 있겠지만, 결코 인간 품성의 조직자, 건축가, 예술가, 완벽하게 하는 자는 될 수 없다"(p. 281). 그러나 Nietzsche는 과학에 대해서는 신랄한 비판을 아꼈는데, 이는 종교적 약속에 비교하면 매우 약소하지만 과학은 일종의 영원한 행복이라고 할 수 있는 최소한의 고통과 최대한의 수명을 목표로 하고 있기 때문이다(p. 105).

유대계 헝가리인이며 철학자, 작가, 소설가인 Arthur Koestler(1905~1983)는 죽음에 직면하게 하는 강요된 고독을 경험하였다. 그는 기자로서 스페인 전쟁을 취재하던 중인 1937년 초에 좌파 동조자로 의심 받아 프란시스코 프랑코 군대에 체포되었다. Koestler는 사형 선고를 받은 후 같은 해 6월까지 몇 개월 정도 투옥되었다. 좌파 동조자라는 이유로 체포된 후 밝혀진 바에 의하면, Koestler는 진정한 독일 공산당원이었고, 런던 지역 신문인 〈News Chronicle〉의 1면 기사였던 프랑코와의 인터뷰도 코른테른(Comentern)[2]을 대신하여 한 것이었다(Koestler, 1966, p. 5). Koestler는 감옥에 갇혀 사형 집행을 기다리는 힘든 밤을 보내면서 일기를 썼는데, 일기는 그가 석방된 이후 『죽음과의 대화(Dialogue with death)』(1966)로 재편집 출간되었다. 이 작품에는 Koestler가 밤마다 죄수들이 프랑코의 사형대로 향하는 소리를 들으면서 다음은 자신의 차례가 아닐까 하는 불안감에 대한 묘사가 잘 담겨 있다.

결국 죄수 교환을 통해 석방된 Koestler는 시련에서 살아 남았다. 『죽음과의 대화』에는 심리적인 주제와 함께 위기를 겪는 동안의 고독을 포함하는 보다 더 상징적인 주제들을 담고 있다. 그 주제는 사회, 그리고 한 인간이 어떻게 살아남거나 초월하는가에 대한 내러티브다. 그 모든 내러티브 중에서 자기와 사회의 경계를 사회학적으로 가장 모호하게 만드는 내러티브는 미래가 불확실할 때, 모호함 그 자체가 필요하다고 Koestler는 암시하였다. Koestler가 "두 마리의 고릴라가 지키고 있는 쇠창살에 갇힌 사람은 결코 인류의 미래가 궁금하지 않다."(p. 91)고 지적한 바와 같이, 이런 상황에서 사회는 엄청난 실망을 안겨 준다. Koestler는 "전기 의자로 가는 사형수에게 줄 수 있는 유일한 위로는 바로 다음날 세계를 파괴할 혜성이 나타날 것이라고 말해 주는 것"이라며 개인의 절대적 소멸과 세계적 대재앙의 구분을 모호하게 했다(p. 92).

Koestler는 또한 강제로 고독을 겪는 중에 조금이라도 기운을 내기 위해 힘썼다. 이를 위해 그는 사회가 그에게 부과한 고통을 대수롭지 않게 여기려고 했다. "살아 있는 이 상황은 상상처럼 그렇게 나쁘지는 않다. 자연은 나무가 특정 높이 이상은 자라지 않는다는 것을 알고 있다. 고통의 나무도 그러하다"(p. 117). Koestler는 또한 교도서 안에서의 자원 획득을 삶 속에서의 사회적 투쟁에 비유하면서 "여기 교도소 안에서는 담배 한 대, 안 뜰에서 운동하도록 허락받는 것, 연필 한 자루를 소유하는 것을 위해 투쟁한다. 사소한 것을 위한 투쟁이지만 다른 어떤 것과 마찬가지로 생존을 위한 투쟁이다."라고 언급했다(p. 197). Koestler는 자유를 얻은 후 다음과 같은 사회학적인 결론을 내렸다. "인종 이론(theory of race)을 지지하고, 환경이 인간의 발달에 미치는 영향을 부정하는

---

2) 역자 주: Comintern 또는 Communist International이란 국제적인 공산주의 조직으로, 1919년 Vladimir Lenin이 창설하였으며, 주요 과제는 세계의 부르주아(자본주의) 계급을 전복시키기 위한 국제적인 운동을 조직하는 것이었음.

사람들은 1년 동안 교도소에 갇혀 거울을 통해 매일 자신을 관찰해야 한다"(p. 197).

　　Koestler와는 달리 Milada Horáková(1901~1950)의 강제 독방 감금은 비극적으로 끝났다. 체코의 변호사, 자유 운동가, 정치인, 유럽 전반에서 가장 저명한 여성 운동가인 Horáková는 냉전 중에 스탈린주의자들에 의해 처형 당했다. Horáková는 젊은 시절에 체코슬로바키아의 나치 점령에 적극적으로 저항하였다. 그녀는 결국 나치에게 체포되어 투옥되었고, 제2차 세계 대전의 나머지 기간을 테레지엔 수용소에서 보냈다. 제2차 세계 대전 종전 후, 1948년에 공산주의가 정부를 탈환할 때까지 그녀는 의회에서 일했다(Doležalová, 2012; Kelly, 2012). 1년 후 Horáková는 공산주의자들에게 다시 체포되어 국가전복 혐의로 기소되었다. 잔학한 고문을 겪고 상당 기간 독방에 수감되었을 뿐만 아니라, 이 기간 동안에 동구권의 스탈린주의자들에 의해 조작된 수많은 가짜 재판에 서야만 했던 그녀는 1950년 6월 8일에 사형을 선고받았다.

　　그녀는 비혼 여성과 혼외 자녀의 삶의 질과 같은 여성 복지와 관련된 다양한 주제를 다루었으며, 가족법과 현장노동직 내에서 여성의 지위를 향상시킬 법의 초안을 만들기도 했다(Doležalová, 2012). 가장 인상적인 그녀의 저서는 선전용 책이나 공공정책에 대한 책도 아니다. 형을 집행하기 전날 밤, 교도관들은 그녀에게 3통의 편지를 쓸 수 있게 해 주었다(Kelly, 2012). 절실하게 가슴을 저미도록 쓴 편지는 그녀의 남편 Bohuslav, 십대인 딸 Jana, 그녀가 죽은 후 딸 Jana의 보호자가 된 시어머니에게 보내졌다. Horáková가 죽음을 앞둔 운명의 시간에 정리해 나간 자신의 삶에 대한 고찰의 깊이는 그저 상상으로만 짐작할 수 있을 뿐이다. 그러나 이 어려운 시기에 그녀의 저술은 강제된 고독의 영향과 회환의 무게를 다룬다. Horáková가 Jana에게 쓴 편지에는 사회에 관한 대단원이 포함되어 있는데, 이는 Jana에게 사회가 나아갈 길에 관해 가르쳐 주는 중요한 부분이다.

　　내가 다시 돌아오지 않을 것을 두려워하거나 슬퍼하지 마라. 내 딸아, 삶을 하나의 중대한 문제로 바라보는 것을 배워라. 인생은 고달프고, 그 어느 누구도 아기처럼 보살펴 주지 않는다. 인생이 너를 때릴 때, 아주 심하게 때릴 것이다. 어서 빨리 이것에 익숙해져라. 그러나 그것이 너를 패배시키도록 내버려두지 마라. 싸우기로 결정하라(Kelly, 2012).

Horáková는 편지의 다른 부분에서는 다음과 같이 썼다.

　네가 알아야 할 점은 가치에 대한 자신의 척도를 정리한다는 것은 자기 성품을 잘 분석하여 스
스로를 잘 알고 확고해지는 것뿐 아니라, 다른 사람에 대해서 알고… 세상의 과거와 현재, 그리고
미래의 발전에 대해 최대한 많이 아는 것을 의미한다는 점이란다(Kelly, 2012).

　Jana에게 보낸 편지의 마지막 단락에서 Horáková는 "한 가지 더, 친구를 신중하게
선택해라. 사람은 그 사람이 관계하는 사람들에 의해 어떤 사람인지 결정된단다. 그
러니 매우 신중하게 선택해라."(Kelly, 2012)라고 덧붙였다. 남편과 시어머니에게 쓴
Horáková의 편지에는 사회학자인 Hochschild가 『두 번째 변화(The Second Shift)』(1989)
라는 작품에서 언급한 두 번째 변화와 여전히 대립해야 했던 해방된 여성에 대한 기대
를 강조하는 주제가 포함되어 있었다. 두 번째 변화는 성공적인 경력을 가졌지만 여전
히 아내로서의 구시대적 의무를 다하기 위해 집으로 돌아가야 하는 여성의 고뇌와 인간
의 상태를 말한다. 이러한 여성의 상태는 가정에 대해 전통적으로 정의된 각본으로부터
완전히 해방되지 않은 결과다. Horáková는 사형 집행 전 홀로 있으면서 그녀의 사랑하
는 사람들이 사회에서 어떻게 기능해야 하는지에 대해서 토로한 것은 고독이 직업에서
의 자기와 사회의 경계를 모호하게 하였음을 보여 주는 것으로, Hochschild가 이 현상
에 주목한 것보다 앞선 것이며, 미국 자본주의 내의 성차에 대한 불만을 배경으로 한다
기보다는 '철의 장막'과 전체주의적 제도를 배경으로 한 것이다.
　Winston Churchill, Albert Einstein, Eleanor Roosevelt, Bertrand Russell 등 많은 사
람의 호소에도 불구하고, Horáková는 1950년 6월 27일 2시 30분에 다른 많은 사람과
함께 교수형에 처해졌다. 반나치와 반공산주의 운동가였던 Horáková의 정치적 입장은
강제적인 고독 상태에서는 정치와는 무관한 것이었으며, 이는 그녀를 하나의 전체로서
여성됨, 사회, 그리고 인간성에 돌아오도록 하는 것이었다.

앞의 대표적 사상가와 활동가들의 모습에서 보았던 것처럼, Koestler와 Horáková의 경험과 같은 강제된 고독이든, Thoreau, Rousseau와 Nietzsche의 반성과 명상에서 나타난 자발적 고독이든 간에 고독은 사회에 대한 다양한 통찰력의 기본 플랫폼이 될 수 있다. 흥미롭게도 강제적으로 고독에 처한 사람들은 실존적 죽음에 직면했을 때조차도 사회에 대해 냉소적으로 서술하지 않았다. 당연히 긴박한 상황이었지만, 이러한 점은 순전히 무력에 대한 두려움이나 필사적으로 자기를 챙기려는 생각에 근거하는 것이 아니다. 오히려 Koestler와 Horáková의 내러티브는 자기안심과 평온한 운명주의의 특성을 보여 준다. Horáková의 경우, 가족의 계속성과 신중하게 다져진 친구관계를 위한 여지가 마련되었다. 자발적인 고독의 경우, 상대적으로 부족한 긴박함이 지혜에 의해 상쇄되었다. 물론 이 지혜는 기존 사회의 불만과 마주하여 스스로 어떻게 살고 해결할 것인가에 대한 연극적·과장적 요소가 첨가된 것이기도 하다. 이러한 정서는 Thoreau, Rousseau, Nietzsche의 생각에서 찾아볼 수 있다. 실제로 그들이 자기만의 사색의 생태환경에 홀로 머물지 않았더라면 Thoreau의 월든 호수, Rousseau의 파리, Nietzsche의 실스 마리아, 피츠 코르바취 같은 자기와 사회에 대한 그들의 심오함은 발견될 수 없었을 것이다.

항복과 포착

선택한 고독이든, 강제된 고독이든, 고독이 어떻게 사회 속에서 인간의 실존에 대한 심오함을 만들어 낼 수 있는지에 대해 잘 설명되었기를 바란다. 실존적 단서는 많으며, 특히 위기를 경험하는 사람들로부터 얻게 되는 단서는 아주 많으므로 우리는 고독을 기반으로 인간의 조건에 대해 고찰한 사람들이 제시한 사회학적 깊이를 이해하게 되었다. 이러한 깊이는 자기의 생존에 필요할 뿐 아니라 사람들을 구원이나 멸망의 길로 이끌어 갈 수 있는 사회를 위해서도 필요하다. 하지만 무엇이 이러한 사회적 지식을 가능하게 하는가, 즉 그 메커니즘이 무엇인가? 필자는 그들의 사회적 지식이 항복과 포착의 에피소드의 결과라고 제안한다. 이것은 Wolff가 지식 생산을 위해 선견지명을 가지고 확인하고, 질적 방법론으로 발전시킨 것이다(Wolff, 1962, 1974, 1976).

질적인 방법론으로서 Wolf의 항복과 포착은 Wolff 자신이 1930년대 후반에 미국으로 이주한 독일의 저명한 사회학자 출신임에도 불구하고, 미국의 사회학에는 드물게 적용된 방법이다. 고독의 다양하고 미묘한 뉘앙스를 고려하기 위한 항복과 포착의 효용성은 우리의 관점에서는 우리가 어떻게 진실을 아는지, 그리고 궁극적으로 우리가 진실을 안다고 확신하는 이유를 설명하는 중요한 도구다. Wolff는 항복을 개념화하면서 지식의 총체적인 상태와 '의식의 확장(expansion of consciousness)'을 설명하였는데, 그것은 한 사람의 사회, 삶, 그리고 그 너머의 '존재의 이유(raison d'être)'에 대한 인식론적 그리고 존재론적 지식을 구성하는 사건으로부터 깨어나는 것(Wolff, 1976, p. 63)이다. 즉, Wolff는 총체적인 영감의 시점에서 "언어는 항복할 때 그렇게 하듯이, 경험의 즉시성으로부터 새롭게 나타나는 시적인 의미로 분출되며, [그리고] 우리는 말하는 것에 대한 감각을 가지게 된다"(Backhaus & Psathas, 2007, p. xxv). 항복의 전체적 경험에서는 '죽고 변화되어 가는(die and become)'(Wolff, 1962, p. 47) 변증법이 있다. Wolff의 전기 작가는 다음과 같이 말하기도 했다.

> 항복의 경험은 그것의 구성요소를 통해 설명할 수 있는데, 총체적 관여, 수용된 개념의 유예, 항복자의 존재가 경험에 관여되어 주관과 객관의 구분이 사라지도록 모든 것이 관련성을 갖는 그러한 경험을 통해 설명될 수 있다(Backhaus & Psathas, 2007, p. xxv).

이것에 따라 Wolff가 의미하는 포착(catch)은 경험자가 "그것으로부터 나타나는 구조"(Wolff, 1974, p. 549)를 볼 수 있을 때다. 현실을 평가하기 위해 붙잡게 되는 것은 바로 "필연적으로 나타나는 구조의… 산출, 수확"(p. 318)이다. 여기서 항복과 포착의 방법론적 유용성이 나타난다. Wolff는 그의 중요한 저서인 『항복과 포착: 오늘의 경험과 의문(surrender and catch: Experience and inquiry today)』(1976)에서 "그것은 기원을 향한 개방성으로 특징짓는 방법으로서 자기수정적이며, 지식의 본질에 관한 것"이고, 태생적으로 실존적인 것이다(p. 79). Wolff는 과학적 발견이 단지 이론적이고 상대적인 반면, 인간의 조건에 대한 실존적 진실은 "절대적이며, 또한 철학적, 예술적, 시적"이라는 점을 강조하면서 인식의 지표를 더욱 멀리 두었다. 따라서 진리에 대한 시대를 초월하는 의문에 관한 Wolff의 용기 있는 답변은 우리가 항복과 포착을 경험할 때 "우리가 무엇인가에 관한 질문을 다시 받는 것이며, 이것이야말로 우리가 인류와 공유하는 것"이다(p. 54). Tiryakian(Tiryakian, 1962)은 이러한 인간의 상태를 10년 전에 관찰하여 "사회의 인구가 많아지고 인구 밀도가 높아질수록, 개인 간의 차이가 복잡해질수록 사회 구성원이 공유할 수 있는 유일한 것은 인간이라는 점일 뿐인 시기가 올 것"이라고 하였다(p. 56).

　따라서 항복과 포착은 자기실현을 넘어서 사회적 자각을 증폭시키는 과정이다. 명료성(lucidity)은 사회적으로 구성된 경계로부터 이탈을 가능하게 하며, 이는 경험자가 '동료와 완전한 의사소통을 한다는 확실성'을 갖게 될 때 가능하며, "그의 경험이 지속되는 한 무엇이든 전달할 수 있으며, 경청하는 사람은 이해하지 않을 수 없는 것이다"(Wolff, 1962, p. 40). 실제로 인간성과 공유하는 것에 다시 던져진 경험자는 마지막 단계에서 자기가 변함없이 인류에 속한다는 것을 인정하지 않을 수 없게 된다.

　Wolff가 그러한 접근법을 어떻게 발견했는지 이해하려면 그에게 영향을 미친 사회적 혼란과 위기를 이해해야 한다. 제2차 세계 대전 이전에 Wolff는 초국적 유럽인 중 한 명이었다. 독일 다름 슈타트에서 태어난 그는 초기 파시즘으로 인해 1933년에 독일을 탈출해야 했다. 이탈리아에 정착한 그는 1939년에 무솔리니가 히틀러에 협조하게 되면서 부인인 Kla Bruck와 함께 다시 도망쳤다. 영국에서 잠시 지낸 후, Wolff는 미국으로 이주했다. 유대인 대학살(holocaust)이 Wolff에게 평생의 상처를 입히는 방식으로 진행되고, 절정에 이르게 되었다. Wolff가 전후 현대화에서 위안을 찾지 못한 점은 놀라운 일이 아니다. 제2차 세계 대전이 끝나면서 냉전이 생겨났고, 핵으로 인한 전멸의 위협이 현실화되었다. 대학살에 대한 사회학적인 방치와 실제로 핵전쟁이 일어날지도 모른다는 Wolff의 우려 때문에 그는 인간성의 위기에 대해 변화된 관점을 갖게 되었고, 그것은 "다른 어떤 것보다 훨씬 더 그의 생각을 사로잡은" 것이 되었다(Kalberg, 2007, p. 79). 이런 맥락에서 Wolff는 사회 이론은 악의 존재에 직면하기에 적절해야 한다고 주장하였다. 그러나 Wolff는 과학으로서의 사회과학이 사회적 존재라는 중요한 주제를 적절하게 다루었다고 믿지 않았다(Gordon, 2007, p. 67). Wolff는 다음과 같이 단언하였다.

> 현대 과학은 자연 세계를 예측하고, 통제하고, 조종하는 프로젝트를 들여 왔다. 이 프로젝트는 모든 현상이 환원될 수 있는 선형적 인과관계, 혹은 자연법의 원리를 발견하는 것이었다. Wolff는 인류의 고유한 초월적 능력을 부정하는 이 현대적 형태의 이성을 거부했다(Backhaus & Psathas, 2007, p. 77).

과학은 인류의 잔혹한 행위를 설명하지 못하였고, "사회–역사적으로 설정되어 있는 일상을 초월하여 새로운 의미와 실존적인 진리를 생성해 내는" 인간의 능력을 설명하지 못했다(Backhaus & Psathas, 2007, p. 77). Wolff와 그의 추종자들이 '비극적인 역사의 모순'에 직면하는 데 있어 항복과 포착은 필수적인 방법이었다(Godway, 2007, p. 83). 항복과 포착을 통해서 Wolff는 인간 조건에 대한 역사적 진단, 즉 그것의 의미와 물질적 결과를 진단할 수 있었다. 그리고 이러한 진단은 사회로부터의 구분이 희미한 개인이라는 통로를 통해 이루어졌다(Stehr, 2007, p. 55).

항복과 포착의 구분되는 특징은 무엇이 지식을 구성하는지에 대한 전통적 관점들을 대체하는 심오함(profundities)을 방법론적으로 수용한다는 점이다(Backhaus & Psathas, 2007). 그러한 심오함의 하나는 Wolff의 대학살 경험에서 찾을 수 있으며, 따라서 Wolff의 항복과 포착은 '대학살의 토대를 이루는 부당한 이원론'(Kalberg, 2007, p. 79)을 말살시키기 위해 끌어들일 수 있는 인간의 상태에 대한 단서를 찾아내는 것을 목적으로 하였다. Kalberg(2007)에 의하면, "독일과 유대인, 독일인과 집시, 독일인과 공산주의자'와 같은 이원론은 가장 큰 악을 불러냈다. '항복'은 모호하지 않은 명확함, 강요, 그리고 이원론에 대한 공포로 반응한다"(p. 79).

따라서 Wolff의 인식론은 질적인 사회학적 방법론들을 이미 '부드러운' 과학에서 '가장 부드러운' 사회학적 방법으로서의 그 지위로부터 해방시켰다. 그는 붕괴하는 세상에 맞서 있는 인물들과 사상가들을 단련시키는 '힘든' 사건들, 즉 체제의 위기 속에 인간을 위치시키면서 이를 성취하였다. 예상할 수 있듯이, 그러한 접근은 주체를 대상으로 만들고 보다 이상적으로 사실과 가치를 구분하는 실증주의적 접근법의 범위를 넘어서는 것으로, 다시 말하면 '우리' 대 '그들'과 같은 정치적 용례가 전쟁과 대량 학살의 광기로 귀결되는 이원론을 초래하였다. Wolff와 그의 지식사회학에 있어서 그러한 구분은 용납될 수 없다. 이는 항복과 포착이 계속된다면 진실과 가치가 특정한 시대 내에서, 그리고 그 시대에 대해서 설명하는 진실과 불가분하게 얽혀 있기 때문이다. 실제로 사회학과 사회학 연구에 있어서 Wolff의 주장은 중요한 연구 주제를 선정하는 데 있어서 작용하는 가치를 우리가 따라간다는 것이다(Imber, 2007, p. 71). 이런 식으로 방법과 가치는 사회 사상가와 불가분의 관계가 된다. Wolff가 여러 대학을 전전했음에도 미국 사회학에서 그의 진가는 인정받지 못했다. Kalberg(2007)에 따르면,

> 오늘날까지도 Wolff의 사회학은 미국 사회학에서 단편적으로만 받아들이고 있다. 미국 사회학은 오늘날까지 현저하게 뒤르켐 학파, 파슨즈 학파, 실증주의… 근원적 의미에서 근대성에 대한 무비판이 우세하며, 대학살에 영향을 받지 않는 상태로 머물러 있다(p. 80).

그러므로 Wolff의 전기 작가가 그의 사회학이 실존적 변화를 가져왔다고 묘사한 것은 놀랄 일이 아니다. Wolff의 항복과 포착은 인간성의 위기를 상징하는 대학살에 대한 애도에서 유래된 것을 감안할 때, 우리는 위기의 순간에 사회 사상가들이 우연하게 경험해 온 항복과 포착이 얼마나 많았는지 이해할 수 있다.

고독 연구를 통한 실존 사회학의 발전

항복과 포착의 방법론을 통해 연구자들은 극심한 수준의 위기에 직면했던 사회 사상가들과 현재와 시간을 넘어서 역사적으로 연결될 수 있다. 그 위기의 시기에 우리의 주인공 중 하나는 궁극적으로 자신의 삶을 대가로 치러야만 했다. 이 장에서 필자는 우리

의 주인공들의 항복과 포착으로 이루어진 고독이 어떻게 사회에서 인간의 조건에 대한 깊은 이해를 제공할 수 있었는지를 전달하기를 희망하였다. 더욱이 주인공들은 고독의 힘으로 사회의 본질에 대해 솔직하게 직면할 수 있었으며, 고독을 통해 행복, 열정, 희망, 불안, 절망, 소외와 같은 주요한 실존적 주제를 끌어들여 그들을 속박하였던 시스템을 초월하거나 이길 수 있었다. 이는 고독이 더욱 연구할 가치가 있는 중요한 존재의 상태임을 보여 준다. 이러한 속성들은 고독을 경험하는 장소, 고독 속에서의 삶의 질, 주인공의 안녕에 영향을 미치는 형이상학적 및 실제적 위기의 정도를 포함한다. 사회에서의 인간의 경험에 대한 사회학적 고찰을 위해서 고독은 사회에 대한 중요한 결론을 확인하는 데 없어서는 안 될 주제이며, 특히 위기가 가져오는 긴박함을 경험할 때 더욱 그러하다. 사회의 본질에 대해 고독이 주는 시사점이 실스 마리아나 피츠 코르바취에서 Nietzsche가 경험했던 생태환경에서 비롯된 것이든, 아니면 Koestler와 Horáková의 경험에서와 같이 투옥된 좁은 공간 안에서 일어난 것이든, 아니면 Wolff의 경험처럼 대학살을 통해 잃어버린 자신의 일상을 불완전하게 애도한 데에서 비롯되는 것이든 주인공들이 사용한 항복과 포착은 사회학자들로 하여금 이 방법론을 사용하여 실존 사회학의 담론을 강화하도록 영감을 줄 것이다. 그러한 방법은 고독 동안의 실존화 과정을 연구하는 것이 본질적으로 주인공에게 도전적 자극을 다루도록 강요하는 사회 속에서 살아남기 위해 내적ㆍ육체적 힘(즉, 권력에 대한 Nietzsche의 의지)을 왜 필요로 하는 것인지에 대해 통찰을 제공한다.

사회가 제도적 및 관료적으로 표현될 때, 실제로 자기(self) 대비 사회의 크기는 사회를 분석하는 것을 어렵게 만든다. 그러나 실증주의 사회학의 분석적 관점은 **자기 내부의 사회의 모든 역동성**을 결정적으로 처리해야 하는 개인의 힘은 무시한 채 집단의 결과에 대해서만 설명한다. 이것은 개인의 내적인 힘과 위기에도 불구하고 발휘되는 능력이 무엇인지 분명히 밝히는 연구를 실존 사회학자들이 착수할 필요가 있음을 보여 준다. 역설적으로 이러한 능력은 인간의 권리, 정치범들의 상황, 참전 용사들과 귀향 이후 그들이 사회와 맺는 관계, 그리고 재난 연구들을 검토하는 사회학의 중요한 장르에서 충분한 설명이 주어지지 않은 인간 정신의 한 속성이다. 궁극적으로 사회는 개인의 의식에 달려 있다. 그것은 "개인이… 그것을 생각하는 한" 존재하기 때문이다. 따라서 사회는 편재하는 동시에 초월적인 이중적 특성을 가지고 있다. **사회는 개인 내부에 존재하지만, 또한 개인보다 거대하다**"(Tiryakian, 1962, p. 64). 다음에 제시된 Tiryakian의 관찰은 우리의 논의를 마무리하기에 적합하다. 실존 사회학이 여전히 계몽적 과정에 있다는 큰 단서를 제공하기 때문이다.

> 사회의 수명은 사회 구성원의 수명보다 훨씬 길다. 개인은 태어나고 소멸되지만 사회는 지속된다. 영혼(soul)이 사회의 화신(혹은 내면화)으로 해석된다는 점에서 영혼이 불멸이라는 믿음은 정당하다(Tiryakian, 1962, p. 49).

다양한 학문 분야의 사회 사상가들이 사회 속의 인생 행로를 만들어 가는 것은 당연하다. 그 행로는 종종 고독으로 들어가는 행로이며, 아직 완전히 이해되지는 못했지만 계속해서 존재하고 변화되어 가는 우리 모두에게 수용되고 감사히 여길 행로다.

참고문헌

Backhaus, G., & Psathas, G. (2007). *The sociology of radical commitment: Kurt H. Wolff's existential turn*. Lanham, MD: Lexington Books.

Baudrillard, J. (1998). Simulacra and simulations. In M. Poster (Ed.), *Selected writings*. Stanford, CA: Stanford University Press.

Berger, P. L., & Luckmann, T. (1967). *The social construction of reality: A treatise in the sociology of knowledge*. New York: First Anchor Books Edition.

Burt, D. S. (2001). *The biography book: A reader's guide to nonfiction, fictional, and film biographies of more than 500 of the most fascinating individuals of all time*. Westport, CO: Greenwood.

Chu, S., Morgan, J., & Wardle, L. (Directors) (1999). *Human all too human: Friedrich Nietzsche*

[Documentary]. United States of America: Films for the Humanities & Sciences.

Corrigan, J. (2008). *The Oxford handbook of religion and emotion*. Oxford, UK: Oxford University Press.

Damle, A., & Candea, M. (2008). The debate between Tarde and Durkheim. *Environmental and Planning Development: Society and Space, 26*, 761-777.

de Botton, A. (2001). *The consolations of philosophy*. New York: Vintage.

Doležalová, M. (2012). Milada Horáková (1901-1950). International Study of Totalitarian Regimes. Retrieved July 24, 2013, from http://www.ustrcr.cz/en/milada-horakova-en

Durkheim, E. (2008). *The elementary forms of religious life*. New York: Dover Press.

Foucault, M. (1988). *Madness and civilization*. New York: Vintage Books.

Foucault, M. (1995). *Discipline and punishment*. New York: Vintage Books.

Fromm, E. (1994). *Escape from freedom*. New York: Holt Paperbacks.

Godway, E. (2007). Surrender and catch and the question of reason: Kurt Wolff and John Macmurray. In G. Backhaus & G. Psathas (Eds.), *The sociology of radical commitment: Kurt H. Wolff's existential turn* (pp. 490-507). Lanham, MD: Lexington Books.

Gordon, J. (2007). Kurt Wolff's work and its place in twentieth century social thought. In G. Backhaus & G. Psathas (Eds.), *The sociology of radical commitment: Kurt H. Wolff's existential turn* (pp. 64-69). Lanham, MD: Lexington Books.

Hall, S. (1997). *Representations*. London, UK: Sage.

Horkheimer, M., & Theodor W. A. (1944). *Dialectic of enlightenment*. New York: Continuum.

Imber, J. (2007). Kurt H. Wolff and sociology. In G. Backhaus & G. Psathas (Eds.), *The sociology of radical commitment: Kurt H. Wolff's existential turn* (pp. 69-75). Lanham, MD: Lexington Books.

Kalberg, S. (2007). Kurt Wolff's epistemology of the heart. In G. Backhaus & G. Psathas (Eds.), *The sociology of radical commitment: Kurt H. Wolff's existential turn* (pp. 78-80). Lanham, MD: Lexington Books.

Kelly, T. M. (2012). Letters of Milada Horáková. Center for History and New Media. Retrieved July 24, 2013, from http://chnm.gmu.edu/wwh/d/25/wwh.html

Koestler, A. (1966). *Dialogue with death*. New York: MacMillan.

Kotarba, J. A., & Fontana, A. (1984). The existential self in society. Chicago: University of Chicago Press. Letters of Milada Horáková. Center for History and New Media. Retrieved July 24, 2013, from http://chnm.gmu.edu/wwh/d/25/wwh.html

Marcuse, H. (1964). *One-dimensional man*. Boston: Beacon Press.

Martineau, H. (1837/2009). *Society in America*. Cambridge, UK: Cambridge University Press.

Martineau, H. (1838/2012). *How to observe: Morals and manners*. Norfolk, VA: BiblioLife L L C.

Mills, C. W. (1959/2000). *The sociological imagination: Fortieth anniversary edition*. Oxford, UK: Oxford University Press.

Neyfakh, L. (2011). The power of lonely: What we do better without other people around. Boston Globe. Retrieved March 6, 2011, from http://www.boston.com/bostonglobe/ideas/articles/2011/03/06/the_power_of_lonely/

Nietzsche, F. (1878/2006). Human, all too human. Objective Systems Pty Ltd ACN 085 119 953.

Nietzsche, F. (1883-1885/2006). *Thus spoke Zarathustra*. Cambridge, UK: Cambridge University Press.

Nietzsche, F. (1908/2009). *Ecce Homo: How one becomes what one is*. Oxford, UK: Oxford University Press.

Nietzsche, F. (1889/2009). *Twilight of the idols: Or how to philosophize with a hammer*. Oxford, UK: Oxford University Press.

Nietzsche, F. (2010). *The anti-Christ*. New York: Soho Books.

Nietzsche, F. (1886/2011). *Beyond good and evil*. Seattle, WA: CreateSpace.

Rousseau, J. J. (1980). Reveries of the solitary walker. London, UK: Penguin Classics.

Sax, L. (2003). What was the cause of Nietzsche's dementia? *Journal of Medical Biography, 11*(1), 47-54.

Shapin, S. (1990). The mind is its own place: Science and solitude in seventeenth-century England. *Science in Context, 4*(1), 191-218.

Stehr, N. (2007). How I came to sociology and who I am: A conversation with Kurt H. Wolff. In G. Backhaus & G. Psathas (Eds.), *The sociology of radical commitment: Kurt H. Wolff's existential turn* (pp. 37–61). Lanham, MD: Lexington Books.

Thoreau, H. D. (1854/2011). *Walden.* Boston: Ticknor and Fields.

Tiryakian, F. (1962). *Sociologism and existentialism: Two perspectives on the individual and society.* Englewood Cliffs, NJ: Prentice Hall.

Weber, M. (1968). *Economy and society.* New York: Bedminister Press.

Westfall, R. S. (1980). *Never at rest: A biography of Isaac Newton.* Cambridge, UK: Cambridge University Press.

Wolff, K. H. (1962). Surrender and religion. *Journal for the Scientific Study of Religion, 2*(1), 36–50.

Wolff, K. H. (1974). *Trying sociology.* New York: John Wiley & Sons.

Wolff, K. H. (1976). *Surrender and catch: Experience and inquiry today.* Dordrecht: D. Reidel.

15

컴퓨터 과학의 관점: 고독에서 주변적 사교로 온라인 게임에서 나타나는 고립의 사회적 및 심리적 측면 재정의

Nicolas Ducheneaut & Nicholas Yee

인터넷이 우리의 삶에 미치는 영향에 대해서는 여전히 논쟁의 여지가 있다. 하지만 인터넷이 만들어 내는 온라인 공간이 지리적으로 멀리 떨어져 있는 사람과 사회적 상호작용을 가능하게 한다는 것은 명백한 사실이다. 이러한 형태의 사회적 상호작용은 컴퓨터 네트워크를 통하지 않고서는 완전히 불가능한 일이다. 디지털 커뮤니케이션 기술 분야의 초기 개발자와 사용자들은 미디어가 가지고 있는 이러한 사회적 가능성에 특히 관심을 기울였다. 예컨대, Rheingold(1993)는 인터넷이 어떻게 가상의 커뮤니티를 지원할 수 있는지에 대해 처음으로 설명한 사람 중 한 명이다. 가상의 커뮤니티에서는 사람들이 공동의 관심사를 기반으로 자유롭게 어울리며, 서로를 향한 친밀감이나 적대감이 실제로 형성되기도 한다. 사회적 관계를 창조하고 지원하는 이와 같은 가능성은 최근에 등장한 'Web 2.0' 시스템(몇 가지만 언급한다면 SNS, 블로그, wikis 등)이 광범위한 성공을 거두는 데 핵심적인 요소가 되었다. 예컨대, '더욱 활짝 열린 세계, 더욱 연결된 세계(make the world more open and connected)'라는 페이스북의 공식적인 기업 강령은 디지털 매체가 가져오는 사회적 유익을 강조하고 있다(https://www.facebook.com/facebook/info). 페이스북과 같은 온라인 네트워크는 실제로 사회적 자본을 창출하고 유지할 수 있다는 것을 보여 주었다. 그리고 이것은 인간의 심리적 안녕감에 긍정적인 영향을 미칠 수 있다(Ellison, Steinfield, & Lampe, 2007). 반면, 연구자들은 명백한 역설을 확인하였는데, 그것은 인터넷의 과도한 사용이 우울과 외로움의 증가로 이어질 수 있다는 것이다(Kraut et al., 1998). 이러한 효과는 시간이 지날수록 점차 사라질 수도 있지만, 개인의 성격이나 기존에 구축된 초기 지원 네트워크(initial support network)의 범위에 따라 어떤 사람들에게는 보다 강력한 영향을 미칠 수도 있다(Kraut et al., 2002). 미국 사회에서 시민의 참여가 감소하고(Putnam, 2000), 물리적 공간을 중심으로 구축된 전통적인 커뮤니티가 점차 사라지고 있는 현실을 감안할 때(Oldenburg, 1989), 이와 같은 연구결과는 여러 측면에서 광범위한 불안을 불러일으키기에 충분하다. 인터넷 기술이 사회적 연결성을 증가시키고 있다는 점은 분명하지만, 사람들은 오히려 더욱 고립되고 있을지도 모른다(이 책의 2권 4장 참조). 이러한 논쟁에서 잠재적으로 중요한 교란요인(confounding factor)은 인터넷이 단일 기술이 아니라 네트워크 형성을 가능하게 하는 소프트웨어의 집합체이며, 또한 끊임없이 진화를 거듭해 가고 있다는 점이다. 온라인상에 구축되어 있는 사회적 공간은 일대일 실시간 정보를 주고받는 동시적인(synchronous) 인스턴트 메시지에서부터 다수의 사람과 정보를 공유하는 비동시적인(asynchronous) 인터넷 게시판이나 커뮤니티(Smith, 1999; Whittaker, Terveen, Hill, & Cherny, 1998), 그리고 페이스북과 같은 사회적 연결망에 이르기까지 그 범위가 실로 방대하다. 따라서 이와 같은 기술이 사회적으로 어떠한 영향을 미치는지 확인하고자 할 때에는 모든 기술의 사회적 영향을 동시에 고려하기보다는 개별 기술의 사회적 영향을 별도로 살펴보는 것이 더 생산적이다. 만일 디지털 통신 시스템의 개발 목적이 사회적 상호작용 촉진에 특정되어 있다면 더욱 그러할 것이다.

이러한 맥락에서 다중 온라인게임(Massively Multiplayer Online Games: MMOG)은 다

양하고도 흥미로운 연구의 기회를 제공한다. 초창기 텍스트 기반의 머드게임(Multi-User Dungeon: MUD; Cherny, 1999 참조)에서 시작된 MMOG는 게이머들의 협업을 독려하기 위해 고안된 가상의 세계라고 할 수 있다. MMOG는 이전 모델에서 시작된 '거대하고 영원한 판타지 세계(vast, persistent fantasy world)'라는 개념(칼, 마법, 우주 활극 등 대중적인 주제를 바탕으로 한)을 유지하고 있다. 이 판타지 세계에서는 수많은 게이머가 함께 살아가고 있다. 그들은 텍스트 기반의 채팅을 통해, 그리고 점차 음성통신(voice-over IP)을 더 많이 사용하면서 상호작용할 수 있다. 또한 각자가 가진 물건을 사고파는 무역 활동을 하기도 하고, 이른바 '퀘스트(quests)'[1]를 수행하기 위한 집단을 형성하기도 한다. 그리고 결국에는 이와 같은 가상 세계에서 복합적인 집단 활동을 조직하는 '길드(guild)'[2]의 장기적인 구성원이 된다. MMOG는 이러한 기본적인 템플릿 위에 매우 정교한 3D 그래픽을 덧입히고 있다. 뿐만 아니라, 상용 컴퓨터에서도 광역 인터넷 접속 및 그래픽 렌더링 기능이 점차 보편적으로 사용되고 있다. 이러한 변화는 MMOG가 점점 더 많은 이용자를 끌어들일 수 있도록 만들었다. 예컨대, 1990년대의 대표적 MMOG인 울티마 온라인(Ultima Online)과 에버퀘스트(EverQuest)의 이용자는 수십만에 불과하였지만, 현재 미국에서 MMOG 게임의 선두주자로 평가받는 월드 오브 워크래프트(World of Warcraft: WoW)에는 무려 1,100만 개가 넘는 계정이 등록되어 있다(Van Geel, 2012). 이전의 연구들은 이와 같은 온라인 게임 커뮤니티에서 제기되는 광범위한 쟁점을 다루어 왔다. 이를테면, 그들이 가진 독특한 문화(Taylor, 2006), 게이머의 동기와 심리(Yee, 2003), 경제적 중요성(Castronova, 2003), 학습에서의 그들의 역할(Steinkuehler, 2004), 그리고 이 장과 가장 관련이 깊다고 할 수 있는 그들의 사회적 생활(Steinkuehler & Williams, 2006; Williams et al., 2006)을 들 수 있다. 실제로 온라인 게임은 이 장 서두에서 언급한 논쟁을 불러일으킨다. 과연 온라인 게임은 역동적인 커뮤니티 창조 및 지원에 도움을 주는가? 아니면, 게이머의 고립에 기여하는가? 나아가, 이와 같

---

1) 역자 주: 게이머에게 부여되는 임무나 행동
2) 역자 주: 온라인 게임에서 '길드(guild)'라는 용어를 사용할 때에는 일반적으로 게임의 수행과 관련한 공동의 목표를 달성하기 위해 게이머들이 함께 어울리는 집단을 의미함.

은 영향은 대부분의 게이머에게 공통적으로 나타나는 것인가? 아니면, 특정한 사회심리적 배경을 가진 일부 게이머에게 제한적으로 나타나는 것인가?

이 문제에 접근하기 위하여 이 장에서는 온라인 게임인 WoW에서 5년 이상 수집한 데이터를 제시하고자 한다. 이 데이터에는 30만 개가 넘는 게임 캐릭터 활동 정보가 포함되어 있는데, 이것은 1,040명의 자원한 게이머를 대상으로 실시한 설문조사를 통해 보완되었다. 이 장에서는 WoW에서 발견할 수 있는 다양한 사교 패턴을 설명하는 것으로 시작하고자 한다. 이러한 사교 패턴은 상호 협력을 목적으로 게이머들이 조성한 집단 및 길드에서의 사회적 상호작용에 중점을 두고 있다. 다음으로는 서로 다른 사회심리학적 프로파일을 가진 게이머들의 게임 패턴에서 나타나는 차이를 확인할 것이다. 이것은 개인 요인이 WoW에서의 사회적 삶에 어떠한 영향을 미치고 있는지를 알아내기 위한 노력의 일환이다. 이와 같은 두 가지 논의를 진행하면서 사회적 고립에 특히 주의를 기울이고자 하는데, 이것은 이 책의 주제와 일치한다. 이 과정에서 온라인 게임이 고독을 촉진할 수도 있다는 견해를 우리의 데이터가 어느 시점에서, 그리고 어느 장면에서 지지하고 있는지를 강조하고자 한다. 이 장을 통해 점차 분명해지겠지만, 우리는 온라인 게임이 새로운 형태의 **주변적 사교**를 촉진하고 있다고 믿는다(McGonigal, 2011). 주변적 사교에서 경험하는 고독은 그 자체가 목적일 수 있으며, 디지털 커뮤니티의 고유한 속성에서 오는 유익한 영향이 목적일 수 있다. 그러나 이와 같은 결론에 이르기에 앞서 이 장에서는 먼저 온라인 게임 세계에서 나온 일부 핵심 개념에 대하여 간단하게 살펴보고자 한다. 이것은 이 장에서 제시하고 있는 연구의 내용과 데이터를 이해하는 데 도움을 줄 것이다.

WoW: 간략한 개관

현재 출시된 대부분의 MMOG는 간단한 공식(formula)에 의존하고 있는데, 일부 미미한 차이가 있기는 하지만 이러한 공식은 모든 게임에서 거의 동일하게 적용된다. 개략적으로 말하자면, 게이머들은 확고부동한 게임의 궤적(trajectory)을 따르고 있다. 그들은 다른 게이머들과 공유하는 광대하고 낯선 게임의 세계에서 레벨 1의 캐릭터로 출발한다. 레벨 1의 캐릭터는 퀘스트 또는 임무를 완수함으로써 점차 더 높은 레벨과 더 강력한 능력을 획득하게 된다. 최초의 낮은 레벨에서 주어지는 퀘스트는 매우 간단해서 게이머 개인이 혼자 충분히 수행할 수 있다. 그러나 게임이 진행될수록 퀘스트의 수준은 점차 어려워지기 때문에 게이머들은 게임의 성공과 진행을 위해 집단을 필요로 하게 된다. 게이머들은 자신의 목표를 달성하기 위해 그 당시 주변에 있는 게이머들에게 도움을 요청하고 즉석에서 **집단을 구성**할 수 있다. 그러나 가능한 가장 높은 캐릭터 레벨에 가까워짐에 따라 게임의 활동은 매우 복잡해져서 이와 같이 임시로 구성된 집단만으로는 더이상의 성공을 기대할 수 없게 된다. 예컨대, WoW의 엔드게임[3]에서 주어지는 **인스턴스 던전**[4](매우 포악한 몬스터들이 모여 있는 던전)에서는 몇 시간 지속되는 전쟁에서 승리하기 위해 최대 40명의 게이머가 하나의 집단(**레이드**[5])으로 뭉쳐야 할 수도 있다. 만일 다른 게이머들과 어떠한 관계가 사전에 형성되어 있지 않은 게이머라면, 그는 오래 지나지 않아 WoW의 던전에서 주어진 6시간 동안 39명의 게이머를 무작위로 모집하는 일이 불가능에 가깝다는 사실을 깨닫게 된다. MMOG에서는 점점 더 복잡한 형태의 협업이 반복적으로 필요하게 되고, 이러한 요구는 게이머들의 장기적인 협력집단, 즉 '길드'를 조직하는 것으로 이어지게 된다. 길드는 게임 내에서 대규모의 사회적 활동에 함께 참여하는 안정적이고 믿음직한 동료집단 역할을 하게 된다(William et al., 2006).

앞서 언급한 협업의 틀은 또 다른 게임 메커니즘이라고 할 수 있는 '클래스(classes)'[6]에 의해 재차 강화된다. 실제로 게이머들은 구별된 기술을 가진 새로운 게임 캐릭터를 창조할 수 있고, 이를 통하여 각자가 사용하는 캐릭터의 능력을 서로 보완할 수 있다.

---

3) 역자 주: 게임이 끝나 가는 종반부
4) 역자 주: 던전은 일반적으로 몬스터가 포진해 있는 소굴을, 인스턴스 던전은 특정 게이머(개인/집단)를 위해 별도로 만들어지는 던전을 의미함.
5) 역자 주: 강력한 적에 대항하기 위해 다수의 게이머(최대 40명)가 함께 뭉친 집단
6) 역자 주: 가상의 세계에서 수행하는 직업이나 역할

예컨대, **탱크 클래스**는 철저하게 무장하여 적의 공격으로부터 집단을 보호하고, 초당 파괴량(Damage-Per-Second: DPS)이 산출되는 공격형 캐릭터 클래스는 가볍게 무장하여 적을 직접 공격한다. 그리고 치유 클래스는 아군이 전투에서 입은 부상을 회복시킨다. 따라서 집단(그리고 길드)이 게임에서 성공하려면 적절하게 기능하는 상호 보완적 기술을 가진 게이머가 함께 모여야 한다(Ducheneaut, Yee, Nickell, & Moore, 2007).

그러나 게이머는 집단에서 자신의 시간을 모두 소비하지는 않는다. WoW와 같은 MMOG는 게이머들의 흥미를 지속시키기 위해 다양한 활동을 제공한다. 이러한 게임을 매우 낯설게 느끼는 외부 관찰자들은 이 게임에 오로지 전투 장면만이 가득할 것이라고 추측하는 경우가 많다. 그러나 실제 WoW에는 많은 사람이 가지각색의 활동으로 참여할 수 있는 풍부한 콘텐츠가 마련되어 있다. 그 범위는 귀여운 반려동물을 모으는 것에서부터 멀리 떨어진 가상 세계의 모처에서 조용하게 낚시를 즐기는 것까지 실로 다양하다. 따라서 WoW의 목표 달성 시스템은 전투 기반 목표 체계 및 비전투 기반 목표 체계 양쪽 모두를 포함하고 있다고 할 수 있다. 예컨대, WoW에서는 탐험 지역, 던전 정복, 포옹 횟수, 요리 능력과 관련된 다양한 목표를 달성할 수 있다. 그리고 이러한 목표 점수는 게이머가 WoW에서 자신의 시간을 어떻게 보내면 좋을지를 선택하는(집단의 내부에 있든지, 아니면 집단의 외부에 있든지) 좋은 기준을 제공한다.

연구 방법과 절차

MMOG에서 데이터 수집하기

WoW와 같은 게임들은 그들만의 고유한 설계와 함께 매우 풍부한 활동을 지원하고 있다. 이에 따라 이들은 세 가지의 독특한 특징을 가지게 되며, 이러한 특징은 자연적인 행동 데이터 수집을 가능하게 한다. 이렇게 수집된 자료는 집단 수준과 개인 수준 모두에서 게임 내 사회적 활동에 대한 연구에 이용될 수 있다. 그 세 가지 특징은 다음과 같다. 첫째, 우리가 살고 있는 물리적인 세계에서는 비디오 카메라를 가지고 주변의 모든 사람을 따라다니며 촬영하는 것이 불가능하지만, MMOG의 세계에서는 그 속성상 그 세계에 포함된 모든 것을 계측할 수 있다. 예컨대, WoW를 실행하는 컴퓨터 시스템은 모든 아바타(avatar)의 움직임과 행동을 추적하여 상호작용을 가능하게 만든다[예: 밀리 파이터(melee fighter)[7]가 검으로 몬스터를 공격하기에 충분히 가까운 거리인지 확인하는 것]. 둘째, 이와 같이 고도로 정밀한 센서가 쉬지 않고 작동하고 있다. 이를 통해 스냅샷 데이터(snapshot data)[8]뿐만 아니라 모든 게이머에 대한 종단적 행동 프로파일을 생성할 수 있다(Ducheneaut et al., 2007). 마지막으로, 이러한 모든 관찰 활동은 드러나지 않게 수행될 수 있으며, 이를 통해 관찰자 효과를 상당히 감소시킬 수 있다(Webb, Campbell, Schwartz, & Sechrest, 1966). 카메라가 보이지 않는다면 카메라에 반응할 수 없는 법이다.

WoW는 또한 다양하고 풍부한 행동적 단서를 제공하고 있다. 클래스 선택에서 일대일 활동[Player-versus-Player(PvP) activity]의 양에 이르기까지, 또한 정서 명령어(예: /포옹하기, /환호하기)를 사용한 개수에서 게임 세계를 탐험한 양에 이르기까지 WoW에 포함되어 있는 게임의 맥락은 측정 가능한 수많은 행동을 제공한다. 독특하게도, WoW의 개발자인 Blizzard는 그들이 내부적으로 수집한 방대한 데이터를 모든 사람이 사용할 수 있도록 개방하고 있다. Blizzard는 아머리(Armory)라고 불리는 웹 사이트를 통하여 이러한 데이터를 제공한다. 아머리에서 게임 캐릭터의 이름만 검색하면 캐릭터들이 과거 게임 장면에서 수행한 활동의 세부사항들을 어렵지 않게 확인할 수 있다. 이를테면, 그들이 몇 번의 포옹을 하였는지, 그들이 사용한 장비의 품질은 어떠한지, 그리고 그들이 선호하는 클래스는 무엇인지 등이다. 더 중요한 것은 캐릭터가 최초 생성된 이후에는 이러한 측정 항목들이 끊임없이 추적되고 계측된다는 것이다. 따라서 마우스를 몇 번 클릭하는 것만으로도, 여러 달에 걸쳐 누적된 데이터를 포함한 캐릭터 프로파일

---

7) 역자 주: 근접 거리에서 공격 임무를 수행하는 게임 캐릭터
8) 역자 주: 특정 순간에 복사된 데이터

을 수집할 수 있다. 더욱이 WoW는 애드온(addons)[9]을 통하여 게임의 확장성을 높일 수 있도록 설계되어 있다. 애드온은 사용자 인터페이스(user interface)를 확장하고 개선하기 위해 게이머가 직접 입력하는 인종의 작은 프로그램이다[예: 레이드 팀원이 사용하는 캐릭터의 핵심 정보(건강 등)를 보다 가시적으로, 그리고 접근 가능하도록 표시하는 것]. 흥미롭게도 애드온 기능을 사용하면 게이머에 대한 중요한 데이터를 제한적이기는 하지만 수집할 수도 있다. 예컨대, 명령어 '/who'를 입력하면 동일 지역 내에서 자신과 유사한 레벨(±5레벨)을 가진 다른 모든 캐릭터의 목록(최대 49개)을 확인할 수 있다. 이 명령어를 사용하면 함께 집단을 구성할 수 있는 동료를 찾아낼 수 있으며, 이를 통하여 더욱 신속하게 집단을 구성할 수 있다. 그리고 이 명령어는 또 다른 기준척도(parameter)를 추가하여 사용할 수도 있는데, 이를테면 다른 게임 지역을 지정한다거나 다른 레벨 수준을 지정하는 것 등이다. 이를 통해 작은 규모의 집단을 순차적으로 조사하는 방법(예: 특정 지역에서 특정 클래스 및 레벨을 가진 게이머를 조사)으로 특정 시간 및 특정 게임 서버에서 전체 집단에 대한 인구조사(census)를 수행하는 것이 가능하다. 다시 말해, 49명 또는 더 적은 수의 게이머 집단에 대한 조사결과를 순차적으로 합산함으로써 모든 게이머를 빠짐없이 조사하게 되는 것이다.

우리는 이러한 기회를 효과적으로 이용하기 위하여 자동화된 대규모 데이터 수집 프로그램 2개를 개발하여 이를 실행하였다. 하나는 아머리 데이터를 수집하기 위한 프로그램, 또 하나는 인구조사 데이터를 수집하기 위한 프로그램이다. 먼저 아머리 데이터 수집 프로그램의 경우에는 캐릭터 이름 목록이 주어지면 응용 프로그래밍 인터페이스(Application Programming Interface: API)를 사용하여 Blizzard의 데이터 베이스에 직접 접속한다. 그리고 각각의 캐릭터에 대하여 가능한 모든 데이터를 검색한다(현재 하나의 캐릭터에 약 3,500개의 개별 변수가 포함). 다음으로, 인구조사 데이터 수집 프로그램의 경우에는 자동화된 캐릭터를 사용하여 게임 세계에 접속한 후 게임 세계 전체에 대한 조

---

9) 역자 주: 게임에서 기본적으로 제공되는 사용자 인터페이스가 아닌, 사용자가 게임의 편의성을 높이기 위하여 직접 제작하여 표시하는 사용자 인터페이스

사가 모두 종료될 때까지 명령어 '/who'를 순차적으로 입력하여 이를 실행한다. 이후 각각의 명령어 '/who' 실행 속도 및 서버 로딩 상태에 따라 서버에서 활성화된 모든 게이머 목록을 매 5분에서 15분 단위로 캡처한다. 그리고 캐릭터가 탐지될 때마다 사전에 지정된 형식(예: Alpha,2005/03/24,Crandall,56,Ni,id,y,Felwood,Ant Killers)으로 캐릭터 관련 정보를 저장한다.

예시로 주어진 텍스트를 살펴보면 캐릭터에 대한 여러 가지 정보를 확인할 수 있다. 이를테면, 레벨은 56, 종족과 클래스는 나이트 엘프(night elf)[10] 드루이드(druid),[11] 서버 종류는 알파(alpha), 캐릭터의 현재 위치는 펠우드(felwood)[12] 지역, 소속된 집단의 명칭은 'y', 소속된 길드의 명칭은 앤트 킬러(ant killer) 등이다. 이러한 데이터를 통하여 게이머가 게임 세계 속 어느 곳에 위치하고 있는지, 그리고 누구와 게임을 즐기고 있는지를 확인할 수 있다. 그리고 이렇게 수집한 정보는 길드나 또 다른 곳에서 형성된 사회적 네트워크를 재구성하는 데 사용할 수 있다. 당연한 말이겠지만, 아머리를 통해 수집한 캐릭터 관련 데이터는 게이머 개인에게 중점을 두는 개별적 관점을 제공한다. 하지만 사회적 네트워크의 구조와 역동에 대한 정보가 이러한 개별적 관점을 보완하는 역할을 할 수 있다.

연구 대상

우리는 2004년을 시작으로 수년에 걸쳐 WoW에 대한 데이터를 수집하였다. 이 장에 소개하는 데이터는 대체로 세 가지의 범주로 분류할 수 있다.

---

10) 역자 주: WoW에서 등장하는 종족 중 하나로, 회복력과 기동력이 강함.
11) 역자 주: WoW에서 제공되는 클래스 중 하나로, 변신이 가능하며, 다양한 역할을 수행할 수 있음.
12) 역자 주: WoW에서 등장하는 지역 중 하나로, 악령의 숲을 형상화하고 있음.

1. **설문조사 데이터**: 총 1,040명의 게이머가 본 연구에 참여하였다. 우리는 참여자를 모집하기 위해 WoW 마니아들이 모여 있는 온라인 카페, 대중적인 게임 사이트, 트위터와 같은 사회적 미디어 등에 접속하여 관련 내용을 홍보하였다. 또한 온라인 게이머를 다루고 있는 선행 연구에서 연구에 참여한 게이머의 메일주소 리스트를 입수하여 이를 활용하였다. 인간 대상 연구의 규정으로 인해 미성년자는 연구 대상에서 제외되었다. 모집 방법의 한계에도 불구하고 우리는 매우 광범위한 연령대(18~65세)에서 데이터를 수집할 수 있었다. 표본집단의 평균 연령은 27.03세이며(SD=8.21), 성별의 경우 참여자의 26%가 여성이었다. 온라인 게이머의 연령과 성별에 대한 이와 같은 인구통계학적 결과는 선행 연구에서 보고하고 있는 데이터와 일치한다(Yee, 2006). 참여자들은 웹-기반 설문조사를 통해 자신의 인구통계학적 정보와 성격에 대한 정보를 제공하였다. 또한 참여자들은 자신이 WoW에서 주로 사용하고 있는 6개의 캐릭터 이름을 작성하였다. 한편, 성격 심리학에서 5요인 모델(big five model; McCrae & Costa, 1987)은 가장 광범위하게 수용되는 이론이자 분류체계다. 이 모형은 외향성(extroversion), 우호성(agreeableness), 성실성(conscientiousness), 정서적 안정성(emotional stability), 그리고 경험에 대한 개방성(openness to experience)이라는 5개의 특질(traits)을 측정한다. 본 연구에서는 게이머들의 성격을 비교하기 위하여 이와 같은 5개 요인을 측정하는 척도를 사용하였다. 5요인 구조를 측정하는 20개의 문항은 국제 성격 문항 풀(international personality item pool; Goldberg, 1999)에서 추출하였다. 참여자들은 5점 척도(1점: 매우 그렇지 않다, 5점: 매우 그렇다)로 구성된 각각의 문항에 응답하였다. 이렇게 수집한 설문 데이터는 일종의 실측자료(ground truth)를 제공하는데, 우리는 이를 통해 게이머의 사회심리학적 배경(예: 연령, 성별, 성격 특질)이 그들의 게임 속 행동에 어떠한 영향을 미치는지 탐색할 수 있다. 예컨대, 이 장의 목적과 일치하는 것으로, 게이머의 내향성과 외향성이 게임 속에서 더 높은 수준의 사회적 활동성으로 이어지는지 아니면 더 낮은 수준의 사회적 활동성으로 이어지는지를 확인할 수 있다.

2. **아머리에서 수집한 캐릭터 프로파일**: 설문조사 참여자들이 보고한 각각의 캐릭터(최대 6개)를 대상으로 아머리 데이터 수집 프로그램을 실행하였다. 아머리는 하루에 한 번(이른 아침) 자체 업데이트를 통해 전날 활성화되었던 캐릭터의 정보를 추가한다. 이에 따라 우리의 프로그램 역시 하루 간격 일정에 맞추어 업데이트된 특정 프로파일을 수집하였다. 우리는 2010년 봄과 여름에 걸쳐 4개월 동안 지속적으로 데이터를 분석하였고, 그 결과를 이 장에 제시하였다.

3. **게임 내 인구조사 데이터**: 우리는 앞서 언급한 애드온을 5개의 서버에서 실행함으로써 서버 전체 인구의 집단 활동을 관찰하였다. 이를 통해 더욱 광범위한 규모에서 사회적 역동을 이해하고자 하였다. 5개의 서버는 사용 가능한 여러 게임 유형 모두를 대표할 수 있도록 선택하였다. 실제로 PvP 서버에서는 게이머들이 자신의 캐릭터를 생성한 후 일대일 전투를 펼칠 수 있다(그래서 그 세계는 더욱 위험하다고 할 수 있다). 그리고 PvE(Player-versus-Environment) 서버에서는 컴퓨터로 제어되는 적군만을 상대할 수 있다. 마지막으로 RP(Role-Playing) 서버에서는 자신만의 고유한 활동을 독려한다. 우리는 전반적으로 약 30만 개의 캐릭터를 관찰하였다. 그리고 이 캐릭터들이 보여 주는 특정 장소 및 길드에 대한 친화성 정보를 활용하여 길드 내 사회적 네트워크를 재구성하였다. 인구조사 데이터는 2005년 여름에서 겨울에 이르기까지 6개월에 걸쳐 수집되었다[WoW의 첫 번째 확장판인 '불타는 성전(the burning crusade)' 이 출시되기 이전; 결과적으로 본 데이터는 새로운 캐릭터 클래스에 대한 정보(예: 확장판에 추가된 '죽음의 기사(the death knight)')를 포함하지 않으며, 캐릭터 레벨은 최대 60까지로 제한하고 있음].

이와 같은 배경 정보는 다음에 제시된 분석결과를 이해하는 데 도움이 될 것이다. 우리는 집단 내 사회적 활동에 대한 평가를 시작으로 WoW에서 나타나는 고독(또는 부족한 고독)에 대한 분석결과를 제시하고자 한다.

연구결과: WoW에서의 사교

집단 구성의 패턴: 사회적 활동의 유병률 살펴보기

Lazzaro(2004, p. 5)는 많은 MMOG 게이머들이 "게임에 중독되는 것이 아니라 사람에 중독된다"고 말했다. 사실 MMOG에서 제공하는 대부분의 활동(예: 캐릭터 육성, 몬스터와의 전투)은 싱글 플레이어 게임(single-player games)에서 이미 제공하고 있는 것들이다. 많은 사람이 열광하는 MMOG의 명백한 차별성은 게임 속 대부분의 활동에서 찾을 수 있는 협업적 속성, 그리고 타인과 공유하는 경험이다. 가장 중요한 것은 참여자들에게 제공되는 일종의 보상으로, 그것은 게이머 커뮤니티의 구성원이 되는 것과 그 안에서 자신의 명성을 획득하는 것이다(Jakobson & Taylor, 2003; Yee, 2002). 이와 같은 게이머의 요구에 부응하기 위해 게임 개발자는 타인과의 상호작용 기회를 풍부하게 제공하는 멀티 플레이어 게임(multiplayer game)을 설계하였다.

WoW는 에버퀘스트에서 시작된 두 가지의 고전적 메커니즘을 사용하여 게이머가 집단을 구성할 수 있도록 독려하고 있다. 에버퀘스트는 앞서 간략히 언급한 것처럼, 미국에서 매우 큰 성공을 거둔 최초의 MMOG로 평가받고 있다[에버퀘스트는 던전앤드래곤(Dungeons and Dragons)과 같은 테이블탑 RPG(tabletop Role Playing Game) 또는 펜앤페이퍼 RPG(pen-and-paper RPG)[13]에서 게임 메커니즘에 대한 영감을 받음; Fine, 1983]. 우선, 첫 번째 메커니즘은 캐릭터 클래스가 상호 보완하는 특정한 능력을 가지고 있다는 것이다[예: 사제(priest)는 최고의 치유자이며, 전사(warrior)는 전장에서 최고의 파이터]. 결국 임무 수행의 효과성을 증대시키기 위해서는 서로 다른 클래스를 가진 게이머들이 하나

---

13) 역자 주: 규칙이 정해진 가상의 공간에서 특성화된 캐릭터가 각자의 역할을 수행하며 하나의 이야기를 만들어 나가는 게임. 오프라인 공간에 모인 참여자들이 대개 탁자 위에 둘러 앉아 게임을 즐기기 때문에 테이블탑 RPG라고 하며, 게임 진행을 위해 펜과 종이가 필요한 경우가 많기 때문에 펜앤페이퍼 RPG라고도 함.

의 집단으로 뭉쳐야 한다. 두 번째 메커니즘은 게임에서 주어지는 퀘스트와 던전이 게이머가 홀로 분투하기 매우 어려운 수준이라는 것이다. 이와 같이 힘겨운 지역에서 어떤 강력한 아이템(item)을 획득할 기회를 잡기 위해 결국 게이머는 파티(party; 최대 5명의 게이머)[14] 또는 레이드(raid; 최대 40명의 게이머)[15]를 구성해야만 한다. 게이머의 레벨이 점차 상승함에 따라 게임의 콘텐츠는 양적으로 매우 크게 증가하며, 게이머가 엔드게임에 도달(게이머가 가장 높은 캐릭터 레벨에 도달)할 때까지 집단을 구성할 것을 끊임없이 요구한다. 엔드게임에 이르게 되면 최소 5명(또는 그 이상의)의 강력한 협업집단 없이는 그 어떤 던전에도 접근할 수 없다.

그러나 클래스가 가지고 있는 상호 보완성에도 불구하고, 우리는 어떤 캐릭터의 경우에는 다른 캐릭터에 비해 홀로 생존할 가능성이 더 높다는 사실을 발견하였다. 예컨대, 한 명의 게이머가 2개의 캐릭터 유닛을 효과적으로 통제할 수 있다. 가령, 전투 장면에서 사냥꾼(hunter)은 강력한 애완동물과 함께 싸울 수 있으며, 흑마법사(Warlock)는 악마를 소환할 수 있다. 이러한 특성은 사냥꾼과 흑마법사를 더욱 오랫동안 홀로 있을 수 있는 클래스로 만들어 준다. 우리는 각각의 클래스가 집단 안에서 소비하는 평균적인 시간을 계산하였다. 이러한 시간은 그들이 가진 홀로 있는 능력(solo-ability; 또는 그러한 능력의 부족)을 분명하게 보여 준다([그림 15-1] 참조). 홀로 가장 많은 시간을 보낼 수 있는 클래스는 흑마법사로, 약 30%의 시간을 집단 안에서 사용하였다. 반면, 홀로 있는 시간에 가장 취약한 클래스는 사제로, 약 40%의 시간을 집단 안에서 사용하였다. 그리고 이러한 차이는 유의한 것으로 나타났다[$F_{(8,129,372)}=152.99$, $p<0.001$]. 흥미롭게도 게이머는 더 많은 시간에 홀로 있을 수 있는 클래스를 더욱 선호하는 경향이 있었다. 전체 집단에서 클래스 분포를 계산하였을 때 가장 많이 채택되는 3개의 클래스는 전사(warrior), 사냥꾼(hunter), 도적(rogue)이었으며, 이들은 상대적으로 가장 적은 시간을 집단 안에서 사용하고 있었다(32% 미만, [그림 15-2] 참조).

---

14) 역자 주: 강력한 적에 대항하기 위해 다수의 게이머(최대 5명)가 함께 뭉친 집단
15) 역자 주: 강력한 적에 대항하기 위해 다수의 게이머(최대 40명)가 함께 뭉친 집단

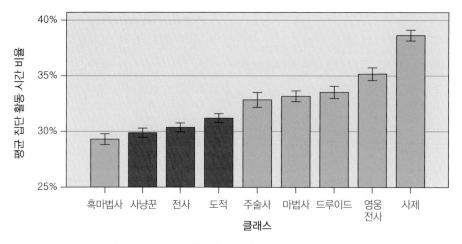

[그림 15-1] 클래스가 집단활동에 사용한 평균 시간

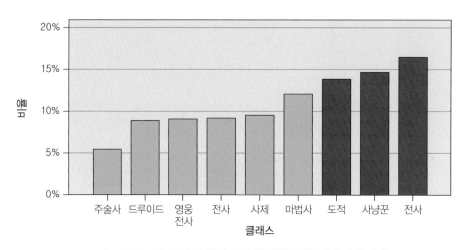

[그림 15-2] 각각의 클래스를 채택한 전체 게이머의 비율

나아가, 우리는 캐릭터의 레벨이 높아졌을 때 게이머가 집단을 구성하는 행동에 어떠한 변화가 나타나는지를 분석하였다. 이를 분석한 결과, 캐릭터의 레벨이 높아짐에 따라 집단에서 활동하는 시간은 거의 선형으로 증가하였으며, 40% 내외에서 안정된 수준을 보인다는 것을 확인하였다. 특히 캐릭터가 집단에서 활동하는 시간은 55레벨 이후에 크게 증가하며, 59레벨 이후로는 게임 시간의 절반 이상에 이른다([그림 15-3]

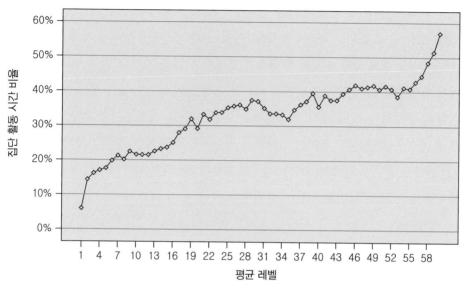

[그림 15-3] 각 레벨이 집단 활동에 사용한 시간 비율

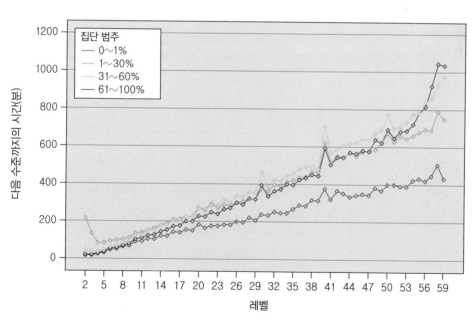

[그림 15-4] 차기 레벨 도달 시간에 대한 집단 구성의 영향

참조). 이러한 결과는 높은 난이도의 던전에서 **몹**(mob; 몬스터)과의 전투가 더욱 어렵다는 점을 보여 주고 있다. 개인이 해결할 수 있는 퀘스트가 풍부하게 제공되는 게임 초기 단계에서는 **홀로 있을 수 있는 클래스**가 분명한 이점을 가지고 있다. 그러나 이후 단계에서 집단 과업이 점차 강조되면서 이러한 이점은 다소 줄어들게 된다.

집단을 구성하는 것이 게임의 진행에 어떠한 영향을 미치는지를 검토하는 것은 또 다른 흥미로운 측면이다. 우리는 집단에서 활동하는 시간의 비율에 기초하여 캐릭터를 4개의 범주로 분류하였다(예: 0~1% 범주에 포함된 캐릭터는 집단 내에서 활동하는 모습이 거의 관찰되지 않음). 그리고 모든 레벨의 범위에 걸쳐 각 레벨에서 다음 레벨로 한 단계씩 증가하는 데 걸리는 평균 시간을 그래프로 나타내었다. 그래프는 집단에서 활동하지 않는 캐릭터가 집단에서 활동하는 캐릭터에 비해 모든 레벨 단계에서 더 빠르게 그 다음 레벨로 올라간다는 것을 일관되게 보여 주고 있다([그림 15-4] 참조). 사실, 전자는 후자와 비교할 때 레벨 상승에 있어 약 2배 정도 더 효과적이다. 이러한 현상은 집단을 구성하는 것으로 인해 생겨나는 **간접비용**으로 설명할 수 있다. 다시 말해, 파티가 구성될 때에는 구성원이 모집되고 또 모여야 하며, 각자의 책임이 논의되고 또 부여되어야 한다. 이 외에도 많은 과정과 절차가 요구된다. 이것은 **생산적인 시간**을 크게 소모하는 결과로 이어질 수 있다. 가령, 이러한 시간을 몬스터를 해치우는 데 사용할 수도 있고, 레벨 상승에 필요한 경험치를 얻는 데 사용할 수도 있다. 성취 지향적 게이머에게는 집단 구성에 들어가는 간접비용이 그저 골칫거리처럼 여겨질 수 있다. 그들은 초기 게임 과업의 대부분을 홀로 완수하면서 집단의 구성원이 되는 것을 거부한다(Bartle, 1996; Yee, 2005). 그러나 앞서 언급한 것처럼, 그들이 집단을 언제까지나 무시할 수는 없다. 만일 게이머가 엔드 게임에서 제공되는 콘텐츠를 즐기고 싶다면 결국은 파티를 구성해야만 할 것이다.

장기적인 집단 활동: 길드에서의 사회적 네트워크

앞서 보고한 게이머들의 집단 구성 행동은 다음과 같은 사실을 보여 주고 있다. 그것은 게이머들이 WoW를 처음 시작할 때, 평균적으로 집단 활동에 거의 시간을 보내지 않는다는 점이다. 그러나 이러한 측정결과는 전체 이야기에서 단지 일부분에 불과하다. 실제로 게이머는 다양한 맥락에서 타인과 집단을 구성할 수 있다. 예컨대, 어떤 집단은 난폭한 몬스터를 공략하기 위해 즉석에서 만들어지고 이후 **빠르게 해체**될 수 있다. 그리고 어떤 집단은 장기적인 게이머의 연합으로 운영될 수 있다. 바로 길드다. 우리는 이 공식적이고 지속적인 집단에서 게이머들의 협력적인 활동이 상대적으로 더욱 활발하게 수행되고 있는지를 확인하고자 한다.

우리는 길드가 제공하는 사회적 환경을 평가하고자, 다음 두 가지 방법을 사용하여 게이머들을 서로 연결하는 사회적 네트워크를 구축하였다. 하나는 길드의 사교 잠재력을 평가하는 것이며, 또 다른 하나는 길드 내 **공동 활동**(joint activities)을 계량화하는 것이다. 구체적으로, 첫 번째 방법은 캐릭터가 활동하는 게임 지역과 상관없이 동일한 시간에 온라인에서 활동하고 있는 게이머들을 서로 연결하는 것이다(두 캐릭터가 활동하는 시간이 많이 겹칠수록 두 캐릭터를 연결하는 강도는 더욱 강해짐). 이렇게 만들어진 네트워크는 게이머들이 길드에서 사회적으로 상호작용할 수 있는 기회의 범위를 보여 준다. 실제로 이 네트워크에서 서로 연결된 게이머들은 **길드 채널**을 통해 채팅이 가능한 사이이며, 길드 로그인 창을 통해 동일한 시각에 함께 게임에 접속했음을 상호 확인할 수 있는 사이이다. 다시 말해, 이 네트워크는 게이머 각자가 이미 서로 충분히 알고 있을 만한 **길드 멤버**(꼭 함께 대화하거나 함께 게임에 참여하지 않더라도)를 나열하고 있는 것이다. 사회적 네트워크 관점에서 이와 같은 연결은 약한 유대관계(weak ties; Granovetter, 1973) 또는 **교량적** 유대관계(bridging ties; Putnam, 2000)로 불릴 수 있다. 사회적 네트워크를 구축하는 두 번째 방법은 게임 내 동일한 지역(거대 도시는 배제)에서 활동하고 있는 게이머들을 서로 연결하는 것이다. 이 네트워크는 길드 멤버와 집단을 구성하여 퀘스트를 수행하고 던전을 탐험하면서 함께 시간을 보내는 게이머들을 보여 준다. 이러한 연결은 동일한 게임 활동에서 공동의 흥미를 공유하는 것으로, 매우 강력한 **결속적** 유대관계(bonding ties; Putnam, 2000)라고 할 수 있다.

우리는 각각의 길드에서 이렇게 구축한 사회적 네트워크의 밀도를 계산하였다(〈표

15-1〉참조; Wasserman & Faust, 1994). 분석 대상 길드는 최소 6명의 회원이 등록되어 있는 길드로 제한하였다(소규모 네트워크의 밀도는 정확하지 않을 수 있음). 평균적으로 게이머는 4명 중 최대 1명의 길드 회원을 알고 있으며, 10명 중 단지 1명의 길드 회원과 함께 게임을 하고 있는 것으로 보인다(〈표 15-1〉 두 번째 행 참조). 결과적으로 길드는 희박한 밀도로 결합된 네트워크라고 할 수 있다. 길드가 게이머의 활동 패턴에 미치는 영향을 고려할 때, 이와 같은 결과는 매우 놀라운 것이다(Williams et al., 2006). 나아가, 길드의 밀도는 길드의 크기와 부적으로 관련되어 있다(-0.15). 이것은 길드의 크기가 점차 커짐에 따라 개별 회원이 대다수의 회원을 알아가는 일이 점점 더 어려워진다는 것을, 그리고 대다수의 회원과 게임을 즐기는 일이 점점 더 어려워진다는 것을 보여 주는 것이다.

한편, 길드가 낮은 밀도를 보이는 경향이 있었기 때문에 우리는 길드 내에서 응집력이 강한 하위 집단을 확인하고자 하였다. 이를 위해 5개의 크기 범주에 포함된 각각의 길드를 대상으로 동일 장소 네트워크(co-location network)에 대한 k-코어 분해(k-core decomposition; Wasserman & Faust, 1994) 분석을 실시하였다. 분석결과로 제시되는 k-코어는 서브그래프(sub-graph)의 형태를 띠고 있으며, 개별 게이머가 적어도 k명의 다른 게이머와 밀접한 관계를 가지고 있음을 보여 주고 있다. 또한 주요 코어(main core; 가장 큰 k를 가진 k-코어)[16]는 응집력이 가장 강한 하위집단의 크기를 알려 주고 있다(〈표 15-2〉).

흥미롭게도 길드 및 주요 코어의 크기가 커짐에 따라 길드 크기에 대한 주요 코어 크기의 비율은 오히려 최대 37%에서 12%까지 점차 감소하는 경향을 보였다($r = -0.17$, $p < 0.05$). 다시 말해, 길드가 성장한 정도로 응집력 있는 집단이 충분히 성장하지 못했다는 것이다(즉, 길드가 커지더라도 추가 유입되는 회원들 중 더 적은 일부만이 코어에 참여함). 그러나 분석의 결과는 대규모의 길드에 소속되는 것이 왜 유리한지를 설명해 주고 있다. 16~60명의 회원을 가진 길드를 주목해서 살펴보면 주요 코어의 평균이 6과 9 사

---

16) 역자 주: 전체 k-core 서브그래프에서 가장 많은 수의 게이머들을 서로 연결하고 있는 부분적인 서브그래프

이에 있다는 것을 알 수 있다. WoW에서 기본적인 퀘스트 수행을 위한 파티의 크기가 흔히 5라는 사실을 감안할 때, 이것은 아마도 다음을 의미하는 것일 수 있다. 16~60명의 회원을 가진 길드에서 주요 코어에 자리 잡은 게이머는 적어도 하나의, 때로는 두 개의 안정적인 퀘스트 집단을 구성할 수 있다는 것이다. 따라서 61~120명의 회원을 가진 길드는 아마도 3개 정도의 퀘스트 집단을 가지고 있을 수 있다. 그리고 마지막으로 120명보다 많은 회원을 가진 길드의 경우에는 엔드게임에 도달하여 최고 난이도의 던전 전투에서 함께 싸울 수 있는 믿음직한 레이드 집단을 형성하는 데 충분히 큰 코어(약 22)를 가지고 있다.

또한 길드 코어에 속해 있는 게이머는 길드 내 많은 친구와의 만남을 단순하게 끝내지 않았다. 그들은 더 오랫동안 함께 게임에 참여하였다. 우리는 게이머가 30일 동안에 길드 내 다른 회원과 함께 게임에 참여하는 평균적인 시간을 계산하였다. 그 결과, 전체 게이머의 평균 시간은 22.8분에 불과하였지만, 길드 코어에 속해 있는 게이머의 평균 시간은 무려 154분으로 나타났다. 결과적으로, 길드 코어는 응집력이 강한 하위 집단이라고 할 수 있다. 마지막으로, 우리의 데이터는 대부분의 길드(65%)가 단 하나의 코어 집단만을 가지고 있음을 보여 준다. 적은 수의 길드(13%)가 두 개의 코어를, 그리고 극히 적은 수의 길드(4%)가 세 개의 코어를 가지고 있었다.

[그림 15-5]는 일반적인 중간 크기의 길드에 형성되어 있는 동일 장소 네트워크가 어떠한 양상으로 서로 연결되어 있는지를 보여 주고 있다. 길드 회원 41명 중 17명은 이 네트워크에서 전혀 관찰되지 않았다. 남은 24명의 양상을 살펴보면 적극적인 협력 플레이를 펼치는 8명의 게이머가 주요 코어를 구축하고 있으며, 이 중 세 명의 게이머는 주요 코어 중앙부에 위치하고 있음을 알 수 있다(세 명을 이어 주는 두꺼운 연결선은 이들이 많은 시간을 함께 보내고 있다는 것을 보여 줌). 반면, 다른 13명의 게이머는 네트워크 주변에 지엽적으로 연결되어 있으며, 2명 또는 그보다 더 적은 수의 친구와 함께 게임에 참여하고 있었다.

〈표 15-1〉 길드 크기에 따른 사회적 네트워크의 밀도

길드 크기	동일 시간(Co-Presence)	동일 장소(Co-location)
전체 > 6명	4,205	4,205
평균	0.27	0.09
중앙치	0.23	0.06
6~15명	1,779	1,779
평균	0.31	0.12
중앙치	0.29	0.08
16~30명	889	889
평균	0.27	0.08
중앙치	0.25	0.07
31~60명	618	618
평균	0.22	0.05
중앙치	0.20	0.04
61~120명	367	367
평균	0.18	0.03
중앙치	0.17	0.02
> 120명	244	244
평균	0.17	0.04
중앙치	0.14	0.01

〈표 15-2〉 길드 크기에 따른 주요 코어의 크기

길드 크기	사례 수	최솟값	최댓값	평균	표준편차
6~15	1,779	0	11	3.59	2.232
16~30	889	0	17	6.40	3.042
31~60	619	0	39	8.64	4.424
61~120	367	1	54	12.14	8.050
> 120	244	1	68	21.78	16.489

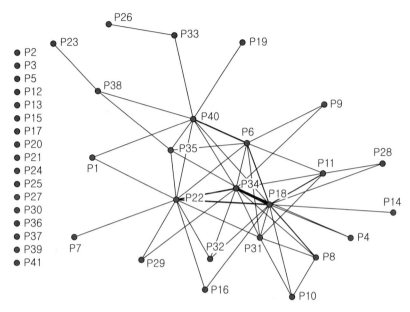

[그림 15-5] 중간 크기의 길드에 형성되어 있는 동일 장소 네트워크

관중 경험

우리의 데이터는 WoW에서 나타나는 사회적 삶에 대한 미묘한 그림을 그리고 있다. 이것은 자신에게 중요한 시간을 홀로 보내는 게이머의 사례를 보여 주고 있으며(예: 1단계 레벨부터 **혼자서** 게임을 하는 성취지향적 게이머, 네트워크 주변부에 자리 잡고 있거나 아예 연결이 끊어진 길드 회원), 동시에 강렬하고 장기적인 사회적 상호작용의 사례 또한 보여 주고 있다(예: 길드 내 코어 집단, 높은 게임 단계에서 결속하는 레이드 집단). 전반적으로 게임 초기 단계에서 집단을 구성하는 것은 명백하게 게임 진행에 비효과적일 수 있다. 그리고 55보다 낮은 레벨을 가진 게이머는 집단 내에서 많이 관찰되지 않는다. 게이머는 **홀로 있을 수 있는** 클래스를 더 선호하며, 집단을 구성하는 비율은 게임의 종반 단계(엔드게임으로 불림)에 이르러서야 상승한다. 엔드게임에서 주어지는 던전은 난이도가 매우 높아 게이머가 홀로 분투하기가 매우 어렵기 때문이다. 따라서 WoW의 엔드게임을 사회적인 게임으로 볼 수는 있겠지만, WoW 게임 전체를 사회적인 게임으로 볼 수는 없을 것 같다.

한 게이머는 이와 같은 상황을 다음과 같이 멋지게 요약하였다. WoW 이용자들은 게임 세계에서 초기 몇 달 동안은 '함께 홀로 있는' 경향이 있다는 것이다. WoW 이용자들은 꼭 직접적인 상호작용이 아니더라도, 다른 게이머에게 **둘러싸인** 상태에서 매우 많은 시간을 보내게 된다(Ducheneaut, Yee, Nickell, & Moore, 2006). 우리는 바로 이러한 이유 때문에 WoW가 이토록 큰 성공을 거두었다고 생각한다. 이전 게임과는 달리 WoW는 '솔로 플레이(solo play)'가 가능하도록 설계된 최초의 MMOG 중 하나다. WoW에서 게이머의 활동은 대부분 개인적일 수 있지만, 동시에 다른 게이머들이 모여 있는 다중사용자 환경(multiuser environment)에서도 이뤄질 수 있다. 이와 같은 맥락에서 다른 게이머들은 여전히 중요한 역할을 수행하고 있는 것이다. 설령, 그들이 퀘스트 수행을 함께하는 길드 멤버가 아니라고 하더라도 이것은 마찬가지다.

실제로 WoW의 설계자는 다른 게이머에게 둘러싸여 있는 것이 게임 속에서 강력한 사회적 존재감을 만들어 낸다고 생각하고 있다. 나아가, 우리는 상호작용이 집단과 길드의 바깥에서도 일어날 수 있다는 것을 기억할 필요가 있다. 예컨대, 게이머는 자신이 원하면 언제 어디서든지 항상 다른 게이머와 채팅을 할 수 있다. 실제로, 한 게이머는 WoW가 자신에게 "월드 오브 '챗' 크래프트(World of Chatcraft)와 같다"고 말하기도 하였다. 설령, 혼자서 게임을 하는 경우에도 그는 길드 멤버와 끊임없이 메시지를 교환한다. 또한 다른 게이머들은 다양한 구경거리를 지속적으로 제공할 수 있다. 게이머가 어떤 장소에 있더라도 다른 여러 활동을 수행하는 게이머를 쉽게 발견할 수 있으며, 꽤 웃음을 주는 경우가 많다. 예컨대, 몇몇 길드는 옷을 걸치지 않은 상태로 두 도시 사이를 달리는 노움(gnome)[17]들의 마라톤 경기를 개최하였다. 노움들이 지나가는 모습을 구경하는 것만으로도 즐거울 수 있다. 그렇다고 해서 이러한 즐거움을 만끽하기 위하여 어느 누구와 집단을 구성할 필요는 없다. 이와 같은 활동들은 게임 세계를 가상의 인간이 아니라, 진짜 사람들이 모여 있는 실제 세계처럼 느끼게 만든다. Castronova(2005)

---

17) 역자 주: WoW에서 등장하는 종족 중 하나로, 키가 매우 작고 요정과 같은 생김새를 가지고 있음.

가 주장한 것처럼, 게임 속에 다른 인간 게이머가 존재한다는 것은 결국 게임 속에 정서가 존재한다는 것을 입증하는 것이다. 우리는 바로 이것이 WoW에서 사교가 나타나는 방식이라고 생각한다. 비유를 하자면 WoW에서 게임을 하는 것은 혼잡한 카페에서 책을 읽거나 노트북을 펼쳐 일을 하는 것과 같다. 이러한 활동은 매우 개인적일 수 있지만, 북적거리는 사회적 공간에서 그렇게 일을 하는 것은 어떠한 편안함을 가져다준다.

결과적으로 우리의 데이터는 흥미로운 통찰로 이어질 수 있다. MMOG와 같은 집단 기반의 협력적 환경을 창조할 때, Reeves와 동료들(2005)이 언급한 **관중 경험**(spectator experience; 즉, 사회적 상호작용을 간접적으로 경험하는 모든 방식)에 대하여 주의 깊게 생각해 보는 것은 여전히 도움이 된다. 예컨대, 페이스북이 소위 가벼운 멀티 플레이어 게임(casual multiplayer games)을 통해 거둔 최근의 성공은 왜 이것이 이토록 중요한지를 보여 주고 있다. 이러한 게임들은 그와 같은 종류의 간접적인 사회적 경험을 정확하게 지원하고 있다. 이 점에 비추어 볼 때, 우리는 온라인 게임의 사회적 영향이라는 쟁점에 대해 다시 한 번 생각해 볼 필요가 있다. 마치 고독처럼 보일 수 있는 것이 사실은 주변적 사교일 수 있는 것이다. 주변적 사교는 매우 가벼운 사회적 상호작용의 형태로 직접적인 유대관계를 만들지는 않지만, 타인과 연결되어 있음을 느끼고자 하는 인간 본연의 열망을 여전히 충족시킨다(McGonigal, 2011). 우리는 이후 이어지는 논의에서 이 중요한 차이에 대해 다시금 살펴보고자 한다.

성격과 사교

지금까지 우리의 데이터와 분석은 WoW의 집단 활동에서 발견할 수 있는 다양한 측면을 확인하는 것에 중점을 두었다. 그러나 집단이 아닌, 게이머 개개인의 견지에서 그들의 게임 활동 양상을 살펴보는 것은 마찬가지로 중요하다. 실제로 WoW는 서로 다른 선호를 가진 게이머 모두를 즐겁게 할 수 있는 다양하고 폭넓은 활동을 매우 훌륭하게 제공하고 있다. 예컨대, 경쟁에 흥미를 느끼는 게이머는 PvP 전투를 통하여 경쟁을 경험할 수 있다. 반면, 평화로운 활동에 더 많은 흥미를 느끼는 게이머는 자신만의 개

〈표 15-3〉 성격 5요인에 대한 개략적 정보

요인	형용사: 낮은 점수	형용사: 높은 점수
외향성	조용한, 내성적, 혼자 있는	외향적, 활동적, 사교적
우호성	차가운, 비난하는, 비판적	따뜻한, 친절한, 자애로운
성실성	부주의한, 비체계적, 즉흥적	효율적, 체계적, 단정한
경험에 대한 개방성	신중한, 보수적, 현실적	독창적, 상상적, 궁금한
정서적 안정성	초조한, 고통을 받는, 울적한	안정적, 차분한, 편안한

별적인 퀘스트를 수행할 수도 있다. 이를테면, 사랑스러운 애완동물을 모으는 퀘스트, 게임 세계를 탐험해서 얻은 경험치로 타이틀(title)을 획득하는 퀘스트 등이다. 이것은 게임 밖 게이머의 실제 **성격**과 게이머가 온라인에서 선호하는 활동 사이에 어떠한 관련성이 있는지를 분석할 수 있는 가능성을 열어 준다. 예컨대, PvP 전투는 오프라인에서 게이머의 공격성을 보여 주는 것일 수 있다. 그리고 게임 세계를 열정적으로 탐험하는 모습은 게이머의 새로운 경험에 대한 개방성과 열망을 보여 주는 것일 수 있다. 이것은 잠재적으로 매우 중요하다. 왜냐하면 우리가 앞서 살펴본 바 있는 게이머가 혼자 활동하는 시간이 얼마나 많은지를 더욱 정교하게 알아 가는 데 추가적인 정보를 줄 수 있기 때문이다. 일부 성격 유형은 보다 개인적인 활동에 자연스럽게 끌릴 수 있다. 이러한 현상은 Kraut와 동료들(2002)이 제안한 인터넷의 역설(internet paradox)과 부합하는 것으로, 그는 사회적 삶에 대한 디지털 커뮤니케이션의 영향이 부분적으로는 사용자의 사회심리적 프로파일에 달려 있다고 주장하였다(이 책의 1권 11장 참조). 한편으로, 성격심리학에서 광범위한 5개 요인으로 성격의 차이를 포착할 수 있다는 것은 널리 알려져 있는 사실이다(McCrae & Costa, 1987). 이와 같은 5개 요인은 형용사 및 사람을 묘사하는 어구[영어 말뭉치(corpus)에서 발췌됨]에 대한 요인분석 기법을 바탕으로 개발되었다. 5개 요인에 대한 개략적인 정보는 〈표 15-3〉에 제시되어 있다.

　실제 세계를 대상으로 하는 연구들은 다음과 같은 결과를 반복적으로 보여 주었다. 그것은 낯선 사람의 성격에 대한 개인의 판단이 어느 정도는 정확하다는 것이다. 예컨대, 얼굴을 대면하는 만남에서 **외향적인** 사람은 더욱 큰 열의를 가지고 더욱 큰 소리로 말을 하는 경향이 있다. 그리고 몸짓을 사용하면서 더욱 적극적으로 자신의 생각과 감정을 표현하는 경향이 있다(Funder & Sneed, 1993; Kenny, Horner, Kashy, & Chu, 1992). 또 다른 연구들은 어떤 사람의 침실이나 사무실을 살펴보면 성격의 여러 측면을 추론할 수 있다고 주장하였다(Gosling, Ko, Mannarelli, & Morris, 2002). 예컨대, **성실한** 사람의 침실은 조명이 밝고 정리정돈이 잘 되어 있는 경향이 있다. 그리고 경험에 대한 개방성에서 높은 점수를 받은 사람은 더 다양한 책과 잡지를 구비하는 경향이 있다. 이러한 분야의 연구는 컴퓨터 매개 커뮤니케이션(computer-mediated communication) 분야로 확장되었다. 관련 연구는 성격에 대한 어느 정도 정확한 인상이 개인 웹 사이트(Vazire & Gosling, 2004) 또는 개인 블로그(Yarkoni, 2010)를 토대로 형성될 수 있다는 것을 보여 주고 있다. 예컨대, **우호적인** 사람들이 개인 블로그에서 사용하는 언어를 살펴보면 1인칭 단수, 가족 관련 단어, 긍정 정서(예: 행복한, 즐거운) 관련 단어가 상대적으로 많은 비중을 차지하고 있었다. 이러한 연구들은 다음과 같은 사실을 보여 주고 있다. 우리가 거주하는 물리적 공간과 디지털 공간 모두에는 성격의 흔적이 남아 있다는 것이다. 온라인 게임을 즐기는 사람들이 가상 세계에서 주당 20시간 이상을 평균적으로 소비한다는 점을 감안할 때(Yee, 2006), 온라인 게임 속 행동에서 성격의 일부 흔적을 발견할 수 있으리라 예상하는 것은 그리 어려운 일이 아니다.

이에 따라 우리는 최근 연구를 통해 WoW와 같은 게임에서 성격이 얼마나 잘 표현될 수 있는지, 그리고 어떠한 방식으로 표현될 수 있는지를 직접적으로 평가하고자 하였다(Yee, Ducheneaut, Nelson, & Likarish, 2011). 우리는 가장 최근에 수집한 데이터를 사용하여 성격 5요인(big five personality factor)에 대한 자기보고 결과와 개별 게이머에 대한 게임 내 측정 항목 사이에서 어떠한 상관관계가 나타나는지 확인하였다. 이에 대한 몬테카를로 시뮬레이션 결과는 우연적인 결과로 발생하는 상관관계와 비교할 때 상관계수의 크기가 약 8배에 이르는 유의한 상관관계를 보여 주었다. 결과적으로 성격 요인과 게임 내 행동은 폭넓은 관련성을 가지고 있었다. 성격 5요인 각각에서 확인한 유의한 상관관계 패턴을 간략히 기술하면 다음과 같다.

외향성(extroversion)   외향성에서 높은 점수를 받은 게이머는 집단 활동을 더 선호하였다. 이것은 이 특질의 정의에 부합하는 것이다. 그들은 다른 게이머들과의 협력 활동이 필요한 던전에 더 많이 참여하였다. 또한 그들은 25인 레이드로 공략 가능한 엔드게임 던전을 더 많이 정복하였다. 반면, 외향성에서 낮은 점수를 받은(즉, 더 내향적인) 게이머는 탐구하기, 요리하기, 낚시하기와 같은 혼자 하는 활동을 더 선호하였다.

우호성(agreeableness)   우호성에서 높은 점수를 받은 게이머는 긍정 정서 명령어(포옹하기, 환호하기, 손 흔들기를 포함)를 더 많이 사용하였다. 또한 그들은 탐험하기, 공예품 만들기, 이벤트 참여하기, 요리하기, 낚시하기와 같은 비전투 활동을 더 강하게 선호하였다. 반면, 우호성에서 낮은 점수를 받은 게이머는 게임에서 더 경쟁적이고 적대적인 측면을 선호하였다. 그들은 상대방을 더 많이 죽음에 이르게 하였고, 사망 누계 기록이 더 높았으며, 더 좋은 장비를 얻는 일에 보다 집중하였다. 또한 그들은 배틀그라운드(battleground),[18] 아레나(arena),[19] 대전(duel)[20]과 같은 PvP 활동에 더 많이 참여하였다.

성실성(conscientiousness)   성실성에서 높은 점수를 받은 게이머는 비전투 장면에서 인내와 노력이 요구되는 수집 활동을 즐기는 것으로 보인다. 이것은 그들이 많은 수의 애완동물을 거느리고 있다는 점에서 추측할 수 있는데, 애완동물을 수집하는 데에는 실제로 많은 시간이 필요하다. 뿐만 아니라, 그들은 상당한 인내심을 요하는 요리하기 및 낚시하기 활동에서도 높은 점수를 받았는데, 이것은 이들 게이머의 자기훈련 수준을 보여 주는 것이다. 반면, 성실성에서 낮은 점수를 받은 게이머는 더 부주의한 것으로 보이며, 그들의 캐릭터가 높은 장소에서 떨어져 죽을 가능성이 더 높았다.

경험에 대한 개방성(openness to experience)   경험에 대한 개방성에서 높은 점수를 받은 게이머는 더 많은 캐릭터를 소유하고 있었으며, 더 많은 서버에서 활동하고 있었

---

18) 역자 주: 많은 수의 게이머가 두 진영으로 나뉘어 펼치는 대규모 전쟁
19) 역자 주: 투기장에서 특정 게이머(개인/집단)와 승부를 겨루는 토너먼트 대회
20) 역자 주: 무작위로 선정된 다른 게이머와 대결하여 일정한 보상을 얻는 게임 방식

다. 그들은 또한 게임 세계를 탐험하는 데 더 많은 시간을 사용하였으며, 공예 작품 만들기, 이벤트 참여하기와 같은 비전투 활동에 더 많은 흥미를 가지고 있었다. 경험에 대한 개방성에서 낮은 점수를 받은 게이머는 던전과 레이드에 더 많은 시간을 사용하면서 게임의 전투 지향적 측면에 초점을 둘 가능성이 더 높았다.

정서적 안정성(emotional stability)　우리는 정서적 안정성과 게임 내 몇몇 측정 항목 사이에서 일부 유의한 상관관계를 발견하였다. 예컨대, 정서적 안정성이 높은 게이머는 밀리 파이터[21]를 더 많이 만들고, DPS 캐릭터[22]를 더 적게 만들었다. 그리고 인간과 컴퓨터가 제어하는 몬스터를 더 많이 때려 눕혔다. 그리고 정서 명령어 '손 흔들기(wave)'를 더 많이 사용하였다. 그러나 이러한 상관관계를 전체로 해석하는 것에는 무리가 따른다. 이전 연구에서도 정서적 안정성에 대하여 의미 있는 행동 상관변인을 확인하는 것이 어려웠다는 점은 주목할 만하다(Gosling et al., 2002; Mairesse & Walker, 2006).

우리의 데이터는 특정한 성격 특질을 가진 게이머가 더 사회적이거나, 덜 사회적인 활동에 끌리는 경향이 있다는 것을 명백하게 보여 준다. 특히 이러한 경향이 외향성에서 더욱 분명하게 나타난다는 것은 그리 놀라운 일이 아니다. 외향적인 게이머는 다른 성격 특질을 가진 게이머에 비해 집단 활동에 훨씬 더 많이 참여하였다. 그들에게 있어 이 게임은 분명히 풍부한 사회적 공간이었다. 그들은 자신의 길드에서 능동적인 역할을 수행하고, 길드 멤버와 함께 전투를 벌이는 데 더 오랜 시간을 보낸다. 그들은 본질적으로 이 게임을 타인과 판타지 맥락에서 상호작용할 수 있는 기회로 여기는 것으로 보인다. 그러나 WoW가 단지 외향적인 게이머 유형에만 어울리는 것이라면, 아마도 이 거대한 시장에서 이토록 커다란 성공을 거두지 못했을 것이다. 이 게임은 사회적 지향성이 낮은 게이머에게 흥미를 줄 수 있는 활동을 제공함으로써(예: 성실성이 높은 게이

21) 역자 주: 근접 거리에서 공격 임무를 수행하는 게임 캐릭터
22) 역자 주: DPS가 산출되는 공격형 캐릭터

머를 위한 다양한 수집 활동, 우호성이 낮은 게이머를 위한 적대적 PvP 활동) '모든 이를 위한 어떤 것'을 선사할 수 있다. 다시금, 이러한 사실은 WoW에서 나타나는 고독을 미묘하게 그리고 있다. 게임 속 사회적 공간에서 펼쳐지는 삶의 자연스런 결과와는 별도로 다른 게이머들과의 강렬하고 정기적인 상호작용이 그리 즐겁지 않은 사람들에게 고독은 자발적으로 경험될 수 있다. 우리가 앞서 언급한 주변적 사교는 이러한 모습을 보이는 게이머들에게 더욱 중요하다. 우리는 지금부터 이 핵심 개념을 더욱 심도 있게 논의하고자 한다.

논의: 고독에서 주변적 사교까지

디지털 시대에 등장한 상상 속 마을

우리가 이 장 서두에서 언급한 바와 같이, 디지털 커뮤니케이션 도구가 어떤 경우에는 사회적 연결보다 오히려 고독을 촉진할 수 있다(Kraut et al., 1998, 2002). 그러나 직관적으로 MMOG는 활기가 넘치는 다양성을 제공하고 있다. 이러한 환경에서 낯선 사람들 간의 협력 활동은 게임 설계의 규준이며, 사교는 게임의 최종 목표라고 할 수 있다. Steinkuehler와 Williams(2006)는 신빙성 있는 분석을 통해 MMOG를 일종의 '제3의 장소(third place)'로 비유하였다. 제3의 장소란 실제 세계에서 빠른 속도로 사라지고 있는, 이를 테면 지역 모퉁이에 위치한 주점이나 볼링장 같은 사회적 집합소(social hangout) 역할을 대체하는 곳으로 볼 수 있다(Putnam, 2000). 이러한 맥락에서 앞서 우리가 제시한 데이터를 어떻게 이해할 수 있을까? 다시 말해, WoW에서 관찰되는 사회적 네트워크가 평균적으로 상당히 약한 밀도를 보인다는 것을, 또는 많은 게이머가 홀로 게임을 하며 많은 시간을 보낸다는 것을 어떻게 이해할 수 있을까? 많은 사람이 MMOG가 명성을 얻게 된 이유라고 생각하는 사교 촉진에 있어서 실패했다는 의미인가?

우리는 그렇게 생각하지 않는다. 대신에 우리는 다음과 같이 주장하고자 한다.

WoW에서 나타나는 사회적 상호작용의 속성과 구조는 온라인 사교에 대해 변화하고 있는 다양한 기대를 보여 준다. 이것은 특히 젊은 인터넷 사용자에게서 더욱 그러하다. 실제로 사교에 대해 언급할 때 사람들은 모든 사람이 서로 알고 지내는 상상 속 옛 마을의 이미지를 떠올리는 경향이 있다(Bender, 1978). 이상적인 사회적 네트워크는 강력한 결속력을 바탕으로 하며, 이는 가족이나 친척 집단에서 느낄 수 있는 유대관계와 매우 유사한 것이다. 사람들은 실제 사회적 환경을 상상 속 옛 마을에서나 찾아볼 수 있는 이러한 특성과 결부시키는 경향이 있다. 그리고 이러한 특성이 약해 보이는 어떤 것을 비사회적이거나 실패한 사회적 공간으로 일축해 버리는 경향이 있다. 그러나 이와 같은 상상 속 개념은 지난 10년 간 기술이 이끌고 있는 변화를 따라가지 못하였다.

디지털 커뮤니케이션 도구의 편재성(ubiquity; 채팅에서 스마트폰에 이르기까지, 심지어 스마트폰으로 채팅)은 전 세대에 걸친 이용자가 이전에 비해 더욱 거대하면서도 느슨한 사회적 서클(social circle)에 **부분적인 관심을 지속**(Friedman, 2001)할 수 있도록 만들었다. 예컨대, 문자 메시지 전송 서비스(Short Message Service: SMS)를 사용하는 십대 청소년들은 친구와의 관계에서 깊이 관여하지 않으면서도 끊임없이 이어지는 사회적 연결 형태에 익숙하다(Palen, 2002). 그들은 서로의 상태를 확인하기 위해서, 그리고 자신의 **사회적 네트워크를 유지하기 위해서** 짧지만 빈번한 SMS를 매우 단순하게 교환한다. 또한 소셜 네트워킹 사이트(Social Networking Site: SNS) 이용자는 코인을 수집하듯 친구를 모으기도 한다(Boyd, 2006). 온라인에서 많은 지인으로 둘러싸여 있는 것은 이용자에게 커다란 만족과 즐거움을 줄 수 있다. 실제 세계에서도 이와 유사한 경향성을 발견할 수 있는데, 우리가 소위 '**스타벅스 현상**(Starbucks phenomenon)'이라고 일컫는 것이다. 이 커피숍에는 노트북을 지참하고 일을 하고 있는 손님들로 붐빈다. 이런 일들은 다른 장소에서도 충분히 완벽하게 수행할 수 있는 것들이다. 만일 다른 장소가 이곳에 존재하는 중요한 요소를 마찬가지로 가지고 있다면 말이다. 그것은 바로 다른 사람에게 둘러싸여 있는 것이다. 재차 말하건대, 이 커피숍에서의 목표는 다른 손님과 상호작용하는 것이 아니라, 타인들로 붐비는 장소에 있다는 그 느낌을 단지 즐기고자 하는 것이다. 이것은 Oldenburg(1989)가 제안한 제3의 장소의 정의와 완벽하게 들어맞지는 않는다.

제3의 장소는 그 핵심 특징으로 방문객들 사이에서 일어나는 직접적인 상호작용을 강조하고 있다. 이것은 아마도 유럽의 길거리 카페와 더 가깝다고 할 수 있을 것이다. 그곳에서는 꼭 상대방과의 대화가 아니더라도, 그저 지나가는 사람들을 바라보는 일이 일상적이다.

우리가 WoW에서 볼 수 있는 **집합적 고독**(collective solitude; Malaby, 2003)은 이와 같은 병렬적 경향성(parallel trend)의 관점에서 이해할 수 있다. WoW의 초기 단계에 머물러 있는 동안, 게이머는 아마도 혼자서 퀘스트를 수행할 것이다. 집단 구성을 위한 요청도 없으며, 집단을 구성할 필요성도 느끼지 못하는 경우가 많다. 게이머가 혼자 있을 때 게임의 목표는 오히려 더 빠르게 성취될 수 있다. 그러나 게이머가 이렇게 혼자 하는 활동은 비사회적인 것과는 다르다. WoW의 세계를 돌아다니는 게이머는 길드 채팅 채널에 등장하는 수많은 잡담을 모니터링하면서 자신의 길드와 끊임없이 접촉한다. 또한 그들은 WoW의 다양한 활동에 참여하고 있는 다른 아바타들을 구경한다. 이를 통해 타인의 존재를 계속해서 직접 확인할 수 있는 공간에 거주하고 있다는 느낌을 받는다. 게이머는 이와 같은 느슨한 형태의 사회적 연결에 만족감을 느낄 수 있다. 우리의 데이터가 보여 주고 있는 것처럼, 이것은 1,100만에 이르는 거대한 WoW 게이머의 집단에 적절한 조합이라고 할 수 있다. 이후 단계에서 집단 과업이 더욱 각광을 받거나 게임의 진전을 위해 집단주의적 활동이 필요하게 되면 게이머는 자신의 네트워크를 고성능 전투형 길드 형태로 더욱 조밀하고 체계적으로 구성할 것이다. 그러나 모든 게이머가 자신의 사회적 경험을 더 강렬하게 변화시키기를 원하지는 않을 것이다(Williams et al., 2006). Blizzard는 WoW를 출시한 이후 이러한 사실을 이해하게 되었고, 이에 따라 게이머가 혼자서 즐길 수 있는 고급 콘텐츠를 계속해서 추가하였다(예: 특정 게임 세력 중 하나에서 평판을 얻는 퀘스트. 평판이 일정한 수준에 도달하게 되면 인스턴스 던전을 공격해야 얻을 수 있는 장비와 동일한 장비를 구매할 수 있음). 이러한 경향성은 특히 Blizzard가 2007년 초기에 출시한 '불타는 성전' 확장판에서 더욱 분명하게 확인할 수 있다.

WoW에서 제공하는 사회적 활동(또는 사회적 활동의 부족)은 게이머가 온라인에서 추구하는 사교의 종류가 달라지고 있음을 반영한 것이다. 더 느슨하고 더 짧은, 그러나 동시에 더 빈번하고 더 거대한 상호작용을 지향하는 움직임이 일고 있는 것이다. 다시 말해, 사람들은 타인과 어울리는 것을 매우 기대하고 있지만 그들과 꼭 오랫동안 상호작용하기를 원한다고 할 수 없다. WoW는 이러한 필요가 충족될 수 있는 이상적인 환경을 제공한다. 많은 게이머를 유치하는 데 실패한 다른 MMOG에서 이러한 사실을 뒷받침하는 증거를 찾을 수 있다. 이전 게임은 게임의 초반부에서부터 집단을 구성할 것을 훨씬 더 많이 강조하였다. 이것은 사회적 네트워크의 밀도를 더욱 높였지만 (Jakobson & Taylor, 2003), 동시에 게임의 매력을 명백하게 제한하는 결과를 가져왔다 (미국에서 WoW의 가장 강력한 경쟁자인 에버퀘스트는 최대 5천만 명을 유치하는 데 그쳤다). 비록 어떤 사람들에게는 WoW가 명백한 제3의 장소로 여겨지지 않을 수도 있겠지만 (Steinkuehler & Williams, 2006), 새로운 미디어 세대 대다수가 추구하고 있는 특정한 사회적 환경, 즉 내가 원하면 언제든지 타인과 접촉할 수 있으면서도 구속은 받지 않는 사회적 환경을 제공함으로써 여전히 가치 있는 사회적 역할을 수행하고 있다. 사실 최근의 연구는 WoW와 다른 게임들이 촉진하는 독특한 형태의 사교에 대해 하나의 독립된 명칭을 부여해야 한다고 주장하였다. 바로 주변적 사교다.

주변적 사교

McGonigal은 최근에 출판한 저서 『누구나 게임을 한다(Reality is broken)』(2011)에서 비디오 게임이 인간의 진정한 필요를 채우고 있는 여러 방식을 탐색하고 있다. 긍정 심리학(Csikszentmihalyi, 1990)을 비롯한 많은 연구결과를 바탕으로 McGonigal은 실제 세계에서 경험하기 어려운 짜릿한 보상, 자극적인 도전, 그리고 영웅적 승리를 제공하기 위하여 게임이 어떻게 설계되어 있는지를 보여 주었다. 결정적으로 그녀는 분석의 범위를 게임 속도나 콘텐츠에 제한하지 않았다. 또한 그녀는 온라인 게임이 새로운 형태의 사교를 지원하며, 이러한 사교는 실제 세계에서 발견할 수 있는 보다 전통적인 사회적 상호작용만큼이나 가치 있는 것이라고 주장하였다.

　　McGonigal은 몇몇 연구를 참조(우리의 연구를 포함하여; Ducheneaut et al., 2006)하여

온라인 게임이 우리가 앞서 서술한 바 있는 중요한 사회적 욕구를 채우는 데 도움을 준다는 것을 보여 주었다. 다시 말해, 사람들이 타인과 어울리기를 원하면서도 적극적인 상호작용은 원하지 않을 수 있다는 것이다. 그녀는 한 게이머가 블로그에 올린 글을 인용하였는데, 이 글은 이러한 태도의 본질을 잘 포착하고 있다. 게이머는 블로그에서 이렇게 말하고 있다. "이 세상에 나 홀로 있지 않다는 느낌이다. 게임 속에서 나는 다른 게이머 주위에 있는 것을 좋아한다. 나는 그들이 하는 일을 구경하는 것을 즐긴다. 그리고 그들이 성취한 무언가를 구경하는 것을 즐긴다. 그리고 때로는 '내 것이 아닌 그들의 것을 하고 있는(doing their thing)' 상태에서 벗어나 나만의 어떤 일을 하면서 그들을 가로질러 달리는 것을 즐긴다"(McGonigal, 2011, pp. 89-90). McGonigal은 이와 같은 간접적인 상호작용을 **주변적 사교**(ambient sociability)라고 명명하였다. 주변적 사교는 매우 가벼운 사회적 상호작용의 형태로, 직접적인 유대관계를 만들지는 않지만 타인과 연결되어 있음을 느끼고자 하는 인간 본연의 열망을 여전히 충족시킨다. 이것은 우리의 삶에 일종의 '사회적 확장성(social expansiveness)'을 가져다준다.

우리의 연구에서 분명하게 확인한 온라인 게임의 중요한 이중성을 McGonigal은 이와 같은 개념을 통해 완벽하게 포착하였다. 다시 말해, 혼자 게임을 하면서 타인과 연결(그러나 간접적으로)되어 있는 것이 충분히 가능하다는 것이다. 가장 중요한 것은 이와 같은 정의가 고독의 맥락과 관련짓고 있다는 것이다. 그리고 고독을 나쁘지 않은 것으로 만들고 있다는 것이다. 이 점과 관련하여 논쟁의 초점은 (근거 없는) '사회적 삶을 황폐하게 만드는 게임의 사회적 고립 효과'에서 '북적이는 사회적 환경 맥락에서 경험하는 개인적 활동 개념'으로 이동한다. 그녀가 이후에 서술한 것처럼, 매우 다른 성격과 포부를 가진 게이머들에게 WoW와 같은 게임을 매력적으로 만드는 것은 바로 주변적 사교의 존재다. 이것은 게이머의 성격에 대해 우리의 연구가 서술한 내용과 매우 흡사하다. McGonigal은 다음과 같이 밝혔다. "내향적인 사람들은 다른 사람이 자신을 좋아해 주고 자신에게 감사를 표현하기를 원한다. 그래서 그들은 다른 이들만큼이나 타인의 도움을 필요로 한다. 그러나 그들에게는 이러한 긍정적인 사회적 느낌이나 상호작용을 만들어 갈 기회를 찾으려는 동기가 부족하다"(McGonigal, 2011, p. 91). 이것은 성격 유형이

WoW의 가상 활동에서 어떻게 표현되는지에 대한 우리의 연구와 분명하게 일치한다. 우리의 연구는 내향적인 사람들이 개인적인 활동에 심취하면서도 다른 게이머들에게 둘러싸여 있는 것에서 여전히 많은 유익을 얻을 수 있다는 것을 보여 주고 있다.

결론

커뮤니케이션 기술의 사회적 영향은 종종 미묘하고, 느리게 발생하며, 설계자가 예상하지 못하는 방향으로 흘러가는 경우가 많다(Fischer, 1992). 사회적 상호작용의 새로운 패턴을 정립하는 과정에서 기술의 사회적 영향을 이분법적인 용어로 특징짓는 것은 매우 솔깃하며 그럴싸해 보인다. 예컨대, 기술이 고립과 우울을 촉진시킨다고 말하면서 반대로 기술이 항상 긍정적이고 빈번한 사회적 상호작용을 갖춘 그야말로 완벽에 가까운 커뮤니티를 촉진시킨다고 말하는 것이다. 그러나 우리의 데이터가 설명하는 것처럼, 온라인 게임에서 나타나는 사회적 삶은 이러한 두 극단 사이에 위치하는 경우가 많다. 사실 현재 온라인 게임에서 가장 매력적인 측면 중 하나는 아마도 두 극단을 새로운 형태의 가치 있는 사교로 융합하는 것일 수 있다.

실제로 초기 온라인 게임은 게이머의 사회적 상호작용을 촉진시키도록 설계되었다. 그러나 MMOG는 지속적인 발전을 통해 다양한 활동뿐만 아니라 광범위한 게이머 프로파일에 부합하는 게임 메커니즘을 포함하게 되었다. 특히 WoW는 온라인 게임이 다음과 같은 기능을 하는 가상 환경을 어떻게 제공할 수 있는지를 보여 주고 있다. 그것은 사회적 맥락 속에서 개인의 활동이 일어나기를 독려하는 것이며, 이를 통해 새롭고 가치 있는 형태인 주변적 사교를 촉진하는 것이다(McGonigal, 2011). 고독처럼 보일 수 있는 것이 사실은 질적으로 다른 것일 수 있다. 북적이는 사회적 공간에서 다른 사람들에게 둘러싸인 채 홀로 어떤 일을 한다는 것은 분명 사회적 고립의 전통적인 정의와 부합하는 것이 아니다. 이것은 상호적인 사회적 공간에서 멀리 떨어져 있는 수줍음 많은 게이머에게 특히 중요하다. 실제로 선행 연구는 커뮤니케이션 기술이 사회적 행동의 기폭제 역할을 할 수 있음을 보여 준다(Kraut et al., 2002). 예컨대, 내향적인 사람은 인터넷을 이용하고나서 이전에 비해 외로움을 더 많이 느낄 수 있으며, 외향적인 사람은 인터넷을 이용하고나서 이전에 비해 외로움을 더 적게 느낄 수 있다. 그러나 WoW의 사례에서 우리의 데이터는 다음과 같은 사실을 보여 주고 있다. 그것은 타인의 존재를 항상 인식하면서 홀로 수행하는 다양한 활동이 내향적인 사람의 개인적 포부를 지원한다는 것이다. 이것은 꼭 해로운 방식이나 사회적 고립이 아닌 방식으로 고독을 지원할 수 있다는 것을, 심지어는 독려할 수 있다는 것을 보여 준다.

따라서 우리는 WoW와 같은 온라인 게임이 온라인 커뮤니케이션 시스템 생태계에서 중요한 역할을 하고 있다고 믿는다. 이러한 온라인 게임은 무엇이 온라인 사교를 구성하고 있는지, 그리고 그것이 어떻게 발전할 수 있는지에 대한 우리의 생각을 재구성하도록 만든다. 이와 같은 발견을 할 수 있었던 것은 가상 세계의 대규모 종단적 행동 데이터에 대한 접근이 매우 용이했기 때문이며, 이렇게 수집된 데이터가 믿을 수 없을 만큼 풍부했기 때문이다. 가상 세계와 온라인 게임은 사회과학 연구를 위한 일종의 가상 실험실이라고 할 수 있다. 디지털 환경에서 끊임없이 발전하는 사회적 관계의 속성을 탐구하면서 이러한 가상 세계와 온라인 게임의 엄청난 잠재력을 강조하는 것은 매우 가치 있는 일이다(Ducheneaut, 2010).

참고문헌

Bartle, R. (1996). Hearts, clubs, diamonds, spades: Players who suit MUDs. *Journal of MUD Research, 1*(1). Retrieved August 12, 2013, from http://www.mud.co.uk/richard/hcds.htm

Bender, T. (1978). *Community and social change in America.* Baltimore: The John Hopkins University Press.

Boyd, D. (2006). Friends, Friendsters, and Top 8: Writing community into being on social network sites. *First Monday, 11*(12).

Castronova, E. (2003). On virtual economies. *Game Studies, 3*(2). Retrieved July 24, 2013, from http://www.gamestudies.org/0302/castronova/

Castronova, E. (2005). *Synthetic worlds*. Chicago: Chicago University Press.

Cherny, L. (1999). *Conversation and community: Chat in a virtual world*. Palo Alto, CA: CSLI Publications.

Csikszentmihalyi, M. (1990). *Flow: The psychology of optimal experience*. New York: HarperCollins.

Ducheneaut, N. (2010). Massively multiplayer online games as living laboratories: Opportunities and pitfalls. In W. S. Bainbridge (Ed.), *Online worlds: Convergence of the real and the virtual*. London: Springer.

Ducheneaut, N., Yee, N., Nickell, E., & Moore, R. J. (2006). "Alone together?" exploring the social dynamics of massively multiplayer online games. *Proceedings of CHI 2006* (pp. 407-416). New York: Association for Computing Machinery.

Ducheneaut, N., Yee, N., Nickell, E., & Moore, R. J. (2007). The life and death of online gaming communities: A look at guilds in World of Warcraft. *Proceedings of CHI 2007* (pp. 839-848). New York: Association for Computing Machinery.

Ellison, N. B., Steinfield, C., & Lampe, C. (2007). The benefits of facebook "friends": Social capital and college students' use of online social network sites. *Journal of Computer-Mediated Communication, 12*(4), 1143-1168.

Fine, G. A. (1983). *Shared fantasy: Role-playing games as social worlds*. Chicago: The University of Chicago Press.

Fischer, C. S. (1992). *America calling: A social history of the telephone to 1940*. Berkeley: University of California Press.

Funder, D., & Sneed, C. (1993). Behavioral manifestations of personality: An ecological approach to judgmental accuracy. *Journal of Personality and Social Psychology, 64*, 479-490.

Friedman, T. L. (2001). Cyber-Serfdom. New York: The New York Times.

Goldberg, L. (1999). A broad-bandwidth, public domain, personality inventory measuring the lower-level facets of several five-factor models. In I. Mervielde, I. Deary, F. De Fruyt, & F. Ostendorf (Eds.), *Personality psychology in Europe* (pp. 7-28). Tilburg, the Netherlands: Tiburg University Press.

Gosling, S., Ko, S., Mannarelli, T., & Morris, M. (2002). A room with a cue: Judgment of personality based on offices and bedrooms. *Journal of Personality and Social Psychology, 82*, 379-398.

Granovetter, M. (1973). The strength of weak ties. *American Journal of Sociology, 78*, 1360-1380.

Jakobson, M., & Taylor, T. L. (2003). The Sopranos meets EverQuest: Social networking in massively multiplayer online games. In Proceedings of DAC May 2003 (pp. 81-90). Melbourne, Australia.

Kenny, D., Horner, C., Kashy, D., & Chu, L. (1992). Consensus at zero acquaintance: Replication, behavioral cues, and stability. *Journal of Personality and Social Psychology, 62*, 88-97.

Kraut, R. E., Kiesler, S., Boneva, B., Cummings, J., Hegelson, V., & Crawford, A. (2002). Internet paradox revisited. *Journal of Social Issues, 58*(1), 49-74.

Kraut, R. E., Patterson, M., Lundmark, V., Kiesler, S., Mukopadhyay, T., & Scherlis, W. (1998). Internet paradox: A social technology that reduces social involvement and psychological well-being? American Psychologist, 53(9), 1017-1031.

Lazzaro, N. (2004). Why we play games: Four keys to emotion without story (p. 8). Xeodesign. Retrieved August 12, 2013, from http://www.xeodesign.com/xeodesign_whyweplaygames.pdf

Mairesse, F., & Walker, M. (2006, June). Automatic recognition of personality in conversation. *Proceedings of the human language technology conference* (pp. 85-88). New York.

Malaby, T. (2003). *Gambling life: Dealing in contingency in a Greek city.* Chicago: University of Illinois Press.

McCrae, R., & Costa, P. (1987). Validation of the five-factor model of personality across instruments and observers. *Journal of Personality and Social Psychology, 52*, 81-90.

McGonigal, J. (2011). *Reality is broken: Why games make us better and how they can change the world.* New York: Penguin Press.

Oldenburg, R. (1989). *The great good place.* New York: Marlowe.

Palen, L. (2002). Mobile telephony in a connected life. *Communication of the ACM, 45*(3), 78-82.

Putnam, R. (2000). *Bowling alone: The collapse and revival of American community.* New York: Simon & Schuster.

Reeves, S., Benford, S., O'Malley, C., & Fraser, M. (2005). *Designing the spectator experience. Proceedings of the conference on human factors in computing systems* (CHI 2005). New York: Association for Computing Machinery.

Rheingold, H. (1993). *The virtual community: Homesteading on the electronic frontier.* Cambridge, MA: MIT Press.

Smith, M. A. (1999). Invisible crowds in cyberspace: Mapping the social structure of the Usenet. In M. A. Smith & P. Kollock (Eds.), *Communities in cyberspace* (pp. 195-219). New York: Routledge.

Steinkuehler, C. A. (2004). Learning in massively multiplayer online games. International Conference on the Learning Sciences (ICLS). Los Angeles, CA.

Steinkuehler, C. A., & Williams, D. (2006). Where everybody knows your (screen) name: Online games as "third places." *Journal of Computer Mediated Communication, 11*(4) 885-909.

Taylor, T. L. (2006). *Play between worlds.* Cambridge, MA: The MIT Press.

Van Geel, I. (2012). MMOG data version 3.8. Retrieved July 24, 2013, from http://mmodata. net/

Vazire, S., & Gosling, S. (2004). e-Perceptions: Personality impressions based on personal websites. *Journal of Personality and Social Psychology, 87*, 123-132.

Wasserman, S., & Faust, K. (1994). *Social network analysis: Methods and applications.* Cambridge, UK: Cambridge University Press.

Webb, E., Campbell, D., Schwartz, R., & Sechrest, L. (1966). *Unobtrusive measures:*

Nonreactive research in the social sciences. Chicago: Rand McNally.

Whittaker, S., Terveen, L., Hill, W., & Cherny, L. (1998). The dynamics of mass interaction. Proceedings of CSCW 1998 (pp. 257-264). November 14-18, 1998, Seattle, WA.

Williams, D., Ducheneaut, N., Xiong, L., Zhang, Y., Yee, N., & Nickell, E. (2006). From treehouse to barracks: The social life of guilds in World of Warcraft. *Games and Culture, 1*(4), 338-361.

Yarkoni, T. (2010). Personality in 100,000 words: A large scale analysis of personality and word use among bloggers. *Journal of Research in Personality, 44*, 363-373.

Yee, N. (2002). Ariadne-Understanding MMORPG Addiction. Retrieved August 12, 2013 from http://www.nickyee.com/hub/addiction/home.html

Yee, N. (2003, October 7). The Norrathian Scrolls: A Study of EverQuest (version 2.5). Retrieved July 27, 2013, from http://www.nickyee.com/eqt/report.html

Yee, N. (2005). Facets: 5 Motivation Factors for Why People Play MMORPGs. Retrieved August 12, 2013, from http://www.nickyee.com/facets/home.html

Yee, N. (2006). The demographics, motivations and derived experiences of users of massively-multiuser online graphical environments. *Presence: Teleoperators and Virtual Environments, 15*, 309-329.

Yee, N., Ducheneaut, N., Nelson, L., & Likarish, P. (2011). Introverted elves & conscientious gnomes: The expression of personality in World of Warcraft. *Proceedings of CHI 2011* (pp. 753-762). New York: ACM.

16

정치 이론의 관점:
욕망, 주체성, 그리고 유사고독

Matthew H. Bowker

르네상스 시대의 위대한 수필가 Montaigne(1965)가 말한 대로 "다른 사람과 함께하면서 실패하는 방법들이 있듯이, 고독 속에서도 실패하는 방법들이 있다"는 점을 고독 연구자들은 간과해서는 안 된다(pp. 182-183). Montaigne는 이렇게 적었다. "단지 군중으로부터 멀어지는 것으로 충분하지 않다… 우리는 우리 내면에 있는 군집 본능으로부터 멀어져야 한다… 야망, 탐욕, 불협화음, 두려움, 정욕… 이러한 것들이 종종 수도원의 회랑과 철학의 도장까지 따라 들어오기 때문이다. 사막도, 바위 동굴도, 수도복도, 금식도 우리를 이러한 것들로부터 자유롭게 하지 못한다… 우리는 사슬을 차고 다닌다. 우리의 자유는 완전하지 못하다. 우리는 여전히 우리가 남겨 놓은 것들을 뒤돌아보며 우리의 공상은 그것으로 가득 차 있다"(p. 176).

대부분의 정치 이론가는 Montaigne의 자유롭고 '완전한' 고독이라는 이상에 대해 문제를 제기하였다. 개인은 친밀한 관계를 지을 수 없으며, 상징적 환경에 의해 중재되고, 습관과 관습을 따를 수밖에 없다는 것이다. 또한 만연한 사회 권력에 의해 제한되고, 문화적·경제적·정치적 제도에 속박된다고 주장하였다. 몇몇 현대 이론가는 고독의 주체는 존재할 수 없으며, 존재하지 말아야 하고, 심지어 그러한 고독에 대한 상상조차도 공동체를 향한 폭력을 의미한다고 주장하였다(예: Butler, 2004; Ziarek, 1993). 이 장의 후반에서 우리는 이러한 개념이 고독과 유대감에 대한 현재의 태도에 대해 무엇을 드러내는지 숙고해 볼 기회를 가질 것이다. 이 장의 목표는 고독의 양가성(ambivalence)과 지각된 위험 때문에 개인과 공동체가 진정한 고독을 경험하지 못하는 심리적·정치적 딜레마에 대해 명확히 밝히는 것이다.

고독의 양가성

우리가 고독을 문자 그대로 이해하든, 아니면 은유적으로 이해하든 그것에 내포된 사회적 분리는 종종 다른 사람이 가진 필요와 욕구, 혹은 그 집단의 가치에 대한 거절로 간주된다. 우리가 고독한 사람들에게 매혹되면서도 경악을 금치 못하는 것은 그들의 명백한 독립에서 비롯된다. '혼자 해내면서', 그리고 집단의 지원, 지침, 보호 없이 잠재적으로 '길을 잃으면서' 그들이 직면하는 위험에서 비롯된다. Nietzsche의 저서 『선과 악을 넘어서(Beyond good and evil)』(1989)의 '자유로운 영혼'에 대한 유명한 토론에는 이러한 불안의 상당 부분이 잘 나타나 있다(pp. 41-42).

독립은 극히 소수를 위한 것에 불과하다. 그것은 강한 자의 특권이다. 그리고 누구든지 최고의 권리로 그것을 시도하지만 내부의 제약이 없다면, 그는 아마도 강할 뿐만 아니라 무모한 지점까지 대담하게 나아간다는 것을 입증할 것이다. 그는 미로 속으로 들어가서 인생이 어떤 경우에도 그에게 가져올 수 있는 위험을 천배로 늘릴 것이다. 그가 어디서 어떻게 길을 잃었으며, 외롭게 되었는지, 양심이라는 괴물에게 얼마나 찢겼는지 아무도 알 수 없다는 점은 적지 않은 위험이다. 이러한 사람들 중 하나가 슬픔에 빠진다고 가정할 때, 이것은 사람들이 느끼지도 못하고 공감할 수도 없는 것으로, 사람의 이해와는 너무 거리가 있어서 사람들은 그것을 느끼지도 동정하지도 못한다. 그는 더이상 되돌아갈 수 없으며, 사람들의 연민으로도 돌아갈 수 없다.

Nietzsche는 최근 기억하는 가장 고독한 존재 중 하나를 자기 자신이라고 여겼다. 고독한 사람은 다른 사람들의 **이해**로부터 스스로를 제거한다. 여기서 이해(comprehension; 독일어로 Verständnis)라는 단어는 단지 이해(understanding)뿐만 아니라 파악, 포함 및 보유를 의미한다. 고독에서 나타나는 독립은 그 개인에 대한 집단의 보유를 무너뜨리고, 그를 자유롭게 해 주지만, 사람들은 그를 동정하지 않는다. Nietzsche에 따르면, 그러한 고독 속에서 살아남는 유일한 방법은 공동체에 의존하는 것이 내포하는 것만큼이나 엄격하게 **내적 제약**(inner constraint)을 동원한다.

Freud의 『**문명 속의 불만**(Civilization and its discontents)』(1961)과 『**토템과 터부**(Totem and taboo)』(1938)에서 집단을 이루고 사는 마음에 깔려 있는 근본적 양가성, 즉 자유와 속박, 독립에 대한 주장과 속죄 사이에서의 갈등이 잘 나타나는 확실한 사례들을 살펴볼 수 있다(자세한 내용은 Galanaki가 저술한 이 책의 1권 5장 참조). 실제로 Márquez의 『**백년의 고독**(One hundred years of solitude)』(2006)에서 Buendía 가족이 비현실적인 집단적 고독 속에 처하게 되면서 나머지 세계로부터 격리될 때, 토템과 터부, 독립과 범죄 사이의 Freud 학파 식의 쉽지 않은 구분이 검증을 받게 된다. 이 작은 공동체는 필연적으로 근친상간적인데, 고독과 격리, 상실의 결과에 대한 걱정은 돼지 꼬리라는 끔찍한 결함을 가진 아이가 태어나는 공포로 표현된다. Freud에게 있어서 근친상간의 금기는 특히 관련성을 갖는 것으로, 그것이 사회 이전의 강력한 힘으로부터 법 앞에서 평등한 사람들에 의해 다스려지는 공동체로의 이행을 상징하기 때문이다. 그러므로 자기 내부에서나 자기의 환상 속에서 길을 잃는 것에 대한 두려움은 고독의 근친상간적 특징에 대한 두려움으로 생각될 수 있으며, 이러한 두려움은 인간 사회의 법을 위반한 것에 대한 죄책감과 처벌을 가져오는 것으로 보인다.

고독을 사회 집단에 대한 거부로 간주할 정도로 우리는 고독과 부도덕을 연관 지을 수 있는데, 이는 도덕이 집단에 의해 공인된 행동 강령이기 때문이다. 따라서 고독한 악당(예: 루시퍼나 사단, Shakespeare의 Iago, 〈택시 드라이버〉의 Travis Bickle, 〈슈퍼맨〉의 Lex Luthor)은 어두운 곳에서 끔찍한 행위를 꾸미게 되는데, 이는 자신이 **법** 위에 있다고 생각해서 집단이나 영웅들을 증오하기 때문이다. 그러나 동시에 그 집단이 부패했다면 고독한 아웃사이더(예: 플라톤의 Socrates, 기독교의 예수, Jack Schaefer의 〈셰인〉, 〈쿵푸〉의 Caine)가 특별한 노력을 들여야지만 우리가 선으로 되돌아 갈 수 있는지도 모른다. 여기서 고립된 개인과 집단은 여전히 갈등하고 있다. 비록 부패한 집단은 좀더 순수하고 이상적이며, 오래된 형태의 집단의 가치를 구현하는 고독한 반역자에게 패배를 당하지만 말이다. 영웅과 악당 사이에 무수하게 많은 근대의 문학적 인물들이 있으며, 그들의 양가적 고독은 그들의 찬란한 운명을 정의한다. 여기에는 Goethe의 파우스트, Nietzsche의 자라투스트라, Melville의 바틀비, Stendhal의 쥘리앵 소렐, Dostoyevsky의 라스콜니코프, Flaubert의 펠리시테, Ellison의 **투명인간**, Camus의 뫼르소, Salinger의 클로필드와 그 외 많은 인물이 포함된다.

고독, 도덕 및 집단생활에 대한 대안적 설명은 고독한 개인이 집단을 거부하거나 파괴할 필요는 없으나, 자신이 속한 집단이 강인하고 독립적인 자기들(selves)로 구성되기를 바랄 수 있다고 제안하였다. 실제로 Kant(1981)의 지상 명령(categorical imperative), 즉 내가 자신의 자율성을 존중하기 때문에 다른 사람의 그것을 존중하도록 지시하는 자기-입법의 도덕 원칙은 스스로를 자율적 주체로 인식하는 개인들이 타인도 존중 받을 만한 대상으로 인식할 가능성이 더 크다고 주장하는 다양한 현대 사회 및 심리학 이론들(예: Benjamin, 1998; Buber, 2004; Fraser, 2000; Kohlberg, 1973; Lasch, 1984; Levine, 2004 참조)과 일치한다. 반면, 다른 사람의 요구에 주로 (긍정적 혹은 부정적으로) 반응하는 개인들은 강압, 복종, 대립으로 구성된 세계 속에 거주한다. 이것이 바로 Merton(1958, p. 13)이 다음과 같이 썼을 때 의미한 바였다.

사람들은 자동적인 힘에 의해 밀리는 비인간적인 무리 속에 있을 때, 그들 자신의 진정한 인간성, 진실성, 사랑할 수 있는 능력, 자기 결정 능력을 상실한다. 내부의 고독을 모르는 사람들로 구성된 사회는 더이상 사랑으로 지탱될 수 없으며, 결과적으로 그 사회는 폭력적이고 학대하는 권위자들에 의해 연합된다. 인간이 마땅히 누려야 할 고독과 자유를 난폭하게 박탈 당할 때, 그들이 사는 사회는 부패하게 되며, 그것은 비열함, 분노, 증오로 가득하게 된다.

Merton에게는 고독을 경험하는 능력이 인간됨의 전제 조건이다. 고독할 수 없는 것, 혹은 사람에게서 고독을 빼앗는 것은 자신과의 사랑스러운 접촉, 그리고 다른 사람과의 사랑스러운 접촉도 훼방하는 것이다.

고독과 주체성(subjectivity) 사이의 심오한 관계를 이해하기 위해서는 고독을 단지 혼자인 것으로 정의하지 말아야 한다. 즉, 고독에 대한 정교한 정의는 혼자 있는 것(aloneness)뿐만 아니라 존재(being)에도 주목해야 한다. 고독은 단지 다른 사람의 부재를 지칭하는 것이 아니라, 혼자 있을 때 개인이 존재하는 능력을 지칭해야 한다. 여기서 존재한다는 것은 육체의 생존뿐 아니라 Winnicott(1986)이 창의적 삶과 관련 지었던 "작동하는 기이 장소로서의… 존재의 감각"과 "실제적이고, 살아 있고, 전체적이면서 시간적 의미에서 연속적인 사람으로 세상에 있다는 존재감"을 의미한다(p. 39). 이것을 Laing(1969)은 "존재론적 안전성(ontological security)"(p. 39)이라고 정의하기도 하였다. 경험의 주체가 된다는 것은 항상 주변을 통제하고, 활동적이며, 즐겁다는 것은 아니지만, "자신 및 타인의 존재와 정체성에 대한 명확한 인식을 바탕으로 사회적·윤리적·영적·생물학적인 측면에서 삶의 모든 위험과 맞서려고 하는 것을 의미한다"(p. 39).

물론 전체적이고, 살아 있으며, 창조적인 존재의 질을 잃어버린 개인들이 있다. 사실 이런 전제들이 왜 합리적이며, 이런 가정들이 고독이라는 주제를 연구하는 데 어떻게 도움이 되는지를 알기 위해서 우리는 혼자 있을 때 될 수 없는 개인을 상상하면 된다. 앞서 언급한 바와 같이, 신체적으로나 정신적으로 다른 사람과 단절되는 즉시 내가 존재하는 것이 멈추어진다면, 나는 유대감이라는 회로에 연결된 경우에만 존재한다고 할 수 있다. 회로를 끊으면 내 삶, 아니 적어도 내 존재는 끝난다. 그러한 취약한 조건에서 비존재의 해체적 경험을 피하는 길은 다른 사람과의 안정적이고, 지속적인 연결을 보장하는 것뿐이다. 혼자 있거나, 군중 속에 있거나, 스트레스를 받거나, 백일몽에 빠져 있을 때 나의 존재하는 능력이 사라진다면 나 자신을 독립적이거나 자율적인, 혹은 믿을 만한 사람이라고 상상하기는 어려운 일이다. 즉, "공간에 구애받지 않고, 일관성이 있으며, 시간적으로 지속적이고, 주도성을 발휘하며, 타인의 관심의 대상이 되는 하나의 구성 단위"(Kohut, 1977, p. 99)로서 생각하기는 어려운 것이다. 왜냐하면 나 자신의 존재 경험 자체는 허망하고 불안정하며, 나중에 변화하거나 잘못될 수 있는 특정 환경 조건의 부산물이기 때문이다.

아마도 보다 가능성이 있는 것은 타인의 요구에 응종하는 것이 내가 살아 있다는 진정한 느낌을 주기보다는 이것의 복제품을 제공한다는 점이다. 즉, 부모, 동료 또는 권위자의 승인을 위해 자신의 진정한 자기를 억누르고, Winnicot(1965)이 언급한 거짓 자기(false self)로 교체되는 것이 조건화된다는 점이다. 만일 내가 다른 사람과의 관계를 잃지 않는 것이 절박하다면 나는 다른 사람을 기쁘게 하거나 원하는 집단에 속하는 상을 받기 위해 나 자신의 많은 부분을 희생할 것이다. 왜냐하면 내가 응종하는 행동으로 얻은 조건적 수용은 나 자신을 주체가 아닌 다른 사람의 욕구에 부응하는 객체로 만드는 결과를 낳기 때문이다. Laing(1969)은 Julie라는 젊은 조현병을 가진 여성의 예를 제시한다. Julie의 초기 가정생활은 복종과 응종을 요구하는 것처럼 보였으며, Julie는 어머니에게 "완벽한 아기가 무엇인지에 대한 이상"이었고, 동시에 그녀 자신의 요구나 감정을 차단한 "실존적으로 죽은 아이"였다(p. 183). Julie가 치료에서 우려한 점은 "아이는 살해 당했다"는 것이었으며, 주된 불만은 어머니가 결코 그녀를 "존재하도록 내버려 두지 않았다"는 것이다(pp. 179, 184). 이처럼 일종의 존재에 대한 우려와 불만은 고독을 경험할 수 있는 능력과 밀접하게 연관되어 있다.

따라서 고독의 경험은 주로 개인의 내적(또는 정신적) 경험과 외적 세계 사이의 관계에 달려 있다. 상호 연결된 현실을 감안할 때, 고독에 대해 상상이라도 하기 위해서는 사람은 자신의 경험의 일부, 특히 내적 경험, 즉 사고의 세계와 판타지에 접근하는 것을 제한할 수 있어야 한다(Levine, 2003, pp. 60-61). 내적 및 외적 경험 사이의 경계를 어느 정도 제어함으로써 개인은 내적 세계를 보호할 수 있는데, 이는 이 내적 세계가 다른 사람이나 사건에 의해 끊임없이 침해 당하거나, 비워지거나, 파괴되는 위험에 처하는 것은 아님을 의미한다. 그러한 제어는 또한 내적 세계에 의미 있고 값진 경험을 창출할 수 있는 능력이 있음을 의미한다. 왜냐하면 홀로 있을 때 존재하기를 원하고, 시들거나 굶어 죽기를 원하지 않는다면 존재의 핵심 요소를 생성하고 소유할 수 있어야 하기 때문이다. 만약 존재하기 위해 다른 사람이나 사물, 혹은 다양한 종류의 소비, 관심, 혹은 자극에 전적으로 의존한다면 고독은 단지 박탈이나 자기박탈을 의미할 뿐이다.

이러한 예비적 성찰들은 왜 자발적 고독 경험이 종종 비자발적 고립이나 소위 단독 감금(solitary confinement)과 근본적으로 구분되는지를 설명하는 데 도움이 된다. 자발적 고독은 스스로 만들고, 고독한 경험의 내부에서 발견될 수 있는 좋은 것들을 기대하면서 수행되는 반면, 비자발적 고독은 다른 사람에 의해 부과되며, **외부**에 존재하는 것으로 여겨지는 좋은 것들을 개인에게서 박탈하기 위한 것이다. 실제로 우리는 강제적 고립이 벌 받는 아동이나 성인의 박탈을 부과하기 위한 것이고, 처벌하는 사람의 권위에 대한 벌 받는 사람의 의존성을 재확인하는 것이라고 할 수 있다. 처벌하는 사람이 말하거나 암시하는 것은 다음과 같다. "당신은 우리에게 도전했다. 우리는 이제 당신을 격리시켜서 당신의 관심, 주의 또는 상호작용을 박탈하고, 고독하게 만들어서 존재에 대한 어려움을 겪게 할 것이다. 이러한 경험을 통해 다시는 우리에게 도전하지 않는 것을 배울 것이다."

아마도 확인 가능한 학대의 하위 범주는 방치, 고립, 또는 신체적 혹은 심리적 유기가 존재를 경험하는 자기의 능력을 파괴하는 경우일 것이다. 신체적인 의미에서 방치되거나 유기된 아이는 문자 그대로 굶주림을 두려워하거나, 그의 안녕을 전혀 개의치 않는 사람들로부터 상처를 받을 수 있으며, 자신을 질병으로부터 보호해 줄 의학적 치료가 부족할 수 있다. 심리적인 의미에서 정서적으로 방치되거나 고립된 아이들은 연결성을 잃어버려서 그들의 자기가 해체되거나, 타인의 거절을 내면화시켜서 자신을 사랑할 가치가 없다고 여기게 되거나, 또는 압도하는 공포나 분노에 빠져서 자기를 상실하게 된다면 정신적 전멸 상태(psychic annihilation)를 경험할 수 있다. 어떤 의미에서 방치, 학대, 그리고 일부 형태의 처벌은 희생자에게 고독의 경험을 강제하면서 동시에 희생자의 자기로부터 고독 속에서 생존하는 데 필요한 자원을 박탈한다.

이 장의 나머지 부분에서는 이러한 피해에 대해서 다루기보다는 고독 속에서 진정한 존재(being)가 전복되거나 불가능해지는 고독의 경험을 생성하는 데 있어서 자기가 어떻게 연루되는지를 살펴볼 것이다. 나는 유사고독이라는 용어를 사용하여 문자 그대로든, 아니면 비유적으로든 그러한 형태의 홀로 있음과 고립, 즉 자기(self)가 홀로 있는 것처럼 보이지만 고독 속에 존재하는 데 실패한 경우를 설명할 것이다. 다음 절부터 나오는 서로 관련되어 있는 유사고독에 대한 소품문(vignette)에서 진정한 고독에 대한 저항은 개인 주체와 집단 간의 윤리적 관계에 대한 상상에서 발생한 오류를 반영한다. 필자가 보여 주고 싶은 것은 고독과 주체성에 의해 제기되는 딜레마에 대처하기 위한 이러한 유사고독적 노력들이 자기억제를 강요하는 내적 및 외적 대상과의 동일시에 과도하게 의존하게 하며, 결국 그러한 대상들을 끌어들여 타인을 억압하고 박탈하게 된다는 사실이다('대상'이라는 용어의 정신분석적 의미에 대해서는 Greenberg & Mitchell, 1983, p. 10 참조).

스토아 철학의 자기절제에 나타난 유사고독

키프로스 태생의 노예에서 스토아학파의 철학자가 된 Epictetus(AD 50~130년경)는 아마도 '우리에게 달려 있는(up to us)' 것과 '달려 있지 않은(not up to us)' 것의 차이를 고집한 것으로 잘 알려져 있다. 스토아 학파의 교본(enchiridion)은 오늘날의 독자들에게 놀랍겠지만, "우리의 몸도 우리에게 달려 있지 않다"고 진술하였으며, "우리의 소유, 평판, 혹은 공공기관도 마찬가지다"라고 적고 있다. 이와 대조적으로 단지 "우리의 의견… 우리의 충동, 욕망, 혐오"는 우리의 통제 아래에 있다(Epictetus, 1983, p. 11). 문자 그대로 격리의 기간을 제외하지 않으면서 스토아학파는 영혼(soul, 그리스어로 영혼은 psyche)을 외부 세계로부터 단절시켜서 자신이 진정한 주인이 아닌 대상으로부터의 욕망을 제거하는 도덕적 고독을 강조하였다.

지식에 대한 다소 복잡한 이론과 자연결정론(자세한 내용은 Saunders, 1994 참조)에 기초하여 스토아학파의 목표는 자연의 법칙을 **이해하여**(katalepsis) 사람들에게 괴롭거나 비극적인 사건으로 인해 동요되지 않는 것이다. 만약 우리가 진정으로 자연의 법칙과 죽음의 불가피성을 이해한다면 우리는 심지어 삶과 죽음이 우리에게 달려 있지 않다는 것을 감사할 것이다. 따라서 우리는 사랑하는 사람의 상실로 더이상 고통을 겪지 않을 것이다. Epictetus(1983)는 "만약 당신이 자녀나 아내에게 키스한다면 당신은 한 인간에게 키스를 하고 있다고 말하라. 그러면 그 대상이 죽어도 마음이 동요되지 않을 것이다"라고 말했다(p. 12). 그러므로 스토아학파의 유사고독적 자기보호는 자연의 의지와 깊게 동일시하여 개인의 욕망이 현실의 사건과 결코 상충되지 않게 함으로써 달성되었다. 실제로 스토아학파의 고독을 달성하기 위해서 사람들은 자신을 자연의 의지의 대상으로 바꾸었다. "당신이 원하는 대로 일들이 일어나기를 바라지 말고, 오히려 그 일들이 일어나기 원하는 방식대로 일어나기를 바라라. 그러면 당신의 삶이 잘 되어 갈 것이다"(p. 13).

Foucault(1988)가 **자기배려**(the care of the self)에서 지적한 것처럼, 스토아학파적인 실천의 목적은 '자기에게로의 전향(epistrophe eis heuuton)'을 하는 것이었는데, 이것은 '다른 사람의 삶 속에 흡수되는 것'을 포함하여 다른 모든 '일상적 교란'보다는 자기가 자신을 더 잘 돌보는 것이다(p. 65). 로마인 Seneca는 철수한 영혼은 "자신의 요새에서 독립할 수 있다. 동원되는 어떤 무기도 여기에 미치지 못한다"(p. 65에서 재인용)라고 했다. 여기서 우리는 스토아학파가 앞서 언급한 존재론적 안정성과 유사한 성질의 것, 즉 불행(행운)에 직면하여 자기를 보호하는 방법을 시도한다고 잘못 인식할 수도 있다. 그러나 스토아학파에서 '다른 사람의 삶'으로부터의 분리는 사회생활의 맥락 내에서 자기를 계발하고 강화하려는 노력이 아니라, 자기가 되지 않기 위한 노력이자 경험의 주체가 되지 않기 위한 것이며, 자신의 욕망을 추구하지 않는 것이다. 자신의 운명을 창조하지 말고, "작가가 원하는 연극 속에 나오는 배우임을 기억해야 한다"고 스토아학파는 요구했다(Epictetus, 1983, p. 16). 스토아학파의 정치적 · 재정적 · 종교적 의무가 다른 사람에 의해 결정되는 한 스토아학파의 유사고독(pseudo-solitude)은 실제로는 망설임이나 불만 없이 다른 사람에게 완전히 복종할 의지를 의미하는 것이다.

Hartley(1990)의 영화 〈Trust〉에서 Matthew는 십대의 Maria와 태어나지 않은 아기를 부양하기 위해 스토아학파처럼 자신이 경멸했던 일로 되돌아간다. 어느 날 저녁, 그는 서의 보지 않는 텔레비전을 보면서 소파에 움직임 없이 앉아 있다. Maria는 그의 주의를 끌지 못한다.

> Maria: 잠시 TV 보는 거 멈출 수 있어요?
> Matthew: 아니.
> Maria: 왜요?
> Matthew: 힘든 날이었어. 내 원칙을 뒤엎고 바보에게 아첨만 해야 했어. TV는 이런 일상의 희생을 가능하게 만들어 주지. 내 존재 안의 응어리를 죽여 놓거든.
> Maria: 그렇다면 우리 여길 떠나요.
> Matthew: TV는 어디에나 있거든. 도망칠 방법이 없지.

스토아학파는 Matthew가 혼자 TV를 시청하는 것이 지긋지긋한 일을 계속해야만 하는 자신을 죽이려는 시도라는 Matthew의 냉소적인 인정을 받아들이지 않을지도 모른다. 그럼에도 불구하고, Matthew와 스토아학파의 자기관리 프로그램의 목표는 같다. 즉, 자신의 의무에 묵종하고, 욕망을 버리며, 자율성을 보다 강한 의지에 넘겨 버려서 이 강한 의지를 모아 좌절, 슬픔, 분노 또는 반항을 억제하기 위해 노력하는 것이다. 이러한 경우에 사회적 세계로부터 벗어나 고독으로 철회하는 것처럼 보이는 것은 사실은 유사고독의 추구로, 자신이 도전하거나 이길 수 없다고 느끼는 압도적인 힘과 부딪히게 되었을 때, 자신의 욕구를 억누르면서 존재로서 자신이 가진 자율성을 발견하고, 표현하고, 추구하는 것을 좌절시키는 활동인 것이다.

Camus(1968)는 한때 그의 가장 유명한 문학적 인물인 Meursault에 대해 썼는데, 그는 사회적으로 가식적인 '게임에 참여하는 것을 거부하고', 이러한 거부는 사회로부터 격렬한 반발을 불러일으켰다(p. 352). 『이방인(The Stranger)』(1988)이라는 소설은 고독에 대한 사회적 규탄을 매우 비평한 작품이다. Meursault는 스토아학파처럼 어머니와 희생자의 죽음에 대해 애도하지 않았다는 이유로 판사와 배심원들은 그를 사형에 처했다(Bowker, 출판 중). 그럼에도 불구하고 만약 Meursault가 양가적인 고독의 영웅으로 제시된다면 그는 더 높은 의지의 유사고독적 대상, 자연의 비인간적 의지, '나 자신과 너무 비슷한 형제'와 동일시하면서 그에게 선택과 도덕적 책임을 넘겨 버리는 '세상의 친절한 무관심'으로 보다 정확히 묘사된다(Camus, 1988, pp. 122-123). 아이러니하게도 이렇게 많은 통제력을 이양하고, 사회생활과 인간관계의 모든 문제를 무관심하게 여기고, 자신의 진정한 의지를 이상적이고 전지적인 자연의 의지로 대체하기 위해서는 엄청난 자기절제가 필요하다(Bowker, 2013 참조). 물론 이러한 형태의 유사고독은 자기를 포기함으로써 자기를 상실하는 것에 대해서는 방어할 수 있다. 또한 자기가 거의 남아 있지 않은 것은 진정한 의미에서는 고독이 아니라는 점을 확인해 준다.

십대 뱀파이어 왕국의 유사고독

오늘날의 미국 대중문화에서 아마도 뱀파이어보다 더 효과적으로 고독과 관련된 양가감정과 매혹을 잘 전달하는 인물도 없을 것이다. 옛날의 뱀파이어가 외딴 성에서 은둔한 것과 비교하면, 오늘날의 뱀파이어는 광범위한 사회적 통합의 삶을 살고 있다. HBO 시리즈 중에서 미국 뱀파이어 연맹과 같은 단체들이 지지하는 '주류' 운동인 〈트루 블러드(True blood)〉는 인간과 '바로 죽지 않은 자(the undead)' 간의 통합과 협력을 지지한다. 인기 있는 Twilight 책과 영화에서 뱀파이어 Edward Cullen은 전국 도처의 고등학교를 계속해서 다니면서 졸업하기를 반복한다. 정말이지 그의 점점 늘어나는 수집된 사각모는 그의 밝고 우아한 분위기가 풍기는 유리집의 벽에 추상적인 예술 작품으로 장식된다.

늙은 뱀파이어처럼, 오늘날의 뱀파이어는 피에 대한 강렬한 갈망으로 고통받는다. 불멸의 존재인 뱀파이어는 피가 없어도 죽지는 않지만, 영원한 굶주림을 경험할 것이다. 이러한 의미에서 뱀파이어는 정확히 말하면 살기 위해서가 아니라 살아 있음을 느끼기 위해서, 존재하기 위해서, 또는 '활기를 띠기 위해서' 피를 마신다(Levine, 2003, p. 104). 뱀파이어의 주인공인 '좋은' 뱀파이어는 신선한 인간의 피를 먹고 싶어 하는 그들의 욕망을 금욕적으로(stoically) 억누르면서, 대신에 동물, 합성 혈액 대체물, 혈액주머니 등에 적응한다. 뱀파이어가 가장 기본적이고 강력한 욕망에 대해 이렇게 저항하는 것은 명백한 대단한 위업인데, 왜냐하면 인간, 특히 젊고 매력적인 사람들에 의해 둘러싸이는 경험이 극심한 고통을 주는 것으로 묘사되고 있기 때문이다. 아마도 현대의 뱀파이어는 사회 속에 살고 있기 때문에 뱀파이어에게 있어서 지옥은 Sartre의 실존주의자 지옥(Sartre, 1989)처럼 '다른 사람'인 것이다.

Twilight 시리즈에서 인간인 Bella Swan은 컬런 집단의 좋은 뱀파이어들과 사귀는데, 이들은 자신의 초인적 능력을 물리적인 속도와 강력함으로 보여줄 뿐 아니라, 자신의 식이요법을 엄격하게 지키는 것도 보여 준다. 그들은 자신들의 욕망을 억누르면서, 욕망에 의해 전복되는 불안에 저항하면서 사는 영원한 삶을 받아들였다. 그들의 욕망은 살인에 대한 저항할 수 없는 충동의 형태로 나타나거나, 살인적이고 나쁜 뱀파이어 갱들과 경쟁하는 (외재화된) 형태로 나타난다.

Twilight 시리즈 종결 전편에서 Bella는 그녀의 뱀파이어 연인인 Edward의 아기를 가졌는데, 그녀가 임신한 탐욕스럽고 파괴적인 반-인간, 반-뱀파이어 태아 때문에 암울한 예후에 직면하게 된다. Bella의 분만에 대한 이야기는 바로 고독에 관한 이야기이며, 고독이 주체성 및 도덕성의 딜레마와 어떻게 관련되는지에 관한 이야기다. 아기에게 영양분을 공급하기 위해서 Bella는 자신이 죽음 직전에 이르기까지 안에서부터 밖까지 소모되도록 내놓아야 한다. 정말이지 태아는 Bella의 몸을 파괴하기 때문에 Bella의 육체가 살아남기 위해서는 그녀 자신이 뱀파이어가 되어야 하며, 뱀파이어의 파괴성에 전복될 위험을 감수해야 한다. Bella의 출산에도 불구하고, **정신적으로 살아남기** 위해서는 뱀파이어가 된 이후에도 그녀가 자기 자신으로 남아 있기 위해서는 신선한 인간의 피에 대한 갈망을 영원히 억제하면서 사는 것을 받아들여야 한다. 그로써 Bella가 임신한 아기는 아이의 가장 깊은 욕망이 위험하고 파괴적이며, 부모를 위험하게 할 수 있고, 그 위험과 파괴성으로 부모를 압도할 가능성에 대해 걱정하면서도 신생아인

아기의 발달을 촉진시켜야 하는 부모의 딜레마를 대표한다. 만약 부모가 자녀의 욕망을 두려워한다면 부모는 자녀가 분리된(또는 단독의) 주체성을 키울 수 있는 토대를 마련하지 않을 것이며, 자녀의 가장 근본적인 욕망을 일찍부터 억제하도록 가르치면서 좋은 아이(좋은 뱀파이어)가 되라고 주장할 것이다.

이전에 논의했던 것처럼, 자기 자신과 타인의 주체성을 존중하는 윤리적 행위는 자기의 억제나 선을 정의하는 타인의 의지에 단순히 응종하는 것에 기초할 수 없다. 오히려 개인은 존재론적 안정성과 존재의 느낌이 필요하다. 이는 "세상에 살며 다른 사람을 만나는 것, 즉 세상과 다른 사람을 동등하게 실제적이고, 살아 있으면서, 전체적이며, 계속적인 것으로 경험하는 것"이다(Laing, 1969, p. 39). 다시 말하면, 안전하고 상대적으로 분리된 존재의 성취가 타인을 안전하고 상대적으로 독립된 존재로서 윤리적으로 존중하는 토대가 되며, 이는 타인이 가진 개별적 차이와 요구에 대한 존중(매혹은 아니더라도)을 내포한다. 그러나 뱀파이어의 유사고독의 세계에서 윤리적 행동은 주로 자기를 빼앗는 문제로 구성된다. 뱀파이어에게 윤리적인 것은 자신의 가장 기본적인 욕망을 억제하는 것을 의미한다. 뱀파이어에게 윤리적인 것은 활기차게 사는 것이 **아니다**. 또한 윤리적인 것은 고독 속에 있지 않는 것이다. 왜냐하면 트루 블러드와 같은 이야기에서 언급되었듯이, 뱀파이어가 인간과 동떨어져서 너무 오랜 시간을 보내면 그들은 자신의 진정한 욕망과 마주하기 시작하고, 피에 대한 갈증을 합리화하기 시작하기 때문이다.

우리가 이런 방식으로 집단생활에 접근한다면 **선한 것**은 다른 사람을 위해 자신을 억압하고, 자신보다는 다른 사람과 더 많이 동일시하며, 집단의 의지에 자신을 종속시키는 것을 의미하게 된다. 아이러니하게도 이는 우리의 본질적 악함을 주장함으로써 우리의 선함을 보장한다. 만일 활기를 얻고자 하는 우리의 시도가 다른 사람을 파멸시킬 것으로 상상한다면 활기를 얻는 것은 파괴성과 연관될 것이고, 혼자 있고 싶고 활기를 얻는 것을 우리는 수치스러운 죄악으로 여겨야 할 것이다. 따라서 뱀파이어는 수치스러운 응종의 환경에서 살고 있는 것처럼 보이며, 이는 자신의 욕구가 혐오스럽고 파괴적이라는 이유로 자신의 욕구를 강제적으로 억압함으로써 자신을 수치스러움으로부터 구원하고자 애쓰고 있다고 할 수 있다.

생명력에 대한 뱀파이어의 이러한 억압은 인간의 호의에 의해 수치스럽게도 아직 죽지 않은 상태임에도 불구하고 인간 및 선과 동일시하는 뱀파이어의 능력에 의해, 그리고 이전의 인간된 자기와의 연결의 재형성에 의해 보상을 받게 된다. 여기서 주목할 점은 뱀파이어가 동일시한 것은 단지 인간의 공동체가 아니라, 다른 사람을 위해 자기를 희생하고 억압하고 훈육하는 능력, 곧 인간적 미덕의 정수로서 이러한 내러티브 속에서 추켜세워지는 역량이라는 점이다.

만약 스토아학파처럼 뱀파이어도 탁월한 의지력을 발휘하여 자신이 욕망을 가지고 홀로 있지 않도록 돕는다면 현대의 뱀파이어 연대기는 자기억압이 있고, 고독이 없는 삶을 훌륭한 삶의 모습으로 제시한다. 만일 뱀파이어 내러티브가 소망과 환상을 포함한다면 이러한 자기억압과 고독의 불가능 그 자체가 중요한 소망이며, 환상의 중요한 부분이라고 해도 놀라운 일이 아니다.

근대 민주주의적 삶의 유사고독

Tocqueville(2000)의 놀라운 저작인 『미국의 민주주의(Democracy in America)』는 1840년에 첫 출간을 했지만, 여전히 시민사회의 퇴보를 우려하는 정치 이론가들에게 영향을 미치고 있다. 몇 가지만 언급하더라도, Riesman, Denney 및 Glazer(1950)의 『외로운 군중(The lonely crowd)』, Putnam(2000)의 『나 홀로 볼링(Bowling alone)』, Bellah, Madsen, Sullivan, Swidler 및 Tipton(1996)의 『마음의 습관(Habits of the heart)』과 같은 보다 최근의 저서들도 Tocqueville은 주요 관심사를 반복하고 있다. Tocqueville은 미국의 민주주의 혁명은 '개인'이라고 알려진 애도할 만한 창조물을 만들었다고 우려하였다. Tocqueville에게 개인주의는 미국인들이 자랑해야 할 어떤 것이 되지 못했다. 민주주의 사회에서의 개인은 오히려 다른 사람과 그들 자신 모두로부터 최소화되고, 철회되고, 소외되었다. 이는 미국 사회가 "각 개인으로 하여금 그의 선조들을 잊게 하고⋯ 자손들을 숨기게 하며, 동시대인들로부터 분리되게 하기 때문이다. 그것은 계속해서 그 자신에게로 돌아오게 하고, 마침내 완전히 그 자신의 마음의 고독 속에 가두도록 위협한다"(Tocqueville, 2000, p. 484). Tocqueville의 주장은 유사고독의 만연한 형태인 개인주의가 자신의 독립성이 아닌 다수의 힘에 대한 상당한 의존성을 확신하게 한다는 것이었다.

미국인들의 정신적 에너지는 정기적으로 **사적인** 관심사로 쏠리지만, 동시에 미국인들은 집단의 의지에 매혹되어 있다고 주장하는 것은 역설적으로 보일 수도 있다. 그것은 개인주의와 자유가 다수결의 원칙, 민심, 심지어는 상식과 완전하게 일치한다고 생각되는 조건이다. Tocqueville에게 있어서 미국 사회는 백성들이 왕 대신에 인민을 찬양하고, 대중적 이상이 담긴 행위에서만 가치가 발견되는 궁중과 다를 바 없었던 것이다. 민주주의의 논리는 이 명백한 역설을 설명하는 데 도움이 된다. 민주주의 사회에서 과반수(majority)의 의지는 개개인이 가진 의지의 과반수를 의미하며, 각 의지는, 도덕적 평등의 전제를 따른다면 다른 어떤 의지만큼이나 가치가 있다. 도덕적 평등의 가정 하에 수학적으로 말한다면 두 명의 머리가 한 명의 머리보다 낫고, 다수의 머리가 소수의 머리보다 낫다.

Tocqueville(2000)에게 있어서 이러한 사고방식이 초래할 수 있는 위험한 결과에 대해서는 아무리 강조해도 지나치지 않다. 왕은 "행동에는 영향을 미치지만, 의지에는 도달할 수 없는 물질적 힘만을 가지고 있는" 반면, "과반수는 힘을 가지고 있다… 행동만큼이나 의지에도 영향을 미치는 힘이며, 동시에 행동과 그러한 행동을 실행할 욕망을 막아선다. 일반적으로 미국보다 마음의 독립과 진정한 자유가 덜 지배하는 나라도 없다"(pp. 243-244). 이론적으로 평등한 사회에서는 "민주주의 국민 사이에서 대중만이 유일한 힘을 가지고 있으며, 바로 이러한 생각은 귀족 국가들이 상상할 수 없는 것이다. 대중은 자신의 신념을 설득하지 않으며, 각자의 지성에 모두의 마음이라는 일종의 거대한 압력을 행사함으로써 영혼에 침투한다"(p. 409).

Tocqueville이 두려워한 것은 과반수의 압도하는 의지가 대부분의 미국인으로 하여금 불식의 순응주의, 핵심 없는 동요, 사회적 지위와 물질적 부의 끝없는 추구로 이어지는 삶을 살아가는 처지로 만들었다는 점이다. 이러한 삶은 고독, 반성, 창의성은 그 어디에도 자리를 찾을 수 없는, 분주하지만 하찮은 실존에 불과하다. 미국인들은 고독 할 수 있는 능력을 상실했기 때문에 자율적인 주체나 자기가 아님을 표현하는 종류의 활동으로 되돌아갔다. 다음과 같이 Winnicott(1986)는 이를 "자극에 반응하는 패턴 위에 세워진… 전 생활"(p. 39)이라고 불렀다.

> 민주 사회의 내부보다 명상에 적합한 곳도 없다… 모두가 동요되어 있다. 어떤 사람은 권력을 얻고자 하고, 다른 사람은 재물을 소유하고자 한다. 이러한 보편적 소동 가운데 상충되는 이익이 충돌되고, 인간이 부를 향하여 계속 달려나가는 이때에 지성을 심오하게 결합하는 데 필요한 고요함은 어디에서 찾을 수 있는가? 모든 것이 자신의 주위를 맴돌고, 소용돌이치는 급류에 휩쓸린 개인은 어떻게 자신의 생각을 어느 때에 멈출 수 있다는 말인가(Tocqueville, 2000, p. 434)?

Tocqueville의 주장 속에서 우리는 다음과 같은 근거에서 민주주의적 개인주의에 대한 비판을 찾는다. 즉, 민주주의적 개인주의는 각 개인을 고립시키는 것으로 보일지라도, 자연의 의지에 대한 자기구속을 추구하는 스토아학파나 인간의 자기억압 능력과 동일시하는 뱀파이어와 전혀 다르지 않은 방식으로 개인을 과반수의 의지에 고정시킨다는 것이다. 아마도 Tocqueville의 견해 중 가장 놀라운 점은 미국인들이 다른 현대 민주주의 국가의 시민들과 마찬가지로, 외적으로 집단 사고 및 체제 순응주의를 옹호한다고 제안하지 않은 점이다. 오히려 정반대로 Tocqueville은 미국인들이 거의 종교적 수칙처럼 그들의 독립성과 개별성에 집착한다고 보았다. 민주적 개인들은 현재 우리가 대중문화(mass cultures)라고 부르는 것 속에 살고 있는 사람들과 마찬가지로 그들 스스로의 무한한 독립성 및 개별성을 옹호함과 동시에 불식간에 과반수의 의지에 비위를 맞추고 있을 수 있다. 이러한 점은 독립성에 대한 유사고독적 주장이 진정한 독립성의 정반대에 대한 무의식적 갈망을 표현하는 것일 수도 있으며, 이는 마치 해방이라는 이름 하에 진행된 식민지화가 진정한 행방과는 정반대되는 조건을 만들어 낸 것과 유사한 것일 수 있음을 상기시킨다.

공적 및 유사 공적 영역의 유사고독

공적(public) 영역의 침식에 대해 잘 알려진 Franzen(2003)의 에세이인『제국의 침실』은 맨해튼 아파트에 혼자 앉아서 Clinton과 Lewinsky의 스캔들에 관한『Starr 보고서』를 읽는 것이 개인적인 침해, 곧 '침입을 당하고 있는' 느낌을 가지게 한다고 주장하면서 시작된다(p. 41). Franzen은 이어 독자들로 하여금 미국에서의 사생활의 역사를 살펴보도록 안내하고, 삶이 민영화되고 대중매체를 통해 개인의 정보가 방송되는 것은 "우리가 사생활에 완전히 빠져들고 있다"는 것을 의미한다고 결론지었다(p. 48).

Franzen(2003)은 "실제로 위협받는 것은 사적 영역이 아니라 공적 영역이다"라고 적고 있는데(p. 48), 개인 생활의 세부사항은 공적 장소에 만연해 있으며, 친밀하지만 사소한 '더러운 세탁물'을 주고받을 뿐, 더이상 공적 담론을 위한 여지는 없다고 하였다. 따라서 아침 식사를 하면서 Starr 보고서를 읽는 것은 '공적 장소 중 가장 공적인 장소를 잔인하게 침범하는 사생활'(p. 51)의 예가 된다. "특검 사무국에서 생긴 더러운 거품들이 공식적·상업적 채널을 통해 흘러나와 전국적으로 흠뻑 적신다"(p. 40).

Franzen(2003)은 캐주얼 프라이데이, 모던 데코, 가십 칼럼, 인터넷 대화방, 개인 맞춤형 음성메일 등에 반대하면서 수치심의 미덕과 사생활의 '엉클어진 침대 시트'와 '노골적 소비 지상주의'를 탈출하는 꿈을 찬양하였다. 이러한 사생활 속에는 "노출증 환자와 부두의 성추행범, 크로스타운 버스의 해설자는 모두 비슷하게 자신을 노출시킴으로써 우리의 '공적' 감각을 공격한다(p. 49)"고 하였다. 대안적으로 Franzen은 미술관으로 예시될 수 있는 공적 영역를 상상하였는데, "새 옷을 샀거나, 사랑에 빠진 것, 당신의 어깨를 굽히지 않을 때 당신의 키가 1인치 더 커진다는 것을 새삼 깨달은 것을 세상에 공표하고 싶다면 당신은 그곳에서 활보할 수 있다"(Franzen, 2003, p. 50)고 하였다.

Franzen(2003)이 개인의 소유물, 최근의 로맨스, 혹은 보다 큰 키를 '공적'인 것으로 지칭한 반면, Starr 보고서의 세부 내용뿐만 아니라 개인을 노출해 우리를 공격하는 모든 사람을 '사적'이라고 비난하는 오류를 범한 것으로 보일 수 있다. 물론 비싼 새 옷을 드러내는 것과 다른 사람이 엿들을 수 있는 상황에서 구질구질한 개인적 문제를 의논하는 것, 혹은 9시의 파티에 맞추어 옷을 입는 것과 지하철에서 자신의 주요 부위를 노출하는 것 사이에는 차이가 있음을 상상할 수 있다(p. 54). 그러나 Franzen이 여기에서 암시하는 차이점은 단지 노출을 통제하는 것과 보고 싶지 않은 것을 보도록 강요받는 것의 차이가 아니다. 오히려 Franzen의 설명은 모든 것이 자기억압과 수치심에 의해 지배되어야 한다는 점을 시사한다. 결국 복장 규정과 행동 강령이 일상적으로 시행되며, 개인적 노출이 처벌되고, 공식성이 여전히 규칙(p. 51)인 기업의 사무실에서 볼 수 있는 "기분 좋은… 엄격한 예의"(p. 50)를 Franzen은 칭찬하고 있는 것이다. Franzen은 누가, 무엇을, 어디서, 언제 드러낼 수 있는지를 결정하는 구체적 기준을 옹호하였다. 기준을 지키지 못하는 사람은 '수치심을 느껴야 한다'. 왜냐하면 "수치심 없이는 공적인 것과 사적인 것의 구분이 있을 수 없기 때문이다"(p. 49).

따라서 Franzen은 공적 영역을 정의하고 방어하기 위해 노력하였다. 이 영역은 전통적으로 정부 및 법과 관련된 영역으로, 명백히 다른 사람의 침입으로부터 개인을 보호하기 위함이다. 또한 Frazen의 생각이 옳은 것은 공적 영역에는 불법적인 생각이나 '생각으로 짓는 죄'는 없기에 이러한 공적 영역으로부터 사적 영역이 보호되어야 한다는 점이다. 이는 공적 영역이 특정 개인이나 특권 계층의 특정 이익에 기초한 법이 아니라, 추상적이며 평등한 개인의 이익을 대변하는 법의 법칙에 따라 다스려져야 하는 것과 마찬가지다. 정치적 담론이 섹스와 욕망에 대한 내러티브로 가득하고, 친밀한 만남에 대한 세부사항이 공적 장소로 '새어나올 때', 사적인 것으로부터 공적인 것을 분리하는 것, 타인의 공적 자기와 상호작용하는 것, 공적인 자기로서 대우받는 것이 보다 어려울 것이다.

정치적 삶에서 공적 영역을 실현하는 곳인 국가에 대한 Durkheim(1958)의 이해는 Franzen이 추구하는 것으로 보이는 개인적 자기와 공적 영역 사이의 관계를 더 잘 이해하는 데 도움을 준다. "국가가 개인을 폭압하는 것이 아니라, 오히려 사회에서 개인을 구원하는 것은… 국가다. 국가가 발전시키려고 하는 것은 이 사람 혹은 저 사람인 개인이 아니라, 일반적인(혹은 추상적인) 개인이다. 이 개인은 우리 중 어느 한 사람과 혼동되지 말아야 한다(p. 69). Durkheim에게 있어서 국가는 자기의 경계와 구별성을 동일하게 보호한다. 따라서 나는 법을 따르면서 집단이나 다수에 대한 단순한 복종(혹은 반항)에서 자유롭게 된다. 대신에 국가의 법이 나 자신의 주체성과 다른 사람의 주체성을 가능하게 한다. 그래서 "우리는 국가에 협조하지만… 우리에게 낯선 어떤 목적을 위한 대리인이 되지 않는 것이다"(p. 69).

Durkheim의 경우처럼, Arendt(1998)에게 있어서도 공적 또는 정치적 영역은 '사회적' 영역의 압력으로부터의 해방을 나타낸다(pp. 22-49). Pitkin(2000)은 이것을 '블랍(the blob)'으로 희화하였다. Franzen의 '더러운 거품'과 같이, 사회적 '블랍'은 그 길에 있는 모든 것을 삼켜 버리며, 사적 관심, 친밀한 교류, 그리고 '벌거벗은 삶'을 추구하는 혼란 속에서 공적인 삶과 사적인 삶을 모두 파괴한다(Agamben, 1998). 실제로 Arendt에게 있어서 소비, 노동, 돈과 같은 사회적인 영역은 국가를 '하나의 의견과 하나의 관심'을 가진 거대하고 증식된 가족으로 변모시키는데, 이는 분리된 주체성을 정의하는 경계를 제거함으로써 가능하다(Arendt, 1998, p. 39). 이러한 강요된 순응은 "행위의 가능성을 배제한다… 오히려 사회는 각 구성원에게 특정한 종류의 행동을 기대하고, 무수하고 다양한 규칙을 부과한다. 이러한 규칙들은 구성원의 자발적 행위나 탁월한 성취를 배제하도록 행동을 '정상화'하는 경향이 있다"(Arendt, 1998, p. 40)고 했다. Arendt의 이러한 독재적·사회적 영역에 대한 시각은 Tocqueville의 '전능성'과 '다수에 의한 폭정'에서 되풀이된다(Tocqueville, 2000, pp. 235-249).

따라서 권력을 가진 집단의 부당한 강요로부터 개인을 보호하기 위해서는 공공 영역이 필요하지만, 공적 및 사적 영역에 대한 분리를 특정한 방식으로 고집하는 것에는 위험이 따른다. 일부에게는 '공적'인 행동의 기준을 준수하도록 억압을 강요하면서 다른 사람에게는 '사적'으로 행동할 권리를 갖도록 함으로써 그러한 구분을 남용할 수 있다. 이러한 남용은 Franzen의 에세이에서도 나타난다. 일부는 휴대 전화 통화로 인한 예상치 못한 자기노출을 주의하고, 다른 사람은 자신을 과시하기 위해 미술관에 갈 수도 있다. 즉, 일부 개인의 자기표현은 "공적"이라는 꼬리표가 붙는데, 이는 이러한 자기표현이 힘이나 영향력이 있는 집단의 규범에 부합되기 때문이다. 반면, 다른 사람들의 자기

표현은 달갑지 않은 '사생활'의 침해다. 유사 공적 영역에 대한 그러한 방어는 흔히 '공적' 및 '사적'이라는 단어를 곤봉으로 배치하지만, 궁극적으로 이 두 용어는 '사적'으로 정의된다.

아마도 박물관을 활보하는 것과 휴대 전화로 통화하는 것의 구분은 무해해 보일 수도 있다. 그러나 Franzen의 주장은 아니지만, 특정한 애정 표현(가령, 두 사람 사이나 혹은 다른 민족들 사이에)이 공적인 공간에서는 적합하지 않다고 주장하는 것은 Franzen의 논리와 불일치하지 않는다. 그러므로 이러한 구분은 정치적 및 사회적 권력이 역사를 통해 개인과 집단을 수치스럽게 하고 억압하는 데 사용된 방식을 모호하게 한다. 실제로 지난 세기에 걸친 몇몇 민권운동, 특히 여성운동은 일부 사람들이 사적인 것으로 여긴 문제들이 진정으로 공적인 것이며, 사적인 문제로 치부되는 것들이 공적으로 공개되지 않는다면 지배와 억압은 결코 의미 있게 다루어질 수 없다는 주장에 의존해 왔다.

수치심의 정치학적 가치에 대한 논쟁들은 현재의 정치 이론과 담론에서 인기가 없지는 않다(예: Deonna, Rodogno, & Teroni, 2012; Tarnopolsky, 2010 참조). 그러나 자기억압의 중요성을 재확인하면서 사회적 퇴보에 대한 만연한 공포가 다루어지고 있는 세상에 대한 편집적 성향에 의존하면서 그러한 논쟁들이 이루어지고 있다. 여기서 **공적인** 것은 수치심을 요구하는 것으로 보이기 때문에 자기의 억압은 도덕적 행동과 동일시되며, 그 지점에서 "욕망의 에너지는 다른 사람을 억압하는 가학적 충동으로 흘러 들어간다"(Levine, 2004, pp. 106-107). 만일 나의 욕망이 억압되어야 한다면, 그것은 다른 사람도 자신을 억압하기를 바라는 욕망으로 전환될 수 있다. 이 경우 '욕망과 의무는 하나이며, 동일한 것'이라고 나 스스로를 확신시키거나, 아니면 다른 사람의 부도덕하고 위협적인 행동으로부터 나를 보호하기 위해 나도 자기유익에 기초하여 행동할 수밖에 없다. 다시 말해, 나는 웅대한 자기(grandiose self)의 전략을 채택할 수 있는데, 이러한 자기에게 좋은 것이 곧 선이다.

만일 사생활이 공동체에 대한 위협으로 인식된다면 우리는 일부 사람들이 타인의 사생활을 방해하는 것이 자신들의 도덕적 책임이라고 여기는 기이한 상황에 처할 수도 있다. 우리가 본 것처럼, 진정한 고독은 개인의 경계와 자율성을 보호하는 공적 영역의 이상과 관련되어 있다. 하지만 너무도 자주 공적 영역에 대한 의도된 방어가 고독과 주체성에 대한 공격으로 위장된다. 이러한 경우에 권력 집단의 요구, 표준 또는 강령이 개인에게 강요된다. 이와 같은 유사고독 상황은 추상적 인간됨의 경계와 자신과 자신의 차이점을 표현하는 주체의 권리를 보호하기보다는 모든 개인을 다수 혹은 집단의 의지에 종속시키게 하며, 그것의 이익이 곧 공동체 전체의 이익을 대변한다고 믿게 만든다.

결론

2012년 미국 공화당 전당대회에서 "우리가 세웠다(We built it)!"고 언급되었는데, 이 말은 연방정부의 경제적 기여에 대해 거부감을 나타낸 것이다. 성공의 기초가 되는 학교, 도로, 규제 시스템 및 다른 기타 사회 기반 시설을 기업가들이 세우지 않았다고 주장하는 Obama 대통령의 말에 대한 반응으로서 "우리가 세웠다!"는 미국 보수주의자들의 외침은 유사고독적인 단합 구호가 되었다. 공공 자금으로 지어진 건물에 수천 명의 대의원이 모여서 정당의 후보자 선출을 위해 Ayn Rand 풍의 개인주의 구호를 한 목소리로, 그리고 일인칭 복수로 외치는 이 장면의 복합적 아이러니는 설명하기도 어렵다. 공화당 후보 Mitt Romney의 기억에 남고, 똑같이 아이러니하며, 박수를 유도하는 발언은 "이제 우리는 일어나 이렇게 말할 수 있습니다. '나는 미국인이다. 나는 운명을 만든다!'"(Cohen, 2012).

"우리가 세웠다!"는 과거의 원조를 부인하는 것 이상의 의미로, 원조의 원천으로서 정부를 축소하거나 제거하려는 갈망을 표현한다. 그렇게 함으로써 개인과 공동체가 공공 지원을 받지 않으며, 개인적 이익과 시장의 힘이 사회 및 경제 생활을 결정한다는 것을 주창한다. 즉, 정부의 기능을 축소하거나 없애자는 요구는 추상적이고 동등하게 여겨지는 공적 관계를 특정한 이익과 요구가 결합되거나 충돌하는 사적 관계와 교환하는 것을 의미한다. 역설적이게도 "우리가 세웠다!"라는 구호는 독립에 대한 요구를 표현하는 것처럼 보이지만, 실제로는 개인이 시장의 결정과 시장 권력 보유자들에게 보다 전적으로 복종해야 하며, 궁극적으로는 집단의 의지와 이익이 개인을 완전히 지배하도록 보상해야 한다는 것을 의미한다.

학생들의 주체성 발달이 매우 위태로운 교육의 추세 또한 무시해서는 안 된다. 오늘날 교육의 실패에 대해 시장을 기반으로 한 민간 해결책이 필요하다는 요구는 정치적 우파에 의해 지지되는데, 이와 맥락을 같이한 교육학적 추세들이 정치적 좌파에서도 울려 퍼지고 있다. 공동체-기반 학습, 사회 정의의 교육학, '학습 공동체', 협력적 학습, 팀워크와 모둠 작업이 한층 더 강조되고 있을 뿐만 아니라, 심지어 '리더십' '의사소통 기술' 등의 가치에 대해서 거의 의문시되지 않고 있다. 실제로 교육의 개인적 기능과 사회적 기능은 별개로 구별되어야 한다는 제안에 대해서도 저항이 매우 커지고 있다(Bowker, 2012 참조). 오히려 고등교육은 이제 그 자체로 목적이 된다거나 학생의 능력을 풍요롭게 하는 것(enrichment) 자체가 목적으로 여겨지지 않고 있으며, '캠퍼스 울타리 밖'의 지역사회, 경제 및 정치적 삶의 현실을 재현하여 교육을 받는 청년들이 고용주의 요구, 지역사회의 필요 및 집합적인 정치적 및 경제적 열망을 충족하게 하는 과정으로 여겨지고 있다.

이상하게도 개인이 다른 사람의 의지에 더 철저하게 종속되는 유사고독의 세계는 많은 현대 정치 이론가들이 이미 규정하고 있는 것이었는데, 특히 프랑스계 리투아니아의 탈무드 학자인 Levinas(1969)의 영향력 있는 연구를 참조하는 이론가들에게 그러하다. Levinas는 우리가 타인과 관계를 맺을 때, 특정한 종류의 폭력이 필연적으로 발생한다고 보았다. 왜냐하면 우리의 욕망은 자신이 만든 시스템에 그들을 집어넣기 때문이다(p. 21). 그런 폭력을 막기 위해 Levinas는 Alford가 '인질-존재(hostage-being)'라고 부를 것을 권장하고 있다. 이것은 전부이기도 하고, 최소이기도 한 타인과 상호작용하는 방식으로 자기가 노예가 되며, 타인의 인질이 되는 방식이다(Alford, 2002).

어떤 의미에서 Levinas의 윤리는 우리가 고독, 분리 및 주체성과 연관 지어 온 존재하는 능력의 파괴이다. 여기서 다른 사람은 항상 나를 압도해야 하며, 윤리적인 행동은 "다른 사람의 존재로 인해 나의 자발성에 대해 의문을 던지는 것"(Levinas, 1969, p. 43)

일 뿐만 아니라 "나의 자발성, 나의 주이상스(jouissance), 나의 자유"(Critchley, 2002, p. 21)의 정지를 필요로 한다. Levinas는 나의 존재적 안정성의 가장 기본적 표현인 존재할 권리조차도 포기해야 한다고 주장하였다. 왜냐하면 "[다른 사람의] 얼굴과의 관련성에 있어서 타인의 자리의 찬탈자로 내가 노출되었기 때문이다… 따라서 다른 사람에게 반응할 나의 의무는 나의 자연적인 자기생존의 권리를 정지시키는 것이다… 나 자신을 얼굴의 취약성에 노출시키는 것은 나의 존재론적 존재 권리에 의문을 제기하는 것이다. 윤리학에서 타인의 존재할 권리는 나 자신의 권리보다 우선권을 갖는다"(Butler, 2004, p. 132에서 인용).

　　동시대의 여러 이론가가 이러한 노선의 생각에 동의하고 있는데, 가장 주목할 만하게는 Butler가 그러하다. 그녀는 상실과 슬픔이 가치 있다고 주장했는데, 그 이유는 이러한 감정 상태들이 "우리가 타인과의 관계를 유지하게 하는 속박을 보여 주며… 우리가 스스로 자율적이고, 통제하고 있다는 생각을 종종 방해하는 방식으로 그렇게 하기 때문"이다(Butler, 2004, p. 23). 그러므로 슬픔으로 얻어지는 것, 슬픔을 지체하면서 얻어지는 것, 슬픔을 참을 수 없음에 계속 노출되면서 얻어지는 것은 홀로 있고, 자율적이고, 통제하는 능력의 상실이다. 그 대신에 유사고독 뱀파이어와 같이 '고통 그 자체와의 동일시의 지점'(Butler, 2004, p. 30)을 만들 수 있다면 우리는 우리의 자기 속에 타인을 소유할 수 있을 것이며, 자기를 욕망으로부터 분리해 내며, 그렇게 함으로써 우리 자신과 타인을 우리의 선천적 파괴성으로부터 보호할 수 있을 것이다. Butler는 "나 자신에 대한 나의 이질성은 역설적으로 다른 사람과의 윤리적 연결의 원천이다"라고 적고 있다(Butler, 2004, p. 46).

　　여기서 고독, 자기, 주체성, 그리고 주체로서의 타인과 관계하는 능력의 상실은 집단을 함께 묶는 '끈'이 된다(Butler, 2004, p. 22). 윤리적 자기희생에 대한 이러한 요청은 각 개인이 타인의 의지, 집단의 요구, 그리고 (상실이 우리 모두의 나약한 '우리'를 만드는) 공동체의 동일성에 정복되어 예속되라는 요구임을 알 수 있다(Butler, 2004, p. 20). 이러한 잘못된 유사고독의 윤리에서는 스토아학파나 뱀파이어, Tocqueville 식의 미국인, 유사공공 영역의 방어자의 생존처럼, 집단의 생존은 아무도 홀로 있지 말 것을 요구하는 것으로 보인다.

$\boxed{\text{참고문헌}}$

Agamben, G. (1998). Homo sacer: Sovereign power and bare life. (D. Heller-Roazen, Trans.). Stanford, CA: Stanford University Press.

Alford, C. F. (2002). *Levinas, the Frankfurt school, and psychoanalysis*. Middletown, CT: Wesleyan University Press.

Arendt, H. (1998). *The human condition* (2nd ed.). Chicago: University of Chicago Press.

Bellah, R., Madsen, R., Sullivan, W. M., Swidler, A., & Tipton, S. M. (1996). *Habits of the heart: Individualism and commitment in American life*. Berkeley: University of California Press.

Benjamin, J. (1998). *Shadow of the other: Intersubjectivity and gender in psychoanalysis*. New York: Routledge.

Bowker, M. H. (2013). *Rethinking the politics of absurdity: Albert Camus, postmodernity, and the survival of innocence*. New York: Routledge.

Bowker, M. H. (2012). Defending the ivory tower: Toward critical community-engagement. *Thought & Action: The NEA Higher Education Journal, 28*(1), 106-117.

Bowker, M. H. (in press, expected 2013). *Albert Camus and the political philosophy of the absurd: Ambivalence, resistance, and creativity*. Lanham, MD: Lexington Books.

Buber, M. (2004). *I and thou* (R. G. Smith, Trans.) (Rev. ed.). New York: Continuum. (Original work published 1923)

Butler, J. (2004). *Precarious life: The powers of mourning and violence*. London: Verso.

Camus, A. (1968). *Albert Camus: Lyrical and critical essays* (P. Thody, Ed.) (First American ed.). New York: Alfred A. Knopf.

Camus, A. (1988). *The stranger* (M. Ward, Trans.) (First Vintage International ed.). New York: Vintage. (Original work published 1942)

Cohen, T. (2012, August 31). Romney offers Reaganesque themes in accepting GOP nomination. Retrieved July 24, 2013, from CNN.com.

Critchley, S. (2002). Introduction. In S. Critchley (Ed.), *The cambridge companion to Levinas* (pp. 1-32). Cambridge, UK: Cambridge University Press.

Deonna, J., Rodogno, R., & Teroni, F. (2012). *In defense of shame: The faces of an emotion.* Oxford, UK: Oxford University Press.

Durkheim, E. (1958). *Professional ethics and civic morals* (C. Brookfield, Trans.). Glencoe, IL: Free Press.

Epictetus. (1983). *The handbook* (The enchiridion) (N. White, Trans.). Indianapolis, IN: Hackett.

Foucault, M. (1988). *The history of sexuality, Vol. III: The care of the self* (R. Hurley, Trans.) (First Vintage Books ed.). New York: Vintage.

Franzen, J. (2003). *How to be alone.* New York: Picador.

Fraser, N. (2000). Rethinking recognition. *New Left Review, 3*(May-June), 107-120.

Freud, S. (1938). Totem and taboo: Resemblances between the mental lives of savages and neurotics. In A. A. Brill (Ed. & Trans.), *The basic writings of Sigmund Freud* (pp. 807-930). New York: Random House Modern Library. (Original work published 1913)

Freud, S. (1961). *Civilization and its discontents* (J. Strachey, Trans.). New York: W. W. Norton. (Original work published 1930)

Greenberg, J., & Mitchell, S. (1983). *Object relations in psychoanalytic theory.* Cambridge, MA: Harvard University Press.

Hartley, H. (Director). (1990). *Trust* [Motion Picture]. Los Angeles.

Kant, I. (1981). *Grounding for the metaphysics of morals* (J. Ellington, Trans.). Indianapolis, IN: Hackett. (Original work published 1785)

Kohlberg, L. (1973). The claim to moral adequacy of a highest stage of moral judgment. *The Journal of Philosophy, 70*(18), 630-646.

Kohut, H. (1977). *The restoration of the self.* Chicago: University of Chicago Press.

Laing, R. D. (1969). *The divided self: An existential study in sanity and madness.* London:

Penguin Books.

Lasch, C. (1984). *The minimal self: Psychic survival in troubled times*. New York: W. W. Norton.

Levinas, E. (1969). *Totality and infinity: An essay on exteriority* (A. Lingis, Trans.). Pittsburg, PA: Duquesne University Press.

Levine, D. P. (2003). *The living dead and the end of hope: An essay on the pursuit of unhappiness*. Denver, CO: Broken Tree Press.

Levine, D. P. (2004). *Attack on government: Fear, distrust, and hatred in public life*. Charlottesville, VA: Pitchstone.

Márquez, G. G. (2006). *One hundred years of solitude* (Reprint ed.). New York: Harper Perennial Modern Classics.

Merton, T. (1958). *Thoughts in solitude*. New York: Farrar, Straus and Giroux.

Montaigne, M. (1965). Of solitude. In D. M. Frame (Trans.), *The complete essays of Michel de Montaigne* (pp. 174–183). Stanford, CA: Stanford University Press.

Nietzsche, F. (1989). *Beyond good and evil: Prelude to a philosophy of the future* (W. Kaufmann, Trans.). New York: Vintage.

Pitkin, H. (2000). *The attack of the blob: Hannah Arendt's concept of the social*. Chicago: University of Chicago Press.

Putnam, R. (2000). *Bowling alone: The collapse and revival of American community*. New York: Simon and Schuster.

Riesman, D., Denney, R., & Glazer, N. (1950). *The lonely crowd: A study of the changing American character*. New Haven, CT: Yale University Press.

Sartre, J. P. (1989). *No exit and three other plays* (Vintage International ed.). New York: Vintage.

Saunders, J. L. (Eds.) (1994). *Greek and Roman philosophy after Aristotle*. New York: Free Press.

Tarnopolsky, C. H. (2010). *Prudes, perverts, and tyrants: Plato's Gorgias and the politics of shame*. Princeton, NJ: Princeton University Press.

Tocqueville, A. (2000). *Democracy in America* (H. C. Mansfield, Trans.). Chicago: University of Chicago Press. (Original work published 1840)

Winnicott, D. W. (1965). *The maturational process and the facilitating environment*. New York: International Universities Press.

Winnicott, D. W. (1986). *Home is where we start from: Essays by a psychoanalyst* (C. Winnicott, R. Shepard, & M. Davis, Eds.). New York: W. W. Norton.

Ziarek, E. (1993). Kristeva and Levinas: Mourning, ethics, and the feminine. In K. Oliver (Ed.), *Ethics, politics, and difference in Julia Kristeva's writing* (pp. 62-78). New York: Routledge.

종교학의 관점:
고독과 영성

John D. Barbour

일반적으로, 특히 서양에서 영성(spirituality)은 조직화된 공동체의 교리나 관습, 의식 보다는 개인적이며 경험적인 종교의 측면을 지칭한다. 영성에 대한 현대적 이해와 홀로 보내는 시간을 개발하는 것 간에는 많은 관련성이 있다. 종교 공동체들은 종종 은둔자나 고독을 추구하는 사람을 의혹의 눈으로 바라보기도 하였지만, 고독의 영성 훈련은 많은 조직화된 종교의 전통 속에서 실행되어 왔다. 이 장에서는 먼저 성경 및 기독교적 전통에서 나타나는 고독에 대한 태도의 역사에 대해 논의하고, 이어 다른 종교적 전통에서 나타나는 고독에 대해서도 간단히 논의할 것이다. 마지막으로 아무런 조직적 종교 공동체에도 소속되지 않는다고 여기는 현대인들에게 있어서 고독은 어떤 다양한 영적 의미를 갖는지 논의할 것이다.

기독교적 전통에서의 고독

고독에 대한 하나의 단순한 기독교적 관점은 존재하지 않으며, 오히려 고독의 의미와 가치에 대해서 활기찬 논쟁이 있을 뿐이다. 성경은 고독을 다양한 방법으로 묘사하고 있다. 예를 들어, 여호와는 종종 이스라엘의 지도자들과 선지자들이 홀로 있을 때 그들에게 말씀하셨다. 모세가 하나님의 부르심을 받은 것은 그가 혼자 있을 때였으며, 그가 율법(토라)을 받을 때에도 시내산에서 홀로 40일을 보냈다. 아모스도 다른 대부분의 선지자처럼 하나님이 이스라엘의 운명을 예고하는 강력한 비전을 보여 주었을 때, 고립된 인물로 "목자이자 뽕나무를 배양하는 자"(아모스서 7:14)였다. 고독은 이스라엘 선지자들의 주변적 위치에 있어서 중요한 요소로, 힘이 없고 하찮은 자들을 괴롭혔던 불의에 대해 비판적 시각과 민감성을 갖게 하였다. 엘리야가 소명을 받는 이야기는 아합 왕의 박해를 피해 달아나면서 이 선지자가 어떻게 "광야로 하룻길을 가서 홀로 서 있는 로뎀나무 아래로 와 앉아 있었는지"(열왕기상 19:4)에 대해 묘사하고 있다. 천사가 나타났을 때, 엘리야가 앉아 있던 이 홀로 서 있는 나무는 엘리야 자신의 고독을 상징하는 것으로 보인다. 이후 엘리야는 여전히 혼자 있으면서 바람이나 지진, 불에서가 아니라 "세미한 소리 가운데"(열왕기상 19:12)서 주님을 인식한다. 다른 사람이 있을 때에는 이 고요의 소리를 듣기 어렵다. 이스라엘 공동체를 만들라는 여호와의 요구는 고독의 순간에 가장 분명히 들렸다.

그러나 이 선지자의 고독은 일시적 상태였으며, 다른 사람으로부터의 장기적 고립의 상태는 히브리 성경이나 이후 대부분의 유대교 전통에서는 연민이나 공포의 시각으로 보인다. 천지창조에 대한 설명에서 여호와는 "사람이 혼자 사는 것이 좋지 않기"(창세기 2:18) 때문에 여자를 만든다. 율법을 지키지 않는 사람들은, 예를 들어 속죄의 날을 지키지 못함으로 인해 멸망에 해당하는 고립의 위협을 받는다. "이날에 스스로 괴롭게 하지 아니하는 자는 그 백성 중에 끊어질 것이다"(레위기 23:29). 전도서는 고독이 위험하다고 경고한다. "혹시 저희가 넘어지면 하나가 그 동무를 붙들어 일으키려니와 홀로 있어 넘어져서 붙들어 일으킬 자가 없는 자에게는 화가 있으리라"(레위기 4:10). 많은 시편에서도 시편 기자는 자신의 외로움과 이스라엘로부터 버림 받은 느낌에 대해 비통해하면서 하나님과의 친밀함과 그의 백성으로 회복되기를 갈구한다. 히브리 성경에서 고독은 그 자체로 바람직한 상태는 아니지만, 다른 사람과 함께 있는 것을 박탈 당한 괴로움이 하나님께 더욱 주의를 기울이는 데 도움이 된다.

보다 이후의 기독교 전통에서는 신약성경의 세례 요한이 금욕적 수행과 사회로부터의 철수의 선례로서 자주 언급되었다. 예수는 열정적으로 사회적 삶을 살았지만, 복음서들은 수차례 그가 기도하기 위해 군중들이나 제자들에게서 철수하는 것을 보여 준다. 그는 또한 제자들에게 특별한 가르침을 주기 위해 자리를 뜨면서 "너희는 따로 한적한 곳에 가서 잠깐 쉬어라"(마가복음 6:31)라고 하였다. 예수는 호젓함을 원했지만, 군중이 그를 따를 때에는 "예수께서 저희를 영접하사, 하나님 나라의 일을 이야기하시며 병 고칠 자들을 고치시더라"(누가복음 9:11). 이러한 구절들은 예수의 사역이 사회로부터 철수하고 다시 사회로 복귀하는 패턴을 반복하였음을 보여 준다. 고독은 제자들에게 결코 필수요건이나 핵심적 종교 활동으로 제시되지 않았고, 삶의 한 방식으로서도 제시되지 않았다. 선지자들처럼 예수는 종교적 삶이 필수적으로 다른 사람들, 특히 사회의 주변부에 있는 사람들과 함께하는 것으로 이해하였다. 그러나 예수도 역시 광야에서 유혹을 경험했던 것이나 변화산에서 변화된 장면, 겟세마네 동산에서 철야로 기도할 때와 같이 결정적인 순간에 고독에 의지한 점은 선지자들과 유사하다.

복음서나 서신서들이 고독을 기독교인의 삶의 방식으로 고려하고 있지는 않지만, 어떤 구절은 특정한 목적을 위해 고독을 권장하고 있다. 예수는 제자들에게 위선을 피하기 위해 홀로 기도하라고 충고한다. "너는 기도할 때에 네 골방에 들어가 문을 닫고 은밀한 중에 계신 네 아버지께 기도하라. 은밀한 중에 보시는 네 아버지께서 갚으시리라"(마태복음 6:6). 마르다가 일하는 동안에 예수의 발아래에 앉아 그의 말을 듣던 마리아를 예수가 용인하는 것(누가복음 10:38-41)을 기독교적 전통에서는 묵상의 삶에 대해 정당화하는 것으로 받아들였다. 요한계시록의 저자는 일련의 계시를 받을 때 분명 혼자였고, 바울은 개종하여 전도를 시작할 때까지 수년 간 비교적 고립된 상태로 보냈다(갈

라디아서 1:17-18).

　　예수의 생애 후 첫 몇 세기 동안에 어떤 사람들은 로마인들이나 다른 기독교 파당들로부터의 박해를 피하기 위해 고독을 추구하였다. 이러한 고독은 견딘 것이지, 독특한 삶의 방식으로 발전된 것은 아니었다. 고독이 일부 기독교인들에게 헌신과 영적인 통로가 되었던 것은 3세기 말 이집트와 시리아에서였다. 이는 기독교가 312년에 콘스탄틴의 개종 이후 로마 제국의 공식 종교로 인정받고 얼마 지나지 않은 시점이었다는 것이 중요하다. 고독은 이렇게 성장하는 종교를 그저 묵인하는 사회에서 기독교인으로서 삶의 편안함에 대한 저항이었을 뿐만 아니라, 급속히 세속적인 성공을 위한 수단이 되어 가고 있었다. 고독에 대한 갈망 이면에 있는 주된 욕구 중 하나는 후기 로마 제국에 내재하는 유혹으로부터 철수하고자 하는 소망이었다. 은둔자(hermit: 사막을 뜻하는 그리스어 eremos에서 기원)라는 단어의 의미는 고독이 가장 잘 발견되는 지리적 장소를 반영한다. 고독과 관련된 또 다른 용어인 은자(anchorite)는 그리스어 anachorein에서 왔다. 이는 세금이나 군역을 면하기 위해 멀리 떨어진 지역으로 도망가는 것을 뜻한다. 최초의 기독교 은둔자는 도시에서 사막의 불모지로 달아나 순교자 시대의 영적인 책무를 되찾으려고 하였다. 이들은 광야를 방랑하는 이스라엘, 선지자들의 소명, 광야의 세례 요한과 예수에 대한 이야기를 기억하였다. 사막은 편안하거나 안전한 장소가 아니었고, 목가적인 조용한 곳도 아니었다. 그곳은 생존하기조차 힘든 가혹한 조건을 가진 곳이었다. 기독교적 헌신의 궁극적인 형태로서 금욕주의(asceticism)는 순교(martyrdom)를 대신하였다. 최초의 은자들은 철저한 청빈과 다양한 형태의 신체적 수양, 박탈, 고행을 실천하였으며, 홀로 있음을 금욕주의의 한 형태로 이해하였다.

　　영향력이 가장 큰 초기 기독교 은둔자는 이집트의 Antony였는데, 아이러니하게도 그는 공동 수도원 제도의 설립자였다. Antony는 대략 250~356년 사이에 살았던 인물이다. 그는 대부분의 삶을 이집트 사막에서 금욕주의자로 살았다. 357년 경 Athanasius가 쓴 그의 일대기는 Antony를 청빈과 금욕주의의 모델로 만들었다. Antony는 15년을 빈 무덤 속에서 혼자 살았다. 그 후 나일 강의 동쪽 제방에 있는 오래된 요새에서 더 심한 고립 상태로 들어가, 그곳에서 20년을 머물렀다. 그의 명성을 듣고 그와 함께하고자 하는 많은 제자가 찾아왔다. Antony는 자신을 찾아온 추종자들에게 다른 은둔자를 찾아갈 것을 권고하였고, 그의 주변에서 느슨하게 발달된 공동체가 최초의 기독교 수도원이라고 일반적으로 여겨진다. 이들의 삶의 방식은 고독의 길을 걷는 것과 공동체적 생활을 조합하였으므로, 수도자들은 가끔 공동 예배를 위해 고립된 기도실을 떠나기도 하였다.

Antony와 같은 은둔자에게 있어서 고독은 신의 목소리를 더 잘 듣기 위해 자신의 욕구를 부인하는 시도였으며, 또한 개인적 운명과 정체성에 대한 주장이기도 하였다. 은둔자들이 철저한 자기부인을 통해 세속적 근심을 초월하려고 하는 것과 동시에 고독의 삶은 개인적인 성취와 영웅적 명성을 얻을 기회를 제공하였다. 은자가 깨달은 종교적 진리는 모든 사람에게 공통적이었지만, 은자들은 남다른 방법으로 이러한 진리에 도달하였다. 그들은 개인적인 종교적 길을 찾으면서 초기 기독교계의 은자들과 수도자들은 종교적 전통에 입각하면서도, 동시에 개별적 특성과 경험에서 나오는 영적 통찰을 얻는 것을 원하기도 하였다.

기독교 전통은 고독과 타인의 요구 사이에서 균형을 잡는 방법에 대해 많은 관점을 가지고 있다. 고독을 지지하는 이들은 사회적 실존에 대해 극도로 가혹하게 비판하고 완전한 철수를 정당화하였다. 다른 사막의 교부들은 영적인 삶에서 인간적 친교와 동료애의 중요성에 대해 강하게 역설하였다. 고독에 대한 비평가들은 기독교 신앙에 대한 기본 교리와 불일치한다는 증거로 은둔자들의 반사회적인 진술에 큰 관심을 보였다. 기독교 초기부터 오늘날까지 고독에 대해 반대하는 기독교인들은 기독교인의 삶의 핵심은 이웃 사랑이기 때문에 은둔자는 중요 의무와 신앙에 근거한 삶의 즐거움에 등을 돌리는 것이라고 주장하였다. 카이사레아의 바실리우스(329~379)는 고독의 삶을 사는 기독교인들에 대해 가장 적극적으로 반대한 사람 중 하나였다. 그는 여러 세대에 걸쳐 계속되는 고독에 대해 다음과 같은 두 가지의 비평을 내놓았다. 기독교인은 잘못을 지적함으로써 교만과 자기기만의 위험으로부터 보호해 줄 다른 사람을 필요로 한다는 것이다. 그리고 기독교인의 삶은 반드시 이웃과의 친교와 이웃에 대한 봉사, 즉 사랑의 법을 실천할 구체적인 기회를 필요로 한다는 점이다.

기독교적 전통의 주류는 고독이 이점과 위험을 모두 줄 수 있다는 점을 분별한다. 사막의 교부들은 얼마 지나지 않아 실제적 필요와 종교적 안내를 위해 서로가 필요하다는 것을 발견하였다. 스케테(skete)나 라우라(laura)라고 불리는 은둔자의 집단 거주지가 발달되었는데, 여기에서 고독의 기간은 공동 예배와 회의, 그리고 집단 노동과 교대되었다. 서양의 수도원 제도의 발전에서 은둔자의 고립은 더욱 드물어졌다. 대부분의 수도원 전통은 고독을 기독교인의 삶에서 작은 부분이지만 가치 있는 것으로 인정하는 한편, 공동체적 삶이 정상적인 것으로 본다. 공동생활을 하는 수도원 제도가 규준이 되었을 때, 수도자는 고독한 삶이 아닌 친교와 공동체적인 종교적 삶의 모델이 되었다. 예를 들어, 성 베네딕트의 규칙에서 베네딕트는 몇 년 간의 집단 수도생활로 수도자가 양성된 후에 은둔자가 될 가능성도 인정하고 있으나, 수도자에게 아주 평범한 것은 공동생활이다.

은둔자의 이상은 카르투지오 수도회(Carthusians), 카르멜회(Carmelite), 아우구스티노 봉쇄 수도원(Hermits of Saint Augustine), 그 외의 작은 수도회 등 특정 수도회에 영감을 불어넣었다. 이러한 수도회의 설립은 수도원 주변에 위치한 작은 은둔처에서 시작되거나 공동 예배를 위해 만나는 은둔자들의 모임에서 시작되었다. 그러나 성장과 확대 지향성은 언제나 고요와 은둔이라는 원래의 목적을 위협하였다. 은둔자나 은둔자 집단의 소문난 거룩함이 추종자들을 끌어들이지만 고독의 삶을 실현하기 어렵게 한다. 따라서 한 가지 반복되는 패턴이 기독교 수도원 제도의 역사에서 만들어지는데, 그것은 은둔자 집단이 교회나 기관에 흡수되어 은둔자들에게 증가하는 사회적 복잡성과 갈등으로부터 떠날 동기를 만들어 준다는 것이다. 따라서 은둔자들의 이상은 교회의 생명에 있어서 지속적으로 나타나는 부흥의 리듬 중 하나에 기여한다.

은둔자의 수도원 전통 내에서 은둔자들은 다른 사람과 동일시하고, 전체 교회를 염두에 두도록 권고받는다. 폰투스의 Evagrius(399년 사망)는 은둔자의 이상을 "모두로부터의 분리, 모두에게 결속"의 두 가지로 나타내어 기억하기 쉽게 만들었다(Ware, 1977, p. 30). 주교가 된 11세기 이탈리아의 은둔자 Peter Damian은 사제가 혼자 성체 미사를 올릴 때 "주님이 당신과 함께 하시길"이라는 관례적 인사를 해야 하는가에 대해 묻는 한 은둔자에게 유명한 답변을 써 주었다. Peter는 은둔자가 이러한 말을 하는 것은 규정된 예배의식의 한 부분이기 때문일 뿐만 아니라, 은둔자가 영적으로 다른 사람과 늘 함께하고 있다는 현실을 표현하기 때문이라고 단언하였다. 영적 지도자가 기독교 은둔자를 이끌 때 사용하는 성문화된 또는 구전된 전통은 은둔자가 육체적으로 다른 사람과 함께 있지 않을 때조차도 그들과 영적인 교감을 유지해야 한다는 것을 자주 상기시켜 주었다.

공동체적 형태의 수도원 생활에서 침묵의 시간을 갖는 수련을 통해 은둔자들이 우려하는 점들이 종종 통합되기도 한다. 예를 들어, 식사 때 갖는 침묵의 시간을 통해 험담이나 산만, 나태한 대화에 대한 은둔자의 경계가 집단의 삶에 통합될 수 있다. 이후 퀘이커 교도와 같은 종교 단체는 집단적 침묵이 혼자의 경험과 공동체적 경험의 측면을 결합하는 강력한 종교적 행사일 수 있다는 것을 발견하였다.

고독에 대한 이상과 통찰은 은둔자들이 영감을 주고, 또 다른 사람들에게 본보기를 보임으로써 수도원 밖 전 세계 기독교도의 기관과 공동의 삶에 영향을 미쳤다. 예를 들어, 은둔자들은 신을 묵상하고 만나기 위해서는 내부의 고요함과 초연이 필요하다는 것을 가르쳤다. 이는 신비적 정적주의(hesychasm), 즉 내면의 평화를 조성하는 전통을 가진 동방 정교회에서 특히 강조되었다. 은둔자들은 자연 세계와 동식물, 그리고 날씨의 패턴과 그 의미에 예민하게 대응하기도 하였다. 고독의 삶은 일반적으로 많은 양의 육체 노동이 포함되었으며, 그것이 균형 잡힌 삶을 위해 하는 역할을 확인해 주었다. 은둔자들은 청빈의 덕목을 옹호하고 찬양하며, 보다 단순하고 사도적인 삶의 방식으로 돌아가라고 조용히 다른 기독교인들에게 도전한다. 대부분의 은둔자는 하나의 격리된 장소에서 머물고 있었기 때문에 이들의 거처에 대한 인식과 그곳에 있겠다는 헌신이 중요한 증거물이었다. 이동성이 커지고 쉴 틈 없이 들썩이는 사회 속에서 은둔자들은 영혼의 움직임과 연마에 집중한다. 은둔자들은 보통 사막이나 산악 지역에서 생활하기 때문에 고요함과 태연함, 혹독한 아름다움을 가진 광야의 치유력을 사랑하게 되었다(Lane, 1998).

많은 기독교 성인은 중요한 순간이나 오랜 기간 동안 고독을 실천하였다. 아시지의 Francis(1182~1226)는 혼자 하는 철야기도를 만들었고, 은둔자들을 위한 규칙을 작성하였다. 로욜라의 Ignatius는 스페인의 만레사에서 홀로 기도하고 금식하며 거의 1년(1522)의 시간을 보냈으며, 영감을 주는 환상과 다른 사람이 체계적으로 실천할 수 있는 일련의 안내된 영적연습이 이러한 경험으로부터 나오게 되었다. 『영성연습(Spiritual exercises)』이라는 그의 저서는 영성연습의 실천을 제도화하였는데, 이것은 침묵, 묵상, 기도를 위하여 평범한 사회적 상호작용에서 철수하여 제한된 기간 동안에 일시적 고립으로 나아가는 것이다. 이러한 생각은 우선 수도원 생활을 하지 않는 사제들에게, 그리고 어떤 기독교인들에게도 짧은 기간 동안의 고독이 가능하며 바람직한 것으로 만들었다. 이렇게 고도로 구조화된 프로그램은 고독을 영구적인 일이 아니라, 어떤 기독교인의 삶 속에 통합될 수 있는 규칙적으로 반복되는 연습으로 인정하게 하였다.

은자라고 불리는 중세 유럽 도시의 은둔자(recluse)들은 자신들을 교회에 있는 작은 독방에 가두었다. 『계시(Revelations 또는 Showings)』라는 유명한 책의 저자인 14세기 신비주의자 Norwich의 Julian은 그 도시에서 알려진 50명 이상의 은둔자 중 하나였다. 고독을 선택하는 것은 중세 유럽 여성이 남성의 권위로부터 확실히 독립을 할 수 있는 몇 안 되는 방법 중 하나였다. 중세 도시의 은둔자들은 평범한 삶에서 철수했지만, 사실 그러한 삶과 계속 상호작용을 하는 매우 공공연한 고독의 삶을 살았다. 은자의 목적은 '세상에 대해 죽는' 것이었으며, 작은 독방에 그녀를 가두는 의식은 장례식과 유사하였다. 재가 독방 위에 뿌려졌는데, 이는 상징적으로 그 독방을 무덤으로 만드는 것이었다. 잠긴 문은 봉인되거나 벽돌로 막아서 나갈 수 없었다. 그러나 이렇게 갇힌 여성들은 그들 주변에 있는 사람들과 깊이 연관이 있었으며, 경건함의 모델로서 그들의 역할을 인식하고 있었다. 이러한 형태의 고독의 삶의 의미는 『Ancrene Wisse』를 통해 잠시 들여다 볼 수 있는데, 이 작품은 알려지지 않은 3명의 젊은 영국 여성 은자를 위해 1215~1222년 사이에 한 성직자가 쓴 지도서다(Georgianna, 1981). 그들의 공적인 역할은 홀로 있음에 대한 개인의 헌신이 다른 사람에게 어떻게 영적으로 중요할 수 있는지에 대한 매우 매력적인 모델일 수 있으며, 기독교인의 양심과 회개, 그리고 신의 사랑의 빛에서 볼 수 있는 세상에 대한 사랑의 모델을 제공한다.

개신교인들은 대체로 장기간의 고독을 가치 있는 영성 훈련으로 여기지 않았으며, 이를 수도원 제도와 연관 지어 생각하였다. 그러나 고독은 때때로 초대 교회의 이상을 재현하고자 하는 기독교인들에게 매력적인 것이었으며, 이단자로 낙인된 사람들이나 박해를 피해 도망해야 했던 이들에게는 필요한 것이었다. 강요된 고립은 John Bunayn 의 『죄인 중 괴수에게 넘치는 은혜』와 같이, 기독교 개혁가들의 많은 옥중 저술 집필에 매우 중요한 환경이었다. 개신교인들은 성경 읽기, 기도, 양심에 대한 점검을 위해 사용하는 홀로 있음의 시간을 통해 위안을 찾아 왔다. Jonathan Edwards는 뉴잉글랜드 청교도 전통의 경건함과 신학 체계를 바탕으로 홀로 책 읽기 및 연구, 경건을 위한 은둔, 그리고 신 앞에서의 자기를 상상하기를 실천하였다(Gilpin, 2002).

20세기에 트라피스트회의 수도자인 Thomas Merton(1915~1968)만큼 고독의 삶이 갖는 종교적 가치에 대해 설득력 있게 전달한 경우도 없었다. 고독에 대한 해석과 지지는 그가 쓴 50여 권의 책과 300편의 에세이 및 수천 편의 시, 편지, 문서에서 거듭되는 주제였다. 켄터키주 겟세마네 수도원에서 Merton은 조용하고 친밀한 공동체 생활을 병행하면서 여러 해를 살았다. Merton은 보다 큰 고독을 추구하면서 여러 해를 보냈지만, 수도원장과 영적 조언자들로부터 내적 고독, 즉 사람들 가운데에서도 초연함과 평온을 얻을 수 있다면 물리적 고독은 필요하지 않다는 말을 들었다. 마침내 1965년에 Merton은 수도원 근처의 작은 오두막에서 대부분의 시간을 보낼 수 있도록 허락을 받아 영원히 은둔자로 살았다. Merton의 저술에서 종종 고독의 실천이 묵상과 기도의 삶을 위한 환경이라고 옹호하지만, 그 역시 자신의 동기를 시험하면서 혼자 있기를 바라는 자신의 욕구가 자기본위의 노력이나 인간 혐오를 반영하는 것은 아닌지 파악하려고 노력했다.

Merton은 고독이 결속과 다른 사람에 대한 사랑을 표현하는 것일 수 있다고 주장했다. 예를 들어, 『고독의 철학을 위한 단신(Notes for philosophy of solitude)』에서 Merton은 은둔자가 세상을 버리는 것은 이기적인 것이라는 통상적인 비판을 다루었다. 그는 기독교 은둔자가 수도생활의 전통과 교회에 기여한 특정 부분에 대해서도 적고 있지만,

"Thoreau나 Dickinson과 같이 평범한 사람이면서 수도원 생활과는 가장 거리가 먼"
(Merton, 1960, p. 177) 사람들에 대해서도 쓰고 있다. Merton은 은둔자가 사회와 거리를
둠으로써 그 사회의 신화와 착각을 비판할 수 있다고 주장하였다. 따라서 그의 고독은
선지자적 성격을 가지며, 어느 공동체에나 스며들어 있는 사회적 허구에 대한 교정책
을 제시했다. 은둔자는 조용히, 그리고 겸손하게 사회적 삶의 신화와 환상의 수용을 거
부할 수 있다. 그러나 은둔자는 선지자도 설교자도 아니며, 자기 자신에 대해 가장 우
선하여 비판해야 하는 침묵의 증인이다. 고독은 "주장이나 비난, 책망, 설교가 아니다.
그것은 단지 그 자체다. 고독은 고독이다"(p. 184). Merton은 고독을 단순히 다른 사람
에 대한 봉사로 만들기를 원하지 않았지만, 다른 사람이 은둔자의 관점에서 가치 있는
무엇인가를 발견할 수 있다고 주장하였다. Merton의 생각에서 이것이 고독을 그 자체
의 목적으로 옹호하려는 그의 욕구와 다른 사람을 위한 잠재적 가치를 파악하려는 그
의 소망 간에 존재하는 근본적인 긴장이라고 할 수 있다.

　Merton에게 있어서 고독은 영적 실천일 뿐만 아니라, 신학적 개념이며, 신의 상징이
기도 하다. 사회는 은둔자를 종종 거부한다. 은둔자가 신의 몇몇 특징을 나타내기 때문
이다. "그것은 바로 세상이 신에 대해 분개하는 것들인데, 신의 철저한 타성(otherness),
세속적이고 실제적인 선전 문구의 맥락 속으로 결코 흡수될 수 없는 신의 절대적 능력,
표어나 광고, 정치적 견해가 절대 도달할 수 없는 거리에 위치한 그의 신비로운 초월성
이 그것이다"(Merton, 1960, p. 204). 은둔자는 다른 사람으로 하여금 '신의 무서운 고독'
뿐 아니라 신의 연민과 사랑도 상기시켜 준다. 고독을 추구하는 사람들은 마치 신처럼,
심지어 잘 알아차리지 못할 때에도 다른 사람과 신비로운 교감을 갖는다. 또한 기독교
은둔자들을 고독의 삶이 가져오는 공허함, 빈곤, 고통을 통해 그리스도의 신성 포기나
자기희생적 측면과 연결된다. 고독의 삶은 그리스도를 본받는 것이다. 이러한 이유로
인해 Merton은 고독을 신의 초월성과 감추어진 사랑, 그리고 그리스도의 고난과 자신
을 비우는 연민 등 주요 기독교 신학적 개념의 관점에서 해석하였다.

　아시아로 향한 Merton의 마지막 여정은 아시아의 종교에 대한 관심이 증가해서일
뿐만 아니라 자신이 겟세마네에서 찾을 수 있었던 것보다 더 큰 고독의 장소를 계속해

서 찾기 위한 것도 동기가 되었다. 아시아에서 쓴 일지에서 그는 캘리포니아, 뉴멕시코, 알래스카 등에서 격리된 은둔지를 만들어야 할지, 아니면 그가 발견하기를 희망하는 아시아의 한 곳에서 그렇게 해야 할지에 대해 계속 심사숙고했다. 그는 은둔자들과 Dalai Lama 같은 영적 지도자를 찾아가서 홀로 있음의 경험을 이들과 비교하였다. 티베트의 선생들은 그에게 고독이 다른 사람에 대한 관심과 균형을 맞추어야 한다는 자신의 신념에 반향을 불러일으키는 조언을 해 주었다. "고독에 있어서 알래스카는 정말 가장 좋은 장소인 것 같다. 그러나 내가 이야기를 나눴던 모든 사람은 내가 다른 사람을 고려하고, 그들에게 어느 정도 열린 태도를 유지해야 한다고 말한다. 활불(rinpoche)들은 모두 절대적 고독에 대해 반대하며 '연민'을 강조한다. 그들은 연중 대부분을 고독 속에 있다가 잠시 '밖으로' 나오는 것이 좋은 해결책이라는 데 동의하는 것 같다"(Merton, 1975, p. 103). Merton은 고독과 연민 사이의 연결을 불교와 기독교가 공통으로 강조한다는 사실에 충격을 받았다. 홀로 있는 시간은 다른 사람의 요구와 그들에게 감명을 주기 위한 자신의 자기중심적인 분투로부터 자유롭게 해 주며, 다른 사람에 대한 개방과 연민으로 정점에 달한다. 그러나 은둔자는 자기기만과 독선의 위험을 경계해야 한다. Merton은 고독으로 인해 야기되는 문제들을 해결했다거나 고독이 특별히 탁월한 영적 통로라고 주장하지는 않았다. 고독의 삶을 이해하고, 그러한 삶을 사는 일생의 분투를 통해 그는 극히 중대한 의문들을 제기하였고, 상반되는 가치들을 조정하는 모험을 감수하였다. 그는 홀로 있음을 다른 사람들에 대한 개방성과 그들의 고통에 대한 연민과 결합하고자 하였다. Merton은 고독의 윤리적 및 영적 역설을 해명하지는 않지만, 전례 없는 명료함으로 상세히 설명하였다.

세계의 종교들에서의 고독

　세계의 많은 종교가 종교적 생활에서 고독의 역할과 고독과 공동체의 관계에 대해서 정의하고자 노력해 왔으며, 고독은 많은 종교에서 중요한 경험이거나 삶의 단계로 간주되어 왔다(Colegate, 2000; France, 1996; Lozano, 2005 참조). 모하메드(Mohammed)에서 라코타(Lakota) 족의 예언자 Black Elk까지, 자이나교의 성자 Parshva와 Mahavira에서 19세기 힌두교 현지 리미크리슈나(Ramakrishna)까지 많은 종교 창시자나 개혁자는 사회적 접촉으로부터 철수해 있는 기간 동안에 확신과 통찰을 얻었다. 그러나 거의 불가피하게 조직화된 종교 공동체들은 독립적 은둔자에 대해 불편함을 느끼고 그들의 삶을 통제하거나 규제하고자 하였다. 고독한 선지자와 윤리적 및 사회적 순응에 대한 압력 간의 이러한 긴장은 종교적 삶에서 계속되는 역동 중 하나를 만들어 냈다.

우파니샤드와 초기 산스크리트 문서에서 고독은 영적 헌신과 초자연적인 힘의 성취와 연결되는 금욕주의적 포기(ascetic renunciation)의 한 형태라고 칭송받았다. 마누(Manu) 법전은 은둔자의 삶을 규제한다. 예를 들어, 연락선의 요금을 면제하거나, 그들의 먹는 양과 타인과의 비밀스러운 대화에 대한 벌금을 정하는 것 등이다. 힌두교의 전통에서는 일생의 영적 발달을 4단계로 나타내는데, 학생, 아버지와 가장, 홀로 사는 숲 속 거주자, 그리고 세속적 애착을 버리고 떠돌아다니는 걸인인 **탁발승**(sannyasin)이 그것이다. 일반적으로 한 남자가 아들을 가지는 순간에 정당화되는 고독으로의 철수는 영적 발달을 이해하는데 필수적인 단계다. 그리고 마지막 단계는 은둔자로서 배운 초연함으로 속세에서 살아야 한다.

석가모니(Siddartha Gautama)는 이러한 문화 속에서 살면서 이러한 길을 따랐지만, 다시 그것을 변형시켰다. 스승들에게 환멸을 느낀 젊은 남자는 극한의 금욕주의를 수련하고 곧 작은 무리의 추종자들을 끌어 모았다. 그가 엄격한 수행을 포기했을 때, 그의 제자들도 그를 포기하였다. 그는 혼자서 보리수나무 아래에 앉아 하룻밤을 보낸 후 깨달음을 얻었다. 그런 다음 그 남자는 그 명료한 경험에서 깨달은 고통과 해방에 대해 이해한 것을 설파하기 위해 앞으로 나아갔다. 그는 다른 사람으로부터 철수하지 않고 공동체를 설립하였다. 핵심적인 수행 중 하나가 명상이며, 이 명상은 혼자서 또는 다른 사람과 함께 수행할 수 있다. 불교 명상은 외적 활동과 다른 사람과의 상호작용으로부터 일시적으로 벗어나는 상태다. 그렇지만 명상에서의 통찰은 가르침에 의해 형성되며, 그 통찰은 다른 사람과의 관계에서 표현되어야만 하는 지혜와 연민으로 정점에 도달한다. 다른 것들과 마찬가지로 불교의 **중도**(middle way)는 극한의 헌신을 제한하는 경향이 있는데, 여기에는 고독의 수행도 포함된다(Merton이 한 조언에서 본 것과 같이). 동시에 불교의 스승은 정신없이 바쁜 사회생활에 몰두해 있는 사람에게 명상 수련을 위한 여지를 마련하도록 부드럽게 격려할 것이다.

기독교와 불교와는 반대로 이슬람의 경우에는 고독과 금욕을 연결하는 수도생활의 전통은 없다. 가족 내에서의 삶이 무슬림들에게는 규범적인 것이며, 은둔의 삶은 보통 기이한 것으로 여긴다. 이러한 일반화의 예외로 수피교도(Sufis)가 있는데, 이들은 세상을 방랑하거나 내면의 평화와 초연함, 그리고 알라에 대한 복종을 추구하기 위해 은둔자가 되기도 한다.

Koch에 의하면, 중국의 도교 전통에서는 고독을 은둔적 고립으로 생각하지 않고 무위(Wu Wei: inaction), 곧 아무것도 하지 않는 것이나 노력과 자기주장으로부터의 해방으로 생각한다(Koch, 1994, pp. 286-297). 중국의 많은 대학자와 시인은 황제의 총애를 잃고 유배된 사람들로서 심미적 취미를 추구하고 덧없음과 자연의 아름다움, 그리고 사회의 타락에 대해 숙고하기 위해 고립된 지위를 활용했다. 황제에 의해 거부되거나 정부의 직위를 단념한 사람들은 초야로 물러나 시를 쓰고 서예와 그림을 연습하면서 문학자로 살았는데, 이는 종교적 역할로 이해되었다(Paper, 1999). 특히 문화 혁명의 기간 동안에 공산주의자들의 억압은 중국의 종교적 삶의 대부분을 말살한 것으로 생각되며, 고독한 선각자들도 여기에 포함된다. Porter의 『천국으로 향하는 길: 중국 은둔자들을 만나다(Road to heaven: Encounters with Chinese hermits)』는 그가 1980년대에 여행을 하면서 산악 지역에 있는 동굴이나 오두막에서 살아가고 있는 은둔자들을 만났던 것에 대해 기술하고 있다.

아메리카 원주민 부족에서 나타나는 영적 세계와의 교류 의식은 일반적으로 혼자 하는 것이었고, 홀로 있음은 세상에 작용하고 있는 초자연적 힘을 볼 수 있게 하는 고통스러운 시련의 한 부분으로 이해되었다. 치유자나 주술사의 종교적 통찰은 혼자 하는 기도의 결과인 경우가 많았다. 세계의 모든 종교에서처럼, 아메리카 원주민의 영성에서도 신성한 사람의 힘은 인간 사회로부터의 철수 및 신에 대한 근접과 밀접한 관련이 있었다.

　역설적으로 정상적인 사회적 의무와 유대에서 벗어난 위치가 하나의 확립된 종교적 및 사회적 역할이 될 수 있다. 후기 로마 제국과 초기 비잔틴 시기 동안의 신성한 사람들에 대한 Peter Brown의 연구는 다른 종교적 전통에서 은자들의 사회적 중요성뿐 아니라 심지어 세속적인 사회에서도 은둔자들에 대해 매혹되는 것까지도 이해할 수 있는 시야를 제공해 준다. 고대 후기의 팔레스타인, 시리아, 그리고 소아시아에서 성스러운 사람의 카리스마와 힘은 고독과 연결되어 있었다. 성스러운 사람의 금욕적 고행은 '오래 끄는 엄중한 분리 의식'으로 은자를 자신이 속한 사회에서 낯선 사람이나 이방인으로 만드는 것으로 이해할 수 있다(Brown, 1982, p. 131). 사회 밖에서의 위치는 재판관이나 중재자, 신의 대변인의 기능을 하는 사람으로 인정하였다. 마지막 37년의 삶을 시리아의 기둥 꼭대기에서 보낸 Symeon Stylites는 이러한 광범위한 패턴을 보여 주는 가장 주목할 사례다. 60피트(약 18.3m)짜리 기둥 꼭대기에서의 삶은 사회로부터의 철수의 전형인 것으로 보인다. 그러나 그를 흠모하는 군중이 Stylites의 기둥을 둘러쌌다. 이 신성한 사람은 마을 내의 다툼에 판결을 내리고, 시골 소작농의 경제적 이익을 옹호했으며, 힘 있는 성직자와 정치 지도자들에게 조언도 하였다. 여기에는 사다리를 걸치고 그에게 자문을 구했던 황제 테오도시우스 2세도 포함되어 있다. 신성한 사람의 사회에 대한 초연함은 사회적 요구에 도움이 되었다. 즉, "그 주위의 사회에 있어서 이 신성한 사람은 가족의 유대와 경제적 이익 바깥에 설 수 있는 사람이다. 그의 음식에 대한 태도 자체가 근동의 소작농 사회에서 음식을 먹는 동작에 의해 표현되었던 친척과 마을의 결속에 대한 모든 속박을 거부했다. 그는 사회에 아무것도 빚진 것이 없는 사람으로 생각되었다… 기둥에 걸터앉아 인간들보다 상층부에 있는 정령에 더 가깝게 있을 때, Stylites은 객관성의 화신이었다"(pp. 131-132). 고대 후기의 이 신성한 사람은 '사회에서 객관성을 가진 사람'으로서 신탁의 지위를 점유하였고, 존경과 경외를 명령하는 새로운 제도(예: 베네딕토회 수도원, 교회의 위계, 성자들의 무덤)에 의해 빛을 잃을 때까지 이러한 역할을 수행하였다.

　Brown이 추적하는 이 패턴은 은자들이 다른 종교적 전통에서 중요한 역할을 해 왔던 방식을 우리가 찾으려고 한다는 점을 나타낸다. 고독은 법이나 관습, 도덕에 의해 정의된 사회적 위치의 가장자리에 있는 한계(경계 또는 역치)적 위치다. 이러한 위치는 기존의 권위에 의문을 제기하기 때문에 위협이 되기도 한다. 그렇지만 은자들은 인간 사회의 여러 한계와 정의를 초월하는 것, 즉 신성한 것에 근접하기 때문에 명예를 얻는다.

게다가, 고대의 신성한 사람들의 사례는 우리에게 특정 문화들이 고독이라고 정의하는 것에 포함되는 위대한 사교성에 대해 알려 준다. "이집트 은자의 외로운 수도실에는 잘 갖추어진 자문실이 있었다는 것을 고고학자들은 밝혀냈다"(Brown, 1982, p. 134). 은둔자들은 종종 다른 사람과 매우 활발하게 교류한다. 그렇게 가끔씩 일어나는 다른 사람과의 상호작용은 서로 다른 문화들이 홀로 있음에 대해 가치 있게 생각하는 것의 일부분이다. 따라서 고독은 사회적으로 구성되고, 은둔자들에 의해 상상되며, 특정 문화와 종교적 가치를 고려하여 다른 사람에 의해 지지를 받는다.

영적 추구자로서의 세속적 은자

고독은 특정 종교 공동체와 부정적이거나 불편하거나 모호한 관계를 가지지만, 자신을 종교적 또는 영적 의미를 찾는 자로 간주하는 현대인들에게도 다양한 방면에서 중요하다. 종교학자들 사이에서 **영적**(spiritual)이라는 용어는 악명이 높을 정도로 정의하기가 어렵다. 이 용어는 이미 알려진 종교적 전통들 내에서는 기도와 비전의 삶에 대한 강렬한 내적 집중 및 일상적인 사회생활의 세부 사항에 대한 상대적인 무시와 관련될 수 있으며, 신비주의와도 밀접히 관련될 수 있다. 영성은 대개 종교의 개인적 및 개별적 측면, 특히 기쁨과 평온의 느낌, 감사의 인식, 현실에 대한 개방과 수용, 삶의 좋음과 일관성의 느낌, 자기복종, 치유 및 삶의 근본적 원천과 접촉하고 있다는 믿음으로 이해된다. 특정 종교적 전통들이 이러한 경험이 이해되는 방식을 결정한다. 그러나 특히 현대 세계에서 어떤 사람들은 자신의 공식적 전통이나 조직적 종교 공동체 바깥에서 신또는 그들이 궁극적으로 충성할 가치와 진리를 찾는다고 주장한다. 이러한 **종교적이지**

는 않지만 영적인 사람들은 추구하는 것이 발견하는 것보다 더 중요하며, 믿음이나 소속에 대해 하나의 모델을 제안하기보다는 모든 사람이 각자 자신이 나아갈 길을 발견해야 한다는 관점을 공유하는 것으로 보인다. 영성에 대힌 이러한 개인주의적 이해와 궁극적인 실재에 대한 독특하거나 구분되는 지각을 확인하는 고독의 경험 간에는 자연스러운 유사성이 존재한다.

필자는 자서전 작가들이 자신의 삶에서 고독의 가치를 어떻게 제시했는가에 대해 해석하면서 작가들이 홀로 있음이 영적 가치가 있다고 인정하는 다섯 가지의 방식을 제안한 바 있다(Barbour, 2004, pp. 129-159). 고독을 통해 추구되는 하나의 가치는 자연계와의 보다 깊은 교감이다. 어떤 사람들에게 고독은 자연계의 아름다움과 힘을 충분히 이해하는 데 필요한 것으로 보인다. 낭만주의 시인들은 Wordsworth가 "나는 구름처럼 외롭게 거닐었다"에서 "그 내면에 있는 눈, 그것은 고독이 주는 축복이다"라고 언급한 것처럼, 고독한 여행 속에서 자연의 영적 의미를 지각하였다. Thoreau의 『월든(Walden)』은 John Muir, Aldo Leopold, Annie Dillard, Edward Abbey 등과 같은 미국 자연주의 작품의 원천이 되었다. 이러한 작가들은 자연계의 세부적인 것뿐만 아니라 그런 환경에 혼자 거주하는 것이 의식에 미치는 영향에 대해서도 묘사하였다. 자신과 세상 사이의 경계에 대한 인식은 그 사람이 흐르는 물이나 광활한 대초원 또는 사막의 광경을 응시하는 데 빠져 있을 때 사라진다(자세한 내용은 Korpela와 Staats가 저술한 이 책의 2권 6장 참조). 적어도 고독에 마음이 가는 사람들에게 있어서 이러한 자연과의 동일시, 통합, 교감은 다른 사람의 반응에 주의를 기울일 때 훨씬 더 얻기가 어렵다. 누구든 Tinker Creek에 대한 Annie Dillard의 설명을 듣고, 남서 버지니아는 인구가 많은 농촌 지역이라거나 그녀의 삶이 다른 사람과 어떤 방식으로 공유되었다는 것을 알지 못할 것이다. 그녀는 고독의 역할을 강조하면서 자연의 피와 창자, 그리고 그 아름다움에 대한 자신의 황홀한 반응이 그녀를 "더이상 누군가와 함께 있기에는 걸맞지 않게" 한다고 말했다(Dillard, 1974, p. 274). 그녀는 5세기 이집트 사막 은둔자의 전통을 빌어 제자에게 "당신의 방에 가서 앉으시오. 그러면 네 방이 너에게 모든 것을 가르칠 것이오"라고 말한 사람을 인용하였다(p. 264). Dillard는 방이 아니라 특정한 개울가에 앉아 있다.

그곳에서 그녀는 주의 깊고 스스로 훈련된 각성, 곧 직접적 인식과 세계와의 연합 또는 융합을 느끼는 순간을 가능하게 하는 자아의 정적을 훈련하였다. 개인적 체험을 기록하지 않는 많은 사람을 대표하여 이러한 부류의 작가에게 있어서 자연계에서의 고독은 자연계와의 조화에 관심을 두는 독특한 영적 관심의 기회이자 이를 위한 영감이다.

영성과 관련된 두 번째 형태의 고독은 상실과 트라우마 또는 고통에 대해 반응하여 갖는 고독의 시간에서 유래하며, 한 사람이 신체적 또는 심리적 상처를 치유하기 위해 자신을 격리시킬 때와도 관련된다. 고독은 특정 종교나 문화에서 애도 과정의 한 부분이다. 종교와 무관한 사람들에게 있어서도 사별을 받아들이는 법을 배울 때에는 친척이나 친구의 지지뿐만 아니라 비탄과 비애의 정서에 몰입하는 것, 그리고 상실, 분리, 임종이라는 현실을 직면하는 것도 필요하다. 고독은 일상적인 사회적 참여의 압력에서 물러날 수 있도록, 즉 안녕을 회복하기 위해 자기 속에서 그리고 자연환경에서 치유의 힘을 얻을 있도록 상호작용으로부터 도피하거나 이를 유예할 수 있게 해 준다. 고독이 가진 치유의 힘을 묘사하는 자전적 작품들에는 Petrarch의 『고독의 삶(De Vita Solitaria)』, Rousseau의 『고독한 행인의 유산(Reveries of the solitary walker)』, Matthiessen의 『눈표범(The snow leopard)』, 그리고 Sarton의 『고독에 대한 일기(Journal of a solitude)』가 있다. 이러한 작가들은 고독에서 발견한 치유를 인생의 모양과 의미에 대한 안목, 궁극적 힘과의 연결, 그리고 자연의 주기에 다시 통합되는 느낌을 가져다주는 핵심적인 영적 경험으로 묘사하였다. 그들은 고독의 자비로운 힘을 매우 다양한 방식으로 이해하고 있는 듯하다. 그것은 신의 은총일 수도 있고, 자연계의 회복적인 영향, 또는 인간 정신의 신비한 회복 능력일 수도 있다.

영적 의미와 연관되는 고독의 세 번째 가치는 혼자 떠나는 모험이다. 슈페리어 호수에서 혼자 카약을 타거나, 그랜드 캐니언을 따라 하이킹을 하거나, 세계 곳곳을 항해하거나, 사하라 사막을 가로지르거나, 어마어마한 산을 오르거나, 정글 속을 돌아다니거나, 펼쳐진 구명보트 위에서 살아남은 여행자를 그 예로 들 수 있다. 집에만 머물러 있는 은둔자들과는 달리 이렇게 모험적인 방랑자들은 자신의 지혜와 의지의 힘을 시험하고자 한다. 단독적인 모험가들은 고독에 따르는 위험한 측면과 황무지 여행의 다른 위험한 측면도 포용한다. 계산된 위험을 감수하는 데 온 관심을 기울이는 것은 아주 신나는 경험일 수 있다. 모험가들은 자신이 어떤 종류의 사람인지를 발견하기 위해 어려운 시험을 치르려고 하며, 자신들이 여행에서 배운 것을 극히 중요한 것, 즉 그들이 알고 있는 가장 깊은 진실이라고 생각한다. 살아 있다는 것만으로도 느낄 수 있는 엄청난 감사는 호된 시련에도 불구하고 살아남은 것에 대한 안도감에서 나오는 것일 수 있다. 이와 같은 영적 통찰을 돋보이게 하는 고독한 모험 이야기에 대한 두 가지 예는 Slocum의 『세계를 홀로 항해하기(Sailing alone around the world)』(1900)와 Byrd의 『혼자서(Alone)』(1938)가 있다. Byrd가 남극의 얼음과 눈 속에 파묻힌 작은 오두막집에서 204일을 살다가 극지의 시련에서 마침내 구조되었을 때, 그는 종교적 부활에 대한 비유로만 표현될 수 있는 기쁨을 느꼈다. 사람들에게로 돌아오는 것은 상징적인 부활이다. "그 기적적인 순간에 6월과 7월의 절망과 고통은 사라졌고, 나는 마치 내가 다시 태어난 것처럼 느꼈다"(Byrd, 1995, p. 291).

네 번째 홀로 있음의 영적 의미는 어떤 사람들에게는 창조적 작업을 하는 데 고독이 꼭 필요하다는 것이다. Anthony Storr는 Descartes, Newton, Locke, Pascal, Spinoza, Kant, Leibniz, Schopenhauer, Nietzsche, Kierkegaard, Wittgenstein, Kafka, Trollope, Kipling, Henry James, Rilke, Jung과 같은 작가와 사상가들에게 고독이 얼마나 중요하였는지에 대해 서술하였다. Storr는 Donald Winnicott의 작품에 근거해서 '혼자 있을 수 있는 능력'을 창조성의 중요한 원천으로 묘사하였다. "혼자 있을 수 있는 능력은 자기발견 및 자기실현과 연결되며, 자신의 가장 깊은 욕구와 느낌, 충동을 알아차리게 되는 것과 연결된다"(Storr, 1988, p. 21). 어떤 사람들에게 있어서 창조적인 작품을 생산해야 한다고 느끼는 책무는 종교적 소명이나 영적 부름과 같은 것이다. 그런 사람들에게 예술 작품이나 지적 저작물을 창조하는 과정은 분투, 부담, 흥분과 함께 영적인 수련, 즉 진리와 아름다움에 대한 비전을 제공하는 주의, 집중, 자기초월에 대한 훈련이다.

고독과 현대적 영성 사이의 다섯 번째 관련성은 자기형성(self-formation)의 개념들과 관련된다. 어떤 사람들은 고독을 분명한 자기, 즉 일관성 있는 개인의 정체성을 형성하는 데 필요한 결정적인 조건이라고 이해한다. 이러한 사람들은 다른 사람의 요구나 기대, 압박이 자신의 가장 깊은 욕구를 발견하지 못하도록 억제한다고 느낀다. Trilling과 Charles Taylor는 진실성(authenticity)에 대한 이상이 어떻게 정체성에 대한 현대 서구의 개념을 형성하는지에 대해 논의하였다. Trilling에게 있어 진실성은 사회적으로 기대되고 인정되는 것들에 대한 반대를 필수적으로 포함하는 개인적 존재에 대한 이상이다. 그는 진실성을 주관성, 느낌, 자기결정의 자유에 대한 낭만주의적 이상과 연결시켰다. 자신에게 진실한 것은 저항, 순응에 대한 거부, 확립된 도덕적 기준으로부터의 자유를 요구하는 것처럼 보인다. "진실성은 피할 수 없이 논쟁적인 개념으로, 일반적으로 받아들이는 습관적인 의견을 공격적으로 다룸으로써 그 본질을 실현한다"(Trilling, 1991, p. 94).

　유사하게 Charles Taylor도 진실성을 자신에게 진실한 것에 대한 도덕적 이상의 측면에서 해석하였다. 이는 바깥 사회의 모델에 따라 삶을 형성하기보다는 내부로 전환할 때 가능하다. 만일 다른 사람에게 의존할 때 가장 진실한 자기가 무시된다면 진실한 삶을 바라는 사람들은 그들을 외면하고 내면에서 Taylor가 '자기의 근원'이라고 부른 것과 접촉을 회복할 필요가 있다. 진실성에 더하여 현대의 세속적인 서양 사회와 관련되는 이상들, 즉 자율성, 자기성찰, 의식의 자유, 정서적 표현성, 자기의존 등은 개인의 정체성 형성에 있어서 고독이 결정적 역할을 하는 것으로 제안한다.

　우리는 Nietzsche를 극단적이기는 하지만, 고독한 천재의 신화(또는 이데올로기)를 명확히 이해하는 데 도움을 주는 대표적인 인물로 생각해 볼 수 있다. 그는 가치 있는 삶은 창조성 및 독창성과 관련이 있으며, 영웅적 창조자는 모든 영향력과 거리를 두거나, 적어도 그 영향력에서 벗어나 있다는 생각을 가지고 있었다. Nietzsche는 『보라 이 사람이로다(Ecce Homo)』(1888)에서 자신의 걸작이라고 생각하는 『자라투스트라는 이렇게 말했다(thus spoke Zarathustra)』(1883)를 '고독에 대한 찬가'라고 지칭하였다(Nietzsche, 1969, p. 234). 헬라어의 합창곡 형식을 가진 찬송가처럼, 그의 작품은 그가 생명의 원천으로 생각하는 것, 즉 고독, 인간 창조의 원천, 권력에 대한 의지를 경축하고 있다. Nietzsche의 외로움과 고립을 견디는 자신의 능력에 대한 자부심은 짜라투스트라가 자신의 제자들을 포함한 타인으로부터 고결하게 멀리 떨어져 있는 것에 대해 열렬히 묘사한 것들에서 나타난다. Nietzsche에게 있어서, 그리고 그의 다른 철학적 측면을 부정하는 다른 많은 사람에게 있어서 고독은 창조적 작업을 위해서뿐만 아니라 진실한 자기형성과 가치 있는 삶을 위해서도 필요하다. 자기형성에 전념하는 것은 많은 현대 사상가와 예술가에게 있어서 최고의 윤리적 및 영적 소명이다. 도덕적으로 파산한 중산층 사회에 반대해서 홀로 자신의 가치를 선택하는 것은 그들에게는 최고의 윤리적 요구와 가장 고결한 영성의 길이다.

이와 관련한 또 다른 예로 Jung을 생각해 볼 수 있다. 그의 자서전인 『기억, 꿈, 사상(Memories, dreams, reflections)』에서 Jung은 자신의 일생 동안에 개성화 과정에서 고독의 시간이 결정적인 역할을 하였음을 보여 주었다. Jung은 1913년 Freud와 결별 후, 그가 정신증에 가까웠다고 말한 정신적 혼란의 시기를 보냈다. 이후 8년 동안 그는 거의 출간을 하지 않았고, 꿈과 환상, 비전을 기록하는 것에 집중하였다. 그는 자신을 격리시켰고, 아동기의 기억을 개발하면서 건물 블록과 돌을 가지고 놀았다. 이러한 열정적 자기성찰의 기간 동안에 그는 집단무의식의 원형 이론의 기반이 되는 심리학적 자료를 수집하였다. 『기억, 꿈, 사상』은 Jung 이론의 근거일 뿐만 아니라, 그가 서문에 쓴 것과 같이 자신의 개인적 신화이기도 하였다. Jung의 개인적 신화에서 핵심이 되는 것은 다른 사람과 구분되는 고독한 천재로서의 자신에 대한 이미지였다. 자신을 12세의 자기와 비교하면서 그는 다음과 같이 말했다. "오늘도 그때처럼 나는 혼자다. 나는 다른 사람이 모르는 것들, 보통은 알고자 하지도 않는 것들을 알고 있고, 그것에 대해 힌트를 주어야 하기 때문이다"(Jung, 1965, p. 42). 그는 고독할 수 있는 능력이 자신의 독창적인 심리학적 생각과 그 자신의 개성화(즉, 특유의 자기로의 발달)에 있어서 핵심적이었다고 말했다. 필자는 Nietzsche와 Jung은 많은 세속적 고독 추구자를 대표한다고 생각한다. 그들은 다른 사람과 연루되는 것으로부터 철수하는 것이 자기의 깊은 근원, 삶을 고양시키는 진실성의 차원, 그리고 평범한 사회적 상호작용에 의해 쉽게 소멸되는 영적 열망과 만날 수 있게 한다고 설명하였다.

결론

고독에 대해 편향된 부정적 견해를 가진 사람들이 있는 것처럼, 종교적이든 세속적이든 고독을 옹호하는 사람들도 고독이 어떻게 사회적 관심과 통합될 수 있는지를 고려하지 않는다면 이 또한 균형을 잃은 태도라고 볼 수 있다. 고독에 관한 지혜는 홀로 있는 경험의 영적 가치를 이해하는 것뿐 아니라 고독의 의미와 가치의 상당 부분을 제공하는 관계, 사회적 활동 및 맥락과 단절될 때 고독 추구가 가져올 수 있는 위험도 포함한다.

어떤 사람들은 고독을 통해 자신의 삶의 의미와 가치의 근원을 이해하며, 이에 연결되어 있다고 느낀다. 그들은 고전을 연구하고, 자기를 성찰하며, 신의 의지를 발견하고는 예술이나 문학 작품을 창조하며, 자연계를 감상하고는 특유의 정체성을 구축하는 것 등을 혼자 있을 때보다 잘해 낼 수 있다. 어떤 사람들은 고독에 대한 자신의 관점을 신의 개념과 명시적으로 관련지으며, 그들의 홀로 있음을 지원하는 종교 공동체를 찾는 반면, 세속적인 고독 추구자들은 그들의 궁극적 가치를 신적 존재나 제도적 전통과 연결 짓지 않는다. 영적이지만 종교적이지는 않은 사람들은 보통은 초월적인 의미를 접하려고 노력하지만, 특정 공동체에 소속되지 않으며, 종종 고독의 경험이 공식적인 종교 기관으로부터 소원한 혹은 초연한 느낌을 확인해 주는 것으로 이해한다.

간혹 홀로 있음은 주로 사회적 실존의 부정적 측면으로부터의 도피다. 여기에는 권태, 갈등 또는 에너지와 영적 활기를 소모시킬 정도로 다른 사람을 행복하게 해 주고자 하는 불안 등이 포함된다. 보다 긍정적인 측면으로 고독은 한 사람으로 하여금 다른 사람에게 주의를 기울여야 할 필요에 의해 방해받지 않는 경우에 더 잘 이해되고, 관여할 수 있는 현실의 차원에 집중하도록 돕는다. 따라서 고독은 원치 않는 사회적 상호작용으로부터 철회하는 것뿐 아니라, 혼자 있을 때 더 충분히 경험되는 현실의 긍정적 가치와 차원에 헌신하는 것 둘 다를 의미할 수 있다.

어떤 면에서 보면 영적 또는 종교적 고독이라는 표현 자체가 모순적이다. 종교가 자기초월이나 종교적 공동체에 대한 헌신의 문제로 이해된다면 홀로 있음은 참된 영적 발달과 정반대인 것으로 보인다. 그러나 이러한 관점은 고독의 목표가 꼭 자기 자신에 대한 집중은 아님을 파악하지 못하고 있다. 어떤 사람들은 고독 속에서 다른 사람의 존재로 인해 산만해질 때 성취할 수 없는 특정한 종류의 주의력(attentiveness)을 발휘한다. 이런 사람들에게 고독은 자기를 넘어서는 무엇인가를 명상을 통해 인식하거나 그것에 집중하게 하는 데 꼭 필요한 조건이다. 그것은 그들을 세상에, 그리고 종종 그들이 신성하거나 성스럽거나 고결하거나 가장 가치 있다고 믿는 것들에 연결시킨다. 고독은 최상의 상태에서는, 즉 그것의 윤리적·종교적 가치가 최대한 실현된다면 세상으로부터 도피하는 것을 지향하지 않는다. 그것은 오히려 세상에 다른 방식으로 참여하는 것을 지향하며, 그 방식은 사회적 상호작용으로부터 멀어짐으로써 가능한 방식이다. 고독은 자기에게로 돌아가는 것이지만 반드시 자기애적인 것은 아니다. 고독은 또한 자신의 삶에서 가장 중요한 것으로의 복귀일 수 있으며, 자신을 넘어서는 의미와 진리의 원천과의 만남일 수도 있다.

참고문헌

Barbour, J. D. (2004). *The value of solitude: The ethics and spirituality of aloneness in autobiography*. Charlottesville: University of Virginia Press.

Brown, P. (1982). *Society and the holy in late antiquity*. Berkeley: University of California Press.

Byrd, R. (1995). *Alone*. New York: Kodansha International.

Colegate, I. (2000). *A pelican in the wilderness: Hermits, solitaries, and recluses*. Washington, DC: Counterpart.

Dillard, A. (1974). *Pilgrim at tinker creek*. New York: Bantam.

France, P. (1996). *Hermits: The insights of solitude*. New York: St. Martin's Press.

Georgianna, L. (1981). *The solitary self: Individuality in the "Ancrene Wisse."* Cambridge, MA: Harvard University Press.

Gilpin, C. (2002). 'Inward, secret delight in God': Solitude in the career of Jonathan Edwards. *Journal of Religion, 82*(4), 523–538.

Jung, C. (1965). *Memories, dreams, reflections. Recorded and edited by Aniela Jaffe.* (R. Winston & C. Winston, Trans.) (Rev. ed.). New York: Vintage.

Koch, P. (1994). *Solitude: A philosophical encounter.* Chicago: Open Court.

Lane, B. (1998). *The solace of fierce landscapes: Exploring desert and mountain spirituality.* New York: Oxford University Press.

Lozano, J. M. (2005). Eremitism. In L. Jones (Ed.), *The encyclopedia of religion* (2nd ed.). Detroit, MI: Macmillan Reference.

Merton, T. (1960). *Disputed questions.* New York: Farrar, Straus, and Cudahy.

Merton, T. (1975). *The Asian journal of Thomas Merton* (N. Burton, P. Hart, & J. Laughlin Eds.). New York: New Directions.

Nietzsche, F. (1969). *"On the genealogy of morals" and "Ecce Homo".* Trans, ed., & with commentary by Walter Kaufmann. New York: Vintage.

Paper, J. (1999). Eremitism in China. *Journal of Asian and African Studies, 34,* 46–56.

Storr, A. (1988). *Solitude: A return to the self.* New York: Ballantine.

Trilling, L. (1991). *Sincerity and authenticity.* Cambridge, MA: Harvard University Press.

Ware, K. (1977). Separated from all and united to all: The hermit life in the Christian East. In A. M. Allchin (Ed.), *Solitude and communion: Papers on the hermit life* (pp. 30–47). Oxford, UK: SLG Press.

찾아보기

편저자 소개

Robert J. Coplan

캐나다 Carleton 대학교 심리학과 교수이며, Pickering Centre for Research in Human Development의 센터장을 역임하고 있다. 『Social Development in Childhood and Adolescence: A Contemporary Reader』(Wiley Blackwell, 2011)와 『The Development of Shyness and Social Withdrawal』(2010)의 공동 편저자이며, 학술지 『Social Development』의 편집장을 역임하였다.

Julie C. Bowker

미국 New York 주립대학교 Buffalo 캠퍼스의 심리학 부교수로, 친밀한 대인관계가 아동기 및 초기 청소년기의 사회정서발달과 정신병리에 미치는 영향에 중점을 두어 연구를 진행하고 있다.

집필자 소개

Heidi Gazelle

Melbourne 대학교 심리과학부(호주 Victoria주 Melbourne 소재)

Madelynn Druhen Shell

Virginia 대학교 심리학과(미국 Virginia주 Wise 소재)

Steven R. Asher

Duke 대학교 심리학 및 신경과학과(미국 North Carolina주 Durham 소재)

Molly Stroud Weeks

Duke 대학교 심리학 및 신경과학과(미국 North Carolina주 Durham 소재)

Bella DePaulo

California 대학교 심리학과(미국 California주 Santa Barbara 소재)

Yair Amichai-Hamburger

학제연구센터 Sammy Ofer 커뮤니케이션학부 인터넷 심리 연구센터(이스라엘 Hrzliya 소재)

Barry H. Schneider

Ottawa 대학교 심리학부(캐나다 Ontario주 Ottawa 소재)

Paul Salmon

Louisville 대학교 심리학 및 뇌과학과(미국 Kentucky주 Louisville 소재)

Susan Matarese

Louisville 대학교 정치학과(미국 Kentucky주 Louisville 소재)

Kalevi Korpela
Tampere 대학교 사회과학 및 인문심리학부(핀란드
소재)

Henk Staats
Leiden 대학교 심리학과(네덜란드 Leiden 소재)

Thomas R. Kwapil
North Carolina 대학교 심리학과(미국 North
Carolina주 Greensboro 소재)

Paul J. Silvia
North Carolina 대학교 심리학과(미국 North
Carolina주 Greensboro 소재)

Neus Barrantes-Vidal
North Carolina 대학교 심리학과(미국 North
Carolina주 Greensboro 소재)
Barcelona 자치 대학교 심리학부 임상심리학과(스페
인 Barcelona 소재)
Salud Carlos III 건강연구소(스페인 Madrid 소재)
Sant Pere Claver 병원(스페인 Barcelona 소재)

Lynn E. Alden
British Columbia 대학교(캐나다 British Columbia주
Vancouver 소재)

Karen W. Auyeung
British Columbia 대학교(캐나다 British Columbia주
Vancouver 소재)

Connie Kasari
California 대학교 교육 및 정보과학 대학(미국

California주 Los Angeles 소재)

Lindsey Sterling
California 대학교 정신의학과(미국 California주 Los
Angeles 소재)

Kevin B. Meehan
Long Island 대학교 심리학과(미국 New York주
Brooklyn Campus 소재)

Kenneth N. Levy
Pennsylvania 주립대학교(미국 Pennsylvania주
University Park 소재)

Christina M. Temes
Pennsylvania 주립대학교(미국 Pennsylvania주
University Park 소재)

Jonathan J. Detrixhe
St. Luke's-Roosevelt 병원 성격장애 집중치료센터
정신의학과(미국 New York주 소재)

Alan R. Teo
Oregon 건강과학대학교 정신의학과(미국 Oregon주
Portland 소재)

Kyle W. Stufflebam
Michigan 대학교 내과의학과(미국 Michigan주 Ann
Arbor 소재)

Takahiro A. Kato
Kyushu 대학교 의과대학원 신경정신의학과(일본
Fukuoka 소재)

Elisabetta Palagi
Pisa 대학교 자연사박물관(이탈리아 Pisa 소재)
인지과학연구소 인지영장류센터(이탈리아 Roma
　　소재)

Leo Coleman
Ohio 주립대학교 비교연구학과(미국 Ohio주
　　Columbus 소재)

Jack Fong
California 주립 폴리텍 대학교 심리학 및 사회학과
　　(미국 California주 Pomona 소재)

Nicolas Ducheneaut
Palo Alto 연구센터 컴퓨터과학연구실(미국
　　California주 Palo Alto 소재)

Nicholas Yee
Palo Alto 연구센터 컴퓨터과학연구실(미국
　　California주 Palo Alto 소재)

Matthew H. Bowker
Medaille 대학 학제연구과(미국 New York주 Buffalo
　　소재)

John D. Barbour
St. Olaf 대학 종교학과(미국 Minnesota주 Northfield
　　소재)

역자 소개

이동형(Donghyung Lee)
텍사스 A&M 대학교 학교심리학 박사
전 휴스턴교육청 학교심리학자
현 부산대학교 교육학과 교수

〈대표 저서 및 역서〉
학교폭력과 괴롭힘 예방: 원인진단과 대응(공저, 학
　　지사, 2014)
청소년을 위한 학교기반 인지치료(공역, 학지사, 2019)

김대현(Daehyun Kim)
부산대학교 교육학과 박사과정 재학
현 민락초등학교 교사

김문재(Moonjae Kim)
부산대학교 교육학과 박사과정 수료
현 송수초등학교 교사

김원희(Wonhee Kim)
부산대학교 교육학과 박사과정 수료
현 한국과학기술원 부설 한국과학영재학교 전임상
　　담원

김주영(Juyoung Kim)
부산대학교 교육학과 박사과정 재학
현 한빛학교 교사

박소영(Soyeong Park)
부산대학교 교육학과 박사과정 재학
전 창원대학교 종합인력개발원 전임상담원

배달샘(Dalsaem Bae)
부산대학교 교육학과 박사과정 수료
현 동명대학교 학생상담센터 상담원

신지연(Jiyeon Shin)
부산대학교 교육학과 박사과정 수료
현 BK21 교육의 사회적 책임 연구단 연구원

이승근(SeungKeun Lee)
부산대학교 교육학과 박사과정 재학
현 한국청소년상담복지개발원 선임상담원

이창우(Changwoo Lee)
부산대학교 교육학과 박사과정 재학
현 장목초등학교 교사

정진영(Jinyoung Jung)
부산대학교 교육학과 박사과정 재학
현 한국청소년상담복지개발원 상담원

최문영(Moonyoung Choi)
부산대학교 교육학과 박사과정 재학
현 경성대학교 교수학습개발센터 전임연구원

한정규(Jeonggyu Han)
부산대학교 교육학과 박사과정 수료
현 SSK 따뜻한 교육공동체 연구센터 보조연구원

고독의 심리학 2
-고독의 다양한 맥락과 기능-

The Handbook of Solitude
—Psychological Perspectives on Social Isolation,
Social Withdrawal, and Being Alone—

2020년 10월 25일 1판 1쇄 발행
2020년 10월 30일 1판 1쇄 발행

엮은이 • Robert J. Coplan · Julie C. Bowker
옮긴이 • 이동형 · 김대현 · 김문재 · 김원희 · 김주영 · 박소영 · 배달샘
        신지연 · 이승근 · 이창우 · 정진영 · 최문영 · 한정규
펴낸이 • 김진환
펴낸곳 • ㈜**학지사**
        04031 서울특별시 마포구 양화로 15길 20 마인드월드빌딩
대표전화 • 02-330-5114   팩스 • 02-324-2345
등록번호 • 제313-2006-000265호

홈페이지 • http://www.hakjisa.co.kr
페이스북 • https://www.facebook.com/hakjisa

ISBN 978-89-997-2223-3 93180

정가 20,000원

이 도서의 국립중앙도서관 출판시도서목록(CIP)은 서지정보유통지
원시스템 홈페이지(http://seoji.nl.go.kr)와 국가자료공동목록시스템
(http://www.nl.go.kr/kolisnet)에서 이용하실 수 있습니다.
(CIP 제어번호: CIP2020042276)

출판 · 교육 · 미디어기업 **학지사**
간호보건의학출판 **학지사메디컬** www.hakjisamd.co.kr
심리검사연구소 **인싸이트** www.inpsyt.co.kr
학술논문서비스 **뉴논문** www.newnonmun.com
원격교육연수원 **카운피아** www.counpia.com